개정7판

헌법판례선

권순현
김주환 편저

三 潮 社

개정7판 머리말

2015년에 「헌법판례선」이 처음 출판된 이후 약 2년 만에 책을 개정해서 2017년에 「헌법판례선」으로 책을 출판하였었고 2018년, 2019년, 2020년, 2022년에 개정증보판을 출판했었다. 그 동안 주목받을 만한 헌법재판소 판례를 보충할 필요가 있었고, 출판을 거듭하며 여러 자격증, 공직 시험 수험서로는 물론이고 대학교 교과용 교재로서도 주요한 위치를 차지하게 되었다. 이러한 사실에 감사드리며 새로이 변경된 판례 등을 고려하여 2024년 개정판을 새로 출판하게 되었다.

새로운 판례나 판례변경이 있었던 헌법재판소 결정을 추가하는 것이 필요했다. 특히 최신 판례 중에 중요한 것을 보충하며 관련 유사판례도 보완했으며, 유사판례에서 본문 판례로 변경하기도 하였다.

이러한 작업은 헌법의 중요한 기본 판례를 습득하면서 그 내용에 대한 연습을 할 수 있는 기회를 제공하자는 것이 새로 개정하게 된 주요 이유이다. 기본이 되는 판례를 공부하면서 수험 실전에서 공부의 효과를 높일 수 있는 방법을 궁리한 결과로써 이 책을 개정하게 되었다.

2024에 개정판에서 판례의 변경이나 중요성을 고려하여 새로 추가하거나 기존의 판례를 삭제하고 대체하거나 위치를 변경한 부분은 아래와 같다.

첫째, 본문 판례에서는, 재산권(2020헌바252), 공무담임권(2020헌마1605), 표현의 자유(2023헌가12), 평등원칙(2019헌마1234), 기본권의 개념(2021헌마975), 평등원칙(2020헌바471), 죄형법정주의(2019헌바141), 언론의 자유(2020헌마1724), 집회의 자유(2019헌마1417), 평등권(2019헌마1165), 평등권(2019헌마423), 명확성의 원칙(2020헌바552), 재산권(2018헌바433), 지방자치(2020헌라5) 판례가 새로 추가되었다.

둘째, 2022년 판에 있었던 오탈자를 바로 잡았고, 독서하는 데 시각적 효과를 위하여 불필요한 한자나 내용은 삭제하였다, 또한 O× 문제에서 정답이 잘못된 부분과 해설 등을 수정하였다.

이 번 개정에서 많은 수고를 한 공저자인 김주환 교수에게 심심한 감사의 말씀을 전하며, 더불어 독자 여러분들과 삼조사 사장님 이하 출판사 직원께도 고마움을 전한다. 이 책이 학문 또는 수험에 정진하는 여러분들의 헌법 공부에 많은 도움이 되기를 바라며, 부족한 점은 해마다 보완하여 더욱 좋은 책으로 발전시켜 나갈 것을 약속드린다.

2024. 1. 10

권 순 현 識

개정6판 머리말

2015년에 「헌법판례선」이 처음 출판된 이후 약 2년 만에 책을 개정해서 2017년에 「헌법판례선」으로 책을 출판하였었고 2018년, 2019년, 2020년에 개정증보판을 출판했었다. 그 동안 주목받을 만한 헌법재판소 판례를 보충할 필요가 있었고, 출판을 거듭하며 여러 자격증, 공직 시험 수험서로는 물론이고 대학교 교과용 교재로서도 주요한 위치를 차지하게 되었다. 이러한 사실에 감사드리며 새로이 변경된 판례 등을 고려하여 2022년 개정판을 새로 출판하게 되었다.

새로운 판례나 판례변경이 있었던 헌법재판소 결정을 추가하는 것이 필요했다. 특히 최신 판례 중에 중요한 것을 보충하며 관련 유사판례도 보완했으며, 유사판례에서 본문 판례로 변경하기도 하였다.

이러한 작업은 헌법의 중요한 기본 판례를 습득하면서 그 내용에 대한 연습을 할 수 있는 기회를 제공하자는 것이 새로 개정하게 된 주요 이유이다. 기본이 되는 판례를 공부하면서 수험 실전에서 공부의 효과를 높일 수 있는 방법을 궁리한 결과로써 이 책을 개정하게 되었다.

2022에 개정판에서 판례의 변경이나 중요성을 고려하여 새로 추가하거나 기존의 판례를 삭제하고 대체하거나 위치를 변경한 부분은 아래와 같다.

첫째, 본문 판례에서는, 당내 민주주의원칙과 국회의원선거의 효력(대법원 2021. 12. 30. 선고 2020수5011 판결), 서신검열 등 위헌확인(1995. 7. 21. 92헌마144), 수용자 발송 서신 무봉함 제출 사건(2012. 2. 23. 2009헌마333), 가족 중 성년자가 예비군훈련 소집통지서를 예비군대원 본인에게 전달하여야 하는 의무를 위반한 행위를 형사처벌하는 예비군법 조항에 관한 위헌제청 사건(2022. 5. 26. 2019헌가12), 특정 정당을 반대하는 내용을 포함한 투표참여 권유행위 및 탈법방법에 의한 인쇄물 배부로 인한 공직선거법위반 사건(2022. 5. 26. 2020헌마1275), 변호사 광고의 내용, 방법 등을 규제하는 대한변호사협회의 변호사 광고에 관한 규정 사건(2022. 5. 26. 2021헌마619), 공직선거법상 선거운동기간 제한 및 처벌조항 사건(2022. 2. 24. 2018헌바146)를 추가하였다.

관련 유사판례로는, 누구든지 금융회사 등에 종사하는 자에게 거래정보 등의 제공을 요구하는 것을 금지하고, 위반시 형사처벌하는 금융실명법 조항에 관한 위헌제청 사건(2022. 2. 24. 2020헌가5), 초과 구금에 대한 형사보상을 규정하지 않은 형사보상법 사건(2022. 2. 24. 2018헌마998 등), 국가를 상대로 한 당사자소송에서의 가집행선고 제한 사건(2022. 2. 24. 2020헌가12)을 보충하였다.

관련 유사판례에서 본문 판례로 변경한 판례로는 통합진보당 해산 청구 사건(2014. 12. 19. 2013헌다1)이 있다.

둘째, 2021년 판에 있었던 오탈자를 바로 잡았고, 오엑스문제에서 정답이 잘못된 부분과 해설 등을 수정하였다.

이 번 개정에서 많은 수고를 한 공저자인 김주환 교수에게 심심한 감사의 말씀을 전하며, 더불어 독자 여러분들과 삼조사 사장님 이하 출판사 직원께도 고마움을 전한다. 이 책이 학문 또는 수험에 정진하는 여러분들의 헌법공부에 많은 도움이 되기를 바라며, 부족한 점은 해마다 보완하여 더욱 좋은 책으로 발전시켜 나갈 것을 약속드린다.

2022. 7. 23

권 순 현 識

개정5판 머리말

2015년에 「헌법판례선」이 처음 출판된 이후 약 2년 만에 책을 개정해서 2017년에 "헌법판례선"으로 책을 출판하였었고 2018년, 2019년, 2020년에 개정증보판을 출판했었다. 그 동안 주목받을 만한 헌법재판소 판례를 보충할 필요가 있었고, 출판을 거듭하며 여러 자격증, 공직시험 수험서로는 물론이고 대학교 교과용 교재로서도 주요한 위치를 차지하게 되었다. 이러한 사실에 감사드리며 새로이 변경된 판례 등을 고려하여 2021판을 새로 출판하게 되었다.

새로운 판례나 판례변경이 있었던 헌법재판소 결정을 추가하는 것이 필요했고, 특히 개별 판례의 요지에서 질문에 대한 답변을 적극, 소극으로 표시하던 것을 적극은 + 로, 소극은 - 로 변경하여 표시하도록 하였다. 시각적으로 분명하여 가독성을 향상시키는 데 도움이 될 것으로 기대하는 취지이다.

헌법의 중요한 기본 판례를 습득하면서 그 내용에 대한 연습을 할 수 있는 기회를 제공하자는 것이 새로 개정하게 된 주요 이유이다. 기본이 되는 판례를 공부하면서 수험 실전에서 공부의 효과를 높일 수 있는 방법을 궁리한 결과로서 이 책을 개정하게 되었다.

2021에 개정판에서 판례의 변경이나 중요성을 고려하여 새로 추가하거나 기존의 판례를 삭제하고 대체한 부분은 아래와 같다.

첫째, **시·도의원 지역구의 인구편차 허용기준 사건**(공직선거법 제26조 제1항 [별표2] 위헌확인) 2019. 2. 28. 2018헌마415 등, **선거운동기간 중 인터넷게시판 실명확인 사건**(공직선거 법 제82조의6 제1항 등 위헌확인) 2021. 1. 28. 2018헌마456 등, **공직선거 선거운동시 확성장치 사용에 따른 소음 규제기준 부재 사건**(공직선거법 제79조 제3항 등 위헌확인) 2019. 12. 27. 2018헌마730, **선거구를 획정함에 있어 허용되는 인구편차 기준에 관한 사건**(공직선거법 제25조 제2항 별표1위헌확인) 2014. 10. 30. 2012헌마192 등, **정당에 대한 후원을 금지한 정치자금법 규정의 위헌 여부**(정치자금법 제45조 제1항 등 위헌소원) 2015. 12. 23. 2013헌바168을 보완하였다.

둘째, 2020년 판에 있었던 오탈자를 바로 잡았고, 오엑스문제에서 정답이 잘못된 부분과 해설 등을 수정하였다.

이러한 편제에 따른 새로운 책이 독자 여러분의 좋은 반응으로 나타나기를 기대해 본다. 특히 개별 판례의 요지의 질문에 대한 답변에서 적극은 + 로, 소극은 - 로 변경하여 표시하는 것은 독일의 일부 수험서에서도 사용하는 방법인데 시각적으로 가독성 증진에 도움이 되기를 바란다.

이러한 새로운 편제의 책의 필요성을 조언해 준 독자 여러분들과 함께 삼조사 사장님 이하 출판사 직원에게 감사를 드린다. 이 책이 학문과 수험에 정진하는 여러분의 헌법 공부에 많은 도움이 되기를 바라며, 부족한 점은 해마다 보완하여 더욱 발전시켜 나갈 것을 약속드린다.

2021. 6. 16
권 순 현 識

Contents 차 례

|차 례|

제 1 편 총 론

제 2 편 기본권

기본권의 개념

기본권의 주체

기본권의 충돌

행복추구권

평 등 권

집회의 자유

환 경 권

혼인과 가족생활의 보장

병역의무

제 3 편 통치구조

국 회

제1편

총 론

성문헌법

1 국가이중배상금지 사건

(헌법 제29조 제2항 등 위헌소원)
1996.6.13. 94헌바20 **[각하 · 합헌]**

|판시사항|

1. 헌법의 개별규정이 헌법재판소법 제68조 제2항에 의한 헌법소원심판대상이 되는지 여부
2. 헌법의 개별규정간의 논리적 우열관계와 효력상의 차등문제
3. 국가배상법 제2조 제1항 단서 중 '향토예비군대원' 부분의 위헌 여부(−)

[결정요지]

1. 헌법 제111조 제1항 제1호, 제5호 및 헌법재판소법 제41조 제1항, 제68조 제2항은 위헌심사의 대상이 되는 규범을 '법률'로 명시하고 있으며, 여기서 '법률'이라고 함은 국회의 의결을 거쳐 제정된 이른바 형식적 의미의 법률을 의미하므로 헌법의 개별규정 자체는 헌법소원에 의한 위헌심사의 대상이 아니다.

2. 헌법은 전문과 각 개별조항이 서로 밀접한 관련을 맺으면서 하나의 통일된 가치체계를 이루고 있는 것으로서, 헌법의 제규정 가운데는 헌법의 근본가치를 보다 추상적으로 선언한 것도 있고, 이를 보다 구체적으로 표현한 것도 있으므로 이념적·논리적으로는 헌법규범상호간의 우열을 인정할 수 있는 것이 사실이다. 그러나 이 때 인정되는 헌법규범상호간의 우열은 추상적 가치규범의 구체화에 따른 것으로서 헌법의 통일적 해석에 있어서는 유용할 것이지만, 그것이 헌법의 어느 특정규정이 다른 규정의 효력을 전면적으로 부인할 수 있을 정도의 개별적 헌법규정 상호간에 효력상의 차등을 의미하는 것이라고는 볼 수 없다.

더욱이 헌법개정의 한계에 관한 규정을 두지 아니하고 헌법의 개정을 법률의 개정과는 달리 국민투표에 의하여 이를 확정하도록 규정하고 있는(헌법 제130조 제2항) 현행의 우리 헌법상으로는 과연 어떤 규정이 헌법핵 내지는 헌법제정규범으로서 상위규범이고 어떤 규정이 단순한 헌법개정규범으로서 하위규범인지를 구별하는 것이 가능하지 아니하며, 달리 헌법의 각 개별규정 사이에 그 효력상의 차이를 인정하여야 할 아무런 근거도 찾을 수 없다.

3. 향토예비군의 직무는 그것이 비록 개별 향토예비군대원이 상시로 수행하여야 하는 것이 아니라 법령에 의하여 동원되거나 소집된 때에 한시적으로 수행하게 되는 것이라 하더라도 그 성질상 고도의 위험성을 내포하는 공공적 성격의 직무이므로, 국가배상법 제2조 제1항 단서가 그러한 직무에 종사하는 향토예비군대원에 대하여 다른 법령의 규정에 의한 사회보장적 보상제도를 전제로 이중보상으로 인한 일반인들과의 불균형을 제거하고 국가재정의 지출을 절감하기 위하여 임무수행 중 상해를 입거나 사망한 개별 향토예비군대원의 국가배상청구권을 금지하고 있는 데에는 그 목적의 정당성, 수단의 상당성 및 침해의 최소성, 법익의 균형성이 인정되어 기본권제한규정으로서 헌법상 요청되는 과잉금지의 원칙에 반한다고 할 수 없고, 나아가 그 자체로서 평등의 원리에 반한다거나 향토예비군대원의 재산권의 본질적인 내용을 침해하는 위헌규정이라고 할 수 없다.

관련 유사 판례—헌법개정의 한계

1-1. 헌법개정한계론과 헌법규정에 대한 위헌심사의 관계
(1995.12.28. 95헌바3 [합헌])

[결정내용]

우리 나라의 헌법은 제헌헌법이 초대국회에 의하여 제정된 반면 그후의 제5차, 제7차, 제8차 및 현행의 제9차 헌법 개정에 있어서는 국민투표를 거친 바 있고, 그간 각 헌법의 개정절차조항 자체가 여러 번 개정된 적이 있으며, 형식적으로도 부분개정이 아니라 전문까지를 포함한 전면개정이 이루어졌던 점과 우리의 현행 헌법이 독일기본법 제79조 제3항과 같은 헌법개정의 한계에 관한 규정을 두고 있지 아니하고, 독일기본법 제79조 제1항 제1문과 같이 헌법의 개정을 법률의 형식으로 하도록 규정하고 있지도 아니한 점 등을 감안할 때, 우리 헌법의 각 개별규정 가운데 무엇이 헌법제정규정이고 무엇이 헌법개정규정인지를 구분하는 것이 가능하지 아니할 뿐 아니라, 각 개별규정에 그 효력상의 차이를 인정하여야 할 형식적인 이유를 찾을 수 없다. 이러한 점과 앞에서 검토한 현행 헌법 및 헌법재판소법의 명문의 규정취지에 비추어, <u>헌법제정권과 헌법개정권의 구별론이나 헌법개정한계론은 그 자체로서의 이론적 타당성 여부와 상관없이 우리 헌법재판소가 헌법의 개별규정에 대하여 위헌심사를 할 수 있다는 논거로 원용될 수 있는 것이 아니다</u>.

또한 국민투표에 의하여 확정된 현행 헌법의 성립과정과 헌법 제130조 제2항이 헌법의 개정을 국민투표에 의하여 확정하도록 하고 있음에 비추어, <u>헌법은 그 전체로서 주권자인 국민의 결단 내지 국민적 합의의 결과라고 보아야 할 것으로, 헌법의 규정을 헌법재판소법 제68조 제1항 소정의 공권력 행사의 결과라고 볼 수도 없다</u>.

핵심 체크 학습 성문헌법

1. 헌법의 각 개별규정 사이에 그 효력상의 차이를 인정할 수 있다.

   해설 헌재 1996.6.13. 94헌바20.

2. 헌법의 규정은 헌법재판소 제68조 제1항의 헌법소원의 공권력 행사의 결과로 볼 수도 없으며, 헌법재판소 제68조 제2항의 헌법소원의 심판대상이 아니다.

   해설 헌재 1996.6.13. 94헌바20, 헌재 1995.12.28. 95헌바3.

정답 1. × 2. ○

관습헌법

2 행정수도 이전 사건

신행정수도의건설을위한특별조치법 위헌 확인
2004. 10. 21. 2004헌마554·566(병합) **[위헌]**

|판시사항|

1. 헌법상 수도의 개념
2. 신행정수도의건설을위한특별조치법(이하 '이 사건 법률' 이라 한다)이 수도이전의 의사결정을 포함하는지 여부(+)
3. 우리 헌법상 관습헌법이 인정될 수 있는지 여부(+)
4. 관습헌법 인정의 헌법적 근거
5. 관습헌법의 성립요건으로서의 기본적 헌법사항
6. 관습헌법의 일반적 성립요건
7. 수도의 설정과 이전의 헌법적 의의
8. '우리 나라의 수도가 서울인 점' 이 자명하고 전제된 헌법규범으로서 불문헌법으로 인정될 수 있는지 여부(+)
9. '우리 나라의 수도가 서울인 점' 이 관습헌법으로 인정될 수 있는지 여부(+)
10. '우리 나라의 수도가 서울인 점' 이 단순한 사실명제가 아니라 규범명제인지 여부(+)
11. 관습헌법의 폐지와 사멸
12. 관습헌법을 하위 법률의 형식으로 의식적으로 개정할 수 있는지 여부(−)
13. '우리 나라의 수도가 서울인 점' 에 대한 관습헌법을 폐지하기 위해서는 헌법개정이 필요한지 여부(+)
14. 이 사건 법률이 헌법 제130조에 따라 헌법개정절차에 있어 국민이 가지는 국민투표권을 침해하여 위헌인지 여부(+)

[결정요지]

1. 일반적으로 한 나라의 수도는 국가권력의 핵심적 사항을 수행하는 국가기관들이 집중 소재하여 정치·행정의 중추적 기능을 실현하고 대외적으로 그 국가를 상징하는 곳을 의미한다. 헌법기관들 중에서 국민의 대표기관으로서 국민의 정치적 의사를 결정하는 국회와 행정을 통할하며 국가를 대표하는 대통령의 소재지가 어디인가 하는 것은 수도를 결정

하는 데 있어서 특히 결정적인 요소가 된다. 대통령은 국가원수로서 국가를 상징하고 정부의 수반으로서 국가운용의 최고 통치권자이며 의회는 주권자인 국민이 선출한 대표들로 구성된 대의기관으로서 오늘날의 간접민주주의 통치구조하에서 주권자의 의사를 대변하고 중요한 국가의사를 결정하는 중추적 역할을 담당하므로 이들 두 개의 국가기관은 국가권력의 중심에 있고 국가의 존재와 특성을 외부적으로 표현하는 중심이 되기 때문이다.

2. 이 사건 법률은 신행정수도를 "국가 정치·행정의 중추기능을 가지는 수도로 새로 건설되는 지역으로서 …… 법률로 정하여지는 지역"이라고 하고(제2조 제1호), 신행정수도의 예정지역을 "주요 헌법기관과 중앙행정기관 등의 이전을 위하여 …… 지정·고시하는 지역"이라고 규정하여(같은 조 제2호), 결국 신행정수도는 주요 헌법기관과 중앙 행정기관들이 소재하여 국가의 정치·행정의 중추기능을 가지는 수도가 되어야 함을 명확히 하고 있다. 따라서 이 사건 법률은 비록 이전되는 주요 국가기관의 범위를 개별적으로 확정하고 있지는 아니하지만, 그 이전의 범위는 신행정수도가 국가의 정치·행정의 중추기능을 담당하기에 충분한 정도가 되어야 함을 요구하고 있다. 그렇다면 이 사건 법률은 국가의 정치·행정의 중추적 기능을 수행하는 국가기관의 소재지로서 헌법상의 수도개념에 포함되는 국가의 수도를 이전하는 내용을 가지는 것이며, 이 사건 법률에 의한 신행정수도의 이전은 곧 우리나라의 수도의 이전을 의미한다.

3. 우리 나라는 성문헌법을 가진 나라로서 기본적으로 우리 헌법전(憲法典)이 헌법의 법원(法源)이 된다. 그러나 성문헌법이라고 하여도 그 속에 모든 헌법사항을 빠짐없이 완전히 규율하는 것은 불가능하고 또한 헌법은 국가의 기본법으로서 간결성과 함축성을 추구하기 때문에 형식적 헌법전에는 기재되지 아니한 사항이라도 이를 불문헌법(不文憲法) 내지 관습헌법으로 인정할 소지가 있다. 특히 헌법제정 당시 자명(自明)하거나 전제(前提)된 사항 및 보편적 헌법원리와 같은 것은 반드시 명문의 규정을 두지 아니하는 경우도 있다. 그렇다고 해서 헌법사항에 관하여 형성되는 관행 내지 관례가 전부 관습헌법이 되는 것은 아니고 강제력이 있는 헌법규범으로서 인정되려면 엄격한 요건들이 충족되어야만 하며, 이러한 요건이 충족된 관습만이 관습헌법으로서 성문의 헌법과 동일한 법적 효력을 가진다.

4. 헌법 제1조 제2항은 '대한민국의 주권은 국민에게 있고, 모든 권력은 국민으로부터 나온다.'고 규정한다. 이와 같이 국민이 대한민국의 주권자이며, 국민은 최고의 헌법제정권력이기 때문에 성문헌법의 제·개정에 참여할 뿐만 아니라 헌법전에 포함되지 아니한 헌법사항을 필요에 따라 관습의 형태로 직접 형성할 수 있다. 그렇다면 <u>관습헌법도 성문헌법과 마찬가지로 주</u>

권자인 국민의 헌법적 결단의 의사의 표현이며 성문헌법과 동등한 효력을 가진다고 보아야 한다. 국민주권주의는 성문이든 관습이든 실정법 전체의 정립에의 국민의 참여를 요구한다고 할 것이며, 국민에 의하여 정립된 관습헌법은 입법권자를 구속하며 헌법으로서의 효력을 가진다.

5. 관습헌법이 성립하기 위하여서는 관습이 성립하는 사항이 단지 법률로 정할 사항이 아니라 반드시 헌법에 의하여 규율되어 법률에 대하여 효력상 우위를 가져야 할 만큼 헌법적으로 중요한 기본적 사항이 되어야 한다. 일반적으로 실질적인 헌법사항이라고 함은 널리 국가의 조직에 관한 사항이나 국가기관의 권한 구성에 관한 사항 혹은 개인의 국가권력에 대한 지위를 포함하여 말하는 것이지만, 관습헌법은 이와 같은 일반적인 헌법사항에 해당하는 내용 중에서도 특히 국가의 기본적이고 핵심적인 사항으로서 법률에 의하여 규율하는 것이 적합하지 아니한 사항을 대상으로 한다. 일반적인 헌법사항 중 과연 어디까지가 이러한 기본적이고 핵심적인 헌법사항에 해당하는지 여부는 일반추상적인 기준을 설정하여 재단할 수는 없고, 개별적 문제사항에서 헌법적 원칙성과 중요성 및 헌법원리를 통하여 평가하는 구체적 판단에 의하여 확정하여야 한다.

6. 관습헌법이 성립하기 위하여서는 관습법의 성립에서 요구되는 일반적 성립 요건이 충족되어야 한다. 첫째, 기본적 헌법사항에 관하여 어떠한 관행 내지 관례가 존재하고, 둘째, 그 관행은 국민이 그 존재를 인식하고 사라지지 않을 관행이라고 인정할 만큼 충분한 기간 동안 반복 내지 계속되어야 하며(반복·계속성), 셋째, 관행은 지속성을 가져야 하는 것으로서 그 중간에 반대되는 관행이 이루어져서는 아니 되고(항상성), 넷째, 관행은 여러 가지 해석이 가능할 정도로 모호한 것이 아닌 명확한 내용을 가진 것이어야 한다(명료성). 또한 다섯째, 이러한 관행이 헌법관습으로서 국민들의 승인 내지 확신 또는 폭넓은 컨센서스를 얻어 국민이 강제력을 가진다고 믿고 있어야 한다(국민적 합의).

7. 헌법기관의 소재지, 특히 국가를 대표하는 대통령과 민주주의적 통치원리에 핵심적 역할을 하는 의회의 소재지를 정하는 문제는 국가의 정체성(正體性)을 표현하는 실질적 헌법사항의 하나이다. 여기서 국가의 정체성이란 국가의 정서적 통일의 원천으로서 그 국민의 역사와 경험, 문화와 정치 및 경제, 그 권력구조나 정신적 상징 등이 종합적으로 표출됨으로써 형성되는 국가적 특성이라 할 수 있다. 수도를 설정하는 것 이외에도 국명(國名)을 정하는 것, 우리말을 국어(國語)로 하고 우리글을 한글로 하는 것, 영토를 획정하고 국가주권의 소재를 밝히는 것 등이 국가의 정체성에 관한 기본적 헌법사항이 된다고 할 것이다. 수도를 설정하거나 이전하는 것은 국회와 대통령 등 최고 헌법기관들의 위치를 설정하여

국가조직의 근간을 장소적으로 배치하는 것으로서, 국가생활에 관한 국민의 근본적 결단임과 동시에 국가를 구성하는 기반이 되는 핵심적 헌법사항에 속한다.

8. 우리 헌법전상으로는 '수도가 서울'이라는 명문의 조항이 존재하지 아니한다. 그러나 현재의 서울 지역이 수도인 것은 그 명칭상으로도 자명한 것으로서, 대한민국의 성립 이전부터 국민들이 이미 역사적, 전통적 사실로 의식적 혹은 무의식적으로 인식하고 있었으며, 대한민국의 건국에 즈음하여서도 국가의 기본구성에 관한 당연한 전제사실 내지 자명한 사실로서 아무런 의문도 제기될 수 없는 것이었다. 따라서 제헌헌법 등 우리 헌법제정의 시초부터 '서울에 수도(서울)를 둔다.'는 등의 동어반복적인 당연한 사실을 확인하는 헌법조항을 설치하는 것은 무의미하고 불필요한 것이었다. 서울이 바로 수도인 것은 국가생활의 오랜 전통과 관습에서 확고하게 형성된 자명한 사실 또는 전제된 사실로서 모든 국민이 우리 나라의 국가구성에 관한 강제력 있는 법규범으로 인식하고 있는 것이다.

9. 서울이 우리 나라의 수도인 것은 조선시대 이래 600여 년 간 우리 나라의 국가생활에 관한 당연한 규범적 사실이 되어 왔으므로 우리 나라의 국가생활에 있어서 전통적으로 형성되어 있는 계속적 관행이라고 평가할 수 있고(계속성), 이러한 관행은 변함없이 오랜 기간 실효적으로 지속되어 중간에 깨어진 일이 없으며(항상성), 서울이 수도라는 사실은 우리 나라의 국민이라면 개인적 견해 차이를 보일 수 없는 명확한 내용을 가진 것이며(명료성), 나아가 이러한 관행은 오랜 세월간 굳어져 와서 국민들의 승인과 폭넓은 컨센서스를 이미 얻어(국민적 합의) 국민이 실효성과 강제력을 가진다고 믿고 있는 국가생활의 기본사항이라고 할 것이다. 따라서 <u>서울이 수도라는 점은 우리의 제정헌법이 있기 전부터 전통적으로 존재하여온 헌법적 관습이며 우리 헌법조항에서 명문으로 밝힌 것은 아니지만 자명하고 헌법에 전제된 규범으로서, 관습헌법으로 성립된 불문헌법에 해당한다.</u>

10. 관습헌법의 제 요건을 갖추고 있는 '서울이 수도인 사실'은 단순한 사실명제가 아니고 헌법적 효력을 가지는 불문의 헌법규범으로 승화된 것이며, 사실명제로부터 당위명제를 도출해 낸 것이 아니라 그 규범력에 대한 다툼이 없이 이어져 오면서 그 규범성이 사실명제의 뒤에 잠재되어 왔을 뿐이다.

11. 어느 법규범이 관습헌법으로 인정된다면 그 개정가능성을 가지게 된다. <u>관습헌법도 헌법의 일부로서 성문헌법의 경우와 동일한 효력을 가지기 때문에 그 법규범은 최소한 헌법 제130조에 의거한 헌법개정의 방법에 의하여만 개정될 수 있다.</u> 따라서 재적의원 3분

의 2 이상의 찬성에 의한 국회의 의결을 얻은 다음(헌법 제130조 제1항) 국민투표에 붙여 국회의원 선거권자 과반수의 투표와 투표자 과반수의 찬성을 얻어야 한다(헌법 제130조 제3항). 다만 이 경우 관습헌법규범은 헌법전에 그에 상반하는 법규범을 첨가함에 의하여 폐지하게 되는 점에서, 헌법전으로부터 관계되는 헌법조항을 삭제함으로써 폐지되는 성문헌법규범과는 구분된다. 한편 이러한 형식적인 헌법개정 외에도, 관습헌법은 그것을 지탱하고 있는 국민적 합의성을 상실함에 의하여 법적 효력을 상실할 수 있다. 관습헌법은 주권자인 국민에 의하여 유효한 헌법규범으로 인정되는 동안에만 존속하는 것이며, 관습법의 존속요건의 하나인 국민적 합의성이 소멸되면 관습헌법으로서의 법적 효력도 상실하게 된다. 관습헌법의 요건들은 그 성립의 요건일 뿐만 아니라 효력 유지의 요건이다.

12. <u>우리 나라와 같은 성문의 경성헌법 체제에서 인정되는 관습헌법사항은 하위규범형식인 법률에 의하여 개정될 수 없다.</u> 영국과 같이 불문의 연성헌법 체제에서는 법률에 대하여 우위를 가지는 헌법전이라는 규범형식이 존재하지 아니하므로 헌법사항의 개정은 일반적으로 법률개정의 방법에 의할 수밖에 없을 것이다. 그러나 우리 헌법의 경우 헌법 제10장 제128조 내지 제130조는 일반법률의 개정절차와는 다른 엄격한 헌법개정절차를 정하고 있으며, 동 헌법개정절차의 대상을 단지 '헌법'이라고만 하고 있다. 따라서 관습헌법도 헌법에 해당하는 이상 여기서 말하는 헌법개정의 대상인 헌법에 포함된다고 보아야 한다. 이와 같이 헌법의 개정절차와 법률의 개정절차를 준별하고 헌법의 개정절차를 엄격히 한 우리 헌법의 체제 내에서 만약 관습헌법을 법률에 의하여 개정할 수 있다고 한다면 이는 관습헌법을 더 이상 '헌법'으로 인정한 것이 아니고 단지 관습'법률'로 인정하는 것이며, 결국 관습헌법의 존재를 부정하는 것이 된다. 이러한 결과는 성문헌법체제하에서도 관습헌법을 인정하는 대전제와 논리적으로 모순된 것이므로 우리 헌법체제상 수용될 수 없다.

13. 우리 나라의 수도가 서울이라는 점에 대한 관습헌법을 폐지하기 위해서는 헌법이 정한 절차에 따른 헌법개정이 이루어져야 한다. 이 경우 성문의 조항과 다른 것은 성문의 수도조항이 존재한다면 이를 삭제하는 내용의 개정이 필요하겠지만 관습헌법은 이에 반하는 내용의 새로운 수도설정조항을 헌법에 넣는 것만으로 그 폐지가 이루어지는 점에 있다. 다만 헌법규범으로 정립된 관습이라고 하더라도 세월의 흐름과 헌법적 상황의 변화에 따라 이에 대한 침범이 발생하고 나아가 그 위반이 일반화되어 그 법적 효력에 대한 국민적 합의가 상실되기에 이른 경우에는 관습헌법은 자연히 사멸하게 된다. 이와 같은 사멸을 인정하기 위하여서는 국민에 대한 종합적 의사의 확인으로서 국민투표 등 모두가 신뢰할 수 있는 방법이 고려될 여지도 있을 것이다. 그러나 이 사건의 경우에 이러한 사멸의 사정은

확인되지 않는다. 따라서 우리 나라의 수도가 서울인 것은 우리 헌법상 관습헌법으로 정립된 사항이며 여기에는 아무런 사정의 변화도 없다고 할 것이므로 이를 폐지하기 위해서는 반드시 헌법개정의 절차에 의하여야 한다.

14. 서울이 우리 나라의 수도인 점은 불문의 관습헌법이므로 헌법개정절차에 의하여 새로운 수도 설정의 헌법조항을 신설함으로써 실효되지 아니하는 한 헌법으로서의 효력을 가진다. 따라서 헌법개정의 절차를 거치지 아니한 채 수도를 충청권의 일부지역으로 이전하는 것을 내용으로 한 이 사건 법률을 제정하는 것은 헌법개정사항을 헌법보다 하위의 일반 법률에 의하여 개정하는 것이 된다. 한편 헌법 제130조에 의하면 헌법의 개정은 반드시 국민투표를 거쳐야만 하므로 국민은 헌법개정에 관하여 찬반투표를 통하여 그 의견을 표명할 권리를 가진다. 그런데 이 사건 법률은 헌법개정사항인 수도의 이전을 헌법개정의 절차를 밟지 아니하고 단지 단순법률의 형태로 실현시킨 것으로서 결국 헌법 제130조에 따라 헌법개정에 있어서 국민이 가지는 참정권적 기본권인 국민투표권의 행사를 배제한 것이므로 동 권리를 침해하여 헌법에 위반된다.

관련 유사 판례

2-1. 상속에 관한 관습법 위헌소원 등
(2016. 4. 28. 2013헌바396 등)

[결정내용]

민법(1958. 2. 22. 법률 제471호로 제정된 것) 시행 이전의 "여호주가 사망하거나 출가하여 호주상속이 없이 절가된 경우, 유산은 그 절가된 가(家)의 가족이 승계하고 가족이 없을 때는 출가녀(出家女)가 승계한다."는 구 관습법은 민법 시행 이전에 상속 등을 규율하는 법률이 없는 상황에서 절가된 가(家)의 재산분배에 관하여 적용된 규범으로서, 비록 형식적 의미의 법률은 아니지만 실질적으로는 법률과 같은 효력을 갖는다. 그렇다면 법률과 같은 효력을 가지는 이 사건 관습법도 헌법소원심판의 대상이 되고, 단지 형식적 의미의 법률이 아니라는 이유로 그 예외가 될 수는 없다.

핵심 체크 학습

관습헌법

1. 관습헌법의 일반적 요건으로는 관행 내지 관례의 존재, 반복 · 계속성, 항상성, 보충성, 국민적 합의가 필요하다.

해설 '보충성'이 아니라 '명료성'이 필요하다(헌재 2004. 10. 21. 2004헌마554 등).

2. 신행정 수도의 건설을 위한 특별조치법은 헌법 제72조에 따라 국민이 가지는 국민투표권을 침해하여 위헌이다.

해설 헌법 제72조의 국민투표가 아니라, 헌법 제130조의 국민투표권의 침해로 보아 위헌이다(헌재 2004. 10. 21. 2004헌마554 등).

3. 행정중심복합도시의 건설은 헌법 제72조의 국민투표권을 침해할 가능성이 없다.

해설 헌재 2005. 11. 24. 2005헌마579 등.

정답 1. × 2. × 3. ○

합헌적 법률해석

3 상호신용금고 임원과 과점주주의 연대책임

(상호신용금고법 제37조의3 제1항 등 위헌제청, 상호신용금고법 제37조의3 제1항 중 "과점주주" 부분 위헌제청, 상호신용금고법 제37조의3 제1항 위헌제청, 상호신용금고법 제37조의3 위헌소원)
2002. 8. 29. 2000헌가5·6, 2001헌가26, 2002헌가3·7·9·12, 2000헌바34, (병합) [한정위헌]

[결정내용]

한정위헌의견 (다수의견)

임원과 과점주주에게 연대책임을 부과하는 것 자체가 위헌이 아니라 부실경영에 기여한 바가 없는 임원과 과점주주에게도 연대책임을 지도록 하는 것이 위헌이라는 점에서 연대책임을 지는 임원과 과점주주의 범위를 적절하게 제한함으로써 그 위헌성이 제거될 수 있을 뿐만 아니라, 위 상호신용금고법 제37조의3을 단순위헌으로 선언할 경우 임원과 과점주주가 금고의 채무에 대하여 단지 상법상의 책임만을 지는 결과가 발생하고 이로써 예금주인 금고의 채권자의 이익이 충분히 보호될 수 없기 때문에, 가급적이면 위 법규정의 효력을 유지하는 쪽으로 이를 해석하는 것이 바람직하다. 따라서 이 사건 법률조항은 '부실경영의 책임이 없는 임원'과 '금고의 경영에 영향력을 행사하여 부실의 결과를 초래한 자 이외의 과점주주'에 대해서도 연대채무를 부담하게 하는 범위 내에서 헌법에 위반된다.

관련 유사 판례

3-1. 보호감호처분에 있어서의 '재범의 위험성'
(1989. 7. 14. 88헌가5,8,89헌가44(병합))

[결정내용]

법률 또는 법률의 위 조항은 원칙적으로 가능한 범위안에서 합헌적으로 해석함이 마땅하나 그 해석은 법의 문구와 목적에 따른 한계가 있다. 즉, 법률의 조항의 문구가 간직하고 있는 말의 뜻을 넘어서 말의 뜻이 완전히 다른 의미로 변질되지 아니하는 범위내이어야 한다는 문의적 한계와 입법권자가 그 법률의 제정으로써 추구하고자 하는 입법자의 명백한 의지와 입법의 목적을 헛되게 하는 내용으로 해석할 수 없다는 법목적에 따른 한계가 바로 그것이다. 왜냐 하면, 그러한 범위를 벗어난 합헌적 해석은 그것이 바로 실질적 의미에서의 입법작용을 뜻하게 되어 결과적으로 입법권자의 입법권을 침해하는 것이 되기 때문이다.

따라서 법 제5조 제1항의 요건에 해당되는 경우에는 법원으로 하여금 감호청구의 이유 유무 즉, 재범의 위험성의 유무를 불문하고 반드시 감호의 선고를 하도록 강제한 것임이 위 법률의 조항의 문의임은 물론 입법권자의 의지임을 알 수 있으므로 위 조항에 대한 합헌적 해석은 문의의 한계를 벗어난 것이라 할 것이다.

3-2. 무죄 등 선고받은 군장교에 대한 봉급의 소급 지급

(대법원 2004. 8. 20. 선고 2004다22377 판결)

[판결내용]

군인사법 제48조 제4항 후단의 '무죄의 선고를 받은 때'의 의미와 관련하여, 형식상 무죄판결뿐 아니라 공소기각재판을 받았다 하더라도 그와 같은 공소기각의 사유가 없었더라면 무죄가 선고될 현저한 사유가 있는 이른바 내용상 무죄재판의 경우도 이에 포함된다고 확대 해석함이 법률의 문의적 한계 내의 합헌적 법률해석에 부합한다.

핵심 체크 학습

합헌적 법률해석

1. **법률의 합헌적 해석은 헌법의 최고규범성에서 나오는 법질서의 통일성에 바탕을 두고, 법률이 헌법에 조화하여 해석될 수 있는 경우에는 위헌으로 판단하여서는 아니된다는 것을 뜻하는 것이다.**

   해설 헌재 1989. 7. 14. 88헌가5 등.

2. **우리나라 헌법재판소는 법률의 합헌적 해석의 한계로 문의적 한계는 인정하나 법목적에 따른 한계는 부정한다.**

   해설 법목적에 따른 한계도 인정한다(헌재 1989. 7. 14. 88헌가5 등).

정답 1. ○ 2. ×

국 민

4 부계혈통주의에 의한 국적취득 위헌 사건

(국적법 제2조 제1항 제1호 위헌제청)
2000. 8. 31. 97헌가12 **[각하 · 헌법불합치]**

|판시사항|

1. 심판계속중 제청대상 법률조항이 개정되어 재판의 전제성이 상실되었다고 본 사례
2. 출생에 의한 국적취득에 있어 부계혈통주의를 규정한 구 국적법 제2조 제1항 제1호가 헌법상 평등의 원칙에 위배되는지 여부(+)

[결정요지]

1. 법원이 이 사건 위헌여부심판을 제청할 당시, 제청대상 법률조항(구법조항)이 위헌이라면 대한민국 국민을 모로 하여 출생한 제청신청인은 대한민국 국적을 취득할 수 있기 때문에 제청신청인이 외국인임을 전제로 한 강제퇴거명령은 이를 집행할 수 없게 되므로, 구법조항의 위헌 여부는 당해사건의 재판에 전제성이 있었다. 그러나 신법에서는 부모양계혈통주의로 개정되었고(제2조 제1항 제1호), 당해사건에서도 1998. 6. 14.부터는 신법을 적용하여야 하므로(부칙 제1조), 구법조항은 이 심판 계속중 재판의 전제성을 상실하여 부적법하다.

2. (1) 구법상 부가 외국인이기 때문에 대한민국 국적을 취득할 수 없었던 한국인 모의 자녀 중 신법이 경과규정에서 신법 시행 전 10년 동안에 태어난 자에게만 대한민국 국적을 취득하도록 규정한 것이 헌법에 위반되는지 여부를 판단하기 위하여는 출생에 의한 국적취득에 있어 부계혈통주의를 규정한 구법조항의 위헌 여부에 대한 판단이 전제가 된다.

(2) 부계혈통주의 원칙을 채택한 구법조항은 출생한 당시의 자녀의 국적을 부의 국적에만 맞추고 모의 국적은 단지 보충적인 의미만을 부여하는 차별을 하고 있다. 이렇게 한국인 부와 외국인 모 사이의 자녀와 한국인 모와 외국인 부 사이의 자녀를 차별취급하는 것은, 모가 한국인인 자녀와 그 모에게 불리한 영향을 끼치므로 헌법 제11조 제1항의 남녀평등원칙에 어긋난다.

한국인과 외국인 간의 혼인에서 배우자의 한쪽이 한국인 부인 경우와 한국인 모인 경우 사이에 성별에 따른 특별한 차이가 있는 것도 아니고, 양쪽 모두 그 자녀는 한국의 법질

서와 문화에 적응하고 공동체에서 흠없이 생활해 나갈 수 있는 동등한 능력과 자질을 갖추었는데도 불구하고 전체 가족의 국적을 가부(家父)에만 연결시키고 있는 구법조항은 헌법 제36조 제1항이 규정한 "가족생활에 있어서의 양성의 평등원칙"에 위배된다.

모가 한국인인 자녀들은 외국인이므로 원칙적으로 대한민국의 공무원이 될 수 없고, 거주·이전의 자유, 직업선택의 자유, 재산권, 선거권 및 피선거권, 국가배상청구권 및 사회적 기본권 등을 누릴 수 없거나 제한적으로밖에 향유하지 못하게 된다. 그러므로 구법조항은 자녀의 입장에서 볼 때에도 한국인 모의 자녀를 한국인 부의 자녀에 비교하여 현저하게 차별취급을 하고 있으므로 헌법상의 평등원칙에 위배된다.

국 민

5 중국동포들의 국적회복 불허 사건

(입법부작위 등 위헌확인)
2006. 3. 30. 2003헌마806 **[각하]**

|판시사항|

1. 중국동포의 특수한 상황을 고려하여 이들의 이중국적 해소 또는 대한민국 국적선택을 위한 특별법의 제정 또는 조약체결의 헌법적 의무가 헌법의 명문규정상 또는 헌법해석상 대한민국 정부에 있다고 인정할 수 있는지 여부(−)
2. 불법체류자인 중국동포들의 국적회복신청을 불허하고 있던 "중국동포국적업무처리지침(법무부예규)" 에 대한 헌법소원이 적법요건을 갖추었는지 여부(−)

[결정요지]

1. (1) 법률부작위 부분에 대한 판단

청구인들과 같은 중국동포들의 현재의 법적 지위는 일반적으로 중국국적을 가진 외국인으로 보고 있고, 가사 중국동포들은 어쩔 수 없이 중국국적을 취득한 것이므로 당시 그들의 중국국적 취득에도 불구하고 대한민국 국적을 상실한 것이 아니라고 보는 경우에도, 1997년 전문개정된 국적법은 국적선택 및 판정제도를 규정하고 있으므로, 청구인들의 주장과 같이 중국동포들이 대한민국과 중국의 이중국적을 갖고 있었다면 이들에게도 이러한 국적선택 및 국적판정의 기회가 주어진 것으로 볼 수 있다. 그럼에도 불구하고, 이와는 별도로 헌법 전문의 '대한민국임시정부 법통의 계승' 또는 제2조 제2항의 '재외국민 보호의무' 규정이 중국동포와 같이 특수한 국적상황에 처해 있는 자들의 이중국적 해소 또는 국적선택을 위한 특별법 제정의무를 명시적으로 위임한 것이라고 볼 수 없고, 뿐만 아니라 동 규정 및 그 밖의 헌법규정으로부터 그와 같은 해석을 도출해 낼 수도 없다.

(2) 조약부작위 부분에 대한 판단

앞에서 본 바와 같이 청구인들이 심판청구 당시나 현재에도 대한민국과 중국의 이중국적을 보유하고 있다는 전제가 성립한다고 볼 수 없고, 설사 그렇다고 본다 하더라도 고도의 정치적 판단 및 국가간의 합의를 요하는 조약체결의 성격에 비추어 볼 때, 헌법 전문이나 제2조 제2항이 청구인들이 주장하듯 중국동포와 같이 특수한 국적상황에 처해 있는 자들의 이중국적 해소 또는 국적선택을 위한 조약을 우리 정부가 중국과 체결할 의무를 명시적으로 위임하고 있다고 볼 수 없고, 뿐만 아니라 동 규정 및 그 밖의 헌법규정으로부터 그와 같은 해석을 도출해 낼 수도 없다고 할 것이다.

2. 이 사건 업무처리지침은 법무부장관이 반복적으로 행하는 국적업무에 관한 행정사무의 통일을 기하고 그 직무집행에 있어서 지침을 정해 주기 위한 사무처리준칙에 불과할 뿐 대외적으로 국민이나 법원을 기속하는 법규적 효력은 없는 것이고, 따라서 헌법소원의 대상이 되는 공권력의 행사에 해당하지 아니한다.

국 민

6 이중국적자의 국적이탈 제한 사건

(국적법 제12조 제1항 등 위헌확인)
2006. 11. 30. 2005헌마739 [기각 · 각하]

|판시사항|

1. 동일한 기본권 제한을 구법 하에서 받고 있었다 할지라도 심판청구일 현재 그러한 제한을 가하는 법이 신법인 한, 신법 조항에 자기관련성이 있다고 본 사례
2. 이중국적자에게 국적선택의 시기 또는 요건의 제한을 두는 것이 거주·이전의 자유의 한 내용으로서 국적이탈의 자유를 침해하는지 여부(−)

[결정요지]

1. 이중국적자에 대하여 국적선택의 시기 또는 요건상의 동일한 제한이 구 국적법 하에서도 있었다 할지라도 심판청구일 현재 청구인의 국적이탈을 가로막고 있는 것은 구법이 아니라 신법이며, 청구인은 과거에 국적이탈을 할 수 없었던 점을 다투고자 하는 것이 아니라 신법 시행 후인 심판청구일 현재 국적이탈신고를 하려고 하여도 신법의 제한으로 인하여 할 수 없다는 점을 다투며 헌법소원을 청구한 것이므로 신법 조항에 기본권침해의 자기관련성이 있다.

2. (1) 국적법 제12조 제1항 단서 및 그에 관한 제14조 제1항 단서는 이중국적자라 하더라도 대한민국 국민인 이상 병역의무를 이행하여야 한다는 것을 원칙적인 전제로 하여, 이중국적자로서 구체적인 병역의무 발생(제1국민역 편입) 시부터 일정기간(3월) 내에 한국 국적을 이탈함으로써 한국의 병역의무를 면하는 것은 허용하되, 위 기간 내에 국적이탈을 하지 않은 이중국적자는 병역문제를 해소하지 않는 한 한국 국적을 이탈하지 못하게 함으로써 국적선택제도를 통하여 병역의무를 면탈하지 못하게 하려는 데에 그 입법취지가 있다.

(2) 현행 법제상 한국 국적의 이탈로 인한 불이익·불편이 병역면탈 의도의 국적이탈을 저지할 만큼 심각하지 않아서 위 조항들과 같은 규제가 없다면 국적선택제도를 이용한 병역 면탈이 보다 용이하게 되어, 첫째, 병역자원의 일정한 손실을 초래하고, 둘째, 이중국적

자가 생활의 근거를 한국에 두면서 한국인으로서 누릴 각종 혜택을 누리다가 정작 국민으로서 의무를 다해야 할 때에는 한국 국적을 버리는 기회주의적 행태가 허용되는 결과가 되어 병역부담평등의 원칙이 심각하게 훼손된다.

(3) 위 조항들에 의하더라도 국적선택의 자유가 완전히 박탈되는 것이 아니라 부분적인 제한을 받을 뿐이다. 18세가 되어 제1국민역에 편입된 때부터 3월이 지나기 전이라면 자유롭게 국적을 이탈할 수 있고, 그 이후부터 입영의무 등이 해소되는 시점(36세)까지만 국적이탈이 금지되므로 일정한 시기적인 제약을 받을 뿐이며, 제1국민역에 편입된 때부터 3월이 지났더라도 병역의무를 이행하거나 면제받는 등으로 병역문제를 해소한 때에는 역시 자유롭게 국적을 이탈할 수 있다.

(4) 주된 생활의 근거를 외국에 두고 있는 이중국적자들의 경우 적극적으로 국적이탈을 함으로써 병역의무를 조기에 해소할 수도 있고, 관련 병역법 규정에 따라 소극적인 방법으로 병역의 문제를 자연스럽게 해결할 수도 있어서, 이들에 대하여 국적선택제한조항의 적용을 명시적으로 배제하는 규정을 두지 않았다 하더라도 그 점만으로 이들의 국적이탈의 자유를 침해하는 것이라 할 수 없다.

핵심 체크 학습 국 민

1. 국적법상 일반귀화 요건은 "5년 이상 계속하여 대한민국에 주소가 있을 것, 대한민국의 민법상 성년일 것, 품행이 단정할 것, 자신의 자산(資産)이나 기능(技能)에 의하거나 생계를 같이하는 가족에 의존하여 생계를 유지할 능력이 있을 것, 국어능력과 대한민국의 풍습에 대한 이해 등 대한민국 국민으로서의 기본 소양(素養)을 갖추고 있을 것"이다. [16 법무사]

해설 국적법 제5조.

2. '대한민국에 특별한 공로가 있는 자'나 '과학·경제·문화·체육 등 특정 분야에서 매우 우수한 능력을 보유한 자로서 대한민국의 국익에 기여할 것으로 인정되는 자'는 대한민국에 주소가 없어도 귀화허가를 받을 수 있다. [16 법무사]

해설 대한민국에 주소가 있는 자이어야 한다(국적법 제7조).

3. 법무부장관은 귀화신청인이 귀화 요건을 갖추었다 하더라도 귀화를 허가할 것인지 여부에 관하여 재량권을 가진다. [16 법무사]

해설 대법원 2010.07.15. 선고 2009두19069 판결.

4. 「국적법」은 부모양계혈통주의에 기초한 속인주의를 원칙으로 하면서 속지주의를 보충적으로 채택하고 있다. [16 사시]

해설 국적법 제2조 제1항은 부모양계혈통주의에 기초한 속인주의를 원칙으로 하면서, 제2조 제2항에서 예외적으로 속지주의를 채택하고 있다.

정답 1. ○ 2. × 3. ○ 4. ○

5. 병역을 기피할 목적으로 대한민국 국적을 상실하였거나 이탈하였던 자에 대한 법무부장관의 국적회복허가는 재량사항이다. [14 법무사]

해설 병역을 기피할 목적으로 대한민국 국적을 상실하였거나 이탈하였던 자에게는 국적회복을 허가하지 아니한다(국적법 제9조 제2항 참조). 즉 재량사항이 아니라 기속사항으로 규정하고 있다.

6. 귀화허가는 외국인에게 대한민국 국적을 부여함으로써 국민으로서의 법적 지위를 포괄적으로 설정하는 행위이고, 국적법 등 관계 법령 어디에도 외국인에게 대한민국의 국적을 취득할 권리를 부여하였다고 볼 만한 규정이 없기 때문에 법무부장관은 귀화신청인이 귀화 요건을 갖추었다하더라도 귀화를 허가할 것인지 여부에 관한 재량권을 가진다. [14 법무사]

해설 귀화허가의 근거 규정의 형식과 문언, 귀화허가의 내용과 특성 등을 고려해 보면, 법무부장관은 귀화신청인이 귀화 요건을 갖추었다 하더라도 귀화를 허가할 것인지 여부에 관하여 재량권을 가진다고 보는 것이 타당하다(대법원 2010.10.28. 선고 2010두6496 판결).

7. 외국인이 대한민국 국민인 배우자와 적법하게 혼인한 후 3년이 지나더라도 혼인한 상태로 대한민국에 1년 이상 계속하여 주소가 없는 경우에는 간이귀화의 허가요건을 충족하지 못한다. [14 법무사]

해설 국적법 제6조 제2항.

8. 부 또는 모가 대한민국의 국민이었던 외국인이 대한민국에 3년 이상 계속하여 주소가 있는 경우에는 간이귀화허가를 받을 수 있다. [14 법무사]

해설 국적법 제6조 제1항.

9. 복수국적자는 대한민국의 법령 적용에서 대한민국 국민으로만 처우한다. [14 법무사]

해설 국적법 제11조의2 제1항.

정답 5. × 6. ○ 7. ○ 8. ○ 9. ○

영　토

7 한일어업협정 사건

(대한민국과일본국간의어업에관한협정비준등 위헌확인)
2001. 3. 21. 99헌마139·142·156·160(병합) [각하]

|판시사항|

1. (1) 대한민국과일본국간의어업에관한협정이 '공권력의 행사' 에 해당하는지 여부(+)
   (2) "헌법전문에 기재된 3.1정신" 이 헌법소원의 대상인 "헌법상 보장된 기본권" 에 해당하는지 여부(−)
   (3) 영토권이 헌법소원의 대상인 기본권에 해당하는지 여부(+)
   (4) 어업 또는 어업관련업무에 종사하지 않는 자가 청구인적격이 있는지 여부(−)
   (5) 이 사건 협정으로 인하여 어업 또는 어업관련업무에 종사하는 자의 기본권이 직접 침해되었다고 볼 수 있는지 여부(+)
2. 국회 본회의에서의 동의 의결절차가 헌법 제49조에 위반되어 국회의 의결권과 국민 개개인의 정치적 평등권을 침해하였는지 여부(−)
3. 합의의사록을 국회에 상정하지 아니한 것이 국회의 의결권과 국민의 정치적 평등권을 침해하였는지 여부(−)
4. 독도 등을 중간수역으로 정한 것이 영해 및 배타적 경제수역에 대한 국민의 주권 및 영토권을 침해하였는지 여부(−)
5. 65년협정에 비하여 조업수역이 극히 제한됨으로써 어획량감소로 인해 우리 어민들에게 엄청난 불이익을 초래하여 행복추구권, 직업선택의 자유, 재산권, 평등권, 보건권 등을 침해하였는지 여부(−)

[결정요지]

1. (1) 이 사건 협정은 우리 나라 정부가 일본 정부와의 사이에서 어업에 관해 체결·공포한 조약(조약 제1477호)으로서 헌법 제6조 제1항에 의하여 국내법과 같은 효력을 가지므로, 그 체결행위는 고권적 행위로서 '공권력의 행사'에 해당한다.

(2) "헌법전문에 기재된 3.1정신"은 우리 나라 헌법의 연혁적·이념적 기초로서 헌법이나 법률해석에서의 해석기준으로 작용한다고 할 수 있지만, 그에 기하여 곧바로 국민의 개별적 기본권성을 도출해 낼 수는 없다고 할 것이므로, 헌법소원의 대상인 "헌법상 보장된

기본권"에 해당하지 아니한다.

(3) 국민의 개별적 기본권이 아니라 할지라도 기본권보장의 실질화를 위하여서는, 영토조항만을 근거로 하여 독자적으로는 헌법소원을 청구할 수 없다 할지라도, 모든 국가권능의 정당성의 근원인 국민의 기본권 침해에 대한 권리구제를 위하여 그 전제조건으로서 영토에 관한 권리를, 이를테면 영토권이라 구성하여, 이를 헌법소원의 대상인 기본권의 하나로 간주하는 것은 가능한 것으로 판단된다.

(4) 어업 또는 어업관련업무에 종사하지 않는 자는 이 사건 협정으로 인해 직접적으로 기본권을 침해받은 자에 해당되지 않는다 할 것이므로, 이 사건 헌법소원청구를 할 자격이 없다.

(5) 한일 양국간에 이 사건 협정이 새로이 발효됨으로 인하여, 우리 나라의 어민들은 종전에 자유로이 어로활동을 영위할 수 있었던 수역에서 더 이상 자유로운 어로활동을 영위할 수 없게 된 셈이다. 이로 인해 이 사건 청구인들이 주장하는 기본권의 침해 가능성이 인정되고, 따라서 이 사건 협정은 법령을 집행하는 행위가 존재하지 아니하고 바로 법령으로 말미암아 직접 기본권이 침해되는 예외적인 경우에 해당한다.

2. 이 사건 협정의 동의 의결절차는 헌법 제49조, 국회법 제112조 제3항 위반으로 인정할 수 있는 증거가 없다.

3. 이 사건 협정의 합의의사록은 한일 양국 정부의 어업질서에 관한 양국의 협력과 협의 의향을 선언한 것으로서, 이러한 것들이 곧바로 구체적인 법률관계의 발생을 목적으로 한 것으로는 보기 어렵다할 것이므로, 합의의사록은 조약에 해당하지 아니하고, 이를 국회에 상정하지 아니한 것이 국회의 의결권과 국민의 정치적 평등권을 침해하였다고 볼 수 없다.

4. 이 사건 협정은 배타적경제수역을 직접 규정한 것이 아닐 뿐만 아니라 배타적경제수역이 설정된다 하더라도 영해를 제외한 수역을 의미하며, 이러한 점들은 이 사건 협정에서의 이른바 중간수역에 대해서도 동일하다고 할 것이므로 독도가 중간수역에 속해 있다 할지라도 독도의 영유권문제나 영해문제와는 직접적인 관련을 가지지 아니한 것임은 명백하다 할 것이다.

5. 조업수역의 축소와 어획량의 감축에 따른 어민들의 손실은 이 사건 협정에 의하여 초래되었다기보다는 UN해양법협약의 성립·발효에 의한 세계해양법질서의 변화에 기인한

것으로서 그와 같은 변화에 따라서 한일 양국이 배타적경제수역체제를 각자 국내실정법으로 규정함으로써 이 사건 협정의 성립 여부와는 관계없이 한일 양국의 연안해역에서 배타적경제수역이 시행되게 되었고, 다만 국제법우위의 원칙에 의해 65년협정이 유효함으로 인하여 그 적용이 되지 않았을 뿐이나, 65년협정이 일본의 일방적인 종료선언으로 인해 1999. 1. 22 종료되게 됨으로써 더 이상 상호간의 배타적경제수역내에서는 어업이 불가능한 상황이 예상되었다.

또한 한일 양국의 마주보는 수역이 400해리에 미치지 못하여 서로 중첩되는 부분이 생겨나게 되었고, 이로 인해 양국간의 어로활동에 있어서의 충돌은 명약관화한 것이었으므로 이러한 사태는 피하여야 한다는 양국의 공통된 인식에 입각하여 협상이 이루어진 결과 성립된 것이 이 사건 협정이라 할 것이며, 이 사건 협정은 어업에 관한 한일 양국의 이해를 타협·절충함에 있어서 현저히 균형을 잃은 것으로는 보이지 않는다고 일응 평가할 수 있으므로, 청구인들의 헌법상 보장된 행복추구권, 직업선택의 자유, 재산권, 평등권, 보건권은 침해되었다고 볼 수 없다.

관련 유사 판례

7-1. 이영순 강제퇴거명령처분 무효확인

(대법원 1996. 11. 12. 선고 96누1221 판결)

[판결내용]

(1) 조선인을 부친으로 하여 출생한 자는 남조선과도정부법률 제11호 국적에관한임시조례의 규정에 따라 조선국적을 취득하였다가 제헌헌법의 공포와 동시에 대한민국 국적을 취득하였다 할 것이고, 설사 그가 북한법의 규정에 따라 북한국적을 취득하여 중국 주재 북한대사관으로부터 북한의 해외공민증을 발급받은 자라 하더라도 북한지역 역시 대한민국의 영토에 속하는 한반도의 일부를 이루는 것이어서 대한민국의 주권이 미칠 뿐이고, 대한민국의 주권과 부딪치는 어떠한 국가단체나 주권을 법리상 인정할 수 없는 점에 비추어 볼 때, 그러한 사정은 그가 대한민국 국적을 취득하고 이를 유지함에 있어 아무런 영향을 끼칠 수 없다.

(2) 출입국관리법 소정의 외국인으로서 대한민국 밖으로 강제퇴거를 시키기 위하여는 상대방이 대한민국의 국적을 가지지 아니한 외국인이라고 단정할 수 있어야 하고, 따라서 재외 국민이 다른 나라의 여권을 소지하고 대한민국에 입국하였다 하더라도 그가 당초에 대한민국의 국민이었던 점이 인정되는 이상 다른 나라의 여권을 소지한 사실 자체만으로는 그 나라의 국적을 취득하였다거나 대한민국의 국적을 상실한 것으로 추

정·의제되는 것이 아니므로, 다른 특별한 사정이 없는 한 그와 같은 재외 국민을 외국인으로 볼 것은 아니고, 다른 나라의 여권을 소지하고 입국한 재외 국민이 그 나라의 국적을 취득하였다거나 대한민국의 국적을 상실한 외국인이라는 점에 대하여는 관할 외국인보호소장 등 처분청이 이를 입증하여야 한다.

7-2. 납·월북작가들의 작품에 대한 저작권

(대법원 1990.9.28. 선고 89누6396 판결)

[판결내용]

행정처분의 부존재확인소송은 행정처분의 부존재확인을 구할 법률상 이익이 있는 자만이 제기할 수 있고, 여기에서의 법률상 이익은 원고의 권리 또는 법률상 지위에 현존하는 불안, 위험이 있고 그 불안, 위험을 제거함에는 확인판결을 받는 것이 가장 유효적절한 수단일 때 인정되는 것인데, 타인의 저작물을 복제, 배포, 발행함에 필요한 요건과 저작재산권의 존속기간을 규정한 저작권법 제36조 제1항, 제41조, 제42조, 제47조 제1항의 효력은 대한민국 헌법 제3조에 의하여 여전히 대한민국의 주권범위내에 있는 북한지역에도 미치는 것이므로 6.25 사변 전후에 납북되거나 월북한 문인들이 저작한 작품들을 발행하려면, 아직 그 저작재산권의 존속기간이 만료되지 아니하였음이 역수상 명백한 만큼, 동인들이나 그 상속인들로부터 저작재산권의 양수 또는 저작물이용 허락을 받거나 문화부장관의 승인을 얻어야 하고 이를 인정할 자료가 없는 이상 원고는 위 작품들의 출판 및 판매금지처분의 부존재확인을 구할 법률상 지위에 있는 자라고 할 수 없고, 헌법상 국민에게 부여된 출판의 자유로부터도 확인을 구할 법률상의 지위가 부여된다고 볼 수 없다.

7-3. 북한의 반국가단체성

(대법원 1999. 12. 28. 선고 99도4027 판결)

[판결내용]

북한이 우리의 자유민주주의적 기본질서에 대한 위협이 되고 있음이 분명한 상황에서, 남·북한이 유엔에 동시가입을 하였고 그로써 북한이 국제사회에서 하나의 주권국가로 승인을 받았으며, 남·북한 총리들이 '남북 사이의 화해, 불가침 및 교류에 관한 합의서'에 서명을 하였다는 등의 사유가 있었다고 하더라도 북한이 국가보안법상 반국가단체가 아니라고 할 수는 없다.

영 토

8 국가보안법 위헌확인 사건

(국가보안법 위헌소원)
1997.1.16. 92헌바6·26, 93헌바34·35·36(병합) **[합헌 · 한정합헌]**

|판시사항|

1. 개정절차로 인한 국가보안법의 위헌 여부
2. 국가보안법의 해석·적용상 북한을 반국가단체로 보고 이에 동조하는 반국가활동을 규제하는 것이 위헌인지의 여부
3. "구 국가보안법" 제7조 제1항·제3항·제5항 및 제8조 제1항의 위헌 여부
4. "신 국가보안법" 제6조 제1항, 제7조 제1항·제3항·제5항 및 제8조 제1항의 위헌 여부
5. 신 국가보안법 제4조 제1항 제2호 "나" 목의 위헌 여부
   (1) 국가기밀의 일반적 의미
   (2) 같은 호 "가" 목과 "나" 목의 구별기준
   (3) 같은 호 "나" 목의 합헌성
   (4) 같은 호 "나" 목의 헌법합치적 해석의 기준

[결정요지]

1. (1) (구 국가보안법에 관하여) 1980. 10. 27. 공포된 구 헌법 부칙 제6조 제1항·제3항 및 1987. 10. 29. 공포된 현행 헌법 부칙 제5조의 규정에 비추어 보면, 국가보위입법회의에서 제정된 법률은 "그 내용"이 현행헌법에 저촉된다고 하여 이를 다투는 것은 별론으로 하고 "그 제정절차"에 하자가 있음을 이유로 하여 이를 다툴 수는 없다고 보아야 한다.

(2) (신 국가보안법에 관하여) 관계자료에 의하면 1991. 5. 10. 속개된 임시국회 본회의 당시 의장이 야당의원들의 거듭된 실력저지로 정상적인 의사진행에 의한 표결이 사실상 불가능한 상황이었음을 확인한 후 본회의장 내에서 헌법 및 국회법 소정의 의결정족수를 넘는 다수 의원들이 당해 안건에 대하여 찬성의사를 표시함을 확인하고 "국가보안법중개정법률안"이 가결되었음을 선포한 것으로 인정되므로, 신법의 개정절차에 헌법 제40조 및 제49조 등을 위반한 위헌적 요소가 있었다고 볼 수 없다.

2. 북한이 남·북한의 유엔동시가입, 소위 남북합의서의 채택·발효 및 남북교류협력에 관한법률 등의 시행 후에도 적화통일의 목표를 버리지 않고 각종 도발을 자행하고 있으며

남·북한의 정치, 군사적 대결이나 긴장관계가 조금도 해소되고 있지 않음이 현실인 이상, 국가의 존립·안전과 국민의 생존 및 자유를 수호하기 위하여 신·구 국가보안법의 해석·적용상 북한을 반국가단체로 보고 이에 동조하는 반국가활동을 규제하는 것 자체가 헌법이 규정하는 국제평화주의나 평화통일의 원칙에 위반된다고 할 수 없다.

3. (1) 우리 재판소는 이미 1990. 4. 2. 선고, 89헌가113 결정, 같은 해 6. 25. 선고, 90헌가11 결정 및 1992. 1. 28. 선고, 89헌가8 결정에서, 구 국가보안법 제7조 제1항·제5항의 위헌성에 관하여, 이 조항에 해당하는 행위라 할지라도 그 가운데서 국가의 존립·안전이나 자유민주적 기본질서에 무해한 행위는 처벌에서 제외하고 이에 위해를 줄 명백한 위험성이 있는 경우에만 이를 적용하도록 처벌범위를 축소제한하는 경우에는 헌법규정들에 합치되는 합헌적 해석이 되고 그 위헌성이 제거된다고 하여 한정합헌결정을 하였고, 우리 재판소가 위와 같이 한정합헌결정을 한 후에 그 결정의 논리적 내지 현실적 근거가 된 사실에 근본적인 변화가 있었다고 할 수 없으며, 지금에 이르러 위와 달리 판단하여야 할 다른 사정변경이 있다고도 인정되지 아니한다.

(2) 같은 법 제7조 제3항은 같은 조 제1항 및 제2항을 그 요건으로 하고 있음이 분명한데, 같은 조 제1항 및 제2항의 개념들이 다의적이고 그 적용범위가 광범한 데에 위헌적 요소가 있었던 이상 문리에 충실한 해석을 하면 제3항의 경우에도 같은 위헌적 요소가 생길 것이므로, 같은 법 제7조 제3항의 위헌 여부에 관하여도 같은 조 제1항 및 제5항에 관한 우리 재판소의 견해를 그대로 인용한다.

(3) 같은 법 제8조 제1항의 구성요건 가운데 "이익이 된다는 정을 알면서"라는 부분은 지나치게 포괄적이고 그 적용범위가 광범하다. 그래서 이 조항을 그 문리대로 해석·적용하면 국가의 존립·안전이나 그 헌법적 기반인 자유민주적 기본질서 또는 국민의 생존 및 자유에 아무런 해악도 끼칠 우려가 없는 사항에 관한 회합·통신 등 마저 처벌대상이 될 우려가 없지 않다. 이는 구 국가보안법의 입법목적(제1조)을 벗어난 것일 뿐만 아니라 행복추구권에서 도출되는 국민의 일반적 행동의 자유 및 통신의 자유 등을 본질적으로 침해할 위험성이 있고 죄형법정주의와 평화통일의 원칙에 저촉될 소지가 있다. 따라서 이 조항 소정행위 가운데 국가의 존립·안전이나 그 헌법적 기반인 자유민주적 기본질서에 무해한 행위는 처벌에서 배제하고 이에 해악을 끼칠 명백한 위험이 있는 경우에만 이 조항을 적용하도록 그 적용범위를 축소제한하면 헌법합치적 해석이 되고 위와 같은 위헌성은 제거될 수 있다고 보여진다.

(4) 그러므로 구 국가보안법 제7조 제1항·제3항·제5항 및 제8조 제1항은, 각 소정의 행위가 국가의 존립·안전이나 자유민주주의적 기본질서에 해악을 끼칠 명백한 위험이 있는 경우에 적용된다고 할 것이므로, 그러한 해석하에 헌법에 위반되지 아니한다.

4. (1) 신 국가보안법 제7소 제1항·제3힝 및 제5항에 관하여, 우리 재판소는 이미 동

조항이 표현의 자유의 본질적 내용을 침해하거나 이를 필요 이상으로 지나치게 제한할 위험성이 있다고 할 수 없고 또 죄형법정주의에 위배된다고 할 수 없다고 하여 헌법에 위반되지 아니한다고 판시하였는바, 지금 위 결정을 변경해야 할 아무런 사정변경도 없으므로 이를 그대로 유지하기로 한다.

(2) 신 국가보안법 제6조 제1항 및 제8조 제1항은 구 국가보안법에 비하여 각 "국가의 존립·안전이나 자유민주적 기본질서를 위태롭게 한다는 정을 알면서"라는 주관적 구성요건을 추가함으로써 구법규정의 위헌적 요소는 제거되었다고 할 것이므로 헌법에 위반되지 아니한다.

5. (1) 일반적으로 국가기밀은 일반인에게 알려지지 아니한 것 즉 비공지의 사실(넓은 의미)로서 국가의 안전에 대한 불이익의 발생을 방지하기 위하여 그것이 적국 또는 반국가단체에 알려지지 아니하도록 할 필요성 즉 "요비닉성"이 있는 동시에, 그것이 누설되는 경우 국가의 안전에 명백한 위험을 초래한다고 볼 만큼의 실질적 가치가 있는 것 즉 "실질비성"을 갖춘 것이어야 한다.

(2) 신 국가보안법 제4조 제1항 제2호의 "가"목과 "나"목에 공통적인 "국가기밀"의 의미는, 결국 일반인에게 알려지지 아니한 것으로서 그 내용이 누설되는 경우 국가의 안전에 명백한 위험을 초래한다고 볼 만큼의 실질가치를 지닌 사실, 물건 또는 지식이라고 한정해석해야 하고, 그 중 "가"목 소정의 국가기밀은 그 중요성과 가치의 정도에 있어서 "한정된 사람에게만 지득이 허용되고" 또 "보다 고도의" 국가기밀을 의미하며 그 이외의 것은 "나"목 소정의 국가기밀에 해당한다고 이해할 수 있다. 그리고 구체적으로 어떤 경우가 위 "나"목 소정의 국가기밀에 해당하는가의 판단은 결국 법적용당국이 위에서 제시한 해석기준에 비추어 한정된 사람에게만 지득이 허용되고 있는지의 여부와 당해 기밀사항이 국가안전보장에 미치는 기능등을 합리적으로 판단하여 결정할 수밖에 없다.

(3) 같은 법 제4조 제1항은 그 행위주체를 "반국가단체의 구성원 또는 그 지령을 받은 자"로 한정하고 있을 뿐만 아니라 각 소정의 행위가 "반국가단체의 목적수행을 위한 행위"일 것을 그 구성요건으로 하고 있어 "행위주체"와 "행위태양"의 면에서 제한을 하고 있고, 또 "국가기밀"의 일반적 의미를 위와 같이 헌법합치적으로 한정해석을 하는 이상, 위 "나"목의 구성요건이 다소 불명확하다고 하더라도 그 사실만으로는 위 "나"목의 규정이 헌법에 위반된다고 할 정도로 죄형법정주의가 요구하는 명확성의 원칙에 반한다거나 국민의 표현의 자유 내지 "알 권리"를 과도하게 제한하는 것이라고는 볼 수 없다.

(4) 따라서 같은 법 제4조 제1항 제2호"나"목은, 그 소정의 "군사상 기밀 또는 국가기밀"을 일반인에게 알려지지 아니한 것으로서 그 내용이 누설되는 경우 국가의 안전에 명백한 위험을 초래한다고 볼 만큼의 실질가치를 지닌 사실, 물건 또는 지식이라고 해석하는 한 헌법에 위반되지 아니한다고 할 것이다.

영 토

9 남북교류협력에관한법률 제9조 제3항 사건

(남북교류협력에관한법률 제9조 제3항 위헌소원)
2000. 7. 20. 98헌바63 [합헌]

|판시사항|

1. 남북교류협력에관한법률이 평화적 통일을 지향하는 헌법의 제반규정에 부합하는지 여부(+)
2. 남북교류협력에관한법률 제9조 제3항이 평화통일을 선언한 헌법전문, 헌법 제4조, 헌법 제66조 제3항 및 기타 헌법상의 통일조항에 위배되는지 여부(−)
3. 위 법률조항이 과잉금지의 원칙에 위배되는지 여부(−)
4. 헌법상의 여러 통일관련 조항들로부터 국민 개개인의 통일에 대한 기본권이 도출될 수 있는지 여부(−)
5. 1992. 2. 19. 발효된 남북기본합의서의 법률적 효력 또는 조약으로서의 성격이 있는지 여부(−)
6. 통일부장관의 승인권에 관한 기준이나 구체적 내용 등을 대통령령 등에 위임하지 아니하는 경우 포괄위임금지의 원칙이 적용될 수 있는지 여부(−)

[결정요지]

1. 위 법은 기본적으로 북한을 평화적 통일을 위한 대화와 협력의 동반자로 인정하면서 남북대결을 지양하고, 자유왕래를 위한 문호개방의 단계로 나아가기 위하여 종전에 원칙적으로 금지되었던 대북한 접촉을 허용하며, 이를 법률적으로 지원하기 위하여 제정된 것으로서, 그 입법목적은 평화적 통일을 지향하는 헌법의 제반규정에 부합하는 것이다.

2. 북한주민과의 접촉이 그 과정에서 불필요한 마찰과 오해를 유발하여 긴장이 조성되거나, 무절제한 경쟁적 접촉으로 남북한간의 원만한 협력관계에 나쁜 영향을 미칠 수도 있으며, 북한의 정치적 목적에 이용되거나 국가의 안전보장이나 자유민주적 기본질서에 부정적인 영향을 미치는 통로로 이용될 가능성도 완전히 배제할 수 없으므로 통일부장관이 북한주민 등과의 접촉을 원하는 자로부터 승인신청을 받아 구체적인 내용을 검토하여 승인여부를 결정하는 절차는 현 단계에서는 불가피하므로 남북교류협력에관한법률 제9조 제3

항은 평화통일을 선언한 헌법전문, 헌법 제4조, 헌법 제66조 제3항 및 기타 헌법상의 통일조항에 위배된다고 볼 수 없다.

3. 위 법률조항은 헌법 제10조, 제14조, 제18조를 일부 제한하는 측면은 있으나, 헌법 제37조 제2항에서 규정하고 있는 국가안전보장을 위한 필요한 경우의 제한으로서, 그 입법목적의 정당성, 방법의 적절성, 피해의 최소성, 법익의 균형성 등에 비추어 볼 때 과잉금지의 원칙에도 위배되지 아니한다.

4. 헌법상의 여러 통일관련 조항들은 국가의 통일의무를 선언한 것이기는 하지만, 그로부터 국민 개개인의 통일에 대한 기본권, 특히 국가기관에 대하여 통일과 관련된 구체적인 행동을 요구하거나 일정한 행동을 할 수 있는 권리가 도출된다고 볼 수 없다.

5. 1992. 2. 19. 발효된 '남북사이의화해와불가침및교류협력에관한합의서'는 일종의 공동성명 또는 신사협정에 준하는 성격을 가짐에 불과하여 법률이 아님은 물론 국내법과 동일한 효력이 있는 조약이나 이에 준하는 것으로 볼 수 없다.

6. 헌법 제75조에서 규정하고 있는 포괄위임입법금지의 원칙이란 법률이 대통령령 등의 하위법규에 입법을 위임할 경우에는 법률로써 그 위임의 범위를 구체적으로 정하여야 하며, 일반적이고 포괄적인 입법위임은 허용되지 아니한다는 것을 뜻하는 것이므로, 통일부장관의 승인권에 관한 기준이나 구체적 내용 등을 대통령령 등에 위임하지 아니하고 있는 이 사건 법률조항에 관하여 포괄위임금지의 원칙이 적용될 여지는 없다.

영 토

10 미신고 외국환지급 금지 사건

(구 외국환거래법 제27조 제1항 제8호 등 위헌소원)
2005. 6. 30. 2003헌바114 **[합헌]**

|판시사항|

1. 외국환거래법에 의하여 신고를 하여야 하는 거래 또는 행위를 하고자 하는 거주자 또는 비거주자는 그 신고를 하지 아니하고는 당해 거래 또는 행위에 관한 지급을 해서는 아니되고(법 제15조 제3항), 이를 위반하여 지급을 한 자에 대하여는 3년 이하의 징역 또는 2억원 이하의 벌금에 처한다(법 제27조 제1항 제8호 후단)고 규정한 각 조항이 죄형법정주의가 요구하는 명확성의 원칙에 위배되는지 여부(－)
2. 북한의 주민이나 단체가 법 제15조 제3항에서 말하는 "거주자" 나 "비거주자" 에 해당하는지에 관한 판단이 헌법 제3조의 영토조항과 관련이 있는 헌법적 문제인지 여부(－)

[결정요지]

당해사건과 같이 남한과 북한 주민 사이의 외국환 거래에 대하여는 법 제15조 제3항에 규정되어 있는 "거주자 또는 비거주자" 부분 즉 대한민국 안에 주소를 둔 개인 또는 법인인지 여부가 문제되는 것이 아니라, 남북교류협력에관한법률 제26조 제3항의 "남한과 북한" 즉 군사분계선 이남지역과 그 이북지역의 주민인지 여부가 문제되는 것이다. 즉, 외국환거래의 일방 당사자가 북한의 주민일 경우 그는 이 사건 법률조항의 '거주자' 또는 '비거주자'가 아니라 남북교류법의 '북한의 주민'에 해당하는 것이다. 그러므로, 당해사건에서 아태위원회가 법 제15조 제3항에서 말하는 '거주자'나 '비거주자'에 해당하는지 또는 남북교류법상 '북한의 주민'에 해당하는지 여부는 법률해석의 문제에 불과한 것이고, 헌법 제3조의 영토조항과는 관련이 없다.

핵심 체크 학습

영 토

헌법판례선

1. 제헌헌법에 따르면 영토의 변경을 위해서는 헌법개정이 필요하지만, 1954년 헌법은 국민투표에 의한 영토 변경이 가능하도록 규정하였다. [16 사시]

해설 1954년 헌법은 주권의 제약 또는 영토변경의 경우에는 국민투표를 실시하게 하였다.

2. 남북합의서는 한민족공동체 내부의 특수관계를 기초로 하여 합의된 것으로서 일종의 공동성명 내지 신사협정에 준하므로, 남북합의서의 채택 및 발효는 북한을 반국가단체로 인정하는 것에 영향을 미치지 않는다. [16 사시]

해설 남북합의서는 남북관계를 "나라와 나라 사이의 관계가 아닌 통일을 지향하는 과정에서 잠정적으로 형성되는 특수관계" 임을 전제로 하여 이루어진 합의문서로서 일종의 공동성명 또는 신사협정에 준하는 성격을 가짐에 불과하다. 따라서 북한의 반국가단체성이나 국가보안법의 필요성에 관하여는 아무런 상황변화가 있었다고 할 수 없다(헌재 1997. 1. 16. 92헌바6).

3. 독도 등을 중간수역으로 정한 「대한민국과 일본국 간의 어업에 관한 협정」은 배타적 경제수역을 직접 규정한 것이 아니고, 독도의 영유권 문제나 영해 문제와는 직접적인 관련을 가지지 아니하므로 헌법상 영토조항에 위반되지 않는다. [16 사시]

해설 한일어업협정은 어업에 관한 협정으로서 배타적경제수역을 직접 규정한 것이 아니고, 이러한 점들은 이 사건 협정에서의 이른바 중간수역에 대해서도 동일하다고 할 것이어서 독도가 중간수역에 속해 있다 할지라도 독도의 영유권문제나 영해문제와는 직접적인 관련을 가지지 아니하므로, 이 사건 협정조항이 헌법상 영토조항을 위반하였다고 할 수 없다(헌재 2009. 2. 26. 2007헌바35).

정답 1. ○ 2. ○ 3. ○

4. 1992년 발효된 '남북 사이의 화해와 불가침 및 교류·협력에 관한 합의서'는 국가간의 조약이라기보다는 남북당국의 성의 있는 이행을 상호 약속하는 일종의 신사협정에 불과하다. [14 법무사]

해설 1992. 2. 19. 발효된 '남북사이의화해와불가침및교류협력에관한합의서'는 일종의 공동성명 또는 신사협정에 준하는 성격을 가짐에 불과하여 법률이 아님은 물론 국내법과 동일한 효력이 있는 조약이나 이에 준하는 것으로 볼 수 없다(헌재 2000. 7. 20. 98헌바63).

5. 우리 헌법이 평화통일조항을 둔 것은 1972년 제4공화국 헌법이 처음이다. [14 법무사]

해설 옳다.

6. 헌법은 대통령에게 조국의 평화적 통일을 위한 성실한 의무를 규정하고 있으나, 그로부터 국민 개개인의 통일에 대한 기본권, 특히 국가기관에 대하여 통일과 관련된 구체적인 행위를 요구하거나 일정한 행동을 할 수 있는 권리가 도출된다고 볼 수는 없다. [14 법무사]

해설 헌법상의 여러 통일관련 조항들은 국가의 통일의무를 선언한 것이기는 하지만, 그로부터 국민 개개인의 통일에 대한 기본권, 특히 국가기관에 대하여 통일과 관련된 구체적인 행위를 요구하거나 일정한 행동을 할 수 있는 권리가 도출된다고 볼 수는 없다(헌재 2000. 7. 20. 98헌바63).

7. 남북교류협력에 관한 법률과 국가보안법의 상호관계에 대해서, 헌법재판소는 양 법률의 규제대상이 동일한 점을 들어 일반법과 특별법의 관계로 파악하고 있다. [14 법무사]

해설 국가보안법과 남북교류협력)에관한법률은 상호 그 입법목적과 규제대상을 달리하고 있는 관계로 구 국가보안법 제6조 제1항 소정의 잠입·탈출죄에서의 "잠입(潛入)·탈출(脫出)"과 남북교류법 제27조 제2항 제1호 소정의 죄에서의 "왕래"는 그 각 행위의 목적이 다르다고 해석되고, 따라서 두 죄는 각기 그 구성요건을 달리하고 있다고 보아야 할 것이므로, 위 두 법률조항에 관하여 형법 제1조 제2항의 신법우선의 원칙이 적용될 수 없다(헌재 1993. 7. 29. 92헌바48).

정답 4. ○ 5. ○ 6. ○ 7. ×

8. 북한의 의과대학을 졸업한 탈북의료인에게 국내 의료면허를 부여할 것인지에 대하여, 헌법재판소는 헌법상 영토조항에 의해 그에게 바로 의료면허를 부여할 입법의무가 발생하는 것이 아니라, 그가 의료인으로서의 능력을 갖추었는지 여부 등을 고려하여 결정한 입법형성권이 있다고 보았다. [14 법무사]

해설 탈북의료인에게 국내 의료면허를 부여할 것인지 여부는 북한의 의학교육 실태와 탈북의료인의 의료수준, 탈북의료인의 자격증명방법 등을 고려하여 입법자가 그의 입법형성권의 범위 내에서 규율할 사항이지, 헌법조문이나 헌법해석에 의하여 바로 입법자에게 국내 의료면허를 부여할 입법의무가 발생한다고 볼 수는 없다(헌재 2006. 11. 30. 2006헌마679).

정답 8. ○

헌법전문

11 서훈추천부작위 사건

(서훈추천부작위 등 위헌확인)
2005. 6. 30. 2004헌마859 **[각하]**

|판시사항|

1. 국가에게 독립유공자와 그 유족에 대한 예우를 해 줄 헌법상 의무가 있는지 여부(+)
2. 국가보훈처장이 독립유공자(순국선열 및 애국지사)로 인정받기 위한 전제로서 요구되는 서훈추천을 거부한 것에 대하여 행정부작위 헌법소원이 가능한지 여부(−)
3. 대통령의 영전 미수여 행위에 대해 행정부작위 헌법소원으로 다툴 수 있는지 여부(−)

[결정요지]

1. 헌법은 국가유공자 인정에 관하여 명문 규정을 두고 있지 않으나 전문(前文)에서 "3.1운동으로 건립된 대한민국임시정부의 법통을 계승"한다고 선언하고 있다. 이는 대한민국이 일제에 항거한 독립운동가의 공헌과 희생을 바탕으로 이룩된 것임을 선언한 것이고, 그렇다면 국가는 일제로부터 조국의 자주독립을 위하여 공헌한 독립유공자와 그 유족에 대하여는 응분의 예우를 하여야 할 헌법적 의무를 지닌다.

2. 독립유공자의 구체적 인정절차는 입법자가 헌법의 취지에 반하지 않는 한 입법재량으로 정할 수 있다. 독립유공자 인정의 전 단계로서 상훈법에 따른 서훈추천은 해당 후보자에 대한 공적심사를 거쳐서 이루어지며, 그러한 공적심사의 통과 여부는 해당 후보자가 독립유공자로서 인정될 만한 사정이 있는지에 달려 있다. 이에 관한 판단에 있어서 국가는 나름대로의 재량을 지닌다. 따라서 국가보훈처장이 서훈추천 신청자에 대한 서훈추천을 하여 주어야 할 헌법적 작위의무가 있다고 할 수는 없으므로, 서훈추천을 거부한 것에 대하여 행정권력의 부작위에 대한 헌법소원으로서 다툴 수 없다.

3. 영전수여에 앞서 법률상 요구되는 서훈추천이 거부됨에 따라 대통령이 영전수여신청자에 대하여 영전을 수여하지 않은 것은 그 전제가 되는 법적 절차의 미개시에 따른 것인 뿐 대통령이 공권력의 행사를 하여야 함에도 하지 않고 방치하고 있는 것이라 할 수

없다. 그러므로 대통령의 영전 미수여를 다투는 심판청구 역시 행정부작위를 다투는 헌법소원으로서 부적법하다.

관련 유사 판례

11-1. 국회의원선거법 제55조의3

(1992. 3. 13. 92헌마37,39(병합))

[결정내용]

헌법전문에 위반됨을 이유로 위헌으로 선언할 수 있는지 여부, 즉 헌법전문의 재판규범성이 인정되는지 여부(적극)

정당추천후보자에게 별도로 정당연설회를 할 수 있도록 한 국회의원선거법 제55조의3 규정은 무소속후보자에 비교하여 월등하게 유리한 위치에서 선거운동을 하게 한 불평등한 규정이므로 헌법전문, 헌법 제11조 제1항의 법앞의 평등, 제25조의 공무담임권, 제41조 제1항의 평등선거의 원칙, 제116조 제1항의 선거운동기회균등의 보장원칙에 위반된다고 할 것이나 무소속후보자에게도 정당연설회에 준하는 개인연설회를 허용하는 경우에는 위헌성의 소지가 제거될 수 있으므로 제7항은 당해 지역구에서 정당추천후보자를 연설원으로 포함시킨 정당연설회를 개최하는 경우에는 무소속후보자에게도 정당추천후보자에 준하는 선거운동의 기회를 균등하게 허용하지 아니하는 한 헌법에 위반된다.

11-2. 한일어업협정 사건

(2001. 3. 21. 99헌마139등)

[결정내용]

"헌법전문에 기재된 3.1정신"이 헌법소원의 대상인 "헌법상 보장된 기본권"에 해당하는지 여부(소극)

"헌법전문에 기재된 3.1정신"은 우리 나라 헌법의 연혁적·이념적 기초로서 헌법이나 법률해석에서의 해석기준으로 작용한다고 할 수 있지만, 그에 기하여 곧바로 국민의 개별적 기본권성을 도출해 낼 수는 없다고 할 것이므로, 헌법소원의 대상인 "헌법상 보장된 기본권"에 해당하지 아니한다.

핵심 체크 학습 헌법전문

1. 현행 헌법의 전문에는 국민주권주의와 자유민주주의에 입각한 입헌민주헌법의 본질적 기본원리가 담겨 있으며, 이는 헌법전을 비롯한 모든 법령해석의 기준이 되고, 입법형성권 행사의 한계와 정책결정의 방향을 제시하며, 나아가 모든 국가기관과 국민이 존중하고 지켜가야 하는 최고의 가치규범이다. [16 법행]

   해설 헌재 1989. 9. 8. 88헌가6.

2. 따라서 헌법의 전문은 재판규범으로서 효력이 있어, 법률이 이에 위반되면 위헌으로서 선언되어 효력이 상실될 수 있다. [16 법행]

   해설 헌재 1992.3.13. 92헌마37.

3. 헌법 전문 중 '3.1운동으로 건립된 대한민국임시정부의 법통을 계승'한다는 부분은 대한민국이 일제에 항거한 독립운동가의 공헌과 희생을 바탕으로 이룩된 것임을 선언한 것이므로, 국가는 일제로부터 조국의 자주독립을 위하여 공헌한 독립유공자와 그 유족에 대하여는 응분의 예우를 하여야 할 헌법적 의무를 지닌다. [16 법행]

   해설 헌재 2005. 6. 30. 2004헌마859.

정답 1. ○ 2. ○ 3. ○

4. 이와 같이 헌법 전문에 기재된 3.1정신은 우리나라 헌법의 연혁적·이념적 기초로서 헌법이나 법률의 해석에서 해석기준으로 작용할 뿐만 아니라, 이로부터 국민의 기본권이 도출되므로 독립유공자의 유족으로서 국가보훈처장에게 서훈추천을 신청하였다가 거부된 경우에는 공권력의 불행사에 대한 헌법소원을 청구할 수 있다.

[16 법행]

해설 국가보훈처장이 서훈추천 신청자에 대한 서훈추천을 하여 주어야 할 헌법적 작위의무가 있다고 할 수는 없으므로, 서훈추천을 거부한 것에 대하여 행정권력의 부작위에 대한 헌법소원으로서 다툴 수 없다(헌재 2005. 6. 30. 2004헌마859).

5. 헌법 전문 중 '3.1운동으로 건립된 대한민국임시정부의 법통을 계승'한다는 부분은 현행 헌법이 일본제국주의의 식민통치를 배격하고 우리 민족의 자주독립을 추구한 대한민국임시정부의 정신을 헌법의 근간으로 하고 있다는 점을 뜻하므로, 일제강점기에 우리 민족을 부정한 친일반민족행위자들의 친일행위에 대하여 그 진상을 규명하고 그러한 친일행위의 대가로 취득한 재산을 공적으로 회수하는 등 일본제국주의의 식민지로서 겪었던 잘못된 과거사를 청산함으로써 민족의 정기를 바로세우고 사회정의를 실현하며 진정한 사회통합을 추구해야 하는 것은 헌법적으로 부여된 임무이다. [16 법행]

해설 헌재 2011. 11. 24. 2009헌바292.

6. 헌법재판소는 헌법전문의 재판규범성을 인정하여 법률이 헌법전문에 위반하는 경우 위헌무효임을 인정하고 있다. [14 법행]

해설 정당추천후보자에게 별도로 정당연설회를 할 수 있도록 한 국회의원선거법 제55조의3 규정은 무소속후보자에 비교하여 월등하게 유리한 위치에서 선거운동을 하게 한 불평등한 규정이므로 헌법전문, 헌법 제11조 제1항의 법앞의 평등, 제25조의 공무담임권, 제41조 제1항의 평등선거의 원칙, 제116조 제1항의 선거운동기회균등의 보장원칙에 위반된다고 할 것...[헌재 1992. 3. 13. 92헌마37 등].

7. 헌법전문은 헌법이나 법률 해석의 기준이 될 뿐만 아니라 기본권보장의 근거가 되므로, 헌법전문에 기재된 3.1정신으로부터 국민의 개별적 기본권성을 도출할 수 있다.

[14 법행]

해설 "헌법전문에 기재된 3.1정신"은 우리나라 헌법의 연혁적 · 이념적 기초로서 헌법

정답 4. × 5. ○ 6. ○ 7. ×

이나 법률해석에서의 해석기준으로 작용한다고 할 수 있지만, 그에 기하여 곧바로 국민의 개별적 기본권성을 도출해낼 수는 없다고 할 것이므로, 헌법소원의 대상인 "헌법상 보장된 기본권"에 해당하지 아니한다[헌재 2001. 3. 21. 99헌마139 등]

8. 헌법전문은 3.1운동으로 건립된 대한민국임시정부의 법통을 계승한다고 선언하고 있으므로, 국가는 독립유공자와 그 유족에 대하여 응분의 예우를 할 헌법적 의무가 있다. [14 법행]

해설 헌법은 국가유공자 인정에 관하여 명문 규정을 두고 있지 않으나 전문(前文)에서 "3.1운동으로 건립된 대한민국임시정부의 법통을 계승"한다고 선언하고 있다. 이는 대한민국이 일제에 항거한 독립운동가의 공헌과 희생을 바탕으로 이룩된 것임을 선언한 것이고, 그렇다면 국가는 일제로부터 조국의 자주독립을 위하여 공헌한 독립유공자와 그 유족에 대하여는 응분의 예우를 하여야 할 헌법적 의무를 지닌다[헌재 2005. 6. 30. 2004헌마859].

9. 대한민국임시정부의 법통 계승은 현행 헌법전문에서 처음으로 명시되었다. [14 법행]

해설 현행 헌법전문에 처음 명시됨. "유구한 역사와 전통에 빛나는 우리 대한국민은 3·1운동으로 건립된 대한민국임시정부의 법통과 불의에 항거한 4·19민주이념을 계승하고…"(현행 헌법전문 중).

정답 8. ○ 9. ○

민주국가원리
정당의 자유

12 지구당 및 당연락소 폐지 사건

(정당법 제3조 등 위헌확인)
2004. 12. 16. 2004헌마456 [기각]

|판시사항|

1. 헌법 제8조 제1항이 정당조직의 자유를 포함한 정당의 자유를 보장하는지 여부(+)
2. 헌법 제8조 제2항이 가지는 의미
3. 정당법 제3조, 정당법 부칙 제5조, 제7조(이하 '이 사건 법률조항들' 이라 한다)가 정당의 자유를 제한하는지 여부(+)
4. 위 제한이 기본권의 본질적 내용을 침해하는지 여부(−)
5. 위 제한이 비례원칙에 반하는지 여부(−)

[결정요지]

1. 헌법 제8조 제1항은 "정당의 설립은 자유이며, 복수정당제는 보장된다."고 규정하여 국민 누구나가 원칙적으로 국가의 간섭을 받지 아니하고 정당을 설립할 권리를 국민의 기본권으로 보장하면서 아울러 그 당연한 법적 산물인 복수정당제를 제도적으로 보장하고 있다.

헌법 제8조 제1항이 명시하는 정당설립의 자유는 설립할 정당의 조직형태를 어떠한 내용으로 할 것인가에 관한 정당조직 선택의 자유 및 그와 같이 선택된 조직을 결성할 자유(이하 이를 포괄하여 '정당조직의 자유'라 한다)를 포함한다. 정당조직의 자유는 정당설립의 자유에 개념적으로 포괄될 뿐만 아니라, 정당조직의 자유가 완전히 배제되거나 임의적으로 제한될 수 있다면, 정당설립의 자유가 실질적으로 무의미해지기 때문이다.

또한 헌법 제8조 제1항은 정당활동의 자유도 보장한다. 정당의 설립만이 보장될 뿐 설립된 정당이 언제든지 다시 금지될 수 있거나 정당활동이 임의로 제한될 수 있다면, 정당설립의 자유는 사실상 아무런 의미가 없기 때문이다(헌재 1999. 12. 23. 99헌마135 참조).

이와 같이 헌법 제8조 제1항은 정당설립의 자유, 정당조직의 자유, 정당활동의 자유 등을 포괄하는 정당의 자유를 보장하고 있다. 이러한 정당의 자유는 국민이 개인적으로 갖는 기본권일 뿐만 아니라, 단체로서의 정당이 가지는 기본권이기도 하다.

2. 헌법 제8조 제2항은 헌법 제8조 제1항에 의하여 정당의 자유가 보장됨을 전제로 하여, 그러한 자유를 누리는 정당의 목적·조직·활동이 민주적이어야 한다는 요청, 그리고 그 조직이 국민의 정치적 의사형성에 참여하는데 필요한 조직이어야 한다는 요청을 내용으로 하는 것으로서, 정당에 대하여 정당의 자유의 한계를 부과하는 것임과 동시에 입법자에 대하여 그에 필요한 입법을 해야 할 의무를 부과하고 있다. 그러나 이에 나아가 정당의 자유의 헌법적 근거를 제공하는 근거규범으로서 기능한다고는 할 수 없다.

3. 이 사건 법률조항들은 정당의 조직 중 기존의 지구당과 당연락소를 강제적으로 폐지하고 이후 지구당을 설립하거나 당연락소를 설치하는 것을 금지하고 있으므로 정당조직의 자유와 정당활동의 자유를 포함한 정당의 자유를 제한한다.

4. 이 사건 법률조항들이 정당으로 하여금 그 핵심적인 기능과 임무를 전혀 수행하지 못하도록 하거나 이를 수행하더라도 전혀 비민주적인 과정을 통할 수밖에 없도록 하는 것이라면 정당의 자유의 본질적 내용을 침해하는 것이 되지만, 지구당이나 당연락소(이하 '지구당'이라고만 한다)가 없더라도 이러한 기능과 임무를 수행하는 것이 불가능하지 아니하고 특히 교통, 통신, 대중매체가 발달한 오늘날 지구당의 통로로서의 의미가 상당부분 완화되었기 때문에, 본질적 내용을 침해한다고 할 수 없다.

5. 첫째, 이 사건 법률조항들의 입법목적인 '고비용 저효율의 정당구조를 개선함'은 그 정당성을 인정할 수 있고, 둘째, 지구당 폐지는 위 입법목적을 달성하는데 효과적이고 적절한 수단일 뿐만 아니라, 지구당을 강화할 것인가 여부에 관한 선택은 헌법의 테두리를 벗어나지 않는 한 입법자가 합목적적으로 판단할 당·부당의 문제에 그치고 합헌·위헌의 문제로까지 되는 것은 아니어서 지구당을 폐지한 것에 수단의 적정성이 있는가 하는 것은 상대적으로 완화된 심사기준에 의하여 판단하여야 하므로, 수단의 적정성을 인정할 수 있으며, 셋째, 지구당을 폐지하지 않고서는 문제점을 해결할 수 없다는 한국정당정치의 현실에 대한 입법자의 진단이 타당할 뿐만 아니라 이 사건 법률조항들하에서도 정당활동을 할 수 있는 길이 있으므로 침해의 최소성을 인정할 수 있고, 넷째, 이 사건 법률조항들이 달성하려는 공익과 이로 인하여 침해되는 사익 사이에 현저한 불균형이 있다고 보기 어려워 법익의 균형성을 인정할 수 있으므로, 비례원칙에 반하지 아니한다.

민주국가원리
정당의 자유

13 정당등록요건 사건

(정당법 제25조 등 위헌확인)
2006. 3. 30. 2004헌마246 [기각]

|판시사항|

1. 정당의 개념표지와 등록제도
2. 정당법상 정당등록요건을 다투는 정당(청구인)이 청구한 헌법소원 사건에서 침해 여부가 문제되는 기본권
3. 정당설립의 자유의 내용
4. 정당의 등록요건으로 "5 이상의 시·도당과 각 시·도당 1,000명 이상의 당원" 을 요구하는 구 정당법 제25조 및 제27조가 청구인의 정당설립의 자유를 침해하여 위헌인지 여부(−)

[결정요지]

1. 우리 헌법 및 정당법상 정당의 개념적 징표로서는 ① 국가와 자유민주주의 또는 헌법질서를 긍정할 것, ② 공익의 실현에 노력할 것, ③ 선거에 참여할 것, ④ 정강이나 정책을 가질 것, ⑤ 국민의 정치적 의사형성에 참여할 것, ⑥ 계속적이고 공고한 조직을 구비할 것, ⑦ 구성원들이 당원이 될 수 있는 자격을 구비할 것 등을 들 수 있다. 즉, 정당은 정당법 제2조에 의한 정당의 개념표지 외에 예컨대 독일의 정당법(제2조)이 규정하고 있는바와 같이 "상당한 기간 또는 계속해서" "상당한 지역에서" 국민의 정치적 의사형성에 참여해야 한다는 개념표지가 요청된다고 할 것이다.

정당법은 제4조 제1항에서 "정당은 중앙당이 중앙선거관리위원회에 등록함으로써 성립한다."고 하여 정당등록을 정당설립의 요건으로 규정하고 있다. 따라서 어떤 정치적 결사가 비록 국민의 정치적 의사형성에 참여하려는 의도를 가지고 정당으로 활동하고자 하더라도, 중앙선거관리위원회에 정당으로 등록되지 않는 한 정당법상의 정당으로 인정받지 못하게 된다.

정당등록제도는 정당임을 자처하는 정치적 결사가 일정한 법률상의 요건을 갖추어 관할 행정기관에 등록을 신청하고, 이 요건이 충족된 경우 정당등록부에 등록하여 비로소 그 결사가 정당임을 법적으로 확인시켜 주는 제도이다. 이러한 정당의 등록제도는 어떤 정치

적 결사가 정당에 해당되는지의 여부를 쉽게 확인할 수 있게 해 주며, 이에 따라 정당에게 부여되는 법률상의 권리·의무관계도 비교적 명확하게 판단할 수 있게 해 준다. 이러한 점에서 정당등록제는 법적 안정성과 확실성에 기여한다고 평가할 수 있다.

2. 정당설립의 자유는 비록 헌법 제8조 제1항 전단에 규정되어 있지만 국민 개인과 정당의 '기본권'이라 할 수 있고, 당연히 이를 근거로 하여 헌법소원심판을 청구할 수 있다. 정당법상 정당등록요건을 다투는 정당(청구인)이 청구한 사건에서도 헌법 제21조 제1항 결사의 자유의 특별규정으로서, 헌법 제8조 제1항 전단의 '정당설립의 자유'가 침해 여부가 문제되는 기본권이라고 할 것이다. 한편, 이 사건 법률조항은 정당의 등록요건을 설정해 놓은 것이고 이 규정은 모든 국민이나 정당에게 차별없이 적용된다. 그러므로 그 요건을 충족하기 어려운 개인이나 정당의 입장에서 이 규정으로 말미암아 정당으로 등록하지 못하거나 또는 정당의 지위를 유지하지 못하게 되는 것은 이 규정이 적용된 결과일 뿐이고, 이로 말미암아 정당설립의 자유가 침해되는가는 별론으로 하고 평등권침해 문제가 따로 제기되는 것은 아니라고 할 것이다.

3. 헌법 제8조 제1항 전단의 정당설립의 자유는 정당설립의 자유만이 아니라 누구나 국가의 간섭을 받지 아니하고 자유롭게 정당에 가입하고 정당으로부터 탈퇴할 수 있는 자유를 함께 보장한다. 구체적으로 정당의 자유는 개개인의 자유로운 정당설립 및 정당가입의 자유, 조직형식 내지 법형식 선택의 자유를 포함한다. 또한 정당설립의 자유는 설립에 대응하는 정당해산의 자유, 합당의 자유, 분당의 자유도 포함한다. 뿐만 아니라 정당설립의 자유는 개인이 정당 일반 또는 특정 정당에 가입하지 아니할 자유, 가입했던 정당으로부터 탈퇴할 자유 등 소극적 자유도 포함한다.

4. (1) 이 사건 법률조항 중 제25조의 규정은 이른바 "지역정당"을 배제하려는 취지로 볼 수 있고, 제27조의 규정은 이른바 "군소정당"을 배제하려는 취지로 볼 수 있다. 우선 우리 헌법의 대의민주적 기본질서가 제기능을 수행하기 위해서는 의회 내의 안정된 다수세력의 확보를 필요로 한다는 점에서, 군소정당의 배제는 그 목적의 정당성이 인정될 수 있다. 또한 지역적 연고에 지나치게 의존하는 정당정치풍토가 우리의 정치현실에서 자주 문제시되고 있다는 점에서 볼 때, 단지 특정지역의 정치적 의사만을 반영하려는 지역정당을 배제하려는 취지가 헌법에 어긋난 입법목적이라고 단정하기는 어렵다. 따라서 이 사건 법률조항의 입법목적은 정당한 것이라고 할 것이다.

(2) 이 사건 법률조항은 "5 이상의 시·도당"과 "각 시·도당 1,000명 이상의 당원"이라

는 두 가지 상수(常數)를 정당등록의 기준으로 하고 있는바, 이는 앞에서 본 바와 같이 지역정당 및 군소정당을 배제하려는 취지이며, 이와 같은 규정내용은 특정 지역에만 조직이 형성되는 것을 막고, 5개 이상의 시·도에 각 조직이 구성되고 그 조직 내에 일정 수 이상의 당원이 활동할 것을 요구함으로써 선거단체 및 소규모 지역정치단체들이 무분별하게 정당에 편입되는 것을 억제하기에 적합한 수단이라고 할 것이다. 이와 같이 전국 정당으로서의 기능 및 위상을 충실히 하기 위해서 5개의 시·도당을 구성하는 것이 필요하다고 본 입법자의 판단이 자의적이라고 볼 수 없고, 각 시·도당 내에 1,000명 이상의 당원을 요구하는 것도 우리 나라 전체 및 각 시·도의 인구를 고려해 볼 때, 청구인과 같은 군소정당 또는 신생정당이라 하더라도 과도한 부담이라고 할 수 없다.

(3) 따라서 이 사건 법률조항이 비록 정당으로 등록되기에 필요한 요건으로서 5개 이상의 시·도당 및 각 시·도당마다 1,000명 이상의 당원을 갖출 것을 요구하고 있기 때문에 국민의 정당설립의 자유에 어느 정도 제한을 가하는 점이 있는 것은 사실이나, 이러한 제한은 "상당한 기간 또는 계속해서", "상당한 지역에서" 국민의 정치적 의사형성 과정에 참여해야 한다는 헌법상 정당의 개념표지를 구현하기 위한 합리적인 제한이라고 할 것이므로, 그러한 제한은 헌법적으로 정당화된다고 할 것이다.

관련 유사 판례

13-1. 정당과 일반결사의 차이

(1995. 5. 25. 95헌마105)

[결정내용]

우리 헌법은 모든 국민에게 결사의 자유(제21조)를 보장하면서도 결사의 한 형태인 정당에 관하여는 일반단체(일반결사)와는 다른 특별한 보호와 규제를 하고 있다(제8조).

헌법이 정당에 대하여 일반결사와는 다른 특별한 보호와 규제를 하고 있는 이유는 정당이 "국민이 이익을 위하여 책임 있는 정치적 주장이나 정책을 추진하고 공직선거의 후보자를 추천 또는 지지함으로써 국민의 정치적 의사형성에 참여함을 목적으로"하여 조직된 단체이고 또 그러한 목적수행에 필요한 조직을 갖추고 있기 때문인 것으로 이해되고(정당법 제1조, 제2조 참조) 반대로 일반결사에 대하여 정당의 경우와 같은 헌법상의 보호와 규제가 없는 것은 그러한 단체는 각기 자기고유의 설립목적이 따로 있고 국민의 정치적 의사형성에 참여함을 직접 목적으로 하여 조직된 것이 아니며 또 그러한 의사형성에 참여하는 데 필요한 조직도 갖추고 있지 않기 때문인 것으로 이해된다.

13-2. 정당등록취소 및 등록취소된 정당의 명칭사용금지 사건

(헌재 2014.01.28. 2012헌마431)

[결정내용]

국회의원선거에 참여하여 의석을 얻지 못하고 유효투표총수의 100분의 2 이상을 득표하지 못한 정당에 대해 그 등록을 취소하도록 한 정당법 제44조 제1항 제3호와, 등록취소된 정당의 명칭과 동일한 명칭을 일정 기간 정당의 명칭으로 사용할 수 없도록 한 정당법 제41조 제4항 중 제44조 제1항 제3호에 관한 부분은 헌법에 위반된다는 결정을 선고하였다.

헌법재판소의 결정으로 정당이 해산된 경우와는 달리, 정당등록취소조항에 의해 정당등록이 취소된 경우에는 대체정당의 설립이 가능하고 일정기간이 경과하면 등록취소된 정당의 명칭을 사용할 수 있다고 하더라도, 정당등록의 취소는 정당의 존속 자체를 박탈하여 모든 형태의 정당활동을 불가능하게 하므로, 그에 대한 입법은 필요최소한의 범위에서 엄격한 기준에 따라 이루어져야 한다. 그런데 일정기간 동안 공직선거에 참여할 기회를 수회 부여하고 그 결과에 따라 등록취소 여부를 결정하는 등 덜 기본권 제한적인 방법을 상정할 수 있고, 정당법에서 법정의 등록요건을 갖추지 못하게 된 정당이나 일정 기간 국회의원선거 등에 참여하지 아니한 정당의 등록을 취소하도록 하는 등 입법목적을 실현할 수 있는 다른 법적 장치도 마련되어 있으므로, 정당등록취소조항은 침해의 최소성 요건을 갖추지 못하였다.

나아가, 위 조항은 어느 정당이 대통령선거나 지방자치선거에서 아무리 좋은 성과를 올리더라도 국회의원선거에서 일정 수준의 지지를 얻는 데 실패하면 등록이 취소될 수밖에 없어 불합리하고, 신생·군소정당으로 하여금 국회의원선거에의 참여 자체를 포기하게 할 우려도 있어 법익의 균형성 요건도 갖추지 못하였다. 따라서 정당등록취소조항은 과잉금지원칙에 위반되어 청구인들의 정당설립의 자유를 침해한다. 정당명칭사용금지조항은 정당등록취소조항을 전제로 하고 있으므로, 같은 이유에서 정당설립의 자유를 침해한다고 할 것이다.

14 정당에 대한 후원을 금지한 정치자금법 규정의 위헌 여부

민주국가원리
정당의 평등

(정치자금법 제45조 제1항 등 위헌소원)
2015. 12. 23. 2013헌바168 **[헌법불합치]**

|판시사항|

1. 심판대상을 개정된 신법조항으로 확장한 사례
2. 정당에 대한 재정적 후원을 금지하고 위반 시 형사처벌하는 구 정치자금법(2008. 2. 29. 법률 제8880호로 개정되고, 2010. 1. 25. 법률 제9975호로 개정되기 전의 것) 제6조, 정치자금법(2010. 1. 25. 법률 제9975호로 개정된 것) 제6조 및 정치자금법(2008. 2. 29. 법률 제8880호로 개정된 것) 제45조 제1항 본문의 "이 법에 정하지 아니한 방법" 중 제6조에 관한 부분(이하 모두 합하여 '이 사건 법률조항' 이라 한다)이 정당의 정당활동의 자유와 국민의 정치적 표현의 자유를 침해하는지 여부(+)
3. 법적 공백이나 혼란을 방지하기 위해 헌법불합치결정을 하면서 잠정적용을 명한 사례

[결정요지]

1. 2010. 1. 25. 법률 제9975호로 개정된 정치자금법 제6조 제6호 중 개정된 부분은 정당 후원회와 무관하고, 개정 정치자금법에 의하더라도 후원회 지정권자에서 정당이 제외된 것은 마찬가지이어서 그 위헌여부에 관하여도 구 정치자금법과 동일한 결론에 이르게 됨이 명백하므로 개정된 정치자금법 제6조를 심판대상에 포함시키기로 한다.

2. 이 사건 법률조항은 정당 후원회를 금지함으로써 불법 정치자금 수수로 인한 정경유착을 막고 정당의 정치자금 조달의 투명성을 확보하여 정당 운영의 투명성과 도덕성을 제고하기 위한 것으로, 입법목적의 정당성은 인정된다.

그러나 정경유착의 문제는 일부 재벌기업과 부패한 정치세력에 국한된 것이고 대다수 유권자들과는 직접적인 관련이 없으므로 일반 국민의 정당에 대한 정치자금 기부를 원천적으로 봉쇄할 필요는 없고, 기부 및 모금한도액의 제한, 기부내역 공개 등의 방법으로 정치자금의 투명성을 충분히 확보할 수 있다.

정치자금 중 당비는 반드시 당원으로 가입해야만 납부할 수 있어 일반 국민으로서 자신이 지지하는 정당에 재정적 후원을 하기 위해 반드시 당원이 되어야 하므로, 정당법상

정당 가입이 금지되는 공무원 등의 경우에는 자신이 지지하는 정당에 재정적 후원을 할 수 있는 방법이 없다. 그리고 현행 기탁금 제도는 중앙선거관리위원회가 국고보조금의 배분비율에 따라 각 정당에 배분·지급하는 일반기탁금제도로서, 기부자가 자신이 지지하는 특정 정당에 재정적 후원을 하는 것과는 전혀 다른 제도이므로 이로써 정당 후원회를 대체할 수 있다고 보기도 어렵다.

나아가 <u>정당제 민주주의 하에서 정당에 대한 재정적 후원이 전면적으로 금지됨으로써 정당이 스스로 재정을 충당하고자 하는 정당활동의 자유와 국민의 정치적 표현의 자유에 대한 제한이 매우 크다고 할 것이므로, 이 사건 법률조항은 정당의 정당활동의 자유와 국민의 정치적 표현의 자유를 침해한다</u>.

3. 이 사건 법률조항은 헌법에 위반되므로 원칙적으로 위헌결정을 하여야 할 것이나, 위헌결정을 하여 당장 그 효력을 상실시킬 경우 후원회를 지정할 수 있는 근거규정이 없어지게 되어 법적 공백상태가 발생되고, 이로 말미암아 정치자금법상 후원회를 통하지 않고 기부한도 등의 제한이나 선거관리위원회의 통제 없이 정치자금의 후원이 이루어지게 되어 정경유착과 금권선거의 폐해가 발생할 우려가 있으므로, 이 사건 법률조항에 대하여 헌법불합치 결정을 하기로 한다. 이 사건 법률조항은 그 위헌성이 제거될 때까지 잠정적으로 적용되어야 하고, 입법자는 되도록 빠른 시일 내에, 늦어도 2017. 6. 30.까지는 새 입법을 마련하여야 할 것이다.

민주국가원리

정당의 평등

15 정당의 국고보조금 배분비율 사건

(정치자금에관한법률 제18조 위헌확인)
2006. 7. 27. 2004헌마655 [기각]

|판시사항|

1. 법령에 대한 헌법소원심판에 있어서, 청구기간이 '법령에 해당하는 사유가 발생' 하여 진행이 개시된 이후에 다시 '법령에 해당하는 사유가 발생' 하면 새로이 청구기간의 진행이 개시되는지 여부(-)
2. 정당에 보조금을 배분함에 있어 교섭단체의 구성 여부에 따라 차등을 두는 정치자금에관한법률 제18조 제1항 내지 제3항이 평등원칙에 위반되는지 여부(-)

[결정요지]

1. 법령에 대한 헌법소원심판에 있어서, 청구기간의 기산점이 되는 '법령에 해당하는 사유가 발생한 날'이란 법령의 규율을 구체적이고 현실적으로 적용받게 된 최초의 날을 의미하는 것으로 보는 것이 상당하다. 즉, 일단 '법령에 해당하는 사유가 발생'하면 그 때로부터 당해 법령에 대한 헌법소원의 청구기간의 진행이 개시되며, 그 이후에 새로이 '법령에 해당하는 사유가 발생'한다고 하여서 일단 개시된 청구기간의 진행이 정지되고 새로운 청구기간의 진행이 개시된다고 볼 수는 없다.

2. 헌법 제8조 제3항의 규정에 의하여 정당에게 주어지는 보조금을 배분받을 권리는 보조금의 액수, 지급기준 및 대상, 용도 등에 관한 구체적 사항이 법률에 규정됨으로써 비로소 구체적인 법적 권리로 형성되므로, 입법자는 정당에 대한 보조금의 배분기준을 정함에 있어 입법정책적인 재량권을 가지나 합리적인 이유 없이 정당을 불평등하게 취급해서는 안 될 것이다. 다만, 정당의 기회균등원칙은 각 정당에 보조금을 균등하게 배분할 것을 요구하는 것이 아니라 보조금제도의 취지에 비추어 각 정당의 규모나 정치적 영향력, 정당이 선거에서 거둔 실적 등에 따라 어느 정도 차별을 할 수 있고, 그 내용이 현재의 각 정당들 사이의 경쟁상태를 현저하게 변경시킬 정도가 아니면 합리성을 인정할 수 있을 것이다.

입법자는 정당에 대한 보조금의 배분기준을 정함에 있어 입법정책적인 재량권을 가지므로, 그 내용이 현재의 각 정당들 사이의 경쟁상태를 현저하게 변경시킬 정도가 아니면 합리성을 인정할 수 있다. 정당의 공적기능의 수행에 있어 교섭단체의 구성 여부에 따라 차이가 나타날 수밖에 없고, 이 사건 법률조항이 교섭단체의 구성 여부만을 보조금 배분의 유일한 기준으로 삼은 것이 아니라 정당의 의석수비율과 득표수비율도 함께 고려함으로써 현행의 보조금 배분비율이 정당이 선거에서 얻은 결과를 반영한 득표수비율과 큰 차이를 보이지 않고 있는 점 등을 고려하면, <u>교섭단체를 구성할 정도의 다수 정당과 그에 미치지 못하는 소수 정당 사이에 나타나는 차등지급의 정도는 정당 간의 경쟁상태를 현저하게 변경시킬 정도로 합리성을 결여한 차별이라고 보기 어렵다</u>.

민주국가원리
당내 민주주의원칙

16 당내 민주주의원칙과 국회의원선거의 효력

(선거무효의 소)
대법원 2021. 12. 30. 선고 2020수5011 판결

|판시사항|

1. 중앙선거관리위원회 위원장이 정당법에 명시된 요건이 아닌 다른 사유로 정당등록신청을 거부할 수 있는지 여부(−)
2. 정당의 후보자 추천절차와 직접적인 관련이 없는 정당의 목적, 조직, 활동 등 다른 사유로 정당의 후보자 추천을 제한할 수 있는지 여부(−) / 관할선거구선거관리위원회가 구 공직선거법 제52조 제1항 내지 제4항에서 열거되지 않은 사유를 이유로 후보자 등록을 무효로 할 수 있는지 여부(−)
3. 정당의 내부질서에 대한 법적 규제의 필요성과 그 규제의 정도
4. 중앙선거관리위원회 위원장이 비례대표국회의원 후보자 추천절차와 관련하여 심사할 사항 및 이러한 절차에 따라 후보자가 결정되지 않았다고 인정하는 경우 취할 조치 / 비례대표국회의원 후보자 결정을 위한 심사·투표 절차가 당원의 의사가 반영될 수 있는 방식일 것이 요구되는지 여부(+)
5. 정당이 자당의 후보자를 추천하지 않고 다른 정당의 추천후보자나 무소속후보자를 지지·지원하는 것도 정당 본래의 기능에 속하는지 여부(+) 및 정당이 정권을 획득하기 위하여 정당 간 정책연합이나 선거공조를 하는 것이 가능한지 여부(+)

[결정요지]

1. 정당법 제4조 제1항은 "정당은 중앙당이 중앙선거관리위원회에 등록함으로써 성립한다."라고 규정하여 정당설립의 요건으로 정당등록을 들고 있다. 정당법은 이러한 정당등록의 요건으로 시·도당수 및 시·도당의 당원수(제4조 제2항, 제17조, 제18조), 등록신청서의 기재사항(제12조 제1항, 제2항), 유사명칭 등의 사용금지(제41조) 등을 규정하고 있고, 정당등록신청을 받은 관할 선거관리위원회는 형식적 요건을 구비하는 한 이를 거부하지 못한다(제15조). 정당법에 따라 중앙선거관리위원회에 등록된 정당은 그 결사가 정당임을 법적으로 확인받게 된다.

이와 같은 정당등록에 관한 규정에 의하면 중앙선거관리위원회 위원장은 정당이 정당

법에 정한 형식적 요건을 구비한 경우 등록을 수리하여야 하고, 정당법에 명시된 요건이 아닌 다른 사유로 정당등록신청을 거부하는 등으로 정당설립의 자유를 제한할 수 없다.

2. 정당은 국민의 정치적 의사형성 참여의 일환으로 공직선거에 후보자를 추천할 수 있다. 공직선거법 제47조는 정당의 공직선거 후보자 추천 권한에 관하여 규정하고 있는데, 정당의 후보자 추천절차와 직접적인 관련이 없는 정당의 목적, 조직, 활동 등 다른 사유로 정당의 후보자 추천을 제한하고 있지 않다. 나아가 공직선거법 제49조 제1항 내지 제4항은 공직선거 후보자의 등록 시 제출하여야 할 서류를 열거하고 있고, 같은 조 제8항에서 관할 선거구선거관리위원회는 후보자 등록신청이 있는 때에는 등록신청서, 정당의 추천서 등 특정 서류를 갖추지 아니한 경우가 아닌 한 즉시 이를 수리하여야 한다고 규정하고 있다. 또한 구 공직선거법(2020. 12. 29. 법률 제17813호로 개정되기 전의 것)은 제52조 제1항 내지 제4항에서 후보자 등록 무효 사유를 한정적으로 열거하고 있고, 관할선거구선거관리위원회로서는 위 조항에 열거되지 않은 사유를 이유로 후보자 등록을 무효로 할 수 없다.

3. 정당의 자유는 민주정치의 전제인 자유롭고 공개적인 정치적 의사형성을 가능하게 하는 것이므로 그 자유는 최대한 보장되지 않으면 안 된다. 그러나 정당의 활동은 헌법의 테두리 안에서 보장되는 것이고, 정당은 정치적 조직체인 탓에 그 내부조직에서 형성되는 과두적, 권위주의적 지배경영을 배제하여 민주적 내부질서를 확보하기 위한 법적 규제가 불가피하게 요구된다. 그러나 정당의 내부질서에 대한 규제는 그것이 지나칠 경우 정당의 자유에 대한 침해의 위험성이 있으므로 민주적 내부질서 확보에 필요한 최소한도의 규제로 그쳐야 한다.

4. 비례대표국회의원 후보자 추천에 관하여 정당은 후보자 추천절차의 구체적인 사항을 당헌 또는 당규로 정하여 그 당헌 또는 당규에 따라 민주적 심사절차를 거쳐 대의원·당원 등으로 구성된 선거인단의 민주적 투표절차에 따라 추천할 후보자를 결정하여야 하고, 관할 선거관리위원회인 중앙선거관리위원회 위원장은 정당이 제출한 비례대표국회의원 선거의 후보자 추천절차에 관한 자료를 심사하여 정당이 구 공직선거법(2020. 12. 29. 법률 제17813호로 개정되기 전의 것) 제47조 제2항 제1호 및 제2호 전단에 따라 민주적 심사를 거쳐 대의원·당원 등으로 구성된 선거인단의 민주적 투표절차에 따라 후보자를 결정하였는지, 후보자 추천절차의 구체적 사항을 당헌·당규로 정하고 그에 따라 후보자를 결정하였는지를 심사하여야 하며, 그와 같은 방법으로 후보자가 결정되지 아니하였다고 인정하는 경우 후보자 등록 수리를 거부하거나 후보자 등록을 무효로 하는 조치를 취하여야 한다.

또한, 이와 같은 비례대표국회의원 후보자 추천을 위한 심사 및 대의원·당원 등으로 구성된 선거인단에 의한 투표 절차는 '민주적'일 것, 즉 비례대표국회의원 후보자 결정을 위한 심사·투표 절차에 당원의 의사가 반영될 수 있는 방식일 것이 요구된다.

5. 정당은 국민의 이익을 위하여 책임 있는 정치적 주장이나 정책을 추진하고 공직선거의 후보자를 추천 또는 지지함으로써 국민의 정치적 의사형성에 참여함을 목적으로 하는 국민의 자발적 조직이므로(정당법 제2조), 그 정당이 추구하는 정치적 주장이나 정책을 실현하기 위하여 자당의 후보자를 추천하는 것은 물론 자당의 후보자를 추천하지 않고 다른 정당의 추천후보자나 무소속후보자를 지지·지원하는 것 또한 정당의 본래의 기능에 속한다. 또한 공직선거법 제88조가 다른 정당이나 선거구가 같거나 일부 겹치는 다른 후보자를 위한 선거운동을 할 수 없는 자를 후보자·선거사무장 등으로 제한하면서 정당이나 정당의 당직자·당원 등을 다른 정당이나 다른 정당 소속 후보자를 위하여 자유롭게 선거운동을 할 수 있도록 허용하고 있는 점에 비추어, 정당이 정권을 획득하기 위하여 정당 간 정책연합이나 선거공조를 하는 것도 가능하다.

관련 유사 판례

16-1. 진보당사건에 대하여 재심을 인정하여 무죄를 선고함

(대법원 2011.1.20. 선고 2008재도11 전원합의체 판결)

[판결내용]

이른바 '진보당사건'에 관한 재심대상판결인 대법원 1959. 2. 27. 선고 4291형상559 판결에서 피고인에 대한 구 국가보안법(1958. 12. 26. 법률 제500호로 폐지제정되기 전의 것, 이하 '구 국가보안법'이라고 한다) 위반, 군정법령 제5호 위반 및 간첩의 공소사실이 각 유죄로 인정되어 사형이 집행되었는데, 피고인의 자녀들이 위 판결에 대해 재심을 청구하여 재심이 개시된 사안에서, 원심판결과 제1심판결 중 유죄 부분을 각 파기하고 직접판결을 하면서 제1심판결에서 무죄가 선고된 진보당 관련 구 국가보안법 위반의 공소사실에 대한 검사의 항소를 기각하고, 간첩의 공소사실에 대하여 무죄를 선고한다.

민주국가원리
정당해산

17 통합진보당 해산 사건

2014. 12. 19. 2013헌다1 **[인용(해산)]**

|판시사항|

1. 민주노동당의 목적과 활동이 이 사건의 심판대상이 되는지 여부(−)
2. 대통령의 해외 순방 중 국무총리가 주재한 국무회의에서 이루어진 정당해산심판청구서 제출안에 대한 의결이 위법한지 여부(−)
3. 정당해산심판절차에 적용되는 법령
4. 정당해산심판제도의 의의
5. 정당해산의 사유
   가. "정당의 목적이나 활동" 의 의미
   나. "민주적 기본질서" 의 의미
   다. 정당의 목적이나 활동이 민주적 기본질서에 "위배될 때" 의 의미
   라. 정당해산의 헌법적 정당화 사유로서 '비례원칙' 의 준수
6. 한국사회의 특수성으로서 남북한 대립상황에 대한 고려의 필요성
7. 피청구인의 목적이나 활동이 민주적 기본질서에 위배되는지 여부(+)
8. 피청구인에 대한 해산결정이 비례원칙에 위배되는지 여부(−)
9. 정당해산결정이 선고되는 경우 그 정당 소속 국회의원이 의원직을 상실하는지 여부(+)

[결정요지]

1. 피청구인은 민주노동당이 국민참여당 등과 함께 신설합당 형식으로 창당한 정당이므로, 민주노동당의 목적과 활동은 피청구인의 목적이나 활동과의 관련성이 인정되는 범위에서 이 사건의 판단자료로 삼을 수 있을 뿐이고, 민주노동당의 목적이나 활동 그 자체가 이 사건의 심판대상이 되는 것은 아니다.

2. 대통령은 국무회의의 의장으로서 회의를 소집하고 이를 주재하지만 대통령이 사고로 직무를 수행할 수 없는 경우에는 국무총리가 그 직무를 대행할 수 있고, 대통령이 해외 순방 중인 경우는 '사고'에 해당되므로, 대통령의 직무상 해외 순방 중 국무총리가 주재한

국무회의에서 이루어진 정당해산심판청구서 제출안에 대한 의결은 위법하지 아니하다.

3. 정당해산심판절차에 관하여 민사소송에 관한 법령을 준용하도록 한 헌법재판소법 제40조 제1항은 헌법상 재판을 받을 권리를 침해하지 아니하므로(헌재 2014. 2. 27. 2014헌마7), 정당해산심판절차에는 헌법재판소법과 헌법재판소 심판규칙, 그리고 헌법재판의 성질에 반하지 않는 한도 내에서 민사소송에 관한 법령이 적용된다.

4. 정당해산심판제도는 정부의 일방적인 행정처분에 의해 진보적 야당이 등록취소되어 사라지고 말았던 우리 현대사에 대한 반성의 산물로서 제3차 헌법 개정을 통해 헌법에 도입된 것이다. 우리나라의 경우 이 제도는 발생사적 측면에서 정당을 보호하기 위한 절차로서의 성격이 부각된다. 따라서 모든 정당의 존립과 활동은 최대한 보장되며, 설령 어떤 정당이 민주적 기본질서를 부정하고 이를 적극적으로 공격하는 것으로 보인다 하더라도 국민의 정치적 의사형성에 참여하는 정당으로서 존재하는 한 헌법에 의해 최대한 두텁게 보호되므로, 단순히 행정부의 통상적인 처분에 의해서는 해산될 수 없고, 오직 헌법재판소가 그 정당의 위헌성을 확인하고 해산의 필요성을 인정한 경우에만 정당정치의 영역에서 배제된다. 그러나 한편 이 제도로 인해서, 정당활동의 자유가 인정된다 하더라도 민주적 기본질서를 침해해서는 안 된다는 헌법적 한계 역시 설정된다.

5. 가. '정당의 목적'이란, 어떤 정당이 추구하는 정치적 방향이나 지향점 혹은 현실 속에서 구현하고자 하는 정치적 계획 등을 통칭한다. 이는 주로 정당의 공식적인 강령이나 당헌의 내용을 통해 드러나겠지만, 그밖에 정당대표나 주요 당직자 등의 공식적 발언, 정당의 기관지나 선전자료와 같은 간행물, 정당의 의사결정과정에서 일정한 영향력을 가지거나 정당의 이념으로부터 영향을 받은 당원들의 행위 등도 정당의 목적을 파악하는 데에 도움이 될 수 있다. 만약 정당의 진정한 목적이 숨겨진 상태라면 이 경우에는 강령 이외의 자료를 통해 진정한 목적을 파악해야 한다. 한편 '정당의 활동'이란, 정당 기관의 행위나 주요 정당관계자, 당원 등의 행위로서 그 정당에게 귀속시킬 수 있는 활동 일반을 의미한다.

나. 헌법 제8조 제4항이 의미하는 '민주적 기본질서'는, 개인의 자율적 이성을 신뢰하고 모든 정치적 견해들이 각각 상대적 진리성과 합리성을 지닌다고 전제하는 다원적 세계관에 입각한 것으로서, 모든 폭력적·자의적 지배를 배제하고, 다수를 존중하면서도 소수를 배려하는 민주적 의사결정과 자유·평등을 기본원리로 하여 구성되고 운영되는 정치적 질서를 말하며, 구체적으로는 국민주권의 원리, 기본적 인권의 존중, 권력분립제도, 복수정당제도 등이 현행 헌법상 주요한 요소라고 볼 수 있다.

다. 헌법 제8조 제4항은 정당해산심판의 사유를 "정당의 목적이나 활동이 민주적 기본질서에 위배될 때"로 규정하고 있는데, 여기서 말하는 민주적 기본질서의 '위배'란, 민주적 기본질서에 대한 단순한 위반이나 저촉을 의미하는 것이 아니라, 민주사회의 불가결한 요소인 정당의 존립을 제약해야 할 만큼 그 정당의 목적이나 활동이 우리 사회의 민주적 기본질서에 대하여 실질적인 해악을 끼칠 수 있는 구체적 위험성을 초래하는 경우를 가리킨다.

라. 강제적 정당해산은 헌법상 핵심적인 정치적 기본권인 정당활동의 자유에 대한 근본적 제한이므로, 헌법재판소는 이에 관한 결정을 할 때 헌법 제37조 제2항이 규정하고 있는 비례원칙을 준수해야만 한다. 따라서 헌법 제8조 제4항의 명문규정상 요건이 구비된 경우에도 해당 정당의 위헌적 문제성을 해결할 수 있는 다른 대안적 수단이 없고, 정당해산결정을 통하여 얻을 수 있는 사회적 이익이 정당해산결정으로 인해 초래되는 정당활동 자유 제한으로 인한 불이익과 민주주의 사회에 대한 중대한 제약이라는 사회적 불이익을 초과할 수 있을 정도로 큰 경우에 한하여 정당해산결정이 헌법적으로 정당화될 수 있다.

6. 대한민국은 북한이라는 현실적인 적으로부터 공격의 대상으로 선포되어 있고, 그로부터 체제 전복의 시도가 상시적으로 존재하는 상황인데, 우리의 민주적 기본질서도 궁극적으로 대한민국과 동일한 운명에 있다. 따라서 남북이 대립되어 있는 현재 한반도의 상황과 무관하지 않은 이 사건에서 우리는 입헌주의의 보편적 원리에 더하여, 우리 사회가 처해 있는 여러 현실적 측면들, 대한민국의 특수한 역사적 상황 그리고 우리 국민들이 공유하는 고유한 인식과 법 감정들의 존재를 동시에 숙고할 수밖에 없다.

7. 가. 피청구인이 추구하는 가치 내지 이념적 지향점은 '진보적 민주주의'다. 그런데 '진보적 민주주의'의 개념은 시대적 상황 등에 따라 다양하게 해석되어 왔고, 정당이 추구하는 바는 사실상 정당을 주도적으로 이끄는 세력의 이념적 성향 및 지향점과 상통할 수밖에 없으므로, 피청구인이 추구하는 '진보적 민주주의'의 진정한 의미를 파악하기 위해서는 강령 등의 문언적 의미 외에 그 도입경위, 현재 피청구인을 주도하고 있는 세력의 이에 대한 인식 및 이념적 지향점이 무엇인지를 살펴볼 필요가 있다.

피청구인은 민주노동당과 국민참여당, 그리고 진보신당에서 탈당한 당원들로 구성된 '새로운 진보정당 건설을 위한 통합연대'가 통합하여 창당되었는데, '민주주의민족통일전국연합' 내 지역조직이었던 경기동부연합, 부산울산연합, 광주전남연합 등을 대표하는 이른바 자주파 계열의 사람들이 진보적 민주주의 도입을 주장하거나 지지하였고, 피청구인 창당도 주도하였다. 진보적 민주주의의 실현을 추구하는 경기동부연합과 광주전남연합, 부산울산

연합의 주요 구성원 및 이들과 이념적 지향점을 같이하는 당원들(이하 '피청구인 주도세력'이라 한다)은 국민참여당계 등 자신들을 견제하던 세력들이 비례대표 부정경선 사건 및 중앙위원회 폭력 사건 등을 원인으로 탈당한 후 그들의 방침대로 당직자 결정 등 주요 사안을 결정하면서 당을 주도하여 왔는데, 과거 민족민주혁명당, 남북공동선언실천연대, 일심회 등에서 주체사상을 지도이념으로 하여 활동한 사람들을 주축으로 한 피청구인 주도세력의 형성과정, 대북자세, 활동경력, 이념적 동일성 등을 종합해 볼 때, 피청구인 주도세력은 북한을 추종하고 있다.

피청구인 주도세력이 피청구인의 강령상 '진보적 민주주의'를 어떻게 인식하고 이해하고 있는지를 살펴보건대, 피청구인 주도세력은 우리 사회를 외세에 예속된, 천민적 자본주의 또는 식민지반자본주의사회로 보고, 이러한 모순이 국가의 주권을 말살하고 민중들의 삶을 궁핍에 빠뜨리고 있다고 주장하면서 새로운 대안체제이자 사회주의로 이행하기 위한 과도기 단계로서 '진보적 민주주의 체제'를 제시하고 있다. 피청구인 주도세력은 강령적 과제로 민족자주(자주), 민주주의(민주), 민족화해(통일)를 제시하면서, 최종적인 강령적 과제인 연방제 통일을 통한 사회주의 실현을 위해서는 먼저 남한에서 민중민주주의변혁이 이루어져야 하고, 이러한 '통일'과 '민주'라는 과제를 달성하기 위해서는 '자주'를 선차적으로 달성해야 한다고 인식하고 있다. 그리고 피청구인 주도세력은 진보적 민주주의 실현방안으로 선거에 의한 집권과 저항권에 의한 집권을 설정하면서, 필요한 때에는 폭력을 행사하여 기존의 우리 자유민주주의 체제를 전복하고 새로운 진보적 민주주의 체제를 구축하여 집권할 수 있다고 한다. 이를 종합하면, 피청구인 주도세력의 강령상 목표는 1차적으로 폭력에 의하여 진보적 민주주의를 실현하고, 이를 기초로 통일을 통하여 최종적으로는 사회주의를 실현하는 것이다.

나. 한편 피청구인 소속 국회의원 이○기를 비롯한 ○○연합의 주요 구성원들은 2013. 5. 10. 및 5. 12., 당시 정세를 전쟁 국면으로 인식하고 그 수장인 이○기의 주도 하에 전쟁 발발시 북한에 동조하여 대한민국 내 국가기간시설의 파괴, 무기 제조 및 탈취, 통신 교란 등 폭력을 실행하고자 내란관련 회합들을 개최하였는데, 위 회합들의 개최 경위, 참석자들의 피청구인 당내 지위, 이 사건에 대한 피청구인의 옹호 태도 등을 종합할 때, 위 회합들은 피청구인의 활동으로 귀속된다.

또한 비례대표 부정경선, 중앙위원회 폭력 사건 및 관악을 지역구 여론조작 사건은 피청구인의 당원들이 토론과 표결에 기반하지 않고 폭력적 수단으로 자신들이 지지하는 후보의 당선을 관철시키려 한 것으로서 당내 민주적 의사형성을 왜곡하고 선거제도를 형해화하여 민주주의 원리를 훼손하는 것이다.

다. 앞서 본 바와 같이, 피청구인 주도세력은 폭력에 의하여 진보적 민주주의를 실현하고 이를 기초로 통일을 통하여 최종적으로 사회주의를 실현한다는 목적을 가지고 있다. 피청구인 주도세력은 북한을 추종하고 있고, 그들이 주장하는 진보적 민주주의는 북한의 대남혁명전략과 거의 모든 점에서 전체적으로 같거나 매우 유사하다. 한편 피청구인 주도세력은 민중민주주의 변혁론에 따라 혁명을 추구하면서 북한의 입장을 옹호하고 대한민국의 정통성을 부정하고 있는데, 이러한 경향은 위와 같은 내란관련 사건에서 극명하게 드러났다.

위와 같은 사정과 피청구인 주도세력이 피청구인을 장악하고 있음에 비추어 그들의 목적과 활동은 피청구인의 목적과 활동으로 귀속되는 점 등을 종합하여 보면, 피청구인의 진정한 목적과 활동은 1차적으로 폭력에 의하여 진보적 민주주의를 실현하고 최종적으로는 북한식 사회주의를 실현하는 것으로 판단된다.

라. 피청구인이 추구하는 북한식 사회주의 체제는 조선노동당이 제시하는 정치 노선을 절대적인 선으로 받아들이고 그 정당의 특정한 계급노선과 결부된 인민민주주의 독재방식과 수령론에 기초한 1인 독재를 통치의 본질로 추구하는 점에서 민주적 기본질서와 근본적으로 충돌한다. 또한 피청구인은 진보적 민주주의를 실현하기 위해서는 전민항쟁 등 폭력을 행사하여 자유민주주의체제를 전복할 수 있다고 하는데 이 역시 민주적 기본질서에 정면으로 저촉된다. 한편 내란관련 사건, 비례대표 부정경선 사건, 중앙위원회 폭력 사건 및 관악을 지역구 여론조작 사건 등 피청구인의 활동들은 내용적 측면에서는 국가의 존립, 의회제도, 법치주의 등을 부정하는 것이고, 수단이나 성격의 측면에서는 자신의 의사를 관철하기 위해 폭력 등을 적극적으로 사용하여 민주주의 이념에 반하는 것이다.

내란관련 사건 등 앞서 본 피청구인의 여러 활동들은 그 경위, 양상, 피청구인 주도세력의 성향, 구성원의 활동에 대한 피청구인의 태도 등에 비추어 보면, 피청구인의 진정한 목적에 기초하여 일으킨 것으로서, 향후 유사상황에서 반복될 가능성이 크다. 더욱이 피청구인이 폭력에 의한 집권 가능성을 인정하고 있는 점에 비추어 피청구인의 여러 활동들은 민주적 기본질서에 대해 실질적인 해악을 끼칠 구체적 위험성이 발현된 것으로 보인다. 특히 내란관련 사건에서 피청구인 주도세력이 북한에 동조하여 대한민국의 존립에 위해를 가할 수 있는 방안을 구체적으로 논의한 것은 피청구인의 진정한 목적을 단적으로 드러낸 것으로서, 표현의 자유의 한계를 넘어 민주적 기본질서에 대한 구체적 위험성을 배가한 것이다.

결국 피청구인의 위와 같은 진정한 목적이나 그에 기초한 활동은 우리 사회의 민주적 기본질서에 대해 실질적 해악을 끼칠 수 있는 구체적 위험성을 초래하였다고 판단되므로, 민주적 기본질서에 위배된다.

8. 북한식 사회주의를 실현하고자 하는 피청구인의 목적과 활동에 내포된 중대한 위헌성, 대한민국 체제를 파괴하려는 북한과 대치하고 있는 특수한 상황, 피청구인 구성원에 대한 개별적인 형사처벌로는 정당 자체의 위험성이 제거되지 않는 등 해산 결정 외에는 피청구인의 고유한 위험성을 제거할 수 있는 다른 대안이 없는 점, 그리고 민주적 기본질서의 수호와 민주주의의 다원성 보장이라는 사회적 이익이 정당해산결정으로 인한 피청구인의 정당활동의 자유에 대한 근본적 제약이나 다원적 민주주의에 대한 일부 제한이라는 불이익에 비하여 월등히 크고 중요하다는 점을 고려하면, 피청구인에 대한 해산결정은 민주적 기본질서에 가해지는 위험성을 실효적으로 제거하기 위한 부득이한 해법으로서 비례원칙에 위배되지 아니한다.

9. 헌법재판소의 해산결정으로 정당이 해산되는 경우에 그 정당 소속 국회의원이 의원직을 상실하는지에 대하여 명문의 규정은 없으나, 정당해산심판제도의 본질은 민주적 기본질서에 위배되는 정당을 정치적 의사형성과정에서 배제함으로써 국민을 보호하는 데에 있는데, 해산정당 소속 국회의원의 의원직을 상실시키지 않는 경우 정당해산결정의 실효성을 확보할 수 없게 되므로, 이러한 정당해산제도의 취지 등에 비추어 볼 때 헌법재판소의 정당해산결정이 있는 경우 그 정당 소속 국회의원의 의원직은 당선 방식을 불문하고 모두 상실되어야 한다.

반대의견

재판관 김이수

7. 가. 피청구인이 주장하는 '민중주권'은, 주권 독점의 특권적 현상을 타파하고, 지금껏 정치 · 경제적 권력으로부터 소외된 계급 · 계층의 주권적 권리를 실질적으로 보장하겠다는 취지이지, 국민주권의 원리를 부인하는 것이 아니다. 또한 피청구인이 주장하는 '민생중심의 자주자립경제체제'는 시장에 대한 민주적 통제와 사회복지 · 정의 실현을 위한 국가적 규제와 조정을 강화할 것을 주장하는 것으로서, 기본적 인권의 보장을 위한 경제적 토대가 되는 사유재산권이나 경제활동의 자유를 박탈할 것을 주장하는 것이 아니다. 나아가 피청구인이 주장하는 '코리아연방제'는 체제통일과정에서의 과도기적 통일국가를 전제한 것이라고 볼 수 있으나, 피청구인이 종국적으로 추구하는 통일국가의 상은 코리아연방제 통일안에 나타나 있지 아니하다. 그 밖에 국가보안법 폐지 등 피청구인의 주장은 우리 사회에서 이미 충분히 논의된 여러 현안에 대한 하나의 입장을 지지하는 것에 불과하다. 즉

피청구인의 강령상 '진보적 민주주의'의 구체적인 내용은 특정한 집단의 주권을 배제한다거나 기본적 인권을 부인하고 나아가 북한의 적화통일전략에 동조하는 내용을 담고 있다고 볼 수 없다.

한편 피청구인이 주장하는 '진보적 민주주의'는 민주노동당 시기 강령에 도입된 것인데, 그 도입과정을 종합하여 보면, 사회주의적 이상과 가치를 반영하는 광의의 사회주의 지향성을 드러낸 것으로서 베네수엘라, 브라질 등 남미의 모델로부터 영향을 받았던 것으로 보이고, 민주노동당이 제시한 '대중투쟁을 동력으로 한 선거승리'나 '원내외 통합전략'은 궁극적으로 선거에 의한 집권 추구, 군소정당의 한계를 극복하기 위한 전략적 선택으로서, 폭력 사용을 용인한 것이라거나 북한의 대남혁명전략의 수단인 통일전선전술을 편 것이라고 볼 수 없다.

청구인은 피청구인이나 피청구인의 주도세력이 북한 체제를 추구하고, 대한민국체제를 전복하려 한다고 주장한다. 그러나 민주노동당에서 피청구인에 이르는 분당과 창당 및 재분당 과정을 종합하여 보면, 민주노동당 내 자주파의 대북정책이나 입장이 우리 사회의 다수 인식과 동떨어진 측면이 있었다고 하더라도, 자주파의 노선 자체가 주체사상에 기초한 북한식 사회주의 추구나 북한에 대한 무조건적 추종에 기초하였다고 보기 어렵고, 현재 피청구인 내부에 자주파 또는 이에 우호적인 사람들의 비중이 더 커졌다고 하여, 그것이 곧 과거 민주노동당 구성원 가운데 종북 성향을 가진 사람들만이 피청구인에 남았음을 입증하는 것이라 보기 어렵다. 또한 피청구인 구성원 가운데 반국가단체인 민족민주혁명당 조직원이나 하부 조직원 또는 관계자였던 것으로 인정할 수 있는 사람은 직접 유죄판결을 받았거나 판결에서 조직원으로 언급된 단지 몇 명에 불과하고, 그 중 이○기와 그 지지자들이 이념적 통일성을 가진 조직을 형성하여 피청구인을 장악하고 있다고 평가하기 어렵다. 그 밖에 청구인 주장에 의할 때 피청구인을 주도하고 있다는 경기동부연합, 광주전남연합, 부산울산경남연합이 과거 민족민주혁명당 또는 그 조직원 등에 의하여 의사결정이 좌우되는 상태에 있었다고 단정하기 어렵고, 현재 어떤 이념을 공유하거나 지지하여, 통일적으로 단결하여 활동하고 있다고 볼 수 없으며, 피청구인과 북한의 직접적인 연계는 전혀 입증되지 아니하였다.

피청구인이대안체제의수립이나 구조적이고 급진적인 변혁을 추구한다고 하더라도, 피청구인이 폭력적 수단이나 그 밖에 민주주의 원칙에 반하는 수단으로 변혁을 추구하거나 민주적 기본질서의 전복을 추구하려 한다는 점이 구체적으로 입증되지 아니하는 한 피청구인의 목적이 민주적 기본질서에 위배된다고 볼 수 없다.

나. 피청구인의 지역조직인 경기도당이 주최한 2013. 5. 10. 및 5. 12. 각 모임과 그 모임들에서 이루어진 이○기 등의 발언은 단순히 언사에 그친 것이 아니라 민주적 기본질

서에 실질적 해악을 끼칠 구체적 위험이 있다고 할 것이나, 그와 같은 활동은 피청구인 전체의 기본노선에 반하여 이루어진 것이고, 피청구인이 그러한 활동을 적극적으로 옹호하거나 그러한 활동으로부터 기본노선에 영향을 받고 있다고 인정하기 부족하므로 이를 피청구인 정당 전체의 책임으로 볼 수 없다.

한편 비례대표 부정경선 사건이나 중앙위원회 폭력 사건, 야권단일화 여론조작 사건과 같은 피청구인의 일부 구성원의 개별 활동이 당내 민주주의를 훼손하거나, 민주적 의사결정원리를 존중하지 않았거나, 실정법을 위반한 사실은 인정된다. 그러나 피청구인 전체가 조직적, 계획적, 적극적, 지속적으로 위와 같은 활동을 한 것은 아니고, 위와 같은 활동들을 제외하면 피청구인은 다른 정당들과 마찬가지로 일상적인 정당활동을 영위하여 온 점, 그 간 우리 사회가 산발적인 선거부정 행위나 정당 관계자의 범죄에 대하여는 행위자에 대한 형사처벌과 당해 정당의 정치적 책임의 문제로 이를 해결하여 온 점 등을 고려하면, 위와 같은 활동들이 피청구인 자신의 정치적 기본노선에 입각한 것이거나, 거꾸로 피청구인의 기본노선에 중대한 영향을 미치는 것으로서 민주적 기본질서에 실질적 해악을 끼칠 구체적 위험이 있다고 보기에는 부족하다. 따라서 피청구인의 활동은 민주적 기본질서에 위배되지 아니한다.

8. 피청구인에 대한 해산결정을 통해 얻을 수 있는 이익은 상대적으로 미약한 데 반하여 그로 인해 우리 사회의 민주주의에 야기되는 해악은 매우 심각하므로, 정당해산결정은 그러한 이익이라도 긴절하게 요구되는 매우 제한적인 경우에 한하여 최후적이고 보충적으로 선고되어야 하는데, 피청구인 소속 당원들 중 대한민국의 민주적 기본질서를 전복하려는 세력이 있다면 형사처벌 등을 통해 그러한 세력을 피청구인의 정책결정과정으로부터 배제할 수 있는 점, 정당해산 여부는 원칙적으로 정치적 공론의 장에 맡기는 것이 적절한데 지방선거 등 우리 사회의 정치적 공론 영역에서 이미 피청구인에 대한 실효적인 비판과 논박이 이루어지고 있는 점, 피청구인에 대한 해산결정이 피청구인의 대다수 일반 당원들에게 가하게 될 사회적 낙인 효과, 그리고 현격한 국력차를 비롯한 오늘날 남북한의 변화된 현실 등을 고려할 때, 피청구인에 대한 해산결정은 비례원칙에 위배된다.

보충의견

재판관 안창호, 재판관 조용호

피청구인은 피청구인 강령상 사회민주주의적 내용을 제시하면서 진보적 민주주의에는 문언에 나타난 내용 이외에 숨겨진 목적이 없다고 주장하나, 피청구인 주도세력이 주장하는 진보적 민주주의는 사회민주주의와는 다른 것이며, 그들이 '현재' 사회민주주의에서 실시 가능한 내용들을 주장하고 있다고 하여 그들에게 종국적으로 북한식 사회주의를 추구하려는 숨겨진 목적이 없다고 할 수 없다. 피청구인은 민중주권이 단지 '민중'이라는 특정계층의 이익을 대변하기 위한 개념이라고 주장하나, 특정 계층만의 이익 보호를 종국적인 목적으로 삼고 나머지 국민에 대하여는 적대적 태도를 보이는 것은 국민주권주의와 일치하지 않으며, 피청구인의 주도세력이 내세우는 민중주권주의는 인민민주주의국가에서 인민민주주의혁명과 인민민주주의독재를 통해 인민의 주권을 확립한다는 의미로 보일 뿐이다. 피청구인 주도세력이 주장하는 진보적 민주주의체제는 프롤레타리아독재의 범주에 해당하는 계급독재 또는 '민중독재'가 실현된 사회를 의미하므로, 피청구인의 최종 목적인 북한식 사회주의뿐만 아니라 피청구인의 1차(중간) 목적인 진보적 민주주의 역시 민주적 기본질서에 저촉된다.

피청구인이 주장하는 연방제 통일과 관련하여 보건대, 명칭이 같은 연방제라 하더라도 각기 주장하는 목적과 내용에 따라 민주적 기본질서에 위배되는지 여부가 달리 판단되는 것이다. 그런데 피청구인 주도세력이 주장하는 남북총투표는 변혁의 대상인 수구보수세력 등이 배제된 민중만이 주권자로서 참여하는 투표를 의미하고, 북한에서는 북한식 사회주의 체제의 수령과 조선노동당의 의사에 의해 주민의 의사가 결정되므로, 비록 남북 총투표로 통일헌법을 제정하고 통일국가를 형성한다고 하더라도 이는 남북한 주민 전체의 의사가 제대로 반영된 것이라고 할 수 없다. 피청구인 주도세력이 소위 낮은 단계 연방제 통일방안을 채택한 이유로 제시한 내용은 설득력이 없으며, 피청구인 주도세력이 1민족 1국가 2체제 2정부의 연방제 통일방안을 주장하는 것은 결국 북한식 사회주의체제를 추구하기 위한 전략으로 보인다.

민주국가원리
보통선거 원칙

18 재외국민의 선거권 및 국민투표권 배제 사건

(공직선거및선거부정방지법 제15조 제2항 등 위헌확인)
2007. 6. 28. 2004헌마644, 2005헌마360(병합) **[헌법불합치]**

|판시사항|

1. 구법 조항들을 대상으로 한 심판청구였음에도 불구하고 선거의 속성 등을 고려하여 장래의 기본권침해를 다투는 것으로 본 사례
2. 선거권의 의의와 선거권 제한의 한계
3. 공직선거법(2005. 8. 4. 법률 제7681호로 개정된 것, 이하 '법' 이라 한다) 제37조 제1항의 주민등록을 요건으로 재외국민의 국정선거권을 제한하는 것이 재외국민의 선거권, 평등권을 침해하고 보통선거원칙을 위반하는지 여부(+)
4. 법 제38조 제1항의 국내거주자에게만 부재자신고를 허용하는 것이 국외거주자의 선거권·평등권을 침해하고 보통선거원칙을 위반하는지 여부(+)
5. 법 제15조 제2항 제1호, 제37조 제1항의 주민등록을 요건으로 국내거주 재외국민의 지방선거 선거권을 제한하는 것이 국내거주 재외국민의 평등권과 지방의회의원선거권을 침해하는지 여부(+)
6. 법 제16조 제3항의 주민등록을 요건으로 국내거주 재외국민의 지방선거 피선거권을 제한하는 것이 국내거주 재외국민의 공무담임권을 침해하는지 여부(+)
7. 주민등록을 요건으로 재외국민의 국민투표권을 제한하는 국민투표법 제14조 제1항이 청구인들의 국민투표권을 침해하는지 여부(+)
8. 헌법불합치결정을 하되 계속 적용을 명한 사례
9. 명시적으로 종전 결정을 변경한 사례

[결정요지]

1. 이 사건 심판청구는 2005. 8. 4. 개정되기 전의 구 '공직선거 및 선거부정방지법' 조항들에 대해 제기되었으나, 주기적으로 반복되는 선거의 경우 매번 새로운 후보자들이 입후보하고 매번 새로운 범위의 선거권자들에 의해 투표가 행해질 뿐만 아니라 선거의 효과도 차기 선거에 의한 효과가 발생할 때까지로 한정되므로, 매선거는 새로운 선거에 해당한다는 점, 청구인들의 진정한 취지는 장래 실시될 선거에서 발생할 수 있는 기본권침해를

문제 삼고 있는 것으로 볼 수 있다는 점을 고려하면 이 사건 심판청구는 향후 실시될 각종 선거에서 청구인들이 선거에 참여하지 못함으로써 입게 되는 기본권침해, 즉 장래 그 도래가 확실히 예측되는 기본권침해를 미리 앞당겨 다투는 것으로 볼 수 있다.

2. 헌법 제24조는 모든 국민은 '법률이 정하는 바에 의하여' 선거권을 가진다고 규정함으로써 법률유보의 형식을 취하고 있지만, 이것은 국민의 선거권이 '법률이 정하는 바에 따라서만 인정될 수 있다'는 포괄적인 입법권의 유보하에 있음을 의미하는 것이 아니다. 국민의 기본권을 법률에 의하여 구체화하라는 뜻이며 선거권을 법률을 통해 구체적으로 실현하라는 의미이다.

민주주의 국가에서 국민주권과 대의제 민주주의의 실현수단으로서 선거권이 갖는 중요성으로 인해 한편으로 입법자는 선거권을 최대한 보장하는 방향으로 입법을 하여야 하며, 또 다른 한편에서 선거권을 제한하는 법률의 합헌성을 심사하는 경우에는 그 심사의 강도도 엄격하여야 한다. 선거권을 제한하는 입법은 헌법 제24조에 의해서 곧바로 정당화될 수는 없고, 헌법 제37조 제2항의 규정에 따라 국가안전보장·질서유지 또는 공공복리를 위하여 필요하고 불가피한 예외적인 경우에만 그 제한이 정당화될 수 있으며, 그 경우에도 선거권의 본질적인 내용을 침해할 수 없다. 더욱이 보통선거의 원칙은 선거권자의 능력, 재산, 사회적 지위 등의 실질적인 요소를 배제하고 성년자이면 누구라도 당연히 선거권을 갖는 것을 요구하므로 보통선거의 원칙에 반하는 선거권 제한의 입법을 하기 위해서는 헌법 제37조 제2항의 규정에 따른 한계가 한층 엄격히 지켜져야 한다.

3. 헌법 제1조 제2항은 "대한민국의 주권은 국민에게 있고, 모든 권력은 국민으로부터 나온다."라고 규정할 뿐 주권자인 국민의 지위를 국민의 의무를 전제로 인정하고 있지는 않다. 역사적으로 납세 및 국방의 의무이행을 선거권부여의 조건으로 하고 있었는지의 여부는 별론으로 하고, 현행 헌법의 다른 규정들도 국민의 기본권행사를 납세나 국방의 의무이행에 대한 반대급부로 예정하고 있지 않다. 특히 이 사건 재외국민들은 '이중과세 방지협정'에서 정한 바에 따라 납세의무가 면제되는 것일 뿐이므로 재외국민이 국가에 대한 납세의무를 다하지 않고 있다고 볼 수도 없으며, 병역의무의 경우에도 재외국민에게 병역의무 이행의 길이 열려 있는 점, 이 사건 청구인들 중에는 이미 국내에서 병역의무를 필한 사람도 있는 점, 오늘날 넓은 의미의 국방은 재외국민의 애국심과 협력에 의존하는 바도 적지 않다는 점, 현재 병역의무가 남자에게만 부여되고 있다는 점 등을 감안하면 선거권과 병역의무 간에 필연적 견련관계를 인정하기 어렵다.

선거권의 제한은 불가피하게 요청되는 개별적·구체적 사유가 존재함이 명백할 경우에만 정당화될 수 있고, 막연하고 추상적인 위험이나 국가의 노력에 의해 극복될 수 있는 기술상의 어려움이나 장애 등을 사유로 그 제한이 정당화될 수 없다. 북한주민이나 조총련계 재일동포가 선거에 영향을 미칠 가능성, 선거의 공정성, 선거기술적 이유 등은 재외국민 등록제도나 재외국민 거소신고제도, 해외에서의 선거운동방법에 대한 제한이나 투표자 신분확인제도, 정보기술의 활용 등을 통해 극복할 수 있으며, 나아가 납세나 국방의무와 선거권 간의 필연적 견련관계도 인정되지 않는다는 점 등에 비추어 볼 때, 단지 주민등록이 되어 있는지 여부에 따라 선거인명부에 오를 자격을 결정하여 그에 따라 선거권 행사 여부가 결정되도록 함으로써 엄연히 대한민국의 국민임에도 불구하고 주민등록법상 주민등록을 할 수 없는 재외국민의 선거권 행사를 전면적으로 부정하고 있는 법 제37조 제1항은 어떠한 정당한 목적도 찾기 어려우므로 헌법 제37조 제2항에 위반하여 재외국민의 선거권과 평등권을 침해하고 보통선거원칙에도 위반된다.

4. 직업이나 학문 등의 사유로 자진 출국한 자들이 선거권을 행사하려고 하면 반드시 귀국해야 하고 귀국하지 않으면 선거권 행사를 못하도록 하는 것은 헌법이 보장하는 해외체류자의 국외 거주·이전의 자유, 직업의 자유, 공무담임권, 학문의 자유 등의 기본권을 희생하도록 강요한다는 점에서 부적절하며, 가속화되고 있는 국제화시대에 해외로 이주하여 살 가능성이 높아지고 있는 상황에서, 그것이 자발적 계기에 의해 이루어졌다는 이유만으로 국민이면 누구나 향유해야 할 가장 기본적인 권리인 선거권의 행사가 부인되는 것은 타당성을 갖기 어렵다는 점에 비추어 볼 때, 선거인명부에 오를 자격이 있는 국내거주자에 대해서만 부재자신고를 허용함으로써 재외국민과 단기해외체류자 등 국외거주자 전부의 국정선거권을 부인하고 있는 법 제38조 제1항은 정당한 입법목적을 갖추지 못한 것으로 헌법 제37조 제2항에 위반하여 국외거주자의 선거권과 평등권을 침해하고 보통선거원칙에도 위반된다.

5. 헌법이 지방자치단체의 장에 대해서는 '선임방법'이라고 표현함으로써 지방의원의 '선거'와는 구별하고 있으므로 지방자치단체의 장의 선거권을 헌법상 기본권이라 단정하기는 어렵다. 하지만 지방자치단체의 장의 선거권을 법률상의 권리로 본다 할지라도, 비교집단 상호간에 차별이 존재할 경우에 헌법상 기본권인 평등권 심사까지 배제되는 것은 아니므로, 지방선거권에 대한 제한은 지방의원의 경우이든 지방자치단체의 장의 경우이든 모두 헌법상의 기본권에 대한 제한에 해당한다.

한편 헌법 제25조는 '모든 국민은 법률이 정하는 바에 의하여 공무담임권을 가진다'고 규정하여 국민에게 공무담임권을 보장하고 있고, 선거에 의하여 국가기관 또는 지방자치단체의 의원이나 장으로 선출될 수 있는 자격을 의미하는 피선거권은 공무담임권에 포함되므로, 지방의원 및 지방자치단체의 장의 피선거권에 대한 제한이 헌법상의 기본권에 대한 제한임은 명백하다.

국내거주 재외국민은 주민등록을 할 수 없을 뿐이지 '국민인 주민'이라는 점에서는 '주민등록이 되어 있는 국민인 주민'과 실질적으로 동일하므로 지방선거 선거권 부여에 있어 양자에 대한 차별을 정당화할 어떠한 사유도 존재하지 않으며, 또한 헌법상의 권리인 국내거주 재외국민의 선거권이 법률상의 권리에 불과한 '영주의 체류자격 취득일로부터 3년이 경과한 19세 이상의 외국인'의 지방선거 선거권에 못 미치는 부당한 결과가 초래되고 있다는 점에서, 국내거주 재외국민에 대해 그 체류기간을 불문하고 지방선거 선거권을 전면적·획일적으로 박탈하는 법 제15조 제2항 제1호, 제37조 제1항은 국내거주 재외국민의 평등권과 지방의회 의원선거권을 침해한다.

6. '외국의 영주권을 취득한 재외국민'과 같이 주민등록을 하는 것이 법령의 규정상 아예 불가능한 자들이라도 지방자치단체의 주민으로서 오랜 기간 생활해 오면서 그 지방자치단체의 사무와 얼마든지 밀접한 이해관계를 형성할 수 있고, 주민등록이 아니더라도 그와 같은 거주 사실을 공적으로 확인할 수 있는 방법은 존재한다는 점, 나아가 법 제16조 제2항이 국회의원 선거에 있어서는 주민등록 여부와 관계없이 25세 이상의 국민이라면 누구든지 피선거권을 가지는 것으로 규정함으로써 국내거주 여부를 불문하고 재외국민도 국회의원 선거의 피선거권을 가진다는 사실에 비추어, 주민등록만을 기준으로 함으로써 주민등록이 불가능한 재외국민인 주민의 지방선거 피선거권을 부인하는 법 제16조 제3항은 헌법 제37조 제2항에 위반하여 국내거주 재외국민의 공무담임권을 침해한다.

7. 헌법 제72조에 의한 중요정책에 관한 국민투표는 국가안위에 관계되는 사항에 관하여 대통령이 제시한 구체적인 정책에 대한 주권자인 국민의 승인절차라 할 수 있고, 헌법 제130조 제2항에 의한 헌법개정에 관한 국민투표는 대통령 또는 국회가 제안하고 국회의 의결을 거쳐 확정된 헌법개정안에 대하여 주권자인 국민이 최종적으로 그 승인 여부를 결정하는 절차이다.

국민투표는 국가의 중요정책이나 헌법개정안에 대해 주권자로서의 국민이 그 승인 여부를 결정하는 절차인데, 주권자인 국민의 지위에 아무런 영향을 미칠 수 없는 주민등록 여부만을 기준으로 하여, 주민등록을 할 수 없는 재외국민의 국민투표권 행사를 전면적으로 배제하고 있는 국민투표법 제14조 제1항은 앞서 본 국정선거권의 제한에 대한 판단에서와 동일한 이유에서 청구인들의 국민투표권을 침해한다.

8. 재외국민에 대해 원칙적으로의 참정권을 인정하는 것이 헌법적 요청이라 하더라도, 선거기술적 측면과 선거의 공정성 확보 측면에서 충분히 검토하고 준비할 시간이 필요하고, 또한 법 제37조 제1항 등 이 사건 법률조항들이 즉시 효력을 상실하면 향후 선거를 실시할 수 없는 법적 혼란상태를 초래할 것이므로, 잠정적용 헌법불합치결정을 선고하되, 입법자는 늦어도 2008. 12. 31.까지 개선입법을 하여야 한다.

9. 구 '공직선거 및 선거부정방지법' 제16조 제3항이 헌법에 위반되지 않는다고 판시한 헌재 1996. 6. 26. 96헌마200 결정, 위 법 제37조 제1항이 헌법에 위반되지 않는다고 판시한 헌재 1999. 1. 28. 97헌마253·270(병합) 결정, 위 법 제38조 제1항이 헌법에 위반되지 않는다고 판시한 헌재 1999. 3. 25. 97헌마99 결정은 이 결정과 저촉되는 범위 내에서 이를 각 변경한다.

관련 유사 판례

18-1. 원양선박 선원들의 부재자투표

(2007. 6. 28. 2005헌마772)

[결정내용]

이 사건 법률조항이 대한민국 국외의 구역을 항해하는 선박에서 장기 기거하는 선원들이 선거권을 행사할 수 있도록 하는 효과적이고 기술적인 방법이 존재함에도 불구하고, 선거의 공정성이나 선거기술상의 이유만을 들어 선거권 행사를 위한 아무런 법적 장치도 마련하지 않고 있는 것은, 그 입법목적이 국민들의 선거권 행사를 부인할만한 '불가피한 예외적인 사유'에 해당하는 것이라 볼 수 없고, 나아가 기술적인 대체수단이 있음에도 불구하고 선거권을 과도하게 제한하고 있어 '피해의 최소성' 원칙에 위배되며, 원양의 해상업무에 종사하는 선원들은 아무런 귀책사유도 없이 헌법상의 선거권을 행사할 수 없게 되는 반면, 이와 관련하여 추구되는 공익은 불분명한 것이어서 '법익의 균형성' 원칙에도 위배된다.

18-2. 집행유예자와 수형자의 선거권제한

(2014.01.28. 2012헌마409)

[결정내용]

1. 범죄자에게 형벌의 내용으로 선거권을 제한하는 경우에도 선거권 제한 여부 및

적용범위의 타당성에 관하여 보통선거원칙에 입각한 선거권 보장과 그 제한의 관점에서 헌법 제37조 제2항에 따라 엄격한 비례심사를 해야 한다.

2. 심판대상조항에 의한 선거권의 박탈은 범죄자에 대해 가해지는 형사적 제재의 연장으로서 범죄에 대한 응보적 기능을 갖는다. 나아가 집행유예자 또는 수형자 자신을 포함하여 일반국민으로 하여금 시민으로서의 책임성을 함양하고 법치주의에 대한 존중의식을 제고하는 데도 기여할 수 있다. 심판대상조항이 담고 있는 이러한 목적은 정당하고, 집행유예자와 수형자의 선거권 제한은 이를 달성하기 위한 효과적이고 적절한 수단이다.

3. 그런데 심판대상조항은 집행유예자와 수형자에 대하여 전면적·획일적으로 선거권을 제한하고 있다. 심판대상조항의 입법목적에 비추어 보더라도, 구체적인 범죄의 종류나 내용 및 불법성의 정도 등과 관계없이 이와 같이 일률적으로 선거권을 제한하여야 할 필요성이 있다고 보기는 어렵다. 범죄자의 선거권을 제한할 필요가 있다 하더라도 그가 저지른 범죄의 경중을 전혀 고려하지 않고 수형자와 집행유예자 모두의 선거권을 제한하는 것은 침해의 최소성 원칙에 어긋난다.

4. 특히 집행유예자는 집행유예 선고가 실효되거나 취소되지 않는 한 교정시설에 구금되지 않고 일반인과 동일한 사회생활을 하고 있으므로, 그들의 선거권을 제한해야 할 필요성이 크지 않다.

5. 심판대상조항에 의해 집행유예자와 수형자의 선거권을 제한함으로써 달성하고자 하는 '중대한 범죄자에 대한 제재나 일반 시민의 법치주의에 대한 존중의식 제고' 등의 공익보다 이로 인하여 침해되는 '집행유예자와 수형자 개인의 사익 또는 민주적 선거제도의 공익적 가치'가 더 크다.

6. 그러므로 집행유예자와 수형자의 선거권을 제한하는 공직선거법 제18조 제1항 제2호와 형법 제43조 제2항 중'집행유예기간 중인 자'에 관한 부분은 헌법 제37조 제2항에 위반하여 청구인들의 선거권을 침해하고, 헌법 제41조 제1항 및 제67조 제1항이 규정한 보통선거원칙에 위반하여 집행유예자와 수형자를 차별취급하는 것이므로 평등의 원칙에도 어긋난다.

19 선거구를 획정함에 있어 허용되는 인구편차 기준에 관한 사건

민주국가원리
평등선거 원칙

(공직선거법 제25조 제2항 [별표1] 위헌확인)
2014. 10. 30. 2012헌마192 등 **[헌법불합치]**

|판시사항|

1. 공직선거법(2012. 2. 29. 법률 제11374호로 개정된 것) 제25조 제1항 본문 중 "자치구" 부분(이하 '이 사건 분할금지조항' 이라 한다)이 직접성 요건을 갖추고 있는지 여부(−)
2. 공직선거법(2012. 2. 29. 법률 제11374호로 개정된 것) 제25조 제2항 [별표 1] 국회의원지역선거구구역표 중 "대전광역시 동구 선거구" 부분, "경기도 수원시 병선거구" 부분, "경기도 용인시 갑선거구" 부분, "경기도 용인시 을선거구" 부분, "충청남도 천안시 갑선거구" 부분, "충청남도 천안시 을선거구" 부분, "충청북도 청주시 상당구 선거구" 부분, "서울특별시 강남구 갑선거구" 부분, "서울특별시 강서구 갑선거구" 부분, "인천광역시 남동구 갑선거구" 부분(이하 공직선거법 제25조 제2항 [별표 1] 국회의원지역선거구구역표 전체는 '이 사건 선거구구역표 전체', 심판대상이 되는 국회의원지역선거구구역표 부분은 '심판대상 선거구구역표' 라 한다)이 국회의원 지역선거구들 사이에 허용되는 인구편차의 범위를 벗어나서 청구인들의 선거권 및 평등권을 침해하는지 여부(+)
3. 국회가 심판대상 선거구구역표 중 "경기도 수원시 병선거구", "경기도 용인시 갑선거구", "경기도 용인시 을선거구", "충청남도 천안시 갑선거구" 부분(이하 '문제된 4개 선거구' 라 한다)을 획정함에 있어 행정구의 일부를 분할하여 다른 구와 통합하여 선거구를 획정한 것이 입법재량의 범위를 일탈한 자의적인 선거구획정인지 여부(−)
4. 선거구구역표의 일부에 위헌적 요소가 있는 경우 선거구구역표 전체를 위헌이라고 할 수 있는지 여부(+)
5. 헌법불합치결정을 하면서 잠정적용을 명한 사례

[결정요지]

1. 이 사건 분할금지조항은 국회가 국회의원지역선거구를 획정할 때 행정구역 단위 중 자치구를 분할하여 다른 선거구로 편입하는 것만을 명시적으로 금지함으로써, 행정구의 분구 및 통합 가능성을 열어 놓고 있는 것으로, 법률 조항 자체만으로는 어떠한 행정구가 분할되어 다른 선거구로 편입될 것인지를 전혀 예측할 수 없고, 국회가 이 사건 분할금지조항에 근거하여 선거구구역표를 편성한 이후에야 비로소 특정 행정구가 분할되어 다른 선거

구와 통합될 것인지 여부가 결정된다. 이처럼 청구인들이 주장하는 기본권 침해가 이 사건 분할금지조항이 아니라 구체적인 선거구구역표의 획정에 의하여 비로소 발생하는 이상, 이 사건 분할금지조항에 대하여 기본권침해의 직접성을 인정할 수 없다.

2. 인구편차 상하 $33\frac{1}{3}$%를 넘어 인구편차를 완화하는 것은 지나친 투표가치의 불평등을 야기하는 것으로, 이는 대의민주주의의 관점에서 바람직하지 아니하고, 국회를 구성함에 있어 국회의원의 지역대표성이 고려되어야 한다고 할지라도 이것이 국민주권주의의 출발점인 투표가치의 평등보다 우선시 될 수는 없다. 특히, 현재는 지방자치제도가 정착되어 지역대표성을 이유로 헌법상 원칙인 투표가치의 평등을 현저히 완화할 필요성이 예전에 비해 크지 아니하다.

또한, 인구편차의 허용기준을 완화하면 할수록 과대대표되는 지역과 과소대표되는 지역이 생길 가능성 또한 높아지는데, 이는 지역정당구조를 심화시키는 부작용을 야기할 수 있다. 같은 농·어촌 지역 사이에서도 나타날 수 있는 이와 같은 불균형은 농·어촌 지역의 합리적인 변화를 저해할 수 있으며, 국토의 균형발전에도 도움이 되지 아니한다. 나아가, 인구편차의 허용기준을 점차로 엄격하게 하는 것이 외국의 판례와 입법추세임을 고려할 때, 우리도 인구편차의 허용기준을 엄격하게 하는 일을 더 이상 미룰 수 없다.

이러한 사정들을 고려할 때, 현재의 시점에서 헌법이 허용하는 인구편차의 기준을 인구편차 상하 $33\frac{1}{3}$%를 넘어서지 않는 것으로 봄이 타당하다. 따라서 심판대상 선거구구역표 중 인구편차 상하 $33\frac{1}{3}$%의 기준을 넘어서는 선거구에 관한 부분은 위 선거구가 속한 지역에 주민등록을 마친 청구인들의 선거권 및 평등권을 침해한다.

3. 국회가 '문제된 4개 선거구'를 획정함에 있어 행정구의 일부를 분할하여 다른 구와 합구한 주된 이유는 선거구 간의 인구편차를 줄일 수 있는 다른 방법을 찾기 어려웠기 때문으로, 여기에는 합리적인 이유가 있다. 또한, 분구된 지역은 행정구역도상으로 합구된 지역에 인접해 있어 양 지역 사이에 생활환경이나 교통, 교육환경에 큰 차이가 없고, 달리 국회가 특정 지역에 주소지를 두고 있는 선거인을 차별하고자 하는 의도를 가지고 있었다거나 이러한 선거구획정으로 인해 선거인들에 대한 실질적인 차별효과가 명백하게 드러났다고 볼 수도 없다. 뿐만 아니라, 국회가 국회의원선거구획정위원회의 선거구획정안의 내용과 달리 선거구를 획정했다거나, 선거구획정 과정에서 국회의원지역선거구구역표와 지방의회의원지역선거구구역표 사이에 불일치가 발생하였다는 사정만으로 이것이 입법재량을 일탈한 것이라고 볼 수도 없다. 따라서 '문제된 4개 선거구'의 획정은 입법재량의 범위를 벗어난 자의적인 선거구획정이 아니다.

4. 선거구구역표는 각 선거구가 서로 유기적으로 관련을 가짐으로써 한 부분에서의 변동은 다른 부분에서도 연쇄적으로 영향을 미치는 성질을 가진다. 이러한 의미에서 선거구구역표는 전체가 불가분의 일체를 이루는 것으로서 어느 한 부분에 위헌적인 요소가 있다면, 선거구구역표 전체가 위헌의 하자를 갖는 것이라고 보아야 한다.

5. 이 사건 선거구구역표 전체에 기한 국회의원선거가 실시된 상황에서 단순위헌의 결정을 하게 되면, 추후 재선거 또는 보궐선거가 실시될 경우 국회의원지역선거구 구역표가 존재하지 아니하게 되는 법의 공백이 생기게 될 우려가 큰 점 등을 고려하여, 2015. 12. 31.을 시한으로 입법자가 개정할 때까지 이 사건 선거구구역표 전체의 잠정적 적용을 명하는 헌법불합치결정을 하기로 한다.

민주국가원리
평등선거 원칙

20 시 · 도의원 지역구의 인구편차 허용기준 사건

(공직선거법 제26조 제1항 [별표2] 위헌확인)
2019. 2. 28. 2018헌마415 등 **[기각]**

|판시사항|

1. 공직선거법(2016. 3. 3. 법률 제14073호로 개정된 것) 제22조 제1항 본문의 기본권 침해의 직접성이 인정되는지 여부(−)
2. 공직선거법(2018. 3. 9. 법률 제15424호로 개정된 것) 제26조 제1항 [별표 2] 시 · 도의회의원지역선거구구역표(이하 '이 사건 선거구구역표' 라 한다) 중 "대구광역시 북구 제4선거구", "인천광역시 계양구 제2선거구", "인천광역시 서구 제3선거구", "경상북도 경주시 제1선거구" 부분(이하 '심판대상 선거구구역표' 라 한다)이 시 · 도의원지역구 획정에서 요구되는 인구편차의 허용기준을 벗어나 청구인들의 선거권 및 평등권을 침해하는지 여부(+)
3. 선거구구역표의 불가분성에 따라 헌법불합치결정을 하면서 계속 적용을 명한 사례

[결정요지]

1. 공직선거법 제22조 제1항 본문은 지역구 시 · 도의원 정수의 상한과 하한을 정한 것에 불과하다. 청구인들은 투표가치가 낮아서 선거권 및 평등권을 침해받았다고 주장하고 있는데, 이와 같은 기본권 침해는 인천광역시 및 경상북도의회의원지역구 획정에 의하여 발생하는 것이다. 따라서 공직선거법 제22조 제1항 본문의 기본권 침해의 직접성을 인정할 수 없다.

2. 헌법재판소는 2014헌마189 결정에서, 시 · 도의원지역구 획정에서 요구되는 인구편차의 헌법상 허용한계를 인구편차 상하 50%(인구비례 3 : 1)로 변경하였다. 위 2014헌마189 결정에서 제시한 인구편차의 헌법상 허용한계를 변경할 만한 사정의 변경이나 필요성을 인정할 수 없다. 그러므로 심판대상 선거구구역표 중 인구편차 상하 50%를 넘지 않는 "대구광역시 북구 제4선거구", "인천광역시 계양구 제2선거구" 부분은 청구인들의 선거권 및 평등권을 침해하지 아니하나, 그 기준을 넘어선 "인천광역시 서구 제3선거구", "경상북도 경주시 제1선거구" 부분은 청구인들의 선거권 및 평등권을 침해한다.

3. 각 시·도에 해당하는 선거구구역표는 전체가 불가분의 일체를 이루므로 일부 선거구의 선거구획정에 위헌성이 있다면 각 시·도에 해당하는 선거구구역표 전부에 대하여 위헌선언을 하는 것이 타당하다.

따라서 원칙적으로 이 사건 선거구구역표 중 인천광역시의회의원지역선거구들 부분과 경상북도의회의원지역선거구들 부분에 대하여 위헌결정을 하여야 할 것이나, 재·보궐선거가 치러지는 경우 선거구구역표의 부재·변경 등으로 인하여 혼란이 발생할 우려가 있으므로 입법자가 2021. 12. 31.을 시한으로 위 선거구구역표 부분을 개정할 때까지 위 선거구구역표 부분의 계속 적용을 명하는 헌법불합치결정을 하기로 한다.

민주국가원리
직접선거 원칙

21 비례대표국회의원선거제도 및 기탁금 위헌확인 사건

(공직선거및선거부정방지법 제146조 제2항 등 위헌확인)
2001. 7. 19. 2000헌마91·112·134(병합) [위헌 · 한정위헌]

|판시사항|

1. 국회의원 후보자등록시 2천만원의 기탁금을 납부토록 한 공직선거및선거부정방지법(이하 "공선법") 제56조 제1항 제2호의 위헌여부(+)
2. 위 기탁금의 반환 및 국고귀속의 기준을 정한 공선법 제57조 제1항, 제2항의 위헌여부(+)
3. 비례대표국회의원의석의 배분방식 및 1인1표제의 위헌여부(+)
4. 심판대상에 부수되는 관련조항에 대하여도 위헌선언을 한 사례

[결정요지]

1. 기탁금의 액수는 불성실한 입후보를 차단하는데 필요한 최소한으로 정하여야지, 진지한 자세로 입후보하려는 국민의 피선거권을 제한하는 정도여서는 아니될 것인바, 공선법 제56조 제1항 제2호는 국회의원 후보자등록을 신청하는 후보자로 하여금 2천만원을 기탁금으로 납부하도록 하고 있는데, 이 금액은 평균적인 일반국민의 경제력으로는 피선거권 행사를 위하여 손쉽게 조달할 수 있는 금액이라고 할 수 없으며, 이와 같이 과도한 기탁금은 기탁금을 마련할 자력이 없으면 아무리 훌륭한 자질을 지니고 있다 할지라도 국회의원 입후보를 사실상 봉쇄당하게 하며, 그로 말미암아 서민층과 젊은 세대를 대표할 자가 국민의 대표기관인 국회에 진출하지 못하게 하는 반면, 재력이 풍부하여 그 정도의 돈을 쉽게 조달·활용할 수 있는 사람들에게는 아무런 입후보 난립방지의 효과를 갖지 못하여 결국 후보자의 난립 방지라는 목적을 공평하고 적절히 달성하지도 못하면서, 진실된 입후보의 의사를 가진 많은 국민들로 하여금 입후보 등록을 포기하지 않을 수 없게 하고 있으므로 이들의 평등권과 피선거권, 이들을 뽑으려는 유권자들의 선택의 자유를 침해하는 것이다.

2. 선거는 그 과정을 통하여 국민의 다양한 정치적 의사가 표출되는 장으로서 낙선한 후보자라고 하여 결과적으로 '난립후보'라고 보아 제재를 가하여서는 아니되므로 기탁금 반

환의 기준으로 득표율을 사용하고자 한다면 그 기준득표율은 유효투표총수의 미미한 수준에 머물러야 할 것인바, 공선법 제57조 제1항, 제2항은 지역구국회의원선거에 있어 후보자의 득표수가 유효투표총수를 후보자수로 나눈 수 이상이거나 유효투표총수의 100분의 20 이상인 때에 해당하지 않으면 기탁금을 반환하지 아니하고 국고에 귀속시키도록 하고 있는데, 이러한 기준은 과도하게 높아 진지한 입후보희망자의 입후보를 가로막고 있으며, 또한 일단 입후보한 자로서 진지하게 당선을 위한 노력을 다한 입후보자에게 선거결과에 따라 부당한 제재를 가하는 것이 되고, 특히 2, 3개의 거대정당이 존재하는 경우 군소정당이나 신생정당 후보자로서는 위 기준을 충족하기가 힘들게 될 것이므로 결국 이들의 정치참여 기회를 제약하는 효과를 낳게 된다 할 것이므로 위 조항은 국민의 피선거권을 침해하는 것이다.

3. (1) 공선법은 이른바 1인 1표제를 채택하여(제146조 제2항) 유권자에게 별도의 정당투표를 인정하지 않고 있으며, 지역구선거에서 표출된 유권자의 의사를 그대로 정당에 대한 지지의사로 의제하여 비례대표의석을 배분토록 하고 있는바(제189조 제1항), 이러한 비례대표제 방식에 의하면, 유권자가 지역구후보자나 그가 속한 정당 중 어느 일방만을 지지할 경우 지역구후보자 개인을 기준으로 투표하든, 정당을 기준으로 투표하든 어느 경우에나 자신의 진정한 의사는 반영시킬 수 없으며, 후보자든 정당이든 절반의 선택권을 박탈당할 수밖에 없을 뿐만 아니라, 신생정당에 대한 국민의 지지도를 제대로 반영할 수 없어 기존의 세력정당에 대한 국민의 실제 지지도를 초과하여 그 세력정당에 의석을 배분하여 주게 되는바, 이는 선거에 있어 국민의 의사를 제대로 반영하고, 국민의 자유로운 선택권을 보장할 것 등을 요구하는 민주주의원리에 부합하지 않는다.

(2) 비례대표제를 채택하는 경우 직접선거의 원칙은 의원의 선출 뿐만 아니라 정당의 비례적인 의석확보도 선거권자의 투표에 의하여 직접 결정될 것을 요구하는바, 비례대표의원의 선거는 지역구의원의 선거와는 별도의 선거이므로 이에 관한 유권자의 별도의 의사표시, 즉 정당명부에 대한 별도의 투표가 있어야 함에도 현행제도는 정당명부에 대한 투표가 따로 없으므로 결국 비례대표의원의 선출에 있어서는 정당의 명부작성행위가 최종적·결정적인 의의를 지니게 되고, 선거권자들의 투표행위로써 비례대표의원의 선출을 직접·결정적으로 좌우할 수 없으므로 직접선거의 원칙에 위배된다.

(3) 현행 1인1표제하에서의 비례대표의석배분방식에서, 지역구후보자에 대한 투표는 지역구의원의 선출에 기여함과 아울러 그가 속한 정당의 비례대표의원의 선출에도 기여하는 2중의 가치를 지니게 되는데 반하여, 무소속후보자에 대한 투표는 그 무소속후보자의 선출에만 기여할 뿐 비례대표의원의 선출에는 전혀 기여하지 못하므로 투표가치의 불평등

이 발생하는바, 자신이 지지하는 정당이 자신의 지역구에 후보자를 추천하지 않아 어쩔 수 없이 무소속후보자에게 투표하는 유권자들로서는 자신의 의사에 반하여 투표가치의 불평등을 강요당하게 되는바, 이는 합리적 이유없이 무소속 후보자에게 투표하는 유권자를 차별하는 것이라 할 것이므로 평등선거의 원칙에 위배된다.

(4) 공선법 제189조 제1항은 위와 같은 이유로 헌법에 위반되며, 공선법 제146조 제2항 중 "1인1표로 한다"부분은 국회의원선거에 있어 지역구국회의원선거와 병행하여 정당명부식 비례대표제를 실시하면서도 별도의 정당투표를 허용하지 않는 범위에서 헌법에 위반된다 할 것인바, 그로 인하여 유권자인 국민들의 비례대표국회의원에 대한 선거권, 무소속후보자에 대하여 투표하는 유권자들의 평등권 등의 기본권이 침해된다.

4. 비례대표국회의원선거의 근간이 되는 공선법 제189조 제1항이 위헌이라면 그에 부수되는 동조 제2항 내지 제7항은 독자적인 규범적 존재로서의 의미를 잃게 되는바, 그렇다면 이 조항들이 비록 심판대상이 아니지만 함께 위헌선언을 함으로써 법적 명확성을 기하는 것이 상당하므로 그에 대하여도 아울러 위헌선언을 한다.

관련 유사 판례—기탁금

21-1. 대통령선거 기탁금 5억원의 위헌여부
(2008. 11. 27. 2007헌마1024)

[결정내용]

현행 선거법 하에서 대통령선거의 기탁금 액수가 종전과 같이 3억 원이 되어야 할 필요성은 오히려 약해졌는데도 기탁금이 5억으로 증가되어 있고, 또 기탁금이 반환되는 유효투표총수의 득표율은 더 높아졌다. 결국, 이 사건 조항은 개인에게 현저하게 과다한 부담을 초래하며, 이는 고액 재산의 다과에 의하여 공무담임권 행사기회를 비합리적으로 차별하므로, 청구인의 공무담임권을 침해한다.

이 사건 조항이 헌법에 위반되는 이유는 기탁금제도 자체에 있는 것이 아니라 기탁금 액수가 지나치게 고액이라는 데에 있으므로, 입법자가 기탁금 액수를 합헌적 범위 내로 조정하는 것과 함께 무소속후보자의 추천요건을 강화하는 방안이 고려될 수 있는바, 이러한 권한은 입법자에게 있으므로 이 사건 조항에 대하여 단순위헌 선언을 하여 조항 자체를 폐지시키는 것 보다는 추후 입법자가 여러 사정을 고려하여 합헌적으로 개정할 수 있도록 헌법불합치 선언을 하여야 한다.

민주국가원리
정치적 표현의 자유

22 공직선거법상 선거운동기간 제한 및 처벌조항 사건

(공직선거법 제59조 본문 등 위헌소원)
2022. 2. 24. 2018헌바146 [위헌]

|판시사항|

1. 공직선거법 제254조 제2항 중 '그 밖의 집회, 그 밖의 방법' 에 관한 부분(이하 '이 사건 처벌조항' 이라 한다)이 죄형법정주의의 명확성원칙에 위반되는지 여부(−)
2. 구 공직선거법 제59조(이하 '이 사건 선거운동기간조항' 이라 한다) 중 선거운동기간 전에 개별적으로 대면하여 말로 하는 선거운동에 관한 부분 및 이 사건 처벌조항(이하 이 사건 선거운동조항과 이 사건 처벌조항을 합하여 '심판대상조항' 이라 한다) 중 '그 밖의 방법' 에 관한 부분 가운데 개별적으로 대면하여 말로 하는 선거운동을 한 자에 관한 부분이 과잉금지원칙에 반하여 선거운동 등 정치적 표현의 자유를 침해하는지 여부(+)

[결정요지]

1. 이 사건 처벌조항은 선거운동 과정에서 통상 문제되는 전형적인 집회의 유형을 예정하되 그 외 발생할 수 있는 처벌의 공백을 방지하기 위하여 다소 포괄적인 용어로 '그 밖의 집회'를 규정하고 있으므로, 문제된 집회를 선거운동으로 볼 수 있는지 여부가 그 판단지침이 된다. 그러므로 이 사건 처벌조항의 '그 밖의 집회'란 목적성, 객관적 인식가능성, 능동성, 계획성 등 선거운동의 개념표지를 갖춘 모든 유형의 집회를 의미한다. '그 밖의 방법' 또한 불확정적인 개념이기는 하나, 이 사건 처벌조항이 예로 들고 있는 방법은 모두 특정 후보자의 당선 또는 낙선을 위하여 활용되는 선거운동의 유형에 해당하므로, '그 밖의 방법'이 선거운동의 개념표지를 갖춘 모든 방법을 뜻하는 것임을 충분히 알 수 있다. 따라서 이 사건 처벌조항은 죄형법정주의의 명확성원칙에 위반되지 아니한다.

2. 기간 제한 없이 선거운동을 무한정 허용할 경우 후보자 간의 지나친 경쟁이 선거관리의 곤란으로 이어져 부정행위의 발생을 막기 어렵고, 후보자 간의 경제력 차이에 따른 불공평이 생길 우려가 있다. 또한 선거운동기간의 제한을 받지 않는 선거운동방법도 존재하므로, 후보자가 선거권자에게 정보를 자유롭게 전달하거나 선거권자가 후보자의 인물·

정견·신념을 파악하는 데 현재의 선거운동기간이 부족하다고 보기 어렵다. 그러므로 선거운동기간을 제한하는 것 자체가 정치적 표현의 자유를 과도하게 제한한다고 보기 어렵다.

그러나 선거운동을 어느 정도 규제하는 것에 불가피한 측면이 있더라도, 그 제한의 정도는 정치·사회적 발전단계와 국민의식의 성숙도 등을 종합하여 합리적으로 결정해야 한다. 오늘날, 일부 미흡한 측면이 있더라도 공정한 선거제도가 확립되고 국민의 정치의식이 높아지고 있으며, 입법자도 선거운동의 자유를 최대한 보장할 필요가 있다는 반성적 고려 하에 2020. 12. 29. 공직선거법 개정을 통해 선거과열 등 부작용을 초래할 위험성이 적은 선거운동 방법에 대한 선거운동기간 규제를 완화한 상황이다. 그럼에도 심판대상조항은 입법목적을 달성하는 데 지장이 없는 선거운동방법, 즉 돈이 들지 않는 방법으로서 '후보자 간 경제력 차이에 따른 불균형 문제'나 '사회·경제적 손실을 초래할 위험성'이 낮은, 개별적으로 대면하여 말로 지지를 호소하는 선거운동까지 금지하고 처벌함으로써, 과잉금지원칙에 반하여 선거운동 등 정치적 표현의 자유를 과도하게 제한하고 있다.

결국 이 사건 선거운동기간조항 중 선거운동기간 전에 개별적으로 대면하여 말로 하는 선거운동에 관한 부분, 이 사건 처벌조항 중 '그 밖의 방법'에 관한 부분 가운데 개별적으로 대면하여 말로 하는 선거운동을 한 자에 관한 부분은 과잉금지원칙에 반하여 선거운동 등 정치적 표현의 자유를 침해한다.

민주국가원리
선거운동

23 대통령의 선거중립의무 준수요청 조치 사건

(대통령의 선거중립의무 준수요청 등 조치 취소)
2008. 1. 17. 2007헌마700 [기각]

|판시사항|

1. 적법요건에 대한 판단
   청구인(대통령)의 기본권 주체성 여부(+)
2. 본안에 대한 판단
   (1) 공직선거법 제9조 제1항(이하 '이 사건 법률조항' 이라 한다)의 해석과 성격
   (2) 이 사건 법률조항이 명확성의 원칙에 위배되는지 여부(−)
   (3) 대통령의 정치인으로서의 지위와 선거중립의무의 관계
   (4) 이 사건 법률조항이 청구인의 정치적 표현의 자유를 침해하는지 여부(−)
   (5) 이 사건 법률조항이 평등의 원칙에 위배되는지 여부(−)
   (6) 이 사건 조치가 명확성의 원칙에 위배되는지 여부(−)
   (7) 이 사건 조치가 적법절차원칙에 위배되는지 여부(−)

[결정요지]

1. 적법요건에 대한 판단

심판대상조항이나 공권력 작용이 넓은 의미의 국가 조직영역 내에서 공적 과제를 수행하는 주체의 권한 내지 직무영역을 제약하는 성격이 강한 경우에는 그 기본권 주체성이 부정될 것이지만, 그것이 일반 국민으로서 국가에 대하여 가지는 헌법상의 기본권을 제약하는 성격이 강한 경우에는 기본권 주체성을 인정할 수 있다.

개인의 지위를 겸하는 국가기관이 기본권의 주체로서 헌법소원의 청구적격을 가지는지 여부는, 심판대상조항이 규율하는 기본권의 성격, 국가기관으로서의 직무와 제한되는 기본권 간의 밀접성과 관련성, 직무상 행위와 사적인 행위 간의 구별가능성 등을 종합적으로 고려하여 결정되어야 할 것이다.

그러므로 대통령도 국민의 한사람으로서 제한적으로나마 기본권의 주체가 될 수 있는바, 대통령은 소속 정당을 위하여 정당활동을 할 수 있는 사인으로서의 지위와 국민 모두에

대한 봉사자로서 공익실현의 의무가 있는 헌법기관으로서의 지위를 동시에 갖는데, 최소한 전자의 지위와 관련하여는 기본권 주체성을 갖는다고 할 수 있다.

2. 본안에 대한 판단

(1) 국가공무원법 조항은 정무직 공무원들의 일반적 정치활동을 허용하는 데 반하여, 이 사건 법률조항은 그들로 하여금 정치활동 중 '선거에 영향을 미치는 행위'만을 금지하고 있으므로, 위 법률조항은 선거영역에서의 특별법으로서 일반법인 국가공무원법 조항에 우선하여 적용된다고 할 것이다. 그리고 이 사건 법률조항의 행위는 공직자가 공직상 부여되는 정치적 비중과 영향력을 국민 모두에 대하여 봉사하고 책임을 지는 그의 과제와 부합하지 않는 방법으로 사용하여 선거에서의 득표에 영향을 미치는 행위를 말한다고 할 것이다.

이 사건 법률조항이 규율하는 '행위'를 위와 같이 구체화할 수 있을 뿐 아니라, 일반 공무원이 이 사건 법률조항을 위반한 경우에는 직무상의 의무(다른 법령에서 공무원의 신분으로 인하여 부과된 의무 포함) 위반이나 직무태만으로 징계사유가 되고(국가공무원법 제78조 제1항 제2호), 대통령의 경우 탄핵사유가 될 수 있으므로(2004헌나1 참조) 위 법률조항의 위반에 대한 제재가 전혀 없다고 볼 수도 없다. 따라서 이 사건 법률조항이 구체적 법률효과를 발생시키지 않는 단순한 선언적·주의적 규정이라고 볼 수 없다.

(2) 이 사건 법률조항은 주체나 행위에 대한 제한적인 해석이 가능하여 그 범위를 한정할 수 있고, 나아가 위 법률조항의 입법목적과 입법경위, 수범자의 범위 및 선거과정의 특징 등을 고려할 때, 그 수범자가 통상의 법감정과 합리적 상식에 기하여 그 구체적 의미를 충분히 예측하고 해석할 수 있으므로 명확성의 원칙에 반하지 않는다.

(3) 정당민주주의하에서 대통령후보자는 정당의 당원으로서 정당의 공천을 받아 선거운동을 거쳐 대통령으로 선출되고, 대통령으로 선출된 이후에도 정당의 당원으로 남아 정치활동을 할 수 있고, 이러한 점에서 대통령은 '정치적 헌법기관' 혹은 '정치인'의 지위를 갖고 특정 정파의 정책이나 이익과 밀접하게 관련될 가능성이 존재하게 된다.

오늘날의 대의민주주의하에서 선거는 국민이 통치기관을 결정·구성하는 방법이고 선출된 대표자에게 민주적 정당성을 부여함으로써 국민주권주의 원리를 실현하는 핵심적인 역할을 하고 있으므로 선거에서의 공정성 요청은 매우 중요하고 필연적인바, 공명선거의 책무는 우선적으로 국정의 책임자인 대통령에게 있다. 또한 선거에 관한 사무는 행정부와는 독립된 헌법기관인 선거관리위원회가 주관하게 되어 있지만(헌법 제114조 제1항), 선거를 구체적으로 실행하는 데 있어서 행정부 공무원의 지원과 협조 없이는 현실적으로 불가능하므로 행정부 수반인 대통령의 선거중립이 매우 긴요하다. 나아가 공무원들이 직업공무원제에 의하여 신분을 보장받고 있다 하여도, 최종적인 인사권과 지휘감독권을 갖고 있는 대통령의 정치적 성향을 의식하지 않을 수 없으므로 대통령의 선거개입은 선거의 공정을 해할 우려가 무척 높다.

결국 선거활동에 관하여 대통령의 정치활동의 자유와 선거중립의무가 충돌하는 경우에는 후자가 강조되고 우선되어야 한다.

(4) 이 사건 법률조항은 공무원에게 정치적 중립의무를 부과하여 선거의 공정이 이루어지도록 함으로써 궁극적으로 선거를 통한 국민주권원리가 구현될 수 있도록 하는 정당한 입법목적을 가지고 있다고 할 것이고, 또한 이 사건 법률조항은 그 입법목적에 적정한 수단이라고 할 것이다.

이 사건 법률조항은 대통령의 정치적 표현의 자유를 상시적으로 모든 영역에서 규제하는 것이 아니라, 선거가 임박한 시기에 부당한 영향력을 행사하는 방법으로 선거결과에 영향을 미치는 표현행위만을 규제하는 것이고, 또한 이 사건 법률조항은 대통령의 직무집행과 관련된 공적인 행위만을 규제하는 것이고 대통령의 순수한 개인적인 영역까지 규제하는 것은 아니며, 나아가 이 사건 법률조항의 위반에 대한 제재조항이 없어 위 조항을 위반한다고 하여도 형사처벌을 받을 위험성이 없으므로 피해의 최소성을 갖추었다고 할 것이다.

민주주의 국가에서 공무원 특히 대통령의 선거중립으로 인하여 얻게 될 '선거의 공정성'은 매우 크고 중요한 반면, 대통령이 감수하여야 할 '표현의 자유 제한'은 상당히 한정적이므로, 위 법률조항은 법익의 균형성도 갖추었다 할 것이고, 결국 이 사건 법률조항이 과잉금지원칙에 위배되어 청구인의 정치적 표현의 자유를 침해하는 것으로 볼 수 없다.

(5) 대통령은 국정의 책임자이자 행정부의 수반이므로 공명선거에 대한 궁극적 책무를 지고 있고, 공무원들은 최종적인 인사권과 지휘감독권을 갖고 있는 대통령의 정치적 성향을 의식하지 않을 수 없으므로 대통령의 선거개입은 선거의 공정을 해칠 우려가 높다. 이에 반하여 국회의원이나 지방의회의원은 공무원의 선거관리에 영향을 미칠 가능성이 높지 않고, 국회의원은 국회의 구성원임과 동시에 정당소속원으로서 선거에 직접 참여하는 당사자가 될 수도 있고, 복수정당제나 자유선거의 원칙을 실현하기 위하여 정책홍보 등 광범위한 선거운동의 주체가 될 필요도 있으므로 선거에서의 중립성을 요구하는 것이 적절하지 않다.

결국 국회의원과 지방의회의원이 대통령과 달리 이 사건 법률조항의 적용을 받지 않는 것은 합리적인 차별이라고 할 것이므로, 위 법률조항은 평등의 원칙에 반하지 아니한다.

(6) 이 사건 조치의 내용을 살펴보면 발언의 당사자인 청구인으로서는 각 조치에서 언급하는 '선거법 위반행위'가 무엇인지 알 수 있을 만큼 특정되었으므로 명확하다고 할 것이다.

(7) 각급 선거관리위원회의 의결을 거쳐 행하는 사항에 대하여는 원칙적으로 행정절차에 관한 규정이 적용되지 않는바(행정절차법 제3조 제2항 제4호), 이는 권력분립의 원리와 선거

관리위원회 의결절차의 합리성을 고려한 것으로 보인다. 또한 선거운동의 특성상 선거법 위반행위인지 여부와 그에 대한 조치는 가능하면 신속하게 결정되어야 할 뿐 아니라, 선거관리위원회법 제14조의2의 조치가 위반행위자에 대하여 종국적 법률효과를 발생시키는 것도 아니므로, 위반행위자에게 의견진술의 기회를 보장하는 것이 반드시 필요하거나 적절하다고 보기는 어렵다. 이와 같이 선거관리의 특성, 이 사건 조치가 규율하는 행위의 성격, 위 조치의 제재효과 및 기본권침해의 정도 등을 종합하여 볼 때, 청구인에게 위 조치 전에 의견진술의 기회를 부여하지 않은 것이 적법절차원칙에 어긋나서 청구인의 기본권을 침해한다고 볼 수 없다.

핵심 체크 학습 민주국가원리

1. 정당해산심판제도는 정부의 일방적인 행정처분에 의해 진보적 야당이 등록취소되어 사라지고 말았던 우리 현대사에 대한 반성의 산물로서 도입된 것으로서, 발생사적 측면에서 정당을 보호하기 위한 절차로서의 성격이 부각된다. [16 법무사]

해설 헌재 2014. 12. 19. 2013헌다1.

2. 모든 정당의 존립과 활동은 최대한 보장되며, 설령 어떤 정당이 민주적 기본질서를 부정하고 이를 적극적으로 공격하는 것으로 보인다 하더라도 국민의 정치적 의사형성에 참여하는 정당으로서 존재하는 한 헌법에 의해 최대한 두텁게 보호된다. [16 법무사]

해설 헌재 2014. 12. 19. 2013헌다1.

3. 강제적 정당해산은 헌법상 핵심적인 정치적 기본권인 정당활동의 자유에 대한 근본적 제한이므로, 이에 관한 결정을 할 때 헌법 제37조 제2항이 규정하고 있는 비례원칙을 준수해야만 하고, 따라서 헌법 제8조 제4항의 명문규정상 요건이 구비된 경우에도 해당 정당의 위헌적 문제성을 해결할 수 있는 다른 대안적 수단이 없고, 정당해산결정을 통하여 얻을 수 있는 사회적 이익이 정당해산결정으로 인해 초래되는 정당활동 자유 제한으로 인한 불이익과 민주주의 사회에 대한 중대한 제약이라는 사회적 불이익을 초과할 수 있을 정도로 큰 경우에 한하여 정당해산결정이 헌법적으로 정당화될 수 있다. [16 법무사]

해설 헌재 2014. 12. 19. 2013헌다1.

정답 1. ○ 2. ○ 3. ○

4. 정당에 보조금을 배분함에 있어 교섭단체의 구성 여부에 따라 차등을 두는 정치자금에 관한 법률(2004. 3. 12. 법률 제7191호로 개정되고, 2005. 8. 4. 법률 제7682호로 전문 개정되기 전의 것) 제18조 제1항 내지 제3항은 정당 간의 경쟁상태를 현저하게 변경시킬 정도로 합리성을 결여한 차별이라고 보기 어렵다. [16 법무사]

해설 헌재 2006. 7. 27. 2004헌마655.

5. 국회의원선거에 참여하여 의석을 얻지 못하고 유효투표총수의 100분의 2 이상을 득표하지 못한 정당에 대해 그 등록을 취소하도록 한 정당법(2005. 8. 4. 법률 제7683호로 개정된 것) 제44조 제1항 제3호는 정당설립의 자유를 침해한다고 볼 수 없다. [16 법무사]

해설 정당등록취소조항은 어느 정당이 대통령선거나 지방자치선거에서 아무리 좋은 성과를 올리더라도 국회의원선거에서 일정 수준의 지지를 얻는 데 실패하면 등록이 취소될 수밖에 없어 불합리하고, 신생 · 군소정당으로 하여금 국회의원선거에의 참여 자체를 포기하게 할 우려도 있어 법익의 균형성 요건도 갖추지 못하였다. 따라서 정당등록취소조항은 과잉금지원칙에 위반되어 청구인들의 정당설립의 자유를 침해한다(헌재 2014. 1. 28. 2012헌마431 등).

6. 정당의 법적 지위는 적어도 그 소유재산의 귀속관계에 있어서는 법인격 없는 사단으로 보아야 하지만, 중앙당과 지구당의 구조에 비추어 볼 때 정당의 지구당은 단순한 중앙당의 하부조직에 불과하므로 법인격 없는 사단에 해당하지 않는다. [15 법무사]

해설 중앙당과 지구당과의 복합적 구조에 비추어 정당의 지구당은 단순한 중앙당의 하부조직이 아니라 어느 정도의 독자성을 가진 단체로서 역시 법인격 없는 사단에 해당한다고 보아야 할 것이다(헌재 1993. 7. 29. 92헌마262).

7. 정당의 대통령선거 후보선출은 단순히 자발적 조직 내부의 의사결정에 그치는 것이 아니라 공직선거인 대통령선거와 관련된 행위이므로, 대통령선거 후보경선과정에서 여론조사 결과를 반영한 것은 헌법소원심판의 대상이 되는 공권력의 행사에 해당한다. [15 법무사]

해설 정당이 공권력 행사의 주체가 아니고, 정당의 대통령선거 후보선출은 자발적 조직 내부의 의사결정에 지나지 아니하므로, 청구인들 주장과 같이 한나라당이 대통령선거 후보경선과정에서 여론조사 결과를 반영한 것을 일컬어 헌법소원심판의 대상이 되는 공

정답 4. ○ 5. × 6. × 7. ×

권력의 행사에 해당한다 할 수 없다(헌재 2007. 10. 30. 2007헌마1128).

8. 헌법 제8조 제4항에 의하면 정당의 목적이나 활동이 민주적 기본질서에 위배되기만 하면 정당해산의 사유가 된다고 해석되므로, 헌법재판소가 정당해산결정을 내리기 위해서는 그 해산이 비례원칙에 부합하는지를 별도로 검토할 필요는 없다.

[15 법무사]

해설 강제적 정당해산은 헌법상 핵심적인 정치적 기본권인 정당활동의 자유에 대한 근본적 제한이므로, 헌법재판소는 이에 관한 결정을 할 때 헌법 제37조 제2항이 규정하고 있는 비례원칙을 준수해야만 한다(헌재 2014. 12. 19. 2013헌다1).

9. 정당이 헌법재판소의 결정으로 해산된 때에는 해산된 정당의 강령과 동일하거나 유사한 것으로 정당을 창당하지 못할 뿐만 아니라, 해산된 정당과 동일하거나 유사한 명칭은 사용할 수 없다. [15 법무사]

해설 정당법 제40조(대체정당의 금지) 정당이 헌법재판소의 결정으로 해산된 때에는 해산된 정당의 강령(또는 기본정책)과 동일하거나 유사한 것으로 정당을 창당하지 못한다. 정당법 제41조(유사명칭 등의 사용금지) ② 헌법재판소의 결정에 의하여 해산된 정당의 명칭과 같은 명칭은 정당의 명칭으로 다시 사용하지 못한다.

10. 정당해산심판제도의 본질에 비추어 볼 때, 국회의원의 국민대표성은 부득이 희생될 수밖에 없으므로, 명문의 규정 유무에 상관없이 정당해산결정 시 소속 국회의원의 의원직은 상실된다. [15 법무사]

해설 헌법재판소의 해산결정으로 해산되는 정당 소속 국회의원의 의원직 상실은 정당해산심판제도의 본질로부터 인정되는 기본적 효력으로 봄이 상당하므로, 이에 관하여 명문의 규정이 있는지 여부는 고려의 대상이 되지 아니하고, 그 국회의원이 지역구에서 당선되었는지, 비례대표로 당선되었는지에 따라 아무런 차이가 없이, 정당해산결정으로 인하여 신분유지의 헌법적인 정당성을 잃으므로 그 의원직은 상실되어야 한다(헌재 2014. 12. 19. 2013헌다1).

11. 외국인인 국립대학교 교수는 정당의 당원이 될 수 있다. [15 사시]

해설 대한민국 국민이 아닌 자는 당원이 될 수 없다(정당법 제22조 제2항).

정답 8. × 9. × 10. ○ 11. ×

12. 헌법 제8조 제1항은 국민 누구나 국가의 간섭을 받지 아니하고 정당을 설립할 권리를 기본권으로 보장하고 있는바, 입법자는 정당설립의 자유를 최대한 보장하는 방향으로 입법하여야 하고, 헌법재판소가 정당설립의 자유를 제한하는 법률의 합헌성을 심사할 때에는 헌법 제37조 제2항에 따라 엄격한 비례심사를 하여야 한다.

[15 사시]

해설 정당은 국민과 국가의 중개자로서 정치적 도관(導管)의 기능을 수행하여 주체적·능동적으로 국민의 다원적 정치의사를 유도·통합함으로써 국가정책의 결정에 직접 영향을 미칠 수 있는 규모의 정치적 의사를 형성하고 있다. 오늘날 대의민주주의에서 차지하는 정당의 이러한 의의와 기능을 고려하여, 헌법 제8조 제1항은 국민 누구나가 원칙적으로 국가의 간섭을 받지 아니하고 정당을 설립할 권리를 기본권으로 보장함과 아울러 복수정당제를 제도적으로 보장하고 있다. 따라서 입법자는 정당설립의 자유를 최대한 보장하는 방향으로 입법하여야 하고, 헌법재판소는 정당설립의 자유를 제한하는 법률의 합헌성을 심사할 때에 헌법 제37조 제2항에 따라 엄격한 비례심사를 하여야 한다(헌재 2014. 1. 28. 2012헌마431 등).

13. 정당이 비례대표국회의원의 후보자명부를 확정하는데 있어 투표에 의한 당내경선의 방법을 채택한 경우에는 선거권을 가진 당원들의 직접·평등·비밀투표 등 일반적인 선거원칙이 그대로 적용된다. [15 사시]

해설 헌법 제41조 제1항 및 제67조 제1항은 국회의원선거와 대통령선거에 있어서 보통·평등·직접·비밀선거의 원칙을 보장하고 있다. 헌법이 선거권과 선거원칙을 이같이 명문으로 보장하고 있는 것은 국민주권주의와 대의민주주의 하에서는 국민의 선거권 행사를 통해서만 국가와 국가권력의 구성과 창설이 비로소 가능해지고 국가와 국가권력의 민주적 정당성이 마련되기 때문이다(헌재 2011. 12. 29. 2009헌마476).

14. 정당이 헌법재판소의 결정으로 해산된 때에는 해산된 정당의 강령과 동일하거나 유사한 것으로 정당을 창당하지 못하며, 해산된 정당의 명칭과 같거나 유사한 명칭 역시 다시 사용하지 못한다. [15 사시]

해설 헌법재판소의 결정에 의하여 해산된 정당의 명칭과 같은 명칭은 정당의 명칭으로 다시 사용하지 못한다(정당법 제41조 제2항), 제1항의 규정에 의하여 처분되지 아니한 정당의 잔여재산 및 헌법재판소의 해산결정에 의하여 해산된 정당의 잔여재산은 국고에 귀속한다(정당법 제48조 제2항).

정답 12. ○ 13. ○ 14. ×

15. 정당해산심판절차에 민사소송에 관한 법령을 준용할 수 있도록 한 「헌법재판소법」 제40조 제1항 전문은 정당의 설립과 활동의 자유 및 정당의 공정한 재판을 받을 권리를 침해하는 규정이다. [15 사시]

해설 준용조항은 헌법재판에서의 불충분한 절차진행규정을 보완하고, 원활한 심판절차 진행을 도모하기 위한 조항으로, 그 절차보완적 기능에 비추어 볼 때, 소송절차 일반에 준용되는 절차법으로서의 민사소송에 관한 법령을 준용하도록 한 것이 현저히 불합리하다고 볼 수 없다. 또한 '헌법재판의 성질에 반하지 아니하는 한도'에서 민사소송에 관한 법령을 준용하도록 규정하여 정당해산심판의 고유한 성질에 반하지 않도록 적용범위를 한정하고 있는바, 여기서 '헌법재판의 성질에 반하지 않는' 경우란, 다른 절차법의 준용이 헌법재판의 고유한 성질을 훼손하지 않는 경우로 해석할 수 있고, 이는 헌법재판소가 당해 헌법재판이 갖는 고유의 성질 · 헌법재판과 일반재판의 목적 및 성격의 차이 · 준용 절차와 대상의 성격 등을 종합적으로 고려하여 구체적 · 개별적으로 판단할 수 있다. 따라서 준용조항은 청구인의 공정한 재판을 받을 권리를 침해한다고 볼 수 없다(헌재 2014. 2. 27. 2014헌마7).

16. 정당해산심판절차에는 헌법재판소법과 헌법재판소 심판규칙, 그리고 헌법재판의 성질에 반하지 않는 한도 내에서 형사소송에 관한 법령이 적용된다. [15 법행]

해설 헌법재판소법 제40조(준용규정) ① 헌법재판소의 심판절차에 관하여는 이 법에 특별한 규정이 있는 경우를 제외하고는 헌법재판의 성질에 반하지 아니하는 한도에서 민사소송에 관한 법령을 준용한다. 이 경우 탄핵심판의 경우에는 형사소송에 관한 법령을 준용하고, 권한쟁의심판 및 헌법소원심판의 경우에는 「행정소송법」을 함께 준용한다.

17. 대통령의 직무상 해외 순방 중 국무총리가 주재한 국무회의에서 이루어진 정당해산심판청구서 제출안에 대한 의결은 위법하지 아니하다. [15 법행]

해설 헌재 2014. 12. 19. 2013헌다1.

18. '의심스러울 때에는 자유를 우선시하는(in dubio pro libertate)' 근대 입헌주의의 원칙은 정당해산심판제도에서도 여전히 적용되어야 한다. [15 법행]

해설 헌재 2014. 12. 19. 2013헌다1.

정답 15. × 16. × 17. ○ 18. ○

19. 선거공영제는 선거의 관리 · 운영에 필요한 비용을 후보자 개인에게 부담시키지 않고 국민 모두의 공평부담으로 하고자 하는 원칙이다. [15 법행]

해설 선거공영제는 선거 자체가 국가의 공적 업무를 수행할 국민의 대표자를 선출하는 행위이므로 이에 소요되는 비용은 원칙적으로 국가가 부담하는 것이 바람직하다는 점과 선거경비를 개인에게 모두 부담시키는 것은 경제적으로 넉넉하지 못한 자의 입후보를 어렵거나 불가능하게 하여 국민의 공무담임권을 부당하게 제한하는 결과를 초래할 수 있다는 점을 고려하여, 선거의 관리 · 운영에 필요한 비용을 후보자 개인에게 부담시키지 않고 국민 모두의 공평부담으로 하고자 하는 원칙이다(헌재 2011. 4. 28. 2010헌바232).

20. 입법자가 재외선거제도를 도입하면서 인터넷투표방법이나 우편투표방법을 채택하지 아니하고 원칙적으로 공관에 설치된 재외투표소에 직접 방문하여 투표하는 방법을 채택한 것은 재외선거인의 선거권을 침해하는 것이다. [15 법행]

해설 입법자가 선거 공정성 확보의 측면, 투표용지 배송 등 선거기술적인 측면, 비용 대비 효율성의 측면을 종합적으로 고려하여, 인터넷투표방법이나 우편투표방법을 채택하지 아니하고 원칙적으로 공관에 설치된 재외투표소에 직접 방문하여 투표하는 방법을 채택한 것이 현저히 불공정하고 불합리하다고 볼 수는 없으므로, 재외선거 투표절차조항은 재외선거인의 선거권을 침해하지 아니한다(헌재 2014. 7. 24. 2009헌마256 등).

21. 선거운동의 자유는 선거권 행사의 전제 내지 선거권의 중요한 내용을 이룬다고 할 수 있으나, 선거운동의 제한이 선거권, 곧 참정권의 제한으로 귀결되는 것은 아니다. [15 사시]

해설 선거운동의 자유는 널리 선거과정에서 자유로이 의사를 표현할 자유의 일환이므로 표현의 자유의 한 태양이기도 한데, 이러한 정치적 표현의 자유는 선거과정에서의 선거운동을 통하여 국민이 정치적 의견을 자유로이 발표, 교환함으로써 비로소 그 기능을 다하게 된다 할 것이므로 선거운동의 자유는 헌법이 정한 언론 · 출판 · 집회 · 결사의 자유의 보장규정에 의한 보호를 받는다. 또한 우리 헌법은 참정권의 내용으로서 모든 국민에게 법률이 정하는 바에 따라 선거권을 부여하고 있는데, 선거권이 제대로 행사되기 위하여는 후보자에 대한 정보의 자유교환이 필연적으로 요청된다 할 것이므로, 선거운동의 자유는 선거권 행사의 전제 내지 선거권의 중요한 내용을 이룬다고 할 수 있고, 따라서 선거운동의 제한은 선거권의 제한으로도 파악될 수 있을 것이다(헌재 1995. 4. 20. 92헌바29; 헌재 2004. 4. 29. 2002헌마467).

정답 19. ○ 20. × 21. ×

22. 선거범죄로 인해 당선무효가 된 비례대표국회의원의 의석에 대한 승계를 인정하지 않는 구 「공직선거법」 조항은, 당선된 후보자의 선거범죄를 정당의 책임으로 귀속시킴으로써 선거부정방지를 도모하고자 하는 입법자의 재량범위 내의 결단에 해당하므로 대의제 민주주의 원리 내지 자기책임의 원리에 위배된다고 볼 수 없다.

[15 사시]

해설 선거범죄를 범한 비례대표국회의원 당선인 본인의 의원직 박탈로 그치지 아니하고 그로 인하여 궐원된 의석의 승계를 인정하지 아니함으로써 결과적으로 그 정당에 비례대표국회의원의석을 할당받도록 한 선거권자들의 정치적 의사표명을 무시하고 왜곡하는 결과를 초래한다는 점에서 헌법의 기본원리인 대의제 민주주의 원리에 부합되지 않는다고 할 것이다. 또한 심판대상조항이 정하고 있는 위와 같은 승계의 예외사유는 심판대상조항으로 인하여 불이익을 입게 되는 소속 정당이나 후보자명부상의 차순위 후보자의 귀책사유에서 비롯된 것이 아니라 당선인의 선거범죄에서 비롯된 것이라는 점에서 자기책임의 범위를 벗어나는 제재라고 할 것이다. 판대상조항은 비례대표국회의원 후보자 명부상의 차순위 후보자의 승계까지 부인함으로써 선거를 통하여 표출된 선거권자들의 정치적 의사표명을 무시·왜곡하는 결과를 초래하고, 선거범죄에 관하여 귀책사유도 없는 정당이나 차순위 후보자에게 불이익을 주는 것은 필요 이상의 지나친 제재를 규정한 것이라고 보지 않을 수 없으므로, 과잉금지원칙에 위배하여 청구인들의 공무담임권을 침해한 것이다(헌재 2009.10.29. 2009헌마350).

23. 범죄자에 대한 형벌의 내용으로 선거권을 제한하는 경우에도 선거권 제한 여부 및 적용범위의 타당성에 관하여 보통선거원칙에 입각한 선거권 보장과 그 제한의 관점에서 헌법 제37조 제2항에 따라 엄격한 비례심사를 하여야 한다. [15 사시]

해설 선거권을 제한하는 입법은 선거의 결과로 선출된 입법자들이 스스로 자신들을 선출하는 주권자의 범위를 제한하는 것이므로 신중해야 한다. 범죄자에게 형벌의 내용으로 선거권을 제한하는 경우에도 선거권 제한 여부 및 적용범위의 타당성에 관하여 보통선거원칙에 입각한 선거권 보장과 그 제한의 관점에서 헌법 제37조 제2항에 따라 엄격한 비례심사를 하여야 한다(헌재 2009. 10. 29. 2007헌마1462, 헌재 2014. 1. 28. 2012헌마409 등).

정답 22. × 23. ○

24. 「공직선거법」상 후보자가 「공직선거법」에 위반되는 선거운동을 위하여 지출한 비용은 선거비용에 포함되나, 선거권자의 추천을 받는데 소요된 비용 등 선거운동을 위한 준비행위에 소요되는 비용은 선거비용으로 보지 않는다. [15 사시]

해설 공직선거법상 '선거비용'이란 당해 선거에서 선거운동을 위하여 소요되는 금전·물품 및 채무 그 밖에 모든 재산상의 가치가 있는 것으로서, 후보자(제119조 제1호), 정당, 정당선거사무소의 소장, 후보자의 배우자 및 직계존비속, 선거사무장·선거연락소장·회계책임자(제119조 제2호, 제3호)가 지출한 비용만을 규율하는 것이 아니다. 누구든지 위의 후보자 측과 통모하여 해당 후보자의 선거운동을 위하여 지출한 비용과 기부행위제한규정을 위반하여 지출한 비용(제119조 제4호)도 선거비용에 포함된다. 다수의견은 후보자가 유권자를 빙자하거나 은밀히 결탁하는 경우에는 이 사건 법률조항이 각종 후보자에 대한 선거법상 규제를 잠탈하는 수단으로 악용될 수 있다고 하지만, 공직선거법은 적어도 선거관리위원회나 수사기관에 의하여 후보자가 유권자를 빙자하였거나 은밀히 결탁하였음이 드러나는 경우 후보자 측이 공직선거법상 선거비용제한의 규제를 잠탈하지 못하도록 규정하고 있다(헌재 2014. 4. 24. 2011헌바17 등).

25. 선거제도는 국가 정체성의 확립과 유지에 관련된 중대한 문제이기 때문에 「공직선거법」상 외국인에게 선거권이 인정되는 경우는 없다. [15 사시]

해설 외국인은 지방의원, 지방자치단체장선거권은 있으나 피선거권은 없다.

26. 지역구국회의원선거에서 당해 선거구의 후보자가 없을 때에는 재선거를 실시하고, 당선인이 임기개시 전에 사퇴하거나 사망한 때에는 보궐선거를 실시한다. [15 사시]

해설 당선인이 임기개시 전에 사퇴하거나 사망한 때에는 재선거를 실시한다.

정답 24. ○ 25. × 26. ×

법치국가원리

법률유보의 원칙

24 교사임용후보자 선정경쟁시험에서의 가산점 사건

(2002학년도 대전광역시 공립중등학교 교사임용후보자 선정경쟁시험 시행요강 취소)
2004. 3. 25. 2001헌마882 **[위헌확인]**

|판시사항|

1. 대전광역시 교육감이 가산점 항목에 관하여 한 '2002학년도 대전광역시 공립중등학교 교사임용후보자 선정경쟁시험 시행요강'의 공고를 공권력의 행사로 볼 수 있는지 여부(+)
2. 기본권적으로 중요한 사항에 관한 입법위임의 한계
3. 공개전형의 실시에 관한 사항을 대통령령에 위임한 교육공무원법 제11조 제2항이 공립중등학교 교사 임용시험에 있어서 사범대 가산점 및 복수·부전공 가산점에 대한 헌법 제37조 제2항이 요구하는 법률적 근거가 될 수 있는지 여부(−)

[결정요지]

1. 교육공무원임용후보자선정경쟁시험규칙 제8조 제3항은 가산점의 부여 여부와 그 대상자 및 배점에 관한 세부적 내용을 시험실시기관으로 하여금 정하도록 하고 있기 때문에 이 사건 가산점 항목의 공고는 법령에 이미 확정적으로 규정되어 있는 것을 단순히 알리는 데 불과한 것이 아니라 위와 같은 세부적 내용을 구체적으로 확정하는 효과가 있다. 그러므로 이는 국민의 기본권 상황에 변동을 초래하는 공권력의 행사로 볼 수 있다.

2. 헌법 제75조는 입법의 위임은 구체적으로 범위를 정하여 해야 한다는 한계를 제시하고 있는바, 적어도 국민의 헌법상 기본권 및 기본의무와 관련된 중요한 사항 내지 본질적인 내용에 대한 정책 형성 기능만큼은 입법부가 담당하여 법률의 형식으로써 수행해야 하지, 행정부나 사법부에 그 기능을 넘겨서는 안 된다. 국회의 입법절차는 국민의 대표로 구성된 다원적 인적 구성의 합의체에서 공개적 토론을 통하여 국민의 다양한 견해와 이익을 인식하고 교량하여 공동체의 중요한 의사결정을 하는 과정이다. 일반국민과 야당의 비판을 허용하고 그들의 참여가능성을 개방하고 있다는 점에서 전문관료들만에 의하여 이루어지는 행정입법절차와는 달리 공익의 발견과 상충하는 이익간의 정당한 조정에 보다 적합한 민주적 과정이라 할 수 있다. 그리고 이러한 견지에서, 규율대상이 기본권적 중요성을 가질

수록 그리고 그에 관한 공개적 토론의 필요성 내지 상충하는 이익간 조정의 필요성이 클수록, 그것이 국회의 법률에 의해 직접 규율될 필요성 및 그 규율밀도의 요구정도는 그만큼 더 중대되는 것으로 보아야 한다.

3. 공립중등학교 교사 임용시험에 있어서 사범대 가산점과 복수·부전공 가산점은 적용대상에서 제외된 자의 공직에의 진입 자체를 가로막을 수 있는 점에서 그 공무담임권 제한의 성격이 중대하고, 서로 경쟁관계에 놓여 있는 응시자들 중 일부 특정 집단만 우대하는 결과를 가져오는 점에서 사전에 관련당사자들의 비판과 참여가능성이 보장된 공개적 토론과정을 통해 상충하는 이익간의 공정한 조정을 도모할 필요성이 절실하다. 그러므로 위 가산점들에 관하여는 법률에서 적어도 그 적용대상이나 배점 등 기본적인 사항을 직접 명시적으로 규정하고 있어야 했다. 그런데 피청구인(대전광역시 교육감)이 위 가산점 항목을 공고하게 된 법률적 근거라고 주장하는 교육공무원법 제11조 제2항에서는 단지 "…공개전형의 실시에 관하여 필요한 사항은 대통령령으로 정한다."라고만 할 뿐, 이 사건 가산점 항목에 관하여는 아무런 명시적 언급도 하고 있지 않다. 그러므로 위 가산점 항목은 결국 아무런 법률적 근거가 없다고 보아야 하고, 따라서 헌법 제37조 제2항에 반하여 청구인의 공무담임권을 침해한다고 할 것이다.

관련 유사 판례

24-1. 미결수용자에 대한 면회횟수의 제한
(2003. 11. 27. 2002헌마193)

[결정내용]

헌법 제37조 제2항은 기본권제한에 관한 일반적 법률유보조항이라고 할 수 있는데 법률유보의 원칙은 '법률에 의한 규율'을 요청하는 것이 아니라 '법률에 근거한 규율'을 요청하는 것이기 때문에 기본권의 제한에는 법률의 근거가 필요할 뿐이고 기본권 제한의 형식이 반드시 법률의 형식일 필요는 없는 것이다.

이 사건 시행령규정이 미결수용자의 면회횟수를 매주 2회로 제한하고 있는 것은 법률의 위임 없이 접견교통권을 제한하는 것이고 이것은 헌법 제37조 제2항 및 제75조에 위반된 기본권제한으로서 청구인들의 접견교통권이라는 기본권에 대한 침해를 구성한다. 이와 같이 이 사건 시행령규정은 기본권제한의 형식 내지 방식에 관한 요건을 충족하지 못하여 위헌이다.

법치국가원리
특별권력관계와 법률유보원칙

25 교정시설내 CCTV 설치 사건

(계구사용행위 등 위헌확인 등)
2008. 5. 29. 2005헌마137·247·376, 2007헌마187·1274(병합) **[각하·기각]**

|판시사항|

1. 교도소 내 엄중격리대상자에 대하여 이동 시 계구를 사용하고 교도관이 동행계호하는 행위 및 1인 운동장을 사용하게 하는 처우가 신체의 자유를 과도하게 제한하는 것인지의 여부(−)
2. 엄중격리대상자의 수용거실에 CCTV를 설치하여 24시간 감시하는 행위가 법률유보의 원칙에 위배되어 사생활의 자유·비밀을 침해하는 것인지의 여부(−)

[결정요지]

1. 수형자는 형벌의 집행을 위하여 격리된 구금시설에서 강제적인 공동생활을 하게 되므로 헌법이 보장하는 신체활동의 자유 등 기본권이 제한되기 마련이나, 제한되는 기본권은 형의 집행과 도망의 방지라는 구금의 목적과 관련된 기본권에 한정되어야 하고, 특히 수용시설 내의 질서 및 안전 유지를 위하여 행해지는 기본권의 제한은 다른 방법으로는 그 목적을 달성할 수 없는 경우에만 예외적으로 허용되어야 한다.

청구인들은 상습적으로 교정질서를 문란케 하는 등 교정사고의 위험성이 높은 엄중격리대상자들인바, 이들에 대한 계구사용행위, 동행계호행위 및 1인 운동장을 사용하게 하는 처우는 그 목적의 정당성 및 수단의 적정성이 인정되며, 필요한 경우에 한하여 부득이한 범위 내에서 실시되고 있다고 할 것이고, 이로 인하여 수형자가 입게 되는 자유 제한에 비하여 교정사고를 예방하고 교도소 내의 안전과 질서를 확보하는 공익이 더 크다고 할 것이다.

2. 재판관 4인의 합헌의견

이 사건 CCTV 설치행위는 행형법 및 교도관직무규칙 등에 규정된 교도관의 계호활동 중 육안에 의한 시선계호를 CCTV 장비에 의한 시선계호로 대체한 것에 불과하므로, 이 사건 CCTV 설치행위에 대한 특별한 법적 근거가 없더라도 일반적인 계호활동을 허용하는 법률규정에 의하여 허용된다고 보아야 한다.

한편 CCTV에 의하여 감시되는 엄중격리대상자에 대하여 지속적이고 부단한 감시가 필요하고 자살·자해나 흉기 제작 등의 위험성 등을 고려하면, 제반사정을 종합하여 볼 때 기본권 제한의 최소성 요건이나 법익균형성의 요건도 충족하고 있다.

26 반사회질서의 법률행위를 무효로 하는 민법 제103조 사건

법치국가원리
명확성의 원칙

(민법 제103조 위헌소원)
2023. 9. 26. 2020헌바552 **[합헌]**

|판시사항|

선량한 풍속 기타 사회질서에 위반한 사항을 내용으로 하는 법률행위를 무효로 하는 민법 제103조(이하 '심판대상조항' 이라 한다)가 명확성원칙에 위반되는지 여부(−)

[결정요지]

1. 헌법상 명확성원칙은 법치국가원리의 한 표현으로서 기본권을 제한하는 법규범의 내용은 명확하여야 한다는 원칙이다. 법규범의 의미내용이 불확실하면 법적 안정성과 예측가능성을 확보할 수 없고, 법집행 당국의 자의적인 법해석과 집행을 가능하게 한다는 것을 그 근거로 한다(헌재 2002. 1. 31. 2000헌가8 참조). 그런데 명확성의 정도는 모든 법률에 있어서 동일한 정도로 요구되는 것은 아니며, 개개의 법률이나 법조항의 성격에 따라, 그리고 각 법률이 제정되게 된 배경이나 상황에 따라 차이가 있을 수 있다. 또한 통상적으로 법률규정은 일반성 · 추상성을 가지는 것으로서 입법기술상 어느 정도의 보편적 내지 일반적 개념의 용어 사용은 부득이하므로, 당해 법률이 제정된 목적과 다른 규범과의 연관성을 고려하여 합리적인 해석이 가능한지의 여부에 따라 명확성의 구비 여부가 가려지고, 당해 법률조항의 입법취지와 전체적 체계 및 내용 등에 비추어 법관의 법 보충작용으로서의 해석을 통하여 그 의미가 분명해질 수 있다면 이 경우까지 명확성을 결여하였다고 할 수 없다(헌재 2010. 6. 24. 2007헌바101 등; 헌재 2012. 12. 27. 2011헌바225; 헌재 2016. 12. 29. 2016헌바263; 헌재 2020. 12. 23. 2019헌바25 참조). 그리고 민사법규는 사회현실에 나타나는 여러 가지 현상에 관하여 일반적으로 흠결 없이 적용될 수 있어야 하므로, 형벌법규보다는 상대적으로 더 추상적인 표현을 사용할 수 있을 것이다(헌재 2019. 2. 28. 2017헌바106 참조).

2. 사적 자치의 원칙은 인간의 자기결정 및 자기책임의 원칙에서 유래된 기본원칙으로서, 법률관계의 형성은 고권적인 명령에 의해서가 아니라 법인격자 자신들의 의사나 행위를 통해서 이루어진다는 원칙이다. 이러한 사적 자치의 원칙도 공동체의 전체질서와의 관

계에서 제약을 받는다(헌재 2001. 5. 31. 99헌가18 등 참조). 심판대상조항은 사회적 · 문화적 환경의 변화 속에서 실정법에 의하여 미처 구체화되지 못한 사회의 질서를 수용하여 법질서를 보충 · 구체화하며, 법률행위의 당사자들이 공동체의 전체질서 내에서 사적 자치를 발현하도록 하고자, 선량한 풍속 기타 사회질서에 위반한 사항을 내용으로 하는 법률행위의 효력을 무효로 하고 있다.

3. 심판대상조항의 '선량한 풍속'은 사회의 일반적 도덕관념 또는 건전한 도덕관념으로 모든 국민에게 지킬 것이 요구되는 최소한의 도덕률로 해석할 수 있고, '사회질서'란 사회를 구성하는 여러 요소와 집단이 조화롭게 균형을 이룬 상태로 해석할 수 있다. 심판대상조항은 이처럼 '선량한 풍속 기타 사회질서'라는 다소 추상적이고 광범위한 것으로 보이는 용어를 사용하면서 구체적으로 어떠한 내용의 법률행위가 이에 해당하는지를 일일이 규정하고 있지 않다. 법률행위는 그 당사자가 기본적으로 상대방, 내용, 방식 등을 자신의 의사에 따라 결정하여 행할 수 있는 것이므로, 법률에서 선량한 풍속 기타 사회질서에 위반한 내용으로서 그 효력을 부인해야 하는 법률행위를 빠짐없이 규율하는 것은 입법기술상 매우 어렵고, 나아가 심판대상조항의 입법목적과 기능에 비추어 적절하지도 않다.

한편, 문제되는 법률행위의 내용이 선량한 풍속 기타 사회질서에 위반한 것인지 여부를 판단함에 있어서는 헌법을 최고규범으로 하는 전체 법질서, 그 법질서가 추구하는 가치 및 이에 관하여 입법자가 이미 구체화해 놓은 개별입법 등을 종합적으로 고려하여야 하고, 개별 사례들에 관한 학설과 판례 등의 집적을 통해 선량한 풍속 기타 사회질서에 위반한 사항을 내용으로 하는 법률행위가 어느 정도 유형화됨으로써 그 판단에 대한 예측가능성을 높일 수 있다. 이로써 문제되는 법률행위가 선량한 풍속 기타 사회질서에 위반한 것인지에 대한 판단은 법관의 주관적 · 자의적 신념이 아닌 헌법을 최고규범으로 하는 법 공동체의 객관적 관점에 의하여 이루어질 수 있다.

4. 이상과 같은 점들을 종합하면, 심판대상조항이 다소 추상적이고 광범위한 의미를 가진 것으로 보이는 용어를 사용하고 있다고 하여 그것만으로 명확성원칙에 위반된다고 볼 수 없다.

법치국가원리
명확성의 원칙

27 부정당업자의 입찰참가자격 제한 사건

(정부투자기관관리기본법 제20조 제2항 등 위헌소원)
2005. 4. 28. 2003헌바40 **[헌법불합치]**

|판시사항|

1. 정부투자기관이 계약을 체결함에 있어서 공정한 경쟁 또는 계약의 적정한 이행을 해칠 것이 명백하다고 판단되는 자에 대하여 일정기간 입찰참가자격을 제한할 수 있도록 한 정부투자기관관리기본법 제20조 제2항이 명확성의 원칙에 위반되는지 여부(+)
2. 입찰참가자격의 제한 등에 관하여 필요한 사항을 재정경제부령으로 정하도록 한 정부투자기관관리기본법 제20조 제3항 중 "입찰참가자격의 제한기간을 재정경제부령으로 정하도록 한 부분" 이 포괄위임금지원칙에 위반되는지 여부(+)
3. 입찰참가자격제한의 근거규정의 전면적 효력 상실을 막기 위하여 헌법불합치결정을 하고 그 계속적용을 명한 사례

[결정요지]

1. 정부투자기관이 계약을 체결함에 있어서 공정한 경쟁 또는 계약의 적정한 이행을 해칠 것이 명백하다고 판단되는 자에 대하여 일정기간 입찰참가자격을 제한할 수 있도록 한 정부투자기관관리기본법 제20조 제2항은 입찰참가자격제한의 핵심적·본질적 요소라고 할 수 있는 자격제한기간을 특정하지 않은 채 단지 "일정기간"이라고만 규정하여 입찰참가자격 제한기간의 상한을 정하지 않고 있는바, 이는 자격제한사유에 해당하는 자로 하여금 위 조항의 내용만으로 자격제한의 기간을 전혀 예측할 수 없게 하고 동시에 법집행당국의 자의적인 집행을 가능하게 하는 것이므로 위 법률조항은 명확성의 원칙에 위반된다.

2. 정부투자기관관리기본법 제20조 제3항 중 "입찰참가자격의 제한기간을 재정경제부령으로 정하도록 한 부분"은 정부투자기관의 입찰참가자격제한처분권한을 규정한 정부투자기관관리기본법 제20조 제2항에서 자격제한기간의 상한을 정하지 않은 채 "일정기간"이라고 불명확하게 규정함으로 말미암아 하위법령인 재정경제부령에 자격제한기간을 전적으로 모두 위임한 것과 같은 결과를 초래하게 되었으므로 포괄위임금지원칙에 위반된다.

3. 계약을 체결함에 있어서 공정한 경쟁 또는 계약의 적정한 이행을 해칠 것이 명백하다고 판단되는 자가 정부투자기관의 계약에 관여함에 따라 발생할 우려가 있는 공적 폐해를 예방하고, 정부투자기관이 추구하는 공적 목표 달성을 위한 계약의 충실한 이행을 확보하기 위해서는 위와 같은 부정당업자의 입찰참가자격을 제한하는 법규정이 반드시 필요한데, 헌법재판소가 자격제한기간을 정한 입법형식에 잘못이 있다는 이유로 단순위헌결정을 통하여 입찰참가자격제한의 근거가 되는 규정 및 자격제한기간을 하위법령에 위임한 규정의 효력을 소멸시킨다면, 위와 같은 부정당업자에 대한 입찰참가자격을 제한하는 근거규범이 존재하지 않게 됨으로써 그러한 부정당업자에 대한 입찰참가자격제한을 할 수 없게 되어 정부투자기관이 추구하는 공적 목표 달성을 위한 계약의 충실한 이행확보 및 부정당업자의 계약 관여에 따라 발생할 공적 폐해의 예방이 불가능하게 되는 결과를 초래함으로써 위헌적인 이 사건 법률조항을 존속시킬 때보다 단순위헌의 결정으로 인하여 더욱 헌법적 질서와 멀어지는 법적 상태가 초래될 우려가 있기 때문에 위 법률조항을 대체할 합헌적 법률을 입법할 때까지 일정 기간 동안 위헌적인 법규정을 존속하게 하고 또한 잠정적으로 적용하게 할 필요가 있다고 한 사례.

법치국가원리
체계정당성의 원리

28 명의신탁재산의 증여의제 사건

(구 상속세및증여세법 제41조의2 제1항 위헌소원)
2005. 6. 30. 2004헌바40, 2005헌바24(병합) **[합헌]**

|판시사항|

1. 구 상속세및증여세법(1998. 12. 28. 법률 제5582호로 개정된 후 2002. 12. 18. 법률 제6780호로 개정되기 전의 것, 이하 '구법' 이라 한다) 제41조의2 제1항 본문과 단서 제1호, 제2항 중 '타인의 명의로 재산의 등기 등을 한 경우' 가 명의신탁이 증여세 회피의 목적으로 이용되는 경우에 증여세를 부과하도록 규정한 것이 비례의 원칙에 위배되는지 여부(－)
2. 위 조항들이 명의신탁이 증여세 회피를 목적으로 이용되는 경우에 증여세를 부과하도록 규정한 것이 평등원칙 및 실질적 조세법률주의, 죄형법정주의 및 무죄추정원칙에 위배되는지 여부(－)
3. 명의신탁이 증여세 이외의 다른 조세 회피를 목적으로 이용되는 경우에도 증여세를 부과하도록 규정한 구법 제41조의2 제5항이 비례의 원칙과 평등원칙에 위배되는지 여부(－)
4. 헌법상 체계정당성의 원리 및 그 위반에 대한 심사 기준
5. 명의신탁이 증여세 이외의 다른 조세 회피를 목적으로 이용되는 경우에도 증여세를 부과하도록 규정한 구법 제41조의2 제5항이 체계정당성에 위반되어 위헌이 되는지 여부(－)

[결정요지]

1. 구 상속세및증여세법 제41조의2 제1항 본문과 단서 제1호, 제2항 중 '타인의 명의로 재산의 등기 등을 한 경우'가 명의신탁을 내세워 증여세를 회피하는 것을 방지하여 조세정의와 조세평등을 관철하고 실질과세의 원칙이 형식에 흐르지 않고 진정한 실질과세가 이루어지도록 이를 보완하려는 목적을 가진 것이어서 입법목적의 정당성이 인정되며, 증여세회피의 목적을 가진 명의신탁에 대하여 증여세를 부과하는 것은 증여세의 회피를 방지하고자 하는 증여의제조항의 목적을 달성하는 데 적합한 수단이고, 명의신탁을 이용한 조세회피행위를 방지하는 데 있어서 적합한 다른 대체수단으로는 명의신탁을 아예 금지하면서 그 사법적 효력을 부인하고 위반자에 대하여 형사처벌을 가하는 방법과 증여세 회피목적이 있는 명의신탁에 대하여 증여세 대신 과징금을 부과하는 방법이 있으나, 증여세를 회피하는 명의신탁의 제재방법으로 증여세를 부과하는 것이 다른 대체수단보다 납세의무자에게 더 많

은 피해를 준다고 볼 수 없으므로 최소침해의 원칙에 어긋나지 않음과 동시에, 명의신탁을 이용한 증여세 회피행위에 대하여 증여세 부과를 통하여 명의수탁자가 입는 불이익은 그 책임을 고려할 때 크게 부당하지 않는데 반하여, 명의신탁에 대한 증여세 부과가 명의신탁이 증여세를 회피하는 수단으로 이용되는 것을 방지하는 데 기여함으로써 조세정의와 조세공평이라는 공익을 실현하는 것은 다대하여 법익비례의 원칙에도 위배되지 않으므로, 심판대상조항들은 비례의 원칙에 위배되지 않는다.

2. 증여를 은폐하는 수단으로 명의신탁을 이용한 경우에 이를 제재하는 하나의 방법으로, 조세회피의 목적이 인정되는 제한적인 범위 내에서, 증여세를 부과하는 것은 조세정의와 조세의 공평을 실현하기 위한 적절한 방법으로서 그 합리성이 인정되므로 실질과세의 원칙에 대한 예외로서 허용할 수 있으며, 명의신탁에 동조함으로써 명의신탁자의 증여세회피행위를 가능하게 한 명의수탁자의 책임을 고려할 때 명의신탁자와 명의수탁자 두 사람 중 누구에게 일차적인 납세의무를 부과할 것인지의 문제는 입법의 재량에 속하고, 명의신탁자와 명의수탁자의 납세책임을 동일하게 평가하여 동일한 세율의 증여세를 부과하는 차별취급은 증여세의 회피기도를 효과적으로 차단하고자 하는 합리적인 이유가 있으므로 평등의 원칙에 어긋나지 않는다. 또한 위 조항들에 의하여 부과되는 증여세는 법률이 규정하는 세금의 하나일 뿐이어서 이를 형법상의 벌금으로 볼 수 없으므로 헌법상의 죄형법정주의나 무죄추정의 원칙이 적용될 수 없다.

3. 명의신탁에 의한 조세의 회피는 증여세에 한정된 것이 아니고 상속세, 소득세, 취득세 등 각종의 국세와 지방세 그리고 관세에 대하여도 가능하므로, 증여세 이외의 다른 조세에 대하여도 명의신탁의 방법으로 이를 회피하는 것을 방지하고 그 회피행위를 제재하여야 할 필요성은 증여세의 경우와 조금도 다를 바 없다. 그러므로 증여세 이외의 다른 조세를 명의신탁에 의하여 회피하는 행위를 제재하기 위하여 그러한 명의신탁에 대하여 조세회피의 목적을 추정하고, 이를 증여로 의제할 수 있도록 조세범위를 확장하는 구법 제41조의2 제5항은, 증여세회피의 경우에 관하여 위에서 본 바와 동일한 이유로, 그 입법목적이 정당하고 그 수단이 입법목적의 달성에 적합하며 최소침해의 원칙에 어긋나지 아니하고 법익간의 비례가 유지되므로, 비례의 원칙에 대한 침해라고 할 수 없고 평등의 원칙에도 어긋나지 않는다.

4. <u>체계정당성의 원리는 동일 규범 내에서 또는 상이한 규범간에 그 규범의 구조나 내용 또는 규범의 근거가 되는 원칙면에서 상호 배치되거나 모순되어서는 안 된다는 하나</u>

의 헌법적 요청이며, 국가공권력에 대한 통제와 이를 통한 국민의 자유와 권리의 보장을 이념으로 하는 법치주의원리로부터 도출되는데, 이러한 체계정당성 위반은 비례의 원칙이나 평등의 원칙 등 일정한 헌법의 규정이나 원칙을 위반하여야만 비로소 위헌이 되며, 체계정당성의 위반을 정당화할 합리적인 사유의 존재에 대하여는 입법 재량이 인정된다.

5. 구법 제41조의2 제5항이 조세범위확장조항을 통하여 증여세가 아닌 다른 조세를 회피하려는 목적이 인정되는 경우에, 회피하려는 조세와는 세목과 세율이 전혀 다른, 증여세를 부과하도록 증여의제를 하는 것이 체계정당성의 원칙에 위배되는 외관을 가질 수 있으나, 증여세가 아닌 다른 조세를 회피하려는 목적이 명의신탁에 인정되는 경우에 명의신탁을 증여로 의제하여 증여세를 부과하도록 한 입법의 선택에는 합리적인 이유가 존재하고 여기에 입법재량의 한계를 현저히 일탈한 잘못이 있다고 볼 수 없으므로 체계부정합으로 인한 위헌의 문제는 발생하지 않는다.

관련 유사 판례—의회유보원칙

28-1. 텔레비전방송수신료의 부과

(1999. 5. 27. 98헌바70)

[결정내용]

텔레비전방송수신료의 금액에 대하여 국회가 스스로 결정하거나 결정에 관여함이 없이 한국방송공사로 하여금 결정하도록 한 한국방송공사법 제36조 제1항이 법률유보원칙에 위반되는지 여부(적극)

오늘날 법률유보원칙은 단순히 행정작용이 법률에 근거를 두기만 하면 충분한 것이 아니라, 국가공동체와 그 구성원에게 기본적이고도 중요한 의미를 갖는 영역, 특히 국민의 기본권 실현과 관련된 영역에 있어서는 국민의 대표자인 입법자가 그 본질적 사항에 대해서 스스로 결정하여야 한다는 요구까지 내포하고 있다(의회유보원칙). 그런데 텔레비전방송수신료는 대다수 국민의 재산권 보장의 측면이나 한국방송공사에게 보장된 방송자유의 측면에서 국민의 기본권실현에 관련된 영역에 속하고, 수신료금액의 결정은 납부의무자의 범위 등과 함께 수신료에 관한 본질적인 중요한 사항이므로 국회가 스스로 행하여야 하는 사항에 속하는 것임에도 불구하고 한국방송공사법 제36조 제1항에서 국회의 결정이나 관여를 배제한 채 한국방송공사로 하여금 수신료금액을 결정해서 문화관광부장관의 승인을 얻도록 한 것은 법률유보원칙에 위반된다.

법치국가원리
소급입법금지의 원칙

29 5·18특별법 사건

(5·18민주화운동등에관한특별법 제2조 위헌제청 등)
1996.2.16. 96헌가2,96헌바7,96헌바13 **[합헌]**

|판시사항|

1. 5·18민주화운동등에관한특별법 제2조가 개별사건법률로서 위헌인지 여부(−)
2. 특별법 제2조가 소급입법에 해당하는지 여부
3. 위 법률조항이 형벌불소급의 원칙에 위반되는지 여부(−)
4. 위 법률조항이 부진정소급효를 갖는 경우 법적 안정성과 신뢰보호의 원칙을 포함하는 법치주의 정신에 위반되는지 여부(−)
5. 위 법률조항이 진정소급효를 갖는 경우 법적 안정성과 신뢰보호의 원칙을 포함하는 법치주의 정신에 위반되거나 평등의 원칙에 위반되는지 여부

[결정요지]

1. 개별사건법률은 원칙적으로 평등원칙에 위배되는 자의적 규정이라는 강한 의심을 불러 일으키는 것이지만, 개별법률금지의 원칙이 법률제정에 있어서 입법자가 평등원칙을 준수할 것을 요구하는 것이기 때문에 특정규범이 개별사건법률에 해당한다 하여 곧바로 위헌을 뜻하는 것은 아니며, 이러한 차별적 규율이 합리적인 이유로 정당화될 수 있는 경우에는 합헌적일 수 있다.

이른바 12·12 및 5·18 사건의 경우 그 이전에 있었던 다른 헌정질서파괴범과 비교해 보면, 공소시효의 완성 여부에 관한 논의가 아직 진행중이고, 집권과정에서의 불법적 요소나 올바른 헌정사의 정립을 위한 과거청산의 요청에 미루어 볼 때 비록 특별법이 개별사건법률이라고 하더라도 입법을 정당화할 수 있는 공익이 인정될 수 있으므로 위 법률조항은 헌법에 위반되지 않는다.

2. **(1) 재판관 김용준, 재판관 정경식, 재판관 고중석, 재판관 신창언의 의견**

공소시효제도는 헌법이 마련하고 있는 제도가 아니라 법률이 규정하고 있는 제도이므로, 그 제도의 구체적인 적용은 사실의 인정과 법률의 해석에 관련된 문제로서 기본적으로 원의 전속적인 권한에 속하는 사항이며, 헌법재판소가 관여할 사항이 아니다. 따라서 헌법

재판소로서는 위 법률조항이 확인적 법률인지의 여부에 관하여는 법원의 판단에 맡기고, 만일 법원이 이 점에 관하여 소극적 견해를 취할 경우 제기될 수 있는 헌법적 문제에 대하여 판단하면 된다.

(2) 재판관 김진우, 재판관 이재화, 재판관 조승형의 의견

(가) 특별법 제2조는 법 및 법집행의 왜곡에 따르는 소추의 장애사유가 존재하여 헌정질서파괴 행위자들에 대한 검찰의 소추권행사가 불가능하였으므로 당연히 공소시효의 진행이 정지된 것으로 보아야 한다는 법리를 확인하여 입법한 데 불과하므로 소급입법에 해당하지 않는다.

(나) 공소시효는 소추기관이 유효하게 공소권을 행사할 수 있었음에도 불구하고 이를 행사하지 아니한 채 그 기간이 경과되었을 것을 요건으로 하여 완성하며, 소추기관이 유효하게 공소권을 행사하는 데 법적·제도적 장애가 없을 때에만 진행할 수 있다.

(다) 형사법의 집행을 담당하는 국가의 소추기관이 법제도상 군사반란 내지 내란행위자들에 의해 장악되거나 억압당함으로써 이들의 의사나 이익에 반하는 소추권행사가 더 이상 가능하지 않게 되는 등 반란행위나 내란행위를 처벌하여야 할 법률의 기능이 마비되어, 적어도 위 행위자들에 관한 한 법치국가적 원칙이 완전히 무시되고 법률의 집행이 왜곡되는 법질서상의 중대한 장애사유가 있는 경우에는, 비록 헌법이나 법률에 명문의 규정은 없다 하여도 단순한 사실상의 장애를 넘어 법규범 내지 법치국가적 제도 자체에 장애가 있다고 보아야 하고, 이러한 장애로 군사반란행위자와 내란행위자가 불처벌로 남아있을 수밖에 없는 상태로 있는 기간 동안에는 공소시효가 정지된다고 보아야 하며, 또 이것이 공소시효제도의 본질에도 부합하는 해석으로 성공한 내란도 처벌되어야 한다는 당위성에 합치되고 정의의 관념과 형평의 원칙에도 합치한다.

(3) 재판관 김문희, 재판관 황도연의 의견

공소시효는 법률로써 명문규정을 둔 경우에 한하여 정지되는 것이고, 헌법 제84조의 규정도 공소시효의 정지에 관한 명문규정으로 볼 수 없으므로, 위 법률조항에서 공소시효가 정지되는 것으로 규정한 전기간, 모든 피의자에 대하여 이 법률조항으로 말미암아 비로소 공소시효의 진행이 정지되는 것으로 보아야 한다. 따라서 이 법률조항은 소급적 효력을 가진 형성적 법률이다.

3. 형벌불소급의 원칙은 "행위의 가벌성" 즉 형사소추가 "언제부터 어떠한 조건하에서" 가능한가의 문제에 관한 것이고, "얼마동안" 가능한가의 문제에 관한 것은 아니므로, 과거에 이미 행한 범죄에 대하여 공소시효를 정지시키는 법률이라 하더라도 그 사유만으로 헌법 제12조 제1항 및 제13조 제1항에 규정한 죄형법정주의의 파생원칙인 형벌불소급의 원

칙에 언제나 위배되는 것으로 단정할 수는 없다.

4. 공소시효가 아직 완성되지 않은 경우 위 법률조항은 단지 진행중인 공소시효를 연장하는 법률로서 이른바 부진정소급효를 갖게 되나, 공소시효제도에 근거한 개인의 신뢰와 공시시효의 연장을 통하여 달성하려는 공익을 비교형량하여 공익이 개인의 신뢰보호이익에 우선하는 경우에는 소급효를 갖는 법률도 헌법상 정당화될 수 있다.

위 법률조항의 경우에는 왜곡된 한국 반세기 헌정사의 흐름을 바로 잡아야 하는 시대적 당위성과 아울러 집권과정에서의 헌정질서파괴범죄를 범한 자들을 응징하여 정의를 회복하여야 한다는 중대한 공익이 있는 반면, 공소시효는 행위자의 의사와 관계없이 정지될 수도 있는 것이어서 아직 공소시효가 완성되지 않은 이상 예상된 시기에 이르러 반드시 시효가 완성되리라는 것에 대한 보장이 없는 불확실한 기대일 뿐이므로 공소시효에 대하여 보호될 수 있는 신뢰보호이익은 상대적으로 미약하여 위 법률조항은 헌법에 위반되지 아니한다.

5. (1) **재판관 김진우, 재판관 이재화, 재판관 조승형, 재판관 정경식의 합헌의견**

(가) 진정소급입법이라 하더라도 기존의 법을 변경하여야 할 공익적 필요는 심히 중대한 반면에 그 법적 지위에 대한 개인의 신뢰를 보호하여야 할 필요가 상대적으로 적어 개인의 신뢰이익을 관철하는 것이 객관적으로 정당화될 수 없는 경우에는 예외적으로 허용될 수 있다.

(나) 진정소급입법이 허용되는 예외적인 경우로는 일반적으로, 국민이 소급입법을 예상할 수 있었거나, 법적 상태가 불확실하고 혼란스러웠거나 하여 보호할 만한 신뢰의 이익이 적은 경우와 소급입법에 의한 당사자의 손실이 없거나 아주 경미한 경우, 그리고 신뢰보호의 요청에 우선하는 심히 중대한 공익상의 사유가 소급입법을 정당화하는 경우를 들 수 있다.

(다) 이 사건 반란행위 및 내란행위자들은 우리 헌법질서의 근간을 이루고 있는 자유민주적 기본질서를 파괴하였고, 그로 인하여 우리의 민주주의가 장기간 후퇴한 것은 말할 것도 없고, 많은 국민의 그 생명과 신체가 침해되었으며, 전국민의 자유가 장기간 억압되는 등 국민에게 끼친 고통과 해악이 너무도 심대하여 공소시효의 완성으로 인한 이익은 단순한 법률적 차원의 이익이고, 헌법상 보장된 기본권적 법익에 속하지 않는 반면, 집권과정에서 헌정질서파괴범죄를 범한 자들을 응징하여 정의를 회복하여 왜곡된 우리 헌정사의 흐름을 바로 잡아야 할 뿐만 아니라, 앞으로는 우리 헌정사에 다시는 그와 같은 불행한 사태가 반복되지 않도록 자유민주적 기본질서의 확립을 위한 헌정사적 이정표를 마련하여야 할

공익적 필요는 매우 중대한 반면, 이 사건 반란행위자들 및 내란행위자들의 군사반란죄나 내란죄의 공소시효완성으로 인한 법적 지위에 대한 신뢰이익이 보호받을 가치가 별로 크지 않다는 점에서, 이 법률조항은 위 행위자들의 신뢰이익이나 법적 안정성을 물리치고도 남을 만큼 월등히 중대한 공익을 추구하고 있다고 평가할 수 있어, 이 법률조항이 위 행위자들의 공소시효완성에 따르는 법적 지위를 소급적으로 박탈하고, 그들에 대한 형사소추를 가능하게 하는 결과를 초래하여 그 합헌성 인정에 있어서 엄격한 심사기준이 적용되어야 한다고 하더라도, 이 법률조항은 헌법적으로 정당화된다고 할 것이다.

(라) 위 법률조항은 헌정질서파괴범죄자들에 대하여 국가가 실효적으로 소추권을 행사할 수 있는 기간을 다른 일반국민들에 대한 시효기간과 동일하게 맞춤으로써, 그 범죄행위로 인하여 초래되었던 불평등을 제거하겠다는 것에 불과하여, 위 범죄행위자들을 자의적으로 차별하는 것이 아닐 뿐만 아니라, 오히려 실질적 정의와 공평의 이념에 부합시키는 조치라고 할 수 있다.

(2) 재판관 김용준, 재판관 김문희, 재판관 황도연, 재판관 고중석, 재판관 신창언의 한정위헌 의견

형사실체법의 영역에서 형벌은 바로 신체의 자유와 직결되기 때문에 적어도 범죄구성요건과 형벌에 관한 한, 어떠한 공익상의 이유도, 국가적인 이익도 개인의 신뢰보호의 요청과 법적 안정성에 우선할 수 없고, 공소시효가 이미 완성되어 소추할 수 없는 상태에 이른 뒤에 뒤늦게 소추가 가능하도록 하는 새로운 법률을 제정하는 것은 결과적으로 형벌에 미치는 사실적 영향에서는 형벌을 사후적으로 가능하게 하는 새로운 범죄구성요건의 제정과 실질에 있어서는 마찬가지이므로, 공소시효가 이미 완성된 경우에 그 뒤 다시 소추할 수 있도록 법률로써 규정하는 것은 헌법 제12조 제1항 후단의 적법절차의 원칙과 제13조 제1항의 형벌불소급의 원칙 정신에 비추어 헌법적으로 받아들일 수 없는 위헌적인 것이다.

법치국가원리

신뢰보호의 원칙

30 의무사관후보생에 대한 신체검사통지 사건

(구 병역법 제71조 제1항 단서 위헌소원)
2002. 11. 28. 2002헌바45 **[합헌]**

|판시사항|

1. 우리 헌법상 징집대상자의 범위를 결정함에 있어 입법자에게 입법형성권이 광범위하게 인정되는지 여부(+)
2. 의무사관후보생의 병적에서 제외된 사람의 징집면제연령을 31세에서 36세로 상향조정한 구 병역법 제71조 제1항 단서가 신뢰보호원칙에 위반되는지 여부(−)
3. 의무사관후보생의 병적에서 제외된 사람의 징집면제연령을 31세에서 36세로 상향조정한 구 병역법 제71조 제1항 단서가 평등원칙에 위반되는지 여부(−)

[결정요지]

1. 국방의 의무는 외부 적대세력의 직·간접적인 침략행위로부터 국가의 독립을 유지하고 영토를 보전하기 위한 의무로서, 현대전이 고도의 과학기술과 정보를 요구하고 국민 전체의 협력을 필요로 하는 이른바 총력전인 점에 비추어 ① 단지 병역법에 의하여 군복무에 임하는 등의 직접적인 병력형성의무만을 가리키는 것이 아니라, ② 병역법, 향토예비군설치법, 민방위기본법, 비상대비자원관리법 등에 의한 간접적인 병력형성의무 및 ③ 병력형성이후 군작전명령에 복종하고 협력하여야 할 의무도 포함하는 개념이다.

한편, 징집대상자의 범위를 결정하는 문제는 그 목적이 국가안보와 직결되어 있고, 그 성질상 급변하는 국내외 정세 등에 탄력적으로 대응하면서 '최적의 전투력'을 유지할 수 있도록 합목적적으로 정해야 하는 사항이기 때문에, 본질적으로 입법자 등의 입법형성권이 매우 광범위하게 인정되어야 하는 영역이다.

2. 신뢰보호원칙의 위반여부

(1) 개인의 신뢰이익의 보호가치

국가가 입법행위를 통하여 개인에게 신뢰의 근거를 제공한 경우, 입법자가 자신의 종전 입법행위에 의하여 어느 정도로 구속을 받는지 여부, 다시 말하면 법률의 존속에 대한 개인의 신뢰가 어느 정도로 보호되는지 여부에 대한 주요한 판단기준으로 다음과 같은 2가지 요소를 거시할 수 있다.

(가) 법령개정의 예측성 먼저, 법적 상태의 존속에 대한 개인의 신뢰는 그가 어느 정도로 법적 상태의 변화를 예측할 수 있는지, 혹은 예측하였어야 하는지 여부에 따라 상이한 강도를 가진다. 그런데, 일반적으로 법률은 현실상황의 변화나 입법정책의 변경 등으로 언제라도 개정될 수 있는 것이기 때문에, 원칙적으로 이에 관한 법률의 개정은 예측할 수 있다고 보아야 한다.

따라서, 청구인과 같이 의과대학에 입학하여 의무사관후보생 병적에 편입된 사람이 그 당시 법률규정에 따른 징집면제연령에 대하여 가지고 있던 기대와 신뢰가 절대적인 것이라고는 볼 수 없다.

특히, 이 사건 법률조항은 직접적인 병력형성에 관한 영역으로서, 입법자가 급변하는 정세에 따라 탄력적으로 그 징집대상자의 범위를 결정함으로써 적정한 군사력을 유지하여야 하는 강력한 공익상 필요가 있기 때문에, 이에 관한 입법자의 입법형성권의 범위가 매우 넓다는 점은 위에서 살펴본 바와 같다. 따라서 국민들은 이러한 영역에 관한 법률이 제반 사정에 따라 언제든지 변경될 수 있다는 것을 충분히 예측할 수 있다고 보아야 한다.

(나) 유인된 신뢰의 행사여부 다음으로, 개인의 신뢰이익에 대한 보호가치는 ① 법령에 따른 개인의 행위가 국가에 의하여 일정방향으로 유인된 신뢰의 행사인지, ② 아니면 단지 법률이 부여한 기회를 활용한 것으로서 원칙적으로 사적 위험부담의 범위에 속하는 것인지 여부에 따라 달라진다. 만일 법률에 따른 개인의 행위가 단지 법률이 반사적으로 부여하는 기회의 활용을 넘어서 국가에 의하여 일정 방향으로 유인된 것이라면 특별히 보호가치가 있는 신뢰이익이 인정될 수 있고, 원칙적으로 개인의 신뢰보호가 국가의 법률개정이익에 우선된다고 볼 여지가 있다.

그런데, 이 사건 법률조항의 경우 국가가 입법을 통하여 개인의 행위를 일정방향으로 유도하였다고 볼 수는 없고, 따라서 청구인의 징집면제연령에 관한 기대 또는 신뢰는 단지 법률이 부여한 기회를 활용한 것으로서 원칙적으로 사적 위험부담의 범위에 속하는 것이다.

(다) 경과규정 등 일반적으로 신뢰보호의 구체적 실현수단으로 사용되는 경과규정에는 ① 기존 법률이 적용되던 사람들에게 신법 대신 구법을 적용하도록 하는 방식과, ② 적응보조규정을 두는 방식 등이 있다.

이 사건에 관련하여 입법자는 군복무이행이 가지는 기본권제약적인 성격을 감안하여, 의무사관후보생 병적 등에서 제적된 사람의 징집면제연령을 31세에서 36세로 상향조정하는 내용이 포함된 구 병역법(1991. 1. 14. 법률 제4317호로 일부 개정되고 1993. 12. 31. 법률 제4685호로 전문개정되기 전의 것, 이하 '1991년 법률'이라 한다.)의 부칙 제3조에 "이 법 시행전에 특수병과사관후보생의 병적에 편입된 자는 이 법에 의하여 특수병과사관후보생의 병적에 편입된 것으로 보며, 그 병적에서 제적되는 자에 대한 의무부과는 종전의 규정에 의한다." 라고 규정하여 1983년 법률의 시행 당시 위 병적에 편입되었다가 제적된 사람 중 1991년 법률이 시행되기 이전에 이미 종전 법률 소정의 징집면제연령인 31세에 이르렀거나 이에 임박했던 자들이 새로운 법질서를 예측하지 못하고 있다가 갑자기 징집되는 상황에 대비하였다.

또한, 입법자는 위와 같은 1991년 법률 부칙 제3조의 경과규정을 2년 이상 존속시킨 다음, 이러한 경과규정이 삭제된 1993년 법률을 시행하면서 "특수병과사관후보생의 병적에서 제적된 사람으로 현역병으로 입영하여야 할 사람 중 31세 이상인 사람은 공익근무요원으로 복무할 수 있다." 라는 취지의 <u>임의적 적응조정규정</u>(제71조 제2항, 제1항 제4호)<u>을 신설함으로써 종전의 법률을 적용받던 사람 등의 기본권제약적 요소를 부분적으로 완화시킬 수 있는 보완조치를 하였다</u>.

(2) 소결론

이상 살펴본 바와 같이 청구인과 같이 종전 법률의 적용을 받던 개인의 신뢰이익의 보호가치, 그 신뢰이익의 침해정도, 신뢰이익의 보호를 고려한 경과조치의 존재, 법률 개정을 통하여 실현하고자 하는 공익목적의 중요성 등을 종합적으로 고려할 때 이 사건 법률조항은 헌법상의 신뢰보호원칙에 위배된다고 볼 수 없다.

3. 평등원칙 위반여부

(1) 평등원칙 위반의 심사요건

일반적으로 <u>자의금지원칙에 관한 심사요건은 ① 본질적으로 동일한 것을 다르게 취급하고 있는지에 관련된 차별취급의 존재 여부와, ② 이러한 차별취급이 존재한다면 이를 자의적인 것으로 볼 수 있는지 여부라고 할 수 있다</u>. 한편, ①의 요건에 관련하여 두개의 비교집단이 본질적으로 동일한가의 판단은 일반적으로 당해 법규정의 의미와 목적에 달려 있고, ②의 요건에 관련하여 차별취급의 자의성은 합리적인 이유가 결여된 것을 의미하므로, 차별대우를 정당화하는 객관적이고 합리적인 이유가 존재한다면 차별대우는 자의적인 것이 아니게 된다.

(2) 소결론

입법자가 여러 차례 법률을 개정하면서 1983년 법률의 시행당시 의무사관후보생 병적에 편입되있던 이해관계자들의 기존 법질서에 대한 신뢰보호 필요성의 차이에 따라서 구체적인 징집대상자의 범위 등을 결정한 것은 합리적 근거에 기초한 것이다. 따라서, 위와 같은 이해관계자들의 제적시점에 따라서 결과적으로 실질적인 법률관계가 달라지는 사례가 발생하더라도, 이러한 입법자의 판단에 합리적 근거가 있는 이상, 이 사건 법률조항이 평등원칙에 위반된다고 할 수는 없다.

법치국가원리
비례의 원칙

31 자동차를 이용한 범죄행위에 대한 필요적 운전면허 취소 사건

(도로교통법 제78조 제1항 단서 제5호 위헌제청)
2005. 11. 24. 2004헌가28 **[위헌]**

|판시사항|

1. '운전면허를 받은 사람이 자동차등을 이용하여 범죄행위를 한 때' 라는 도로교통법 제78조 제1항 제5호의 법문이 명확성원칙을 위반하고 있는지 여부(+)
2. 위와 같은 경우에 반드시 운전면허를 취소하도록 하는 것이 직업의 자유 등을 침해하는 것인지 여부(+)

[결정요지]

1. 이 사건 규정의 법문은 '운전면허를 받은 사람이 자동차등을 이용하여 범죄행위를 한 때'를 필요적 운전면허 취소사유로 규정하고 있는바, 일반적으로 '범죄행위'란 형벌법규에 의하여 형벌을 과하는 행위로서 사회적 유해성 내지 법익을 침해하는 반사회적 행위를 의미한다 할 것이므로 이 사건 규정에 의하면 자동차 등을 살인죄의 범행 도구나 감금죄의 범행장소 등으로 이용하는 경우는 물론이고, 주된 범죄의 전후 범죄에 해당하는 예비나 음모, 도주 등에 이용하는 경우나 과실범죄에 이용하는 경우에도 운전면허가 취소될 것이다. 그러나 오늘날 자동차는 생업의 수단 또는 대중적인 교통수단으로서 일상 생활에 없어서는 안될 필수품으로 자리잡고 있기 때문에 그 운행과 관련하여 교통관련 법규에서 여러 가지 특례제도를 두고 있는 취지를 보면, 이 사건 규정의 범죄에 사소한 과실범죄가 포함된다고 볼 수는 없다.

그럼에도 불구하고 <u>이 사건 규정이 범죄의 중함 정도나 고의성 여부 측면을 전혀 고려하지 않고 자동차 등을 범죄행위에 이용하기만 하면 운전면허를 취소하도록 하고 있는 것은 그 포섭범위가 지나치게 광범위한 것으로서 명확성원칙에 위반된다</u>고 할 것이다.

2. 도로교통법상 운전면허는 신체적 조건이나 도로교통과 관련된 법령 등에 대한 지식 및 자동차의 운전 능력 등을 종합적으로 평가하여 도로에서의 자동차 등의 운전행위를 허기해 주는 것인데, 만약 자동차 등을 운전면허 본래의 목적과 배치되는 범죄행위에 이용하

게 되면 이는 국민의 생명과 재산에 큰 위협이 될 것이므로 자동차 등을 교통이라는 그 고유의 목적에 이용하지 않고 범죄를 위한 수단으로 이용하는 경우 운전면허를 취소하도록 하는 것은 원활한 교통을 확보함과 동시에 차량을 이용한 범죄의 발생을 막기 위한 것으로 그 목적이 정당하고 수단도 적합하다고 할 것이다.

어떤 법률의 입법목적이 정당하고 그 목적을 달성하기 위해 선택한 수단이 어느 정도 적합하다고 하더라도 입법자가 임의적 규정으로 법의 목적을 실현할 수 있음에도 불구하고 구체적 사안의 개별성과 특수성을 고려할 수 있는 가능성을 일체 배제하는 필요적 규정으로 법의 목적을 실현하려 한다면 이는 비례원칙의 한 요소인 "최소침해성의 원칙"에 위배된다.

그러나 이 사건 규정은 자동차 등을 이용하여 범죄행위를 하기만 하면 그 범죄행위가 얼마나 중한 것인지, 그러한 범죄행위를 행함에 있어 자동차 등이 당해 범죄 행위에 어느 정도로 기여했는지 등에 대한 아무런 고려 없이 무조건 운전면허를 취소하도록 하고 있으므로 이는 구체적 사안의 개별성과 특수성을 고려할 수 있는 여지를 일체 배제하고 그 위법의 정도나 비난의 정도가 극히 미약한 경우까지도 운전면허를 취소할 수밖에 없도록 하는 것으로 최소침해성의 원칙에 위반된다 할 것이다. 한편, 이 사건 규정에 의해 운전면허가 취소되면 2년 동안은 운전면허를 다시 발급 받을 수 없게 되는바, 이는 지나치게 기본권을 제한하는 것으로서 법익균형성원칙에도 위반된다. 그러므로 이 사건 규정은 직업의 자유 내지 일반적 행동자유권을 침해하여 헌법에 위반된다.

법치국가원리

1. 법치국가원리의 파생원칙인 명확성의 원칙은 모든 법률에 있어서 동일한 정도로 요구되는 것은 아니고 개개의 법률이나 법조항의 성격에 따라 요구되는 정도에 차이가 있을 수 있다. [15 법무사]

해설 헌재 2002. 1. 31. 2000헌가8.

2. 공익을 해할 목적으로 전기통신설비에 의하여 공연히 허위의 통신을 한 자를 형사처벌하는 법률조항은 죄형법정주의의 명확성원칙에 위반된다. [16 사시]

해설 이 사건 법률조항은 "공익을 해할 목적"의 허위의 통신을 금지하는바, 여기서의 "공익"은 형벌조항의 구성요건으로서 구체적인 표지를 정하고 있는 것이 아니라, 헌법상 기본권 제한에 필요한 최소한의 요건 또는 헌법상 언론·출판의 자유의 한계를 그대로 법률에 옮겨 놓은 것에 불과할 정도로 그 의미가 불명확하고 추상적이다. 이 사건 법률조항은 수범자인 국민에 대하여 일반적으로 허용되는 '허위의 통신' 가운데 어떤 목적의 통신이 금지되는 것인지 고지하여 주지 못하고 있으므로 표현의 자유에서 요구하는 명확성의 요청 및 죄형법정주의의 명확성원칙에 위배하여 헌법에 위반된다(헌재 2010. 12. 28. 2008헌바157 등).

3. 구 「특정범죄 가중처벌 등에 관한 법률」 제5조의4 제6항 중 '제1항 또는 제2항의 죄로 두 번 이상 실형을 선고받고 그 집행이 끝나거나 면제된 후 3년 이내에 다시 제1항 중 「형법」 제329조에 관한 부분의 죄를 범한 경우에는 그 죄에 대하여 정한 형의 단기의 2배까지 가중한다.' 부분은 죄형법정주의의 명확성원칙에 위반되지 아니한다. [16 사시]

해설 심판대상조항은 그 법정형에 대하여 "그 죄에 대하여 정한 형의 단기의 2배까지

정답 1. ○ 2. ○ 3. ×

가중한다."고 규정하고 있는데, 여기서 "그 죄에 대하여 정한 형"이 특가법 제5조의4 제1항의 죄에 대하여 정한 형을 가리키는 것인지, 형법 제332조가 정한 형을 가리키는 것인지 불명확하다. 심판대상조항은 법정형이 불명확하다는 측면에서도 죄형법정주의의 내용인 형벌법규의 명확성원칙에 위배된다(헌재 2015. 11. 26. 2013헌바343).

4. 예시적 입법형식이 명확성원칙에 위반되지 않으려면 예시한 구체적인 사례(개개 구성요건)들이 그 자체로 일반조항의 해석을 위한 판단지침을 내포하는 것으로 충분하고, 일반조항 자체가 그러한 구체적인 예시들을 포괄할 수 있는 의미까지 담고 있어야 하는 것은 아니다. [16 사시]

해설 예시적 입법형식의 경우, 구성요건의 대전제인 일반조항의 내용이 지나치게 포괄적이어서 법관의 자의적인 해석을 통하여 그 적용범위를 확장할 가능성이 있다면 죄형법정주의의 원칙에 위배될 수 있다. 따라서 예시적 입법형식이 법률명확성의 원칙에 위배되지 않으려면, 예시한 개별적인 구성요건이 그 자체로 일반조항의 해석을 위한 판단지침을 내포하고 있어야 할 뿐만 아니라, 그 일반조항 자체가 그러한 구체적인 예시를 포괄할 수 있는 의미를 담고 있는 개념이 되어야 한다(헌재 2009. 5. 28. 2007헌바24).

5. 형벌법규의 명확성원칙은 범죄구성요건에 관한 문제이므로 형벌의 종류나 형량에 대해서까지 명확성원칙이 적용되는 것은 아니다. [16 사시]

해설 헌법 제12조 및 제13조를 통하여 보장되고 있는 죄형법정주의의 원칙은 범죄와 형벌이 법률로 정하여져야 함을 의미하며, 이러한 죄형법정주의에서 파생되는 명확성의 원칙은 법률이 처벌하고자 하는 행위가 무엇이며 그에 대한 형벌이 어떠한 것인지를 누구나 예견할 수 있고, 그에 따라 자신의 행위를 결정할 수 있도록 구성요건을 명확하게 규정하는 것을 의미한다(헌재 2004. 11. 25. 2004헌바35).

6. 구 「아동 · 청소년의 성보호에 관한 법률」 중 "아동 · 청소년으로 인식될 수 있는 표현물" 부분은 실제 아동 · 청소년이 등장하는 것으로 오인하기에 충분할 정도로 묘사된 표현물만을 의미하는 것인지, 아니면 아동 · 청소년을 성적 대상으로 연상시키는 표현물이면 단순히 그림, 만화로 표현된 아동 · 청소년의 이미지도 모두 이에 해당할 수 있는 것인지 판단하기 어려우므로 죄형법정주의의 명확성원칙에 위반된다. [16 사시]

해설 아동청소년성보호법의 입법목적, 가상의 아동 · 청소년이용음란물의 규제 배경, 법정형의 수준 등을 고려할 때, "아동 · 청소년으로 인식될 수 있는 사람"은 일반인의 입장

정답 4. × 5. × 6. ×

에서 실제 아동·청소년으로 오인하기에 충분할 정도의 사람이 등장하는 경우를 의미함을 알 수 있고, "아동·청소년으로 인식될 수 있는 표현물" 부분도 아동·청소년을 상대로 한 비정상적 성적 충동을 일으키기에 충분한 행위를 담고 있어 아동·청소년을 대상으로 한 성범죄를 유발할 우려가 있는 수준의 것에 한정된다고 볼 수 있으며, 기타 법관의 양식이나 조리에 따른 보충적인 해석에 의하여 판단 기준이 구체화되어 해결될 수 있으므로, 위 부분이 불명확하다고 할 수 없다 (헌재 2015. 6. 25. 2013헌가17 등).

7. 2011. 4. 28. 개정된 「의료법」에서 전문과목을 표시한 치과의원은 그 전문과목에 해당하는 환자만을 진료하도록 규정하고, 이를 2014. 1. 1.부터 시행되도록 한 것은 신뢰보호원칙을 위반하여 치과전문의의 직업수행의 자유를 침해하는 것이 아니다. [16 사시]

해설 청구인들은 2014. 1. 1.부터 치과의원에서 전문과목을 표시할 수 있게 되면 모든 전문과목의 진료를 할 수 있을 것이라고 신뢰하였다고 주장하나, 이와 같은 신뢰는 장래의 법적 상황을 청구인들이 미리 일정한 방향으로 예측 내지 기대한 것에 불과하므로 심판대상조항은 신뢰보호원칙에 위배되어 직업수행의 자유를 침해한다고 볼 수 없다(헌재 2015. 5. 28. 2013헌마79).

8. 부당환급 받은 세액을 징수하는 근거규정인 「법인세법」 개정조항을 개정법 시행 후 최초로 환급세액을 징수하는 분부터 적용하도록 규정한 것은 소급입법금지원칙을 위반하여 재산권을 침해한다. [16 사시]

해설 법인세를 부당 환급받은 법인은 소급입법을 통하여 이자상당액을 포함한 조세채무를 부담할 것이라고 예상할 수 없었고, 환급세액과 이자상당액을 법인세로서 납부하지 않을 것이라는 신뢰는 보호할 필요가 있으며 신뢰의 이익이 적은 경우라거나 소급입법에 의한 당사자의 손실이 가벼운 경우라고 할 수 없다. 나아가 개정 전 법인세법 아래에서도 환급세액을 부당이득 반환청구를 통하여 환수할 수 있었으므로, 신뢰보호의 요청에 우선하여 진정소급입법을 하여야 할 매우 중대한 공익상 이유가 있다고 볼 수도 없다(헌재 2014. 7. 24. 2012헌바105).

9. 부진정소급입법은 헌법적으로 허용되지 않는 것이 원칙이며, 특단의 사정이 있는 경우에만 예외적으로 허용될 수 있다. [16 사시]

해설 일반적으로 과거의 사실 또는 법률관계를 규율하기 위한 소급입법의 태양에는 이미 과거에 완성된 사실 또는 법률관계를 규율의 대상으로 하는 이른바 '진정소급효의 입법'과 이미 과거에 시작하였으나 아직 완성되지 아니하고 진행과정에 있는 사실 또는 법

정답 7. ○ 8. ○ 9. ×

률관계를 규율의 대상으로 하는 이른바 '부진정소급효의 입법'이 있으며, 소급입법에 의한 재산권의 박탈이 금지되는 것은 전자인 진정소급효의 입법이고 소위 부진정소급효의 입법의 경우에는 원칙적으로 허용되는 것이다(헌재 1997. 6. 26. 96헌바94).

10. 신법이 피적용자에게 유리한 시혜적 소급입법인 경우에는 국민의 권리를 제한하거나 새로운 의무를 부과하는 경우와 달리 입법자에게 보다 광범위한 입법형성의 자유가 인정된다. [16 사시]

해설 신법이 피적용자에게 유리한 경우에는 이른바 시혜적인 소급입법이 가능하지만 이를 입법자의 의무라고는 할 수 없고, 그러한 소급입법을 할 것인지의 여부는 입법재량의 문제로서 그 판단은 일차적으로 입법기관에 맡겨져 있으며, 이와 같은 시혜적 조치를 할 것인가 하는 문제는 국민의 권리를 제한하거나 새로운 의무를 부과하는 경우와는 달리 입법자에게 보다 광범위한 입법형성의 자유가 인정된다(헌재 1995. 12. 28. 95헌마196).

11. 2009. 12. 31. 개정된 「공무원연금법」 제64조 제1항을 2009. 1. 1.까지 소급하여 적용하도록 규정함으로써 재직 중에 직무관련성 있는 범죄로 금고 이상의 형을 받은 공무원의 연금을 소급적으로 환수하는 것은 소급입법금지원칙에 위반되지 않는다. [16 사시]

해설 이 사건 부칙조항으로 달성하려는 교원범죄의 예방, 교원의 성실 근무 유도, 교원에 대한 국민의 신뢰 제고, 제재의 실효성 확보 등은 범죄를 저지른 교원을 당연퇴직시키거나, 장래 지급될 퇴직연금을 감액하는 방법으로 충분히 달성할 수 있고, 이 사건 부칙조항으로 보전되는 사립학교교직원연금의 재정규모도 그리 크지 않을 것으로 보이는 반면, 헌법불합치결정에 대한 입법자의 입법개선의무의 준수, 신속한 입법절차를 통한 법률관계의 안정 등은 중요한 공익상의 사유라고 볼 수 있다. 또한 이 점에 대한 신뢰는 사법기관과 입법기관 전체에 대한 객관적인 신뢰라는 면에서, 신뢰보호의 요청이 공익상의 사유에 우선한다고 볼 수 있다 따라서 이 사건 부칙조항은 헌법 제13조 제2항에서 금지하는 소급입법에 해당하며 예외적으로 소급입법이 허용되는 경우에도 해당하지 아니하므로, 소급입법금지원칙에 위반하여 청구인의 재산권을 침해한다(헌재 2013. 9. 26. 2013헌바170).

정답 10. ○ 11. ×

사회국가원리

32 신체장애자 저상버스 도입 불이행 사건

(저상버스 도입의무 불이행 위헌확인)
2002. 12. 18. 2002헌마52 **[각하]**

|판시사항|

1. 행정권력의 불행사에 대한 헌법소원의 적법성요건
2. 헌법 제34조 제5항의 '신체장애자' 에 대한 국가보호의무의 헌법적 의미
3. 장애인을 위한 '저상버스' 를 도입해야 할 국가의 구체적 의무가 헌법으로부터 도출되는지의 여부(－)

[결정요지]

1. 행정권력의 불행사에 대한 헌법소원은 공권력의 주체에게 헌법에서 유래하는 작위의무가 특별히 구체적으로 규정되어 있어 이에 따라 기본권의 주체가 행정행위를 청구할 수 있음에도 공권력의 주체가 그 의무를 해태하는 경우에 비로소 허용된다.

2. 헌법은 제34조 제1항에서 모든 국민의 '인간다운 생활을 할 권리'를 사회적 기본권으로 규정하면서, 제2항 내지 제6항에서 특정한 사회적 약자와 관련하여 '인간다운 생활을 할 권리'의 내용을 다양한 국가의 의무를 통하여 구체화하고 있다. 헌법이 제34조에서 여자(제3항), 노인 · 청소년(제4항), 신체장애자(제5항) 등 특정 사회적 약자의 보호를 명시적으로 규정한 것은, "장애인과 같은 사회적 약자의 경우에는 개인 스스로가 자유행사의 실질적 조건을 갖추는 데 어려움이 많으므로, 국가가 특히 이들에 대하여 자유를 실질적으로 행사할 수 있는 조건을 형성하고 유지해야 한다"는 점을 강조하고자 하는 것이다.

3. 장애인의 복지를 향상해야 할 국가의 의무가 다른 다양한 국가과제에 대하여 최우선적인 배려를 요청할 수 없을 뿐 아니라, 나아가 헌법의 규범으로부터는 '장애인을 위한 저상버스의 도입'과 같은 구체적인 국가의 행위의무를 도출할 수 없는 것이다. 국가에게 헌법 제34조에 의하여 장애인의 복지를 위하여 노력을 해야 할 의무가 있다는 것은, 장애인도 인간다운 생활을 누릴 수 있는 정의로운 사회질서를 형성해야 할 국가의 일반적인 의무를 뜻하는 것이지, 장애인을 위하여 저상버스를 도입해야 한다는 구체적 내용의 의무가 헌법으로부터 나오는 것은 아니다.

사회국가원리

33 생활능력 없는 장애인가구 구성원 최저생계비 사건

(2002년도 국민기초생활보장최저생계비 위헌확인)
2004. 10. 28. 2002헌마328 **[기각]**

|판시사항|

보건복지부장관이 2002년도 최저생계비를 고시함에 있어 장애로 인한 추가지출비용을 반영한 별도의 최저생계비를 결정하지 않은 채 가구별 인원수만을 기준으로 최저생계비를 결정한 2002년도 최저생계비고시가 생활능력 없는 장애인가구 구성원의 인간의 존엄과 가치 및 행복추구권, 인간다운 생활을 할 권리, 평등권을 침해하였는지 여부(－)

[결정요지]

국가가 행하는 국민기초생활보장법상의 "생활능력 없는 장애인에 대한 최저생활보장을 위한 생계급여 지급"이 헌법이 요구하는 객관적인 최소한도의 내용을 실현하고 있는지의 여부는 국가가 인간다운 생활을 보장함에 필요한 최소한도의 조치를 취하였는가의 여부에 달려있다고 할 것인바, '인간다운 생활'이란 그 자체가 추상적이고 상대적인 개념으로서 그 나라의 문화의 발달, 역사적 · 사회적 · 경제적 여건에 따라 어느 정도는 달라질 수 있는 것이고, '최소한도의 조치' 역시 국민의 사회의식의 변화, 사회 · 경제적 상황의 변화에 따라 가변적인 것이므로, 국가가 인간다운 생활을 보장하기 위한 생계급여의 수준을 구체적으로 결정함에 있어서는 국민 전체의 소득수준과 생활수준, 국가의 재정규모와 정책, 국민 각 계층의 상충하는 갖가지 이해관계 등 복잡 다양한 요소를 함께 고려해야 하므로, 생활이 어려운 장애인의 최저생활보장의 구체적 수준을 결정하는 것은 입법부 또는 입법에 의하여 다시 위임을 받은 행정부 등 해당기관의 광범위한 재량에 맡겨져 있다고 보아야 한다. 그러므로 국가가 인간다운 생활을 보장하기 위한 헌법적 의무를 다하였는지의 여부가 사법적 심사의 대상이 된 경우에는, 국가가 최저생활보장에 관한 입법을 전혀 하지 아니하였다든가 그 내용이 현저히 불합리하여 헌법상 용인될 수 있는 재량의 범위를 명백히 일탈한 경우에 한하여 헌법에 위반된다고 할 수 있다.

국가가 생활능력 없는 장애인의 인간다운 생활을 보장하기 위하여 행하는 사회부조에는 국민기초생활보장법에 의한 생계급여 지급을 통한 최저생활보장 외에 다른 법령에 의하여 행하여지는 것도 있으므로, 국가가 행하는 최저생활보장 수준이 그 재량의 범위를 명백히 일탈하였는지 여부, 즉 인간다운 생활을 보장하기 위한 객관적 내용의 최소한을 보장하고 있는지 여부는 보장법에 의한 생계급여만을 가지고 판단하여서는 아니되고, 그 외의 법령에 의거하여 국가가 최저생활보장을 위하여 지급하는 각종 급여나 각종 부담의 감면 등을 총괄한 수준으로 판단하여야 한다.

보건복지부장관이 2002년도 최저생계비를 고시함에 있어서 장애인가구의 추가지출비용을 반영한 최저생계비를 별도로 정하지 아니한 채 가구별 인원수를 기준으로 한 최저생계비만을 결정 · 공표함으로써 장애인가구의 추가지출비용이 반영되지 않은 최저생계비에 따라 장애인가구의 생계급여 액수가 결정되었다 하더라도 그 생계급여액수는 최저생계비와 동일한 액수로 결정되는 것이 아니라 최저생계비에서 개별가구의 소득평가액 등을 공제한 차액으로 지급되기 때문에 장애인가구와 비장애인가구에게 지급되는 생계급여까지 동일한 액수가 되는 것은 아니라는 점, 이 때 공제되는 개별가구의 소득평가액은 장애인가구의 실제소득에서 장애인가구의 특성에 따른 지출요인을 반영한 금품인 장애인복지법에 의한 장애수당, 장애아동부양수당 및 보호수당, 만성질환 등의 치료 · 요양 · 재활로 인하여 6개월 이상 지속적으로 지출하는 의료비를 공제하여 산정하므로 결과적으로 장애인가구는 비장애인가구에 비교하여 볼 때 최저생계비에 장애로 인한 추가비용을 반영하여 생계급여액을 상향조정함과 비슷한 효과를 나타내고 있는 점, 장애인가구는 비장애인가구와 비교하여 각종 법령 및 정부시책에 따른 각종 급여 및 부담감면으로 인하여 최저생계비의 비목에 포함되는 보건의료비, 교통 · 통신비, 교육비, 교양 · 오락비, 비소비지출비를 추가적으로 보전 받고 있는 점을 고려할 때, 국가가 생활능력 없는 장애인의 인간다운 생활을 보장하기 위한 조치를 취함에 있어서 국가가 실현해야 할 객관적 내용의 최소한도의 보장에도 이르지 못하였다거나 헌법상 용인될 수 있는 재량의 범위를 명백히 일탈하였다고는 보기 어렵고, 또한 장애인가구와 비장애인가구에게 일률적으로 동일한 최저생계비를 적용한 것을 자의적인 것으로 볼 수는 없다.

따라서, 보건복지부장관이 2002년도 최저생계비를 고시함에 있어 장애로 인한 추가지출비용을 반영한 별도의 최저생계비를 결정하지 않은 채 가구별 인원수만을 기준으로 최저생계비를 결정한 것은 생활능력 없는 장애인가구 구성원의 인간의 존엄과 가치 및 행복추구권, 인간다운 생활을 할 권리, 평등권을 침해하였다고 할 수 없다.

사회국가원리

34 자동차운행자 무과실책임 사건

(자동차손해배상보장법 제3조 단서 제2호 위헌제청)
1998. 5. 28. 96헌가4, 97헌가6·7, 95헌바58(병합) **[합헌]**

|판시사항|

1. 승객이 사망하거나 부상한 경우에는 승객이 아닌 자의 경우와는 달리 운행자에게 무과실책임을 지우고 있는 자동차손해배상보장법 제3조 단서 제2호가 자유시장 경제질서에 위반되는지 여부(−)
2. 위 법률조항이 재산권을 침해하는지 여부(−)
3. 위 법률조항이 평등의 원칙에 위반되는지 여부(−)

[결정요지]

1. 우리 민법은 헌법 제119조 제1항의 자유시장 경제질서에서 파생된 과실책임의 원칙을 일반불법행위에 관한 기본원리로 삼고 있다. 그런데, 현대산업사회에서는 고속교통수단, 광업 및 원자력산업 등의 위험원(危險源)이 발달하고 산업재해 및 환경오염으로 인한 피해가 증가함에 따라, 헌법이념의 하나인 사회국가원리의 실현을 위하여 과실책임의 원리를 수정하여 위험원을 지배하는 자로 하여금 그 위험이 현실화된 경우의 손해를 부담하게 하는 위험책임의 원리가 필요하게 되었다. 위험책임의 원리는 위험원의 지배를 책임의 근거로 하여 위험을 지배하는 자에게 책임을 지우는 원리로서 단순한 결과책임주의와는 다른 것이다.

이 사건 법률조항도 위에서 본 바와 같이 자동차사고의 특수성에 비추어 승객이 사망하거나 부상한 경우에는 과실책임의 원칙에 기한 일반불법행위책임과 달리 위험책임의 원리를 수용하여 운행자에게 무과실책임을 지우고 있는 것이다. 그리고 이 사건 법률조항 이외에도 공작물 소유자의 손해배상책임에 관한 민법 제758조, 광업권자의 손해배상책임에 관한 광업법 제91조, 원자력사업자의 손해배상책임에 관한 원자력손해배상법 제3조 제1항, 환경오염의 피해에 대한 사업자의 손해배상책임에 관한 환경정책기본법 제31조와 사업자의 재해보상책임에 관한 근로기준법 제81조, 제85조 등도 위험책임의 원리를 수용하여 무과실책임을 규정하고 있다.

자유시장 경제질서를 기본으로 하면서도 사회국가원리를 수용하고 있는 우리 헌법의 이념에 비추어 일반불법행위책임에 관하여는 과실책임의 원리를 기본원칙으로 하면서 이 사건 법률조항과 같은 특수한 불법행위책임에 관하여 위험책임의 원리를 수용하는 것은 입법정책에 관한 사항으로서 입법자의 재량에 속한다고 할 것이다.

따라서 이 사건 법률조항이 아래에서 보는 바와 같이 운행자의 재산권을 본질적으로 제한하거나 평등의 원칙에 위반되지 아니하는 이상 위험책임의 원리에 기하여 무과실책임을 지운 것만으로 헌법 제119조 제1항의 자유시장 경제질서에 위반된다고 할 수 없다.

2. 이 사건 법률조항이 자동차의 운행을 지배하고 그 운행이익을 받으면서 승객의 동승에 적어도 추상적·간접적으로 동의하여 승객을 자동차의 위험권 안에 받아들인 운행자로 하여금 그 과실 유무를 묻지 않고 무상·호의동승자를 포함한 모든 승객의 손해를 배상하도록 한 것은 운행자의 재산권의 본질적 내용을 침해한 것으로 볼 수 없고, 사회국가원리를 수용한 헌법이념에 따라 공공복리를 위하여 필요한 최소한도의 합리적인 제한이라 할 것이므로, 이 사건 법률조항은 운행자의 재산권을 침해하는 규정이라고 할 수 없다.

3. 승객은 자동차에 동승함으로써 자동차의 위험과 일체화되어 승객이 아닌 자에 비하여 그 위험이 더 크다는 점에서 본질적 차이가 있고, 과실 있는 운행자나 과실 없는 운행자는 다 같이 위험원인 자동차를 지배한다는 점에서는 본질적으로 차이가 없으므로, 이 사건 법률조항이 승객을 승객이 아닌 자와 차별하고 과실 있는 운행자와 과실 없는 운행자에게 다 같이 승객에 대한 무과실책임을 지게 한 데에는 합리적인 이유가 있고, 평등의 원칙에 위반된다고 할 수 없다.

사회국가원리

35 금융소득분리과세 사건

(금융실명거래및비밀보장에관한법률 부칙 제12조 위헌확인)
1999. 11. 25. 98헌마55 **[기각]**

|판시사항|

1. 원천징수되는 조세를 부과하는 법규정의 직접성 여부(+)
2. 조세평등주의의 내용
3. 수직적 조세평등의 위반 여부(−)
4. 수평적 조세평등의 위반 여부(−)
5. 헌법상의 경제질서에 대한 위반 여부(−)
6. 저소득층의 인간다운 생활을 할 권리를 침해하는지 여부(−)

[결정요지]

1. 이 사건의 경우는 법률에 근거한 구체적인 집행행위가 존재하지 아니하고, 설사 집행행위가 존재한다 하더라도 그 집행행위를 대상으로 하는 구제절차가 없거나 구제절차가 있다고 하더라도 권리구제의 기대가능성이 없고 다만 기본권침해를 당한 자에게 불필요한 우회절차를 강요하는 것밖에 되지 않는 경우에 해당하므로 이 사건 법률조항을 직접 헌법소원의 대상으로 삼을 수 있다.

2. 조세평등주의가 요구하는 담세능력에 따른 과세의 원칙(또는 응능부담의 원칙)은 한편으로 동일한 소득은 원칙적으로 동일하게 과세될 것을 요청하며(이른바 '수평적 조세정의'), 다른 한편으로 소득이 다른 사람들 간의 공평한 조세부담의 배분을 요청한다(이른바 '수직적 조세정의').

담세능력에 따른 과세의 원칙이라 하여 예외없이 절대적으로 관철되어야 한다고 할 수 없고, 합리적 이유가 있는 경우라면 납세자간의 차별취급도 예외적으로 허용된다 할 것이다. 세법의 내용을 어떻게 정할 것인가에 관하여 입법자에게는 광범위한 형성의 자유가 인정되며, 더욱이 오늘날 조세입법자는 조세의 부과를 통하여 재정수입의 확보라는 목적 이외에도 국민경제적, 재정정책적, 사회정책적 목적달성을 위하여 여러 가지 관점을 고려할 수 있기 때문이다.

3. 담세능력의 원칙은 소득이 많으면 그에 상응하여 많이 과세되어야 한다는 것, 즉 담세능력이 큰 자는 담세능력이 작은 자에 비하여 더 많은 세금을 낼 것과, 최저생계를 위하여 필요한 경비는 과세로부터 제외되어야 한다는 최저생계를 위한 공제를 요청할 뿐 입법자로 하여금 소득세법에 있어서 반드시 누진세율을 도입할 것까지 요구하는 것은 아니다. 소득에 단순비례하여 과세할 것인지 아니면 누진적으로 과세할 것인지는 입법자의 정책적 결정에 맡겨져 있다. 그러므로 이 사건 법률조항이 소득계층에 관계없이 동일한 세율을 적용한다고 하여 담세능력의 원칙에 어긋나는 것이라 할 수 없다.

4. 분리과세하에서는 저소득층의 경우 동일한 소득계층에 속하는 납세자간에도 금융소득의 비중이 많은 납세자가 상대적으로 더 많은 세금을 부담하게 된다. 그러나 입법자는 IMF라는 절박한 경제위기를 극복하여야 한다는 국민경제적 관점에서 금융소득에 대한 분리과세를 시행하기로 정책적 결단을 내린 것이고 이 결정이 명백히 잘못되었다고 볼 수 없으므로, 금융소득의 비중이 많은 납세자가 상대적으로 불이익을 받게 된다 하더라도 이를 정당화하는 합리적인 이유가 있다고 할 것이다.

5. 이 사건 법률조항은 "적정한 소득의 분배"만이 아니라 "균형있는 국민경제의 성장과 안정"이라는, 경우에 따라 상충할 수 있는 법익을 함께 고려하여 당시의 경제상황에 적절하게 대처하기 위하여 내린 입법적 결정의 산물로서, 그 결정이 현저히 불합리하다거나 자의적이라고 할 수 없으므로 이를 두고 헌법상의 경제질서에 위반되는 것이라고 볼 수 없다.

6. 소득에 대한 과세는 원칙적으로 최저생계비를 초과하는 소득에 대해서만 가능하다. 이는 국민에게 인간다운 생활을 할 최소한의 조건을 마련해 주어야 한다는 사회국가원리의 관점에서 뿐만 아니라 담세능력은 최저생계를 위한 소득을 초과해야 비로소 발생한다는 담세능력에 의한 과세원칙의 관점에서도 요청되는 것이다.

이 사건 법률조항이 비록 최저생계비는 과세되어서는 아니 된다는 헌법적 요청에 대한 예외를 설정하고 있다고 할지라도, 공제제도를 두는 경우 납세자에게 돌아가는 실익에 비하여 과도한 행정적 부담이 있고 금융소득에 대한 분리과세는 한시적으로 이루어지고 있으며 여러 가지 세금우대 저축제도가 있다는 점 등 이를 정당화할 수 있는 합리적 사유가 있는 만큼 그로 인하여 저소득층의 인간다운 생활을 할 권리가 침해되었다고 보기 어렵다.

핵심 체크 학습 사회국가원리

헌법판례선

1. 헌법 제119조 제1항은 대한민국의 경제질서가 사유재산제도와 경제활동에 대한 사적자치의 원칙을 기초로 하는 자본주의 시장경제질서를 기본으로 함을 선언하고 있다. [16 사시]

해설 우리나라 헌법상의 경제질서는 사유재산제를 바탕으로 하고 자유경쟁을 존중하는 자유시장경제질서를 기본으로 하면서도 이에 수반되는 갖가지 모순을 제거하고 사회복지·사회정의를 실현하기 위하여 국가적 규제와 조정을 용인하는 사회적 시장경제질서로서의 성격을 띠고 있다(헌재 1996. 4. 25. 92헌바47).

2. 구 「특정범죄 가중처벌 등에 관한 법률」에서 관세포탈 등의 예비범에 대하여 본죄에 준하여 가중처벌하도록 한 규정의 입법목적은 헌법 제119조 제2항(경제의 규제 · 조정), 제125조(무역의 규제 · 조정)의 정신에 부합한다. [16 사시]

해설 구 특가법 제6조 제7항이 관세포탈 등 예비범에 대하여 본죄에 준하여 가중처벌하도록 규정하고 있는 것은, 동 조항이 특정하고 있는 관세포탈죄 등만은 그 특성과 위험성을 고려하여 이를 처벌함에 있어 조세범이나 다른 일반범죄와는 달리함으로써 건전한 사회질서의 유지와 국민경제의 발전에 이바지함을 목적으로 한다. 이와 같은 이 사건 예비죄 조항의 입법목적은 우리나라의 경제질서에 관한 헌법 제119조 제2항(경제의 규제 · 조정), 제125조(무역의 규 제 · 조정) 규정의 정신에 부합하여 정당하다고 인정된다(헌재 2010. 7. 29. 2008헌바88).

정답 1. ○ 2. ○

3. 토지재산권에 대하여는 토지의 강한 사회성 내지 공공성으로 말미암아 다른 재산권에 비하여 보다 강한 제한과 의무가 부과될 수 있으나, 다른 기본권을 법률로써 제한하는 경우와 마찬가지로 과잉금지원칙을 준수해야 하고, 재산권의 본질적 내용인 사적 이용권과 원칙적인 처분권을 부인하여서는 안 된다. [16 사시]

해설 토지재산권에 대한 제한입법은 토지의 강한 사회성 내지는 공공성으로 말미암아 다른 재산권에 비하여 보다 강한 제한과 의무가 부과될 수 있으나, 역시 다른 기본권에 대한 제한입법과 마찬가지로 과잉금지원칙을 준수해야 하고, 재산권의 본질적 내용인 사적 이용권과 원칙적인 처분권을 부인하여서는 아니 되며, 특히 토지재산권의 사회적 의미와 기능 및 법의 목적과 취지를 고려하더라도 당해 토지재산권을 과도하게 제한하여서는 아니 된다(헌재 2012. 7. 26. 2009헌바328).

4. 농업 경영에 이용하지 않는 경우에도 예외적으로 농지소유를 허용하면서 그러한 예외에 종중(宗中)을 포함하지 않은 규정은 과잉금지원칙에 위반하여 종중의 재산권을 침해한다. [16 사시]

해설 농업 경영에 이용하지 않는 경우에 농지소유를 원칙적으로 금지하고 있는 농지법 제6조 제1항에도 불구하고, 예외적인 경우에는 농지소유를 허용하면서, 그러한 예외에 종중은 포함하지 않고 있는 구 농지법(2009. 6. 9. 법률 제9758호로 개정되고, 2012. 1. 17. 법률 제11171호로 개정되기 전의 것) 제6조 제2항(이하 '이 사건 법률조항'이라 한다)이 종중의 재산권을 침해하지 않는다(헌재 2013. 6. 27. 2011헌바278).

5. 헌법 제123조 제5항은 국가에게 농 · 어민의 자조조직(自助組織)을 육성할 의무와 자조조직의 자율적 활동과 발전을 보장할 의무를 아울러 부과하고 있는데, 이러한 국가의 의무는 자조조직이 제대로 활동하고 기능할 수 있도록 그 조직의 자율성을 침해하지 않는 것을 의미하며, 자조조직이 제대로 기능하지 못하는 경우라 하더라도 국가가 이를 적극적으로 육성하여야 할 의무까지 포함하는 것은 아니다. [16 사시]

해설 헌법 제123조 제5항은 국가에게 "농 · 어민의 자조조직을 육성할 의무"와 "자조조직의 자율적 활동과 발전을 보장할 의무"를 아울러 규정하고 있는데, 이러한 국가의 의무는 자조조직이 제대로 활동하고 기능하는 시기에는 그 조직의 자율성을 침해하지 않도록 하는 후자의 소극적 의무를 다하면 된다고 할 수 있지만, 그 조직이 제대로 기능하지 못하고 향후의 전망도 불확실한 경우라면 단순히 그 조직의 자율성을 보장하는 것에 그쳐서는 아니 되고, 적극적으로 이를 육성하여야 할 전자의 의무까지도 수행하여야 한다(헌재 2000. 6. 1. 99헌마553).

정답 3. ○ 4. × 5. ×

6. 헌법재판소는 대형마트에 대해 일정한 범위의 영업시간 제한 등을 할 수 있도록 한 유통산업발전법 조항에 대하여 해당 사업자들의 영업의 자유를 침해하였다는 이유로 위헌결정을 하였다. [14 법무사]

해설 이 사건 법률조항의 직접적 수규자가 아닌 제3자에 불과한 청구인들로서는 달리 이 사건 법률조항과 직접 관련되었다고 볼 만한 특별한 사정이 있다고 볼 수 없는바, 청구인들의 이 사건 심판청구는 자기관련성이 인정되지 않는다(헌재 2013. 5. 7. 2013헌마261).

7. 헌법재판소는 이른바 '자도소주 구입명령제도'에 관하여는 소주판매업자의 직업의 자유를 침해하였다는 등의 이유로 위헌결정을 내렸으나, 탁주(막걸리)의 공급구역제한제도에 관하여는 국민보건·탁주제조업체 과당경쟁 방지 등의 측면에서 위헌이라고 볼 수 없다고 하였다. [14 법무사]

해설 자도소주 구입명령제도에 대해서는 위헌결정(헌재 1996. 12. 26. 96헌가18), 탁주(막걸리)의 공급구역제한제도는 합헌결정(헌재 1999. 7. 22. 98헌가5).

8. 헌법 제119조 제2항에 규정된 '경제주체간의 조화를 통한 경제민주화'의 이념은 경제영역에서 정의로운 사회질서를 형성하기 위하여 추구할 수 있는 국가목표에 불과하고, 개인의 기본권을 제한하는 국가행위를 정당화하는 헌법규범은 아니다. [14 법무사]

해설 헌법 제119조 제2항에 규정된 '경제주체간의 조화를 통한 경제민주화'의 이념은 경제영역에서 정의로운 사회질서를 형성하기 위하여 추구할 수 있는 국가목표로서 개인의 기본권을 제한하는 국가행위를 정당화하는 헌법규범이다(헌재 2003. 11. 27. 2001헌바35).

9. 헌법 제119조 제2항은 '적정한 소득의 분배'를 국가의 의무로 규정하고 있는바, 이에 따라 입법자는 소득에 대하여 누진세율에 따른 종합과세를 시행할 구체적인 입법의무를 부담한다. [14 법무사]

해설 헌법 제119조 제2항은 국가가 경제영역에서 실현하여야 할 목표의 하나로서 "적정한 소득의 분배"를 들고 있지만, 이로부터 반드시 소득에 대하여 누진세율에 따른 종합과세를 시행하여야 할 구체적인 헌법적 의무가 조세입법자에게 부과되는 것이라고 할 수 없다(헌재 2006. 11. 30. 2006헌마489).

정답 6. × 7. ○ 8. × 9. ×

10. 헌법은 국가가 독과점의 규제와 조정 및 공정거래의 보장에 관하여 노력할 의무가 있음을 명문으로 규정하고 있다. [14 법무사]

해설 '독과점의 규제와 조정 및 공정거래의 보장에 관하여 노력할 의무'는 헌법에 규정되어 있지 않다.

정답 10. ×

문화국가원리

36 전통사찰의 경내지 공용수용 사건

(구 전통사찰보존법 제6조 제1항 제2호 등 위헌소원)
2003. 1. 30. 2001헌바64 **[헌법불합치]**

|판시사항|

1. 전통사찰보존법의 입법목적, 관할 행정관청의 전통사찰 지정의 법적 성격 및 그 헌법적 보호법익
2. 전통사찰보존법에서 공용수용으로 인한 경내지 등의 소유권변동에 관한 별도의 규제조항을 두지 아니한 것이 전통사찰 소유자 등의 재산권을 침해하는 것인지 여부(−)
3. 전통사찰의 경내지 등에 대한 모든 유형의 소유권변동이 전통사찰을 훼손할 수 있음에도 불구하고, 다른 소유권변동원인과 달리 '공용수용' 으로 인한 소유권변동에 대해서는 아무런 규제를 하지 아니한 것이 평등원칙에 위반되는 것인지 여부(+)

[결정요지]

1. 전통사찰보존법의 입법목적은 "민족문화의 유산으로서 역사적 의의를 가진 전통사찰을 보존함으로써 민족문화의 향상에 이바지하게 하는 것" 으로서, "국가는 전통문화의 계승·발전과 민족문화의 창달에 노력하여야 한다." 라고 규정한 헌법 제9조에 근거하여 제정된 것이다. 관할 행정관청의 전통사찰 지정은 국가의 '보존공물(保存公物)'을 지정하는 것으로서, 헌법적 보호법익은 '민족문화유산의 존속'이고, 원칙적으로 민족문화유산의 훼손 등에 관한 가치보상(價値補償)이 있는지 여부는 이러한 헌법적 보호법익과 직접적인 관련이 없다.

2. 건설부장관이 이 사건 토지를 택지개발예정지구에 편입시킴으로써 청구인의 소유권 등을 제한한 행위에 대한 근거법률은 택지개발촉진법이고, 이 사건 법률조항을 비롯한 전통사찰보존법의 경우 헌법 제9조 소정의 '민족문화유산의 보존'에 관련된 내용만을 규율하고 있을 뿐이므로, 이 사건 법률조항이 평등원칙을 위반하였는지 여부는 별론으로 하고, 청구인의 재산권을 침해한다고 할 수는 없다.

3. 민족문화유산을 보존하는 것이 국가의 은혜적 시혜가 아니라 헌법상 의무이므로, 일단 관할 국가기관에 의하여 민족문화유산으로 지정된 전통사찰의 경우, 사정이 허락하는 한 이를 최대한 지속적으로 보존하는 것이 헌법 제9조 등의 규정취지에 부합한다.

한편, 헌법상 명령에 근거하여 엄격한 보존방법이 규정된 전통사찰보존법을 제정함으로써 민족문화유산으로 지정된 전통사찰을 철저하게 보존하겠다는 입법자의 의사가 분명하게 표명된 이상, 그 경내지 등의 소유권 변동으로 인한 전통사찰의 훼손이 불가피한 것인지 여부와 이러한 보존 및 훼손에 관한 판단·결정이 헌법 등에 근거하여 정당한 권한을 행사할 수 있는 관할 국가기관에 의하여 이루어지는 것인지 여부 등이 가장 본질적인 문제이고, 전통사찰을 훼손할 수 있는 경내지 등에 대한 소유권 변동을 시도한 주체가 사인(私人)인지 아니면 건설부장관과 같은 제3자적 국가기관인지 여부, 또는 그 형식이 양도(혹은 강제집행)인지 아니면 공용수용인지 여부는 본질적인 문제가 될 수 없다.

이 사건 법률조항의 경우, 전통사찰을 훼손하고자 시도하는 주체가 제3자적 국가기관이고 그 형식이 공용수용이라는 우연한 사정의 유무에 따라서 전통사찰을 훼손하는 것이 불가피한 것인지 여부를 관할 국가기관이 실효성 있게 판단·결정할 수 있는 기회를 실질적으로 배제하는 사안과 그렇지 아니한 사안을 구별하는 중요한 차별을 행하는 것이 되어 불합리하고, 헌법 제23조를 이유로 하여 헌법 제9조의 규정을 실질적으로 무력화시키는 결과를 초래하므로, 평등의 원칙에 어긋나는 위헌적인 법률이다.

37 문화재 은닉행위의 형사처벌 사건

(문화재보호법 제81조 제4항 등 위헌확인)
2007. 7. 26. 2003헌마377 **[위헌 · 기각]**

|판시사항|

1. 문화재의 은닉을 처벌하도록 규정한 구 문화재보호법 제81조 제4항, 문화재보호법 제103조 제4항 및 도굴 등이 된 문화재의 보유·보관을 처벌하도록 규정한 구 법 제82조 제4항, 법 제104조 제4항이 명확성원칙에 반하는지 여부(－)
2. 본인의 은닉행위 이전에 타인이 당해 문화재를 절취하는 등으로 문화재의 효용을 해한 행위가 처벌되지 않은 경우에도, 본인의 은닉행위를 처벌하도록 규정한 구 법 제81조 제4항 및 법 제103조 제4항이 과잉금지원칙에 위배되는지 여부(－)
3. 본인의 문화재의 보유·보관행위 이전에 타인이 한 당해 문화재에 관한 도굴 등이 처벌되지 아니하여도, 본인이 그 정을 알고 보유·보관하는 경우 처벌하도록 규정한 구 법 제82조 제4항 및 법 제104조 제4항이 과잉금지원칙에 위배되는지 여부(＋)
4. 은닉, 보유·보관된 당해 문화재의 필요적 몰수를 규정한 구 법 제81조 제5항 중 제4항 부분, 제82조 제7항 중 제4항 부분 및 법 제103조 제5항 중 제4항 부분, 제104조 제7항 중 제4항 부분이 책임과 형벌 간 비례원칙에 위배되는지 여부(＋)

[결정요지]

1. 인위적·자연적으로 형성된 국가적·민족적·세계적 유산으로서 역사적·예술적·학술적·경관적 가치가 큰 '문화재'의 개념은 건전한 상식과 통상적인 법감정을 통하여 판단할 수 있고, 구체적인 사건에서는 법관의 합리적인 해석에 의하여 판단할 수 있으며, 입법목적과 다른 조항과의 연관성, 합리적인 해석가능성, 입법기술상의 한계 등을 고려할 때, 무엇이 이에 해당하는지 의심을 가질 정도로 불명확한 개념이라고 볼 수 없으므로 형벌법규의 명확성의 원칙에 반하지 아니한다.

2. 구 법 제81조 제4항 및 법 제103조 제4항은 문화재의 효용을 보존하는 것을 직접적인 목적으로 하며, 소위 '문화재의 세탁'을 통한 문화재의 밀거래, 해외반출 등의 유인을 억제하고자 한 것으로, 위 조항들로 인한 사익의 침해는 '은닉'이라는 특정한 행위 방식으로

문화재의 효용을 해하는 사용 내지 처분을 할 수 없다는 것에 불과하고, 은닉 이외의 다른 방식으로 얼마든지 문화재를 사용·수익·처분할 수 있다는 점에서 위 조항들이 과잉금지 원칙에 위배된다고 보기 어렵다.

3. 문화재는 '인위적·자연적으로 형성된 국가적·민족적·세계적 유산으로서 역사적·예술적·학술적·경관적 가치가 큰 것'으로, 그 성질상 수가 한정적이고, 대체불가능하며, 손상되는 경우 회복이나 재생이 현저히 곤란한 재화라는 점, 국가의 전통문화 계승·발전과 민족문화 창달에 노력할 의무를 규정한 우리 헌법 제9조의 정신에 비추어 그에 관한 재산권 행사에 일반적인 재산권 행사보다 강한 사회적 의무성이 인정된다. 따라서 일정한 문화재에 대한 보유·보관을 금지하는 것은 문화재에 관한 재산권 행사의 사회적 제약을 구체화한 것으로 재산권의 내용과 한계를 정하는 것이며 헌법 제23조 제3항의 보상을 요하는 수용 등과는 구별된다.

구 법 제82조 제4항 및 법 제103조 제4항은 문화재가 국가의 문화재 관리망을 벗어나 음성적으로 거래되는 것을 방지하기 위한 것으로 그 입법목적의 정당성은 인정된다. 그러나 위 조항들은 사법상 보유권한의 유무를 불문하고 도굴 등이 된 문화재인 정을 안 경우, 특히 선의취득 등 사법상 보유권한의 취득 후에 도굴 등이 된 정을 알게 된 경우까지 처벌의 대상으로 삼고 있는바, 이는 위와 같은 입법목적이 당해 문화재의 보유·보관자에 대한 신고의무나 등록의무의 부과 및 그 위반에 대한 제재를 통하여도 달성 가능하다는 점 등을 고려할 때 침해의 최소성에 반한다. 나아가 선의취득자 등이 보유문화재가 도굴 등이 된 정을 알고 즉시 제3자에게 문화재를 이전하는 경우 그 행위는 제3자를 구성요건에 해당하게 할 수 있다는 점에서 적법하게 취득한 문화재에 관한 재산권의 처분을 사실상 불가능하게 하므로 침해되는 사익이 현저하여 법익균형성의 요건 역시 충족하기 어렵다. 따라서 위 조항들은 재산권 행사의 사회적 제약을 넘어 불필요하거나 지나치게 가혹한 부담을 부과하는 것으로 헌법에 위반된다.

4. 문화재는 원칙적으로 사적 소유권의 객체가 될 수 있고, 문화재의 은닉이나 도굴된 문화재인 정을 알고 보유 또는 보관하는 행위의 태양이 매우 다양함에도 구체적 행위 태양이나 적법한 보유권한의 유무 등에 관계없이 필요적 몰수형을 규정한 것은 형벌 본래의 기능과 목적을 달성함에 있어 필요한 정도를 현저히 일탈하여 지나치게 과중한 형벌을 부과하는 것으로 책임과 형벌 간의 비례원칙에 위배된다.

핵심 체크 학습 문화국가원리

1. 문화국가원리는 1948년 제헌헌법 이래 헌법상의 기본원리로 인정되어온바, 이 원리의 구체적인 실현을 위해서는 국가가 어떤 문화현상도 특별히 선호하거나 우대하는 경향을 보이지 않는 불편부당의 원칙에 입각한 정책이 바람직하다. [15 사시]

해설 주지하다시피, 과거 국가절대주의사상의 국가관이 지배하던 시대와 달리 오늘날에는 국가가 어떤 문화활동에 대하여도 이를 선호하거나, 우대하는 경향을 보이지 않는 불편부당의 원칙을 지키는 것이 가장 바람직한 문화정책으로 평가받고 있다. 문화국가를 지향하는 우리 헌법도 국가가 문화를 육성하는 기본을 개개국민의 문화활동을 보장함으로써 국민 각자의 창의성이 발휘되도록 자율과 자유에 맡겨두어야지, 거기서 더 나아가 적극적으로 특정 문화모델을 만들어 유포하거나 수용하기를 강제해서는 안 된다. 따라서 국가가 국민의 문화활동에 개입하는 경우에도 최소한의 범위에 그쳐야지 적극적으로 문화의 발전을 국가의 공권력이 주도하려는 것은 바람직한 것이라고 하기 어렵다(헌재 2009. 5. 28. 2006헌마618).

2. 문화국가원리의 특성은 문화의 개방성 내지 다원성의 표지와 연결되므로, 국가는 엘리트 문화를 제외한 서민문화 · 대중문화의 가치를 인정하고 정책적인 배려의 대상으로 하여야 한다. [15 사시]

해설 오늘날 문화국가에서의 문화정책은 그 초점이 문화 그 자체에 있는 것이 아니라 문화가 생겨날 수 있는 문화풍토를 조성하는 데 두어야 한다. 문화국가원리의 이러한 특성은 문화의 개방성 내지 다원성의 표지와 연결되는데, 국가의 문화육성의 대상에는 원칙적으로 모든 사람에게 문화창조의 기회를 부여한다는 의미에서 모든 문화가 포함된다. 따라서 엘리트문화뿐만 아니라 서민문화, 대중문화도 그 가치를 인정하고 정책적인 배려의 대상으로 하여야 한다(헌재 2004. 5. 27. 2003헌가1).

정답 1. ○ 2. ×

3. 문화국가원리에서 도출되는 가족제도에 관한 전통 · 전통문화는 적어도 가족제도에 관한 헌법이념인 개인의 존엄과 양성의 평등에 반하는 것이어서는 안 된다.

[15 사시]

(해설) 호주제는 남계혈통을 중시하여 혼인과 가족생활에서 여성을 부당하게 차별하므로 헌법 제36조에 위반된다. 전통문화도 헌법이념인 개인의 존엄과 양성의 평등에 반하는 것이어서는 안된다는 한계가 도출되므로 전래의 가족제도가 헌법 제36조 제1항이 요구하는 개인의 존엄과 양성평등에 반한다면 헌법 제9조(전통문화계승발전)를 근거로 그 헌법적 정당성을 주장할 수 없다. 심판대상조항에 대하여 위헌결정하면 신분관계를 공시 증명하는 공적기록에 중대한 공백이 발생하므로 호주제를 전제하지 않은 새로운 호적체계로 호적법을 개정할 때까지 심판대상조항을 잠정적으로 적용하게 하기 위한 불합치결정을 선고한다(헌재 2005.2.3. 2001헌가9).

4. 건설공사 과정에서 매장문화재 발굴로 인하여 문화재 훼손 위험을 야기한 건설공사 시행자에게 원칙적으로 발굴경비를 부담시키는 구 「문화재보호법」 조항은 합리적인 이유 없이 부당한 재산상 부담을 지워 재산권을 침해하므로 헌법에 위반된다.

[15 사시]

(해설) 건설공사 과정에서 매장문화재의 발굴로 인하여 문화재 훼손 위험을 야기한 사업시행자에게 원칙적으로 발굴경비를 부담시키는 것은 사업시행자의 재산권을 침해하지 않는다(헌재 2011.7.28, 2009헌바244).

5. 헌법은 문화국가를 실현하기 위하여 양심과 사상의 자유, 종교의 자유, 언론 · 출판의 자유, 학문과 예술의 자유 등을 규정하고 있는바, 이들은 문화국가원리의 불가결의 조건이라고 할 수 있다. [15 사시]

(해설) 헌법은 문화국가를 실현하기 위하여 보장되어야 할 정신적 기본권으로 양심과 사상의 자유, 종교의 자유, 언론 · 출판의 자유, 학문과 예술의 자유 등을 규정하고 있는바, 개별성 · 고유성 · 다양성으로 표현되는 문화는 사회의 자율영역을 바탕으로 한다고 할 것이고, 이들 기본권은 견해와 사상의 다양성을 그 본질로 하는 문화국가원리의 불가결의 조건이라고 할 것이다(헌재 2000. 4. 27. 98헌가16, 98헌마429, 헌재 2004. 5. 27. 2003헌가1 등).

정답 3. ○ 4. × 5. ○

6. 어떤 의식 · 행사 · 유형물이 종교적인 의식 · 행사 또는 상징에서 유래되었다면, 비록 그것이 이미 우리 사회공동체 구성원들 사이에서 관습화된 문화요소로 인식되고 받아들여질 정도에 이르렀다고 하더라도 그에 대한 국가의 지원은 헌법상 정교분리 원칙에 반하게 된다. [15 사시]

해설 오늘날 종교적인 의식 또는 행사가 하나의 사회공동체의 문화적인 현상으로 자리잡고 있으므로, 어떤 의식, 행사, 유형물 등이 비록 종교적인 의식, 행사 또는 상징에서 유래되었다고 하더라도 그것이 이미 우리 사회공동체 구성원들 사이에서 관습화된 문화요소로 인식되고 받아들여질 정도에 이르렀다면, 이는 정교분리원칙이 적용되는 종교의 영역이 아니라 헌법적 보호가치를 지닌 문화의 의미를 갖게 된다. 그러므로 이와 같이 이미 문화적 가치로 성숙한 종교적인 의식, 행사, 유형물에 대한 국가 등의 지원은 일정 범위 내에서 전통문화의 계승·발전이라는 문화국가원리에 부합하며 정교분리원칙에 위배되지 않는다(대판 2009.5.28. 2008두16933).

정답 6. ×

평화국가원리

38 이라크파병에 대한 2차결정 사건

(일반사병 이라크파병 위헌확인)
2004. 4. 29. 2003헌마814 **[각하]**

|판시사항|

1. 외국에의 국군의 파견결정과 같이 성격상 외교 및 국방에 관련된 고도의 정치적 결단이 요구되는 사안에 대한 국민의 대의기관의 결정이 사법심사의 대상이 되는지 여부(−)
2. '대통령이 2003. 10. 18. 국군(일반사병)을 이라크에 파견하기로 한 결정' 이 헌법에 위반되는지의 여부에 대한 판단을 헌법재판소가 하여야 하는지 여부(−)
3. 그 성격상 국방 및 외교에 관련된 고도의 정치적 결단을 요하는 이 사건 파견결정이 사법심사의 대상이 되는지 여부(−)

[결정요지]

1. 국가안전보장회의는 헌법상 대통령의 자문기관에 불과할 뿐 공권력의 행사, 특히 문제된 국군의 외국에의 파견이라는 국가행위(공권력행사)의 주체가 될 수 없다. 가사 국가안전보장회의가 그와 같은 결정(의결)을 하더라도 이는 국군통수권자인 대통령의 결정으로 볼 수 있음은 별론으로 하고 국가기관 내부의 의사결정, 특히 대통령에 대한 권고 내지 의견제시에 불과할 뿐 법적 구속력이 있거나 대외적 효력이 있는 행위라고 볼 수는 없다.

외국에의 국군의 파견결정은 파견군인의 생명과 신체의 안전뿐만 아니라 국제사회에서의 우리 나라의 지위와 역할, 동맹국과의 관계, 국가안보문제 등 궁극적으로 국민 내지 국익에 영향을 미치는 복잡하고도 중요한 문제로서 국내 및 국제정치관계 등 제반상황을 고려하여 미래를 예측하고 목표를 설정하는 등 고도의 정치적 결단이 요구되는 사안이다.

따라서 그와 같은 결정은 그 문제에 대해 정치적 책임을 질 수 있는 국민의 대의기관이 관계분야의 전문가들과 광범위하고 심도 있는 논의를 거쳐 신중히 결정하는 것이 바람직하며 우리 헌법도 그 권한을 국민으로부터 직접 선출되고 국민에게 직접 책임을 지는 대통령에게 부여하고 그 권한행사에 신중을 기하도록 하기 위해 국회로 하여금 파병에 대한 동의여부를 결정할 수 있도록 하고 있는바, 현행 헌법이 채택하고 있는 대의민주제 통치구조 하에서 대의기관인 대통령과 국회의 그와 같은 고도의 정치적 결단은 가급적 존중되어야 한다.

2. 이 사건 파견결정이 헌법에 위반되는지의 여부 즉 국가안보에 보탬이 됨으로써 궁극적으로는 국민과 국익에 이로운 것이 될 것인지 여부 및 이른바 이라크전쟁이 국제규범에 어긋나는 침략전쟁인지 여부 등에 대한 판단은 대의기관인 대통령과 국회의 몫이고, 성질상 한정된 자료만을 가지고 있는 우리 재판소가 판단하는 것은 바람직하지 않다고 할 것이며, 우리 재판소의 판단이 대통령과 국회의 그것보다 더 옳다거나 정확하다고 단정짓기 어려움은 물론 재판결과에 대하여 국민들의 신뢰를 확보하기도 어렵다고 하지 않을 수 없다.

3. 이 사건 파병결정은 대통령이 파병의 정당성뿐만 아니라 북한 핵 사태의 원만한 해결을 위한 동맹국과의 관계, 우리 나라의 안보문제, 국·내외 정치관계 등 국익과 관련한 여러 가지 사정을 고려하여 파병부대의 성격과 규모, 파병기간을 국가안전보장회의의 자문을 거쳐 결정한 것으로, 그 후 국무회의 심의·의결을 거쳐 국회의 동의를 얻음으로써 헌법과 법률에 따른 절차적 정당성을 확보했음을 알 수 있다. 그렇다면 이 사건 파견결정은 그 성격상 국방 및 외교에 관련된 고도의 정치적 결단을 요하는 문제로서, 헌법과 법률이 정한 절차를 지켜 이루어진 것임이 명백하므로, 대통령과 국회의 판단은 존중되어야 하고 헌법재판소가 사법적 기준만으로 이를 심판하는 것은 자제되어야 한다.

이에 대하여는 설혹 사법적 심사의 회피로 자의적 결정이 방치될 수도 있다는 우려가 있을 수 있으나 그러한 대통령과 국회의 판단은 궁극적으로는 선거를 통해 국민에 의한 평가와 심판을 받게 될 것이다.

평화국가원리

39 한미주둔군지위협정 제2조 제1의 (나)항 사건

(대한민국과아메리카합중국간의상호방위조약제4조에의한시설과구역및대한민국에서의합중국군대의지위에관한협정 제2조 제1의 (나)항 위헌제청)
1999. 4. 29. 97헌가14 **[합헌]**

|판시사항|

1. 대한민국과 아메리카합중국간의 상호방위조약 제4조에 의한 시설과 구역 및 대한민국에서의 합중국군대의 지위에 관한 협정(이 사건 조약)의 성격
2. 이 사건 조약의 절차적 하자 유무(－)
3. 이 사건 조약 제2조 제1의 (나)항의 의미·내용과 효과 및 재산권침해 여부(－)

[결정요지]

1. 이 사건 조약은 그 명칭이 "협정"으로 되어 있어 국회의 관여없이 체결되는 행정협정처럼 보이기도 하나 우리 나라의 입장에서 볼 때에는 외국군대의 지위에 관한 것이고, 국가에게 재정적 부담을 지우는 내용과 입법사항을 포함하고 있으므로 국회의 동의를 요하는 조약으로 취급되어야 한다.

2. 이 사건 조약은 국회의 비준동의와 대통령의 비준 및 공포를 거친 것으로 인정되므로 이 사건 조약이 국내법적 효력을 가짐에 있어서 성립절차상의 하자로 인하여 헌법에 위반되는 점은 없다.

3. 이 사건 조약 제2조 제1의 (나)항에 의하면 이 사건 조약 발효 당시 미군이 사용중인 시설과 구역에 대하여는 사용공여의 합의가 있는 것으로 간주되나, 이 조항을 당해재산의 소유자에 대한 관계에서 공용수용·사용 또는 제한을 한 경우와 같이 권리의 변동을 초래하는 것으로 해석할 수는 없으므로, 이 조항에 의한 법률효과로서 사인의 재산권에 대한 침해가 발생할 여지는 없다. 국가가 미리 적법한 소유권 또는 사용권 취득을 마치지 않은 사인의 특정 재산을 사실상 공여된 시설과 구역으로 취급함으로써 국가(대한민국) 또는 미군이 그 재산을 권원 없이 사용하거나 그 밖의 방법으로 사인의 재산권을 침해하는 사태가 있다 하더라도, 그것은 위 조항 자체에 내재된 위헌성에서 비롯된 결과라고는 볼 수 없으므로 위 조항이 국민의 재산권을 침해한다고는 할 수 없다.

핵심 체크 학습

평화국가원리

1. 이라크 전쟁이 침략전쟁인지 여부는 성격상 국방 및 외교에 관련된 고도의 정치적 결단을 요하는 문제로서 대통령과 국회의 판단이 존중되어야 하므로 헌법재판소가 판단하기에 적절치 않다는 것이 판례이다.

해설 헌재 2004.4.29. 2003헌마814.

2. 강제노동의 폐지에 관한 국제노동기구(ILO)의 105호 조약은 헌법 제6조 제1항에서 말하는 일반적으로 승인된 국제법규로서 헌법적 효력을 갖는 것이라고 볼 만한 근거가 없다.

해설 강제노동의 폐지에 관한 국제노동기구(ILO)의 제105호 조약은 우리나라가 비준한 바가 없고, 헌법 제6조 제1항에서 말하는 일반적으로 승인된 국제법규로서 헌법적 효력을 갖는 것이라고 볼 만한 근거도 없으므로 이 사건 심판대상 규정의 위헌성 심사의 척도가 될 수 없다(헌재 1998. 7. 16. 97헌바23).

3. 외교관계에 관한 비엔나협약에 의하여 외국의 대사관저에 대하여 강제집행이 불가능하게 된 경우, 국가가 청구인들에게 손실을 보상하는 법률을 제정하여야 할 의무가 있다.

해설 외국의 대사관저에 대하여 강제집행을 할 수 없다는 이유로 집달관이 청구인들의 강제집행의 신청의 접수를 거부하여 강제집행이 불가능하게 된 경우 국가가 청구인들에게 손실을 보상하는 법률을 제정하여야 할 헌법상의 명시적인 입법위임은 인정되지 아니하고, 헌법의 해석으로도 그러한 법률을 제정함으로써 청구인들의 기본권을 보호하여야 할 입법자의 행위의무 내지 보호의무가 발생하였다고 볼 수 없다(헌재 1998. 5. 28. 96헌마44).

정답 1. ○ 2. ○ 3. ×

4. 대한민국과 아메리카합중국간의 상호방위조약 제4조에 의한 시설과 구역 및 대한민국에서의 합중국군대의 지위에 관한 협정은 국회의 동의를 요하지 않는 조약이다.

해설 이 사건 조약은 그 명칭이 "협정"으로 되어 있어 국회의 관여없이 체결되는 행정협정처럼 보이기도 하나 우리나라의 입장에서 볼 때에는 외국군대의 지위에 관한 것이고, 국가에게 재정적 부담을 지우는 내용과 입법사항을 포함하고 있으므로 국회의 동의를 요하는 조약으로 취급되어야 한다(헌재 1999. 4. 29. 97헌가14).

정답 4. ×

헌법의 수호

40 쟁의행위금지가처분신청 사건

(노동조합 및 노동관계조정법 등 위헌제청)

1997.9.25. 97헌가4 **[각하]**

|판시사항|

1. 법률의 위헌여부가 재판의 전제가 되는지 여부에 관하여 헌법재판소가 제청법원의 견해와 다른 견해를 취할 수 있는지 여부(+)
2. 불법쟁의임을 이유로 쟁의행위의 금지를 구하는 가처분신청사건에서, 시행된 바 없이 폐지된 법률로서, 쟁의행위의 계기가 된 법률이 재판의 전제가 되는지 여부(−)
3. 국회법 소정의 협의 없는 개의시간의 변경과 회의일시를 통지하지 아니한 입법과정의 하자가 저항권행사의 대상이 되는지 여부(−)
4. 헌법재판소에 의한 법률의 위헌여부 판단과는 관계없이, 법원이 입법과정의 하자를 이유로 한 쟁의행위의 정당성 여부를 판단할 수 있는지 여부(+)

[결정요지]

1. 법률이 재판의 전제가 되는 요건을 갖추고 있는지의 여부는 제청법원의 견해를 존중하는 것이 원칙이나, 재판의 전제와 관련된 법률적 견해가 유지될 수 없는 것으로 보이면 헌법재판소가 직권으로 조사할 수도 있다.

2. 법률의 위헌여부심판의 제청대상 법률은 특별한 사정이 없는 한 현재 시행중이거나 과거에 시행되었던 것이어야 하기 때문에, 제청 당시에 공포는 되었으나 시행되지 않았고 이 결정 당시에는 이미 폐지되어 효력이 상실된 법률은 위헌여부 심판의 대상법률에서 제외되는 것으로 해석함이 상당하고, 더욱이 이 사건 개정법률은 당해 사건 재판에 적용되는 법률이 아닐 뿐만 아니라, 피신청인들이 쟁의행위를 하게 된 계기가 된 것에 불과한 것으로, 동 개정법의 위헌여부는 다른 내용의 재판을 하게 되는 관계에 있지도 않다.

3. 저항권이 헌법이나 실정법에 규정이 있는지 여부를 가려볼 필요도 없이 제청법원이 주장하는 국회법 소정의 협의없는 개의시간의 변경과 회의일시를 통지하지 아니한 입법과

정의 하자는 저항권행사의 대상이 되지 아니한다. 왜냐 하면 저항권은 국가권력에 의하여 헌법의 기본원리에 대한 중대한 침해가 행하여지고 그 침해가 헌법의 존재 자체를 부인하는 것으로서 다른 합법적인 구제수단으로는 목적을 달성할 수 없을 때에 국민이 자기의 권리·자유를 지키기 위하여 실력으로 저항하는 권리이기 때문이다.

4. 피신청인들의 쟁의행위가 근로기본권인 단체행동권에 해당되는지 여부, 이와 관련된 사실인정 및 평가, 관계법률의 해석과 개별사례에서의 적용에 관한 문제는 일반적인 권한을 갖고 있는 법원의 임무에 속하는 것이며, 피신청인들이 쟁의행위를 할 당시 개정법률의 국회통과절차가 다른 합법적인 구제수단으로는 목적을 달성할 수 없는 국가권력에 의한 헌법의 기본원리에 대한 중대한 침해였고, 이 침해행위에 대한 구제수단으로 실력에 의한 쟁의행위를 선택한 것이 권리 자유를 지키기 위한 불가피한 유일한 수단으로 인정할 수 있는지 그 밖에 제청법원이 주장하는 저항권의 행사로 정당화할 수 있는 다른 사정이 존재하는지 여부 또한 법원이 판단할 문제이다.

관련 유사 판례

40-1. 5 · 18 내란정권이 국민의 승인을 받은 정권인지 여부

(1995. 12. 15. 95헌마221 · 233 · 297(병합))

[결정내용]

피의자 노태우가 제13대 대통령으로 당선된 것은 이 사건 내란행위에 의하여 창출된 제5공화국의 질서가 국민의 저항으로 더 이상 유지되지 못하고 국민의 의사에 따른 새로운 헌법질서로 이행하는 과정에서 그 진상이 정확히 규명되지 아니한 채 국민의 상대적인 다수의 지지를 얻음으로써 이루어진 것에 불과하여 이로써 이 사건 내란행위에 대하여 국민의 승인이 있은 것으로 볼 수도 없다.

40-2. 김재규 사건

(대법원 1980.5.20. 선고 80도306 판결)

[판결내용]

(1) 다수의견

현대 입헌 자유민주주의 국가의 헌법이론상 자연법에서 우러나온 자연권으로서의 소위 저항권이 헌법 기타 실정법에 규정되어 있든 없든 간에 엄존하는 권리로 인정되어야 한다는 논지가 시인된다 하더라도 그 저항권이 실정법에 근거를 두지 못하고 오직 자연법에만 근거하고 있는 한 법관은 이를 재판규범으로 원용할 수 없다고 할 것인바, 헌법 및 법률에 저항권에 관하여 아무런 규정없는 우리 나라의 현 단계에서는 저항권이론을 재판의 근거규범으로 채용, 적용할 수 없다.

(2) 소수의견

형식적으로 보면 합법적으로 성립된 실정법이지만 실질적으로는 국민의 인권을 유린하고 민주적 기본질서를 문란케 하는 내용의, 실정법상의 의무이행이나 이에 대한 복종을 거부하는 등을 내용으로 하는 저항권은 헌법에 명문화되어 있지 않았더라도 일종의 자연법상의 권리로서 이를 인정하는 것이 타당하다 할 것이고 이러한 저항권이 인정된다면 재판규범으로서의 기능을 배제할 근거가 없다고 할 것이다.

40-3. 민청학련 사건

(대법원 1975.4.8. 선고 74도3323 판결)

[판결내용]

「저항권」 자체의 개념이 막연할 뿐 아니라 논지에 있어서도 구체적인 설시가 없어 주장의 진의를 파악하기 어려우나 이 점에 관한 극일부 소수의 이론이 주장하는 개념을 살핀다면 그것은 실존하는 실정법적 질서를 무시한 초실정법적인 자연법질서내에서의 권리주장이며 이러한 전제하에서의 권리로써 실존적 법질서를 무시한 행위를 정당화하려는 것으로 해석되는 바, 실존하는 헌법적 질서를 전제로한 실정법의 범주내에서 국가의 법적 질서의 유지를 그 사명으로 하는 사법기능을 담당하는 재판권행사에 대하여는 실존하는 헌법적 질서를 무시하고 초법규적인 권리개념으로써 현행실정법에 위배된 행위의 정당화를 주장하는 것은 그 자체만으로서도 이를 받아드릴 수 없는 것이다.

40-4. 시민단체의 낙선운동과 시민불복종

(대법원 2004. 4. 27. 선고 2002도315 판결)

[판결내용]

시민단체의 특정 후보자에 대한 낙선운동이 시민불복종운동으로서 헌법상 정당행위이거나 형법상 정당행위 또는 긴급피난으로서 정당화될 수 있는지 여부에 대하여 대법원 판례에 따르면, 특정 후보자에 대한 낙선운동을 함으로써 공직선거및선거부정방지법에 의한 선거운동제한 규정을 위반한 피고인들의 같은 법 위반의 각 행위는 위법한 행위로서 허용될 수 없는 것이고, 피고인들의 위 각 행위가 시민불복종운동으로서 헌법상의 기본권 행사 범위 내에 속하는 정당행위이거나 형법상 사회상규에 위반되지 아니하는 정당행위 또는 긴급피난의 요건을 갖춘 행위로 볼 수는 없다.

40-5. 긴급조치에 대한 대법원 판결

(대법원 2010.12.16. 선고 2010도5986 전원합의체 판결)

[판결내용]

헌법 제107조 제1항, 제111조 제1항 제1호의 규정에 의하면, 헌법재판소에 의한 위헌심사의 대상이 되는 '법률'이란 '국회의 의결을 거친 이른바 형식적 의미의 법률'을 의미하고, 위헌심사의 대상이 되는 규범이 형식적 의미의 법률이 아닌 때에는 그와 동일한 효력을 갖는 데에 국회의 승인이나 동의를 요하는 등 국회의 입법권 행사라고 평가할 수 있는 실질을 갖춘 것이어야 한다. 구 대한민국헌법(1980. 10. 27. 헌법 제9호로 전부 개정되기 전의 것, 이하 '유신헌법'이라 한다) 제53조 제3항은 대통령이 긴급조치를 한 때에는 지체 없이 국회에 통고하여야 한다고 규정하고 있을 뿐, 사전적으로는 물론이거니와 사후적으로도 긴급조치가 그 효력을 발생 또는 유지하는 데 국회의 동의 내지 승인 등을 얻도록 하는 규정을 두고 있지 아니하고, 실제로 국회에서 긴급조치를 승인하는 등의 조치가 취하여진 바도 없다. 따라서 유신헌법에 근거한 긴급조치는 국회의 입법권 행사라는 실질을 전혀 가지지 못한 것으로서, 헌법재판소의 위헌심판 대상이 되는 '법률'에 해당한다고 할 수 없고, 긴급조치의 위헌 여부에 대한 심사권은 최종적으로 대법원에 속한다.

구 대한민국헌법(1980. 10. 27. 헌법 제9호로 전부 개정되기 전의 것, 이하 '유신헌법'이라 한다) 제53조에 근거하여 발령된 대통령 긴급조치(이하 '긴급조치'라 한다) 제1호는 그 발동 요건을 갖추지 못한 채 목적상 한계를 벗어나 국민의 자유와 권리를 지나치게 제한함으로써 헌법상 보장된 국민의 기본권을 침해한 것이므로, 긴급조치 제1호가 해제 내지 실효되기 이전부터 유신헌법에 위배되어 위헌이고, 나아가 긴급조치 제1호에 의하여 침해된 각 기본권의 보장 규정을 두고 있는 현행 헌법에 비추어 보더라도 위헌이다. 결국 이 사건 재판의 전제가 된 긴급조치 제1호 제1항, 제3항, 제5항을 포함하여 긴급조치 제1호는 헌법에 위배되어 무효이다. 이와 달리 유신헌법 제53조에 근거를 둔 긴급조치 제1호가 합헌이라는 취지로 판시한 대법원 1975. 1. 28. 선고 74도3492 판결, 대법원 1975. 1. 28. 선고 74도3498 판결, 대법원 1975. 4. 8. 선고 74도3323 판결과 그 밖에 이 판결의 견해와 다른 대법원판결들은 모두 폐기한다.

40-6. 긴급조치에 대한 헌법재판소 결정

(헌재 2013.03.21. 2010헌바132)

[결정내용]

헌법재판소는 2013. 3. 21. 관여 재판관 전원의 일치된 의견으로, 유신헌법을 부정·반대·왜곡 또는 비방하거나, 유신 헌법의 개정 또는 폐지를 주장·발의·제안 또는 청원하는 일체의 행위, 유언비어를 날조·유포하는 행위 등을 전면적으로 금지하고, 이를 위반하면 비상군법회의 등에서 재판하여 처벌하도록 하는 것을 주된 내용으로 한, 유신헌법 제53조에 근거하여 발령된 대통령긴급조치 제1호, 제2호 및 제9호에 대한 헌법소원사건에서, 아래와 같이 선고하였다.

1. 대통령긴급조치도 법률과 동일한 효력을 가지므로 이에 대한 위헌심사권한은 헌법재판소에 전속한다.
2. 대통령긴급조치의 위헌성을 심사하는 준거규범은 원칙적으로 현행헌법이다.
3. 대통령긴급조치 제1호, 제2호 및 제9호는 기본권을 제한하기 위한 입법목적의 정당성과 방법의 적절성이 인정되지 아니하고, 죄형법정주의에 위배되며, 참정권, 표현의 자유, 영장주의 및 신체의 자유, 재판을 받을 권리 등 기본권을 지나치게 제한하거나 침해하므로, 모두 헌법에 위반된다.

핵심 체크 학습

헌법의 수호

1. 국회법 소정의 협의 없는 개의시간의 변경과 회의일시를 통지하지 아니한 입법과정의 하자는 저항권행사의 대상이 된다.

해설 저항권은 국가권력에 의하여 헌법의 기본원리에 대한 중대한 침해가 행하여지고 그 침해가 헌법의 존재 자체를 부인하는 것으로서 다른 합법적인 구제수단으로는 목적을 달성할 수 없을 때에 국민이 자기의 권리·자유를 지키기 위하여 실력으로 저항하는 권리이므로, 국회법 소정의 협의 없는 개의시간의 변경과 회의일시를 통지하지 아니한 입법과정의 하자는 저항권 행사의 대상이 되지 아니한다(헌재 1997. 9. 25. 97헌가4).

2. 대법원 판례에 따르면 저항권은 헌법에 명문화되어 있지 않았더라도 일종의 자연법상의 권리로서 이를 인정하는 것이 타당하다 할 것이고 이러한 저항권이 인정된다면 재판규범으로서의 기능을 배제할 근거가 없다고 할 것이다.

해설 저항권이 실정법에 근거를 두지 못하고 오직 자연법에만 근거하고 있는 한 법관은 이를 재판규범으로 원용할 수 없다고 할 것인바, 헌법 및 법률에 저항권에 관하여 아무런 규정 없는 우리나라의 현 단계에서는 저항권이론을 재판의 근거규범으로 채용, 적용할 수 없다(대법원 1980.05.20. 선고 80도306 판결).

정답 1. × 2. ×

3. 대통령긴급조치의 위헌성을 심사하는 준거규범은 원칙적으로 유신헌법과 현행헌법으로 보는 것이 헌법재판소의 입장이다.

해설 유신헌법 일부 조항과 긴급조치 등이 기본권을 지나치게 침해하고 자유민주적 기본질서를 훼손하였다는 반성에 따른 헌법 개정사, 국민의 기본권의 강화 · 확대라는 헌법의 역사성, 헌법재판소의 헌법해석은 헌법이 내포하고 있는 특정한 가치를 탐색 · 확인하고 이를 규범적으로 관철하는 작업인 점에 비추어, 헌법재판소가 행하는 구체적 규범통제의 심사기준은 원칙적으로 헌법재판을 할 당시에 규범적 효력을 가지는 현행헌법이다(헌재 2013. 3. 21. 2010헌바132).

정답 3. ×

제 2 편

기 본 권

기본권의 개념

1 한미연합 군사훈련의 일종인 2007년 전시증원연습 사건

(2007년 전시증원연습 등 위헌확인)
2009. 5. 28. 2007헌마369 [각하]

|판시사항|

1. 피청구인 대통령이 한미연합 군사훈련의 일종인 2007년 전시증원연습을 하기로 한 결정이 통치행위에 해당하는지 여부(－)
2. 평화적 생존권이 헌법상 보장된 기본권인지 여부(－)
3. 평화적 생존권을 헌법상 보장된 기본권으로 인정하였던 판례를 변경한 사례

[결정요지]

1. 한미연합 군사훈련은 1978. 한미연합사령부의 창설 및 1979. 2. 15. 한미연합연습 양해각서의 체결 이후 연례적으로 실시되어 왔고, 특히 이 사건 연습은 대표적인 한미연합 군사훈련으로서, 피청구인이 2007. 3.경에 한 이 사건 연습결정이 새삼 국방에 관련되는 고도의 정치적 결단에 해당하여 사법심사를 자제하여야 하는 통치행위에 해당된다고 보기 어렵다.

2. 우리 헌법은 전문에서 "조국의 평화적 통일", "항구적인 세계평화"를 추구할 이념 내지 목적으로 규정하고 있고, 제1장 총강에서 평화적 통일정책에 관하여(제4조), 국제평화 유지의 노력과 침략전쟁의 부인에 관하여(제5조 제1항), 국제법규 존중에 관하여(제6조 제1항) 각 규정하고 있을 뿐, 제2장 국민의 권리와 의무에서 "평화적 생존권"이란 기본권을 따로 규정하고 있지는 않다. 따라서 "평화적 생존권"이 헌법상 보장된 기본권인지 여부는 이를 헌법상 열거되지 아니한 기본권으로 인정할 것인지 여부의 문제이다.

우리 헌법은 일본 헌법과 같이 평화적 생존권을 직접적으로 도출할 표현을 두고 있지 아니하고, 다만 전문이나 총강에서 "평화적 통일", "세계평화", "국제평화", "침략전쟁의 부인" 등의 규정을 갖고 있을 뿐이다. 앞서 본 바와 같이 평화적 생존권을 헌법에 열거되지 아니한 기본권으로서 새롭게 인정할 필요성이 있다거나 평화적 생존권이 구체적 권리로서의 실질에 부합한다고 보기 어려운 이상, 우리 헌법 전문이나 총강에 나타난 평화에 관한

몇몇 규정에 기초하여 헌법 제10조 및 제37조 제1항을 근거로 평화적 생존권을 헌법상 보장된 기본권으로 쉽사리 인정할 수는 없다고 할 것이다. 우리 헌법보다 더 강한 평화에 관한 규정을 기본법에 두고 있는 독일의 경우 평화적 생존권에 관한 논의가 학계나 실무에서 이루어지지 않은 것도 같은 이유일 것이다.

청구인들이 평화적 생존권이란 이름으로 주장하고 있는 평화란 헌법의 이념 내지 목적으로서 추상적인 개념에 지나지 아니하고, 평화적 생존권은 이를 헌법에 열거되지 아니한 기본권으로서 특별히 새롭게 인정할 필요성이 있다거나 그 권리내용이 비교적 명확하여 구체적 권리로서의 실질에 부합한다고 보기 어려워 헌법상 보장된 기본권이라고 할 수 없다.

3. 종전에 헌법재판소가 이 결정과 견해를 달리하여 '평화적 생존권을 헌법 제10조와 제37조 제1항에 의하여 인정된 기본권으로서 침략전쟁에 강제되지 않고 평화적 생존을 할 수 있도록 국가에 요청할 수 있는 권리'라고 판시한 2006. 2. 23. 2005헌마268 결정은 이 결정과 저촉되는 범위 내에서 이를 변경한다.

기본권의 개념

2 '혼인중인 여자와 남편 아닌 남자 사이에서 출생한 자녀'에 대한 출생신고 사건

(가족관계의 등록 등에 관한 법률 제46조 제2항 등 위헌확인)
2023. 3. 23. 2021헌마975 **[헌법불합치, 각하]**

|판시사항|

1. 태어난 즉시 '출생등록될 권리'가 기본권인지 여부(+)
2. '혼인 중 여자와 남편 아닌 남자 사이에서 출생한 자녀에 대한 생부의 출생신고'를 허용하도록 규정하지 아니한 '가족관계의 등록 등에 관한 법률' 제46조 제2항(이하, '이 사건 출생신고의무자조항'이라 한다), '가족관계의 등록 등에 관한 법률' 제57조 제1항 및 제2항(이하, '이 사건 친생자출생신고조항'이라 하고, 이 사건 출생신고의무자조항과 합하여 '심판대상조항들'이라 한다)이 혼인외 출생자인 청구인들의 태어난 즉시 '출생등록될 권리'를 침해하는지 여부(+)
3. 심판대상조항들이 생부인 청구인들의 평등권을 침해하는지 여부(−)
4. 헌법불합치결정을 선고하면서 계속 적용을 명한 사례

[결정요지]

1. 태어난 즉시 '출생등록될 권리'는 '출생 후 아동이 보호를 받을 수 있을 최대한 빠른 시점'에 아동의 출생과 관련된 기본적인 정보를 국가가 관리할 수 있도록 등록할 권리로서, 아동이 사람으로서 인격을 자유로이 발현하고, 부모와 가족 등의 보호하에 건강한 성장과 발달을 할 수 있도록 최소한의 보호장치를 마련하도록 요구할 수 있는 권리이다. 이는 헌법에 명시되지 아니한 독자적 기본권으로서, 자유로운 인격실현을 보장하는 자유권적 성격과 아동의 건강한 성장과 발달을 보장하는 사회적 기본권의 성격을 함께 지닌다.

2. 혼인중인 여자와 남편이 아닌 남자 사이에서 출생한 자녀의 경우, 혼인중인 여자와 그 남편이 출생신고의 의무자에 해당하나, 해당 자녀의 모가 남편과의 관계에서 발생하는 여러 사정을 고려하여 출생신고를 하지 아니하는 경우가 발생하고 있고, 그 남편이 해당 자녀의 출생의 경위를 알고도 출생신고를 하는 것은 사실상 기대하기 어렵다. 한편, 신고적격자인 검사 또는 지방자치단체의 장의 출생신고는 의무적인 것이 아니며, 이들이 혼인외

출생자의 구체적 사정을 출생 즉시 파악할 수 있다고 보기도 어렵다. 이처럼 현행 출생신고제도는 혼인중인 여자와 남편 아닌 남자 사이에서 출생한 자녀인 청구인들과 같은 경우 출생신고가 실효적으로 이루어질 수 있도록 보장하지 못하고 있다. 신고기간 내에 모나 그 남편이 출생신고를 하지 않는 경우 생부가 생래적 혈연관계를 소명하여 인지의 효력이 없는 출생신고를 할 수 있도록 하거나, 출산을 담당한 의료기관 등이 의무적으로 모와 자녀에 관한 정보 등을 포함한 출생신고의 기재사항을 미리 수집하고, 그 정보를 출생신고를 담당하는 기관에 송부하여 출생신고가 이루어지도록 한다면, 민법상 신분관계와 모순되는 내용이 가족관계등록부에 기재되는 것을 방지하면서도 출생신고가 이루어질 수 있다.

따라서 심판대상조항들은 입법형성권의 한계를 넘어서서 실효적으로 출생등록될 권리를 보장하고 있다고 볼 수 없으므로, 혼인중인 여자와 남편 아닌 남자 사이에서 출생한 자녀에 해당하는 혼인외 출생자인 청구인들의 태어난 즉시 '출생등록될 권리'를 침해한다.

3. 심판대상조항들이 혼인중인 여자와 남편 아닌 남자 사이에서 출생한 자녀의 경우에 혼인외 출생자의 신고의무를 모에게만 부과하고, 남편 아닌 남자인 생부에게 자신의 혼인외 자녀에 대해서 출생신고를 할 수 있도록 규정하지 아니한 것은 모는 출산으로 인하여 그 출생자와 혈연관계가 형성되는 반면에, 생부는 그 출생자와의 혈연관계에 대한 확인이 필요할 수도 있고, 그 출생자의 출생사실을 모를 수도 있다는 점에 있으며, 이에 따라 가족관계등록법은 모를 중심으로 출생신고를 규정하고, 모가 혼인중일 경우에 그 출생자는 모의 남편의 자녀로 추정하도록 한 민법의 체계에 따르도록 규정하고 있는 점에 비추어 합리적인 이유가 있다. 그렇다면, 심판대상조항들은 생부인 청구인들의 평등권을 침해하지 않는다.

4. 심판대상조항들에 대하여 단순위헌결정을 하게 되면, 입법 공백이 발생하고, 나아가 입법자는 출생등록을 실효적으로 보장하면서도 법적 부자관계의 형성에 혼란이 생기지 않도록 방안을 마련할 일차적 책임과 재량이 있다. 따라서 심판대상조항들에 대하여 입법자의 개선입법이 이루어질 때까지 계속 적용을 명하는 헌법불합치결정을 선고한다. 입법자는 늦어도 2025. 5. 31.까지는 개선입법을 이행하여야 한다.

핵심 체크 학습

기본권의 개념

1. 대통령이 한미연합 군사훈련의 일종인 2007년 전시증원연습을 하기로 한 결정은 통치행위에 해당한다.

해설 한미연합 군사훈련은 1978. 한미연합사령부의 창설 및 1979. 2. 15. 한미연합연습 양해각서의 체결 이후 연례적으로 실시되어 왔고, 특히 이 사건 연습은 대표적인 한미연합 군사훈련으로서, 피청구인이 2007. 3.경에 한 이 사건 연습결정이 새삼 국방에 관련되는 고도의 정치적 결단에 해당하여 사법심사를 자제하여야 하는 통치행위에 해당된다고 보기 어렵다(헌재 2009. 5. 28. 2007헌마369).

2 헌법재판소에 따르면 평화적 생존권은 헌법상 보장된 기본권이다.

해설 평화적 생존권이란 이름으로 주장하고 있는 평화란 헌법의 이념 내지 목적으로서 추상적인 개념에 지나지 아니하고, 평화적 생존권은 이를 헌법에 열거되지 아니한 기본권으로서 특별히 새롭게 인정할 필요성이 있다거나 그 권리내용이 비교적 명확하여 구체적 권리로서의 실질에 부합한다고 보기 어려워 헌법상 보장된 기본권이라고 할 수 없다(헌재 2009. 5. 28. 2007헌마369).

정답 1. × 2. ×

기본권의 주체

3 국회노동위원회 고발 사건

(불기소처분취소)
1994. 12. 29. 93헌마120 [각하]

|판시사항|

국회노동위원회의 헌법소원청구적격을 부인한 사례

[결정요지]

헌법재판소법 제68조 제1항에서 "……기본권을 침해받은 자는 헌법소원의 심판을 청구할 수 있다"고 규정한 것은 기본권의 주체라야만 헌법소원을 청구할 수 있고, 기본권의 주체가 아닌 자는 헌법소원을 청구할 수 없다는 것을 의미한다 할 것인데, 기본권의 보장에 관한 각 헌법규정의 해석상 국민(또는 국민과 유사한 지위에 있는 외국인)과 사법인만이 기본권의 주체라 할 것이고, 국가나 국가기관 또는 국가조직의 일부나 공법인은 기본권의 '수범자(Adressat)'이지 기본권의 주체로서 그 '소지자(Träger)'가 아니고 오히려 국민의 기본권을 보호 내지 실현해야 할 '책임'과 '의무'를 지니고 있는 지위에 있을 뿐이므로, 국가기관인 국회의 일부조직인 국회의 노동위원회는 기본권의 주체가 될 수 없고 따라서 헌법소원을 제기할 수 있는 적격이 없다.

관련 유사 판례

3-1. 한국영화인협회 감독위원회
(1991. 6. 3. 90헌마56)

[결정내용]

우리 헌법은 법인의 기본권향유능력을 인정하는 명문의 규정을 두고 있지 않지만, 본래 자연인에게 적용되는 기본권규정이라도 언론·출판의 자유, 재산권의 보장 등과 같이 성질상 법인이 누릴 수 있는 기본권을 당연히 법인에게도 적용하여야 한 것으로 본다. 따라서 법인도 사단법인·재단법인 또는 영리법인·비영리법인을 가리지 아니하고 위 한계내에서는 헌법상 보장된 기본권이 침해되었음을 이유로 헌법소원심판을 청구할 수 있다. 또한, 법인 아닌 사단·재단이라고 하더라도 대표자의 정함이 있고 독립된 사회적 조직체로서 활동하는 때에는 성질상 법인이 누릴 수 있는 기본권을 침해당하게 되면 그의 이름으로 헌법소원심판을 청구할 수 있다.

단체와 그 구성원을 서로 별개의 독립된 인격체로 인정하고 있는 현행의 우리 나라 법제 아래에서는 헌법상 보장된 기본권을 직접 침해당한 사람만이 원칙적으로 헌법소원심판 절차에 따라 권리구제를 청구할 수 있는 것이고, 단체의 구성원이 기본권을 침해당한 경우 단체가 구성원의 권리구제를 위하여 그를 대신하여 헌법소원심판을 청구하는 것은 원칙적으로 허용될 수 없다.

3-2. 서울대학교의 대학의 자율권의 주체성

(1992. 10. 1. 92헌마68,76(병합))

[결정내용]

1. 서울대학교와 학생과의 관계는 공법상의 영조물이용관계로서 공법관계이며, 서울대학교가 대학입학고사시행방안을 정하는 것은 공법상의 영조물이용관계설정을 위한 방법, 요령과 조건 등을 정하는 것이어서 서울대학교 입학고사에 응시하고자 하는 사람들에 대하여 그 시행방안에 따르지 않을 수 없는 요건·의무 등을 제한설정하는 것이기 때문에 그것을 제정·발표하는 것은 공권력의 행사에 해당된다.

2. 교육의 자주성이나 대학의 자율성은 헌법 제22조 제1항이 보장하고 있는 학문의 자유의 확실한 보장수단으로 꼭 필요한 것으로서 이는 대학에서 부여된 헌법상의 기본권이다. 따라서 국립대학인 서울대학교는 다른 국가기관 내지 행정기관과는 달리 공권력의 행사자의 지위와 함께 기본권의 주체라는 점도 중요하게 다루어져야 한다.

3-3. 중국거주동포와 구소련거주동포의 기본권주체성

(2001. 11. 29. 99헌마494)

[결정내용]

우리 재판소는, 헌법재판소법 제68조 제1항 소정의 헌법소원은 기본권을 침해받은 자만이 청구할 수 있고, 여기서 기본권을 침해받은 자만이 헌법소원을 청구할 수 있다는 것은 곧 기본권의 주체라야만 헌법소원을 청구할 수 있고 기본권의 주체가 아닌 자는 헌법소원을 청구할 수 없다고 한 다음, '국민' 또는 국민과 유사한 지위에 있는 '외국인'은 기본권의 주체가 될 수 있다 판시하여(헌재 1994. 12. 29. 93헌마120) 원칙적으로 외국인의 기본권 주체성을 인정하였다. 청구인들이 침해되었다고 주장하는 인간의 존엄과 가치, 행복추구권은 대체로 '인간의 권리'로서 외국인도 주체가 될 수 있다고 보아야 하고, 평등권도 인간의 권리로서 참정권 등에 대한 성질상의 제한 및 상호주의에 따른 제한이 있을 수 있을 뿐이다. 이 사건에서 청구인들이 주장하는 바는 대한민국 국민과의 관계가 아닌, 외국국적의 동포들 사이에 재외동포법의 수혜대상에서 차별하는 것이 평등권 침해라는 것으로서 성질상 위와 같은 제한을 받는 것이 아니고 상호주의가 문제되는 것도 아니므로, 청구인들에게 기본권주체성을 인정함에 아무런 문제가 없다.

3-4. 외국인산업기술연수생의 근로의 권리의 주체성

(2007. 8. 30. 2004헌마670)

[결정내용]

근로의 권리가 "일할 자리에 관한 권리"만이 아니라 "일할 환경에 관한 권리"도 함께 내포하고 있는바, 후자는 인간의 존엄성에 대한 침해를 방어하기 위한 자유권적 기본권의 성격도 갖고 있어 건강한 작업환경, 일에 대한 정당한 보수, 합리적인 근로조건의 보장 등을 요구할 수 있는 권리 등을 포함한다고 할 것이므로 외국인 근로자라고 하여 이 부분에까지 기본권 주체성을 부인할 수는 없다. 즉 근로의 권리의 구체적인 내용에 따라, 국가에 대하여 고용증진을 위한 사회적·경제적 정책을 요구할 수 있는 권리는 사회권적 기본권으로서 국민에 대하여만 인정해야 하지만, 자본주의 경제질서하에서 근로자가 기본적 생활수단을 확보하고 인간의 존엄성을 보장받기 위하여 최소한의 근로조건을 요구할 수 있는 권리는 자유권적 기본권의 성격도 아울러 가지므로 이러한 경우 외국인 근로자에게도 그 기본권 주체성을 인정함이 타당하다.

3-5. 방송사업자의 인격권 주체성

(2012. 8. 23. 2009헌가27)

[결정내용]

법인도 법인의 목적과 사회적 기능에 비추어 볼 때 그 성질에 반하지 않는 범위 내에서 인격권의 한 내용인 사회적 신용이나 명예 등의 주체가 될 수 있고 법인이 이러한 사회적 신용이나 명예 유지 내지 법인격의 자유로운 발현을 위하여 의사결정이나 행동을 어떻게 할 것인지를 자율적으로 결정하는 것도 법인의 인격권의 한 내용을 이룬다고 할 것이다. 그렇다면 이 사건 심판대상조항은 방송사업자의 의사에 반한 사과행위를 강제함으로써 방송사업자의 인격권을 제한한다.

기본권의 주체

1. 지방자치단체도 기본권의 주체가 될 수 있다 [16 법행]

해설 공법인인 지방자치단체의 의결기관인 청구인 의회는 기본권의 주체가 될 수 없고 따라서 헌법소원을 제기할 수 있는 적격이 없다(헌재 1998. 3. 26. 96헌마345).

2. 태아도 헌법상 생명권의 주체가 되며, 국가는 헌법 제10조에 따라 태아의 생명을 보호할 의무가 있으나, 초기배아는 자연과학적 인식 수준에서 독립된 인간과 배아 간의 개체적 연속성을 확정하기 어려우므로 기본권 주체성을 인정하기 어렵다. [16 법무사]

해설 헌재 2008. 7. 31. 2004헌바81.

3. 헌법은 국가의 교육권한과 부모의 교육권의 범주 내에서 학생에게도 자신의 교육에 관하여 스스로 결정할 권리, 즉 자유롭게 교육을 받을 권리를 부여하고, 학생은 국가의 간섭을 받지 아니하고 자신의 능력과 개성, 적성에 맞는 학교를 자유롭게 선택할 권리를 가진다. [16 법무사]

해설 헌재 2000. 4. 27. 98헌가16.

4. 의료인의 면허된 의료행위 이외의 의료행위를 금지하고 처벌하는 의료법(2007. 4. 11. 법률 제8366호로 개정된 것) 제27조 제1항 본문 전단 부분이 제한하고 있는 직업선택의 자유는 인간의 존엄과 가치 및 행복추구권과 밀접한 관련을 가지는 권리이므로, 근로가 허용된 외국인의 경우 그 허용된 범위 안에서 위 규정이 제한하고 있던 근로의 권리와 직업선택의 자유가 회복된다. [16 법무사]

정답 1. × 2. ○ 3. ○ 4. ×

해설 판대상조항이 제한하고 있는 직업의 자유는 국가자격제도정책과 국가의 경제상황에 따라 법률에 의하여 제한할 수 있고 인류보편적인 성격을 지니고 있지 아니하므로 국민의 권리에 해당한다. 이와 같이 헌법에서 인정하는 직업의 자유는 원칙적으로 대한민국 국민에게 인정되는 기본권이지, 외국인에게 인정되는 기본권은 아니다(헌재 2014. 8. 28. 2013헌마359).

5. 법인도 법인의 목적과 사회적 기능에 비추어 볼 때 그 성질에 반하지 않는 범위 내에서 인격권의 한 내용인 사회적 신용이나 명예 등의 주체가 될 수 있고 법인이 이러한 사회적 신용이나 명예 유지 내지 법인격의 자유로운 발현을 위하여 의사결정이나 행동을 어떻게 할 것인지를 자율적으로 결정하는 것도 법인의 인격권의 한 내용을 이룬다. [16 법무사]

해설 헌재 2012. 8. 23. 2009헌가27.

6. 대통령은 소속 정당을 위하여 정당활동을 할 수 있는 사인으로서의 지위와 국민 모두에 대한 봉사자로서 공익실현의 의무가 있는 헌법기관으로서의 지위를 동시에 갖는 데 최소한 전자의 지위와 관련하여는 기본권 주체성을 갖는다. [16 법무사]

해설 헌재 2008. 1. 17. 2007헌마700.

7. 권리능력 없는 단체는 생명 · 신체의 안전에 관한 권리의 향유주체가 될 수 없다. [15 법무사]

해설 법인격이 있는 사법상의 사단이나 재단은 성질상 기본권주체가 될 수 있는 범위에서 청구인능력을 가진다. 그런데 헌법 제10조의 인간으로서의 존엄과 가치, 행복을 추구할 권리는 그 성질상 자연인에게 인정되는 기본권이라고 할 것이다(헌재 2006. 12. 28. 2004헌바67).

8. 범죄피해자인 외국인은 인간으로서의 존엄성을 보장받을 권리가 있기 때문에 해당 국가의 상호보증 여부와 관계없이 범죄피해자구조를 청구할 수 있다. [15 법무사]

해설 범죄피해자보호법 제23조(외국인에 대한 구조) 이 법은 외국인이 구조피해자이거나 유족인 경우에는 해당 국가의 상호보증이 있는 경우에만 적용한다.

정답 5. ○ 6. ○ 7. ○ 8. ×

9. 현행 헌법은 법인의 기본권향유능력을 인정하는 명문의 규정을 두고 있지 않지만, 언론 · 출판의 자유나 재산권과 같이 성질상 법인이 누릴 수 있는 기본권은 당연히 법인에게도 인정된다. [16 사시]

해설 우리 헌법은 법인의 기본권향유능력을 인정하는 명문의 규정을 두고 있지 않지만, 본래 자연인에게 적용되는 기본권규정이라도 언론 · 출판의 자유, 재산권의 보장 등과 같이 성질상 법인이 누릴 수 있는 기본권을 당연히 법인에게도 적용하여야 한 것으로 본다(헌재 1991. 6. 3. 90헌마56).

10. 직장선택의 자유는 인간의 존엄과 가치 및 행복추구권과도 밀접한 관련을 가지는 만큼 단순히 국민의 권리가 아닌 인간의 권리로도 보아야 할 것이므로, 권리의 성질상 외국인도 제한적으로라도 직장선택의 자유를 향유할 수 있다. [16 사시]

해설 직업의 자유 중 이 사건에서 문제되는 직장 선택의 자유는 인간의 존엄과 가치 및 행복추구권과도 밀접한 관련을 가지는 만큼 단순히 국민의 권리가 아닌 인간의 권리로 보아야 할 것이므로 외국인도 제한적으로라도 직장 선택의 자유를 향유할 수 있다고 보아야 한다(헌재 2011. 9. 29. 2007헌마1083 등).

11. 불법체류중인 외국인은 다른 기본권은 별론으로 하더라도 주거의 자유의 주체가 될 수는 없다. [16 사시]

해설 불법체류 중인 외국인들이라 하더라도, 불법체류라는 것은 관련 법령에 의하여 체류자격이 인정되지 않는다는 것일 뿐이므로, '인간의 권리'로서 외국인에게도 주체성이 인정되는 일정한 기본권에 관하여 불법체류 여부에 따라 그 인정 여부가 달라지는 것은 아니다. 청구인들이 침해받았다고 주장하고 있는 신체의 자유, 주거의 자유, 변호인의 조력을 받을 권리, 재판청구권 등은 성질상 인간의 권리에 해당한다고 볼 수 있으므로, 위 기본권들에 관하여는 청구인들의 기본권 주체성이 인정된다(헌재 2012. 8. 23. 2008헌마430).

12. 정당은 국민의 정치적 의사형성에 참여하기 위한 조직으로 성격상 권리능력 없는 단체에 속하지만, 구성원과 독립하여 그 자체로서 기본권의 주체가 될 수 있다. [16 사시]

해설 헌법 제8조 제1항은 정당설립의 자유, 정당조직의 자유, 정당활동의 자유 등을 포괄하는 정당의 자유를 보장하고 있다. 이러한 정당의 자유는 국민이 개인적으로 갖는 기본권일 뿐만 아니라, 단체로서의 정당이 가지는 기본권이기도 하다. 따라서 개인인 국

정답 9. ○ 10. ○ 11. × 12. ○

민으로서 청구인 김웅이 정당의 자유를 가지고 있음은 물론, 청구인 민주노동당도 단체로서 정당의 자유를 가지고 있다(헌재 2004. 12. 16. 2004헌마456).

13. 오늘날 생명공학 등의 발전과정에 비추어 인간의 존엄과 가치가 갖는 헌법적 가치질서로서의 성격을 고려할 때 인간으로 발전할 잠재성을 갖고 있는 초기배아에 대하여도 위와 같은 헌법적 가치가 소홀히 취급되지 않도록 노력해야 할 국가의 보호의무가 인정된다. [16 사시]

해설 오늘날 생명공학 등의 발전과정에 비추어 인간의 존엄과 가치가 갖는 헌법적 가치질서로서의 성격을 고려할 때 인간으로 발전할 잠재성을 갖고 있는 초기배아라는 원시생명체에 대하여도 위와 같은 헌법적 가치가 소홀히 취급되지 않도록 노력해야 할 국가 의 보호의무가 있음을 인정하지 않을 수 없다 할 것이다(헌재 2010. 5. 27. 2005헌마346).

14. 헌법상 근로의 권리는 '일할 자리에 관한 권리'만이 아니라 '일할 환경에 관한 권리'도 의미하는데, '일할 환경에 관한 권리'는 합리적인 근로조건의 보장 등을 요구할 수 있는 권리를 포함하고, 여기서의 근로조건은 임금과 그 지불방법, 취업시간과 휴식시간 등 근로계약에 의하여 근로자가 근로를 제공하고 임금을 수령하는 데 관한 조건들이므로 외국인에게는기본권주체성이 인정되지 아니한다. [16 법행]

해설 근로조건은 임금과 그 지불방법, 취업시간과 휴식시간 등 근로계약에 의하여 근로자가 근로를 제공하고 임금을 수령하는 데 관한 조건들이고, 이것은 근로조건의 문제이므로 외국인인 청구인들에게도 기본권 주체성이 인정된다(헌재 2016. 3. 31. 2014헌마367).

15. 국가정책에 따라 정부의 허가를 받은 외국인은 정부가 허가한 범위 내에서 소득활동을 할 수 있는 것이므로, 이러한 외국인이 국내에서 누리는 직업의 자유는 법률에 따른 정부의 허가에 의해 비로소 발생하는 권리이다. [16 법행]

해설 헌재 2014. 8. 28. 2013헌마359.

16. 외국인에 대하여 자격제도 자체를 다툴 수 있는 기본권주체성이 인정되지 아니하는 이상 국가자격제도에 관련된 평등권에 관하여 따로 기본권주체성을 인정할 수 없다. [16 법행]

해설 헌재 2014. 8. 28. 2013헌마359.

정답 13. ○ 14. × 15. ○ 16. ○

기본권의 충돌

4 금연구역지정 사건

(국민건강증진법시행규칙 제7조 위헌확인)
2004. 8. 26. 2003헌마457 [기각]

|판시사항|

1. 흡연권과 혐연권의 우열
2. 상하의 위계질서가 있는 기본권끼리 충돌하는 경우 제한될 수 있는 기본권
3. 흡연권을 법률로써 제한할 수 있는지 여부(+)
4. 국민건강증진법시행규칙 제7조가 과잉금지원칙에 위반되는지 여부(−)
5. 국민건강증진법시행규칙 제7조가 평등원칙에 위반되는지 여부(−)

[결정요지]

1. 흡연권은 사생활의 자유를 실질적 핵으로 하는 것이고 혐연권은 사생활의 자유뿐만 아니라 생명권에까지 연결되는 것이므로 혐연권이 흡연권보다 상위의 기본권이다.

2. 혐연권은 흡연권과 마찬가지로 헌법 제17조, 헌법 제10조에서 그 헌법적 근거를 찾을 수 있다. 나아가 흡연이 흡연자는 물론 간접흡연에 노출되는 비흡연자들의 건강과 생명도 위협한다는 면에서 혐연권은 헌법이 보장하는 건강권과 생명권에 기하여서도 인정된다. 흡연자가 비흡연자에게 아무런 영향을 미치지 않는 방법으로 흡연을 하는 경우에는 기본권의 충돌이 일어나지 않는다. 그러나 흡연자와 비흡연자가 함께 생활하는 공간에서의 흡연행위는 필연적으로 흡연자의 기본권과 비흡연자의 기본권이 충돌하는 상황이 초래된다.

그런데 흡연권은 위와 같이 사생활의 자유를 실질적 핵으로 하는 것이고 혐연권은 사생활의 자유뿐만 아니라 생명권에까지 연결되는 것이므로 혐연권이 흡연권보다 상위의 기본권이라 할 수 있다. 이처럼 상하의 위계질서가 있는 기본권끼리 충돌하는 경우에는 상위기본권 우선의 원칙에 따라 하위기본권이 제한될 수 있으므로, 결국 흡연권은 혐연권을 침해하지 않는 한에서 인정되어야 한다.

3. 흡연은 국민의 건강을 해치고 공기를 오염시켜 환경을 해친다는 점에서 국민 공동의 공공복리에 관계되므로, 공공복리를 위하여 개인의 자유와 권리를 제한할 수 있도록 한 헌법 제37조 제2항에 따라 흡연행위를 법률로써 제한할 수 있다.

4. 금연구역의 지정에 관하여 규정하고 있는 국민건강증진법시행규칙 제7조는 국민의 건강을 보호하기 위한 것으로서 목적의 정당성을 인정할 수 있고, 일정한 내용의 금연구역을 설정하는 방법의 적정성도 인정할 수 있으며, 달성하려는 공익이 제한되는 사익보다 커 법익균형성도 인정되고, 금연구역 지정의 대상과 요건을 고려할 때 최소침해성도 인정되므로, 과잉금지원칙에 위반되지 아니한다.

5. 국민건강증진법시행규칙 제7조는 흡연자들의 권리를 보다 제한하고 있으나, 국민의 건강과 혐연권을 보장하기 위하여 흡연권을 제한하는 것으로서 차별에 합리적인 이유가 있으므로 평등원칙에 위반되지 아니한다.

관련 유사 판례

4-1. 정정보도청구제도

(1991. 9. 16. 89헌마165)

[결정내용]

두 기본권이 서로 충돌하는 경우에는 헌법의 통일성를 유지하기 위하여 상충하는 기본권 모두가 최대한으로 그 기능과 효력을 나타낼 수 있도록 하는 조화로운 방법이 모색되어야 할 것이고, 결국은 이 법에 규정한 정정보도청구제도가 과잉금지의 원칙에 따라 그 목적이 정당한 것인가 그러한 목적을 달성하기 위하여 마련된 수단 또한 언론의 자유를 제한하는 정도가 인격권과의 사이에 적정한 비례를 유지하는 것인가의 여부가 문제된다 할 것이다.

이 법이 정한 정정보도청구권은 위에서 본 바와 같이 정기간행물의 보도에 의한 인격권 등의 침해를 받는 피해자에게 반론의 게재를 요구할 수 있는 즉 이른바 '반론권'을 뜻하는 것으로서 헌법상 보장된 인격권, 사생활의 비밀과 자유에 그 바탕을 둔 것이며, 나아가 피해자에게 반박의 기회를 허용함으로써 언론보도의 공정성과 객관성을 향상시켜 제도로서의 언론보장을 더욱 충실하게 할 수도 있다는 뜻도 함께 지닌 것이다. 따라서 그 제도의 목적은 정당하다 할 것이고, 제도의 존재자체가 곧바로 보도의 자유를 포함한 언론의 자유의 본질적 내용을 침해하는 것으로도 볼 수 없다.

4-2. 유니온 샵 협정

(2005. 11. 24. 2002헌바95·96, 2003헌바9(병합))

[결정내용]

1. 단결하지 아니할 자유와 적극적 단결권이 충돌하게 되더라도, 근로자에게 보장되는 적극적 단결권이 단결하지 아니할 자유보다 특별한 의미를 갖고 있다고 볼 수 있고, 노동조합의 조직강제권도 이른바 자유권을 수정하는 의미의 생존권(사회권)적 성격을 함께 가지는 만큼 근로자 개인의 자유권에 비하여 보다 특별한 가치로 보장되는 점 등을 고려하면, 노동조합의 적극적 단결권은 근로자 개인의 단결하지 않을 자유보다 중시된다고 할 것이어서 노동조합에 적극적 단결권(조직강제권)을 부여한다고 하여 이를 두고 곧바로 근로자의 단결하지 아니할 자유의 본질적인 내용을 침해하는 것으로 단정할 수는 없다.

2. 이 사건 법률조항이 예정하고 있는 노동조합의 조직강제는 개별근로자의 단결선택권을 일부 제약하는 면이 있으나, 이를 허용하는 노동조합의 범위를 지배적 지위에 있는 노동조합으로 제한하는 등 근로자의 단결선택권과 노동조합의 집단적 단결권(조직강제권) 사이에 균형을 도모하고 있고, 상충·제한되는 두 기본권 사이에 적정한 비례관계도 유지되고 있다고 할 것이다.

4-3. 음란물·저속물 출판사의 등록 취소 [기본권의 경합]

(1998. 4. 30. 95헌가16)

[결정내용]

이 사건 법률조항은 언론·출판의 자유, 직업선택의 자유 및 재산권을 경합적으로 제약하고 있다. 이처럼 하나의 규제로 인해 여러 기본권이 동시에 제약을 받는 기본권 경합의 경우에는 기본권침해를 주장하는 제청신청인과 제청법원의 의도 및 기본권을 제한하는 입법자의 객관적 동기 등을 참작하여 사안과 가장 밀접한 관계에 있고 또 침해의 정도가 큰 주된 기본권을 중심으로 해서 그 제한의 한계를 따져 보아야 할 것이다. 이 사건에서는 제청신청인과 제청법원이 언론·출판의 자유의 침해를 주장하고 있고, 입법의 일차적 의도도 출판내용을 규율하고자 하는 데 있으며, 규제수단도 언론·출판의 자유를 더 제약하는 것으로 보이므로 언론·출판의 자유를 중심으로 해서 이 사건 법률조항이 그 헌법적 한계를 지키고 있는지를 판단하기로 한다.

핵심 체크 학습

기본권의 충돌

1. 상하의 위계질서가 있는 기본권끼리 충돌하는 경우에는 상위기본권우선의 원칙에 따라 하위기본권이 제한될 수 있으므로, 흡연권은 혐연권을 침해하지 않는 한에서 인정되어야 한다.

해설 헌재 2004. 8. 26. 2003헌마457.

2. 현행 정정보도청구권제도는 언론의 자유와는 비록 서로 충돌되는 면이 없지 아니하나 전체적으로 상충되는 기본권 사이에 합리적 조화를 이루고 있으므로 정기간행물의 등록 등에 관한 법률 제16조 제3항, 제19조 제3항은 결코 평등의 원칙에 반하지 아니하나, 언론의 자유의 본질적 내용을 침해하고 언론기관의 재판청구권을 부당히 침해하는 것으로 볼 수 있어 헌법에 위반된다.

해설 언론의 자유의 본질적 내용을 침해하거나 언론기관의 재판청구권을 부당히 침해하는 것으로 볼 수 없어 헌법에 위반되지 아니한다(헌재 1991. 9. 16. 89헌마165).

3. 기본권상충의 경우에는 기본권침해를 주장하는 제청신청인과 제청법원의 의도 및 기본권을 제한하는 입법자의 객관적 동기 등을 참작하여 사안과 가장 밀접한 관계에 있고 또 침해의 정도가 큰 주된 기본권을 중심으로 해서 그 제한의 한계를 따져 보아야 할 것이다.

해설 기본권상충이 아니라 기본권경합의 경우이다(헌재 1998. 4. 30. 95헌가16).

정답 1. ○ 2. × 3. ×

기본권보호의무

5 교통사고처리특례법 제4조 사건

(교통사고처리특례법 제4조 제1항 등 위헌확인)
2009. 2. 26. 2005헌마764 등 **[인용]**

|판시사항|

1. 교통사고 피해자에 대한 국가의 기본권보호의무에 위반하는지 여부(-)
2. 구 교통사고처리특례법 제4조 제1항에 대해 합헌결정을 하였던 것을 판례 변경한 사례

[결정요지]

1. 기본권 보호의무란 기본권적 법익을 기본권 주체인 사인에 의한 위법한 침해 또는 침해의 위험으로부터 보호하여야 하는 국가의 의무를 말하며, 주로 사인인 제3자에 의한 개인의 생명이나 신체의 훼손에서 문제되는데, 이는 타인에 의하여 개인의 신체나 생명 등 법익이 국가의 보호의무 없이는 무력화될 정도의 상황에서만 적용될 수 있다.

이 사건에서는 교통사고를 방지하는 다른 보호조치에도 불구하고 국가가 형벌권이란 최종적인 수단을 사용하여야만 가장 효율적으로 국민의 생명과 신체권을 보호할 수 있는가가 문제된다. 만일 형벌이 법익을 가장 효율적으로 보호할 수 있는 유일한 방법임에도 불구하고 국가가 형벌권을 포기한 것이라면 국가는 기본권보호의무를 위반함으로써 생명·신체의 안전과 같은 청구인들의 중요한 기본권을 침해한 것이 될 것이다.

그런데 국가가 국민의 생명·신체의 안전을 보호할 의무를 진다 하더라도 국가의 보호의무를 입법자 또는 그로부터 위임받은 집행자가 어떻게 실현하여야 할 것인가 하는 문제는 원칙적으로 권력분립과 민주주의의 원칙에 따라 국민에 의하여 직접 민주적 정당성을 부여받고 자신의 결정에 대하여 정치적 책임을 지는 입법자의 책임범위에 속하므로, 헌법재판소는 단지 제한적으로만 입법자 또는 그로부터 위임받은 집행자에 의한 보호의무의 이행을 심사할 수 있는 것이다(헌재 1997. 1. 16. 90헌마110등).

따라서 국가가 국민의 생명·신체의 안전에 대한 보호의무를 다하지 않았는지 여부를 헌법재판소가 심사할 때에는 국가가 이를 보호하기 위하여 적어도 적절하고 효율적인 최소한의 보호조치를 취하였는가 하는 이른바 '과소보호금지원칙'의 위반 여부를 기준으로 삼아, 국민의 생명·신체의 안전을 보호하기 위한 조치가 필요한 상황인데도 국가가 아무런

보호조치를 취하지 않았든지 아니면 취한 조치가 법익을 보호하기에 전적으로 부적합하거나 매우 불충분한 것임이 명백한 경우에 한하여 국가의 보호의무의 위반을 확인하여야 하는 것이다(헌재 1997. 1. 16. 90헌마110등).

국가의 신체와 생명에 대한 보호의무는 교통과실범의 경우 발생한 침해에 대한 사후처벌뿐이 아니라, 무엇보다도 우선적으로 운전면허취득에 관한 법규 등 전반적인 교통관련법규의 정비, 운전자와 일반국민에 대한 지속적인 계몽과 교육, 교통안전에 관한 시설의 유지 및 확충, 교통사고 피해자에 대한 보상제도 등 여러가지 사전적 · 사후적 조치를 함께 취함으로써 이행된다. 그렇다면 이 사건에서는 교통사고를 방지하는 다른 보호조치에도 불구하고 국가가 형벌권이란 최종적인 수단을 사용하여야만 가장 효율적으로 국민의 생명과 신체권을 보호할 수 있는가가 문제된다. 이를 위하여는 무엇보다도 우선적으로 형벌권의 행사가 곧 법익의 보호로 직결된다는 양자 간의 확연하고도 직접적인 인과관계와 긴밀한 내적인 연관관계가 요구되고, 형벌이 법익을 가장 효율적으로 보호할 수 있는 유일한 방법인 경우, 국가가 형벌권을 포기한다면 국가는 그의 보호의무를 위반하게 된다.

그러나 교통과실범에 대한 국가형벌권의 범위를 확대한다고 해서 형벌권의 행사가 곧 확실하고도 효율적인 법익의 보호로 이어지는 것은 아니다. 형벌의 일반예방효과와 범죄억제기능을 어느 정도 감안한다 하더라도 형벌을 통한 국민의 생명 · 신체의 안전이라는 법익의 보호효과는 그다지 확실한 것이 아니며, 결국 이 경우 형벌은 국가가 취할 수 있는 유효적절한 수많은 수단 중의 하나일 뿐이지, 결코 형벌까지 동원해야만 보호법익을 유효적절하게 보호할 수 있다는 의미의 최종적인 유일한 수단이 될 수는 없는 것이다.

그러므로 이 사건 법률조항을 두고 국가가 일정한 교통사고범죄에 대하여 형벌권을 행사하지 않음으로써 도로교통의 전반적인 위험으로부터 국민의 생명과 신체를 적절하고 유효하게 보호하는 아무런 조치를 취하지 않았다든지, 아니면 국가가 취한 현재의 제반 조치가 명백하게 부적합하거나 부족하여 그 보호의무를 명백히 위반한 것이라고 할 수 없다.

2. 종전에 헌법재판소가 이 결정과 견해를 달리하여 구 교통사고처리특례법(1984. 8. 4. 법률 제3744호로 개정되고, 1997. 8. 30. 법률 제5480호로 개정되기 전의 것) 제4조 제1항이 헌법에 위반되지 아니한다고 판시한 1997. 1. 16. 90헌마110 등 결정은 이 결정과 저촉되는 범위 내에서 이를 변경한다.

핵심 체크 학습

기본권보호의무

1. 국가가 이를 보호하기 위하여 적어도 적절하고 효율적인 최소한의 보호조치를 취하였는가 하는 이른바 '과소보호금지원칙'의 위반 여부를 기준으로 삼아, 국민의 생명 · 신체의 안전을 보호하기 위한 조치가 필요한 상황인데도 국가가 아무런 보호조치를 취하지 않았든지 아니면 취한 조치가 법익을 보호하기에 전적으로 부적합하거나 매우 불충분한 것임이 명백한 경우에 한하여 국가의 보호의무의 위반을 확인하여야 하는 것이다.

   해설 헌재 2009. 2. 26. 2005헌마764 등.

2. 국가가 국민의 기본권 보호의무를 이행함에 있어 그 행위의 형식에 관하여도 폭 넓은 형성의 자유가 인정되고, 그것도 반드시 법령에 의하여 이행하여야 하는 것은 아니다.

   해설 헌재 2008. 12. 26. 2008헌마419 등.

정답 1. ○ 2. ○

기본권의 제한

6 한중국제결혼절차에 대한 헌법소원 사건

(한중국제결혼절차 위헌확인)
2005. 3. 31. 2003헌마87 [기각 · 각하]

|판시사항|

1. 한국인(청구인)과 결혼한 중국인 배우자(장○염)가 한국에 입국하기 위하여 결혼동거목적거주(F-2) 사증발급을 신청함에 있어 주중국 대한민국대사(피청구인)가 전화예약에 의한 방법으로 사증신청접수일을 지정한 행위가 헌법소원의 대상이 되는 공권력의 행사에 해당하는지 여부(−)
2. 위 사증발급을 신청함에 있어 피청구인이 중국인 배우자와의 교제과정, 결혼하게 된 경위, 소개인과의 관계, 교제경비내역 등을 당해 한국인이 직접 기재한 서류를 제출할 것을 요구하는 조치가 헌법소원의 대상이 되는 공권력의 행사에 해당되는지 여부(+)
3. 이 사건 결혼경위 등 기재요구행위가 보충성원칙의 예외에 해당하는지 여부(+)
4. 이 헌법소원 청구 이후 피청구인이 위 사증을 발급하여 이를 위 장○염에게 교부하였다 하더라도 심판의 이익이 있는지 여부(+)
5. 피청구인의 이 사건 결혼경위 등 기재요구행위가 법률유보원칙이나 과잉금지원칙, 또는 평등원칙에 위배되는 것으로서 청구인의 헌법상 보장된 기본권을 침해하는지 여부(−)

[결정요지]

1. 이 사건 전화예약에 의한 사증신청접수일 지정행위로 말미암아 위 장○염의 경우 접수일이 전화예약일로부터 약 1개월 보름 정도 뒤에 지정된 것에 불과하고, 또한 그와 같은 접수일 지정제도는 사증신청인에 대한 사증발급 여부에는 아무런 영향을 미치지 않는다는 것도 명백하므로, 이로 인하여 사증발급과 관련된 위 장○염 또는 청구인의 기본권이 제한되거나 권리관계에 변동이 생길 위험성은 없다고 할 것이다. 따라서 피청구인이 전화예약을 통하여 사증신청접수일을 지정한 행위는 단순한 비권력 사실행위에 불과하여, 헌법소원의 대상이 되는 공권력의 행사에 해당하지 아니하므로 이 부분에 대한 심판청구는 부적법하다.

2. 국가기관인 피청구인이 청구인으로 하여금 결혼경위 등을 기재하도록 요구한 행위는 청구인의 처 장○염이 결혼동거목적거주 사증발급신청을 함에 있어 동 신청이 수리될 수 있는 요건으로서, 법령의 근거에 따라 청구인과 위 장○염에게 결혼경위, 소개인관계, 교제경비내역, 교제경위 등을 '초청사유서'와 '결혼동거사증신청 첨부서류'에 기재해야 하는 의무를 부과한 고권적 행위이고, 따라서 피청구인의 이와 같은 요구는 청구인과 위 장○염에 대하여 구속력을 갖는 권력적사실행위로서 헌법소원의 대상이 된다.

3. 이 사건 결혼경위 등 기재요구행위는 이미 종료된 권력적 사실행위로서 행정심판이나 행정소송의 대상으로 인정되기 어려울 뿐만 아니라 소의 이익이 부정될 가능성이 많아 헌법소원심판을 청구하는 외에 달리 효과적인 구제방법이 없으므로 보충성의 원칙에 대한 예외에 해당된다.

4. 피청구인은 청구인의 이 헌법소원 청구이후 위 결혼동거목적거주 사증을 2003. 2. 13. 발급하여 같은 달 17. 이를 위 장○염에게 교부하였다. 그러나, 한국인과 결혼한 중국인 배우자가 결혼동거목적거주 사증을 신청하고자 하는 경우에 당해 한국인에게 결혼경위 등을 기재하도록 요구하는 제도는 위 장○염에 대하여 동 사증을 발급·교부한 것과는 관계없이 앞으로도 계속 시행될 것이 예상되므로, 청구인과 같이 중국인 배우자와 결혼하려는 자들에게 대하여 침해반복의 위험성이 여전히 존재하고 이에 대하여는 아직 헌법적 해명이 이루어진 바 없어 이에 대한 해명의 필요성이 있는 등 심판의 이익이 있다.

5. (1) 헌법 제37조 제2항은 기본권제한에 관한 일반적 법률유보조항이라고 할 수 있는데, 법률유보의 원칙은 "법률에 의한 규율"만을 요청하는 것이 아니라 "법률에 근거한 규율"을 요청하는 것이기 때문에 기본권의 제한에는 법률의 근거가 필요할 뿐이고 기본권제한의 형식이 반드시 법률의 형식일 필요는 없다. 그런데, 피청구인의 이 사건 결혼경위 등 기재요구행위는 합헌적인 법령인 출입국관리법 제8조 제2항, 동법시행령 제11조 제2항, 동법시행규칙 제9조 제4호, 제76조 제1항 등의 근거에 따라 이루어진 것이고 따라서 법률유보의 원칙에 위배되지 않는다.

(2) 피청구인이 이 사건 결혼경위 등을 기재하도록 요구하는 것은, 첫째 한·중 국제결혼이 한국입국 및 취업을 위한 편법으로 악용되고 있기 때문에 무차별적이고 불법적인 중국인력의 국내유입을 방지해야 하는 외국인 입국심사의 기본목적을 달성하기 위한 조치이며, 둘째 위장 한·중 국제결혼을 방지하여 선의의 한국인들이 중국인 배우자와 국내에서 건전한 혼인관계를 유지할 수 있노록 보호하기 위한 것이다. 이것은 주권국가가 합리적인

출입국관리를 위하여 추구할 수 있는 정당한 목적이라고 할 수 있고, 이 사건 결혼경위 등 기재요구 조치를 통하여 위와 같은 목적을 달성하는 데 이바지할 것임은 분명하므로 그 수단의 적정성도 인정할 수 있다. 또한 결혼동거목적거주 사증의 심사는 다른 목적의 사증심사와는 달리 위장 및 사기 결혼의 여부를 확인하는 것이 주 목적인데, 중국 관공서 명의로 발급되는 각종 공문서가 위조 또는 변조되는 경우가 많기 때문에 이 사건 결혼경위 등의 기재서류가 없으면 혼인의 진실성을 확인하는 것이 사실상 어렵다는 점에서 이 사건 결혼경위 등 요구행위는 사증심사의 목적을 달성하는 데 필요한 최소한의 조치라고 보아야 할 것이다. 따라서 피청구인의 이 사건 결혼경위 등 기재요구행위는 과잉금지원칙에 어긋나지 아니한다.

(3) 다른 나라의 경우보다 중국인 배우자에 의한 결혼동거목적거주 사증신청이 월등히 많은데다가 중국인 불법체류자의 비율이 다른 나라보다 압도적으로 많은 점, 그리고 중국의 관공서에서 위 사증신청을 위하여 발급하는 각종 공문서가 위조 또는 변조되는 사례가 많아 중국이 발행하는 공문서의 신뢰성이 높지 않아 동 공문서만으로는 진실한 혼인임을 확인하기 어려운 중국인 입국관리의 특성을 모두 고려하면, 피청구인이 다른 나라의 경우와는 달리 중국인 배우자에 의한 위 사증신청시 이 사건 결혼경위 등의 기재를 요구하는 행위는 그 차별에 합리성을 인정할 수 있어 평등원칙에 위반되지 아니한다.

기본권의 제한

7 집회신고서의 반려 사건

(민원서류 반려 위헌확인)
2008. 5. 29. 2007헌마712 **[위헌확인]**

|판시사항|

1. 서울남대문경찰서장이 ○○합섬HK지회에 대해 9회에 걸쳐 옥외집회신고서를 반려한 행위가 공권력의 행사에 해당하는지 여부(+)
2. 이 사건 반려행위에 대한 헌법소원 심판청구에 대해 보충성의 예외를 인정할 수 있는지 여부(+)
3. 이 사건 반려행위에 대한 심판청구에 대해 헌법적 해명의 필요성을 인정할 수 있는지 여부(+)
4. 이 사건 반려행위가 집회의 자유를 침해하는지 여부(+)

[결정요지]

1. 피청구인 서울남대문경찰서장은 옥외집회의 관리 책임을 맡고 있는 행정기관으로서 이미 접수된 청구인들의 옥외집회신고서에 대하여 법률상 근거 없이 이를 반려하였는바, 청구인들의 입장에서는 이 반려행위를 옥외집회신고에 대한 접수거부 또는 집회의 금지통고로 보지 않을 수 없었고, 그 결과 형사적 처벌이나 집회의 해산을 받지 않기 위하여 집회의 개최를 포기할 수밖에 없었다고 할 것이므로 피청구인의 이 사건 반려행위는 주무(主務) 행정기관에 의한 행위로서 기본권침해 가능성이 있는 공권력의 행사에 해당한다.

2. 청구인들 중 일부는 이 사건 반려행위의 일부에 대해 서울행정법원에 그 처분무효취소소송을 제기하면서 집행정지신청도 함께 제기하였으나, 위 법원은 집시법상 이미 접수된 옥외집회신고서를 반려할 수 있는 근거가 없을 뿐만 아니라, 반려행위를 집시법 제8조 제2항 소정의 금지통고로도 볼 수 없어 행정처분이 아니라는 이유로 위 집행정지신청을 각하하였다. 이에 처분무효취소소송을 제기하였던 청구인들은 이와 같은 방법으로는 권리구제를 받을 수 없다고 보아 위 취소소송을 취하하고, 이 사건 헌법소원심판청구에 이른 것인바, 이 사건 반려행위에 대하여는 법원에서의 권리구제절차 허용 여부가 객관적으로 불확실하다 할 것이므로 이 사건 심판청구는 보충성의 예외에 해당하는 심판청구로

서 적법하다.

3. 이 사건 반려행위는 관할경찰관서장에 의하여 아무런 법적 근거 없이 반복되어 왔을 뿐 아니라 그 편의성 때문에 앞으로도 반복될 가능성이 높고, 위 반려행위의 법적 성격과 효과에 관하여 아직 법원의 확립된 해석도 없다. 그렇다면 이 사건 반려행위가 부당한 공권력의 행사로서 청구인들의 기본권을 침해하는지 여부에 관하여 헌법적으로 해명할 필요성이 존재한다.

4. 우리 헌법은 모든 국민에게 집회의 자유를 보장하고 있고, 집회에 대한 사전허가제를 금지하고 있는바, 옥외집회를 주최하고자 하는 자는 집시법이 정한 시간 전에 관할경찰관서장에게 집회신고서를 제출하여 접수시키기만 하면 원칙적으로 옥외집회를 할 수 있다. 그리고 이러한 집회의 자유에 대한 제한은 법률에 의해서만 가능하므로 법률에 정하여지지 않은 방법으로 이를 제한할 경우에는 그것이 과잉금지 원칙에 위배되었는지 여부를 판단할 필요 없이 헌법에 위반된다. 그런데 이 사건 피청구인은 청구인 ㅇㅇ합섬HK지회와 ㅇㅇ생명인사지원실이 제출한 옥외집회신고서를 폭력사태 발생이 우려된다는 이유로 동시에 접수하였고, 이후 상호 충돌을 피한다는 이유로 두 개의 집회신고를 모두 반려하였는바, 법의 집행을 책임지고 있는 국가기관인 피청구인으로서는 집회의 자유를 제한함에 있어 실무상 아무리 어렵더라도 법에 규정된 방식에 따라야 할 책무가 있고, 이 사건 집회신고에 관한 사무를 처리하는데 있어서도 적법한 절차에 따라 접수순위를 확정하려는 최선의 노력을 한 후, 집시법 제8조 제2항에 따라 후순위로 접수된 집회의 금지 또는 제한을 통고하였어야 한다. 만일 접수순위를 정하기 어렵다는 현실적인 이유로 중복신고된 모든 옥외집회의 개최가 법률적 근거 없이 불허되는 것이 용인된다면, 집회의 자유를 보장하고 집회의 사전허가를 금지한 헌법 제21조 제1항 및 제2항은 무의미한 규정으로 전락할 위험성이 있다. 결국 이 사건 반려행위는 법률의 근거 없이 청구인들의 집회의 자유를 침해한 것으로서 헌법상 법률유보원칙에 위반된다고 할 것이다.

기본권의 제한

8 군법무관의 보수에 관한 행정입법부작위 사건

(입법부작위 위헌확인)
2004. 2. 26. 2001헌마718 **[위헌확인]**

|판시사항|

1. 행정입법의무의 헌법적 성격
2. 구 군법무관임용법 제5조 제3항 및 군법무관임용등에관한법률 제6조가 군법무관의 봉급과 그 밖의 보수를 법관 및 검사의 예에 준하여 지급하도록 하는 대통령령을 제정할 것을 규정하였는데, 대통령이 지금까지 해당 대통령령을 제정하지 않는 것이 청구인들(군법무관들)의 기본권을 침해하는지 여부(+)

[결정요지]

1. 우리 헌법은 국가권력의 남용으로부터 국민의 자유와 권리를 보호하려는 법치국가의 실현을 기본이념으로 하고 있고, 자유민주주의 헌법의 원리에 따라 국가의 기능을 입법·행정·사법으로 분립하여 견제와 균형을 이루게 하는 권력분립제도를 채택하고 있어, 행정과 사법은 법률에 기속되므로, 국회가 특정한 사항에 대하여 행정부에 위임하였음에도 불구하고 행정부가 정당한 이유 없이 이를 이행하지 않는다면 권력분립의 원칙과 법치국가의 원칙에 위배되는 것이다.

2. (1) 구 군법무관임용법 제5조 제3항은 1967. 3. 3. 제정되어 2000. 12. 26. 폐지되었고, 군법무관임용등에관한법률 제6조는 2000. 12. 26. 제정되었다. 그러나 해당 시행령은 지금까지 제정된바 없다. 위 구법조항과 현행법 조항은 자구 내용만 일부 달라졌을 뿐 기본적으로 내용이 동일하다. 그렇다면 위 구법조항 시행시부터 약 37년간 해당 시행령에 관한 입법부작위 상태가 지속되고 있다.

(2) 행정부가 위임 입법에 따른 시행명령을 제정하지 않거나 개정하지 않은 것에 정당한 이유가 있었다면 그런 경우에는 헌법재판소가 위헌확인을 할 수는 없다. 그러한 정당한 이유가 인정되기 위해서는 그 위임입법 자체가 헌법에 위반된다는 것이 명백하거나, 행정입법 의무의 이행이 오히려 헌법질서를 파괴하는 결과를 가져옴이 명백할 정도는 되어야

할 것이다.

(3) 위 조항들은 군법무관의 보수 수준에 관한 것으로서 위헌임이 명백할 만큼 자의적이라고 할 수 없고, 군법무관 직무의 특수성을 고려할 때 위 규정이 입법자의 입법형성의 헌법적 한계를 벗어난 것이라고도 볼 수 없다.

(4) 이 사건 입법부작위의 정당한 이유로써 거론된 '타 병과 장교와의 형평성 문제'는 시행령 제정의 근거가 되는 법률의 개정을 추구할 사유는 될 수 있어도, 해당 법률에 따른 시행령 제정을 거부하는 사유는 될 수 없다. 또한 '예산상의 제약'이 있다는 논거도 예산의 심의·확정권을 국회가 지니고 있는 한 이 사건에서 입법부작위에 대한 정당한 사유라고 하기 어렵다.

(5) 한편 법률이 군법무관의 보수를 판사, 검사의 예에 의하도록 규정하면서 그 구체적 내용을 시행령에 위임하고 있다면, 이는 군법무관의 보수의 내용을 법률로써 일차적으로 형성한 것이고, 따라서 상당한 수준의 보수청구권이 인정되는 것이라 해석함이 상당하다. 그러므로 이 사건에서 대통령이 법률의 명시적 위임에도 불구하고 지금까지 해당 시행령을 제정하지 않아 그러한 보수청구권이 보장되지 않고 있다면 그러한 입법부작위는 정당한 이유 없이 청구인들의 재산권을 침해하는 것으로서 헌법에 위반된다.

핵심 체크 학습

기본권의 제한

1. 일정한 범죄에 대하여 어떠한 형벌을 과할 것인가를 정하는 것은 입법재량에 속하나, 여기에는 비례의 원칙이 준수되어야 한다.

해설 헌재 1998.4.30. 95헌가16.

2. 과잉금지의 원칙은 국가작용의 한계를 설정해 주는 것으로 목적의 정당성, 방법의 적정성, 피해의 최소성, 법익의 균형성을 내용으로 한다.

해설 헌재 1995.4.20. 95헌바29.

3. 국민의 신청에 대한 행정청의 거부행위가 헌법소원심판의 대상인 공권력의 행사가 되기 위해서는 국민이 행정청에 대하여 신청에 따른 행위를 해 줄 것을 요구할 수 있는 권리가 있어야 하는 것은 아니다.

해설 국민의 신청에 대한 행정청의 거부행위가 헌법소원심판의 대상인 공권력의 행사가 되기 위해서는 국민이 행정청에 대하여 신청에 따른 행위를 해 줄 것을 요구할 수 있는 권리가 있어야 한다(헌재 2004. 10. 28. 2003헌마898).

4. 유치원의 학교환경위생정화구역 안에 당구장시설을 금지하는 구 「학교보건법」 조항은 기본권제한의 한계를 벗어난 것이 아니다.

해설 유치원 및 이와 유사한 교육기관의 정화구역안에서 당구장시설을 하지 못하도록 기본권을 제한하는 것은 입법목적의 달성을 위하여 필요하고 적정한 방법이라고 할 수 없으므로 이 사건 법률조항 중 유치원 및 이와 유사한 교육기관에 관한 부분도 기본권 제한의 한계를 일탈한 것으로 헌법에 위반된다(헌재 1997.3.27. 94헌마196).

정답 1. ○ 2. ○ 3. × 4. ×

기본권의 침해와 구제

9 특정 정당을 반대하는 내용을 포함한 투표참여 권유행위 및 탈법방법에 의한 인쇄물 배부로 인한 공직선거법위반 사건

(기소유예처분취소)
2022. 5. 26. 2020헌마1275 [인용(취소), 기각]

|판시사항|

1. 공직선거법 제58조의2 단서 제3호에서 규정한 '투표참여 권유행위'가 '선거운동'에 해당하는 행위에 한정되는지 여부(소극)
2. 공직선거법 제58조의2 단서 제3호 및 제256조 제3항 제3호에 의하여 금지·처벌되는 투표 참여 권유행위의 의미
3. 청구인이 게재한 칼럼의 제목, 구체적인 내용, 행위의 시기와 당시 사회상황 등을 종합하여, 청구인의 칼럼 게재행위가 공직선거법 제58조의2 단서 제3호 및 제256조 제3항 제3호에 의하여 금지·처벌되는 투표참여 권유행위에 해당한다고 본 사례
4. 일정한 격식을 갖추어 정기적으로 발행되는 간행물인 일간지가 공직선거법 제93조의 규율대상인 일반적인 문서·도화에 해당하는지 여부(소극)
5. 청구인이 칼럼을 게재한 ○○신문은 일정한 격식을 갖추어 정기적으로 발행되는 간행물로서 공직선거법 제93조의 규율대상인 일반적인 문서·도화에 해당하지 않음에도, 청구인에 대하여 탈법방법에 의한 인쇄물 배부로 인한 공직선거법위반 혐의를 인정한 이 부분 기소유예처분이 청구인의 평등권과 행복추구권을 침해하였다고 본 사례

[결정요지]

1. 공직선거법 제58조의2 단서 제3호의 특정 정당 또는 후보자를 지지·추천·반대하는 행위는 사실상 선거운동에 해당한다고 볼 여지가 많으나, 그 문언에 비추어 선거운동과 같이 당선 또는 낙선을 도모하는 목적의사나 능동적, 계획적 행위에 이르지 않더라도 특정 정당 또는 후보자를 지지·추천·반대하는 것 역시 가능하다 할 것이므로 선거운동보다 더 넓은 정치적 표현행위라고 볼 수 있다. 특정 정당 또는 후보자를 지지·추천·반대하는 내용이 있다 하더라도 투표참여 권유행위가 이루어진 시기나 방법, 경위 등을 종합적으로 고려할 때 선거운동의 목적까지는 인정되지 않는 경우가 충분히 있을 수 있고, 이러한 행위들도 선거의 공정성을 침해할 우려가 있는 때에는 규제의 필요성이 인정된다. 이와 같은 점들에 비추어 보면, 공직선거법 제58조의2 단서 제3호에서 규정한 특정 정당 또는 후보자

를 지지 · 추천 · 반대하는 내용을 포함한 투표참여 권유행위가 '선거운동'에 해당하는 투표참여 권유행위에 한정된다고 볼 수 없다.

2. 공직선거법 제58조의2 단서 제3호 및 제256조 제3항 제3호의 문언, 법률 개정의 경위와 취지 등에 비추어 보면, 위 각 조항에 의하여 금지 · 처벌되는 투표참여 권유행위는 '공직선거법상 허용되지 않는 방법으로 특정 정당 또는 후보자를 지지 · 추천 · 반대하는 내용을 포함하여 투표참여를 권유하는 행위로서, 그것이 공직선거법상 선거운동기간이 아닌 때에 이루어진 경우'를 의미한다고 볼 수 있다.

3. 청구인이 게재한 칼럼의 제목, 구체적인 내용, 행위의 시기와 당시 사회상황 등을 종합하여 보면, 청구인의 이 사건 칼럼 게재행위는 '공직선거법상 허용되지 않는 방법으로 특정 정당을 반대하는 내용을 포함하여 투표참여를 권유한 행위'로서 공직선거법 제58조의2 단서 제3호 및 제256조 제3항 제3호에 의하여 금지 · 처벌되는 행위에 해당한다.

4. 공직선거법 제95조 제1항의 규율대상인 신문 · 통신 · 잡지 등의 경우 공직선거법 제93조의 규율대상인 일반적인 문서 · 도화와 비교할 때 일정한 격식을 갖추어 주로 정기적으로 발행되고, 통상 객관적인 사실에 관한 보도와 논평으로 구성된다. 공직선거법 제95조 제1항이 신문 · 통신 · 잡지 등에 대하여 통상의 방법이 아닌 방법으로 배포하는 등의 행위를 금지하고 이를 처벌하는 것은 선거에 관한 보도와 논평의 자유를 보호하는 차원에서 통상방법으로 발행 · 배부하는 행위에 대해서는 제93조 위반죄로도 처벌하지 않는다는 뜻도 포함하고 있다. 따라서 선거에 관한 기사를 게재한 신문 · 통신 · 잡지 등의 배부행위에 대하여는 공직선거법 제93조가 적용될 여지가 없다.

5. 이 사건 칼럼이 게재된 ㅇㅇ신문은 일정한 격식을 갖추어 정기적으로 발행되는 간행물로서 공직선거법 제93조의 규율대상인 일반적인 문서 · 도화에 해당하지 아니함에도, 청구인에게 탈법방법에 의한 인쇄물 배부로 인한 공직선거법위반 혐의를 인정한 이 부분 기소유예처분은 자의적인 검찰권의 행사에 해당하고, 그로 인하여 청구인의 평등권과 행복추구권이 침해되었다.

10 재판에 대한 헌법소원 사건

(헌법재판소법 제68조 제1항 위헌확인 등)
1997.12.24. 96헌마172·173(병합) **[한정위헌 · 취소]**

|판시사항|

1. 법원의 재판을 헌법소원심판의 대상으로부터 배제하는 헌법재판소법 제68조 제1항의 위헌여부
2. 헌법재판소가 위헌으로 결정한 법령을 적용함으로써 국민의 기본권을 침해한 법원판결이 헌법소원의 대상이 되는지 및 그 취소 여부
3. 한정위헌결정의 효력
4. 법원의 판결에 대한 헌법소원심판청구가 예외적으로 허용되어 그 재판이 취소되는 경우, 원래의 행정처분에 대한 헌법소원심판의 인용 여부

[결정요지]

1. (1) 헌법 제107조는 구체적 규범통제절차에서의 법률에 대한 위헌심사권과 명령·규칙·처분에 대한 위헌심사권을 분리하여 각각 헌법재판소와 대법원에 귀속시킴으로써 헌법의 수호 및 기본권의 보호가 오로지 헌법재판소만의 과제가 아니라 헌법재판소와 법원의 공동과제라는 것을 밝히고 있다.

(2) 헌법 제111조 제1항 제5호가 '법률이 정하는 헌법소원에 관한 심판'이라고 규정한 뜻은 헌법이 입법자에게 공권력작용으로 인하여 헌법상의 권리를 침해받은 자가 그 권리를 구제받기 위한 주관적 권리구제절차를 우리의 사법체계, 헌법재판의 역사, 법률문화와 정치적·사회적 현황 등을 고려하여 헌법의 이념과 현실에 맞게 구체적인 입법을 통하여 구현하게끔 위임한 것으로 보아야 할 것이므로, 헌법소원은 언제나 '법원의 재판에 대한 소원'을 그 심판의 대상에 포함하여야만 비로소 헌법소원제도의 본질에 부합한다고 단정할 수 없다.

2. (1) 입법작용과 행정작용의 잠재적인 기본권침해자로서의 기능과 사법작용의 기본권의 보호자로서의 기능이 법원의 재판을 헌법소원심판의 대상에서 제외한 것을 정당화하

는 본질적인 요소이므로, 헌법재판소법 제68조 제1항은 평등의 원칙에 위반된 것이라 할 수 없다.

(2) 법원은 기본권을 보호하고 관철하는 일차적인 주체이다. 모든 국가권력이 헌법의 구속을 받듯이 사법부도 헌법의 일부인 기본권의 구속을 받고, 따라서 법원은 그의 재판작용에서 기본권을 존중하고 준수해야 한다. 법원이 기본권의 구속을 받기 때문에 법원이 행정청이나 하급심에 의한 기본권의 침해를 제거해야 하는 것은 당연한 것이다. 기본권의 보호는 제도적으로 독립된 헌법재판소만의 전유물이 아니라 모든 법원의 가장 중요한 과제이기도 하다.

3. 헌법재판소법 제68조 제1항은 청구인의 재판청구권을 침해하였다거나 되도록이면 흠결없는 효율적인 권리구제절차의 형성을 요청하는 법치국가원칙에 위반된다고 할 수 없다. 재판청구권은 사실관계와 법률관계에 관하여 최소한 한번의 재판을 받을 기회가 제공될 것을 국가에게 요구할 수 있는 절차적 기본권을 뜻하므로 기본권의 침해에 대한 구제절차가 반드시 헌법소원의 형태로 독립된 헌법재판기관에 의하여 이루어 질 것만을 요구하지는 않는다. 법원의 재판은 법률상 권리의 구제절차이자 동시에 기본권의 구제절차를 의미하므로, 법원의 재판에 의한 기본권의 보호는 이미 기본권의 영역에서의 재판청구권을 충족시키고 있기 때문이다.

4. 법원의 재판을 헌법소원심판의 대상에 포함시켜야 한다는 견해는 기본권보호의 측면에서는 보다 이상적이지만, 이는 헌법재판소의 위헌결정을 통하여 이루어질 문제라기 보다 입법자가 해결해야 할 과제이다. 헌법재판소법 제68조 제1항은 국민의 기본권(평등권 및 재판청구권 등)의 관점에서는 입법형성권의 헌법적 한계를 넘는 위헌적인 법률조항이라고 할 수 없다.

5. (1) 헌법재판소법 제68조 제1항이 원칙적으로 헌법에 위반되지 아니한다고 하더라도, 법원이 헌법재판소가 위헌으로 결정하여 그 효력을 전부 또는 일부 상실하거나 위헌으로 확인된 법률을 적용함으로써 국민의 기본권을 침해한 경우에도 법원의 재판에 대한 헌법소원이 허용되지 않는 것으로 해석한다면, 위 법률조항은 그러한 한도내에서 헌법에 위반된다.

(2) 모든 국가기관은 헌법의 구속을 받고 헌법에의 기속은 헌법재판을 통하여 사법절차적으로 관철되므로, 헌법재판소가 헌법에서 부여받은 위헌심사권을 행사한 결과인 법률에 대한 위헌결정은 법원을 포함한 모든 국가기관과 지방자치단체를 기속한다. 따라서 헌

법재판소가 위헌으로 결정하여 그 효력을 상실한 법률을 적용하여 한 법원의 재판은 헌법재판소 결정의 기속력에 반하는 것일 뿐 아니라, 법률에 대한 위헌심사권을 헌법재판소에 부여한 헌법의 결단(헌법 제107조 및 제111조)에 정면으로 위배된다.

(3) 헌법이 법률에 대한 위헌심사권을 헌법재판소에 부여하고 있음에도 법원이 헌법재판소의 위헌결정에 따르지 아니하는 것은 실질적으로 법원 스스로가 '입법작용에 대한 규범통제권'을 행사하는 것을 의미하므로, 헌법은 어떠한 경우이든 헌법재판소의 기속력있는 위헌결정에 반하여 국민의 기본권을 침해하는 법원의 재판에 대하여는 헌법재판소가 다시 최종적으로 심사함으로써 자신의 손상된 헌법재판권을 회복하고 헌법의 최고규범성을 관철할 것을 요청하고 있다.

(4) 명령·규칙에 근거한 집행행위가 존재하지 아니한 경우에는 그에 대한 헌법위반여부를 구체적인 재판절차에서 심사할 수 없기 때문에 직접 국민의 기본권을 침해하는 명령·규칙에 대하여는 주관적 권리구제절차로서 헌법소원의 가능성이 열려 있으므로, 헌법재판소에 의하여 명령·규칙이 위헌으로 결정되어 그 효력을 상실한 경우에도 법률의 경우와 그 법리가 다를 바 없다.

6. 헌법소원이 단지 주관적인 권리구제절차일 뿐이 아니라 객관적 헌법질서의 수호와 유지에 기여한다는 이중적 성격을 지니고 있으므로, 헌법재판소는 본안판단에 있어서 모든 헌법규범을 심사기준으로 삼음으로써 청구인이 주장한 기본권의 침해여부에 관한 심사에 한정하지 아니하고 모든 헌법적 관점에서 심판대상의 위헌성을 심사한다. 따라서 헌법재판소법 제68조 제1항이 비록 청구인이 주장하는 기본권을 침해하지는 않지만, 헌법 제107조 및 제111조에 규정된 헌법재판소의 권한규범에 부분적으로 위반되는 위헌적인 규정이므로, 이 사건 헌법소원은 위에서 밝힌 이유에 따라 한정적으로 인용될 수 있는 것이다.

7. 헌법재판소의 법률에 대한 위헌결정에는 단순위헌결정은 물론, 한정합헌, 한정위헌결정과 헌법불합치결정도 포함되고 이들은 모두 당연히 기속력을 가진다.

8. (1) 이 사건 대법원판결은 헌법재판소가 이 사건 법률조항에 대하여 한정위헌결정을 선고함으로써 이미 부분적으로 그 효력이 상실된 법률조항을 적용한 것으로서 위헌결정의 기속력에 반하는 재판임이 분명하므로 이에 대한 헌법소원은 허용된다 할 것이고, 또한 이 사건 대법원판결로 말미암아 청구인의 헌법상 보장된 기본권인 재산권 역시 침해되었다 할 것이다. 따라서 이 사건 대법원판결은 헌법재판소법 제75조 제3항에 따라 취소되어야 마땅하다.

(2) 물론 구체적 사건에서의 법률의 해석·적용권한은 사법권의 본질적 내용을 이루는 것임이 분명하다. 그러나 법률에 대한 위헌심사는 당연히 당해 법률 또는 법률조항에 대한 해석이 전제되는 것이고, 헌법재판소의 한정위헌의 결정은 단순히 법률을 구체적인 사실관계에 적용함에 있어서 그 법률의 의미와 내용을 밝히는 것이 아니라 법률에 대한 위헌성심사의 결과로서 법률조항이 특정의 적용영역에서 제외되는 부분은 위헌이라는 것을 뜻한다. 따라서 헌법재판소의 한정위헌결정은 결코 법률의 해석에 대한 헌법재판소의 단순한 견해가 아니라, 헌법에 정한 권한에 속하는 법률에 대한 위헌심사의 한 유형인 것이다.

9. 행정처분이 헌법에 위반되는 것이라는 이유로 그 취소를 구하는 행정소송을 제기하였으나 법원에 의하여 그 청구가 받아들여지지 아니한 후 다시 원래의 행정처분에 대하여 헌법소원심판을 청구하는 것이 원칙적으로 허용될 수 있는지의 여부에 관계없이, 이 사건의 경우와 같이 행정소송으로 행정처분의 취소를 구한 청구인의 청구를 받아들이지 아니한 법원의 판결에 대한 헌법소원심판의 청구가 예외적으로 허용되어 그 재판이 헌법재판소법 제75조 제3항에 따라 취소되는 경우에는 원래의 행정처분에 대한 헌법소원심판의 청구도 이를 인용하는 것이 상당하다.

관련 유사 판례—기본권의 제한

10-1. 공판정심리의 녹음물 폐기행위의 공권력 인정 여부

(2012.3.29. 2010헌마599)

[결정내용]

피청구인이 청구인에 대한 형사재판이 확정된 후 그 중 제1심 공판정 심리의 녹음물을 폐기한 행위는, 규칙 제39조에 따른 단순한 사무집행으로서 법원행정상의 구체적인 사실행위에 불과할 뿐이고, 청구인에 대한 형사판결이 확정된 후에는 녹음물의 내용과 공판조서의 내용이 서로 다르더라도 재심사유에 해당하지 아니하여 이를 이유로 재심을 통하여 구제받을 수 없는 이상 청구인이 처한 현재의 사실관계나 법률관계를 적극적으로 변경시키거나 특별한 부담이나 의무를 부여하는 것이 아니어서 청구인에 대한 구체적이고 직접적인 법적 불이익을 내포한다고 할 수 없으므로, 행정청이 우월적 지위에서 일방적으로 강제하는 권력적 사실행위로서 헌법소원의 대상이 되는 공권력의 행사에 해당한다고 볼 수 없다.

기본권의 침해와 구제

11 재판에 대한 국가인권위원회의 진정 사건

(국가인권위원회법 제30조 제1항 제1호 등 위헌확인)
2004. 8. 26. 2002헌마302 [각하 · 기각]

|판시사항|

1. 법원의 재판을 국가인권위원회에 진정할 수 있는 대상에서 제외하는 것이 국민의 기본권을 과도하게 침해하는지 여부(−)
2. 법원의 재판을 국가인권위원회에 진정할 수 있는 대상에서 제외하는 것이 평등권을 침해하는지 여부(−)

[결정요지]

1. 국가인권위원회의 설립목적은 다른 국가기관에 의하여 수행될 수 없거나 수행되고 있지 않은 업무를 수행하는 것이므로, 제대로 운영되고 있는 기존의 국가기관들과 경합하는 것이 아니라 보충하는 방법으로 설립되고 운영되는 것이 바람직하며, 법원의 재판을 포함하여 모든 인권침해에 관한 진정을 빠짐없이 국가인권위원회의 조사대상으로 삼아야만 국가인권기구의 본질에 부합하는 것은 아니다. 입법례를 살피더라도 국가인권기구가 각 나라의 실정에 따라 진정대상을 제한하는 것이 보편적이다. 구두심리절차와 엄격한 증거방법을 모두 채택하기 어려운 국가인권위원회가 법원의 재판의 당부를 판단하는 것도 곤란한 측면이 있으며, 국가인권위원회가 법원의 재판을 진정대상으로 삼는다면, 분쟁 또는 인권침해의 해결과정이 무한정 반복되고 지연될 가능성마저 있게 된다. 또한 국가인권위원회는 인권의 보호와 향상을 위하여 필요하다고 인정하는 경우에는 법원에 대하여 정책과 관행의 개선 또는 시정을 권고하거나 의견을 표명할 수 있고, 법원의 담당재판부에 사실상 또는 법률상의 사항에 관하여 의견을 제출할 수 있다. 이러한 사정을 종합하면 입법자가 법원의 재판을 국가인권위원회의 조사대상에 포함시키지 않은 것이 국민의 기본적 인권보장을 다하지 못한 것이라고 단언할 수는 없어, 국가인권위원회법 제30조 제1항 제1호 중 '법원의 재판을 제외한다' 부분이 청구인의 기본권을 과도하게 침해하는 것이라고 할 수 없다.

2. 법원의 재판도 국민의 기본권을 침해할 가능성이 없지 아니하나, 기본권침해에 대한 보호의무를 담당하는 법원에 의한 기본권침해의 가능성은 입법기관인 국회나 집행기관인 행정부에 의한 경우보다 상대적으로 적고, 상급심법원이 하급심법원이 한 재판이 기본권을 침해하는지 여부에 관하여 다시 심사할 기회가 있다는 점에서 다른 기관에 의한 기본권침해의 경우와는 본질적인 차이가 있어 차별을 정당화하므로, 평등의 원칙에 위반된 것이라고 할 수 없다.

핵심 체크 학습 기본권 침해와 구제

1. **헌법소원은 언제나 '법원의 재판에 대한 소원'을 그 심판의 대상에 포함하여야만 비로소 헌법소원제도의 본질에 부합한다고 단정할 수 있다.**

   해설 헌법소원은 언제나 '법원의 재판에 대한 소원'을 그 심판의 대상에 포함하여야만 비로소 헌법소원제도의 본질에 부합한다고 단정할 수 없다(헌재 1997. 12. 24. 96헌마172).

2. **행정소송으로 행정처분의 취소를 구한 청구인의 청구를 받아들이지 아니한 법원의 판결에 대한 헌법소원심판의 청구가 예외적으로 허용되어 그 재판이 헌법재판소법 제75조 제3항에 따라 취소되는 경우에는 원래의 행정처분에 대한 헌법소원심판의 청구도 이를 인용하는 것이 상당하다.**

   해설 헌재 1997. 12. 24. 96헌마172.

3. **입법자가 법원의 재판을 국가인권위원회의 조사대상에 포함시키지 않은 것이 국민의 기본적 인권보장을 다하지 못한 것이므로, 국가인권위원회법 제30조 제1항 제1호 중 '법원의 재판을 제외한다' 부분은 청구인의 기본권을 과도하게 침해하는 것이다.**

   해설 입법자가 법원의 재판을 국가인권위원회의 조사대상에 포함시키지 않은 것이 국민의 기본적 인권보장을 다하지 못한 것이라고 단언할 수는 없어, 국가인권위원회법 제30조 제1항 제1호 중 '법원의 재판을 제외한다' 부분이 청구인의 기본권을 과도하게 침해하는 것이라고 할 수 없다(헌재 2004. 8. 26. 2002헌마302).

정답 1. × 2. ○ 3. ×

인간의 존엄과 가치

12 배아의 보존기간 사건

(생명윤리 및 안전에 관한 법률 제13조 제1항 등 위헌확인)
2010. 5. 27. 2005헌마346 **[기각 · 각하]**

|판시사항|

1. 초기배아의 기본권 주체성 여부(−)
2. 배아연구와 관련된 직업에 종사하는 청구인의 헌법소원 심판청구에 대해 기본권 침해가능성 또는 자기관련성을 인정할 수 있는지 여부(−)
3. 배아생성자가 배아의 관리 또는 처분에 대해 갖는 기본권과 그 제한의 필요성
4. 잔여배아를 5년간 보존하고 이후 폐기하도록 한 생명윤리법 제16조 제1항, 제2항이 배아생성자의 배아에 대한 결정권을 침해하는지 여부(−)

[결정요지]

1. 존엄한 인간 존재와 그 근원으로서의 생명 가치를 고려할 때 출생 전 형성 중의 생명에 대해서는 일정한 예외적인 경우 기본권 주체성이 긍정될 수 있다. 헌법재판소도 형성 중의 생명인 태아에 대하여 헌법상 생명권의 주체가 되며, 국가는 헌법 제10조에 따라 태아의 생명을 보호할 의무가 있음을 밝힌 바 있다. 다만, 출생 전 형성 중의 생명에 대해서 헌법적 보호의 필요성이 크고 일정한 경우 그 기본권 주체성이 긍정된다고 하더라도, 어느 시점부터 기본권 주체성이 인정되는지, 또 어떤 기본권에 대해 기본권 주체성이 인정되는지는 생명의 근원에 대한 생물학적 인식을 비롯한 자연과학·기술 발전의 성과와 그에 터 잡은 헌법의 해석으로부터 도출되는 규범적 요청을 고려하여 판단하여야 할 것이다. 초기배아는 수정이 된 배아라는 점에서 형성 중인 생명의 첫걸음을 떼었다고 볼 여지가 있기는 하나 아직 모체에 착상되거나 원시선이 나타나지 않은 이상 현재의 자연과학적 인식 수준에서 독립된 인간과 배아 간의 개체적 연속성을 확정하기 어렵다고 봄이 일반적이라는 점, 배아의 경우 현재의 과학기술 수준에서 모태 속에서 수용될 때 비로소 독립적인 인간으로의 성장가능성을 기대할 수 있다는 점, 수정 후 착상 전의 배아가 인간으로 인식된다거나 그와 같이 취급하여야 할 필요성이 있다는 사회적 승인이 존재한다고 보기 어려운 점 등을 종합적으로 고려할 때, 기본권 주체성을 인정하기 어렵다. 오늘날 생명공학 등의 발전과정

에 비추어 인간의 존엄과 가치가 갖는 헌법적 가치질서로서의 성격을 고려할 때 인간으로 발전할 잠재성을 갖고 있는 초기배아라는 원시생명체에 대하여도 위와 같은 헌법적 가치가 소홀히 취급되지 않도록 노력해야 할 국가의 보호의무가 있음을 인정하지 않을 수 없다 할 것이다.

2. 법학자, 윤리학자, 철학자, 의사 등의 직업인으로 이루어진 청구인들의 청구는 청구인들이 이 사건 심판대상 조항으로 인해 불편을 겪는다고 하더라도 사실적·간접적 불이익에 불과한 것이고, 청구인들에 대한 기본권침해의 가능성 및 자기관련성을 인정하기 어렵다.

3. 배아생성자는 배아에 대해 자신의 유전자정보가 담긴 신체의 일부를 제공하고, 또 배아가 모체에 성공적으로 착상하여 인간으로 출생할 경우 생물학적 부모로서의 지위를 갖게 되므로, 배아의 관리 또는 처분에 대한 결정권을 가진다. 이러한 배아생성자의 배아에 대한 결정권은 헌법상 명문으로 규정되어 있지는 아니하지만, 헌법 제10조로부터 도출되는 일반적 인격권의 한 유형으로서의 헌법상 권리라 할 것이다. 다만, 배아의 경우 형성 중에 있는 생명이라는 독특한 지위로 인해 국가에 의한 적극적인 보호가 요구된다는 점, 배아의 관리·처분에는 공공복리 및 사회 윤리적 차원의 평가가 필연적으로 수반되지 않을 수 없다는 점에서도 그 제한의 필요성은 크다고 할 것이다. 그러므로 배아생성자의 배아에 대한 자기결정권은 자기결정이라는 인격권적 측면에도 불구하고 배아의 법적 보호라는 헌법적 가치에 명백히 배치될 경우에는 그 제한의 필요성이 상대적으로 큰 기본권이라 할 수 있다.

4. 이 사건 심판대상조항이 배아에 대한 5년의 보존기간 및 보존기관 경과 후 폐기의무를 규정한 것은 그 입법목적의 정당성과 방법의 적절성이 인정되며, 입법목적을 실현하면서 기본권을 덜 침해하는 수단이 명백히 존재한다고 할 수 없는 점, 5년 동안의 보존기간이 임신을 원하는 사람들에게 배아를 이용할 기회를 부여하기에 명백히 불합리한 기간이라고 볼 수 없는 점, 배아 수의 지나친 증가와 그로 인한 사회적 비용의 증가 및 부적절한 연구목적의 이용가능성을 방지하여야 할 공익적 필요성의 정도가 배아생성자의 자기결정권이 제한됨으로 인한 불이익의 정도에 비해 작다고 볼 수 없는 점 등을 고려하면, 이 사건 심판대상조항이 피해의 최소성에 반하거나 법익의 균형성을 잃었다고 보기 어렵다.

핵심 체크 학습 인간의 존엄과 가치

1. 일반 공중의 사용에 제공된 공공용물을 그 제공 목적대로 이용하는 일반사용 내지 보통사용에 관한 권리는 일반적 행동자유권의 보호영역에 포함되지 않는다.

[16 사시]

해설 일반 공중의 사용에 제공된 공공용물을 그 제공 목적대로 이용하는 것은 일반사용 내지 보통사용에 해당하는 것으로, 일반 공중에게 개방된 장소인 서울광장을 개별적으로 통행하거나 서울광장에서 여가활동이나 문화활동을 하는 것은 일반적 행동자유권의 내용으로 보장됨에도 불구하고, 피청구인이 이 사건 통행제지행위에 의하여 청구인들의 이와 같은 행위를 할 수 없게 하였으므로 청구인들의 일반적 행동자유권의 침해 여부가 문제된다(헌재 2011. 6. 30. 2009헌마406).

2. 정보통신망을 통하여 공중이 게임물을 이용할 수 있도록 서비스하는 게임물 관련사업자로 하여금 게임물 이용자의 회원가입시 본인인증을 할 수 있는 절차를 마련하도록 한 조항은 인터넷게임 이용자의 일반적 행동자유권을 침해하지 않는다.

[16 사시]

해설 회원가입 시 1회 본인인증 절차를 거치도록 하는 것이 이용자들에게 게임의 이용 여부 자체를 진지하게 고려하게 할 정도로 중대한 장벽이나 제한으로 기능한다거나 게임 시장의 성장을 방해한다고 보기도 어려우므로 침해의 최소성에도 위배되지 아니하고, 본인인증 조항을 통하여 달성하고자 하는 게임과몰입 및 중독 방지라는 공익은 매우 중대하므로 법익의 균형성도 갖추었다. 따라서 본인인증 조항은 청구인들의 일반적 행동의 자유 및 개인정보자기결정권을 침해하지 아니한다(헌재 2015. 3. 26. 2013헌마517).

정답 1. × 2. ○

3. 16세 미만 청소년에게 오전 0시부터 오전 6시까지 인터넷게임의 제공을 금지하는 '강제적 셧다운제'를 규정한 것은 여가와 오락 활동에 관한 청소년의 일반적 행동자유권을 침해하지 않는다. [16 사시]

해설 청소년의 건강한 성장과 발달 및 인터넷게임 중독을 예방하려는 것으로, 인터넷게임 자체는 오락 내지 여가활동의 일종으로 부정적이라고 볼 수 없으나, 우리나라 청소년의 높은 인터넷게임 이용률, 인터넷게임에 과몰입되거나 중독될 경우에 나타나는 부정적 결과 및 자발적 중단이 쉽지 않은 인터넷게임의 특성 등을 고려할 때, 16세 미만의 청소년에 한하여 오전 0시부터 오전 6시까지만 인터넷게임을 금지하는 것이 과도한 규제라고 보기 어렵다(헌재 2014. 4. 24. 2011헌마659).

4. 헌법 제10조로부터 도출되는 일반적 인격권에는 개인의 명예에 관한 권리도 포함될 수 있는바, '명예'란 사람이나 그 인격에 대한 사회적 평가, 즉 객관적 · 외부적 가치평가를 말하는 것이지 단순히 주관적 · 내면적인 명예감정은 이에 포함되지 않는다. [16 사시]

해설 헌법 제10조로부터 도출되는 일반적 인격권에는 개인의 명예에 관한 권리도 포함될 수 있으나 여기서 말하는 '명예'는 사람이나 그 인격에 대한 '사회적 평가', 즉 객관적·외부적 가치평가를 말하는 것이지 단순히 주관적·내면적인 명예감정은 포함되지 않는다고 보아야 한다(헌재 2005. 10. 27. 2002헌마425).

5. 「일제강점하 반민족행위 진상규명에 관한 특별법」에 근거한 친일반민족행위진상규명위원회의 조사대상자 선정 및 친일반민족행위 결정이 이루어질 당시 조사대상자가 이미 사망한 경우라 하더라도 그 유족은 자신의 인격권 침해를 이유로 헌법소원심판을 청구할 수 있다. [16 사시]

해설 이와 같은 사자인 조사 대상자에 대한 사회적 명예와 평가의 훼손은 사자와의 관계를 통하여 스스로의 인격상을 형성하고 명예를 지켜온 그들의 후손의 인격권, 즉 유족의 명예 또는 유족의 사자에 대한 경애추모의 정을 침해한다고 할 것이므로, 반민규명위원회에 의하여 친일반민족행위를 한 것으로 결정된 망 이○면, 이○용의 직계비속인 청구인은 헌법 제10조에서 유래하는 인격권을 제한받는다고 할 것이다(헌재 2009. 9. 24. 2006헌마1298).

정답 3. ○ 4. ○ 5. ○

생 명 권

13 민법 제3조 및 제762조 위헌소원 사건

(민법 제3조 등 위헌소원)
2008. 7. 31. 2004헌바81 **[합헌]**

|판시사항|

1. 민법 제3조에 대해 재판의 전제성을 인정할 수 있는지 여부(+)
2. 이 사건 심판청구가 법률해석의 위헌성을 다투는 것으로서 부적법한 것인지 여부(−)
3. 태아가 생명권의 주체가 되는지 여부(+)
4. 국가의 기본권보호의무 위반 여부 판단에 있어서의 심사기준(과소보호금지원칙)
5. 민법 제3조 및 제762조가 태아의 생명권을 보호하는 데 미흡하여 국가의 기본권보호의무를 위반하고 있는지 여부(−)

[결정요지]

1. 민법 제762조는 "태아는 손해배상의 청구권에 관하여는 이미 출생한 것으로 본다."라고 규정하고 있는바, 이 규정을 문면 그대로 해석할 경우 사산된 태아의 손해배상청구권을 인정할 여지가 있다. 그럼에도 불구하고 사산한 태아의 손해배상청구권이 부정되는 것은 법원이 민법 제762조를 해석함에 있어 생존한 동안에만 권리와 의무의 주체가 된다고 규정한 민법 제3조를 함께 적용하고 있기 때문이다. 살아서 출생하지 못한 태아의 손해배상청구권이 부정되는 것은 민법 제762조의 해석 때문이 아니라 오히려 민법 제3조 때문인 것이다. 그렇다면 당해사건에는 민법 제3조도 적용되고 있는 것으로 보아야 하므로 민법 제3조는 재판의 전제성이 인정된다.

2. 태아가 사산된 경우에 권리능력이 인정되지 않는 것은 이 사건 법률조항들에 대한 해석론을 전제로 한 것이기는 하지만, 법원은 종래 민법 제762조의 출생의제조항을 민법 제3조에 비추어 해석해 왔고, 이러한 법원의 해석은 확립된 판례로서 "법원의 해석에 의하여 구체화된 심판대상 규정의 위헌성" 문제가 있는 것으로 볼 만큼 일정한 사례군이 상당기간에 걸쳐 형성, 집적된 경우에 해당하므로, 이 사건 심판청구는 법률조항 자체의 위헌성을 다투는 경우로 이해할 수 있어 이 사건 심판청구는 적법하다.

3. 인간의 생명은 고귀하고, 이 세상에서 무엇과도 바꿀 수 없는 존엄한 인간 존재의 근원이다. 이러한 생명에 대한 권리, 즉 생명권은 비록 헌법에 명문의 규정이 없다 하더라도 인간의 생존본능과 존재목적에 바탕을 둔 선험적이고 자연법적인 권리로서 헌법에 규정된 모든 기본권의 전제로서 기능하는 기본권 중의 기본권이다. 모든 인간은 헌법상 생명권의 주체가 되며, 형성중의 생명인 태아에게도 생명에 대한 권리가 인정되어야 한다. 따라서 태아도 헌법상 생명권의 주체가 되며, 국가는 헌법 제10조에 따라 태아의 생명을 보호할 의무가 있다.

4. 국가가 소극적 방어권으로서의 기본권을 제한하는 경우 그 제한은 헌법 제37조 제2항에 따라 국가안전보장·질서유지 또는 공공복리를 위하여 필요한 경우에 한하고, 자유와 권리의 본질적인 내용을 침해할 수는 없으며 그 형식은 법률에 의하여야 하고 그 침해범위도 필요최소한도에 그쳐야 한다. 그러나 국가가 적극적으로 국민의 기본권을 보장하기 위한 제반조치를 취할 의무를 부담하는 경우에는 설사 그 보호의 정도가 국민이 바라는 이상적인 수준에 미치지 못한다고 하여 언제나 헌법에 위반되는 것으로 보기 어렵다. 국가의 기본권보호의무의 이행은 입법자의 입법을 통하여 비로소 구체화되는 것이고, 국가가 그 보호의무를 어떻게 어느 정도로 이행할 것인지는 입법자가 제반사정을 고려하여 입법정책적으로 판단하여야 하는 입법재량의 범위에 속하는 것이기 때문이다. 물론 입법자가 기본권 보호의무를 최대한 실현하는 것이 이상적이지만, 그러한 이상적 기준이 헌법재판소가 위헌 여부를 판단하는 심사기준이 될 수는 없으며, 헌법재판소는 권력분립의 관점에서 소위 "과소보호금지원칙"을, 즉 국가가 국민의 기본권 보호를 위하여 적어도 적절하고 효율적인 최소한의 보호조치를 취했는가를 기준으로 심사하게 된다.

따라서 입법부작위나 불완전한 입법에 의한 기본권의 침해는 입법자의 보호의무에 대한 명백한 위반이 있는 경우에만 인정될 수 있다. 다시 말하면 국가가 국민의 법익을 보호하기 위하여 아무런 보호조치를 취하지 않았든지 아니면 취한 조치가 법익을 보호하기에 명백하게 부적합하거나 불충분한 경우에 한하여 헌법재판소는 국가의 보호의무의 위반을 확인할 수 있을 뿐이다.

5. 태아는 형성중의 인간으로서 생명을 보유하고 있으므로 국가는 태아를 위하여 각종 보호조치들을 마련해야 할 의무가 있다. 하지만 그와 같은 국가의 기본권 보호의무로부터 태아의 출생 전에, 또한 태아가 살아서 출생할 것인가와는 무관하게, 태아를 위하여 민법상 일반적 권리능력까지도 인정하여야 한다는 헌법적 요청이 도출되지는 않는다. 법치국가원리로부터 나오는 법적안정성의 요청은 인간의 권리능력이 언제부터 시작되는가에 관하여

가능한 한 명확하게 그 시점을 확정할 것을 요구한다. 따라서 인간이라는 생명체의 형성이 출생 이전의 그 어느 시점에서 시작됨을 인정하더라도, 법적으로 사람의 시기를 출생의 시점에서 시작되는 것으로 보는 것이 헌법적으로 금지된다고 할 수 없다. 입법자는 형법과 모자보건법 등 관련규정들을 통하여 태아의 생명에 대한 직접적 침해위험을 규범적으로 충분히 방지하고 있으므로, 이 사건 법률조항들이 태아가 사산한 경우에 한해서 태아 자신에게 불법적인 생명침해로 인한 손해배상청구권을 인정하지 않고 있다고 하여 단지 그 이유만으로 입법자가 태아의 생명보호를 위해 국가에게 요구되는 최소한의 보호조치마저 취하지 않은 것이라 비난할 수 없다.

생명의 연속적 발전과정에 대해 동일한 생명이라는 이유만으로 언제나 동일한 법적 효과를 부여하여야 하는 것은 아니다. 동일한 생명이라 할지라도 법질서가 생명의 발전과정을 일정한 단계들로 구분하고 그 각 단계에 상이한 법적 효과를 부여하는 것이 불가능하지 않다. 이 사건 법률조항들의 경우에도 '살아서 출생한 태아'와는 달리 '살아서 출생하지 못한 태아'에 대해서는 손해배상청구권을 부정함으로써 후자에게 불리한 결과를 초래하고 있으나 이러한 결과는 사법(私法)관계에서 요구되는 법적 안정성의 요청이라는 법치국가이념에 의한 것으로 헌법적으로 정당화된다 할 것이므로, 그와 같은 차별적 입법조치가 있다는 이유만으로 곧 국가가 기본권 보호를 위해 필요한 최소한의 입법적 조치를 다하지 않아 그로써 위헌적인 입법적 불비나 불완전한 입법상태가 초래된 것이라고 볼 수 없다.

그렇다면 이 사건 법률조항들이 권리능력의 존재 여부를 출생 시를 기준으로 확정하고 태아에 대해서는 살아서 출생할 것을 조건으로 손해배상청구권을 인정한다 할지라도 이러한 입법적 태도가 입법형성권의 한계를 명백히 일탈한 것으로 보기는 어려우므로 이 사건 법률조항들이 국가의 생명권 보호의무를 위반한 것이라 볼 수 없다.

생 명 권

14 사형제도 위헌소원 사건

(형법 제250조등 위헌소원)
1996. 11. 28. 95헌바1 [합헌 · 각하]

|판시사항|

1. 사형제도가 헌법에 위반되는지 여부
2. 살인죄에 대하여 사형에 처할 수 있도록 규정한 형법 제250조 제1항이 헌법에 위반되는지 여부

[결정요지]

1. 인간의 생명은 고귀하고, 이 세상에서 무엇과도 바꿀 수 없는 존엄한 인간존재의 근원이다. 이러한 생명에 대한 권리는 비록 헌법에 명문의 규정이 없다 하더라도 인간의 생존본능과 존재목적에 바탕을 둔 선험적이고 자연법적인 권리로서 헌법에 규정된 모든 기본권의 전제로서 기능하는 기본권 중의 기본권이라 할 것이다. 따라서 사형은 이러한 생명권에 대한 박탈을 의미하므로, 만약 그것이 인간의 존엄에 반하는 잔혹하고 이상한 형벌이라고 평가되거나, 형벌의 목적달성에 필요한 정도를 넘는 과도한 것으로 평가된다면 앞서 본 헌법 제12조 제1항 및 제110조 제4항의 문언에도 불구하고 우리 헌법의 해석상 허용될 수 없는 위헌적인 형벌이라고 하지 않을 수 없을 것이다.

(1) 생명권 역시 헌법 제37조 제2항에 의한 일반적 법률유보의 대상이 될 수밖에 없는 것이나, 생명권에 대한 제한은 곧 생명권의 완전한 박탈을 의미한다 할 것이므로, 사형이 비례의 원칙에 따라서 최소한 동등한 가치가 있는 다른 생명 또는 그에 못지 아니한 공공의 이익을 보호하기 위한 불가피성이 충족되는 예외적인 경우에만 적용되는 한, 그것이 비록 생명을 빼앗는 형벌이라 하더라도 헌법 제37조 제2항 단서에 위반되는 것으로 볼 수는 없다.

(2) 모든 인간의 생명은 자연적 존재로서 동등한 가치를 갖는다고 할 것이나 그 동등한 가치가 서로 충돌하게 되거나 생명의 침해에 못지 아니한 중대한 공익을 침해하는 등의 경우에는 국민의 생명 · 재산 등을 보호할 책임이 있는 국가는 어떠한 생명 또는 법익이 보호되어야 할 것인지 그 규준을 제시할 수 있는 것이다. 인간의 생명을 부정하는 등의

범죄행위에 대한 불법적 효과로서 지극히 한정적인 경우에만 부과되는 사형은 죽음에 대한 인간의 본능적 공포심과 범죄에 대한 응보욕구가 서로 맞물려 고안된 "필요악"으로서 불가피하게 선택된 것이며 지금도 여전히 제 기능을 하고 있다는 점에서 정당화될 수 있다. 따라서 사형은 이러한 측면에서 헌법상의 비례의 원칙에 반하지 아니한다 할 것이고, 적어도 우리의 현행 헌법이 스스로 예상하고 있는 형벌의 한 종류이기도 하므로 아직은 우리의 헌법질서에 반하는 것으로 판단되지 아니한다.

2. 형법 제250조 제1항이 규정하고 있는 살인의 죄는 인간생명을 부정하는 범죄행위의 전형이고, 이러한 범죄에는 그 행위의 태양이나 결과의 중대성으로 미루어 보아 반인륜적 범죄라고 규정지워질 수 있는 극악한 유형의 것들도 포함되어 있을 수 있는 것이다. 따라서 사형을 형벌의 한 종류로서 합헌이라고 보는 한 그와 같이 살인의 생명을 부정하는 범죄행위에 대하여 행위자의 생명을 부정하는 사형을 그 불법효과의 하나로서 규정한 것은 행위자의 생명과 그 가치가 동일한 하나의 혹은 다수의 생명을 보호하기 위한 불가피한 수단의 선택이라고 볼 수밖에 없으므로 이를 가리켜 비례의 원칙에 반한다고 할 수 없어 헌법에 위반되는 것이 아니다.

핵심 체크 학습 생명권

헌법판례선

1. 태아 성별 고지 금지는 태아의 생명권을 보호하기 위한 것이다. [14 사시]

(해설) 이 사건 규정의 태아 성별 고지 금지는 낙태, 특히 성별을 이유로 한 낙태를 방지함으로써 성비의 불균형을 해소하고 태아의 생명권을 보호하기 위해 입법된 것이므로 그 목적이 정당하다 할 것이다(헌재 2008. 7. 31. 2004헌마1010).

2. 국가는 헌법 제10조에 따라 태아의 생명을 보호할 의무가 있지만, 태아를 위하여 민법상 일반적 권리능력까지도 인정하여야 한다는 헌법적 요청이 도출되지는 않는다. [14 사시]

(해설) 태아는 형성 중의 인간으로서 생명을 보유하고 있으므로 국가는 태아를 위하여 각종 보호조치들을 마련해야 할 의무가 있다. 하지만 그와 같은 국가의 기본권 보호의무로부터 태아의 출생 전에, 또한 태아가 살아서 출생할 것인가와는 무관하게, 태아를 위하여 민법상 일반적 권리능력까지도 인정하여야 한다는 헌법적 요청이 도출되지는 않는다(헌재 2008. 7. 31. 2004헌바81).

3. 비록 연명치료 중단에 관한 결정 및 그 실행이 환자의 생명단축을 초래한다 하더라도 이를 생명에 대한 임의적 처분으로서 자살이라고 평가할 수 없고, 오히려 이는 생명권의 한 내용으로서 보장된다. [14 사시]

(해설) 비록 연명치료 중단에 관한 결정 및 그 실행이 환자의 생명단축을 초래한다 하더라도 이를 생명에 대한 임의적 처분으로서 자살이라고 평가할 수 없고, 오히려 인위적인 신체침해 행위에서 벗어나서 자신의 생명을 자연적인 상태에 맡기고자 하는 것으로서 인간의 존엄과 가치에 부합한다 할 것이다. ~ 죽음에 임박한 상태에서 인간으로서의 존엄과 가치를 지키기 위하여 연명치료의 거부 또는 중단을 결정할 수 있다 할 것이고, 위 결정

(정답) 1. ○ 2. ○ 3. ×

은 헌법상 기본권인 자기결정권의 한 내용으로서 보장된다 할 것이다(헌재 2009. 11. 26. 2008헌마385).

4. '연명치료 중단에 관한 결정권'을 보장하는 방법으로서 '법원의 재판을 통한 규범의 제시'와 '입법' 중 어떤 방법을 선택할 것인지의 문제는 입법부가 결정할 입법정책적 문제이다. [14 사시]

해설 '연명치료 중단에 관한 자기결정권'을 보장하는 방법으로서 '법원의 재판을 통한 규범의 제시'와 '입법' 중 어느 것이 바람직한가는 입법정책의 문제로서 국회의 재량에 속한다 할 것이다. ~ 이와 같았음을 볼 때 '연명치료 중단에 관한 자기결정권'을 보장하기 위해 반드시 입법이 필요한 것은 아니다(헌재 2009. 11. 26. 2008헌마385).

5. 생명이 이념적으로 절대적인 가치를 지닌 것이라 하더라도 생명권 역시 헌법 제37조 제2항에 의한 일반적 법률유보의 대상이 될 수밖에 없다. [14 사시]

해설 비록 생명이 이념적으로 절대적 가치를 지닌 것이라 하더라도 생명에 대한 법적 평가가 예외적으로 허용될 수 있다고 할 것이므로, 생명권 역시 헌법 제37조 제2항에 의한 일반적 법률유보의 대상이 될 수밖에 없다. 나아가 ~ 생명권의 제한이 정당화될 수 있는 예외적인 경우에는 생명권의 박탈이 초래된다 하더라도 곧바로 기본권의 본질적인 내용을 침해하는 것이라 볼 수는 없다(헌재 2010. 2. 25. 2008헌가23).

정답 4. ○ 5. ○

행복추구권
일반적 인격권

15 태아의 성별고지 금지 사건

(의료법 제19조의2 제2항 위헌확인 등)
2008. 7. 31. 2004헌마1010, 2005헌바90(병합) **[헌법불합치]**

|판시사항|

1. 구 의료법 제19조의2 제2항(이하 '이 사건 규정' 이라 한다)이 태아의 성별에 대하여 이를 고지하는 것을 금지하는 것이 의료인의 직업수행의 자유와 부모의 태아성별정보에 대한 접근을 방해받지 않을 권리를 침해하는 것인지 여부(+)
2. 의료법 제20조 제2항에 대한 심판대상 확장과 헌법불합치결정의 필요성

[결정요지]

1. 헌법 제10조로부터 도출되는 일반적 인격권에는 각 개인이 그 삶을 사적으로 형성할 수 있는 자율영역에 대한 보장이 포함되어 있음을 감안할 때, 장래 가족의 구성원이 될 태아의 성별 정보에 대한 접근을 국가로부터 방해받지 않을 부모의 권리는 이와 같은 일반적 인격권에 의하여 보호된다고 보아야 할 것인바, 이 사건 규정은 일반적 인격권으로부터 나오는 부모의 태아 성별 정보에 대한 접근을 방해받지 않을 권리를 제한하고 있다고 할 것이다.

이 사건 규정의 태아 성별 고지 금지는 낙태, 특히 성별을 이유로 한 낙태를 방지함으로써 성비의 불균형을 해소하고 태아의 생명권을 보호하기 위해 입법된 것이다. 그런데 임신 기간이 통상 40주라고 할 때, 낙태가 비교적 자유롭게 행해질 수 있는 시기가 있는 반면, 낙태를 할 경우 태아는 물론, 산모의 생명이나 건강에 중대한 위험을 초래하여 낙태가 거의 불가능하게 되는 시기도 있는데, 성별을 이유로 하는 낙태가 임신 기간의 전 기간에 걸쳐 이루어질 것이라는 전제 하에, 이 사건 규정이 낙태가 사실상 불가능하게 되는 임신 후반기에 이르러서도 태아에 대한 성별 정보를 태아의 부모에게 알려 주지 못하게 하는 것은 최소침해성원칙을 위반하는 것이고, 이와 같이 임신후반기 공익에 대한 보호의 필요성이 거의 제기되지 않는 낙태 불가능 시기 이후에도 의사가 자유롭게 직업수행을 하는 자유를 제한하고, 임부나 그 가족의 태아 성별 정보에 대한 접근을 방해하는 것은 기본권 제한의 법익 균형성 요건도 갖추지 못한 것이다. 따라서 이 사건 규정은 헌법에 위반된다

할 것이다.

2. 국회는 2007. 4. 11. 법률 제8366호로 의료법을 전부 개정하여 위 19조의2 제2항을 제20조 제2항에서 규정하고 있는데, 그 내용에는 변함이 없으므로 이 규정 역시 의료인의 직업수행의 자유와 태아 부모의 태아성별 정보에 대한 접근을 방해받지 않을 권리를 침해하므로 헌법에 위반된다. 그런데 위와 같은 이 사건 심판대상 규정들에 대해 단순위헌결정을 할 경우 태아의 성별 고지 금지에 대한 근거 규정이 사라져 법적 공백상태가 발생하게 될 것이므로 헌법불합치결정을 한다.

행복추구권
일반적 행동자유권

16 서울광장 통행저지 사건

(서울특별시 서울광장통행저지행위 위헌확인)
2011. 6. 30. 2009헌마406 **[위헌확인]**

|판시사항|

1. 경찰청장이 2009. 6. 3. 경찰버스들로 서울특별시 서울광장을 둘러싸 통행을 제지한 행위(이하 '이 사건 통행제지행위' 라고 한다)가 청구인들의 거주·이전의 자유를 제한하는지 여부(－)
2. 이 사건 통행제지행위가 과잉금지원칙을 위반하여 청구인들의 일반적 행동자유권을 침해한 것인지 여부(＋)

[결정요지]

1. 거주·이전의 자유는 거주지나 체류지라고 볼 만한 정도로 생활과 밀접한 연관을 갖는 장소를 선택하고 변경하는 행위를 보호하는 기본권인바, 이 사건에서 서울광장이 청구인들의 생활형성의 중심지인 거주지나 체류지에 해당한다고 할 수 없고, 서울광장에 출입하고 통행하는 행위가 그 장소를 중심으로 생활을 형성해 나가는 행위에 속한다고 볼 수도 없으므로 청구인들의 거주·이전의 자유가 제한되었다고 할 수 없다.

2. 이 사건 통행제지행위는 서울광장에서 개최될 여지가 있는 일체의 집회를 금지하고 일반시민들의 통행조차 금지하는 전면적이고 광범위하며 극단적인 조치이므로 집회의 조건부 허용이나 개별적 집회의 금지나 해산으로는 방지할 수 없는 급박하고 명백하며 중대한 위험이 있는 경우에 한하여 비로소 취할 수 있는 거의 마지막 수단에 해당한다. 서울광장 주변에 노무현 전 대통령을 추모하는 사람들이 많이 모여 있었다거나 일부 시민들이 서울광장 인근에서 불법적인 폭력행위를 저지른 바 있다고 하더라도 그것만으로 폭력행위일로부터 4일 후까지 이러한 조치를 그대로 유지해야 할 급박하고 명백한 불법·폭력 집회나 시위의 위험성이 있었다고 할 수 없으므로 이 사건 통행제지행위는 당시 상황에 비추어 필요최소한의 조치였다고 보기 어렵고, 가사 전면적이고 광범위한 집회방지조치를 취할 필요성이 있었다고 하더라도, 서울광장에의 출입을 완전히 통제하는 경우 일반시민들의 통행

이나 여가·문화 활동 등의 이용까지 제한되므로 서울광장의 몇 군데라도 통로를 개설하여 통제 하에 출입하게 하거나 대규모의 불법·폭력 집회가 행해질 가능성이 적은 시간대라든지 서울광장 인근 건물에의 출근이나 왕래가 많은 오전 시간대에는 일부 통제를 푸는 등 시민들의 통행이나 여가·문화활동에 과도한 제한을 초래하지 않으면서도 목적을 상당 부분 달성할 수 있는 수단이나 방법을 고려하였어야 함에도 불구하고 모든 시민의 통행을 전면적으로 제지한 것은 침해의 최소성을 충족한다고 할 수 없다. 또한 대규모의 불법·폭력 집회나 시위를 막아 시민들의 생명·신체와 재산을 보호한다는 공익은 중요한 것이지만, 당시의 상황에 비추어 볼 때 이러한 공익의 존재 여부나 그 실현 효과는 다소 가상적이고 추상적인 것이라고 볼 여지도 있고, 비교적 덜 제한적인 수단에 의하여도 상당 부분 달성될 수 있었던 것으로 보여 일반 시민들이 입은 실질적이고 현존하는 불이익에 비하여 결코 크다고 단정하기 어려우므로 법익의 균형성 요건도 충족하였다고 할 수 없다.

따라서 이 사건 통행제지행위는 과잉금지원칙을 위반하여 청구인들의 일반적 행동자유권을 침해한 것이다.

관련 유사 판례

16-1. 4·16세월호참사 피해구제 및 지원 등을 위한 특별법 제6조 제3항 등 위헌확인
(2017. 6. 29. 2015헌마654)

[결정내용]

세월호피해지원법은 배상금 등의 지급 이후 효과나 의무에 관한 일반규정을 두거나 이에 관하여 범위를 정하여 하위 법규에 위임한 바가 전혀 없다. 따라서 세월호피해지원법 제15조 제2항의 위임에 따라 시행령으로 규정할 수 있는 사항은 지급신청이나 지급에 관한 기술적이고 절차적인 사항일 뿐이다. 신청인에게 지급결정에 대한 동의의 의사표시 전에 숙고의 기회를 보장하고, 그 법적 의미와 효력에 관하여 안내해 줄 필요성이 인정된다 하더라도, 세월호피해지원법 제16조에서 규정하는 동의의 효력 범위를 초과하여 세월호 참사 전반에 관한 일체의 이의제기를 금지시킬 수 있는 권한을 부여받았다고 볼 수는 없다. 따라서 이의제기금지조항은 법률유보원칙을 위반하여 법률의 근거 없이 대통령령으로 청구인들에게 세월호 참사와 관련된 일체의 이의제기금지의무를 부담시킴으로써 일반적 행동의 자유를 침해한다.

행복추구권
일반적 행동자유권

17 공정거래위원회의 법 위반사실 공표명령 사건

(독점규제및공정거래에관한법률 제27조 위헌소원)
2002. 1. 31. 2001헌바43 [위헌]

|판시사항|

1. 사업자단체의 독점규제및공정거래법 위반행위가 있을 때 공정거래위원회가 당해 사업자단체에 대하여 "법위반사실의 공표" 를 명할 수 있도록 한 동법 제27조 부분이 양심의 자유를 침해하는지 여부(−)
2. 위 조항부분이 과잉금지의 원칙에 위반하여 당해 행위자의 일반적 행동의 자유 및 명예권을 침해하는지 여부(+)
3. 위 조항부분이 무죄추정의 원칙에 반하는지 여부(+)

[결정요지]

1. 헌법 제19조에서 보호하는 양심은 옳고 그른 것에 대한 판단을 추구하는 가치적·도덕적 마음가짐으로, 개인의 소신에 따른 다양성이 보장되어야 하고 그 형성과 변경에 외부적 개입과 억압에 의한 강요가 있어서는 아니되는 인간의 윤리적 내심영역이다. 따라서 단순한 사실관계의 확인과 같이 가치적·윤리적 판단이 개입될 여지가 없는 경우는 물론, 법률해석에 관하여 여러 견해가 갈리는 경우처럼 다소의 가치관련성을 가진다고 하더라도 개인의 인격형성과는 관계가 없는 사사로운 사유나 의견 등은 그 보호대상이 아니다. 이 사건의 경우와 같이 경제규제법적 성격을 가진 공정거래법에 위반하였는지 여부에 있어서도 각 개인의 소신에 따라 어느 정도의 가치판단이 개입될 수 있는 소지가 있고 그 한도에서 다소의 윤리적 도덕적 관련성을 가질 수도 있겠으나, 이러한 법률판단의 문제는 개인의 인격형성과는 무관하며, 대화와 토론을 통하여 가장 합리적인 것으로 그 내용이 동화되거나 수렴될 수 있는 포용성을 가지는 분야에 속한다고 할 것이므로 헌법 제19조에 의하여 보장되는 양심의 영역에 포함되지 아니한다.

2. 공정거래법 위반행위의 내용 및 형태에 따라서는 일반공중이나 관련 사업자들이 그 위반여부에 대한 정보와 인식의 부족으로 말미암아 공정거래위원회의 시정조치에도 불구

하고 위법사실의 효과가 지속되는 사례가 발생할 수 있고, 이러한 경우 조속히 법위반에 관한 중요 정보를 공개하는 등의 방법으로 일반공중이나 관련 사업자들에게 널리 경고함으로써 계속되는 공공의 손해를 종식시키고 위법행위가 재발하는 것을 방지하는 조치를 할 필요가 있다. 그러기 위해서는 일반공중이나 관련 사업자들의 의사결정에 중요하거나, 그 권리를 보호하기 위하여 실질적으로 필요하고 적절하다고 인정될 수 있는 구체적 정보내용을 알려주는 것이 보다 효과적일 것이다. 그런데 소비자보호를 위한 이러한 보호적, 경고적, 예방적 형태의 공표조치를 넘어서 형사재판이 개시되기도 전에 공정거래위원회의 행정처분에 의하여 무조건적으로 법위반을 단정, 그 피의사실을 널리 공표토록 한다면 이는 지나치게 광범위한 조치로서 앞서 본 입법목적에 반드시 부합하는 적합한 수단이라고 하기 어렵다. 나아가 '법위반으로 인한 시정명령을 받은 사실의 공표'에 의할 경우, 입법목적을 달성하면서도 행위자에 대한 기본권 침해의 정도를 현저히 감소시키고 재판 후 발생가능한 무죄로 인한 혼란과 같은 부정적 효과를 최소화할 수 있는 것이므로, 법위반사실을 인정케 하고 이를 공표시키는 이 사건과 같은 명령형태는 기본권을 과도하게 제한하는 것이 된다.

3. 공정거래위원회의 고발조치 등으로 장차 형사절차내에서 진술을 해야할 행위자에게 사전에 이와 같은 법위반사실의 공표를 하게 하는 것은 형사절차내에서 법위반사실을 부인하고자 하는 행위자의 입장을 모순에 빠뜨려 소송수행을 심리적으로 위축시키거나, 법원으로 하여금 공정거래위원회 조사결과의 신뢰성 여부에 대한 불합리한 예단을 촉발할 소지가 있고 이는 장차 진행될 형사절차에도 영향을 미칠 수 있다. 결국 법위반사실의 공표명령은 공소제기조차 되지 아니하고 단지 고발만 이루어진 수사의 초기단계에서 아직 법원의 유무죄에 대한 판단이 가려지지 아니하였는데도 관련 행위자를 유죄로 추정하는 불이익한 처분이 된다.

관련 유사 판례

17-1. 민법 제1066조 제1항
(2008. 3. 27. 2006헌바82)

[결정내용]

유언의 자유는 단순한 재산권 처분의 권능 이외에도 사적 자치의 실현이라는 의미를 지니는바, 유언을 할지의 여부, 그 구체적인 내용의 선택, 유언의 방식 등은 기본적으로 개인의 자유로운 의사결정에 맡겨져 있다. 그러므로 이 사건 법률조항 부분과 같이 자필증서에 의한 유언에 있어서 그 방식을 제한하는 것은 헌법 제10조의 행복추구권에서 파생된 유언자의 일반적 행동의 자유를 제한하는 것이 된다.

17-2. 요트조정 면허제

(2008. 4. 24. 2006헌마954)

[결정내용]

기상악화 및 운항부주의로 인한 요트사고들이 보고되고 있는바, 무동력 요트와는 달리 동력수상레저기구에 해당하는 요트의 조종에 있어서는 수상안전과 질서를 위하여 일정한 지식과 기술이 필요하다고 본 입법자의 평가가 잘못된 것이라 볼 수 없다. 요트면허시험은 기상에 대한 기본적 지식과 요트의 구조에 대한 이해, 기본적 항해술 등에 대한 것이며, 응시자에게 지나친 부담을 주는 것이라 볼 수 없다. 따라서 동력수상레저기구인 요트에 대하여 면허제도를 도입한 입법이 불합리한 것이라거나 청구인의 행복추구권(일반적 행동자유권)을 침해한다고 할 수 없다.

17-3. 누구든지 금융회사 등에 종사하는 자에게 거래정보 등의 제공을 요구하는 것을 금지하고, 위반시 형사처벌하는 금융실명법 조항에 관한 위헌제청 사건

(2022. 2. 24. 2020헌가5)

[결정내용]

심판대상조항은 금융거래정보 유출을 막음으로써 금융거래의 비밀을 보장하기 위하여 명의인의 동의 없이 금융기관에게 금융거래정보를 요구하는 것을 금지하고 그 위반행위에 대하여 형사처벌을 가하는 것이다. 금융거래의 역할이나 중요성에 비추어 볼 때 그 비밀을 보장할 필요성은 인정되나, 금융거래는 금융기관을 매개로 하여서만 가능하므로 금융기관 및 그 종사자에 대하여 정보의 제공 또는 누설에 대하여 형사적 제재를 가하는 것만으로도 금융거래의 비밀은 보장될 수 있다. 심판대상조항은 금융거래정보의 제공요구행위 자체만으로 형사처벌의 대상으로 삼고 있으나, 제공요구행위에 사회적으로 비난받을 행위가 수반되지 않거나, 금융거래의 비밀 보장에 실질적인 위협이 되지 않는 행위도 충분히 있을 수 있고, 명의인의 동의를 받을 수 없는 상황에서 타인의 금융거래정보가 필요하여 금융기관 종사자에게 그 제공을 요구하는 경우가 있을 수 있는 등 금융거래정보 제공요구행위는 구체적인 사안에 따라 죄질과 책임을 달리한다고 할 것임에도, 심판대상조항은 정보제공요구의 사유나 경위, 행위 태양, 요구한 거래정보의 내용 등을 전혀 고려하지 아니하고 일률적으로 금지하고, 그 위반 시 형사처벌을 하도록 하고 있다. 나아가, 금융거래의 비밀보장이 중요한 공익이라는 점은 인정할 수 있으나, 심판대상조항이 정보제공요구를 하게 된 사유나 행위의 태양, 요구한 거래정보의 내용을 고려하지 아니하고 일률적으로 일반 국민들이 거래정보의 제공을 요구하는 것을 금지하고 그 위반 시 형사처벌을 하는 것은 그 공익에 비하여 지나치게 일반 국민의 일반적 행동자유권을 제한하는 것이다. 따라서 심판대상조항은 과잉금지원칙에 반하여 일반적 행동자유권을 침해한다.

행복추구권
개인정보자기결정권

18 지문날인제도 사건

(주민등록법 제17조의8 등 위헌확인 등)
2005. 5. 26. 99헌마513, 2004헌마190(병합) **[기각]**

|판시사항|

1. 이 사건 심판대상(개인의 지문정보, 수집, 보관, 전산화 및 범죄수사 목적 이용)과 개인정보자기결정권의 관련 여부(+)
2. 위 심판대상이 법률유보의 원칙에 위배되는지 여부(−)
3. 위 심판대상이 개인정보자기결정권을 과잉제한하는 것인지 여부(−)

[결정요지]

1. 개인정보자기결정권은 자신에 관한 정보가 언제 누구에게 어느 범위까지 알려지고 또 이용되도록 할 것인지를 그 정보주체가 스스로 결정할 수 있는 권리이다. 즉 정보주체가 개인정보의 공개와 이용에 관하여 스스로 결정할 권리를 말한다.

개인정보자기결정권의 보호대상이 되는 개인정보는 개인의 신체, 신념, 사회적 지위, 신분 등과 같이 개인의 인격주체성을 특징짓는 사항으로서 그 개인의 동일성을 식별할 수 있게 하는 일체의 정보라고 할 수 있고, 반드시 개인의 내밀한 영역이나 사사(私事)의 영역에 속하는 정보에 국한되지 않고 공적 생활에서 형성되었거나 이미 공개된 개인정보까지 포함한다. 또한 그러한 개인정보를 대상으로 한 조사·수집·보관·처리·이용 등의 행위는 모두 원칙적으로 개인정보자기결정권에 대한 제한에 해당한다.

개인정보자기결정권의 헌법상 근거로는 헌법 제17조의 사생활의 비밀과 자유, 헌법 제10조 제1문의 인간의 존엄과 가치 및 행복추구권에 근거를 둔 일반적 인격권 또는 위 조문들과 동시에 우리 헌법의 자유민주적 기본질서 규정 또는 국민주권원리와 민주주의원리 등을 고려할 수 있으나, 개인정보자기결정권으로 보호하려는 내용을 위 각 기본권들 및 헌법원리들 중 일부에 완전히 포섭시키는 것은 불가능하다고 할 것이므로, 그 헌법적 근거를 굳이 어느 한 두개에 국한시키는 것은 바람직하지 않은 것으로 보이고, 오히려 개인정보자기결정권은 이들을 이념적 기초로 하는 독자적 기본권으로서 헌법에 명시되지 아니한 기본권이라고 보아야 할 것이다.

이 사건 심판대상조항과 행위 중 본안판단의 대상이 되는 것은 주민등록법시행령 제33조 제2항에 의한 별지 제30호서식 중 열 손가락의 회전지문과 평면지문을 날인하도록 한 부분(이하 '이 사건 시행령조항'이라 한다)과 경찰청장이 청구인들의 주민등록증발급신청서에 날인되어 있는 지문정보를 보관·전산화하고 이를 범죄수사목적에 이용하는 행위(이하 '경찰청장의 보관 등 행위'라 한다)의 각 위헌 여부인데, 결국 이 사건 심판청구는 개인정보의 하나인 지문정보의 수집·보관·전산화·이용이라는 일련의 과정에서 적용되고 행해진 규범 및 행위가 헌법에 위반되는지 여부를 그 대상으로 하는 것이다. 개인정보자기결정권은 자신에 관한 정보가 언제 누구에게 어느 범위까지 알려지고 또 이용되도록 할 것인지를 그 정보주체가 스스로 결정할 수 있는 권리, 즉 정보주체가 개인정보의 공개와 이용에 관하여 스스로 결정할 권리를 말하는바, 개인의 고유성, 동일성을 나타내는 지문은 그 정보주체를 타인으로부터 식별가능하게 하는 개인정보이므로, 시장·군수 또는 구청장이 개인의 지문정보를 수집하고, 경찰청장이 이를 보관·전산화하여 범죄수사목적에 이용하는 것은 모두 개인정보자기결정권을 제한하는 것이다.

2. (1) 주민등록법 제17조의8 제2항 본문은 주민등록증의 수록사항의 하나로 지문을 규정하고 있을 뿐 "오른손 엄지손가락 지문"이라고 특정한 바가 없으며, 이 사건 시행령조항에서는 주민등록법 제17조의8 제5항의 위임규정에 근거하여 주민등록증발급신청서의 서식을 정하면서 보다 정확한 신원확인이 가능하도록 하기 위하여 열 손가락의 지문을 날인하도록 하고 있는 것이므로, 이를 두고 법률에 근거가 없는 것으로서 법률유보의 원칙에 위배되는 것으로 볼 수는 없다.

(2) 공공기관의개인정보보호에관한법률 제10조 제2항 제6호는 컴퓨터에 의하여 이미 처리된 개인정보뿐만 아니라 컴퓨터에 의하여 처리되기 이전의 원 정보자료 자체도 경찰청장이 범죄수사목적을 위하여 다른 기관에서 제공받는 것을 허용하는 것으로 해석되어야 하고, 경찰청장은 같은 법 제5조에 의하여 소관업무를 수행하기 위하여 필요한 범위 안에서 이를 보유할 권한도 갖고 있으며, 여기에는 물론 지문정보를 보유하는 것도 포함된다. 따라서 경찰청장이 지문정보를 보관하는 행위는 공공기관의개인정보보호에관한법률 제5조, 제10조 제2항 제6호에 근거한 것으로 볼 수 있고, 그 밖에 주민등록법 제17조의8 제2항 본문, 제17조의10 제1항, 경찰법 제3조 및 경찰관직무집행법 제2조에도 근거하고 있다.

(3) 따라서 이 사건 시행령조항 및 경찰청장의 보관 등 행위는 모두 그 법률의 근거가 있다.

3. (1) 이 사건 시행령조항 및 경찰청장의 보관 등 행위는 불가분의 일체를 이루어 지문정보의 수집·보관·전산화·이용이라는 넓은 의미의 지문날인제도를 구성하고 있다고 할 수 있으므로, 지문정보의 수집·보관·전산화·이용을 포괄하는 의미의 지문날인제도(이하 '이 사건 지문날인제도'라 한다)가 과잉금지의 원칙을 위반하여 개인정보자기결정권을 침해하는지 여부가 문제된다.

(2) 이 사건 지문날인제도가 범죄자 등 특정인만이 아닌 17세 이상 모든 국민의 열 손가락 지문정보를 수집하여 보관하도록 한 것은 신원확인기능의 효율적인 수행을 도모하고, 신원확인의 정확성 내지 완벽성을 제고하기 위한 것으로서, 그 목적의 정당성이 인정되고, 또한 이 사건 지문날인제도가 위와 같은 목적을 달성하기 위한 효과적이고 적절한 방법의 하나가 될 수 있다.

(3) 범죄자 등 특정인의 지문정보만 보관해서는 17세 이상 모든 국민의 지문정보를 보관하는 경우와 같은 수준의 신원확인기능을 도저히 수행할 수 없는 점, 개인별로 한 손가락만의 지문정보를 수집하는 경우 그 손가락 자체 또는 지문의 손상 등으로 인하여 신원확인이 불가능하게 되는 경우가 발생할 수 있고, 그 정확성 면에 있어서도 열 손가락 모두의 지문을 대조하는 것과 비교하기 어려운 점, 다른 여러 신원확인수단 중에서 정확성·간편성·효율성 등의 종합적인 측면에서 현재까지 지문정보와 비견할만한 것은 찾아보기 어려운 점 등을 고려해 볼 때, 이 사건 지문날인제도는 피해 최소성의 원칙에 어긋나지 않는다.

(4) 이 사건 지문날인제도로 인하여 정보주체가 현실적으로 입게 되는 불이익에 비하여 경찰청장이 보관·전산화하고 있는 지문정보를 범죄수사활동, 대형사건사고나 변사자가 발생한 경우의 신원확인, 타인의 인적사항 도용 방지 등 각종 신원확인의 목적을 위하여 이용함으로써 달성할 수 있게 되는 공익이 더 크다고 보아야 할 것이므로, 이 사건 지문날인제도는 법익의 균형성의 원칙에 위배되지 아니한다.

(5) 결국 이 사건 지문날인제도가 과잉금지의 원칙에 위배하여 청구인들의 개인정보자기결정권을 침해하였다고 볼 수 없다.

행복추구권
개인정보자기결정권

19 교육정보시스템(NEIS)에 대한 헌법소원 사건

(개인정보수집 등 위헌확인)
2005. 7. 21. 2003헌마282·425(병합) [기각·각하]

|판시사항|

1. 서울특별시 교육감 등이 졸업생의 성명, 생년월일 및 졸업일자 정보를 교육정보시스템(NEIS)에 보유하는 행위의 법률유보원칙 위배 여부(－)
2. 위 행위가 그 정보주체의 개인정보자기결정권을 침해하는지 여부(－)

[결정요지]

1. 개인정보자기결정권을 제한함에 있어서는 개인정보의 수집·보관·이용 등의 주체, 목적, 대상 및 범위 등을 법률에 구체적으로 규정함으로써 그 법률적 근거를 보다 명확히 하는 것이 바람직하나, 개인정보의 종류와 성격, 정보처리의 방식과 내용 등에 따라 수권법률의 명확성 요구의 정도는 달라진다 할 것인바, 피청구인 서울특별시 교육감과 교육인적자원부장관이 졸업생 관련 제 증명의 발급이라는 소관 민원업무를 효율적으로 수행함에 필요하다고 보아 개인의 인격에 밀접히 연관된 민감한 정보라고 보기 어려운 졸업생의 성명, 생년월일 및 졸업일자만을 교육정보시스템(NEIS)에 보유하는 행위에 대하여는 그 보유정보의 성격과 양(量), 정보보유 목적의 비침해성 등을 종합할 때 수권법률의 명확성이 특별히 강하게 요구된다고는 할 수 없으며, 따라서 "공공기관은 소관업무를 수행하기 위하여 필요한 범위 안에서 개인정보화일을 보유할 수 있다."고 규정하고 있는 공공기관의개인정보보호에관한법률 제5조와 같은 일반적 수권조항에 근거하여 피청구인들의 보유행위가 이루어졌다하더라도 법률유보원칙에 위배된다고 단정하기 어렵다.

2. 인간의 존엄과 가치, 행복추구권을 규정한 헌법 제10조 제1문에서 도출되는 일반적 인격권 및 헌법 제17조의 사생활의 비밀과 자유에 의하여 보장되는 개인정보자기결정권은 자신에 관한 정보가 언제 누구에게 어느 범위까지 알려지고 또 이용되도록 할 것인지를 그 정보주체가 스스로 결정할 수 있는 권리이다. 즉 정보주체가 개인정보의 공개와 이용에 관하여 스스로 결정할 권리를 말한다. 개인정보자기결정권의 보호대상이 되는 개인정보는

개인의 신체, 신념, 사회적 지위, 신분 등과 같이 개인의 인격주체성을 특징짓는 사항으로서 그 개인의 동일성을 식별할 수 있게 하는 일체의 정보라고 할 수 있고, 반드시 개인의 내밀한 영역이나 사사(私事)의 영역에 속하는 정보에 국한되지 않고 공적 생활에서 형성되었거나 이미 공개된 개인정보까지 포함한다.

개인정보의 종류 및 성격, 수집목적, 이용형태, 정보처리방식 등에 따라 개인정보자기결정권의 제한이 인격권 또는 사생활의 자유에 미치는 영향이나 침해의 정도는 달라지므로 개인정보자기결정권의 제한이 정당한지 여부를 판단함에 있어서는 위와 같은 요소들과 추구하는 공익의 중요성을 헤아려야 하는바, 피청구인들이 졸업증명서 발급업무에 관한 민원인의 편의 도모, 행정효율성의 제고를 위하여 개인의 존엄과 인격권에 심대한 영향을 미칠 수 있는 민감한 정보라고 보기 어려운 성명, 생년월일, 졸업일자 정보만을 NEIS에 보유하고 있는 것은 목적의 달성에 필요한 최소한의 정보만을 보유하는 것이라 할 수 있고, 공공기관의개인정보보호에관한법률에 규정된 개인정보 보호를 위한 법규정들의 적용을 받을 뿐만 아니라 피청구인들이 보유목적을 벗어나 개인정보를 무단 사용하였다는 점을 인정할 만한 자료가 없는 한 NEIS라는 자동화된 전산시스템으로 그 정보를 보유하고 있다는 점만으로 피청구인들의 적법한 보유행위 자체의 정당성마저 부인하기는 어렵다.

행복추구권
자기결정권

20 낙태죄에 대한 헌법소원 사건

(형법 제269조 제1항 등 위헌소원)
2019. 4. 11. 2017헌바127, 판례집 31-1, 404 **[헌법불합치]**

|판시사항|

1. 임신한 여성의 자기낙태를 처벌하는 형법(1995. 12. 29. 법률 제5057호로 개정된 것) 제269조 제1항(이하 '자기낙태죄 조항' 이라 한다)과, 의사가 임신한 여성의 촉탁 또는 승낙을 받아 낙태하게 한 경우를 처벌하는 같은 법 제270조 제1항 중 '의사' 에 관한 부분(이하 '의사낙태죄 조항' 이라 한다)이 각각 임신한 여성의 자기결정권을 침해하는지 여부(+)
2. 단순위헌의견이 3인, 헌법불합치의견이 4인인 경우 주문의 표시 및 종전결정의 변경

[결정요지]

1. **[재판관 유남석, 재판관 서기석, 재판관 이선애, 재판관 이영진의 헌법불합치의견]**

자기낙태죄 조항은 모자보건법이 정한 예외를 제외하고는 임신기간 전체를 통틀어 모든 낙태를 전면적·일률적으로 금지하고, 이를 위반할 경우 형벌을 부과함으로써 임신의 유지·출산을 강제하고 있으므로, 임신한 여성의 자기결정권을 제한한다. 자기낙태죄 조항은 태아의 생명을 보호하기 위한 것으로서, 정당한 입법목적을 달성하기 위한 적합한 수단이다.

임신·출산·육아는 여성의 삶에 근본적이고 결정적인 영향을 미칠 수 있는 중요한 문제이므로, 임신한 여성이 임신을 유지 또는 종결할 것인지 여부를 결정하는 것은 스스로 선택한 인생관·사회관을 바탕으로 자신이 처한 신체적·심리적·사회적·경제적 상황에 대한 깊은 고민을 한 결과를 반영하는 전인적(全人的) 결정이다.

현 시점에서 최선의 의료기술과 의료 인력이 뒷받침될 경우 태아는 임신 22주 내외부터 독자적인 생존이 가능하다고 한다. 한편 자기결정권이 보장되려면 임신한 여성이 임신 유지와 출산 여부에 관하여 전인적 결정을 하고 그 결정을 실행함에 있어서 충분한 시간이 확보되어야 한다. 이러한 점들을 고려하면, 태아가 모체를 떠난 상태에서 독자적으로 생존할 수 있는 시점인 임신 22주 내외에 도달하기 전이면서 동시에 임신 유지와 출산 여부에 관한 자기결정권을 행사하기에 충분한 시간이 보장되는 시기(이하 착상 시부터 이 시기까

지를 '결정가능기간'이라 한다)까지의 낙태에 대해서는 국가가 생명보호의 수단 및 정도를 달리 정할 수 있다고 봄이 타당하다.

낙태갈등 상황에서 형벌의 위하가 임신종결 여부 결정에 미치는 영향이 제한적이라는 사정과 실제로 형사처벌되는 사례도 매우 드물다는 현실에 비추어 보면, 자기낙태죄 조항이 낙태갈등 상황에서 태아의 생명 보호를 실효적으로 하지 못하고 있다고 볼 수 있다. 낙태갈등 상황에 처한 여성은 형벌의 위하로 말미암아 임신의 유지 여부와 관련하여 필요한 사회적 소통을 하지 못하고, 정신적 지지와 충분한 정보를 제공받지 못한 상태에서 안전하지 않은 방법으로 낙태를 실행하게 된다.

모자보건법상의 정당화사유에는 다양하고 광범위한 사회적 · 경제적 사유에 의한 낙태갈등 상황이 전혀 포섭되지 않는다. 예컨대, 학업이나 직장생활 등 사회활동에 지장이 있을 것에 대한 우려, 소득이 충분하지 않거나 불안정한 경우, 자녀가 이미 있어서 더 이상의 자녀를 감당할 여력이 되지 않는 경우, 상대 남성과 교제를 지속할 생각이 없거나 결혼 계획이 없는 경우, 혼인이 사실상 파탄에 이른 상태에서 배우자의 아이를 임신했음을 알게 된 경우, 결혼하지 않은 미성년자가 원치 않은 임신을 한 경우 등이 이에 해당할 수 있다.

자기낙태죄 조항은 모자보건법에서 정한 사유에 해당하지 않는다면 결정가능기간 중에 다양하고 광범위한 사회적 · 경제적 사유를 이유로 낙태갈등 상황을 겪고 있는 경우까지도 예외 없이 전면적 · 일률적으로 임신의 유지 및 출산을 강제하고, 이를 위반한 경우 형사처벌하고 있다.

따라서, 자기낙태죄 조항은 입법목적을 달성하기 위하여 필요한 최소한의 정도를 넘어 임신한 여성의 자기결정권을 제한하고 있어 침해의 최소성을 갖추지 못하였고, 태아의 생명 보호라는 공익에 대하여만 일방적이고 절대적인 우위를 부여함으로써 법익균형성의 원칙도 위반하였으므로, 과잉금지원칙을 위반하여 임신한 여성의 자기결정권을 침해한다.

자기낙태죄 조항과 동일한 목표를 실현하기 위하여 임신한 여성의 촉탁 또는 승낙을 받아 낙태하게 한 의사를 처벌하는 의사낙태죄 조항도 같은 이유에서 위헌이라고 보아야 한다.

자기낙태죄 조항과 의사낙태죄 조항에 대하여 각각 단순위헌결정을 할 경우, 임신 기간 전체에 걸쳐 행해진 모든 낙태를 처벌할 수 없게 됨으로써 용인하기 어려운 법적 공백이 생기게 된다. 더욱이 입법자는 결정가능기간을 어떻게 정하고 결정가능기간의 종기를 언제까지로 할 것인지, 결정가능기간 중 일정한 시기까지는 사회적 · 경제적 사유에 대한 확인을 요구하지 않을 것인지 여부까지를 포함하여 결정가능기간과 사회적 · 경제적 사유를 구체적으로 어떻게 조합할 것인지, 상담요건이나 숙려기간 등과 같은 일정한 절차적 요건을 추가할 것인지 여부 등에 관하여 앞서 헌법재판소가 설시한 한계 내에서 입법재량을 가진다. 따라서 자기낙태죄 조항과 의사낙태죄 조항에 대하여 단순위헌 결정을 하는 대신 각각 헌법불합치 결정을 선고하되, 다만 입법자의 개선입법이 이루어질 때까지 계속적용을 명함이 타당하다.

2. 자기낙태죄 조항과 의사낙태죄 조항이 헌법에 위반된다는 단순위헌의견이 3인이고, 헌법에 합치되지 아니한다는 헌법불합치의견이 4인이므로, 단순위헌의견에 헌법불합치의견을 합산하면 법률의 위헌결정을 함에 필요한 심판정족수에 이르게 된다. 따라서 위 조항들에 대하여 헌법에 합치되지 아니한다고 선언하되, 2020. 12. 31.을 시한으로 입법자가 개선입법을 할 때까지 계속적용을 명한다. 아울러 종전에 헌법재판소가 이와 견해를 달리하여 자기낙태죄 조항과 형법(1995. 12. 29. 법률 제5057호로 개정된 것) 제270조 제1항 중 '조산사'에 관한 부분이 헌법에 위반되지 아니한다고 판시한 헌재 2012. 8. 23. 2010헌바402 결정은 이 결정과 저촉되는 범위 내에서 변경하기로 한다.

핵심 체크 학습

행복추구권

헌법판례선

1. 헌법 제10조는 개인의 인격권과 행복추구권을 보장하고 있고, 인격권과 행복추구권은 개인의 자기운명결정권을 전제로 한다. 이 자기운명결정권에는 성행위 여부 및 그 상대방을 결정할 수 있는 성적 자기결정권이 포함되어 있다. [16 법행]

해설 헌재 1990. 9. 10. 89헌마82.

2. 환자가 장차 죽음에 임박한 상태에 이를 경우에 대비하여 미리 의료인 등에게 연명치료 거부 또는 중단에 관한 의사를 밝히는 등의 방법으로 죽음에 임박한 상태에서 인간으로서의 존엄과 가치를 지키기 위하여 연명치료의 거부 또는 중단을 결정할 수 있다 할 것이고, 위 결정은 헌법상 기본권인 자기결정권의 한 내용으로서 보장된다. [16 법행]

해설 헌재 2009. 11. 26. 2008헌마385.

3. 헌법 제10조의 행복추구권은 국민이 행복을 추구하기 위하여 필요한 급부를 국가에게 적극적으로 요구할 수 있는 것을 내용으로 하는 것이 아니라, 국민이 행복을 추구하기 위한 활동을 국가권력의 간섭없이 자유롭게 할 수 있다는 포괄적인 의미의 자유권으로서의 성격을 가진다. [16 법행]

해설 헌재 2011. 3. 31. 2009헌마617 등.

4. 헌법 제10조로부터 도출되는 일반적 인격권에는 각 개인이 그 삶을 사적으로 형성할 수 있는 자율영역에 대한 보장이 포함되어 있음을 감안할 때, 장래 가족의 구성원이 될 태아의 성별 정보에 대한 접근을 국가로부터 방해받지 않을 부모의 권리는 이와

정답 1. ○ 2. ○ 3. ○ 4. ○

같은 일반적 인격권에 의하여 보호된다. [16 법행]

해설 헌재 2008. 7. 31. 2004헌마1010 등.

5. 일반적 행동자유권은 개인이 행위를 할 것인가의 여부에 대하여 자유롭게 결단하는 것을 전제로 하여 이성적이고 책임감 있는 사람이라면 자기에 관한 사항은 스스로 처리할 수 있을 것이라는 생각에서 인정되는 것이므로, 가치있는 행동만 그 보호영역으로 하며 위험한 스포츠를 즐길 권리와 같은 위험한 생활방식으로 살아갈 권리는 그 보호영역에 포함되지 않는다. [16 법행]

해설 일반적 행동자유권은 가치 있는 행동만 그 보호영역으로 하는 것은 아니다. 그 보호영역에는 개인의 생활방식과 취미에 관한 사항도 포함되며, 여기에는 위험한 스포츠를 즐길 권리와 같은 위험한 생활방식으로 살아갈 권리도 포함된다(헌재 2003. 10. 30. 2002헌마518).

6. 일정한 성범죄를 저지른 자로부터 신상정보를 제출받아 보존·관리하는 것은 정당한 목적을 위한 적합한 수단이고, 침해되는 사익은 크지 않은 반면 해당 조항을 통해 달성되는 공익은 매우 중요하므로, 성폭력범죄의 처벌 등에 관한 특례법위반(카메라 등 이용촬영, 카메라 등 이용촬영미수)죄로 유죄판결이 확정된 자는 신상정보 등록대상자가 되도록 규정한 성폭력범죄의 처벌 등에 관한 특례법(2012. 12. 18. 법률 제11556호로 전부개정된 것) 제42조 제1항 중 해당 부분은 개인정보자기결정권을 침해하지 않는다. [16 법무사]

해설 카메라등이용촬영죄의 행위 태양, 불법성의 경중은 다양할 수 있으나, 결국 인격체인 피해자의 성적 자유 및 함부로 촬영당하지 않을 자유를 침해하는 성범죄로서의 본질은 같으므로 입법자가 개별 카메라등이용촬영죄의 행위 태양, 불법성을 구별하지 않은 것이 지나친 제한이라고 볼 수 없고, 신상정보 등록대상자가 된다고 하여 그 자체로 사회복귀가 저해되거나 전과자라는 사회적 낙인이 찍히는 것은 아니므로 침해되는 사익은 크지 않은 반면 이 사건 등록조항을 통해 달성되는 공익은 매우 중요하다. 따라서 이 사건 등록조항은 개인정보자기결정권을 침해하지 않는다(헌재 2015. 7. 30. 2014헌마340).

7. 법무부장관이 등록대상자의 재범 위험성이 상존하는 20년 동안 그의 신상정보를 보존·관리하는 것은 정당한 목적을 위한 적합한 수단이므로, 모든 등록대상 성범죄자에 대하여 일률적으로 20년의 등록기간을 적용하고 있더라도 개인정보자기결정권을

정답 5. × 6. ○ 7. ×

침해한다고 볼 수 없다. [16 법무사]

(해설) 이 사건 관리조항이 추구하는 공익이 중요하더라도, 모든 등록대상자에게 20년 동안 신상정보를 등록하게 하고 위 기간 동안 각종 의무를 부과하는 것은 비교적 경미한 등록대상 성범죄를 저지르고 재범의 위험성도 많지 않은 자들에 대해서는 달성되는 공익과 침해되는 사익 사이의 불균형이 발생할 수 있으므로 이 사건 관리조항은 개인정보자기결정권을 침해한다(헌재 2015. 7. 30. 2014헌마340).

8. 주민등록번호 유출 또는 오·남용으로 인하여 발생할 수 있는 피해 등에 대한 아무런 고려 없이 주민등록번호 변경을 일체 허용하지 않는 것은 그 자체로 개인정보자기결정권에 대한 과도한 침해가 될 수 있다. [16 법무사]

(해설) 헌재 2015. 12. 23. 2013헌바68 등.

9. 인터넷게시판을 설치·운영하는 정보통신서비스 제공자에게 본인확인조치의무를 부과하여 게시판 이용자로 하여금 본인확인절차를 거쳐야만 게시판을 이용할 수 있도록 하는 본인확인제를 규정한 정보통신망 이용촉진 및 정보보호 등에 관한 법률(2008. 6. 13. 법률 제9119호로 개정된 것) 제44조의5 제1항 제2호는 과잉금지원칙에 위배하여 인터넷게시판 이용자의 표현의 자유, 개인정보자기결정권을 침해한다. [16 법무사]

(해설) 헌재 2012. 8. 23. 2010헌마47 등.

10. 인터넷언론사가 선거운동기간 중 당해 홈페이지의 게시판 등에 정당·후보자에 대한 지지·반대의 정보를 게시할 수 있도록 하는 경우 실명을 확인받도록 하는 기술적 조치를 하여야 하고 이를 위반한 때에는 과태료를 부과하는 공직선거법(2010. 1. 25. 법률 제9974호로 개정된 것) 제82조의6 제6항, 제7항은 게시판 이용자의 정치적 익명표현의 자유, 개인정보자기결정권 및 인터넷언론사의 언론의 자유를 침해한다고 볼 수 없다. [16 법무사]

(해설) 헌재 2015. 7. 30. 2012헌마734 등.

11. 해당 정보만으로는 특정 개인을 알아볼 수 없더라도 다른 정보와 쉽게 결합하여 알아볼 수 있는 개인정보도 「개인정보 보호법」상 보호대상이다. [15 사시]

정답 8. ○ 9. ○ 10. ○ 11. ○

해설 다만 법 제2조 제1호에서는 '개인정보'를 "살아 있는 개인에 관한 정보로서 성명, 주민등록번호 및 영상 등을 통하여 개인을 알아볼 수 있는 정보"라고 정의하고 있으므로, 청구인이나 내부 직원을 알아볼 수 있는 이 사건 영상정보는 법이 정한 '개인정보'에 해당하고 개인정보에 관한 일반적 규율이 적용된다(헌재 2014. 9. 2. 2014헌마649).

12. 인터넷게시판 이용자로 하여금 본인확인절차를 거쳐야만 게시판을 이용할 수 있도록 한 구「정보통신망 이용촉진 및 정보보호 등에 관한 법률」조항은 인터넷게시판 이용자의 개인정보자기결정권을 침해한다. [15 사시]

해설 본인확인제를 규율하는 이 사건 법령조항들은 과잉금지원칙에 위배하여 인터넷게시판 이용자의 표현의 자유, 개인정보자기결정권 및 인터넷게시판을 운영하는 정보통신서비스 제공자의 언론의 자유를 침해를 침해한다(헌재 2012. 8. 23. 2010헌마47 등).

13. 개인정보자기결정권의 보호대상이 되는 개인정보에는 이미 공개된 개인정보는 포함되지 않는다. [15 사시]

해설 반드시 개인의 내밀한 영역이나 사사(私事)의 영역에 속하는 정보에 국한되지 않고 공적 생활에서 형성되었거나 이미 공개된 개인정보까지 포함한다. 또한 그러한 개인정보를 대상으로 한 조사·수집·보관·처리·이용 등의 행위는 모두 원칙적으로 개인정보자기결정권에 대한 제한에 해당한다(헌재 2005.7.21. 2003헌마282).

14. 피의자가 검사로부터 '혐의없음'의 불기소처분을 받은 경우 혐의범죄의 법정형에 따라 일정기간 피의자의 지문정보와 함께 인적사항 · 죄명 · 입건관서 · 입건일자 · 처분결과 등을 보존하도록 한「형의 실효 등에 관한 법률」조항은 피의자의 개인정보자기결정권을 침해한다. [15 사시]

해설 이 사건 법률조항에 의하여 국가가 청구인의 이 사건 개인정보를 일정기간 보존한다고 하더라도 이로 인하여 청구인이 현실적으로 입게 되는 불이익은 그다지 크다고 보기 어려운 반면, 위와 같이 '혐의없음' 불기소처분에 관한 이 사건 개인정보를 보존함으로써 얻고자 하는 공익은 크다고 보아야 할 것이므로, 이 사건 법률조항이 법익의 균형성을 상실하였다고 볼 수도 없다. 따라서 이 사건 법률조항이 과잉금지의 원칙에 위반하여 청구인의 개인정보자기결정권을 침해한다고 볼 수 없다(헌재 2009. 10. 29. 2008헌마257).

정답 12. ○ 13. × 14. ×

15. 채무불이행자명부나 그 부본을 누구든지 보거나 복사할 것을 신청할 수 있도록 하여 열람 · 복사 주체에 제한을 두지 않은 「민사집행법」 조항은 채무자의 개인정보자기결정권을 침해하지 않는다. [15 사시]

해설 채무불이행자명부나 그 부본은 누구든지 보거나 복사할 것을 신청할 수 있도록 규정한 민사집행법 제72조 제4항이 과잉금지의 원칙에 반하여 채무불이행자명부에 등재된 청구인들의 개인정보자기결정권을 침해하지 않는다(헌재 2010.5.27. 2008헌마663).

16. 구 「국민기초생활보장법」 및 동법 시행규칙에서 급여신청자가 금융거래정보를 제출하지 않는 경우 급여신청이 각하될 수 있도록 한 것은 급여신청자의 개인정보자기결정권을 침해한다. [15 사시]

해설 보장법시행규칙 제35조 제1항 제5호는 급여신청자의 수급자격 및 급여액 결정을 객관적이고 공정하게 판정하려는 데 그 목적이 있는 것으로 그 정당성이 인정되고, 이를 위해서 금융거래정보를 파악하는 것은 적절한 수단이며 금융기관과의 금융거래정보로 제한된 범위에서 수집되고 조사를 통해 얻은 정보와 자료를 목적 외의 다른 용도로 사용하거나 다른 기관에 제공하는 것이 금지될 뿐만 아니라 이를 어긴 경우 형벌을 부과하고 있으므로 정보주체의 자기결정권을 제한하는 데 따른 피해를 최소화하고 있고 위 시행규칙조항으로 인한 정보주체의 불이익보다 추구하는 공익이 더 크므로 개인정보자기결정권을 침해하지 아니한다(헌재 2005.11.24. 2005헌마112).

정답 15. ○ 16. ×

평 등 권

21 제대군인 공무원채용시험 가산제도 사건

(제대군인지원에관한법률 제8조 제1항 등 위헌확인)
1999. 12. 23. 98헌마363 **[위헌]**

|판시사항|

1. 제대군인이 공무원채용시험 등에 응시한 때에 과목별 득점에 과목별 만점의 5% 또는 3%를 가산하는 제대군인가산점제도가 헌법에 근거를 둔 것인지 여부(−)
2. 가산점제도로 인한 차별의 대상
3. 가산점제도의 평등위반여부를 심사함에 있어 적용되는 심사척도
4. 가산점제도로 여성, 신체장애자 등의 평등권이 침해되는지 여부(+)
5. 가산점제도로 여성, 신체장애자 등의 공무담임권이 침해되는지 여부(+)

[결정요지]

1. 헌법 제39조 제2항은 병역의무를 이행한 사람에게 보상조치를 취하거나 특혜를 부여할 의무를 국가에게 지우는 것이 아니라, 법문 그대로 병역의무의 이행을 이유로 불이익한 처우를 하는 것을 금지하고 있을 뿐이다. 그리고 이 조항에서 금지하는 "불이익한 처우"라 함은 단순한 사실상, 경제상의 불이익을 모두 포함하는 것이 아니라 법적인 불이익을 의미하는 것으로 보아야 한다.

헌법 제39조 제1항에서 국방의 의무를 국민에게 부과하고 있는 이상 병역법에 따라 군복무를 하는 것은 국민이 마땅히 하여야 할 이른바 신성한 의무를 다 하는 것일 뿐, 그러한 의무를 이행하였다고 하여 이를 특별한 희생으로 보아 일일이 보상하여야 한다고 할 수는 없는 것이므로, 헌법 제39조 제2항은 병역의무를 이행한 사람에게 보상조치를 취하거나 특혜를 부여할 의무를 국가에게 지우는 것이 아니라, 법문 그대로 병역의무의 이행을 이유로 불이익한 처우를 하는 것을 금지하고 있을 뿐인데, 제대군인지원에관한법률 제8조 제1항 및 제3항, 동법시행령 제9조에 의한 가산점제도는 이러한 헌법 제39조 제2항의 범위를 넘어 제대군인에게 일종의 적극적 보상조치를 취하는 제도라고 할 것이므로 이를 헌법 제39조 제2항에 근거한 제도라고 할 수 없고, 제대군인은 헌법 제32조 제6항에 규정된 "국가유공자·상이군경 및 전몰군경의 유가족"에 해당하지 아니하므로 이 헌법조항도 가산점

제도의 근거가 될 수 없으며, 달리 헌법상의 근거를 찾아볼 수 없다.

2. 전체 여성 중의 극히 일부분만이 제대군인에 해당될 수 있는 반면, 남자의 대부분은 제대군인에 해당하므로 가산점제도는 실질적으로 성별에 의한 차별이고, 가산점을 받을 수 있는 현역복무를 하게 되는지 여부는 병역의무자의 의사와 관계없이 징병검사의 판정결과, 학력, 병력수급의 사정에 따라 정해지는 것이므로 가산점제도는 현역복무나 상근예비역 소집근무를 할 수 있는 신체건장한 남자와 그렇지 못한 남자, 즉 병역면제자와 보충역복무를 하게 되는 자를 차별하는 제도이다.

3. 평등위반 여부를 심사함에 있어 엄격한 심사척도에 의할 것인지, 완화된 심사척도에 의할 것인지는 입법자에게 인정되는 입법형성권의 정도에 따라 달라지게 될 것이나, 헌법에서 특별히 평등을 요구하고 있는 경우와 차별적 취급으로 인하여 관련 기본권에 대한 중대한 제한을 초래하게 된다면 입법형성권은 축소되어 보다 엄격한 심사척도가 적용되어야 할 것인바, 가산점제도는 헌법 제32조 제4항이 특별히 남녀평등을 요구하고 있는 "근로" 내지 "고용"의 영역에서 남성과 여성을 달리 취급하는 제도이고, 또한 헌법 제25조에 의하여 보장된 공무담임권이라는 기본권의 행사에 중대한 제약을 초래하는 것이기 때문에 엄격한 심사척도가 적용된다.

4. 채용목표제는 이른바 잠정적 우대조치의 일환으로 시행되는 제도이다. 잠정적 우대조치라 함은, 종래 사회로부터 차별을 받아 온 일정집단에 대해 그동안의 불이익을 보상하여 주기 위하여 그 집단의 구성원이라는 이유로 취업이나 입학 등의 영역에서 직·간접적으로 이익을 부여하는 조치를 말한다. 잠정적 우대조치의 특징으로는 이러한 정책이 개인의 자격이나 실적보다는 집단의 일원이라는 것을 근거로 하여 혜택을 준다는 점, 기회의 평등보다는 결과의 평등을 추구한다는 점, 항구적 정책이 아니라 구제목적이 실현되면 종료하는 임시적 조치라는 점 등을 들 수 있다. 채용목표제는 가산점제도와는 제도의 취지, 기능을 달리 하는 별개의 제도이다. 채용목표제는 종래부터 차별을 받아 왔고 그 결과 현재 불리한 처지에 있는 여성을 유리한 처지에 있는 남성과 동등한 처지에까지 끌어 올리는 것을 목적으로 하는 제도이다. 이에 반하여 가산점제도는 공직사회에서의 남녀비율에 관계없이 무제한적으로 적용되는 것으로서, 우월한 처지에 있는 남성의 기득권을 직·간접적으로 유지·고착하는 결과를 낳을 수 있는 제도이다.

(1) 제대군인에 대하여 여러 가지 사회정책적 지원을 강구하는 것이 필요하다 할지라도, 그것이 사회공동체의 다른 집단에게 동등하게 보장되어야 할 균등한 기회 자체를 박탈

하는 것이어서는 아니되는데, 가산점제도는 아무런 재정적 뒷받침없이 제대군인을 지원하려 한 나머지 결과적으로 여성과 장애인 등 이른바 사회적 약자들의 희생을 초래하고 있으며, 각종 국제협약, 실질적 평등 및 사회적 법치국가를 표방하고 있는 우리 헌법과 이를 구체화하고 있는 전체 법체계 등에 비추어 우리 법체계내에 확고히 정립된 기본질서라고 할 '여성과 장애인에 대한 차별금지와 보호'에도 저촉되므로 정책수단으로서의 적합성과 합리성을 상실한 것이다.

(2) 가산점제도는 수많은 여성들의 공직진출에의 희망에 걸림돌이 되고 있으며, 공무원채용시험의 경쟁률이 매우 치열하고 합격선도 평균 80점을 훨씬 상회하고 있으며 그 결과 불과 영점 몇 점 차이로 당락이 좌우되고 있는 현실에서 각 과목별 득점에 각 과목별 만점의 5퍼센트 또는 3퍼센트를 가산함으로써 합격여부에 결정적 영향을 미쳐 가산점을 받지 못하는 사람들을 6급이하의 공무원 채용에 있어서 실질적으로 거의 배제하는 것과 마찬가지의 결과를 초래하고 있고, 제대군인에 대한 이러한 혜택을 몇 번이고 아무런 제한없이 부여함으로써 한 사람의 제대군인을 위하여 몇 사람의 비(非)제대군인의 기회가 박탈당할 수 있게 하는 등 차별취급을 통하여 달성하려는 입법목적의 비중에 비하여 차별로 인한 불평등의 효과가 극심하므로 가산점제도는 차별취급의 비례성을 상실하고 있다.

(3) 그렇다면 가산점제도는 제대군인에 비하여, 여성 및 제대군인이 아닌 남성을 부당한 방법으로 지나치게 차별하는 것으로서 헌법 제11조에 위배되며, 이로 인하여 청구인들의 평등권이 침해된다.

5. 선거직공직과 달리 직업공무원에게는 정치적 중립성과 더불어 효율적으로 업무를 수행할 수 있는 능력이 요구되므로, 직업공무원으로의 공직취임권에 관하여 규율함에 있어서는 임용희망자의 능력·전문성·적성·품성을 기준으로 하는 이른바 능력주의 또는 성과주의를 바탕으로 하여야 한다.

헌법 제25조의 공무담임권 조항은 모든 국민이 누구나 그 능력과 적성에 따라 공직에 취임할 수 있는 균등한 기회를 보장함을 내용으로 하므로, 공직자선발에 관하여 능력주의에 바탕한 선발기준을 마련하지 아니하고 해당 공직이 요구하는 직무수행능력과 무관한 요소를 기준으로 삼는 것은 국민의 공직취임권을 침해하는 것이 되는바, 제대군인 지원이라는 입법목적은 예외적으로 능력주의를 제한할 수 있는 정당한 근거가 되지 못하는데도 불구하고 가산점제도는 능력주의에 기초하지 아니하고 성별, '현역복무를 감당할 수 있을 정도로 신체가 건강한가'와 같은 불합리한 기준으로 여성과 장애인 등의 공직취임권을 지나치게 제약하는 것으로서 헌법 제25조에 위배되고, 이로 인하여 청구인들의 공무담임권이 침해된다.

관련 유사 판례

21-1. 국가를 상대로 한 당사자소송에서의 가집행선고 제한 사건

(2022. 2. 24. 2020헌가12)

[결정내용]

심판대상조항은 재산권의 청구에 관한 당사자소송 중에서도 피고가 공공단체 그 밖의 권리주체인 경우와 국가인 경우를 다르게 취급한다. 가집행의 선고는 불필요한 상소권의 남용을 억제하고 신속한 권리실행을 하게 함으로써 국민의 재산권과 신속한 재판을 받을 권리를 보장하기 위한 제도이고, 당사자소송 중에는 사실상 같은 법률조항에 의하여 형성된 공법상 법률관계라도 당사자를 달리 하는 경우가 있다. 동일한 성격인 공법상 금전지급 청구소송임에도 피고가 누구인지에 따라 가집행선고를 할 수 있는지 여부가 달라진다면 상대방 소송 당사자인 원고로 하여금 불합리한 차별을 받도록 하는 결과가 된다. 재산권의 청구가 공법상 법률관계를 전제로 한다는 점만으로 국가를 상대로 하는 당사자소송에서 국가를 우대할 합리적인 이유가 있다고 할 수 없고, 집행가능성 여부에 있어서도 국가와 지방자치단체 등이 실질적인 차이가 있다고 보기 어렵다는 점에서, 심판대상조항은 국가가 당사자소송의 피고인 경우 가집행의 선고를 제한하여, 국가가 아닌 공공단체 그 밖의 권리주체가 피고인 경우에 비하여 합리적인 이유 없이 차별하고 있으므로 평등원칙에 반한다.

평 등 권

22 국가유공자 가족에 대한 가산점 부여 사건

(국가유공자등예우및지원에관한법률 제31조 제1항 등 위헌확인)
2006. 2. 23. 2004헌마675·981·1022(병합) **[헌법불합치]**

|판시사항|

1. 종전 합헌결정의 변경 필요성
2. 국·공립학교의 채용시험에 국가유공자와 그 가족이 응시하는 경우 만점의 10퍼센트를 가산하도록 규정하고 있는 국가유공자등예우및지원에관한법률 제31조 제1항·제2항, 독립유공자예우에관한법률 제16조 제3항 중 국가유공자등예우및지원에관한법률 제31조 제1항·제2항 준용 부분, 5·18민주유공자예우에관한법률 제22조 제1항·제2항(이하 이들을 '이 사건 조항' 이라 한다)이 기타 응시자들의 평등권과 공무담임권을 침해하는지 여부(+)
3. 종전 결정의 변경범위를 판시한 예
4. 위헌인 법률조항에 대하여 헌법불합치결정 및 잠정적용 명령을 선고한 예

[결정요지]

1. 헌법재판소는 2001. 2. 22. 선고 2000헌마25 결정(이하 '종전 결정'이라 한다)에서, 이 사건 조항과 동일한 내용을 지닌 구 국가유공자등예우및지원에관한법률 규정(제34조 제1항 중 동법 제30조 제1호 소정의 '국가기관' 부분)이 일반 응시자의 평등권이나 공무담임권을 침해하지 않는다고 판단하였다. 이 사건에서는 다음과 같은 점에서 종전 결정과 달리 판단될 필요가 있다.

종전 결정에서 헌법재판소는 헌법 제32조 제6항의 "국가유공자·상이군경 및 전몰군경의 유가족은 법률이 정하는 바에 의하여 우선적으로 근로의 기회를 부여받는다."는 규정을 넓게 해석하여, 이 조항이 국가유공자 본인뿐만 아니라 가족들에 대한 취업보호제도(가산점)의 근거가 될 수 있다고 보았다. 그러나 오늘날 가산점의 대상이 되는 국가유공자와 그 가족의 수가 과거에 비하여 비약적으로 증가하고 있는 현실과, 취업보호대상자에서 가족이 차지하는 비율, 공무원시험의 경쟁이 갈수록 치열해지는 상황을 고려할 때, 위 조항의 폭넓은 해석은 필연적으로 일반 응시자의 공무담임의 기회를 제약하게 되는 결과가 될 수 있으므로 위 조항은 엄격하게 해석할 필요가 있다. 이러한 관점에서 위 조항의 대상자는 조문의 문리해석대로 "국가유공자", "상이군경", 그리고 "전몰군경의 유가족"이라고 봄이 상당하다.

2. 일반적인 평등원칙 내지 평등권의 침해 여부에 대한 위헌심사기준은 합리적인 근거가 없는 자의적 차별인지 여부이지만, 만일 입법자가 설정한 차별이 기본권의 행사에 있어서의 차별을 가져온다면 그러한 차별은 목적과 수단 간의 엄격한 비례성이 준수되었는지가 심사되어야 하며, 그 경우 불평등대우가 기본권으로 보호된 자유의 행사에 불리한 영향을 미칠수록, 입법자의 형성의 여지에 대해서는 그만큼 더 좁은 한계가 설정되어 보다 엄격한 심사척도가 적용된다.

이 사건 조항은 일반 응시자들의 공직취임의 기회를 차별하는 것이며, 이러한 기본권 행사에 있어서의 차별은 차별목적과 수단 간에 비례성을 갖추어야만 헌법적으로 정당화될 수 있다. 종전 결정은 국가유공자와 그 가족에 대한 가산점제도는 모두 헌법 제32조 제6항에 근거를 두고 있으므로 평등권 침해 여부에 관하여 보다 완화된 기준을 적용한 비례심사를 하였으나, 국가유공자 본인의 경우는 별론으로 하고, 그 가족의 경우는 위에서 본 바와 같이 헌법 제32조 제6항이 가산점제도의 근거라고 볼 수 없으므로 그러한 완화된 심사는 부적절한 것이다.

(1) 이 사건 조항은 일반 응시자들의 공직취임의 기회를 차별하는 것이며, 이러한 기본권 행사에 있어서의 차별은 차별목적과 수단 간에 비례성을 갖추어야만 헌법적으로 정당화될 수 있다. '국가유공자의 가족'의 경우 가산점의 부여는 헌법이 직접 요청하고 있는 것이 아니고, 그러한 법률상의 입법정책은 능력주의 또는 성과주의를 바탕으로 하여야 하는 공직취임권의 규율에 있어서 중요한 예외를 구성한다. 헌법적 요청이 있는 경우에는 합리적 범위 안에서 능력주의가 제한될 수 있지만, 단지 법률적 차원의 정책적 관점에서 능력주의의 예외를 인정하려면 해당 공익과 일반응시자의 공무담임권의 차별 사이에 엄밀한 법익형량이 이루어져야 한다. 이 사건 조항으로 인한 공무담임권의 차별효과는 앞서 본 바와 같이 심각한 반면, 국가유공자 가족들에 대하여 아무런 인원제한도 없이 매 시험마다 10%의 높은 가산점을 부여해야만 할 필요성은 긴요한 것이라고 보기 어렵고, 입법목적을 감안하더라도 일반 응시자들의 공무담임권에 대한 차별효과가 지나친 것이다. 이 사건 조항의 경우 명시적인 헌법적 근거 없이 국가유공자의 가족들에게 만점의 10%라는 높은 가산점을 부여하고 있는바, 그러한 가산점 부여 대상자의 광범위성과 가산점 10%의 심각한 영향력과 차별효과를 고려할 때, 그러한 입법정책만으로 헌법상의 공정경쟁의 원리와 기회균등의 원칙을 훼손하는 것은 부적절하며, 국가유공자의 가족의 공직 취임기회를 위하여 매년 많은 일반 응시자들에게 불합격이라는 심각한 불이익을 입게 하는 것은 정당화될 수 없다. 이 사건 조항의 차별로 인한 불평등 효과는 입법목적과 그 달성수단 간의 비례성을 현저히 초과하는 것이므로, 이 사건 조항은 청구인들과 같은 일반 공직시험 응시자들의 평등권을 침해한다.

(2) 이 사건 조항이 공무담임권의 행사에 있어서 일반 응시자들을 차별하는 것이 평등권을 침해하는 것이라면, 같은 이유에서 이 사건 조항은 그들의 공무담임권을 침해하는 것이다.

3. 이 사건 조항이 일반 응시자의 공무담임권과 평등권을 침해한다는 판단과는 달리, 국가기관이 채용시험에서 국가유공자의 가족에게 10%의 가산점을 부여하는 규정이 기본권을 침해하지 아니한다고 판시한 종전 결정(2001. 2. 22. 선고 2000헌마25 결정)은 이 결정의 견해와 저촉되는 한도 내에서 이를 변경한다.

4. 이 사건 조항의 위헌성은 국가유공자 등과 그 가족에 대한 가산점제도 자체가 입법정책상 전혀 허용될 수 없다는 것이 아니고, 그 차별의 효과가 지나치다는 것에 기인한다. 그렇다면 입법자는 공무원시험에서 국가유공자의 가족에게 부여되는 가산점의 수치를, 그 차별효과가 일반 응시자의 공무담임권 행사를 지나치게 제약하지 않는 범위 내로 낮추고, 동시에 가산점 수혜 대상자의 범위를 재조정하는 등의 방법으로 그 위헌성을 치유하는 방법을 택할 수 있을 것이다. 따라서 이 사건 조항의 위헌성의 제거는 입법부가 행하여야 할 것이므로 이 사건 조항에 대하여는 헌법불합치결정을 하기로 한다.

평 등 권

23 대한민국 국민인 남성에 대한 병역의무 부과 사건

(병역법 제3조 제1항 전문 등 위헌확인)
2023. 9. 26. 2019헌마423등 **[합헌]**

|판시사항|

대한민국 국민인 남성에게 병역의무를 부과한 구 병역법 제3조 제1항 전문, 병역법 제3조 제1항 전문(이하 '병역의무조항' 이라 한다)의 평등권 침해 여부(－)

[결정요지]

1. 헌법재판소의 선례

헌법재판소는 2010. 11. 25. 2006헌마328 결정에서 이 사건 병역의무조항과 내용이 동일한 구 병역법(1983. 12. 31. 법률 제3696호로 개정되고, 2009. 6. 9. 법률 제9754호로 개정되기 전의 것) 제3조 제1항 전문이 평등권을 침해하지 않는다고 판단하였고, 이후 헌재 2011. 6. 30. 2010헌마460 결정 및 헌재 2014. 2. 27. 2011헌마825 결정에서도 구 병역법(2009. 6. 9. 법률 제9754호로 개정되고, 2011. 5. 24. 법률 제10704호로 개정되기 전의 것) 제3조 제1항 전문 및 구 병역법(2011. 5. 24. 법률 제10704호로 개정되고, 2019. 12. 31. 법률 제16852호로 개정되기 전의 것) 제3조 제1항 전문이 평등권을 침해하지 않는다고 판단한 바 있다.

2. 판 단

병역의무조항이 병역의무자의 범위를 정하는 기준으로서 '성별'을 선택한 것이 합리적 이유 없는 차별 취급에 해당하는지 살펴본다.

(1) 병역의무조항은, 외부 적대세력의 직·간접적인 침략행위로부터 기본권 보장의 전제가 되는 국가의 존립을 지켜내고 영토를 보전하는 것을 궁극적 사명으로 하는 군병력 형성, 즉 징집대상자의 범위를 결정하는 조항이다.

국방의 의무를 부담하는 국민 중 구체적으로 어떤 사람을 국군의 구성원으로 할 것인지 여부를 결정하는 문제는 직접적인 병력형성과 관련된 것으로서, 남성이 병역의무를 부담하는 만큼 여성도 병역의무를 부담해야 하는가라는 문제를 넘어서, 국가의 안보상황·재정능력 등의 여러 사정을 종합적으로 고려하여 결정할 사항이고, 그 목적이 국가안보와 직결되어 있으며, 그 성질상 급변하는 국내·외 정세에 탄력적으로 대응하면서 국군이 최적의 전투력을 유지할 수 있도록 합목적적으로 정해져야 하는 사항이다(헌재 2002. 11. 28. 2002헌바45 참조). 헌법도 제39조 제1항에서 모든 국민은 '법률이 정하는 바에 의하여' 국방의 의무를 진다고 선언함으로써, 대한민국 국군의 최적의 전투력 확보를 전략적으로 고려해야 하는 국회의 광범위한 입법재량을 강조하고 있다. 따라서 헌법재판소로서는 이러한 제반 사정을 고려하여 법률로 국방의 의무의 내용을 구체적으로 형성해야 하는 국회의 광범위한 입법재량을 존중할 필요성이 크다.

(2) 일반적으로 집단으로서 남성과 여성은 서로 다른 신체적 능력을 보유하고 있다고 평가되는데, 전투를 수행함에 있어 요청되는 신체적 능력과 관련하여 본다면, 무기의 소지·작동 및 전장의 이동에 요청되는 근력 등이 우수한 남성이 전투에 더욱 적합한 신체적 능력을 갖추고 있다고 할 수 있다. 물론 집단으로서의 남성과 여성이 아니라 개개인을 대상으로 판단하는 경우 여성이 남성에 비하여 전투에 보다 적합한 신체적 능력을 갖추고 있을 수 있으나, 구체적으로 개개인의 신체적 능력을 수치화·객관화하여 비교하는 검사체계를 마련하는 것은 현실적으로 매우 어렵다.

이러한 신체적 특징의 차이에 기초하여, 입법자가 최적의 전투력 확보를 위하여 남성만을 징병검사의 대상이 되는 병역의무자로 정한 것이 현저히 자의적인 것이라 보기 어렵다(헌재 2010. 11. 25. 2006헌마328; 헌재 2011. 6. 30. 2010헌마460; 헌재 2014. 2. 27. 2011헌마825 참조).

한편 현역 외의 보충역이나 전시근로역은 혹시라도 발생할 수 있는 국가비상사태에 즉시 전력으로 편입될 수 있는 예비적 전력으로서 전시 등 국가비상사태에 병력동원 내지 근로소집의 대상이 되는바, 보충역이나 전시근로역이 평시에 군인으로서 복무하지 아니한다고 하여 병력자원으로서의 일정한 신체적 능력 또는 조건이 요구되지 않는다고 볼 수 없으므로, 대한민국 국민인 여성에게 보충역 등 복무의무를 부과하지 아니한 것이 자의적인 입법권의 행사라고 보기 어렵다(헌재 2010. 11. 25. 2006헌마328; 헌재 2011. 6. 30. 2010헌마460; 헌재 2014. 2. 27. 2011헌마825 참조).

또한 비교법적으로 보아도, 병역의무조항과 같은 입법이 현저히 자의적인 기준에 의한 것이라 볼 수 없다. 징병제가 존재하는 70여 개 나라 가운데 여성에게 병역의무를 부과하는 국가는 이스라엘 등 극히 일부 국가에 한정되어 있으며, 여성에게 병역의무를 부과하는 대표적 국가인 이스라엘의 경우도 남녀의 복무기간 및 병역거부 사유를 다르게 규정하는 한편, 여성의 전투단위 근무는 이례적인 것이 현실이다(헌재 2010. 11. 25. 2006헌마328; 헌재 2011. 6. 30. 2010헌마460; 헌재 2014. 2. 27. 2011헌마825 참조).

물론 장기적으로는 출산율의 변화에 따른 병역자원 수급 등 사정을 고려하여 양성징병제의 도입 또는 모병제로의 전환에 관한 입법논의가 사회적 합의 과정을 통해 진지하게 검토되어야 할 것으로 예상되나, 현재의 시점에서 제반 상황을 종합적으로 고려하여 기존 징병제도를 유지하고 있는 입법자의 판단이 현저히 자의적이라고 단정하기 어렵다.

(3) 사정이 이러하다면, 현재의 시점에서 병역의무조항으로 인한 차별취급을 정당화할 합리적 이유가 인정된다.

평 등 권

24 외국거주 외국인유족의 퇴직공제금 수급 자격 불인정 사건

(구 건설근로자의 고용개선 등에 관한 법률 제14조 제2항 위헌소원)
2023. 3. 23. 2020헌마471 **[위헌]**

|판시사항|

구 건설근로자의 고용개선 등에 관한 법률 제14조 제2항 중 구 산업재해보상보험법 제63조 제1항 가운데 "그 근로자가 사망할 당시 대한민국 국민이 아닌 자로서 외국에서 거주하고 있던 유족(이하 '외국거주 외국인유족' 이라 한다)은 제외한다" 를 준용하는 부분이 평등원칙에 위반되는지 여부(+)

[결정요지]

1. 일반적으로 평등원칙은 본질적으로 같은 것은 같게, 본질적으로 다른 것은 다르게 취급할 것을 요구하는 것으로서 일체의 차별적 대우를 부정하는 절대적 평등을 의미하는 것이 아니라 입법과 법의 적용에 있어서 합리적인 근거가 없는 차별을 배제하는 상대적 평등을 뜻한다 할 것이므로 합리적 근거가 있는 차별은 평등의 원칙에 반하는 것이 아니다 (헌재 2001. 6. 28. 99헌마516; 헌재 2003. 12. 18. 2001헌바91; 헌재 2016. 3. 31. 2014헌마367 참조).

심판대상조항은 외국인인 건설근로자가 사망한 경우 그 유족이 '외국거주 외국인유족' 이면 '대한민국 국민인 유족' 혹은 '국내거주 외국인유족'과 달리 퇴직공제금 지급 대상에서 제외하고 있다.

2. 심판대상조항이 위와 같이 '외국거주 외국인유족'을 퇴직공제금을 지급받을 유족의 범위에서 제외하는 것이 합리적인 근거가 있는 차별인지 여부를 살펴보기로 한다.

(1) 건설근로자 퇴직공제금 지급에 있어 심판대상조항이 산재보험법상의 유족보상연금 수급자격자 규정을 준용하는 정당한 이유를 찾기 어렵다.

건설근로자 퇴직공제금 제도는 통상의 사회보장제도와 달리 사업주가 납부한 공제부금만을 재원으로 하여 마련된 퇴직공제금을 공제회가 건설근로자 혹은 그 유족에게 지급하는 것으로서 국가의 재정에 영향을 미칠 일이 없고, 퇴직공제금을 지급할 사유가 발생하기 전에 사업주가 이미 납부한 공제부금이 재원이 되는 것이므로 퇴직공제금을 지급할 사유가 발생하였을 때 사업주의 추가적 재정 부담이나 공제회의 재원 확보가 문제될 것도 없다. 더욱이 퇴직공제금의 지급은 일회적인 것이므로 공제회가 퇴직공제금을 지급하는 업무에 있어 특별히 어려움이 초래될 일도 없다. 그럼에도 불구하고 심판대상조항은 특별한 이유 없이 퇴직공제금을 지급받을 유족의 범위에서 '외국거주 외국인유족'을 제외하도록 하고 있다.

(2) 심판대상조항이 '일시금' 방식으로 지급되는 퇴직공제금에 '연금' 방식으로 지급되는 산재보험법상의 유족보상연금 수급자격자 규정을 준용하는 것도 불합리하다.

산재보험법은 유족보상연금 수급자격자인 유족이 사망한 경우, 재혼한 때, 국적을 상실하고 외국에서 거주하고 있거나 외국 거주를 위하여 출국하는 경우, 대한민국 국민이 아닌 유족보상연금 수급자격자가 외국에서 거주하기 위하여 출국하는 경우 등의 사유에 해당하게 되면 유족보상연금 수급자격자의 자격을 잃는다고 규정하고 유족보상연금의 지급을 정지하도록 하고 있다(제64조). 이는 연금을 지급받던 수급자가 '사망', '재혼' 등으로 수급자격을 상실하지 않고 계속해서 유지하고 있는지 여부를 매달 지속적으로 파악하기 어렵다는 점과 수급자격이 상실된 후에도 연금이 계속 지급되는 등 보험급여가 부당 지급될 우려가 있다는 점 등이 고려되어 마련된 규정인데, 산재보험법 제63조 제1항이 유족보상연금과 관련하여 '외국거주 외국인유족 제외 규정'을 두고 있는 것은 근로자의 사망 당시부터 이미 외국에 거주하고 있던 외국인유족에게 유족보상연금을 지급하는 경우에도 위 제64조의 입법취지와 같은 우려가 존재한다는 점이 반영된 것이라 할 수 있다.

그러나 퇴직공제금의 경우 '일시금'으로 지급되므로 외국에 거주하는 외국인유족이라고 하더라도 '피공제자(건설근로자)의 사망 당시 유족인지 여부'만 확인하면 되고 그 이후에 유족의 지위를 유지하고 있는지 여부는 더 이상 확인할 필요가 없다는 점에서 산재보험법상의 '유족보상연금'과 사정이 다르다. 피공제자(건설근로자)가 사망한 경우 '외국거주 외국인유족'은 자신이 거주하는 국가에서 발행하는 공신력 있는 문서로서 '일시금인 퇴직공제금을 지급받을 유족의 자격'을 충분히 입증할 수 있으며, 수급 자격 확인이나 퇴직공제금 지급에 특별한 어려움이 있다고 보기 어렵다.

산재보험법에서도 보험급여가 연금 지급 형식이 아닌 일시금 형식으로 지급되는 경우 외국거주 외국인유족 또는 외국거주 근로자를 그 지급대상에서 제외하고 있지 않다. 즉 산재보험법 제63조 제1항에 따른 유족보상연금을 받을 수 있는 자격이 있는 사람이 없는 경우 지급하는 유족보상일시금(제62조 제2항)이나 장해급여 청구사유 발생 당시 대한민국 국민이 아닌 사람으로서 외국에서 거주하고 있는 근로자에게 지급하는 장해보상일시금(제57조 제3항)과 같은 경우가 그러하다.

따라서 심판대상조항이 '일시금'의 형식으로 지급되는 퇴직공제금과는 지급 방식이 다른 산재보험법의 유족보상연금에 관한 규정을 준용하도록 하여 '외국거주 외국인유족'을 퇴직공제금을 지급받을 유족의 범위에서 제외한 것은 현저히 자의적인 것이라 할 것이다.

(3) 한편, 퇴직공제금은 '일시금'으로 지급되므로 '피공제자(건설근로자)의 사망 당시 유족인지 여부'만 확인하면 된다는 점은 앞서 본 바와 같으므로, 퇴직공제금 수급 자격에 있어 '외국거주 외국인유족'이 '외국인'이라는 사정 또는 '외국에 거주'한다는 사정이 '대한민국 국민인 유족' 혹은 '국내거주 외국인유족'과 달리 취급받을 합리적인 이유가 될 수 없다.

3. 따라서 심판대상조항은 합리적 이유 없이 '외국거주 외국인유족'을 '대한민국 국민인 유족' 및 '국내거주 외국인유족'과 차별하는 것이므로 평등원칙에 위반된다.

평 등 권

25 연합뉴스의 국가기간뉴스통신사 지정 사건

(뉴스통신진흥에관한법률 제10조 등 위헌확인)
2005. 6. 30. 2003헌마841 [기각]

|판시사항|

1. 제3자에 대한 자기관련성의 판단기준
2. 규율의 직접 상대방이 아닌 제3자에게 자기관련성을 인정한 사례
3. 주식회사 연합뉴스를 국가기간뉴스통신사로 지정하고 이에 대한 재정지원 등을 규정한 뉴스통신진흥에관한법률 제10조 등 심판대상조항이 개인대상법률로서 헌법에 위반되는지 여부(−)
4. 심판대상조항이 경업자인 청구인들의 평등권을 침해하는지 여부(−)
5. 심판대상조항이 경업자인 청구인들의 경쟁의 자유를 침해하는지 여부(−)

[결정요지]

1. 시혜적 법률의 경우에는 법률의 수규자가 당사자로서 기본권침해를 주장하는 침해적 법률의 경우와는 달리, 수혜의 범위에서 제외된 청구인이 '국가가 다른 집단에게 부여한 혜택으로부터 자신이 속한 집단을 평등원칙에 반하여 부당하게 제외하였다.'라는 취지의 위헌주장을 할 수 있고, 이에 대하여 헌법재판소가 평등권위반을 확인한다면 그 결과로서 청구인도 혜택규정에 의하여 배제되었던 혜택에 참여할 가능성이 있으므로 청구인의 자기관련성을 인정할 수 있다.

법률 또는 법률조항 자체가 헌법재판소법 제68조 제1항에 의한 헌법소원의 대상이 되기 위해서는 청구인이 그 법률 또는 법률조항에 의하여 구체적인 집행행위를 기다리지 아니하고 직접, 현재 그리고 자기의 기본권을 침해받아야 하는 것이 원칙이나 예외적으로 제3자에게도 자기관련성이 인정될 수 있는데, 어떠한 경우에 제3자의 자기관련성을 인정할 것인지는 법의 목적과 실질적인 규율의 대상, 법률 또는 법률조항의 제한이나 금지가 제3자에게 미치는 효과나 진지성의 정도 등을 종합적으로 고려하여 판단하여야 한다.

2. 뉴스통신진흥에관한법률 제10조 등은 청구인 회사(뉴스통신사)와 서로 경업관계에 있는 연합뉴스사를 국가기간뉴스통신사로 지정하고 이에 대하여 재정지원 등 혜택을 부여

함을 그 내용으로 하는바, 그 혜택의 범위에서 제외된 청구인 회사의 경우 영업활동이 부당하게 축소되므로 그러한 범위에서 기본권에 대하여 직접 법적인 제한을 받는 것으로 보아야 한다.

3. 헌법은 처분적 법률로서 개인대상법률 또는 개별사건법률의 정의를 따로 두고 있지 않음은 물론, 처분적 법률의 제정을 금하는 명문의 규정도 두고 있지 않은바, 특정규범이 개인대상 또는 개별사건 법률에 해당한다고 하여 그것만으로 바로 헌법에 위반되는 것은 아니다. 따라서 연합뉴스사를 위한 심판대상조항의 차별적 규율이 합리적인 이유로 정당화되는 경우에는 이러한 처분적 법률도 허용된다.

4. 정보주권의 수호와 국민 간의 정보격차를 해소하고 국가이익보호와 국가의 홍보역량을 강화하기 위해서는 정부의 뉴스통신시장에 대한 최소한의 개입과 뉴스통신사에 대한 적절한 지원이 반드시 요청된다고 할 것이고, 이러한 차원에서 심판대상조항이 국가기간뉴스통신사를 지정하여 이에 대하여 여러 가지 공적 임무를 부여하며, 그 임무의 수행과 관련된 범위에서 비용을 부담하는 등의 우대조치를 취하는 것은 그 합리성을 인정할 수 있다. 따라서 다른 뉴스통신사와 그 기능과 역할 및 업무의 영역 측면에서 비교할 수 없을 정도로 큰 차이가 있는 것을 비롯하여 전문뉴스제작인력의 수 등 인력구조의 면이나 매출액 등 물적 측면에서도 뚜렷한 차이가 존재하는 연합뉴스사를 국가기간뉴스통신사로 지정하고 이에 대하여 재정지원 등 여러 가지 혜택을 부여한 심판대상조항에는 수긍할 만한 합리적인 이유가 있다고 할 것이므로, 이를 두고 평등원칙에 어긋나는 자의적 차별이라고 하기는 어렵다.

5. 연합뉴스사에 대한 혜택의 부여로 인하여 다른 뉴스통신사의 경우 연합뉴스사와의 뉴스통신시장에서의 경쟁이 제한된다. 그러나 심판대상조항은 연합뉴스사를 선언적으로 국가기간뉴스통신사로 지정할 뿐 그 지정으로써 당연히 어떠한 혜택이 자동적으로 연합뉴스사에게 부여되는 것은 아니고, 정부가 연합뉴스사와 실제로 뉴스정보 구독계약을 체결하거나 정부가 일정한 공익사업을 연합뉴스사에 위임하는 경우에 비로소 재정지원 등 혜택을 부여할 수 있는 법적 근거를 마련하고 있는 데 불과하다. 그리고 그러한 혜택의 부여도 이 법 시행일로부터 "6년간"만 효력을 가지므로 이러한 경쟁제한의 효과가 영구적인 것도 또한 아니다.

따라서 심판대상조항으로 인한 기본권제한의 효과는 비교적 경미한 데 반하여, 국가기간뉴스통신사로서 연합뉴스사의 인적·물적 기반의 강화와 이를 통한 국제뉴스정보시장에서의 경쟁력의 향상이라는 공익실현의 효과는 매우 크다고 할 것으로 심판대상조항은 과잉금지원칙에 위배된다고 할 수 없다.

평 등 권

26 재외동포법 위헌확인 사건

(재외동포의출입국과법적지위에관한법률 제2조 제2호 위헌확인)
2001. 11. 29. 99헌마494 **[헌법불합치]**

|판시사항|

1. 법률규정과 밀접불가분한 시행령규정까지 심판대상의 확장이 인정된 사례
2. 공포 전 법률에 대한 헌법소원의 적법 여부(+)
3. 수혜적 법률도 기본권 침해성이 인정될 수 있는지 여부(+)
4. 외국인의 기본권 주체성이 인정되는지 여부(+)
5. 재외동포법의 적용대상에서 정부수립이전이주동포, 즉 대부분의 중국동포와 구 소련동포 등을 제외한 것이 평등원칙에 위반되는 것인지 여부(+)

[결정요지]

1. 청구인들은 재외동포법 제2조 제2호만을 심판대상으로 적시하였으나, 재외동포법 시행령 제3조는 재외동포법 제2조 제2호의 규정을 구체화하는 것으로서 양자가 일체를 이루어 동일한 법률관계를 규율대상으로 하고 있고, 시행령규정은 모법규정을 떠나 존재할 수 없으므로 이 사건의 심판대상을 동 시행령규정에까지 확장함이 상당하고, 정부수립이전이주동포를 적용대상에서 결정적으로 제외하는 재외동포법시행령 제3조 제2호가 포함되어야 함은 물론이고, 청구인들은 재외동포법이 외국국적동포들에게 혜택을 부여하는 입법을 하였음에도 자신들에게 혜택을 부여하지 아니한 부진정입법부작위를 평등원칙에 근거하여 다투는 것임에 비추어, 재외동포법시행령 제3조 제1호도 포함하여야 한다.

2. 법률안이 거부권 행사에 의하여 최종적으로 폐기되었다면 모르되, 그렇지 아니하고 공포되었다면 법률안은 그 동일성을 유지하여 법률로 확정되는 것이라고 보아야 하므로 이에 대한 헌법소원은 적법하다.

3. '수혜적 법률'의 경우에는 수혜범위에서 제외된 자가 그 법률에 의하여 평등권이 침해되었다고 주장하는 당사자에 해당되고, 당해 법률에 대한 위헌 또는 헌법불합치 결정에

따라 수혜집단과의 관계에서 평등권침해 상태가 회복될 가능성이 있다면 기본권 침해성이 인정된다.

4. '외국인'은 '국민'과 유사한 지위에 있으므로 원칙적으로 기본권 주체성이 인정된다.

5. 재외동포법은 외국국적동포 등에게 광범한 혜택을 부여하고 있는바, 이 사건 심판대상규정은 대한민국 정부수립 이전에 국외로 이주한 동포와 그 이후 국외로 이주한 동포를 구분하여 후자에게는 위와 같은 혜택을 부여하고 있고, 전자는 그 적용대상에서 제외하고 있다.

그런데, 정부수립 이후이주동포와 정부수립 이전 이주동포는 이미 대한민국을 떠나 그들이 거주하고 있는 외국의 국적을 취득한 우리의 동포라는 점에서 같고, 국외로 이주한 시기가 대한민국 정부수립 이전인가 이후인가는 결정적인 기준이 될 수 없는데도, 정부수립 이후 이주동포(주로 재미동포, 그 중에서도 시민권을 취득한 재미동포 1세)의 요망사항은 재외동포법에 의하여 거의 완전히 해결된 반면, 정부수립 이전 이주동포(주로 중국동포 및 구 소련동포)는 재외동포법의 적용대상에서 제외됨으로써 그들이 절실히 필요로 하는 출입국기회와 대한민국 내에서의 취업기회를 차단당하였고, 사회경제적 또는 안보적 이유로 거론하는 우려도, 당초 재외동포법의 적용범위에 정부수립 이전 이주동포도 포함시키려 하였다가 제외시킨 입법과정에 비추어 보면 엄밀한 검증을 거친 것이라고 볼 수 없으며, 또한 재외동포법상 외국국적동포에 대한 정의규정에는 일응 중립적인 과거국적주의를 표방하고, 시행령으로 일제시대 독립운동을 위하여 또는 일제의 강제징용이나 수탈을 피하기 위해 조국을 떠날 수밖에 없었던 중국동포나 구 소련동포가 대부분인 대한민국 정부수립 이전에 이주한 자들에게 외국국적 취득 이전에 대한민국의 국적을 명시적으로 확인받은 사실을 입증하도록 요구함으로써 이들을 재외동포법의 수혜대상에서 제외한 것은 정당성을 인정받기 어렵다.

요컨대, 이 사건 심판대상규정이 청구인들과 같은 정부수립 이전 이주동포를 재외동포법의 적용대상에서 제외한 것은 합리적 이유없이 정부수립 이전 이주동포를 차별하는 자의적인 입법이어서 헌법 제11조의 평등원칙에 위배된다.

평 등 권

적극적 평등 실현 조치

27 장애인 특별교통수단 사건

(입법부작위 위헌확인)
2023. 5. 25. 2019헌바1234 **[헌법불합치]**

|판시사항|

1. 특별교통수단에 있어 표준휠체어만을 기준으로 휠체어 고정설비의 안전기준을 정하고 있는 '교통약자의 이동편의 증진법 시행규칙' 제6조 제3항 별표 1의2가 합리적 이유 없이 표준휠체어를 이용할 수 있는 장애인과 표준휠체어를 이용할 수 없는 장애인을 달리 취급하여 청구인의 평등권을 침해하는지 여부(+)
2. 헌법불합치결정을 선고하면서 계속 적용을 명한 사례

[결정요지]

1. (1) 교통약자법 시행규칙은 교통약자의 이동편의를 위한 특별교통수단에 교통약자가 휠체어를 탄 채 승차할 수 있는 휠체어 리프트 또는 휠체어 기중기 등의 승강설비, 휠체어 고정설비 및 손잡이를 설치하도록 규정하면서도 표준휠체어만을 기준으로 휠체어 고정설비의 안전기준을 정하여(심판대상조항) 표준휠체어를 사용할 수 없는 장애인을 위한 휠체어 고정설비의 안전기준은 정하고 있지 않다. 이에 따라 표준휠체어를 사용할 수 없는 장애인으로서는 교통약자법상 안전기준에 따른 특별교통수단을 이용할 수 없게 된다.

특별교통수단의 운행 목적에 비추어 볼 때 표준휠체어를 사용할 수 없는 장애인과 표준휠체어를 사용할 수 있는 장애인은 이동에 심한 불편을 느끼는 교통약자로서 차이가 없으므로, 심판대상조항이 표준휠체어만을 기준으로 휠체어 고정설비 기준을 정하고 있는 것은 표준휠체어를 사용할 수 없는 장애인을 달리 취급하는 것이다.

(2) 그런데 표준휠체어를 이용할 수 없는 장애인은 보행상의 장애가 있는 사람 중에서도 장애의 정도가 심하여 보행 또는 일상생활동작이 상당히 제한된 장애인이므로 일반적인 자동차 및 장애인을 위한 저상버스나 휠체어 탑승설비를 장착한 버스 등도 이용하기가 어렵다. 그럼에도 심판대상조항은 표준휠체어만을 기준으로 하여 특별교통수단에 장착될 휠체어 고정설비의 안전기준을 규정하고 있어, 표준휠체어를 사용할 수 없는 장애인은 교통약자법상 안전기준에 따른 특별교통수단을 이용할 수 없도록 한다. 이는 이동에 심한 불편

을 느끼는 교통약자의 이동을 지원하기 위한 특별교통수단제도의 취지에 부합한다고 보기 어렵다.

물론 휠체어를 이용하여야만 하는 장애인 중 표준휠체어를 이용할 수 없는 장애인, 즉 이른바 침대형 휠체어만을 이용할 수 있는 장애인의 비율이 표준휠체어를 이용할 수 있는 장애인보다 높지는 않을 것이다. 그러나 표준휠체어를 이용할 수 있는 장애인은 특별교통수단 외에도 저상버스 및 휠체어 탑승설비를 장착한 버스 등을 이용할 수 있고 일반적인 자동차도 탑승이 가능하다. 반면, 침대형 휠체어만을 이용할 수 있는 장애인은 특수한 설비가 갖춰진 차량이 아니고서는 사실상 이동이 불가능하다. 그럼에도 불구하고 침대형 휠체어만을 이용할 수 있는 장애인에 대한 아무런 고려 없이 표준휠체어만을 기준으로 고정설비의 안전기준을 정하는 것은 불합리하다고 보지 않을 수 없다.

국토교통부장관의 사실조회에 대한 회신에 의하면, 누워서 이동할 수밖에 없는 장애인을 위한 휠체어 고정설비 안전기준 등을 마련하지 못할 만한 특별한 사정도 발견되지 않는다.

(3) 특별교통수단 제도는 수혜적인 성격을 지니고 있으므로 국가의 재정부담능력을 고려할 수밖에 없다. 누워서 이동할 수밖에 없는 장애인을 위한 휠체어 고정설비 안전기준 등을 새로 정하여 설치를 의무화할 경우, 어느 정도의 재정적 부담이 있을 것은 예상된다.

그러나 국토교통부장관은 특별교통수단에 장착될 휠체어 고정설비의 안전기준을 규정하기만 하면 되는 것이고, 실제로 특별교통수단에 어떤 휠체어를 기준으로 고정설비를 얼마나 장착할 것인지는 특별교통수단의 운행 주체가 자신의 재정 상황, 관내 장애인의 수, 장애유형별 비율, 특별교통수단의 이용 수요 및 사용 현황 등을 고려하여 정할 문제이므로, 국토교통부장관이 누워서 이동할 수밖에 없는 장애인을 위한 휠체어 고정설비 안전기준 등을 별도로 규정한다고 하여 감당할 수 없을 정도로 국가의 재정적 부담이 심해진다고 볼 수도 없다.

또한 국가는 특별교통수단으로 이용할 수 있는 차량의 개발, 특별교통수단에 장착되는 휠체어 탑승설비의 표준모델 개발 등에 관한 연구·개발사업을 추진할 의무가 있다(교통약자법 제26조 제1항 제4호, 제4호의2 참조). 그런데 표준휠체어만을 기준으로 고정설비의 안전기준을 정하여 이를 이용할 수 없는 교통약자의 이동을 어렵게 하는 것은 위와 같은 국가의 의무를 제대로 이행한 것이라 보기 어렵다.

(4) 비록 시장이나 군수 등이 교통약자의 이동편의를 위하여 특별교통수단 외의 차량을 운행하거나 이용 비용을 지원할 수 있다고 해도(교통약자법 제16조의2 참조) 이는 시장 등의 재량에 따라 결정될 수밖에 없다. 또한 표준휠체어 고정설비 안전기준만 규정된 상황에서, 시장 등이 누워서 이동할 수밖에 없는 장애인을 위한 안전장치가 구비된 차량을 운행할

것을 기대하기는 어렵다. 실제로 서울특별시는 2020. 4.경부터 침대형 휠체어가 탑승할 수 있는 특수형 구조차량 운행을 하였는데, 침대형 휠체어 고정장치에 대한 안전기준이 없어서 해당 차량에는 표준휠체어를 기준으로 하는 안전기준이 적용되었고, 이로 인하여 안전 문제가 제기되자 운행을 중단하였다.

'장애인 건강권 및 의료접근성 보장에 관한 법률'에서 특별교통수단을 이용하기 어려운 장애인에 대한 구급차 등의 이용지원을 규정하고 있으나(제9조; 같은 법 시행령 제4조 제2호), 이는 장애인이 진료, 재활 등을 위하여 의료기관 등을 이용하는 경우에 한정되므로 교통약자법상 특별교통수단을 대체할 만한 수단이라고 보기도 어렵다.

(5) 한편, 제4차 교통약자 이동편의 증진계획이 표준휠체어를 사용할 수 없는 장애인을 위한 특별교통수단의 도입 등을 계획하고 있기는 하나, 위 (4)에서 본 바와 같이, 서울특별시가 2020. 4.경부터 침대형 휠체어가 탑승할 수 있는 특수형 구조차량을 운행하였다가 침대형 휠체어 고정장치에 대한 안전기준이 없어 운행을 중단한 점에서 그 안전기준의 제정이 시급하므로 위와 같은 계획이 있다는 사정만으로 안전기준 제정 지연을 정당화하기 어렵다.

(6) 그렇다면 심판대상조항이 표준휠체어만을 기준으로 특별교통수단에 장착해야 할 휠체어 고정설비의 안전기준을 정하여 표준휠체어를 이용할 수 있는 장애인과 표준휠체어를 이용할 수 없는 장애인을 달리 취급하는 것은, 합리적 이유 없는 차별로서 청구인의 평등권을 침해한다.

2. 심판대상조항에 대하여 당장 그 효력을 상실시킬 경우 표준휠체어를 기준으로 하는 휠체어 고정설비 안전기준에 대해서도 법적 공백상태가 발생하게 되므로, 행정입법 권한을 가진 국토교통부장관이 2024. 12. 31.을 시한으로 개선입법을 할 때까지 계속 적용을 명하는 헌법불합치결정을 한다.

28 외국인 국민건강보험 지역가입자의 보험료 하한 산정기준, 세대구성, 보험료 체납정보 요청, 보험급여 제한 사건

평 등 권
적극적 평등 실현 조치

(국민건강보험법 제109조 제10항 등 위헌확인)
2023. 9. 26. 2019헌마1165 **[헌법불합치, 기각, 각하]**

|판시사항|

1. 내국인 및 영주(F-5) · 결혼이민(F-6)의 체류자격을 가진 외국인(이하 '내국인등')과 달리 외국인 지역가입자에 대하여 납부할 월별 보험료의 하한을 전년도 전체 가입자의 평균을 고려하여 정하는 구 '장기체류 재외국민 및 외국인에 대한 건강보험 적용기준' 제6조 제1항에 의한 별표 2 제1호 단서(이하 '보험료하한 조항')가 외국인 지역가입자인 청구인들의 평등권을 침해하는지 여부(－)
2. 내국인등과 달리 보험료 납부단위인 '세대' 의 인정범위를 가입자와 그의 배우자 및 미성년 자녀로 한정한 위 보건복지부고시 제6조 제1항에 의한 별표 2 제4호(이하 '세대구성 조항')가 청구인들의 평등권을 침해하는지 여부(－)
3. 내국인등과 달리 보험료를 체납한 경우에는 다음 달부터 곧바로 보험급여를 제한하는 국민건강보험법 제109조 제10항(이하 '보험급여제한 조항')이 청구인들의 평등권을 침해하는지 여부(＋)
4. 법무부장관이 외국인에 대한 체류 허가 심사를 함에 있어 보험료 체납정보를 요청할 수 있다고 규정한 출입국관리법 제78조 제2항 제3호 중 '외국인의 국민건강보험 관련 체납정보' 에 관한 부분(이하 '정보요청조항')에 대하여 기본권 침해의 직접성 요건이 부인된 사례
5. 보험급여제한조항에 대하여 계속적용 헌법불합치 결정을 선고한 사례

[결정요지]

1. 보험료하한 조항이 보험급여와 보험료 납부의 상관관계를 고려하고, 외국인의 보험료 납부의무 회피를 위한 출국 등의 제도적 남용 행태를 막기 위하여 외국인 지역가입자가 납부해야 할 월별 보험료의 하한을 내국인등 지역가입자가 부담하는 보험료 하한(보험료가 부과되는 연도의 전전년도 평균 보수월액보험료의 1천분의 60 이상 1천분의 65 미만의 범위에서 보건복지부장관이 정하여 고시하는 금액)보다 높게 정한 것은 합리적인 이유가 있는 차별이다.

2. 세대구성 조항은 동일 세대로 인정되는 가족의 범위를 내국인등에 비해 더욱 좁게 규정하고 있는데, 이는 외국인에 대하여 정확한 가족관계 파악이 어려운 상황에서 현재 사회적으로 형성되어 있는 가족구성의 일반적인 형태인 부모와 미혼자녀로 구성되는 소가족의 형태를 반영한 것으로서, 합리적인 이유가 있는 차별이다.

3. 외국인은 그의 재산이 국내에만 있는 것이 아닐 수 있어, 체납보험료에 대한 징수절차로는 실효성을 거두기가 어렵고, 외국인은 진료를 마치고 본국으로 출국함으로써 보험료 납부의무를 쉽게 회피할 수 있다. 따라서 외국인 지역가입자에 대한 보험급여 제한을 내국인등과 달리 실시하는 것 자체는 합리적인 이유가 있는 차별이나, 보험급여제한 조항은 다음과 같은 점에서 합리적인 수준을 현저히 벗어난다.

보험급여제한 조항은 외국인의 경우 보험료의 1회 체납만으로도 별도의 공단 처분 없이 곧바로 그 다음 달부터 보험급여를 제한하도록 규정하고 있으므로, 보험료가 체납되었다는 통지도 실시되지 않는다. 그러나 절차적으로 보험료 체납을 통지하는 것은 당사자로 하여금 착오를 시정할 수 있도록 하거나 잘못된 보험료 부과 또는 보험급여제한 처분에 불복할 기회를 부여하는 것이기 때문에, 이를 통지하지 않는 것은 정당화될 수 없는 차별이다.

보험급여제한 조항은 내국인과는 달리 과거 보험료를 납부해 온 횟수나 개별적인 경제적 사정의 고려 없이 단 1회의 보험료 체납만으로도 일률적으로 보험급여를 제한하고, 체납한 보험료를 사후에 완납하더라도 예외 없이 소급하여 보험급여를 인정하지 않는데, 이는 평균보험료를 납부할 능력이 없는 외국인에게는 불측의 질병 또는 사고 · 상해가 발생할 경우 건강에 대한 치명적 위험성에 더하여 가족 전체의 생계가 흔들리게 되는 결과를 낳게 할 수 있다.

외국인도 국민건강보험에 당연가입하도록 하고, 국내에 체류하는 한 탈퇴를 불허하는 것은, 단지 내국인과의 형평성 제고 뿐 아니라, 이들에게 사회연대원리가 적용되는 공보험의 혜택을 제공한다는 정책적 효과도 가지게 되는 것임을 고려하면, 보험료 체납에도 불구하고 보험급여를 실시할 수 있는 예외를 전혀 인정하지 않는 것은 합리적인 이유 없이 외국인을 내국인등과 달리 취급한 것이다. 따라서 보험급여제한 조항은 청구인들의 평등권을 침해한다.

4. 정보요청 조항은 법무부장관의 보험료 체납정보라는 집행행위를 예정하고 있으므로, 정보요청 조항에 대한 헌법소원심판 청구는 기본권침해의 직접성 요건을 결여하여 부

적법하다.

5. 보험급여 제한 조항의 위헌성은 보험급여 제한을 실시하는 것 그 자체에 있는 것이 아니라, 보험급여 제한을 하지 않을 수 있는 예외를 전혀 인정하지 않고, 보험료 체납에 따른 보험급여 제한이 실시된다는 통지절차도 전혀 마련하지 않은 것에 있다. 그러한 위헌성을 제거하고 합헌적으로 조정하는 데에는 여러 가지 선택가능성이 있고, 입법자는 충분한 사회적 합의를 거쳐 그 방안을 강구할 필요가 있다. 이러한 점들을 감안하면, 보험급여 제한 조항에 대하여는 단순위헌결정을 하는 대신 입법자의 개선입법이 있을 때까지 계속 적용을 명하는 헌법불합치결정을 선고한다.

핵심 체크 학습

평 등 권

1. 근로계약에 별도의 정함이 없는 이상, 근무기간이 6개월 미만인 근로자와 그 이상인 근로자는 근로계약의 계속성에 대한 기대에 본질적인 차이가 있으므로, 해고예고제도를 적용할 때 근무기간이 6개월 미만인 월급근로자를 그 이상 근무한 월급근로자와 달리 취급하는 것은 합리적인 이유가 있다. [16 사시]

해설 "월급근로자로서 6월이 되지 못한 자"는 대체로 기간의 정함이 없는 근로계약을 한 자들로서 근로관계의 계속성에 대한 기대가 크다고 할 것이므로, 이들에 대한 해고 역시 예기치 못한 돌발적 해고에 해당한다. 따라서 6개월 미만 근무한 월급근로자 또한 전직을 위한 시간적 여유를 갖거나 실직으로 인한 경제적 곤란으로부터 보호받아야 할 필요성이 있다. 그럼에도 불구하고 합리적 이유 없이 "월급근로자로서 6개월이 되지 못한 자"를 해고예고제도의 적용대상에서 제외한 이 사건 법률조항은 근무기간이 6개월 미만인 월급근로자의 근로의 권리를 침해하고, 평등원칙에도 위배된다(헌재 2015. 12. 23. 2014헌바3).

2. 산업연수생이 연수라는 명목하에 사업주의 지시 · 감독을 받으면서 사실상 노무를 제공하고 수당 명목의 금품을 수령하는 등 실질적인 근로관계에 있는 경우에도, 외국인 산업연수생에 대하여는 「근로기준법」이 보장한 근로기준 중 주요 사항을 적용하지 않도록 규정한 것은 자의적인 차별에 해당한다. [16 사시]

해설 산업연수생이 연수라는 명목하에 사업주의 지시 · 감독을 받으면서 사실상 노무를 제공하고 수당 명목의 금품을 수령하는 등 실질적인 근로관계에 있는 경우에도, 근로기준법이 보장한 근로기준 중 주요사항을 외국인 산업연수생에 대하여만 적용되지 않도록 하는 것은 합리적인 근거를 찾기 어렵다. 특히 이 사건 중소기업청 고시에 의하여 사용자의 법 준수능력이나 국가의 근로감독능력 등 사업자의 근로기준법 준수와 관련된 제반 여건이 갖추어진 업체만이 연수업체로 선정될 수 있으므로, 이러한 사업장에서 실질적

정답 1. × 2. ○

근로자인 산업연수생에 대하여 일반 근로자와 달리 근로기준법의 일부 조항의 적용을 배제하는 것은 자의적인 차별이라 아니할 수 없다(헌재 2007. 8. 30. 2004헌마670).

3. 디엔에이감식시료 채취대상범죄로 징역이나 금고 이상의 실형을 선고받아 그 형이 확정된 자 중에서 「디엔에이신원확인정보의 이용 및 보호에 관한 법률」 시행 당시에 수용 중인 자에 대하여만 위 법률을 소급적용하도록 하는 부칙조항은 위 법률 시행 당시 수용 중인 자의 평등권을 침해한다. [16 사시]

해설 디엔에이감식시료 채취대상 범죄는 범행의 방법 및 수단의 위험성으로 인하여 가중처벌되거나, 통계적으로 향후 재범할 가능성이 높은 범죄로서 디엔에이감식시료 채취대상자군으로 삼은 것에 합리적 이유가 있다. 따라서 이 사건 채취조항들은 채취대상 범죄를 저지른 자들의 평등권을 침해하지 아니한다(헌재 2014. 8. 28. 2011헌마28 등).

4. 주민투표권은 헌법상 기본권이 아닌 법률상의 권리에 해당하므로, 주민투표권에 관하여 비교집단 상호간에 차별이 존재하더라도 헌법상의 평등권은 문제되지 아니한다. [16 사시]

해설 주민투표권은 헌법상의 열거되지 아니한 권리 등 그 명칭의 여하를 불문하고 헌법상의 기본권성이 부정된다는 것이 우리 재판소의 일관된 입장이라 할 것인데, 이 사건에서 그와 달리 보아야 할 아무런 근거를 발견할 수 없다. 그렇다면 이 사건 심판청구는 헌법재판소법 제68조 제1항의 헌법소원을 통해 그 침해 여부를 다툴 수 있는 기본권을 대상으로 하고 있는 것이 아니므로 그러한 한에서 이유 없다. 하지만 주민투표권이 헌법상 기본권이 아닌 법률상의 권리에 해당한다 하더라도 비교집단 상호간에 차별이 존재할 경우에 헌법상의 평등권 심사까지 배제되는 것은 아니다(헌재 2007. 6. 28. 2004헌마643).

5. 등기부상 소유자와 점유자 상호간, 부동산을 스스로 점유하고 있는 소유자와 타인이 점유하고 있는 소유자 상호간은 각각 평등원칙을 심사함에 있어 비교대상이 되는 집단이라고 보기 어려우므로 점유취득시효를 규정한 「민법」 조항은 평등원칙에 위반되지 아니한다. [16 사시]

해설 이 사건 법률조항에 따라 이해관계가 상반되는 당사자인 등기부상 소유자와 점유자는 평등원칙을 심사함에 있어 본질적으로 동일한 집단이라고 볼 수 없고, 부동산을 스스로 점유하고 있는 소유자와 타인이 점유하고 있는 소유자 또한 평등원칙 심사에 있어 비교의 대상이 되는 동일한 집단이라고 보기 어려우므로 이 사건 법률조항은 평등원칙에

정답 3. × 4. × 5. ○

위반되지 아니한다(헌재 2013. 5. 30. 2012헌바387).

6. 식품, 먹는 샘물 등의 먹는 물 또는 주류는 「약사법」 조항이 규율하는 대상인 의약품과 동일한 성질의 물품이라 할 수 없으므로 주류 등을 매매하는 식품판매업자는 평등원칙을 심사함에 있어 의약품 도매상과 비교집단이 될 수 없다. [16 사시]

해설 식품, 먹는샘물 등의 먹는물 또는 주류는 해당 법규정의 의미와 목적에 비추어 볼 때 이 사건 법률조항들이 규율하는 대상인 의약품과 동일한 성질의 물품이라 할 수 없으므로 이러한 물품을 매매하는 식품판매업자 등은 평등원칙을 심사함에 있어 의약품 도매상과 비교집단이 될 수 없다. 따라서 양자간에 차별취급이 존재한다고 볼 수 없으므로 평등권을 침해하지 않는다(헌재 2014. 4. 24. 2012헌마811).

7. 공인중개사가 「공인중개사의 업무 및 부동산 거래신고에 관한 법률」 위반으로 벌금형을 선고받으면 등록관청으로 하여금 중개사무소 개설등록을 필요적으로 취소하도록 하는 것은 다른 직종에 비해 과도한 제한이라 볼 수 없으므로 평등권을 침해하지 아니한다. [16 사시]

해설 공인중개사는 매매와 임대 등 부동산 거래 전반에 직접 관여하면서 다른 자격제도와는 달리 매우 광범위하게 국민의 주거생활에 영향을 미치고 있다. 위와 같은 부동산 중개업무의 특성을 고려할 때, 공인중개사법 위반행위에 대한 제재의 실효성을 높이고 공인중개사가 부동산거래시장에서 수행하는 업무의 공정성 및 이에 대한 국민의 신뢰를 확보하기 위하여 심판대상조항이 다른 자격제도보다 가중된 요건을 규정하였다고 하더라도, 그것이 입법재량을 일탈한 자의적인 차별취급이라고 보기는 어렵다. 따라서 심판대상조항은 평등권을 침해하지 아니한다(헌재 2015. 5. 28. 2013헌가7).

8. 평등의 원칙은 국민의 기본권 보장에 관한 우리 헌법의 최고원리로서 국가가 입법을 하거나 법을 해석 및 집행함에 있어 따라야 할 기준인 동시에, 국가에 대하여 합리적 이유 없이 불평등한 대우를 하지 말 것과, 평등한 대우를 요구할 수 있는 국민의 권리이다. [16 법행]

해설 헌재 2011. 10. 25. 2010헌마661.

9. 평등의 원칙은 일체의 차별적 대우를 부정하는 절대적 평등을 의미하는 것이 아니라 입법과 법의 적용에 있어서 합리적 근거 없는 차별을 하여서는 아니 된다는 상대적 평등을 뜻하며, 합리적 근거 있는 차별 내지 불평등은 평등의 원칙에 반하는 것이

정답 6. ○ 7. ○ 8. ○ 9. ○

아니다. [16 법행]

해설 헌재 1999. 1. 28. 98헌마172.

10. 평등원칙 위반 여부를 심사함에 있어 엄격한 심사척도에 의할 것인지, 완화된 심사척도에 의할 것인지는 입법자에게 인정되는 입법형성권의 정도에 따라 다르게 된다. [16 법행]

해설 헌재 2003. 12. 18. 2002헌마593.

11. 헌법에서 특별히 평등을 요구하고 있는 경우나, 차별적 취급으로 인하여 관련 기본권에 대한 중대한 제한을 초래하게 되는 경우에는 입법형성권은 축소되어 보다 엄격한 심사척도가 적용되어야 하며, 합리적 이유의 유무를 심사하는 것에 그치지 아니하고 차별취급의 목적과 수단 간에 엄격한 비례관계가 성립하는지를 기준으로 심사한다. [16 법행]

해설 헌재 1999. 12. 23. 98헌마363.

12. 헌법상 평등원칙은 법률이 일반적으로 적용되어야지 어떤 개별사건에만 적용되어서는 아니될 것을 요구하며, 만일 입법자가 개별사건에만 적용되는 법률을 제정하였다면 그 자체로 자의적인 입법으로서 허용되지 아니한다. [16 법행]

해설 개별사건법률은 원칙적으로 평등원칙에 위배되는 자의적 규정이라는 강한 의심을 불러 일으키는 것이지만, 개별법률금지의 원칙이 법률제정에 있어서 입법자가 평등원칙을 준수할 것을 요구하는 것이기 때문에 특정규범이 개별사건법률에 해당한다 하여 곧바로 위헌을 뜻하는 것은 아니며, 이러한 차별적 규율이 합리적인 이유로 정당화될 수 있는 경우에는 합헌적일 수 있다(헌재 1996. 2. 16. 96헌가2 등).

13. 국내통화를 위조 또는 변조하거나 이를 행사하는 등의 행위를 처벌하는 '특정범죄 가중처벌 등에 관한 법률'(2010. 3. 31. 법률 제10210호로 개정된 것) 제10조 중 형법 제207조 제1항 및 제4항에 관한 부분은 형법 제207조 제1항 및 제4항 부분과의 관계에서 형벌체계상의 균형을 잃어 평등원칙에 위반된다. [15 법무사]

해설 행사할 목적으로 국내통화를 위조 또는 변조하거나 위조 또는 변조한 국내통화를 행사하거나 행사할 목적으로 수입 또는 수출한 행위에 대하여 특별히 형을 가중할 필요가 있다는 사정이 인정된다고 할지라도, 이 사건 형법조항과 똑같은 구성요건을 규정하면서

정답 10. ○ 11. ○ 12. × 13. ○

법정형만 상향 조정한 심판대상조항은 형사특별법으로서 갖추어야 할 형벌체계상의 정당성과 균형을 잃은 것이 명백하다(헌재 2014. 11. 27. 2014헌바224 등).

14. 경찰에 관한 직무를 행하는 자 등이 그 직무를 행함에 당하여 형사피의자 또는 기타 사람에 대하여 폭행을 가하는 경우 5년 이하의 징역과 10년 이하의 자격정지에 처하도록 한 형법 제125조 제1항의 법정형이 폭행죄나 공무집행방해죄의 법정형보다 무겁다고 하더라도 형벌체계의 정당성과 균형을 잃어 평등원칙에 위반된 것이라고 볼 수 없다. [15 법무사]

해설 헌재 2015. 3. 26. 2013헌바140.

15. 지방공무원이 면직처분에 대해 불복할 경우 행정소송 제기에 앞서 반드시 소청심사를 거치도록 규정한 것은 행정심판의 특수성 등에 기인한 것이고, 지방공무원에 대하여 합리성을 결여한 자의적인 차별을 하고 있다고 볼 수 없어 평등원칙에 위반되지 않는다. [15 법무사]

해설 헌재 2015. 3. 26. 2013헌바186.

16. 금고 이상의 실형을 선고받고 그 집행이 끝나거나 집행이 면제된 날로부터 3년이 지나지 아니한 사람은 행정사가 될 수 없다고 규정한 것은 그 결격사유를 공인중개사나 다른 국가자격 직역에 비해 합리적인 이유 없이 엄격하게 규정한 것으로 평등권을 침해하는 것이다. [15 법무사]

해설 이 사건 법률조항이 행정사의 업무 특성을 고려하여, 그 결격사유를 금고 이상의 실형을 선고받더라도 자격취득은 가능하지만 사무소 개설등록만 할 수 없는 공인중개사나, 업무와 관련한 불법행위로 등록취소가 되지 않는 한 자격 취득 자체에는 특별한 제한을 두지 않는 국가기술자격 소지자와 같이 상대적으로 낮은 수준의 공정성 및 신뢰성을 요구하는 다른 국가자격 직역에 비해 다소 엄격하게 규정하고 있는 것은 합리적인 이유가 있는 것이므로, 청구인의 평등권을 침해하지 아니한다(헌재 2015. 3. 26. 2013헌마131).

17. 사실혼 배우자에게 상속권을 인정하지 않는 민법(1990. 1. 13. 법률 제4199호로 개정된 것) 제1003조 제1항 중 '배우자' 부분이 상속권에 관하여 사실혼 배우자와 법률혼 배우자를 차별하고 있다고 하더라도, 그러한 취급에는 수긍할 만한 합리적인 이유가 있으므로 이를 두고 자의적인 차별로서 사실혼 배우자의 평등권을 침해

정답 14. ○ 15. ○ 16. × 17. ○

한다고 보기는 어렵다. [15 법무사]

해설 헌재 2014. 8. 28. 2013헌바119.

18. 예비후보자의 선거운동을 위해 명함을 돌릴 수 있는 자격을 예비후보자의 배우자와 직계존비속에 부여한 것 자체는, 배우자가 없는 후보자의 평등권을 침해한 것이 아니다. [14 법무사]

해설 이 사건 법률조항에서 예비후보자의 정치력, 경제력 과는 무관하게 존재가능하고 예비후보자와 동일시할 수 있는 배우자나 직계존·비속에 한정하여 명함을 교부하거나 지지를 호소할 수 있도록 한 것에는 합리적 이유가 있다(헌재 2011. 8. 30. 2010헌마259 등).

19. 변호사시험의 시험장으로 서울 소재 4개 대학교를 선정한 것은 서울 응시자에 비하여 지방 응시자를 자의적으로 차별하여 지방 응시자인 청구인들의 평등권을 침해한 것으로 위헌이다. [14 법무사]

해설 헌재 2013. 9. 26. 2011헌마782.

20. 시각장애인들에게만 안마사 자격을 인정한 것은 비시각장애인들의 평등권을 침해한 것으로서 위헌이다. [14 법무사]

해설 헌재 2013. 6. 27. 2011헌가39.

21. 독립유공자들의 유족 중 나이가 많은 자에게 보상금 지급의 우선순위를 주는 것은, 우리의 문화를 고려한 정당한 차별로서 다른 유족들의 평등권을 침해하지 아니한다. [14 법무사]

해설 이 사건 심판대상조항은 합리적인 이유없이 상대적으로 나이가 적은 손자녀인 청구인을 차별하여 평등권을 침해한다(헌재 2013. 10. 24. 2011헌마724).

22. 태평양전쟁 전후 강제동원된 자들 중 국내 강제동원자들을 제외하고 국외 강제동원자들에 대해서만 위로금을 지급하는 것은 위헌이다. [14 법무사]

해설 국가가 국가의 재정부담능력 등을 고려하여 일반적으로 강제동원으로 인한 정신적 고통이 더욱 크다고 볼 수 있는 국외 강제동원자 집단을 우선적으로 처우하는 것이 객관적으로 정의와 형평에 반한다거나 자의적인 차별이라고 보기는 어렵다(헌재 2012. 7. 26. 2011헌바352).

정답 18. ○ 19. × 20. × 21. × 22. ×

신체의 자유
진술거부권

29 음주측정 강제 사건

(도로교통법 제41조 제2항 등 위헌제청)
1997.3.27. 96헌가11 **[합헌]**

|판시사항|

1. 도로교통법 제41조 제2항에 규정된 주취여부의 "측정" 의 의미
2. 도로교통법 제41조 제2항, 제107조의2 제2호 중 주취운전의 혐의자에게 주취여부의 측정에 응할 의무를 지우고 이에 불응한 사람을 처벌하는 부분이 헌법 제12조 제2항에서 보장하는 진술거부권을 침해하는 위헌조항인지 여부
3. 이 사건 법률조항이 헌법 제12조 제3항의 영장주의에 위배되는지 여부
4. 이 사건 법률조항이 헌법 제12조 제1항의 적법절차원칙에 위배되는지 여부
5. 이 사건 법률조항이 양심의 자유, 인간의 존엄과 가치, 일반적 행동의 자유를 침해하는 것인지 여부

[결정요지]

1. 도로교통법 제41조 제2항에서 규정하고 있는 주취여부의 "측정"이라 함은 혈중알콜농도를 수치로 나타낼 수 있는 과학적 측정방법, 그 중에서도 호흡을 채취하여 그로부터 주취의 정도를 객관적으로 환산하는 측정방법, 즉 호흡측정기에 의한 음주측정을 뜻한다.

2. 헌법 제12조 제2항은 "모든 국민은 고문을 받지 아니하며, 형사상 자기에게 불리한 진술을 강요당하지 아니한다."고 규정하여 형사책임에 관하여 자신에게 불이익한 진술을 강요당하지 아니할 것을 국민의 기본권으로 보장하고 있다. 진술거부권은 현재 피의자나 피고인으로서 수사 또는 공판절차에 계속중인 자뿐만 아니라 장차 피의자나 피고인이 될 자에게도 보장되며, 형사절차뿐 아니라 행정절차나 국회에서의 조사절차 등에서도 보장된다. 또한 진술거부권은 고문 등 폭행에 의한 강요는 물론 법률로써도 진술을 강요당하지 아니함을 의미한다.

헌법 제12조 제2항은 진술거부권을 보장하고 있으나, 여기서 "진술"이라 함은 생각이나 지식, 경험사실을 정신작용의 일환인 언어를 통하여 표출하는 것을 의미하는 데 반해, 도로교통법 제41조 제2항에 규정된 음주측정은 호흡측정기에 입을 대고 호흡을 불어 넣음

으로써 신체의 물리적, 사실적 상태를 그대로 드러내는 행위에 불과하므로 이를 두고 "진술"이라 할 수 없고, 따라서 주취운전의 혐의자에게 호흡측정기에 의한 주취여부의 측정에 응할 것을 요구하고 이에 불응할 경우 처벌한다고 하여도 이는 형사상 불리한 "진술"을 강요하는 것에 해당한다고 할 수 없으므로 헌법 제12조 제2항의 진술거부권조항에 위배되지 아니한다.

3. 도로교통법 제41조 제2항에 규정된 음주측정은 성질상 강제될 수 있는 것이 아니며 궁극적으로 당사자의 자발적 협조가 필수적인 것이므로 이를 두고 법관의 영장을 필요로 하는 강제처분이라 할 수 없다. 따라서 이 사건 법률조항이 주취운전의 혐의자에게 영장없는 음주측정에 응할 의무를 지우고 이에 불응한 사람을 처벌한다고 하더라도 헌법 제12조 제3항에 규정된 영장주의에 위배되지 아니한다.

4. 이 사건 법률조항은 위 여러 요소들을 고려한 것으로서 추구하는 목적의 중대성(음주운전 규제의 절실성), 음주측정의 불가피성(주취운전에 대한 증거확보의 유일한 방법), 국민에게 부과되는 부담의 정도(경미한 부담, 간편한 실시), 음주측정의 정확성문제에 대한 제도적 보완(혈액채취 등의 방법에 의한 재측정 보장), 처벌의 요건과 처벌의 정도(측정불응죄의 행위주체를 엄격히 제한) 등에 비추어 합리성과 정당성을 갖추고 있으므로 헌법 제12조 제1항의 적법절차원칙에 위배된다고 할 수 없다.

5. (1) 양심의 자유에 대한 침해 여부

헌법이 보호하려는 양심은 어떤 일의 옳고 그름을 판단함에 있어서 그렇게 행동하지 아니하고는 자신의 인격적인 존재가치가 허물어지고 말 것이라는 강력하고 진지한 마음의 소리이지, 막연하고 추상적인 개념으로서의 양심이 아니다. 음주측정요구에 처하여 이에 응하여야 할 것인지 거부해야 할 것인지 고민에 빠질 수는 있겠으나 그러한 고민은 선과 악의 범주에 관한 진지한 윤리적 결정을 위한 고민이라 할 수 없으므로 그 고민 끝에 어쩔 수 없이 음주측정에 응하였다 하여 내면적으로 구축된 인간양심이 왜곡·굴절된다고 할 수 없다. 따라서 이 사건 법률조항을 두고 헌법 제19조에서 보장하는 양심의 자유를 침해하는 것이라고 할 수 없다.

(2) 인간의 존엄과 가치에 대한 침해 여부

음주운전으로 야기될 생명·신체·재산에 대한 위험과 손해의 방지라는 절실한 공익목적을 위하여 더욱이 주취운전의 상당한 개연성이 있는 사람에게 부과되는 제약이라는 점을 생각하면 그 정도의 부담을 두고 인간으로서의 인격적 주체성을 박탈한다거나 인간의 존귀성을 짓밟는 것이라고는 할 수 없으므로, 이 사건 법률조항은 헌법 제10조에 규정된 인간의 존엄과 가치를 침해하는 것이 아니다.

(3) 일반적 행동의 자유에 대한 침해 여부

이 사건 법률조항에 의하여 일반적 행동의 자유가 제한될 수 있으나, 그 입법목적의 중대성, 음주측정의 불가피성, 국민에게 부과되는 부담의 정도, 처벌의 요건과 정도에 비추어 헌법 제37조 제2항의 과잉금지의 원칙에 어긋나는 것이라고 할 수 없으므로, 이 사건 법률조항은 헌법 제10조의 규정된 행복추구권에서 도출되는 일반적 행동의 자유를 침해하는 것이라고도 할 수 없다.

신체의 자유
영장주의

30 범죄피의자에 대한 지문채취 사건

(경범죄처벌법 제1조 제42호 위헌제청)
(2004. 9. 23. 2002헌가17·18 [합헌])

|판시사항|

1. 범죄의 피의자로 입건된 사람들에게 경찰공무원이나 검사의 신문을 받으면서 자신의 신원을 밝히지 않고 지문채취에 불응하는 경우 형사처벌을 통하여 지문채취를 강제하는 구 경범죄처벌법 제1조 제42호가 영장주의의 원칙에 위반되는지 여부(−)
2. 범죄의 피의자로 입건된 사람들로 하여금 경찰공무원이나 검사의 신문을 받으면서 자신의 신원을 밝히지 않고 지문채취에 불응하는 경우 벌금, 과료, 구류의 형사처벌을 받도록 하고 있는 이 사건 법률조항이 적법절차의 원칙에 위반되는지 여부(−)

[결정요지]

1. 우리 재판소는 음주운전단속을 위하여 이루어지는 호흡측정기에 의한 음주측정에 대하여 '성질상 강제될 수 있는 것이 아니고 실무상 숨을 호흡측정기에 한두번 불어넣는 방식으로 행하여지는 것이므로 당사자의 자발적 협조가 필수적'이라며 '당사자의 협력이 궁극적으로 불가피한 측정방법을 두고 강제처분이라고 할 수 없을 것'이라고 판시하여(헌재 1997. 3. 27. 96헌가11, 판례집 9-1, 245, 258) 영장주의가 적용되는 강제처분을 물리적 강제력을 행사하는 경우로 제한하고 있다. 따라서 이 사건 법률조항에 의한 지문채취의 강요는 영장주의에 의하여야 할 강제처분이라 할 수 없다.

이 사건 법률조항은 수사기관이 직접 물리적 강제력을 행사하여 피의자에게 강제로 지문을 찍도록 하는 것을 허용하는 규정이 아니며 형벌에 의한 불이익을 부과함으로써 심리적·간접적으로 지문채취를 강요하고 있으므로 피의자가 본인의 판단에 따라 수용여부를 결정한다는 점에서 궁극적으로 당사자의 자발적 협조가 필수적임을 전제로 하므로 물리력을 동원하여 강제로 이루어지는 경우와는 질적으로 차이가 있다. 따라서 이 사건 법률조항에 의한 지문채취의 강요는 영장주의에 의하여야 할 강제처분이라 할 수 없다. 또한 수사상 필요에 의하여 수사기관이 직접강제에 의하여 지문을 채취하려 하는 경우에는 반드시 법관이 발부한 영장에 의하여야 하므로 영장주의원칙은 여전히 유지되고 있다고 할 수 있다.

2. 이 사건 법률조항은 피의자의 신원확인을 원활하게 하고 수사활동에 지장이 없도록 하기 위한 것으로, 수사상 피의자의 신원확인은 피의자를 특정하고 범죄경력을 조회함으로써 타인의 인적 사항 도용과 범죄 및 전과사실의 은폐 등을 차단하고 형사사법제도를 적정하게 운영하기 위해 필수적이라는 점에서 그 목적은 정당하고, 지문채취는 신원확인을 위한 경제적이고 간편하면서도 확실성이 높은 적절한 방법이다. 또한 이 사건 법률조항은 형벌에 의한 불이익을 부과함으로써 심리적·간접적으로 지문채취를 강제하고 그것도 보충적으로만 적용하도록 하고 있어 피의자에 대한 피해를 최소화하기 위한 고려를 하고 있으며, 지문채취 그 자체가 피의자에게 주는 피해는 그리 크지 않은 반면 일단 채취된 지문은 피의자의 신원을 확인하는 효과적인 수단이 될 뿐 아니라 수사절차에서 범인을 검거하는 데에 중요한 역할을 한다. 한편, 이 사건 법률조항에 규정되어 있는 법정형은 형법상의 제재로서는 최소한에 해당되므로 지나치게 가혹하여 범죄에 대한 형벌 본래의 목적과 기능을 달성함에 필요한 정도를 일탈하였다고 볼 수도 없다.

신체의 자유
영장주의

31 마약류 관련 수형자에 대한 소변채취 사건

(소변강제채취 위헌확인)
2006. 7. 27. 2005헌마277 [기각]

|판시사항|

1. 마약류 관련 수형자에 대하여 마약류반응검사를 위하여 소변을 받아 제출하게 한 것이 헌법재판소법 제68조 제1항의 공권력의 행사에 해당하는지 여부(+)
2. 헌법소원의 대상이 된 침해행위가 종료되었어도 심판청구의 이익이 있다고 인정한 사례
3. 마약류사범인 청구인에게 마약류반응검사를 위하여 소변을 받아 제출하게 한 것이 영장주의에 반하는지 여부(−)
4. 마약류사범인 청구인에게 마약류반응검사를 위하여 소변을 받아 제출하게 한 것이 청구인의 일반적인 행동자유권, 신체의 자유를 침해하였는지 여부(−)

[결정요지]

1. 교도소 수형자에게 소변을 받아 제출하게 한 것은, 형을 집행하는 우월적인 지위에서 외부와 격리된 채 형의 집행에 관한 지시, 명령에 복종하여야 할 관계에 있는 자에게 행해진 것으로서 그 목적 또한 교도소 내의 안전과 질서유지를 위하여 실시하였고, 일방적으로 강제하는 측면이 존재하며, 응하지 않을 경우 직접적인 징벌 등의 제재는 없다고 하여도 불리한 처우를 받을 수 있다는 심리적 압박이 존재하리라는 것을 충분히 예상할 수 있는 점에 비추어, 권력적 사실행위로서 헌법재판소법 제68조 제1항의 공권력의 행사에 해당한다.

2. 청구인이 출소하여 소변채취의 침해행위가 종료되었다고 하더라도, 마약류 수형자에 대한 정기적인 소변채취는 현재 및 앞으로 계속하여 반복적으로 행하여질 것이므로, 헌법적으로 그 해명이 중대한 의미를 가지고 있어 심판청구의 이익을 인정할 수 있다.

3. 헌법 제12조 제3항의 영장주의는 법관이 발부한 영장에 의하지 아니하고는 수사에 필요한 강제처분을 하지 못한다는 원칙으로 소변을 받아 제출하도록 한 것은 교도소의 안

<u>전과 질서유지를 위한 것으로 수사에 필요한 처분이 아닐 뿐만 아니라 검사대상자들의 협력이 필수적이어서 강제처분이라고 할 수도 없어 영장주의의 원칙이 적용되지 않는다.</u>

4. 마약류는 중독성 등으로 교정시설로 반입되어 수용자가 복용할 위험성이 상존하고, 수용자가 마약류를 복용할 경우 그 수용자의 수용목적이 근본적으로 훼멸될 뿐만 아니라 다른 수용자들에 대한 위해로 인한 사고로 이어질 수 있으므로, 소변채취를 통한 마약류반응검사가 월 1회씩 정기적으로 행하여진다 하여도 이는 마약류의 반입 및 복용사실을 조기에 발견하고 마약류의 반입시도를 사전에 차단함으로써 교정시설 내의 안전과 질서유지를 위하여 필요하고, 마약의 복용 여부는 외부관찰 등에 의해서는 발견될 수 없으며, 징벌 등 제재처분 없이 자발적으로 소변을 받아 제출하도록 한 후, 3분 내의 짧은 시간에, 시약을 떨어뜨리는 간단한 방법으로 실시되므로, 대상자가 소변을 받아 제출하는 하기 싫은 일을 하여야 하고 자신의 신체의 배출물에 대한 자기결정권이 다소 제한된다고 하여도, 그것만으로는 소변채취의 목적 및 검사방법 등에 비추어 과잉금지의 원칙에 반한다고 할 수 없다.

신체의 자유
영장주의

32 구속영장 재청구에서의 실질적 가중요건 사건

(형사소송법 제201조 제1항 위헌확인)
2003. 12. 18. 2002헌마593 **[기각]**

|판시사항|

1. 위헌법률심판의 심사기준이 될 수 있는 '헌법원칙' 을 인정하기 위한 요건
2. 전반적인 사항을 규율하는 헌법적 일반규정과 구체적인 사항을 규율하는 헌법적 특별규정과의 관계
3. 입법자가 수사기관의 피의자에 대한 강제처분에 관한 헌법적 특별규정인 헌법 제12조 제3항을 준수하는 경우 그 입법형성권의 범위와 이에 관한 위헌성심사기준(자의금지원칙)
4. 수사기관의 피의자에 대한 강제처분에 관한 형사소송법 제201조 제1항이 형식적·실질적인 측면에서 헌법 제12조 제3항 소정의 '영장주의' 에 위배되었는지 여부(－)
5. 본질적으로 동일한 두 개의 비교집단이 존재한다고 볼 수 없다고 하여, 관련 법률이 평등원칙에 위배되지 않는다고 판시한 사례

[결정요지]

1. ① 헌법상 명문규정과 ② 각 명문규정들에 대한 종합적 검토 및 구체적인 논증 등을 통하여 도출될 수 있는 헌법원칙(憲法原則)만이 위헌법률심판의 심사기준이 될 수 있는데, 우선 수사단계에서 한번 체포·구속되었던 사람을 재체포·재구속하는 경우 반드시 최초의 체포·구속사유에 일정한 요건이 가중되어야 한다는 청구인 주장과 같은 내용의 헌법상 명문규정은 없고, 설령 청구인의 주장과 같이 피의자 등에 대한 재구속의 요건 등을 가중하는 것이 헌법 제27조의 '공정한 재판을 받을 권리' 및 '무죄추정의 원칙' 등을 이어받아 이를 '법률적 차원'에서 구현할 수 있는 성질의 것이라고 하더라도, 이러한 사정만으로 청구인이 주장하는 내용의 '헌법원칙'이 존재한다고 볼 수는 없다. 따라서 이 사건 법률조항의 위헌성은 관련된 헌법의 명문규정이나 확립된 헌법원칙 등에 위배되는지 여부에 따라서 결정되는 것이고, 이 사건 법률조항이 청구인의 독자적 논거에 위배되는지 여부에 의하여 결정되는 것은 아니다.

2. 헌법 제12조 제1항은 '신체의 자유'에 관한 일반규정(一般規定)이고, 같은 조 제3항은

수사기관의 피의자에 대한 강제처분절차 등에 관한 특별규정(特別規定)이기 때문에, 수사기관의 피의자에 대한 구속영장청구에 관련된 이 사건 법률조항의 위헌성 여부는 원칙적으로 헌법적 특별규정인 헌법 제12조 제3항의 '영장주의'에 합치되는지 여부에 달려있고, 유죄판결이 확정되기 전에 당해 피의자의 '신체의 자유'가 제한되는 결과가 발생한다는 측면에 대해서는 헌법 제12조 제3항에 위배되는지 여부를 판단하는 것으로 족하며 이에 관하여 일반규정인 헌법 제12조 제1항 및 제27조 제4항의 위반 여부 등을 별도로 판단할 필요는 없다.

3. 수사기관의 피의자에 대한 강제처분에 관한 법률을 제정함에 있어서 입법자는 헌법적 특별규정인 헌법 제12조 제3항을 준수하는 범위 내에서 우리 사회의 법현실, 수사관행, 수사기관과 국민의 법의식수준 등을 종합적으로 검토한 다음 구체적 사정에 따라서 다양한 정책적인 선택을 할 수 있고, 다만 이러한 입법형성권을 남용하거나 그 범위를 현저하게 일탈하여 당사자들의 기본권을 침해하게 된 경우에는 관련 법률들이 '자의금지원칙(恣意禁止原則)'에 위배되어 헌법에 위반된다고 보아야 한다.

4. 이 사건 법률조항의 경우 구속영장 재청구에 관련하여 검사로 하여금 판사에게 영장을 청구하도록 하고 판사가 구체적인 구속사유에 대하여 사전적 심사(事前的 審査)를 한 다음 그 영장의 발부여부를 결정하도록 규정하고 있기 때문에 형식적으로 '영장주의'에 위배된다고 볼 수 없고, 또한 입법자가 재체포·재구속에 관하여 상대적으로 신중한 심사를 하도록 하는 입법목적을 구현하기 위하여 이 사건 법률조항에 근거한 구속영장의 재청구에 관하여 '절차적 가중요건'만을 규정하는 정책적 선택을 하였다는 사정만으로 입법형성권을 자의적으로 행사하였다고 할 수는 없다.

5. 평등원칙 위반의 특수성은 대상 법률이 정하는 '법률효과' 자체가 위헌이 아니라, 그 법률효과가 수범자의 한 집단에만 귀속하여 '다른 집단과 사이에 차별'이 발생한다는 점에 있기 때문에, 평등원칙의 위반을 인정하기 위해서는 우선 법적용에 관련하여 상호 배타적인 '두 개의 비교집단'을 일정한 기준에 따라서 구분할 수 있어야 한다.

청구인은 ① 법원에 의하여 검사의 구속영장청구가 기각된 피의자와 ② 법원의 구속적부심사절차에서 '석방결정'이 있었던 피의자 사이에 차별취급이 존재한다고 주장하고 있지만, 현실적으로 구속되었는지 여부 등 그 전제가 되는 기본적 사실관계가 서로 다르고 특히 법률적 근거규정 뿐만 아니라 헌법적 근거규정까지도 상이한 별개의 절차를 거친 위 ①과 ②의 피의자들 사이에 본질적인 동일성이 인정될 수 없고, 더욱이 이 사건의 경우 평등원칙 위반을 인정하기 위한 전제조건인 상호 배타적인 '두 개의 비교집단' 자체를 인정하기 어렵기 때문에, 이 사건 법률조항은 평등원칙에 위배되지 아니한다.

신체의 자유
체포 · 구속적부심사청구권

33 전격기소된 피고인의 체포구속적부심사 청구 사건

(형사소송법 제214조의2 제1항 위헌소원)
2004. 3. 25. 2002헌바104 **[헌법불합치]**

|판시사항|

1. 헌법재판소법 제68조 제2항 소정의 헌법소원심판에 있어서 심판대상조항에 재판의 전제성이 없어 주관적 권리보호의 이익이 없더라도 헌법적 해명의 필요성이 인정되는 경우 심판청구의 이익이 인정될 수 있는지 여부(+)
2. 체포·구속적부심사청구권을 규정한 헌법 제12조 제6항이 '체포·구속'의 방법으로 '신체의 자유'가 부당하게 침해되는 것을 사후적으로 구제하는 구체적인 절차적 기본권에 관한 입법형성의무를 부과하고 있는지(+)
3. 헌법 제12조 제6항의 의미
4. 검사가 수사단계에서 판사로부터 발부 받은 구속영장에 근거한 구속에 관하여 형사소송법에 규정된 피의자에 대한 구속적부심사제도와 피고인에 대한 구속취소제도가 전반적으로 헌법 제12조 제6항의 요구를 충족시키는지 여부(+)
5. 구속된 피의자가 적부심사청구권을 행사한 다음 검사가 전격기소를 한 경우, 법원으로부터 구속의 헌법적 정당성에 대하여 실질적 심사를 받고자 하는 청구인의 절차적 기회를 제한하는 결과를 가져오는 형사소송법 제214조의2 제1항이 헌법에 합치되는지 여부(−)

[결정요지]

1. 청구인이 구속적부심사를 청구한 이후 검사가 같은 날 구속영장의 혐의사실에 대하여 공소를 제기하여 위 구속적부심사가 기각된 이 사건에 있어서, 청구인은 이미 위 공소사실에 관하여 집행유예판결을 받고 그 판결이 확정되어 위 구속영장의 효력에 근거하여 청구인이 다시 구속될 가능성은 완전히 소멸하였기 때문에 이 사건 법률조항에 재판의 전제성이 인정될 수 없어 청구인에게 더 이상 주관적 권리보호이익이 존재한다고 볼 수는 없지만, 검사가 수사단계에서 발부받은 구속영장의 효력이 유지되는 기간은 비교적 단기간으로 이에 관한 헌법소원심판청구의 심리도중에 심판청구인의 권리보호이익이 사후적으로 소멸될 개연성이 높으므로, 이러한 유형의 사건에서 주관적 권리보호이익이 사후적으로 소멸하였다는 이유로 헌법소원심판청구의 이익이 없다고 보게 되면, 청구인의 경우 인신구속에

관한 중요한 사항에 대하여 적용되는 법률의 위헌여부를 헌법재판소로부터 판단받을 기회를 사실상 박탈당하는 결과를 초래하기 때문에, 이러한 경우 예외적 상황을 인정하여 그 권리보호이익을 인정함이 상당하다.

2. 헌법 제12조 제6항은 "누구든지 체포 또는 구속을 당한 때에는 적부의 심사를 법원에 청구할 권리를 가진다" 고 규정하고 있는바, 위 규정은 '체포·구속을 당한 때'라고 하는 매우 구체적인 상황에 관련하여 헌법적 차원에서 '적부의 심사를 법원에 청구할 권리'라는 구체적인 절차적 권리를 보장하고 있지만, 입법자의 형성적 법률이 존재하지 아니하는 경우 현실적으로 법원에서 당사자의 '체포·구속적부심사청구권'에 대하여 심리할 방법이 없기 때문에, 입법자가 법률로써 구체적인 내용을 형성하여야만 권리주체가 실질적으로 이를 행사할 수 있는 경우에 해당하는 것으로서, 이른바 헌법의 개별규정에 의한 헌법위임(Verfassungsauftrag)이 존재한다고 볼 수 있다.

나아가 이러한 체포·구속적부심사청구권의 경우 헌법적 차원에서 독자적인 지위를 가지고 있기 때문에 입법자가 전반적인 법체계를 통하여 관련자에게 그 구체적인 절차적 권리를 제대로 행사할 수 있는 기회를 최소한 1회 이상 제공하여야 할 의무가 있다고 보아야 한다.

다만, <u>본질적으로 제도적 보장의 성격이 강한 절차적 기본권에 관하여는 상대적으로 광범위한 입법형성권이 인정되기 때문에, 관련 법률에 대한 위헌성심사를 함에 있어서는 자의금지원칙(恣意禁止原則)이 적용되고, 따라서 현저하게 불합리한 절차법규정이 아닌 이상 이를 헌법에 위반된다고 할 수 없다. 아울러 입법자는 그 입법과정에서 법률의 구체적 내용, 명칭 등에 관련하여 다양한 선택을 할 수 있고, 나아가 헌법규정의 적용영역에 관련하여 헌법적 요구사항을 상회하는 법률을 제정할 수도 있는 것이다.</u>

3. 영미법상 인신보호영장제도(The Writ of Habeas Corpus)를 연원으로 하여, 체포·구속적부심사제도를 규정하고 있는 현행 헌법 제12조 제6항에 이른 것이다. 위 연혁적인 배경 등을 바탕으로 하여 현행 헌법 제12조 제6항의 본질적 내용은 당사자가 체포·구속된 원인관계 등에 대한 최종적인 사법적 판단절차와는 별도로 체포·구속 자체에 대한 적부여부를 법원에 심사 청구할 수 있는 절차를 헌법적 차원에서 보장하는 규정으로 봄이 상당하다.

첫째, 우리 헌법 제12조에 규정된 '신체의 자유'는 수사기관뿐만 아니라 일반 행정기관을 비롯한 다른 국가기관 등에 의하여도 직접 제한될 수 있으므로, 헌법 제12조 소정의 '체포·구속' 역시 포괄적인 개념으로 해석해야 한다. 따라서 최소한 모든 형태의 공권력행사기관이 '체포' 또는 '구속'의 방법으로 '신체의 자유'를 제한하는 사안에 대하여는 헌법 제12조 제6항이 적용된다고 보아야 한다.

둘째, 우리 헌법 제27조 제1항, 제101조 제1항, 제103조 등 사법권 행사에 관련된 헌법 규정에 근거하여 공권력행사기관 등이 체포·구속의 방법으로 '신체의 자유'를 제한하는 사안에 관련하여 그 원인관계의 정당성에 다툼이 있는 경우 법원이 최종적인 사법적 판단을 하게 된다. 그런데 법치국가의 원칙에 비추어 볼 때, 예컨대 위와 같은 원인관계의 정당성을 부인하는 취지의 판결이 확정된 경우, 구속주체인 국가기관 등이 당사자의 '신체의 자유'에 대한 제한을 더 이상 유지할 수 없음은 너무나 당연하기 때문에, 이러한 일반적인 사법적 절차에 따라서 피구속자의 '신체의 자유'를 회복시키기 위하여 우리 헌법제정권자가 헌법 제12조 제6항을 별도로 규정하였다고 보기는 어렵다.

따라서 헌법 제12조 제6항은 당사자가 체포·구속된 원인관계 등에 대한 최종적인 사법적 판단절차와는 별도로 체포·구속 자체에 대한 적부 여부를 법원에 심사청구할 수 있는 절차(Collateral Review)를 헌법적 차원에서 보장하는 규정으로 봄이 상당하다.

셋째, 우리 헌법의 연혁 등에 비추어 볼 때, 헌법 제12조 제6항에 규정된 '적부'는 당해 체포·구속 자체의 '헌법적 정당성 여부'로 해석함이 상당하므로, 결국 당사자의 청구에 따라서 법원이 당해 체포·구속 자체의 '헌법적 정당성'을 심사함과 동시에 만일 이러한 정당성이 인정되지 아니하면 이를 이유로 하여 법원이 그 당사자를 석방하도록 결정할 수 있는 제도가 법률에 규정되어야만 헌법에서 요구하는 입법형성의무가 제대로 이행된 것으로 볼 수 있다(우리 헌법은 이러한 측면에서 모든 유형의 '자유박탈의 허용과 계속'에 대하여 판사가 전적으로 결정하도록 하되, 피구속자에게 헌법적 차원에서 위와 같은 절차개시권을 보장하지 아니한 독일 기본법과는 구조적으로 상당한 차이가 있다.).

넷째, 헌법 제12조 제6항에는 당사자의 '법관 대면기회'가 명시적으로 규정되어 있지 아니하므로 모든 당사자(피체포자·구속자)에게 '법관 대면기회'를 보장하는 것이 그 본질적 내용에 포함된다고 보기 어렵고, 따라서 피고인에게 당해 구속 자체의 헌법적 정당성에 관하여 법원으로부터 심사받을 수 있는 구속취소청구권을 인정하고 있는 형사소송법 제93조의 경우도 그 적용영역에 대하여는 헌법 제12조 제6항이 요구하는 최소한도의 요건을 충족시킨 것으로 볼 수 있다.

다섯째, 행정처분 등에 의한 체포·구속의 경우와는 달리 법원의 재판에 근거한 체포·구속에 대하여는, 특별한 사정이 없는 한 구속적부심절차에서 '헌법적 정당성'을 심사할 때에 그 정당성을 추정함이 상당하다.

4. 우리 형사소송법은 피의자에 대하여는 제214조의2에서 구속적부심사제도를, 피고

인에 대하여는 제93조에서 구속취소제도를 두어 당해 구속의 근거인, 검사가 수사단계에서 판사로부터 발부 받은 구속영장의 헌법적 정당성에 대하여 법원이 다시 심사할 수 있도록 하면서, 만일 그 구속영장 자체에서 명백한 하자 등이 발견되는 경우 법원이 당사자를 즉시 석방할 수 있도록 규정하고 있기 때문에, 입법자는 헌법 제12조 제3항 및 형사소송법 제201조의 적용영역에 관하여 그 입법형성의무 중 대부분을 일단 이행하였다고 보아야 한다.

5. 다만, 우리 형사소송법상 구속적부심사의 청구인적격을 피의자 등으로 한정하고 있어서 청구인이 구속적부심사청구권을 행사한 다음 검사가 법원의 결정이 있기 전에 기소하는 경우(이른바 전격기소), 영장에 근거한 구속의 헌법적 정당성에 대하여 법원이 실질적인 판단을 하지 못하고 그 청구를 기각할 수밖에 없다.

그러나 구속된 피의자가 적부심사청구권을 행사한 경우 검사는 그 적부심사절차에서 피구속자와 대립하는 반대 당사자의 지위만을 가지게 됨에도 불구하고 헌법상 독립된 법관으로부터 심사를 받고자 하는 청구인의 '절차적 기회'가 반대 당사자의 '전격기소'라고 하는 일방적 행위에 의하여 제한되어야 할 합리적인 이유가 없고, 검사가 전격기소를 한 이후 청구인에게 '구속취소'라는 후속절차가 보장되어 있다고 하더라도 그에 따르는 적지않은 시간적, 정신적, 경제적인 부담을 청구인에게 지워야 할 이유도 없으며, 기소이전단계에서 이미 행사된 적부심사청구권의 당부에 대하여 법원으로부터 실질적인 심사를 받을 수 있는 청구인의 절차적 기회를 완전히 박탈하여야 하는 합리적인 근거도 없기 때문에, 입법자는 그 한도 내에서 적부심사청구권의 본질적 내용을 제대로 구현하지 아니하였다고 보아야 한다.

신체의 자유
과잉금지원칙

34 검사조사실에서의 계구사용 사건

(계호근무준칙 제298조 등 위헌확인)
2005. 5. 26. 2004헌마49 [위헌 · 위헌확인]

|판시사항|

1. 법무부 훈령인 계호근무준칙 제298조 제1호·제2호에 대해 공권력행사성과 직접성을 인정할 수 있는지 여부(+)
2. 검사조사실에서의 구속피의자에 대한 계구사용에 관한 원칙
3. 검사조사실에서의 계구사용을 원칙으로 정한 위 계호근무준칙조항과, 도주, 폭행, 소요, 자해 등의 위험이 구체적으로 드러나거나 예견되지 않음에도 여러 날 장시간 피의자신문을 하면서 계구로 피의자를 속박한 행위가 신체의 자유를 침해하는지 여부(+)

[결정요지]

1. 계호근무준칙(2000. 3. 29. 법무부 훈령 제422호로 개정된 것) 제298조 제1호·제2호은 행정규칙이기는 하나 검사조사실에서의 계구사용에 관한 재량권 행사의 준칙으로서 오랫동안 반복적으로 시행되어 그 내용이 관행으로 확립되었다 할 수 있는 것으로, 이 사건 준칙조항을 따라야 하는 검사조사실 계호근무자로서는 검사조사실에서 수용자가 조사를 받는 동안에는 그때 그때 개별적으로 상관에게 요청하여 그 지시를 받아 계구사용의 해제 여부를 결정할 여유가 사실상 없기 때문에 일단은 재량의 여지없이 원칙적, 일률적으로 계구를 사용하여 수용자를 결박한 상태에서 계호해야 한다. 그렇다면 이 사건 준칙조항은 이와 같은 재량 없는 집행행위를 통하여 계호대상이 되는 수용자에게 직접적으로 계구사용으로 인한 기본권제한의 효력을 미치게 된다고 볼 수 있다.

2. 수형자나 미결수용자에 대한 계호의 필요에 따라 수갑, 포승 등의 계구를 사용할 수 있지만 구금된 자라는 이유만으로 계구사용이 당연히 허용되는 것이 아니고 계구사용으로 인한 신체의 자유의 추가적 제한 역시 과잉금지원칙에 반하지 않아야 한다. 그러므로 구속피의자에 대한 계구사용은 도주, 폭행, 소요 또는 자해나 자살의 위험이 분명하고 구체적으로 드러난 상태에서 이를 제거할 필요가 있을 때 이루어져야 하며, 필요한 만큼만 사용

하여야 한다. 검사가 검사조사실에서 피의자신문을 하는 절차에서는 피의자가 신체적으로나 심리적으로 위축되지 않은 상태에서 자기의 방어권을 충분히 행사할 수 있어야 하므로 계구를 사용하지 말아야 하는 것이 원칙이고 다만 도주, 폭행, 소요, 자해 등의 위험이 분명하고 구체적으로 드러나는 경우에만 예외적으로 계구를 사용하여야 할 것이다.

3. 검사실에서의 계구사용을 원칙으로 하면서 심지어는 검사의 계구해제 요청이 있더라도 이를 거절하도록 규정한 계호근무준칙의 이 사건 준칙조항은 원칙과 예외를 전도한 것으로서 신체의 자유를 침해하므로 헌법에 위반된다. 청구인이 도주를 하거나 소요, 폭행 또는 자해를 할 위험이 있었다고 인정하기 어려움에도 불구하고 여러 날, 장시간에 걸쳐 피의자 신문을 하는 동안 계속 계구를 사용한 것은 막연한 도주나 자해의 위험 정도에 비해 과도한 대응으로서 신체의 자유를 제한함에 있어 준수되어야 할 피해의 최소성 요건을 충족하지 못하였고, 심리적 긴장과 위축으로 실질적으로 열등한 지위에서 신문에 응해야 하는 피의자의 방어권행사에도 지장을 주었다는 점에서 법익 균형성도 갖추지 못하였다.

신체의 자유
적법절차의 원칙

35 수사담당 경찰관의 증인 신문 사건

(형사소송법 제146조 위헌소원)
2001. 11. 29. 2001헌바41 **[합헌]**

|판시사항|

1. 형사소송법 제146조가 무죄추정의 원칙에 반하는지 여부(−)
2. 위 법 조항이 적법절차의 원칙에 반하는지 여부(−)
3. 위 법 조항이 피고인의 진술거부권을 침해하는지 여부(−)
4. 위 법 조항이 인간으로서의 존엄과 가치를 침해하는지 여부(−)

[결정요지]

1. 유죄의 확정판결이 있을 때까지 국가의 수사권은 물론 공소권, 재판권, 행형권 등의 행사에 있어서 피의자 또는 피고인은 무죄로 추정되고 그 신체의 자유를 해하지 아니하여야 한다는 무죄추정의 원칙은, 인간의 존엄성을 기본권질서의 중심으로 보장하고 있는 헌법질서 내에서 형벌작용의 필연적인 기속원리가 될 수밖에 없고, 이러한 원칙이 제도적으로 표현된 것으로는, 공판절차의 입증단계에서 거증책임(擧證責任)을 검사에게 부담시키는 제도, 보석 및 구속적부심 등 인신구속의 제한을 위한 제도, 그리고 피의자 및 피고인에 대한 부당한 대우 금지 등이 있다.

형사소송에 있어서 경찰 공무원은 당해 피고인에 대한 수사를 담당하였는지의 여부에 관계없이 그 피고인에 대한 공판과정에서는 제3자라고 할 수 있어 수사 담당 경찰 공무원이라 하더라도 증인의 지위에 있을 수 있음을 부정할 수 없고, 이러한 증인신문 역시 공소사실과 관련된 실체적 진실을 발견하기 위한 것이지 피고인을 유죄로 추정하기 때문이라고 인정할 만한 아무런 근거도 없다는 점에서, 이 사건 법률조항은 무죄추정의 원칙에 반하지 아니한다.

2. 적법절차의 원칙(due process of law)은 공권력에 의한 국민의 생명·자유·재산의 침해는 반드시 합리적이고 정당한 법률에 의거해서 정당한 절차를 밟은 경우에만 유효하다는 원리로서, 이는 형사절차상의 제한된 범위 내에서만 적용되는 것이 아니라 국가작용으로서

기본권 제한과 관련되든 아니든 모든 입법작용 및 행정작용에도 광범위하게 적용된다고 해석하여야 한다.

수사기관으로서의 검사와 소추기관으로서의 검사는 그 법률상의 지위가 다르므로 공판에 관여하는 소송당사자로서의 검사와 사법경찰관리를 지휘, 감독하는 수사 주재자로서의 검사를 동일하게 볼 수 없고, 실체 판단의 자료가 되는 경찰 공무원의 증언내용은 공소사실과 관련된 주관적 '의견'이 아닌 경험에 의한 객관적 '사실'에 그치는 것이며, 또한 형사소송구조상 경찰 공무원은 당사자가 아닌 제3자의 지위에 있을 뿐만 아니라, 나아가 경찰 공무원의 증언에 대하여 피고인 또는 변호인은 반대신문권을 보장받고 있다는 점에서, 이 사건 법률조항에 의하여 경찰 공무원의 증인적격을 인정한다 하더라도 적법절차의 원칙에 반한다거나 그 근거조항인 위 법 조항이 합리적이고 정당한 법률이 아니라고 말할 수는 없다.

3. 진술거부권은 자기부죄거부의 특권(自己負罪拒否의 特權, privilege against self - incrimination)에서 유래하는 권리로서, 피고인 또는 피의자가 공판절차나 수사절차에서 법원 또는 수사기관의 신문에 대하여 형사상 자신에게 불리한 진술을 거부할 수 있는 권리로 묵비권(黙秘權, right of silence)이라고도 하는바, 헌법이 진술거부권을 기본적 권리로 보장하는 것은 형사피의자나 피고인의 인권을 형사소송의 목적인 실체적 진실발견이나 구체적 사회정의의 실현이라는 국가적 이익보다 우선적으로 보호함으로써 인간의 존엄성과 생존가치를 보장하고 나아가 비인간적인 자백의 강요와 고문을 근절하려는 데 있고, 이러한 진술거부권은 형사절차에서만 보장되는 것은 아니고 행정절차이거나 국회에서의 질문 등 어디에서나 그 진술이 자기에게 형사상 불리한 경우에는 묵비권을 가지고 이를 강요받지 아니할 국민의 기본권으로 보장되며, 이는 고문 등 폭력에 의한 강요는 물론 법률에 의하여서도 진술을 강요당하지 아니함을 의미한다.

형사소송절차상 피고인의 증인적격이 부정되고 있어 피고인의 진술거부권이 침해될 소지는 없다고 보여질 뿐 아니라, 피고인은 증인이 아닌 당사자로서 그 법정진술이 직접 자신을 위한 유리한 증거로 사용될 수 있다는 점에서 경찰공무원에 대한 증인적격 인정이 바로 피고인에 대한 증인적격 인정으로 귀결된다고 볼 아무런 근거가 없고, 그 밖에 이 사건 법률조항에 의한 경찰 공무원의 증인적격 인정과 피고인의 진술거부권 침해와의 연관성을 인정할 만한 사정도 없다.

4. 경찰 공무원에 대한 증인적격의 인정은 피고인이나 피의자에 대한 헌법상의 기본권을 침해하거나 기본원칙에 반하는 것이 아니라 오히려 형사소송의 이념인 실체적 진실의 발견에 도움이 된다는 점, 그리고 증인 채택의 여부는 법원의 재량적 판단사항일 뿐 아니라

이에 불복이 있는 경우에는 이의신청이라는 불복방법에 의하여 다툴 수 있는 점, 또한 증거의 증명력은 법관의 자유판단에 의하는 것이라는 점 등에 비추어 볼 때, 이 사건 법률조항에 의하여 경찰 공무원이 증언할 수 있게 된다 하더라도 이로써 당해 피고인의 인간으로서의 존엄과 가치가 훼손된다고는 말할 수 없다.

신체의 자유
무죄추정의 원칙

36 판결선고 전 구금일수의 일부산입 사건

(성폭력범죄의처벌및피해자보호등에관한법률 제5조 제2항 등 위헌소원)
2009. 6. 25. 2007헌바25 **[위헌 · 합헌]**

|판시사항|

1. 판결선고 전 구금일수의 산입을 규정한 형법 제57조 제1항 중 '또는 일부' 부분이 헌법상 무죄추정의 원칙 및 적법절차의 원칙 등을 위배하여 신체의 자유를 침해하는지 여부(+)
2. (1) 특수강도강제추행죄의 법정형을 특수강도강간죄의 그것과 동일하게 규정한 '성폭력범죄의 처벌 및 피해자보호 등에 관한 법률' 제5조 제2항 중 "형법 제334조(특수강도)의 죄를 범한 자가 동법 제298조(강제추행)의 죄를 범한 때에는 사형·무기 또는 10년 이상의 징역에 처한다"는 부분이 책임과 형벌 간의 비례원칙을 위반하는지 여부(−)
   (2) 위 조항이 법관의 양형결정권을 침해하는지 여부(−)
   (3) 위 조항이 형벌체계상의 균형을 상실하여 평등원칙에 위반되는지 여부(−)

[결정요지]

1. 형법 제57조 제1항은 해당 법관으로 하여금 미결구금일수를 형기에 산입하되, 그 산입범위는 재량에 의하여 결정하도록 하고 있는바, 이처럼 미결구금일수 산입범위의 결정을 법관의 자유재량에 맡기는 이유는 피고인이 고의로 부당하게 재판을 지연시키는 것을 막아 형사재판의 효율성을 높이고, 피고인의 남상소를 방지하여 상소심 법원의 업무부담을 줄이는데 있다. 그러나 미결구금을 허용하는 것 자체가 헌법상 무죄추정의 원칙에서 파생되는 불구속수사의 원칙에 대한 예외인데, 형법 제57조 제1항 중 "또는 일부 부분"은 그 미결구금일수 중 일부만을 본형에 산입할 수 있도록 규정하여 그 예외에 대하여 사실상 다시 특례를 설정함으로써, 기본권 중에서도 가장 본질적인 신체의 자유에 대한 침해를 가중하고 있다.

또한, 형법 제57조 제1항 중 "또는 일부" 부분이 상소제기 후 미결구금일수의 일부가 산입되지 않을 수 있도록 하여 피고인의 상소의사를 위축시킴으로써 남상소를 방지하려 하는 것은 입법목적 달성을 위한 적절한 수단이라고 할 수 없고, 남상소를 방지한다는 명목으로 오히려 구속 피고인의 재판청구권이나 상소권의 적정한 행사를 저해한다. 더욱이 구속 피고인이 고의로 재판을 지연하거나 부당한 소송행위를 하였다고 하더라도 이를 이유로 미결구금기간 중 일부를 형기에 산입하지 않는 것은 처벌되지 않는 소송상의 태도에 대하여 형벌적 요소를 도입하여 제재를 가하는 것으로서 적법절차의 원칙 및 무죄추정의 원칙에 반한다.

이와 같이 헌법상 무죄추정의 원칙에 따라 유죄판결이 확정되기 전에 피의자 또는 피고인을 죄 있는 자에 준하여 취급함으로써 법률적 · 사실적 측면에서 유형 · 무형의 불이익을 주어서는 아니되고, 특히 미결구금은 신체의 자유를 침해받는 피의자 또는 피고인의 입장에서 보면 실질적으로 자유형의 집행과 다를 바 없으므로, 인권보호 및 공평의 원칙상 형기에 전부 산입되어야 한다. 따라서 형법 제57조 제1항 중 "또는 일부 부분"은 헌법상 무죄추정의 원칙 및 적법절차의 원칙 등을 위배하여 합리성과 정당성 없이 신체의 자유를 침해한다.

2. (1) '성폭력범죄의 처벌 및 피해자보호 등에 관한 법률'(이하 '성폭법'이라 한다) 제5조 제2항 부분은 입법자가 피해자의 재산과 성적 자기결정권의 침해를 넘어서 가정파괴의 결과에 이르는 성범죄를 예방하고 척결하기 위하여 특별법으로 특수강도강제추행죄의 구성요건을 신설한 것인바, 보호법익의 중요성, 범죄의 죄질, 행위자책임의 정도 및 일반예방적 목적을 달성하기 위한 형사정책적 측면 등을 고려하여 비교적 중한 법정형을 정한 것으로 합리적 이유가 있으므로 그 자체로 범죄의 죄질 및 행위자의 책임에 비하여 지나치게 가혹하다고 할 수 없다.

(2) 입법자는 특수강도의 기회에 피해자를 강제추행한 자에 대하여 특단의 사정이 없는 한 집행유예를 선고하지 못하도록 입법적 결단을 내린 것인데 위 결단이 자의적이라 보기 어렵고, 법률상 감경사유가 경합되거나 법률상 감경사유와 작량감경사유가 경합되는 경우 집행유예가 가능하므로 법관의 양형결정권을 침해한다고 할 수 없다.

(3) 강제추행이 경우에 따라서 강간의 경우보다 죄질이 나쁘고 피해가 중대한 경우가 있을 수 있으며, 또한, 통상적인 추행행위라고 하더라도 범행의 동기, 범행 당시의 정황 및 보호법익에 대한 침해의 정도 등을 고려할 때 강간보다 무겁게 처벌하거나 적어도 동일하게 처벌할 필요가 있는 경우도 있으므로 특수강도를 저지른 자가 피해자를 강제추행한 경우에 대한 비난가능성의 정도가 피해자를 강간한 경우에 비하여 반드시 가볍다고 단정할 수 없다. 따라서 성폭법 제5조 제2항이 형벌체계상의 균형을 잃은 자의적인 입법이라고 할 수 없으므로 평등원칙에 위반되지 않는다.

신체의 자유
보안처분

37 치료감호제 사건

(형사소송법 제221조의3 제1항 등 위헌소원)
2005. 2. 3. 2003헌바1 **[합헌]**

|판시사항|

1. 치료감호기간의 상한을 정하지 아니한 사회보호법 제9조 제2항(이하 "이 사건 법률조항"이라 부른다)이 과잉금지의 원칙에 위반하여 신체의 자유를 침해하는지 여부(-)
2. 법관 아닌 사회보호위원회가 치료감호의 종료 여부를 결정하도록 한 이 사건 법률조항이 재판청구권을 침해하거나 적법절차의 원칙에 위반되는지 여부(-)
3. 이 사건 법률조항에서 "피치료감호자가 감호의 필요가 없을 정도로 치유되어" 라고 규정한 부분이 명확성의 원칙에 위반되는지 여부(-)

[결정요지]

1. 보안처분의 경우에는 보안처분을 정당화하고 한계지우는 지도원리로서 비례의 원칙이 특히 강조된다. 형벌은 책임주의에 의하여 제한을 받지만 보안처분은 책임에 따른 제재가 아니어서 책임주의의 제한을 받지 않는다. 그러므로 보안처분에 있어서는 형벌에 대해 책임주의가 기능하는 바와 같은 역할을 하는 것이 바로 비례의 원칙이다. 목적과 수단 사이에 상당한 비례관계가 유지되어야 한다는 비례의 원칙을 우리의 헌법과 법률은 명문화하고 있지는 않지만 이를 인정하는 것은 법치국가의 원리상 당연하다. 비례의 원칙은 보안처분의 선고 여부를 결정할 때뿐만 아니라 보안처분을 종료할 것인지 여부를 판단할 때에도 적용된다.

(1) 이 사건 법률조항이 치료감호의 종료시점을 일정한 기간의 도과시점으로 하지 않고 감호의 필요가 없을 정도로 치유된 때로 정한 것은, 치료감호가 지향하는 정신장애 범죄자의 치료를 통한 사회복귀와 시민의 안전 확보라는 목적을 확실하게 달성하기 위한 취지이므로 그 입법목적은 정당하다. 그리고 치료감호의 종료시점을 치유의 완성시점으로 정한 것은 보안처분의 본질에 부합하고, 치료감호의 목표인 피치료감호자의 개선과 사회보호를 위한 효과적이고 적절한 하나의 수단이 된다.

(2) 치유효과를 기대할 수 있는 경우에는 정하여진 기간의 도과에 따라 피치료감호자를

석방하는 것보다는 재범의 위험이 없을 정도로 치유가 될 때까지 수용상태에서 계속 치료하는 것이 "개선과 보안"이라는 치료감호의 목적달성에 있어서 피치료감호자에게 보다 부담이 적으면서도 더 효과적인 방법이라고 할 것이고, 계속 치료하더라도 치유가 불가능하다고 판단되는 경우에도 이들을 석방한 뒤 엄격한 보호관찰을 실시하거나 친족에게 치료와 보호를 위탁하는 방법은, 피치료감호자를 계속 수용하면서 적정수준의 가료를 계속하는 것보다, 피치료감호자의 부담이 더 적은 대체수단이 된다고 단정할 수 없다. 따라서 치료감호에 기간을 정하지 않고 치유가 완성될 때까지 피치료감호자를 계속 수용하면서 치료를 하는 것보다 피치료감호자의 기본권을 덜 제한하면서도 대등한 치료 및 보안의 효과를 갖는 대안을 찾기는 어렵다.

(3) 치료감호의 기간을 미리 법정하지 않고 계속 수용하여 치료할 수 있도록 하는 것은 정신장애자의 개선 및 재활과 사회의 안전에 모두 도움이 되고 이로써 달성되는 사회적 공익은 상당히 크다고 할 수 있다. 한편, 피치료감호자는 계속적인 치료감호를 통하여 정신장애로부터의 회복을 기대할 수 있는 이익도 있을 뿐만 아니라, 가종료, 치료위탁 등 법적 절차를 통하여 장기수용의 폐단으로부터 벗어날 수도 있으므로, 이 사건 법률조항이 치료감호에 기간을 정하지 아니함으로 말미암아 초래될 수 있는 사익의 침해는 그로써 얻게 되는 공익에 비하여 크다고 볼 수 없다.

(4) 따라서 이 사건 법률조항은 과잉금지의 원칙에 위배되지 아니하므로 청구인의 신체의 자유를 침해하는 것이라고 볼 수 없다.

2. (1) 이 사건 법률조항은 법관의 선고에 의하여 개시된 치료감호를 사회보호위원회가 그 종료 여부를 결정하도록 규정하고 있으나, 피치료감호자 등은 치료감호의 종료 여부를 심사·결정하여 줄 것을 사회보호위원회에 신청할 수 있고, 위원회가 신청을 기각하는 경우에 이들은 그 결정에 대하여 행정소송을 제기하여 법관에 의한 재판을 받을 수 있다고 해석되므로, 피치료감호자 등의 재판청구권이 침해된 것이 아니다.

(2) 사회보호위원회의 구성이나 심사, 의결 및 결정 절차에 비추어 보면 사회보호위원회는 독립성과 전문성을 갖춘 특별위원회로서 준사법적 성격을 겸유하는 점, 판사·검사 또는 변호사의 자격이 있는 자와 의사의 자격이 있는 자로 구성된 사회보호위원회로 하여금 재범의 위험성이 상존하는지 여부를 판단하도록 한 것은 정신의학적 평가와 법률적 평가의 불가결적 연계성에 기초한 합리적인 조치로서 그 정당성을 인정할 수 있는 점, 치료감호의 종료에 대한 피치료감호자 측의 신청권이 보장되어 있고 그 절차에의 참여권이 피치료감호자 측에게 어느 정도 보장되어 있으며, 피치료감호자 측이 신청한 치료감호의 종료청구가 기각될 경우 이에 대한 행정소송이 가능한 점 등을 고려할 때, 이 사건 법률조항이

사회보호위원회에 치료감호의 종료 여부를 결정할 권한을 부여한 것이 적법절차에 위배된다고 할 수 없다.

3. 감호의 필요가 없을 정도로 치유되었다고 하는 것은 재범의 위험성이 없게 되었다는 것을 의미하는 것으로 보아야 하고, 재범의 위험성이라는 개념은 비록 추상적이긴 하지만 건전한 일반상식을 가진 수범자에 의하여, 그리고 법관의 해석에 의하여, 형법과 형사소송법 그리고 사회보호법의 전반적 체계와 내용에 비추어 그 의미의 범위가 일의적으로 충분히 귀결될 수 있는 정도의 것이라고 인정되므로, 이 사건 법률조항에서 "피치료감호자가 감호의 필요가 없을 정도로 치유되어"라고 규정한 부분이 명확성의 원칙에 위반된다고 볼 수 없다.

신체의 자유
죄형법정주의

38 부당해고 사용자에 대한 형사처벌 사건

(근로기준법 제110조 위헌소원)
2005. 3. 31. 2003헌바12 **[합헌]**

|판시사항|

1. 근로기준법 제110조 중 "제30조 제1항의 규정에 위반한 자는 5년 이하의 징역 또는 3,000만 원 이하의 벌금에 처한다." 라고 규정한 것 가운데 "근로자에 대하여 정당한 이유없이 해고를 함으로써 제30조 제1항을 위반한 사용자" 에 대한 부분이 형사처벌의 대상이 되는 해고의 기준을 일반추상적 개념인 "정당한 이유" 의 유무에 두고 있는 것이 헌법상 명확성의 원칙에 반하는지 여부(－)
2. 이 사건 법률조항이 법정형의 경중의 면에서 자의적이고 불균형한 처벌로서 형벌체계의 정당성을 해치는 과잉금지의 원칙에 반하는지 여부(－)

[결정요지]

1. 법률 명확성의 원칙은 법치주의와 신뢰보호의 원칙에서 비롯되는 것이며, 불명확한 법률이 무효가 되어야 하는 것은 그것이 수범자에 대하여 '공정한 경고'를 흠결하기 때문이다. 여기서의 수범자는 준법정신을 가진 사회의 평균적 일반인을 의미하는데, 준법정신을 가진 평균인은 애매한 법문을 자신이 해석할 수 없을 때 자신만의 판단에 의할 것이 아니라 법률전문가나 당해 법령에 보다 정통한 지식을 가진 사람 등의 의견이나 조언을 직접, 간접적으로 듣거나 참조하여 자신의 행동 여부를 결정하게 된다. 특정의 금지규정 내지 처벌규정의 내용을 파악함에 있어서 평균인의 입장에서 전문가의 조언이나 전문서적 등을 참고하여 자기의 책임하에 행동방향을 잡을 수 있고 그러한 결론이 보편성을 띠어 대부분 같은 결론에 도달할 수 있다면 명확성을 인정할 수 있고, 법률전문가 등의 조언을 구하여도 자신의 행위가 금지되는 것인지 아닌지를 도저히 정확히 예측할 수 없다면 그 규정은 불명확하여 무효가 될 수밖에 없는 것이다.

이와 같이 법령 특히 형벌법규의 내용은 일반인에게 명확한 고지가 이루어져야 하는 것이나, 다만 당해 법령의 특성에 맞추어 그 일반인이 어떤 행위를 결정할 때 통상 어느 정도 법적 전문지식에 의한 보완을 받게 된다는 점을 감안하여 명확성 여부를 판단하여야 한다.

이 사건 법률조항이 형사처벌의 대상이 되는 해고의 기준을 일반추상적 개념인 "정당한 이유"의 유무에 두고 있기는 하지만, 그 의미에 대하여 법적 자문을 고려한 예견가능성이 있고, 집행자의 자의가 배제될 정도로 의미가 확립되어 있으며, 입법 기술적으로도 개선가능성이 있다는 특별한 사정이 보이지 아니하므로 헌법상 명확성의 원칙에 반하지 아니한다.

2. 이 사건 법률조항은 서로 관련된 다른 처벌조항들과 그 법정형을 비교하여 보아도 특별히 자의적인 입법이라고 판단할 만큼의 형벌체계상의 현저한 불균형이 발견되지 않으며, 그 법정형의 상한이 징역 5년으로 설정되어 있으나 법정형의 하한은 별도로 정하여져 있지 않으므로 구체적 사건에서 법원 및 법집행당국은 이를 사안에 맞게 탄력적으로 형량하고 집행해 나가는 데 불합리할 정도로 장애를 주지 아니하므로 이 점에서 형량이 가혹한 것도 없다. 그렇다면 이 사건 법률조항은 자의적이고 불균형한 처벌로서 형벌체계의 정당성을 해친다고 볼 하등의 근거가 없으며, 과잉금지의 원칙에 위배되지 않는다.

신체의 자유
죄형법정주의

39 집단급식소 영양사 직무미수행 처벌사건

(식품위생법 제96조 등 위헌소원)
2023. 3. 23. 2019헌바141 **[위헌]**

|판시사항|

집단급식소에 근무하는 영양사의 직무를 규정한 조항인 식품위생법 제52조 제2항(이하 '직무수행조항' 이라 한다)을 위반한 자를 처벌하는, 식품위생법 제96조 중 '제52조 제2항을 위반한 자' 에 관한 부분이 헌법에 위반되는지 여부(+)

[결정요지]

〈재판관 이석태, 재판관 이종석, 재판관 이영진, 재판관 김기영, 재판관 문형배의 위헌 의견〉

1. 형벌의 구성요건을 정한 법률의 내용이 불명확하거나 그 적용범위가 지나치게 광범위하면, 어떠한 것이 범죄인가를 법제정기관인 입법자가 법률로 확정하는 것이 아니라 사실상 법 운영 당국이 재량으로 정하는 결과가 되어, 법치주의에 위배되고 죄형법정주의에 위반된다(헌재 1990. 4. 2. 89헌가113; 헌재 1992. 2. 25. 89헌가104 참조).

처벌조항은 직무수행조항을 위반한 자를 처벌하고 있다. 그런데 직무수행조항은 집단급식소에 근무하는 영양사의 직무를 포괄적으로 규정하고 있다. 이로 인해 처벌조항에 규정된 처벌범위가 지나치게 광범위해질 수 있다는 문제가 발생한다.

2. 법규범의 의미내용은 그 문언뿐만 아니라 입법목적이나 입법취지, 입법연혁, 그리고 법규범의 체계적 구조 등을 종합적으로 고려하는 해석방법에 의하여 구체화되므로, 결국 법규범이 명확성원칙에 위배되는지 여부는 위와 같은 해석방법에 의하여 그 의미내용을 합리적으로 파악할 수 있는 해석기준을 얻을 수 있는지 여부에 달려 있다(헌재 2022. 6. 30. 2020헌바15 참조).

처벌조항의 입법경위를 살펴보면, 2011. 6. 7. 법률 제10787호로 식품위생법이 개정되면서 직무수행조항이 신설되었음에도 불구하고, 형벌조항인 식품위생법 제96조는 별도로 개정됨이 없이 직무수행조항을 위반한 자를 처벌하도록 규정하는 형식을 취하게 되었음을 알 수 있다. 그런데 위 법률 제10787호와 관련한 국회의 관련 입법자료를 살펴보면, 영양사 및 조리사 집단 사이의 갈등 상황에서 직무범위를 구체적으로 어떻게 정할 것인지에 관한 논의는 확인되나, 식품위생법 제96조를 어떻게 개정할 것인지 또는 그 적용범위가 어떻게 되는지에 관한 구체적인 논의는 확인되지 않는다. 따라서 입법취지나 입법연혁의 참조를 통해서는 처벌조항의 처벌범위에 관한 지침을 얻기 어렵다. 식품위생법의 여러 규정을 살펴보아도 영양사의 직무범위의 구체적인 내용에 관한 추단은 어느 정도 가능하지만, 처벌대상에 관한 구체적이고 유용한 기준은 도출해낼 수 없고, 이에 관한 법원의 확립된 판례도 존재한다고 보기 어려운 상황이다.

3. 직무수행조항은 그 자체로 집단급식소에 근무하는 영양사의 직무를 포괄적으로 규정하고 있고, 처벌조항은 단순히 위 규정을 위반한 자를 처벌한다고만 규정하고 있다.

그런데 집단급식소에 근무하는 영양사가 집단급식소에 전혀 출근을 하지 않고 아무런 업무를 수행하지 아니하는 경우에는 직무수행조항에 정한 직무를 수행하지 않았음이 분명하다고 볼 수 있으나, 사안에 따라서는 직무수행조항에 정한 각 호의 업무를 어떤 경우에 수행하지 않았다고 볼 것인지 불분명할 수 있다. 예를 들어 '급식시설의 위생적 관리'(식품위생법 제52조 제2항 제3호)의 경우 급식시설이 건강에 유익하도록 조건을 갖춰 안전한 급식을 제공할 수 있도록 하는 제반 업무 일체를 말한다고 할 것이다. 그런데 처벌조항이 예정하고 있는 위생기준이 구체적으로 규정되거나 하위법령에 위임되어 있지도 않은 관계로, 위생적 관리를 위한 광범위한 업무 중 일부를 누락하거나 다소 소홀히 한 경우 급식시설의 위생적 관리 업무를 수행하지 않았다고 판단할 수 있을지 명확하지 않다.

처벌조항이 적용된 하급심 판결례를 살펴보면, 처벌조항 위반 여부를 판단함에 있어서 직무수행조항 각 호를 구별하여 위반행위 성립 여부를 개별적 · 독립적으로 판단하고 있지는 않고, 직무수행조항에 규정된 영양사의 직무범위를 전체적으로 보아 직무를 수행하였는지 여부를 판단하고 있는 것으로 보인다. 그런데 직무수행조항 각 호의 직무를 수행하였는지 여부를 판단하는 데에도 앞서 살펴본 바와 같은 불명확함이 있는 상황에서, 이러한 판단방법은 금지되는 행위가 무엇인지에 대한 불명확함을 더욱 가중시킨다.

4. 처벌조항에 관해 위와 같은 광범성 및 불명확성 문제가 발생한 근본적인 이유는, 입법자가 질적 차이가 현저한 두 가지 입법기능을 하나의 조항으로 규율하고자 하였기 때문이다. 직무수행조항은 식품위생법 제51조 제2항과의 관계에서 집단급식소에 근무하는 영양사와 조리사의 직무범위를 구분하는 기능을 함과 동시에, 처벌조항을 통해 구성요건이 된다. 전자는 집단급식소의 업무 전체 내에서 경계를 획정하는 것이므로 포괄적 규정의 필

요성이 인정될 수 있다. 반면 후자는 직무의 적정한 수행을 담보하기 위해 처벌대상을 정하는 것이므로, 죄형법정주의, 형벌개별화원칙, 형벌의 보충성에 따라 행위반가치와 결과반가치를 고려하여 제한된 범위 내에서 구체적으로 범죄행위를 규정할 것이 요청된다. 그런데 처벌조항에 규정된 '위반'이라는 문언은 집단급식소에 근무하는 영양사가 직무를 수행하지 아니한 경우 처벌한다는 의미만을 전달할 뿐, 그 판단기준에 관해서는 구체적이고 유용한 지침을 제공하지 않는다.

위와 같은 입법방식은 위해식품 등의 판매 등 금지(식품위생법 제4조), 병든 고기 등의 판매 등 금지(식품위생법 제5조), 기준 · 규격이 정하여지지 아니한 화학적 합성품 등의 판매 등 금지(식품위생법 제6조), 식품의약품안전처장에 의해 기준과 규격이 정해진 식품 또는 식품첨가물의 경우 그 기준 또는 규격에 맞지 아니하는 식품 또는 식품첨가물의 판매 등 금지(식품위생법 제7조 제4항), 유독기구 등의 판매 · 사용금지(식품위생법 제8조), 식품의약품안전처장에 의해 기준과 규격이 정해진 기구 및 용기 · 포장의 경우 그 기준 또는 규격에 맞지 아니하는 기구 및 용기 · 포장의 판매 등 금지(식품위생법 제9조 제4항) 등 비교적 구체적인 의무를 정하여 두고(위 각 규정은 식품위생법 제88조 제3항에 따라 집단급식소에도 준용된다), 이를 위반한 자를 처벌(식품위생법 제94조 제1항 제1호, 제2호, 제95조 제1호)하는 식품위생법의 다른 금지규정 및 형벌규정의 입법방식과는 대조된다.

5. 이상과 같은 점을 고려하면, 처벌조항은 그 구성요건이 불명확하거나 그 적용범위가 지나치게 광범위한 관계로 어떠한 것이 범죄인가를 법제정기관인 입법자가 법률로 확정하는 것이 아니라 사실상 법 운영 당국이 재량으로 정하는 결과가 되어, 죄형법정주의의 명확성원칙에 위반된다.

신체의 자유
자기책임의 원리

40 보건범죄단속에 관한 특별조치법 제6조 사건

(보건범죄단속에 관한 특별조치법 제6조 위헌제청)
2007. 11. 29. 2005헌가10 [위헌]

|판시사항|

종업원의 위반행위에 대하여 양벌조항으로서 개인인 영업주에게도 동일하게 무기 또는 2년 이상의 징역형의 법정형으로 처벌하도록 규정하고 있는 '보건범죄단속에 관한 특별조치법' 제6조 중 제5조에 의한 처벌 부분(이하 '이 사건 법률조항' 이라 한다)이 형사법상 책임원칙에 반하는지 여부(+)

[결정요지]

1. 위헌의견 1(재판관 4인)

"책임없는 자에게 형벌을 부과할 수 없다"는 형벌에 관한 책임주의는 형사법의 기본원리로서, 헌법상 법치국가의 원리에 내재하는 원리인 동시에, 국민 누구나 인간으로서의 존엄과 가치를 가지고 스스로의 책임에 따라 자신의 행동을 결정할 것을 보장하고 있는 헌법 제10조의 취지로부터 도출되는 원리이다.

이 사건 법률조항이 종업원의 업무 관련 무면허의료행위가 있으면 이에 대해 영업주가 비난받을 만한 행위가 있었는지 여부와는 관계없이 자동적으로 영업주도 처벌하도록 규정하고 있고, 그 문언상 명백한 의미와 달리 "종업원의 범죄행위에 대해 영업주의 선임감독상의 과실(기타 영업주의 귀책사유)이 인정되는 경우"라는 요건을 추가하여 해석하는 것은 문리해석의 범위를 넘어서는 것으로서 허용될 수 없으므로, 결국 위 법률조항은 다른 사람의 범죄에 대해 그 책임 유무를 묻지 않고 형벌을 부과함으로써, 법정형에 나아가 판단할 것 없이, 형사법의 기본원리인 '책임없는 자에게 형벌을 부과할 수 없다'는 책임주의에 반한다.

2. 위헌의견 2(재판관 4인)

이 사건 법률조항을 종업원에 대한 선임감독상의 과실 있는 영업주를 처벌하는 규정으로 보는 경우라 해도 과실밖에 없는 영업주를 고의의 본범(종업원)과 동일한 법정형으로 처벌하는 것은 각자의 책임에 비례하는 형벌의 부과라고 보기 어렵다. 무면허의료행위가 아무리 중대한 불법이라고 본다 하더라도, '종업원에 대한 선임감독상 등의 과실'에 대해 무려 '무기 또는 2년 이상의 징역형'이라는 형벌을 가하는 것은 그 책임에 비해 지나치게 무거운 법정형이라고 하지 않을 수 없기 때문이다.

일정한 범죄에 대해 형벌을 부과하는 법률조항이 정당화되기 위해서는 범죄에 대한 귀책사유를 의미하는 책임이 인정되어야 하고, 그 법정형 또한 책임의 정도에 비례하도록 규정되어야 하는데, 이 사건 법률조항은 문언상 종업원의 범죄에 아무런 귀책사유가 없는 영업주에 대해서도 그 처벌가능성을 열어 두고 있을 뿐만 아니라, 가사 위 법률조항을 종업원에 대한 선임감독상의 과실 있는 영업주만을 처벌하는 규정으로 보더라도, 과실밖에 없는 영업주를 고의의 본범(종업원)과 동일하게 '무기 또는 2년 이상의 징역형'이라는 법정형으로 처벌하는 것은 그 책임의 정도에 비해 지나치게 무거운 법정형을 규정하는 것이므로, 두 가지 점을 모두 고려하면 형벌에 관한 책임원칙에 반한다.

41 가족 중 성년자가 예비군훈련 소집통지서를 예비군대원 본인에게 전달하여야 하는 의무를 위반한 행위를 형사처벌하는 예비군법 조항에 관한 위헌제청 사건

신체의 자유
책임과 형벌의 비례성

(예비군법제15조 제10항 전문위헌제청)
2022. 5. 26. 2019헌가12 **[위헌]**

|판시사항|

예비군대원 본인의 부재시 예비군훈련 소집통지서를 수령한 같은 세대 내의 가족 중 성년자가 정당한 사유없이 소집통지서를 본인에게 전달하지 아니한 경우 형사처벌을 하는 예비군법 제15조 제10항 전문 중 '제6조의2 제2항에 따라 소집통지서를 전달할 의무가 있는 사람 가운데 예비군대원 본인과 같은 세대 내의 가족 중 성년자가 정당한 사유없이 전달하지 아니하였을 때' 에 관한 부분(이하 '심판대상조항' 이라 한다)이 책임과 형벌 간의 비례원칙에 위반되는지 여부(+)

[결정요지]

심판대상조항은 예비군대원 본인이 부재중이기만 하면 예비군대원 본인과 세대를 같이한다는 이유만으로 가족 중 성년자가 소집통지서를 전달할 의무를 위반하면 6개월 이하의 징역 또는 500만 원 이하의 벌금이라는 형사처벌을 하고 있는데, 이는 예비군훈련을 위한 소집통지서의 전달이라는 정부의 공적 의무와 책임을 단지 행정사무의 편의를 위하여 개인에게 전가하는 것으로, 이것이 실효적인 예비군훈련 실시를 위한 전제로 그 소집을 담보하고자 하는 것이라도 지나치다고 아니 할 수 없다. 심판대상조항은 국가안보 등에 관한 현실의 변화를 외면한 채 여전히 예비군대원 본인과 세대를 같이 하는 가족 중 성년자에 대하여 단지 소집통지서를 본인에게 전달하지 아니하였다는 이유로 형사처벌을 하고 있는데, 그 필요성과 타당성에 깊은 의문이 들지 않을 수 없다. 심판대상조항은 행정절차적 협력의무에 불과한 소집통지서 전달의무의 위반에 대하여 과태료 등의 행정적 제재가 아닌 형사처벌을 부과하고 있는데, 이는 형벌의 보충성에 반하고, 책임에 비하여 처벌이 지나치게 과도하여 비례원칙에도 위반된다. 위와 같은 사정들에 비추어 보면, 심판대상조항은 책임과 형벌 간의 비례원칙에 위반된다.

반대의견

재판관 이선애, 재판관 이은애, 재판관 이영진

심판대상조항의 목적은 원활하게 예비군훈련이 진행되도록 하기 위한 것으로 그 정당성과 필요성이 인정되고, 예비군훈련의 본질적 역할과 기능 역시 시간의 흐름에 따라서 크게 달라졌다고 보기 어렵다. 예비군전력 유지를 통한 국가안전보장이라는 중대한 공익을 고려할 때, 행정형벌을 부과한 입법자의 판단이 현저히 불합리하다고 보기 어렵다. 심판대상조항은 정당한 사유가 인정되면 처벌받지 않을 수 있는 여지를 남겨두고 있고, 법관이 법률상 감경이나 작량감경을 하지 않아도 집행유예나 선고유예가 가능하여 죄질이 경미하고 비난가능성이 작은 경우 법관이 양형단계에서 피고인의 책임에 상응하는 형을 선고할 수 있다. 예비군법 제6조의2 제2항 후문의 예비군대원 본인 전달 간주규정이 있다고 하여, 심판대상조항이 더 이상 필요하지 않다고 단정하기도 어렵다. 위와 같은 사정들에 비추어 보면, 심판대상조항이 책임과 형벌 간의 비례원칙에 위반된다고 보기 어렵다.

예비군법 제15조 제11항과 심판대상조항과는 그 보호법익과 죄질뿐 아니라 행위주체 및 행위태양 등에서 서로 다르다. 병역의무자와 예비군대상자의 차이 및 병역의무부과 통지서와 예비군훈련 소집통지서의 차이, 각 조항의 행위주체 및 행위태양, 가벌성 정도의 차이 등을 고려하면, 병역법 제85조와 심판대상조항은 형벌체계의 균형을 상실하여 평등원칙에 위반된다고 단정하기 어렵다. 민방위기본법 제39조 제1항 제3호와 심판대상조항 역시 그 보호법익 및 죄질 등을 서로 달리한다. 따라서 심판대상조항은 형벌체계상의 균형을 상실하여 평등원칙에 위반되지 않는다.

신체의 자유
이중처벌금지의 원칙

42 위법건축물에 대한 이행강제금 부과 사건

(개발제한구역의지정및관리에관한특별조치법 제11조 제1항 등 위헌소원)
2004. 2. 26. 2001헌바80·84·102·103, 2002헌바26(병합) [합헌]

|판시사항|

1. 개발제한구역 내에서 건축물의 건축 및 용도변경 등의 행위를 제한하는 구 개발제한구역의 지정 및 관리에 관한 특별조치법 제11조 제1항 중 "건축물의 건축 및 용도변경, 공작물의 설치" 부분 및 같은 조 제2항(이하 '이 사건 특조법 조항' 이라 한다)이 비례의 원칙에 위반하여 청구인들의 재산권 등을 침해하는지 여부(−)
2. 건축법상 시정명령을 위반한 자에 대하여 그 이행을 강제하기 위해서 이행강제금을 부과하는 건축법 제83조 제1항이 과잉금지원칙 및 이중처벌금지원칙에 위배되는지 여부(−)

[결정요지]

1. 도시의 무질서한 확산을 방지하고 도시주변의 자연환경을 보전하여 도시민의 건전한 생활환경을 확보하기 위하여 도시의 개발을 제한할 필요가 있으므로 개발제한구역지정으로 인한 토지재산권의 제한은 그 목적의 정당성이 인정되고, 개발제한구역 내에서 그 구역지정의 목적에 위배되는 건축물의 건축, 공작물의 설치 등을 원칙적으로 그리고 전면적으로 금지하는 것은 위와 같은 개발제한구역의 입법목적을 달성하는 데 기여하므로 수단의 적정성도 인정되며, 개발제한구역 내의 토지에 대한 선별적, 부분적, 예외적 이용제한의 수단만을 선택하여서는 목적의 효율적인 달성을 기대하기 어려우므로 전면적인 규제수단은 입법목적을 달성하기 위해 필요한 최소한의 조치인 것으로 인정된다. 그리고 같은 법이 개발제한구역의 지정으로 인하여 토지의 효용이 현저히 감소하거나 그 사용·수익이 사실상 불가능한 토지소유자에게 토지매수청구권을 인정하는 등 보상규정을 두고 있는 점에 비추어, 이 사건 특조법 조항이 토지재산권의 제한을 통하여 실현하고자 하는 공익의 비중과 이 사건 특조법 조항에 의하여 발생하는 토지재산권의 침해의 정도를 비교형량할 때 양자 사이에 적정한 비례관계가 성립한다고 보이므로 법익균형성도 충족된다. 따라서 개발제한구역내에서 건축물의 건축 및 용도변경 등의 행위를 제한하는 이 사건 특조법 조항이 비례의 원칙을 위반하여 청구인들의 재산권을 과도하게 침해한 것으로 보기 어렵다.

2. 헌법 제13조 제1항은 "모든 국민은…… 동일한 범죄에 대하여 거듭 처벌받지 아니한다"고 하여 이른바 '이중처벌금지의 원칙' 을 규정하고 있는바, 이 원칙은 한번 판결이 확정되면 동일한 사건에 대해서는 다시 심판할 수 없다는 '일사부재리의 원칙' 이 국가형벌권의 기속원리로 헌법상 선언된 것으로서, 동일한 범죄행위에 대하여 국가가 형벌권을 거듭 행사할 수 없도록 함으로써 국민의 기본권 특히 신체의 자유를 보장하기 위한 것이라고 할 수 있다. 이러한 점에서 헌법 제13조 제1항에서 말하는 '처벌' 은 원칙으로 범죄에 대한 국가의 형벌권 실행으로서의 과벌을 의미하는 것이고, 국가가 행하는 일체의 제재나 불이익처분을 모두 그 '처벌' 에 포함시킬 수는 없다 할 것이다. 이중처벌금지의 원칙은 처벌 또는 제재가 '동일한 행위'를 대상으로 행해질 때에 적용될 수 있는 것이고, 그 대상이 동일한 행위인지의 여부는 기본적 사실관계가 동일한지 여부에 의하여 가려야 할 것이다.

건축법 제78조에 의한 무허가 건축행위에 대한 형사처벌과 건축법 제83조 제1항에 의한 시정명령 위반에 대한 이행강제금의 부과는 그 처벌 내지 제재대상이 되는 기본적 사실관계로서의 행위를 달리하며, 또한 그 보호법익과 목적에서도 차이가 있으므로 헌법 제13조 제1항이 금지하는 이중처벌에 해당한다고 할 수 없다.

신체의 자유
연좌제의 금지

43 배우자의 선거범죄로 인한 당선무효 사건

(공직선거 및 선거부정방지법 제265조 위헌확인)
2005. 12. 22. 2005헌마19 **[기각]**

|판시사항|

1. 배우자의 중대 선거범죄를 이유로 후보자의 당선을 무효로 하는 공직선거 및 선거부정방지법 제265조 본문 중 '배우자' 에 관한 부분이 헌법 제13조 제3항에서 금지하는 연좌제에 해당하는지 여부(－)
2. 이 사건 법률조항이 후보자의 공무담임권을 침해하는지 여부(－)
3. 이 사건 법률조항이 적법절차원칙에 위배되는지 여부(－)

[결정요지]

1. 헌법 제13조 제3항은 '친족의 행위와 본인 간에 실질적으로 의미있는 아무런 관련성을 인정할 수 없음에도 불구하고 오로지 친족이라는 사유 그 자체만으로' 불이익한 처우를 가하는 경우에만 적용된다. 원래 연좌제(緣坐制)라는 것이 본인과 아무런 관련이 없는 사태에 대하여 오로지 가족 또는 친족이라는 이유만으로 처벌하거나 불이익을 주는 제도를 말하고 바로 그 이유로 봉건적 인습으로 여겨져 폐기된 제도이므로, 이렇게 보는 것이 이 헌법조항이 우리 헌법전에 도입된 취지나 역사적 맥락에 맞닿은 해석일 뿐만 아니라, 그 밖의 경우에는 문제된 불이익을 보호하는 다른 헌법규범이나 기본권규범을 찾아 그 친족과의 관계에서 본인에게 그러한 불이익을 주는 것이 과연 합리적 근거가 있는지, 또는 입법목적 달성을 위해 필요한 한도 내의 수단인지를 살펴봄으로써 그러한 법적 규율의 정당성 여부를 충분히 판단할 수 있기 때문이다.

이 사건 법률조항은 배우자가 죄를 저질렀다는 이유만으로 후보자에게 불이익을 주는 것이 아니라, 후보자와 불가분의 선거운명공동체를 형성하여 활동하게 마련인 배우자의 실질적 지위와 역할을 근거로 후보자에게 연대책임을 부여한 것이므로 헌법 제13조 제3항에서 금지하고 있는 연좌제에 해당하지 아니한다.

2. 이 사건 법률조항은 당선무효를 초래하는 배우자의 위법행위의 범위를 그 불법성이

대단히 중대하여 금권선거의 중핵을 이루는 범죄들로 국한하고 있으며, 당선이 무효로 된 자에 대하여 동일 선거구에서 상당기간 동안 동일 선거에 입후보할 수 없도록 제한함이 없이 단지 당해 보궐선거 등에서만 후보자가 될 수 없도록 당선무효에 수반되는 불이익을 최소화하고 있다. 한편, 이 사건 법률조항이 추구하는 공익은 깨끗하고 공명한 선거라는 민주주의의 중핵을 이루는 대단히 중요한 가치인 반면 후보자의 가족 등이 선거의 이면에서 음성적으로 또한 조직적으로 역할을 분담하여 불법·부정을 자행하는 경우가 적지 않은 것이 부정할 수 없는 우리 선거의 실상이라는 판단 하에, 배우자와 후보자는 선거에 임하여 분리하기 어려운 운명공동체라고 보아 배우자의 행위를 곧 후보자의 행위로 의제함으로써 선거부정 방지를 도모하고자 한 입법적 결정의 전제와 목표 및 선택이 현저히 잘못되었거나 부당하다고 보기 어려운 이상 감독상의 주의의무 이행이라는 면책사유를 인정하지 않고 후보자에게 일종의 법정무과실책임을 지우는 제도를 형성한 것이 반드시 필요 이상의 지나친 규제를 가하는 것이라 단정하기 어렵다. 따라서 이 사건 법률조항은 후보자의 공무담임권을 침해하는 것이라 볼 수 없다.

3. 이 사건 법률조항에 의한 후보자책임의 성격은 일종의 법정무과실책임이다. 타인인 배우자의 행위에 대하여 본인이 책임을 진다는 법적 구조를 지니므로, 행위에 관한 판단은 행위자를 중심으로 이루어지고 또 이로써 충분하다. <u>행위자인 배우자가 해당 선거범죄를 저질렀고 이에 대한 책임이 있는 것으로 재판절차를 통하여 확정된다면 그로써 곧 후보자에게 법률상 당연히 당선무효라는 책임을 귀속시킨다는 구조이므로, 이러한 법적 구조의 성격상 행위자에 대한 평가를 적법절차가 보장된 가운데 정당하게 하였다면 그와 별도로 후보자에 대하여 따로 적법절차의 보장이 필요한 것이 아니다</u>.

이 사건 법률조항에 의한 후보자책임의 법적 구조의 특징, 배우자에게 재판절차라는 완비된 절차적 보장이 주어진다는 점, 당선무효라는 효과를 발생시킴에 있어 후보자에게 변명·방어의 기회를 따로 부여하는 절차를 마련할 경우 나타날 수 있는 문제점 등을 종합하면 후보자에 대하여 그러한 절차를 따로 마련하지 않았다는 점만으로 적법절차원칙에 어긋난다고 볼 수 없다.

핵심 체크 학습

신체의 자유

1. 미결수용자가 민사재판, 행정재판, 헌법재판과 관련하여 변호사와 접견하는 것도 원칙적으로 변호인의 조력을 받을 권리에 의해 보호된다. [16 사시]

해설 변호인의 조력을 받을 권리는 '형사사건'에서의 변호인의 조력을 받을 권리를 의미한다. 따라서 수형자가 형사사건의 변호인이 아닌 민사사건, 행정사건, 헌법소원사건 등에서 변호사와 접견할 경우에는 원칙적으로 헌법상 변호인의 조력을 받을 권리의 주체가 될 수 없다 할 것이므로, 이 사건 녹취행위에 의하여 청구인의 변호인의 조력을 받을 권리가 침해되었다고 할 수는 없다(헌재 2013. 9. 26. 2011헌마398).

2. 불구속 피의자나 피고인은 물론 유죄판결이 확정되어 교정시설에 수용 중인 수형자도 원칙적으로 변호인의 조력을 받을 권리를 행사할 수 있다. [16 사시]

해설 형사절차가 종료되어 교정시설에 수용중인 수형자는 원칙적으로 변호인의 조력을 받을 권리의 주체가 될 수 없다(헌재 1998. 8. 27. 96헌마398).

3. 미결수용자의 변호인 접견권 역시 국가안전보장 · 질서유지 또는 공공복리를 위해 필요한 경우 법률로써 제한될 수 있다. [16 사시]

해설 헌법재판소가 91헌마111 결정에서 미결수용자와 변호인과의 접견에 대해 어떠한 명분으로도 제한할 수 없다고 한 것은 구속된 자와 변호인 간의 접견이 실제로 이루어지는 경우에 있어서의 '자유로운 접견', 즉 '대화내용에 대하여 비밀이 완전히 보장되고 어떠한 제한, 영향, 압력 또는 부당한 간섭 없이 자유롭게 대화할 수 있는 접견'을 제한할 수 없다는 것이지, 변호인과의 접견 자체에 대해 아무런 제한도 가할 수 없다는 것을 의미하는 것이 아니므로 미결수용자의 변호인 접견권 역시 국가안전보장·질서유지 또는 공공복리를 위해 필요한 경우에는 법률로써 제한될 수 있음은 당연하다(헌재 2011. 5. 26. 2009헌마341).

정답 1. × 2. × 3. ○

4. 출정비용을 예납하지 않았거나 영치금과의 상계에 동의하지 않았다는 이유로 수형자의 행정소송 변론기일에 수형자를 출정시키지 아니한 교도소장의 행위는 수형자의 재판청구권을 침해한다. [16 사시]

해설 '민사재판 등 소송 수용자 출정비용 징수에 관한 지침'(이하 '이 사건 지침'이라 한다) 제4조 제3항에 의하면, 수형자가 출정비용을 납부하지 않고 출정을 희망하는 경우에는 소장은 수형자를 출정시키되, 사후적으로 출정비용 상환청구권을 자동채권으로, 영치금 반환채권을 수동채권으로 하여 상계함을 통지함으로써 상계하여야 한다고 규정되어 있으므로, 교도소장은 수형자가 출정비용을 예납하지 않았거나 영치금과의 상계에 동의하지 않았다고 하더라도, 우선 수형자를 출정시키고 사후에 출정비용을 받거나 영치금과의 상계를 통하여 출정비용을 회수하여야 하는 것이지, 이러한 이유로 수형자의 출정을 제한할 수 있는 것은 아니다(헌재 2012. 3. 29. 2010헌마475).

5. 징벌대상자로서 조사를 받고 있는 수형자가 변호인 아닌 자와 접견할 때 교도관이 참여하여 대화내용을 기록하게 한 교도소장의 행위는 수형자의 사생활의 비밀과 자유를 침해하지 않는다. [16 사시]

해설 청구인의 접견내용을 녹음함으로써 증거인멸이나 형사법령 저촉행위의 위험을 방지하고, 교정시설 내의 안전과 질서유지에 기여하려는 공익은 청구인의 사익의 제한보다 훨씬 크고 중요한 것이라고 할 것이므로, 법익의 불균형을 인정하기도 어렵다. 따라서 이 사건 녹음행위는 과잉금지원칙에 위반하여 청구인의 사생활의 비밀과 자유를 침해하였다고 볼 수 없다(헌재 2012. 12. 27. 2010헌마153).

6. 특별검사가 참고인에게 지정된 장소까지 동행할 것을 명령할 수 있게 하고 참고인이 정당한 이유 없이 동행명령을 거부한 경우 처벌하는 것은, 심리적·간접적인 강제를 통하여 참고인의 출석을 확보하고자 하는 것일 뿐, 동행명령에 불응하는 참고인의 신체에 대하여 직접적이고 현실적인 강제력의 행사를 허용하는 것이 아니므로 신체의 자유를 침해하지 아니한다. [16 법행]

해설 법관이 아닌 특별검사가 동행명령장을 발부하도록 하고 정당한 사유 없이 이를 거부한 경우 벌금형에 처하도록 함으로써, 실질적으로는 참고인의 신체의 자유를 침해하여 지정된 장소에 인치하는 것과 마찬가지의 결과가 나타나도록 규정한 이 사건 동행명령조항은 영장주의원칙을 규정한 헌법 제12조 제3항에 위반되거나 적어도 위 헌법상 원칙을 잠탈하는 것이다(헌재 2008. 1. 10. 2007헌마1468).

정답 4. ○ 5. ○ 6. ×

7. 수형자로 하여금 마약검사를 위해 소변을 받아 제출하도록 한 것은 교도소의 안전과 질서유지를 위한 것으로 수사에 필요한 처분이 아닐 뿐 아니라 검사대상자들의 협력이 필수적이어서 강제처분이라고 할 수 없어 영장주의의 원칙이 적용되지 아니한다. [16 법행]

해설 헌재 2006. 7. 27. 2005헌마277.

8. 성폭력범죄를 저지른 성도착증 환자로서 재범의 위험성이 인정되는 19세 이상의 사람에 대해 법원이 15년의 범위에서 치료명령을 선고할 수 있도록 한 성폭력범죄자의 성충동 약물치료에 관한 법률의 조항은 그 선고 시점에서 치료명령의 요건이 충족된다고 판단하는 때에는 성충동 약물치료를 명하도록 하는 것으로서, 그 집행 시점에서 불필요한 치료를 막을 수 있는 절차가 마련되어 있지 않아 치료명령 피청구인의 신체의 자유를 침해한다. [16 법행]

해설 헌재 2015. 12. 23. 2013헌가9.

9. 구속집행정지결정에 대한 검사의 즉시항고를 인정하는 형사소송법 조항은 검사의 불복을 그 피고인에 대한 구속집행을 정지할 필요가 있다는 법원의 판단보다 우선시킬 뿐만 아니라, 사실상 법원의 구속집행정지결정을 무의미하게 할 수 있는 권한을 검사에게 부여한 것이라는 점에서 헌법 제12조 제3항의 영장주의 원칙에 위배된다. [16 법행]

해설 헌재 2012. 6. 27. 2011헌가36.

10. 형벌불소급의 원칙은 좁은 의미에서는 소급적인 범죄의 설정과 형벌의 가중을 금지하는 것이지만, 넓은 의미에서는 형사소추가 가능한 기간을 연장하여 상대방의 법적 지위를 현저히 불리하게 하는 것도 포함하므로 공소시효기간을 연장하는 것은 형벌불소급의 원칙에 반한다. [16 법행]

해설 공소시효기간을 연장하는 것은 형벌불소급의 원칙에 반하지 않는다(헌재 1996. 2. 16. 96헌가2 등).

정답 7. ○ 8. ○ 9. ○ 10. ×

11. **법관으로 하여금 미결구금일수를 형기에 산입하되, 그 미결구금일수 중 일부를 산입하지 않을 수 있게 허용하는 형법 규정은 적법절차의 원칙 등을 위배하여 신체의 자유를 침해한다.** [16 법행]

해설 헌재 2009. 6. 25. 2007헌바25.

12. **수형자의 기본권 제한에 대한 구체적인 한계는 헌법 제37조 제2항에 따라 법률에 의하여 구체적인 자유·권리의 내용과 성질, 그 제한의 태양과 정도 등을 교량하여 설정하게 되며, 수용 시설 내의 안전과 질서를 유지하기 위하여 이들 기본권의 일부 제한이 불가피하다 하더라도 그 본질적인 내용을 침해하거나, 목적의 정당성, 방법의 적정성, 피해의 최소성 및 법익의 균형성 등을 의미하는 과잉금지의 원칙에 위배되어서는 안 된다.** [16 법무사]

해설 헌재 2013. 9. 26. 2011헌마398.

13. **수형자인 청구인이 헌법소원 사건의 국선대리인인 변호사를 접견함에 있어서 그 접견내용을 녹음, 기록한 피청구인의 행위는 청구인의 재판을 받을 권리를 침해한다.** [16 법무사]

해설 헌재 2013. 9. 26. 2011헌마398.

14. **수용거실의 지정은 교도소장의 재량적 판단사항이며 수용자에게 수용거실의 변경을 신청할 권리 내지 특정 수용거실에 대한 신청권이 있다고 볼 수 없으므로, 교도소장의 독거수용 거부는 헌법소원심판의 대상이 되는 공권력의 행사에 해당하지 아니한다.** [16 법무사]

해설 헌재 2013. 8. 29. 2012헌마886.

15. **금치 처분을 받은 수형자에 대한 절대적인 운동의 금지는 징벌의 목적을 고려하더라도 그 수단과 방법에 있어서 필요한 최소한도의 범위를 벗어난 것으로서, 수형자의 헌법 제10조의 인간의 존엄과 가치 및 제12조의 신체의 자유를 침해하는 정도에 이르렀다.** [16 법무사]

해설 헌재 2004. 12. 16. 2002헌마478.

정답 11. ○ 12. ○ 13. ○ 14. ○ 15. ○

16. 외부 재판에 출정할 때 운동화를 착용하게 해달라는 청구인의 신청에 대하여 이를 불허하고 고무신의 착용을 강제하는 것은, 효과적인 도주 방지 수단이 될 수도 없고, 오히려 수형자의 신분을 일반인에게 노출시켜 모욕감과 수치심을 갖게 할 뿐으로서 기본권 제한의 한계를 벗어나 청구인의 인격권과 행복추구권을 침해하였다. [16 법무사]

해설 이 사건 운동화착용불허행위는 시설 바깥으로의 외출이라는 기회를 이용한 도주를 예방하기 위한 것으로서 그 목적이 정당하고, 위와 같은 목적을 달성하기 위한 적합한 수단이라 할 것이다. 또한 신발의 종류를 제한하는 것에 불과하여 법익침해의 최소성과 균형성도 갖추었다 할 것이므로, 이 사건 운동화착용불허행위가 기본권제한에 있어서의 과잉금지원칙에 반하여 청구인의 인격권과 행복추구권을 침해하였다고 볼 수 없다(헌재 2011. 2. 24. 2009헌마209).

17. 적법절차원칙은 형사소송절차에 국한하지 않고 모든 국가작용에 대하여 문제된 법률의 실체적 내용이 합리성과 정당성을 갖추고 있는지 여부를 판단하는 기준으로 적용된다. [15 법무사]

해설 헌재 1994. 4. 28. 93헌바26.

18. 적법절차의 원칙은 기본권 제한이 있음을 전제로 하여 적용된다. [15 법무사]

해설 현행 헌법이 명문화하고 있는 적법절차의 원칙은 단순히 입법권의 유보제한이라는 한정적인 의미에 그치는 것이 아니라 모든 국가작용을 지배하는 독자적인 헌법의 기본원리로서 해석되어야 할 원칙이라는 점에서 입법권의 유보적 한계를 선언하는 과잉입법금지의 원칙과는 구별된다고 할 것이다. 따라서 적법절차의 원칙은 헌법조항에 규정된 형사절차상의 제한된 범위내에서만 적용되는 것이 아니라 국가작용으로서 기본권제한과 관련되든 관련되지 않든 모든 입법작용 및 행정작용에도 광범위하게 적용된다(헌재 1992. 12. 24. 92헌가8).

19. 적법절차원칙에서 도출할 수 있는 중요한 절차적 요청으로서는 당사자에게 적절한 고지를 할 것, 당사자에게 의견 및 자료 제출의 기회를 부여할 것을 들 수 있다. [15 법무사]

해설 적법절차원칙에서 도출할 수 있는 가장 중요한 절차적 요청 중의 하나로, 당사자에게 적절한 고지를 할 것, 당사자에게 의견 및 자료 제출의 기회를 부여할 것을 들 수 있다(헌재 2014. 9. 25. 2013헌마11).

정답 16. × 17. ○ 18. × 19. ○

20. 범칙금 통고처분을 받고도 납부기간 이내에 범칙금을 납부하지 아니한 사람에 대하여 행정청에 대한 이의제기나 의견진술 등의 기회를 주지 않고 경찰서장이 곧바로 즉결심판을 청구하도록 하는 것은 적법절차의 원칙에 위배되지 않는다. [15 법무사]

해설 헌재 2014. 8. 28. 2012헌바433.

21. 사법경찰관이 위험발생의 염려가 없음에도 불구하고 사건 종결 전에 압수물을 폐기한 행위는 적법절차의 원칙에 반한다. [15 법무사]

해설 헌재 2012. 12. 27. 2011헌마351.

22. 수사기관이 범죄 증거를 수집할 목적으로 피의자의 동의 없이 피의자의 혈액을 취득·보관하는 행위는 형사소송법 제219조, 제106조 제1항에 정한 압수의 방법으로만 할 수 있다. [14 법무사]

해설 수사기관이 범죄 증거를 수집할 목적으로 피의자의 동의 없이 피의자의 혈액을 취득·보관하는 행위는 법원으로부터 감정처분허가장을 받아 형사소송법 제221조의4 제1항, 제173조 제1항에 의한 '감정에 필요한 처분'으로도 할 수 있지만, 형사소송법 제219조, 제106조 제1항에 정한 압수의 방법으로도 할 수 있고, 압수의 방법에 의하는 경우 혈액의 취득을 위하여 피의자의 신체로부터 혈액을 채취하는 행위는 혈액의 압수를 위한 것으로서 형사소송법 제219조, 제120조 제1항에 정한 '압수영장의 집행에 있어 필요한 처분'에 해당한다(대법원 2012.11.15. 선고 2011도15258 판결).

23. 헌법 제12조 제3항의 영장주의는 법관이 발부한 영장에 의하지 아니하고는 수사에 필요한 강제처분을 하지 못한다는 원칙으로 소변을 받아 제출하도록 한 것은 교도소의 안전과 질서유지를 위한 것으로 수사에 필요한 처분이 아닐 뿐만 아니라 검사대상자들의 협력이 필수적이어서 강제처분이라고 할 수도 없어 영장주의의 원칙이 적용되지 않는다. [14 법무사]

해설 헌재 2006. 7. 27. 2005헌마277.

24. 참고인에 대한 동행명령제도는 참고인의 신체의 자유를 사실상 억압하여 일정 장소로 인치하는 것과 실질적으로 같으므로 헌법 제12조 제3항이 정한 영장주의원칙이 적용되어야 한다. [14 법무사]

정답 20. ○ 21. ○ 22. × 23. ○ 24. ○

해설 참고인에 대한 동행명령제도는 참고인의 신체의 자유를 사실상 억압하여 일정 장소로 인치하는 것과 실질적으로 같으므로 헌법 제12조 제3항이 정한 영장주의원칙이 적용되어야 한다(헌재 2008. 1. 10. 2007헌마1468).

25. 범죄의 피의자로 입건된 사람들에게 경찰공무원이나 검사의 신문을 받으면서 자신의 신원을 밝히지 않고 지문채취에 불응하는 경우 형사처벌을 통하여 지문채취를 강제하는 것은 영장주의의 원칙에 위반되지 않는다. [14 법무사]

해설 헌재 2004. 9. 23. 2002헌가17.

26. 헌법 제12조 제3항이 영장의 발부에 관하여 "검사의 신청"에 의할 것을 규정한 취지는 모든 영장의 발부에 검사의 신청이 필요하다는 데에 있는 것이 아니라 수사단계에서 영장의 발부를 신청할 수 있는 자를 검사로 한정함으로써 검사 아닌 다른 수사기관의 영장신청에서 오는 인권유린의 폐해를 방지하고자 함에 있다. [14 법무사]

해설 헌재 1997. 3. 27. 96헌바28 등.

27. 가사소송에서 당사자가 변호사를 대리인으로 선임하여 그 조력을 받는 것은 헌법 제12조 제4항의 변호인의 조력을 받을 권리의 보호영역에 포함된다고 보기 어렵다. [15 법무사]

해설 헌법 제12조 제4항의 변호인의 조력을 받을 권리는 신체의 자유에 관한 영역으로서 가사소송에서 당사자가 변호사를 대리인으로 선임하여 그 조력을 받는 것을 그 보호영역에 포함된다고 보기 어렵다(헌재 2012. 10. 25. 2011헌마598).

28. 일반적으로 형사사건에 있어 변호인의 조력을 받을 권리는 피고인에게만 인정된다. [15 법무사]

해설 헌법 제12조 제4항이 보장하고 있는 신체구속을 당한 사람의 변호인의 조력을 받을 권리는 무죄추정을 받고 있는 피의자·피고인에 대하여 신체구속의 상황에서 생기는 여러 가지 폐해를 제거하고 구속이 그 목적의 한도를 초과하여 이용되거나 작용하지 않게끔 보장하기 위한 것이다(헌재 1992. 1. 28. 91헌마111).

정답 25. ○ 26. ○ 27. ○ 28. ×

29. 형사절차가 종료되어 교정시설에 수용중인 수형자도 원칙적으로 변호인의 조력을 받을 권리의 주체가 될 수 있다. [15 법무사]

해설 변호인의 조력을 받을 권리에 대한 헌법과 법률의 규정 및 취지에 비추어보면 형사절차가 종료되어 교정시설에 수용중인 수형자는 원칙적으로 변호인의 조력을 받을 권리의 주체가 될 수 없다고 선언한 바 있다(헌재 1998. 8. 27. 96헌마398).

30. 변호인의 조력을 받을 권리는 국가안전보장 · 질서유지 또는 공공복리를 위하여 필요한 경우에도 법률로써 제한할 수 없다. [15 법무사]

해설 헌법재판소가 91헌마111 결정에서 미결수용자와 변호인과의 접견에 대해 어떠한 명분으로도 제한할 수 없다고 한 것은 구속된 자와 변호인 간의 접견이 실제로 이루어지는 경우에 있어서의 '자유로운 접견', 즉 '대화내용에 대하여 비밀이 완전히 보장되고 어떠한 제한, 영향, 압력 또는 부당한 간섭 없이 자유롭게 대화할 수 있는 접견'을 제한할 수 없다는 것이지, 변호인과의 접견 자체에 대해 아무런 제한도 가할 수 없다는 것을 의미하는 것이 아니므로 미결수용자의 변호인 접견권 역시 국가안전보장·질서유지 또는 공공복리를 위해 필요한 경우에는 법률로써 제한될 수 있음은 당연하다(헌재 2011. 5. 26. 2009헌마341).

31. 변호인의 조력을 받을 권리를 보장하는 목적은 피의자 또는 피고인의 방어권 행사를 보장하기 위한 것이므로, 미결수용자 또는 변호인이 원하는 특정한 시점에 접견이 이루어지지 못하였다면 변호인의 조력을 받을 권리가 침해된 것이다. [15 법무사]

해설 변호인의 조력을 받을 권리를 보장하는 목적은 피의자 또는 피고인의 방어권 행사를 보장하기 위한 것이므로, 미결수용자 또는 변호인이 원하는 특정한 시점에 접견이 이루어지지 못하였다 하더라도 그것만으로 곧바로 변호인의 조력을 받을 권리가 침해되었다고 단정할 수는 없는 것이다(헌재 2011. 5. 26. 2009헌마341).

32. 헌법 제27조 제4항은 '형사피고인은 유죄의 판결이 확정될 때까지 무죄로 추정된다.' 라고 하여 이른바 무죄추정의 원칙을 선언하였고, 이는 피고인뿐만 아니라 피의자에 대하여도 적용된다. [16 법행]

해설 헌재 2005. 5. 26. 2001헌마728.

정답 29. × 30. × 31. × 32. ○

33. 무죄추정의 원칙은 증거법에 국한되지 않고 수사절차에서 공판절차에 이르기까지 형사절차의 전 과정에 적용된다. [16 법행]

해설 헌재 2010. 11. 25. 2009헌바8.

34. 변호사에 대해 형사사건으로 공소가 제기되었다는 사실만으로 법무부장관이 업무 정지명령을 하는 것은 아직 유무죄가 가려지지 아니한 범죄의 혐의사실뿐 확증 없는 상태에서 불이익처분을 가하는 것이므로 무죄추정의 원칙에 위반된다. [16 법행]

해설 헌재 1990. 11. 19. 90헌가48.

35. 부당내부거래를 한 사업자에 대하여 그 매출액의 2% 범위 내에서 공정거래위원회가 과징금 부과처분을 하는 것은 부당내부거래 억지라는 행정목적을 실현하기 위하여 그 위반행위에 대하여 제재를 가하는 행정상의 제재금으로서의 기본적 성격에 부당이득환수적 요소도 부가되어 있는 것이므로, 이에 대하여 공정력과 집행력을 인정한다고 하여 이를 확정판결 전의 형벌집행과 같은 것으로 보아 무죄추정의 원칙에 위반된다고는 볼 수 없다. [16 법행]

해설 헌재 2003. 7. 24. 2001헌가25.

36. 징계부가금을 행정처분의 형식으로 부과하는 것은 허용되나, 이에 대한 행정소송이 제기되어 판결이 확정되기 전에 징계부가금의 집행을 실시하는 것은 무죄추정원칙에 위배되므로 허용되지 아니한다. [16 법행]

해설 행정소송에 관한 판결이 확정되기 전에 행정청의 처분에 대하여 공정력과 집행력을 인정하는 것은 징계부가금에 국한되는 것이 아니라 우리 행정법체계에서 일반적으로 채택되고 있는 것이므로, 징계부가금 부과처분에 대하여 공정력과 집행력을 인정한다고 하여 이를 확정판결 전의 형벌집행과 같은 것으로 보아 곧바로 무죄추정원칙에 위배된다고 할 수 없다(헌재 2015. 2. 26. 2012헌바435).

정답 33. ○ 34. ○ 35. ○ 36. ×

거주·이전의 자유

44 해외 위난지역에서의 여권 사용 제한 사건

(여권의 사용제한 등에 관한 고시 위헌확인)
2008. 6. 26. 2007헌마1366 [기각]

|판시사항|

1. 아프가니스탄 등 전쟁 또는 테러위험이 있는 해외 위난지역에서 여권사용을 제한하거나 방문 또는 체류를 금지한 외교통상부 고시(이하 '이 사건 고시' 라고 한다)가 청구인들의 거주·이전의 자유를 침해하는 것인지의 여부(−)
2. 이 사건 고시가 청구인들의 종교의 자유를 제한하는 것인지의 여부(−)
3. 이 사건 고시가 청구인들의 평등권을 침해하는 것인지의 여부(−)

[결정요지]

1. 헌법 제14조는 "모든 국민은 거주·이전의 자유를 가진다."고 규정하고 있고, 이러한 거주·이전의 자유에는 국내에서의 거주·이전의 자유뿐 아니라 국외 이주의 자유, 해외여행의 자유 및 귀국의 자유가 포함되는바, 아프가니스탄 등 일정한 국가로의 이주, 해외여행 등을 제한하는 이 사건 고시로 인하여 청구인들의 거주·이전의 자유가 일부 제한된 점은 인정된다.

외교통상부가 해외 위난지역에서의 국민을 보호하고자 특정 해외 위난지역에서의 여권사용, 방문 또는 체류를 금지한 이 사건 고시는 국민의 생명·신체 및 재산을 보호하기 위한 것으로 그 목적의 정당성과 수단의 적절성이 인정되며, 대상지역을 당시 전쟁이 계속 중이던 이라크와 소말리아, 그리고 실제로 한국인에 대한 테러 가능성이 높았던 아프가니스탄 등 3곳으로 한정하고, 그 기간도 1년으로 하여 그다지 장기간으로 볼 수 없을 뿐 아니라, 부득이한 경우 예외적으로 외교통상부장관의 허가를 받아 여권의 사용 및 방문·체류가 가능하도록 함으로써 국민의 거주·이전의 자유에 대한 제한을 최소화하고 법익의 균형성도 갖추었다.

2. 종교의 자유에는 신앙의 자유, 종교적 행위의 자유가 포함되며, 종교적 행위의 자유에는 신앙고백의 자유, 종교적 의식 및 집회·결사의 자유, 종교전파·교육의 자유 등이 있

다. 이 사건에서 문제되는 종교의 자유는 종교전파의 자유로서 누구에게나 자신의 종교 또는 종교적 확신을 알리고 선전하는 자유를 말하며, 포교행위 또는 선교행위가 이에 해당한다.

종교(선교활동)의 자유는 국민에게 그가 선택한 임의의 장소에서 자유롭게 행사할 수 있는 권리까지 보장한다고 할 수 없으며, 그 임의의 장소가 대한민국의 주권이 미치지 아니하는 지역 나아가 국가에 의한 국민의 생명·신체 및 재산의 보호가 강력히 요구되는 해외 위난지역인 경우에는 더욱 그러하다.

3. 청구인들이 목적하는 바인 지역 주민을 위한 질병 진료나 언청이 수술 등 일반 의료·봉사활동 및 컴퓨터 교육과 기독교 선교활동을 여권사용제한 등 조치의 예외사유에 포함시키지 않은 것을 합리적 이유 없이 차별대우하는 것으로 볼 수 없다.

핵심 체크 학습

거주·이전의 자유

헌법판례선

1. ① 국민의 국적 이탈이나 변경의 자유는 헌법 제14조가 보장하는 거주·이전의 자유에 포함된다. [16 법행]

(해설) 헌재 2004. 10. 28. 2003헌가18.

2. 주된 생활의 근거를 외국에 두고 있는 이중국적자들에 대하여, 구체적인 병역의무 발생 시부터 일정기간 내에 한국 국적을 이탈하지 않은 경우 병역문제를 해소하지 않는 한 한국 국적을 이탈하지 못하게 하는 국적법 조항들의 적용을 명시적으로 배제하는 규정을 두지 않았다 하더라도, 그 점만으로 이들의 국적이탈의 자유를 침해하는 것이라 할 수 없다. [16 법행]

(해설) 헌재 2006. 11. 30. 2005헌마739.

3. 기간의 제한 없이 귀화허가를 취소할 수 있도록 규정한 국적법 제21조는 과잉금지원칙에 위반하여 청구인의 거주·이전의 자유를 침해하지 아니한다. [16 법행]

(해설) 헌재 2015. 9. 24. 2015헌바26.

4. 법무부령이 정하는 금액 이상의 추징금을 납부하지 않은 자에 대한 출국금지를 규정한 구 출입국관리법 조항은 국가형벌권 실현을 확보하고자 하는 국가의 이익과 출국의 자유에 대한 제한으로 인한 개인의 불이익을 비교형량할 때 개인의 거주·이전의 자유를 침해한다. [16 법행]

(해설) 심판대상 법조항은 일정금액 이상의 추징금을 납부하지 아니한 자에게 법무부장관이 출국을 금지할 수 있도록 함으로써 헌법 제14조상의 거주·이전의 자유 중 출국의

정답 1. ○ 2. ○ 3. ○ 4. ×

자유를 제한하고 있다. 그러나 이 법조항은 추징금을 미납한 국민이 출국을 이용하여 재산을 해외로 도피하는 방법으로 강제집행을 곤란하게 하는 것을 방지함으로써 추징금에 관한 국가의 형벌권을 실현하고자 하는 것에 그 목적이 있으므로 그 정당성은 인정된다(헌재 2004. 10. 28. 2003헌가18).

5. 거주·이전의 자유가 국민에게 그가 선택할 직업 내지 그가 취임할 공직을 그가 선택하는 임의의 장소에서 자유롭게 행사할 수 있는 권리까지 포함하는 것은 아니다.

[16 법행]

해설 헌재 1995.4.20. 92헌바29.

정답 5. ○

직업의 자유

직업선택의 자유

45 학원강사의 자격제한 사건

(학원의 설립·운영 및 과외교습에 관한 법률 제13조 제1항 등 위헌확인)
2003. 9. 25. 2002헌마519 [기각]

|판시사항|

1. 학원강사로 하여금 일정한 자격을 갖추도록 하면서 그 자격기준을 대통령령으로 정하도록 규정한 학원의 설립·운영 및 과외교습에 관한 법률 제13조 제1항이 위임입법의 명확성을 구비하고 있는지 여부(+)
2. 학원강사의 자격제를 설정한 이 사건 법률조항 및 그 위임에 따라 '대학 졸업 이상의 학력 소지자일 것' 을 일반학원 강사의 자격기준 중 하나로 규정한 동법시행령 제12조 제2항과 그에 따른 별표 2의 일반학원 자격기준 항목 제2호가 대학 재학 이하 학력 소지자의 직업선택의 자유 이외에 행복추구권도 제한하고 있다고 볼 것인지 여부(−)
3. 이 사건 심판대상 조항들에 의한 직업선택의 자유 제한이 과잉금지의 원칙을 위반하고 있는지 여부(−)
4. 이 사건 심판대상 조항들이 학원강사라는 직업선택에 있어 대학 재학 이하의 학력 소지자를 차별함으로써 헌법상의 평등원칙에 위배되는지 여부(−)

[결정요지]

1. 이 사건 법률조항은 학원강사의 자격에 관한 입법위임을 하면서 그 자체로 위임의 구체적 기준이나 범위를 한정하고 있지는 아니하나, 위 법률의 입법목적과 여러 규정들을 상호 유기적·체계적 관련 하에서 파악하여 볼 때 학원강사로 하여금 학습자에게 평생교육의 일환으로서 필요한 지식·기술·예능을 교습하기에 적합한 자질과 능력을 갖추도록 하기 위하여 학력, 교습과정에 대한 전문지식 또는 기술·기능, 교습경력 등과 같은 요소들을 기준으로 한 자격기준이 위임입법에 규정될 것임을 능히 예측할 수 있으므로, 이 사건 법률조항은 위임조항의 내재적 위임의 범위와 한계를 객관적으로 확정할 수 있는 경우에 해당하여 위임입법의 명확성을 구비하고 있다.

2. 이 사건 심판대상 조항들과 같이 어떠한 법령이 수범자의 직업의 자유와 행복추구권 양자를 제한하는 외관을 띠는 경우 두 기본권의 경합 문제가 발생하는데, 보호영역으로

서 '직업'이 문제되는 경우 직업의 자유와 행복추구권은 서로 특별관계에 있어 기본권의 내용상 특별성을 갖는 직업의 자유의 침해 여부가 우선하므로, 행복추구권 관련 위헌 여부의 심사는 배제된다고 보아야 한다. 따라서 이 사건에 있어 문제되는 학원강사로서의 교습행위가 직업의 자유의 보호영역에 포함되는 이상 이 사건 심판대상 조항들로 인한 기본권침해는 직업의 자유에 한하여 문제된다.

3. 직업의 자유에 의한 보호의 대상이 되는 '직업'은 '생활의 기본적 수요를 충족시키기 위한 계속적 소득활동'을 의미하며 그러한 내용의 활동인 한 그 종류나 성질을 묻지 아니한다. 이러한 직업의 개념표지들은 개방적 성질을 지녀 엄격하게 해석할 필요는 없는바, '계속성'과 관련하여서는 주관적으로 활동의 주체가 어느 정도 계속적으로 해당 소득활동을 영위할 의사가 있고, 객관적으로도 그러한 활동이 계속성을 띨 수 있으면 족하다고 해석되므로 휴가기간 중에 하는 일, 수습직으로서의 활동 따위도 이에 포함된다고 볼 것이고, 또 '생활수단성'과 관련하여서는 단순한 여가활동이나 취미활동은 직업의 개념에 포함되지 않으나 겸업이나 부업은 삶의 수요를 충족하기에 적합하므로 직업에 해당한다고 말할 수 있다.

위에서 살펴본 '직업'의 개념에 비추어 보면 비록 학업 수행이 청구인과 같은 대학생의 본업이라 하더라도 방학기간을 이용하여 또는 휴학 중에 학비 등을 벌기 위해 학원강사로서 일하는 행위는 어느 정도 계속성을 띤 소득활동으로서 직업의 자유의 보호영역에 속한다고 봄이 상당하다.

직업의 자유에 대한 제한이라고 하더라도 그 제한사유가 직업의 자유의 내용을 이루는 직업수행의 자유와 직업선택의 자유 중 어느 쪽에 작용하느냐에 따라 그 제한에 대하여 요구되는 정당화의 수준이 달라진다. 그리하여 직업의 자유에 대한 법적 규율이 직업수행에 대한 규율로부터 직업선택에 대한 규율로 가면 갈수록 자유제약의 정도가 상대적으로 강해져 입법재량의 폭이 좁아지게 되고, 직업선택의 자유에 대한 제한이 문제되는 경우에 있어서도 일정한 주관적 사유를 직업의 개시 또는 계속수행의 전제조건으로 삼아 직업선택의 자유를 제한하는 경우보다는 직업의 선택을 객관적 허가조건에 걸리게 하는 방법으로 제한하는 경우에 침해의 심각성이 더 크므로 보다 엄밀한 정당화가 요구된다.

이 사건 심판대상 조항들은 일반학원의 강사라는 직업의 개시를 위한 주관적 전제조건으로서 '대학 졸업 이상의 학력 소지'라는 자격기준을 갖추도록 요구함으로써 직업선택의 자유를 제한하고 있고, 그와 같은 제한이 헌법상 용인될 수 있기 위하여는 기본권제한의 한계원리인 과잉금지의 원칙에 위배되지 않아야 하는데, 이 사건의 경우는 다음과 같은 이유로 기본권제한의 한계가 준수되고 있다.

이 사건 심판대상 조항들이 요구하는 자격기준을 갖추지 못한 사람이 당장 일반학원의 강사라는 직업을 선택할 수 없는 제한을 받게 된다 하더라도, 그로 인한 불이익은 학원교육의 질적 수준을 보장하여 교육소비자를 보호하고 국가 전체적으로 평생교육을 성공적으로 실현한다는 공동체이익을 능가할 정도로 심각하다고 보이지 아니하므로, 충돌하는 법익 상호간의 균형성도 구비되어 있으며, 자질과 능력을 갖춘 강사를 확보하여 학원교육의 질을 높이거나 유지하는 방법으로서 이 사건 심판대상 조항들과 같이 일률적으로 자격기준을 설정하여 통제하는 방식만큼의 효과를 거둘 만한 다른 제도나 절차를 쉽게 찾아보기 어려우므로 최소침해의 원칙도 문제되지 않는다.

4. 학원강사라는 직업 선택과 관련하여 대학 재학생과 대학 졸업생을 차별취급하는 것을 정당화하는 합리적 근거가 있는지 여부에 관하여 보건대, 이 사건 심판대상 조항들이 대학 졸업 이상의 학력을 요구하고 있는 것은 적어도 대학을 졸업한 자라야 대학에서의 다채로운 경험과 교육을 통해 기본적 소양과 전공 및 관련 분야의 지식을 습득하고 성인으로서의 인생관과 세계관을 정립함으로써 학원강사로서 필요한 자질과 능력을 어느 정도 갖춘 것으로 인정할 수 있다는 관념에 기초한 것으로서, 개인차를 전제로 하지 않고 일률적인 학력 기준에 따라 자격통제를 시행함으로써 학원교육의 질을 확보하고자 하는 입법자의 조치는 정당한 차별목적을 위한 합리적인 수단을 강구한 것으로서 그 정당성을 인정하여야 할 것이므로, 이 사건 심판대상조항은 평등원칙에 위배되지 않는다.

관련 유사 판례

45-1. 사법시험 폐지에 관한 변호사시험법 부칙 위헌확인 사건
(2017.12. 28. 2016헌마1152)

[결정내용]

사법시험은 대학에서의 법학교육과 제도적으로 충분히 연계되어 있지 않아 이를 존치할 경우 위와 같은 입법목적 달성이 어려워질 수 있는 점, '법학전문대학원 설치 · 운영에 관한 법률'은 장학금제도를 비롯하여 다양한 재정적 · 경제적 지원방안 등에 관한 규정을 두고 있는 점, 사법시험법을 폐지하고 법학전문대학원을 도입하는 과정에서 입법자는 사법시험 준비자들의 신뢰를 보호하기 위하여 8년간의 유예기간을 둔 점, 사법시험법이 폐지된다고 하더라도 법학전문대학원에 입학하여 소정의 교육과정을 마치고 석사학위를 취득하는 경우 변호사시험에 응시하여 법조인이 되는 데 아무런 제한이 없는 점 등을 모두 종합하면, 사법시험폐지조항으로 인한 직업선택의 자유 제한이 침해의 최소성에 반한다고 볼 수 없다. 사법시험폐지조항으로 인해 청구인들이 받게 되는 불이익보다는, 사법시험법의 폐지와 법학전문대학원의 도입을 전제로 교육을 통한 법조인을 양성하려는 공익이 더 크므로 법익의 균형성도 갖추었다.

따라서 사법시험폐지조항은 청구인들의 직업선택의 자유를 침해하지 아니한다.

직업의 자유
직업선택의 자유

46 안마사 자격인정의 비맹제외기준 사건

(의료법 제61조 제1항 중 장애인복지법에 따른 시각장애인 중 부분 위헌확인)
2008. 10. 30. 2006헌마1098·1116·1117(병합) **[기각]**

|판시사항|

1. 시각장애인에 대하여만 안마사 자격인정을 받을 수 있도록 하는 이른바 비맹제외기준을 설정하고 있는 구 의료법 제61조 제1항 중 "「장애인복지법」에 따른 시각장애인 중" 부분 및 의료법 제82조 제1항 중 "「장애인복지법」에 따른 시각장애인 중" 부분에서 문제되는 기본권 및 이에 대한 위헌심사방법
2. 이 사건 법률조항이 헌법 제37조 제2항의 기본권제한입법의 한계를 벗어나서 비시각장애인의 직업선택의 자유와 평등권을 침해하는지 여부(−)
3. 이 사건 법률조항이 종전에 헌법재판소가 선고한 위헌결정의 기속력에 저촉되는 것인지 여부(−)

[결정요지]

1. 이 사건 법률조항은 신체장애자 보호에 대한 헌법 제34조 제5항의 헌법적 요청 등에 바탕을 두고 시각장애인의 생계를 보장하기 위한 것으로, 이러한 헌법적 요청과 일반국민의 직업선택의 자유 등 기본권이 충돌하는 상황이 문제될 수 있는바, 위 법률조항이 헌법 제37조 제2항에 의한 기본권제한입법의 한계를 벗어났는지 여부를 심사함에 있어서, 구체적인 최소침해성 및 법익균형성 심사과정에서 이러한 헌법적 요청뿐만 아니라, 일반국민의 기본권 제약 정도, 시각장애인을 둘러싼 기본권의 특성과 복지정책의 현황, 시각장애인을 위한 직업으로서의 안마사제도와 그와 다른 대안의 가능성 등을 종합하여 형량할 필요가 있을 것이다.

한편 이 사건 법률조항과 같이 시각장애인에 대한 우대처우로 인하여 비시각장애인의 직업선택의 자유 등 기본권이 제한받는 경우 직업선택의 자유에 대한 과잉제한 여부와 평등권 침해 여부가 동시에 문제되는데, 그러한 경우에는 직업선택의 자유 침해 여부와 평등권 침해 여부를 따로 분리하여 심사할 것이 아니라 하나로 묶어 판단함이 상당하다.

2. 이 사건 법률조항은 시각장애인에게 삶의 보람을 얻게 하고 인간다운 생활을 할

권리를 실현시키려는 데에 그 목적이 있으므로 입법목적이 정당하고, 다른 직종에 비해 공간이동과 기동성을 거의 요구하지 않을 뿐더러 촉각이 발달한 시각장애인이 영위하기에 용이한 안마업의 특성 등에 비추어 시각장애인에게 안마업을 독점시킴으로써 그들의 생계를 지원하고 직업활동에 참여할 수 있는 기회를 제공하는 이 사건 법률조항의 경우 이러한 입법목적을 달성하는 데 적절한 수단임을 인정할 수 있다.

나아가 시각장애인에 대한 복지정책이 미흡한 현실에서 안마사가 시각장애인이 선택할 수 있는 거의 유일한 직업이라는 점, 안마사 직역을 비시각장애인에게 허용할 경우 시각장애인의 생계를 보장하기 위한 다른 대안이 충분하지 않다는 점, 시각장애인은 역사적으로 교육, 고용 등 일상생활에서 차별을 받아온 소수자로서 실질적인 평등을 구현하기 위해서 이들을 우대하는 조치를 취할 필요가 있는 점 등에 비추어 최소침해성원칙에 반하지 아니하고, 이 사건 법률조항으로 인해 얻게 되는 시각장애인의 생존권 등 공익과 그로 인해 잃게 되는 일반국민의 직업선택의 자유 등 사익을 비교해 보더라도, 공익과 사익 사이에 법익 불균형이 발생한다고 단정할 수도 없다.

따라서 이 사건 법률조항이 헌법 제37조 제2항에서 정한 기본권제한입법의 한계를 벗어나서 비시각장애인의 직업선택의 자유를 침해하거나 평등권을 침해한다고 볼 수는 없다.

3. 헌법재판소법 제47조 제1항 및 제75조 제1항에 규정된 법률의 위헌결정 및 헌법소원 인용결정의 기속력과 관련하여, 입법자인 국회에게 기속력이 미치는지 여부, 나아가 결정주문뿐 아니라 결정이유에까지 기속력을 인정할지 여부는 헌법재판소의 헌법재판권 내지 사법권의 범위와 한계, 국회의 입법권의 범위와 한계 등을 고려하여 신중하게 접근할 필요가 있다. 설령 결정이유에까지 기속력을 인정한다고 하더라도, 결정주문을 뒷받침하는 결정이유에 대하여 적어도 위헌결정의 정족수인 재판관 6인 이상의 찬성이 있어야 할 것이고(헌법 제113조 제1항 및 헌법재판소법 제23조 제2항 참조), 이에 미달할 경우에는 결정이유에 대하여 기속력을 인정할 여지가 없는데, 헌법재판소가 2006. 5. 25. '안마사에 관한 규칙'(2000. 6. 16. 보건복지부령 제153호로 개정된 것) 제3조 제1항 제1호와 제2호 중 각 "앞을 보지 못하는" 부분에 대하여 위헌으로 결정한 2003헌마715등 사건의 경우(헌재 2006. 5. 25. 2003헌마715등, 판례집 18-1하, 112) 그 결정이유에서 비맹제외기준이 과잉금지원칙에 위반한다는 점과 관련하여서는 재판관 5인만이 찬성하였을 뿐이므로 위 과잉금지원칙 위반의 점에 대하여 기속력이 인정될 여지가 없다.

직업의 자유
직업선택의 자유

47 법인의 약국개설금지 사건

(약사법 제16조 제1항 등 위헌소원)
2002.9.19. 2000헌바84 **[헌법불합치]**

|판시사항|

1. "약사 또는 한약사가 아니면 약국을 개설할 수 없다." 고 규정한 약사법 제16조 제1항은 법인을 구성하여 약국을 개설·운영하려고 하는 약사들 및 이들 약사들로 구성된 법인의 직업선택의 자유와 결사의 자유를 침해하는지 여부(+)
2. 위 조항은 다른 전문직과 달리 약사에게만 업무수행을 위한 법인설립을 제한함으로써 평등권을 침해하는지 여부(+)
3. 위헌적인 법률조항을 존속시킬 때보다 단순위헌의 결정으로 인하여 더욱 헌법적 질서가 멀어지는 헌법적 혼란을 초래할 우려가 있다는 이유 등으로 헌법불합치 결정을 선고한 사례

[결정요지]

1. 헌법 제15조에 의한 직업선택의 자유는 자신이 원하는 직업 내지 직종을 자유롭게 선택하는 직업선택의 자유와 그가 선택한 직업을 자기가 결정한 방식으로 자유롭게 수행할 수 있는 직업수행의 자유를 포함하는 개념이고, 법인도 성질상 법인이 누릴 수 있는 기본권의 주체가 되는데, 직업선택의 자유는 헌법상 법인에게도 인정되는 기본권이며, 또한 법인의 설립은 그 자체가 간접적인 직업선택의 한 방법이기도 하다.

기본권인 직업행사의 자유를 제한하는 법률이 헌법에 저촉되지 아니하기 위하여는 그 기본권의 침해가 합리적이고 이성적인 공익상의 이유로 정당화될 수 있어야 한다. 비록 입법자에게 정책목표의 달성을 위하여 광범위한 입법형성권이 부여되지만, 자유로운 직업행사에 대한 침해는 그 침해가 공익상의 충분한 이유로 정당화되고 또한 비례의 원칙을 준수하여야 비로소 직업의 자유와 조화될 수 있다. 입법자가 선택한 수단이 의도하는 입법목적을 달성하기에 적정해야 하고, 입법목적을 달성하기 위하여 똑같이 효율적인 수단 중에서 기본권을 되도록 적게 침해하는 수단을 사용하여야 하며, 침해의 정도와 공익의 비중을 전반적으로 비교형량하여 양자 사이에 적정한 비례관계가 이루어져야 하는 것이다.

헌법재판소는 결사의 자유에서 말하는 '결사'란 자연인 또는 법인의 다수가 상당한 기

간 동안 공동목적을 위하여 자유의사에 기하여 결합하고 조직화된 의사형성이 가능한 단체를 말하는 것이라고 정의하여 공동목적의 범위를 비영리적인 것으로 제한하지는 않았고, 다만, 결사 개념에 공법상의 결사나 법이 특별한 공공목적에 의하여 구성원의 자격을 정하고 있는 특수단체의 조직활동은 해당되지 않는다고 판시한 바 있을 뿐이며, 연혁적 이유 이외에는 달리 영리단체를 결사에서 제외하여야 할 뚜렷한 근거가 없는 터이므로, 영리단체도 헌법상 결사의 자유에 의하여 보호된다고 보아야 할 것이다.

"약사 또는 한약사가 아니면 약국을 개설할 수 없다."고 규정한 약사법 제16조 제1항은 자연인 약사만이 약국을 개설할 수 있도록 함으로써, 약사가 아닌 자연인 및 일반법인은 물론, 약사들로만 구성된 법인의 약국 설립 및 운영도 금지하고 있는바, 국민의 보건을 위해서는 약국에서 실제로 약을 취급하고 판매하는 사람은 반드시 약사이어야 한다는 제한을 둘 필요가 있을 뿐, 약국의 개설 및 운영 자체를 자연인 약사에게만 허용할 합리적 이유는 없다. 입법자가 약국의 개설 및 운영을 일반인에게 개방할 경우에 예상되는 장단점을 고려한 정책적 판단의 결과 약사가 아닌 일반인 및 일반법인에게 약국개설을 허용하지 않는 것으로 결정하는 것은 그 입법형성의 재량권 내의 것으로서 헌법에 위반된다고 볼 수 없지만, 법인의 설립은 그 자체가 간접적인 직업선택의 한 방법으로서 직업수행의 자유의 본질적 부분의 하나이므로, 정당한 이유 없이 본래 약국개설권이 있는 약사들만으로 구성된 법인에게도 약국개설을 금지하는 것은 입법목적을 달성하기 위하여 필요하고 적정한 방법이 아니고, 입법형성권의 범위를 넘어 과도한 제한을 가하는 것으로서, 법인을 구성하여 약국을 개설·운영하려고 하는 약사들 및 이들로 구성된 법인의 직업선택(직업수행)의 자유의 본질적 내용을 침해하는 것이고, 동시에 약사들이 약국경영을 위한 법인을 설립하고 운영하는 것에 관한 결사의 자유를 침해하는 것이다.

2. 변호사, 공인회계사 등 여타 전문직과 의약품제조업자 등 약사법의 규율을 받는 다른 직종들에 대하여는 법인을 구성하여 업무를 수행할 수 있도록 하면서, 약사에게만 합리적 이유 없이 이를 금지하는 것은 헌법상의 평등권을 침해하는 것이다.

3. 이 사건 법률조항 중 약사가 아닌 일반인이나 일반인으로 구성된 법인의 약국설립을 금지하는 부분은 헌법에 위반되지 않을 뿐 아니라, 이 사건 법률조항에 대하여 단순위헌을 선고하여 당장 이 사건 법률조항의 효력을 상실시킬 경우에는 약국을 개설할 수 있는 자격에 대한 아무런 제한이 없게 되어 약사가 아닌 일반인이나 일반법인도 약국을 개설할 수 있는 상태가 됨으로써, 입법자가 입법형성권의 범위 내에서 설정한 제약이 무너지게 되고, 위헌적인 이 사건 법률조항을 존속시킬 때보다 단순위헌의 결정으로 인해서 더욱 헌법

적 질서와 멀어지는 법적 혼란을 초래할 우려가 있으며, 이 사건 법률조항에 있는 위헌적 요소를 제거하고 합헌적으로 조정하는 데에는 여러 가지 선택가능성이 있을 수 있는데 이는 입법자가 제반사정을 고려하여 결정해야 할 문제이므로, 입법자가 이 사건 법률조항을 대체할 합헌적 법률을 입법할 때까지는 위헌적인 법규정을 존속케 하고 또한 잠정적으로 적용하게 할 필요가 있어 헌법불합치결정을 선고한다.

직업의 자유

직업선택의 자유

48 자동차운전전문학원 운영정지 사건

(도로교통법 제71조의15 제2항 제8호 위헌제청)

2005. 7. 21. 2004헌가30 **[위헌]**

|판시사항|

1. "자동차운전전문학원을 졸업하고 운전면허를 받은 사람 중 교통사고를 일으킨 비율이 대통령령이 정하는 비율을 초과하는 때"에는 학원의 등록을 취소하거나 1년 이내의 운영정지를 명할 수 있도록 한 도로교통법 제71조의15 제2항 제8호의 '교통사고' 부분이 포괄위임입법금지원칙에 위배되는지 여부(+)
2. 이 사건 조항이 운전전문학원 운영자의 직업의 자유를 침해하는지 여부(+)

[결정요지]

1. "교통사고를 일으키거나 …… 한 사람의 비율이 대통령령이 정하는 비율을 초과하는 때"라고 규정하고 있는 이 사건 조항은 행정처분의 기준이 되는 '교통사고'와 '사고 운전자의 비율'을 각 위임하고 있는 것이라고 볼 수 있다. 이러한 위임입법은 헌법 제75조의 포괄위임입법금지원칙에 위배된다.

(1) '교통사고'는 이 사건 조항에서 행정제재의 기준이 되는 비율의 계산에 있어서 중요한 변수이나, 이 사건 조항은 대통령령에 규정될 '교통사고'가 어떤 종류나 범위의 것이 될 것인지에 관한 대강의 기준을 제시하지 않고 있으며 도로교통법의 전반적 체계와 관련규정을 보아도 이를 예측할 만한 단서가 없다. 따라서 '교통사고' 부분의 위임은 지나치게 포괄적인 것으로서 예측가능성을 주지 못하며 위임입법에서 요구되는 구체성·명확성 요건을 충족하지 못하였다.

(2) '사고 운전자의 비율'은 행정제재의 핵심적인 기준이므로 그 위임에 있어서는 법률에서 구체적 기준을 정하여야 한다. 그런데 이 사건 조항이나 도로교통법의 다른 조항들을 살펴보아도 그 비율의 대강이나 상하한선을 예상할 수 없다. 따라서 이 사건 조항은 운전전문학원 졸업자의 교통사고 비율을 대통령령에 너무 포괄적으로 위임한 것이다.

2. 이 사건 조항이 추구하는 입법목적이 이 사건 조항을 통하여 달성될 것인지가 불투

명한 반면, 이 사건 조항에 따른 행정제재를 당하는 운전전문학원은 자신이 충실히 운전교육과 기능검정을 하였더라도 피할 수 없는 제재를 당할 수 있게 되고, 그러한 제재가 가져오는 영업상의 손실은 큰 것이다. 이 사건 조항은 법익의 균형성 원칙에 위배된다. 그러므로 이 사건 조항은 비례의 원칙에 어긋나 직업의 자유를 침해한다.

직업의 자유
직업선택의 자유

49 경비업의 겸영금지 사건

(경비업법 제7조 제8항 등 위헌확인)
2002. 4. 25. 2001헌마614 **[위헌]**

|판시사항|

1. 하나의 규제로 인해 여러 기본권이 동시에 제약을 받는다고 주장하는 경우의 판단방법
2. 당사자의 능력이나 자격과 상관없는 객관적 사유에 의한 직업의 자유의 제한과 심사척도
3. 청구인들과 같이 경비업을 경영하고 있는 자들이나 다른 업종을 경영하면서 새로이 경비업에 진출하고자 하는 자들로 하여금, 경비업을 전문으로 하는 별개의 법인을 설립하지 않는 한 경비업과 그 밖의 업종을 겸영하지 못하도록 금지하고 있는 경비업법 제7조 제8항, 제19조 제1항 제3호, 부칙 제4조가 직업의 자유의 제한에 대한 헌법적 한계인 과잉금지원칙을 준수하지 못하여 위헌인지 여부(+)

[결정요지]

1. 하나의 규제로 인해 여러 기본권이 동시에 제약을 받는다고 주장하는 경우에는 기본권침해를 주장하는 청구인의 의도 및 기본권을 제한하는 입법자의 객관적 동기 등을 참작하여 먼저 사안과 가장 밀접한 관계에 있고 또 침해의 정도가 큰 주된 기본권을 중심으로 해서 그 제한의 한계를 따져 보아야 한다. 청구인들의 주장취지 및 입법자의 동기를 고려하면 이 사건 법률조항으로 인한 규제는 직업의 자유와 가장 밀접한 관계에 있다.

2. 이 사건 법률조항은 청구인들과 같이 경비업을 경영하고 있는 자들이나 다른 업종을 경영하면서 새로이 경비업에 진출하고자 하는 자들로 하여금 경비업을 전문으로 하는 별개의 법인을 설립하지 않는 한 경비업과 그 밖의 업종간에 택일하도록 법으로 강제하고 있다. 이와 같이 당사자의 능력이나 자격과 상관없는 객관적 사유에 의한 제한은 월등하게 중요한 공익을 위하여 명백하고 확실한 위험을 방지하기 위한 경우에만 정당화될 수 있고, 따라서 헌법재판소가 이 사건을 심사함에 있어서는 헌법 제37조 제2항이 요구하는바 과잉금지의 원칙, 즉 엄격한 비례의 원칙이 그 심사척도가 된다.

3. 이 사건 법률조항은 과잉금지원칙을 준수하지 못하고 있다.

1) **목적의 정당성:** 비전문적인 영세경비업체의 난립을 막고 전문경비업체를 양성하며, 경비원의 자질을 높이고 무자격자를 차단하여 불법적인 노사분규 개입을 막고자 하는 입법목적 자체는 정당하다고 보여진다.

2) **방법의 적절성:** 먼저 "경비업체의 전문화"라는 관점에서 보면, 현대의 첨단기술을 바탕으로 한 소위 디지털시대에 있어서 경비업은 단순한 경비자체만으로는 '전문화'를 이룰 수 없고 오히려 경비장비의 제조·설비·판매업이나 네트워크를 통한 정보산업, 시설물 유지관리, 나아가 경비원교육업 등을 포함하는 '토탈서비스(total service)'를 절실히 요구하고 있는 추세이므로, 이 법에서 규정하고 있는 좁은 의미의 경비업만을 영위하도록 법에서 강제하는 수단으로는 오히려 영세한 경비업체의 난립을 방치하는 역효과를 가져올 수도 있다. 또한 "경비원의 자질을 높이고 무자격자를 차단하여 불법적인 노사분규 개입을 방지하고자" 하는 점도, 경비원교육을 강화하거나 자격요건이나 보수 등 근무여건의 향상을 통하여 그 목적을 효과적이고 적절하게 달성할 수 있을지언정 경비업체로 하여금 일체의 겸영을 금지하는 것이 적절한 방법이라고는 볼 수 없다.

3) **피해의 최소성:** 이 사건 법률조항은 그 입법목적 중 경비업체의 전문화 추구라는 목적달성을 위하여 효과적이거나 적절하지 아니하고 오히려 그 반대의 결과를 가져올 수 있다는 점은 앞에서 본 바와 같고, 다른 입법목적인 경비원의 자질향상과 같은 공익은 이 법의 다른 조항에 의하여도 충분히 달성할 수 있음에도 불구하고 노사분규 개입을 예방한다는 이유로 경비업자의 겸영을 일체 금지하는 접근은 기본권침해의 최소성 원칙에 어긋나는 과도하고 무리한 방법이다.

4) **법익의 균형성:** 이 사건 법률조항으로 달성하고자 하는 공익인 경비업체의 전문화, 경비원의 불법적인 노사분규 개입 방지 등은 그 실현 여부가 분명하지 않은 데 반하여, 경비업자인 청구인들이나 새로이 경비업에 진출하고자 하는 자들이 짊어져야 할 직업의 자유에 대한 기본권침해의 강도는 지나치게 크다고 할 수 있으므로, 이 사건 법률조항은 보호하려는 공익과 기본권침해간의 현저한 불균형으로 법익의 균형성을 잃고 있다.

직업의 자유

직업수행의 자유

50 학원의 교습시간 제한 사건

(서울특별시학원의설립·운영및과외교습에관한조례 제5조 제1항 전문 위헌확인)
2009. 10. 29. 2008헌마635 [기각]

|판시사항|

1. 학교교과교습학원 및 교습소의 교습시간을 05:00부터 22:00까지 규정하고 있는 '서울특별시 학원의 설립·운영 및 과외교습에 관한 조례' 제5조 제1항이 청구인들의 인격의 자유로운 발현권, 자녀교육권, 직업의 자유를 침해하는지 여부(-)
2. 이 사건 조항이 다른 지방자치단체 주민들에 비하여 서울특별시 주민인 청구인들을 차별하는지 여부(-)
3. 이 사건 조항이 22:00 이후 개인과외교습을 받는 자들에 비하여 학생 및 학부모인 청구인들을 합리적 이유 없이 차별하는지 여부(-)
4. 이 사건 조항이 학교 등 다른 교육주체에 비하여 학원 운영자 및 강사인 청구인들을 합리적인 이유 없이 차별하는지 여부(-)

[결정요지]

1. 학원의 교습시간을 제한하여 학생들의 수면시간 및 휴식시간을 확보하고, 학교교육을 정상화하며, 학부모의 경제적 부담을 덜어주려는 이 사건 조례의 입법목적의 정당성 및 수단의 적합성이 인정되고, 원칙적으로 학원에서의 교습은 보장하면서 심야에 한하여 교습시간을 제한하면서 다른 사교육 유형은 제한하지 않으므로 청구인들의 기본권을 과도하게 제한하는 것이라고 볼 수 없으며, 이 사건 조항으로 인하여 제한되는 사익은 일정한 시간 학원이나 교습소에서의 교습이 금지되는 불이익인 반면, 이 사건 조항이 추구하는 공익은 학생들의 건강과 안전, 학교교육의 충실화, 부차적으로 사교육비의 절감이므로 법익 균형성도 충족하므로 이 사건 조항이 학교교과교습학원 및 교습소의 교습시간을 제한하였다고 하여 청구인들의 인격의 자유로운 발현권, 자녀교육권 및 직업수행의 자유를 침해하였다고 볼 수 없다.

2. 조례에 의한 규제가 지역의 여건이나 환경 등 그 특성에 따라 다르게 나타나는 것은 헌법이 지방자치단체의 자치입법권을 인정한 이상 당연히 예상되는 불가피한 결과이므로,

이 사건 조항으로 인하여 청구인들이 다른 지역의 주민들에 비하여 더한 규제를 받게 되었다 하더라도 평등권이 침해되었다고 볼 수는 없다.

3. 이 사건 조항은 학생 및 학부모인 청구인들이 22:00 이후에 개인과외교습을 받는 것 자체를 금지하는 것은 아니고, 개인과외교습을 받을 것인지 여부는 개인의 선택에 맡겨져 있으므로 이 사건 조항이 청구인들과 22:00 이후에 개인과외교습을 받는 자들을 차별하였다고 볼 수 없다.

4. 이 사건 조항이 학교, 교육방송 및 다른 사교육에 대하여는 교습시간을 제한하지 않으면서 학원 및 교습소의 교습시간만 제한하였다고 하여도 공교육의 주체인 학교 및 공영방송인 한국교육방송공사가 사교육 주체인 학원과 동일한 지위에 있다고 보기 어렵고, 다른 사교육인 개인과외교습이나 인터넷 통신 강좌에 의한 심야교습이 초래하게 될 사회적 영향력이나 문제점이 학원에 의한 심야교습보다 적으므로 학원 및 교습소의 교습시간만 제한하였다고 하여 이를 두고 합리적 이유 없는 차별이라고 보기는 어려운바, 이 사건 조항이 학원 운영자 등의 평등권을 침해하였다고 보기는 어렵다.

51 변호사 광고의 내용, 방법 등을 규제하는 대한변호사협회의 변호사 광고에 관한 규정 사건

직업의 자유
직업수행의 자유

(변호사 광고에 관한 규정 제3조 제2항 등 위헌확인)
2022. 5. 26. 2021헌마619 **[위헌, 기각]**

|판시사항|

1. 변호사법 제23조 제2항 제7호의 위임을 받아 변호사 광고에 관한 구체적인 규제 사항 등을 정한 대한변호사협회(이하 '변협' 이라 한다)의 '변호사 광고에 관한 규정' (이하 '이 사건 규정' 이라 한다)이 헌법소원심판의 대상이 되는 공권력의 행사에 해당하는지 여부(+)
2. 이 사건 규정의 직접적인 수범자의 상대방으로서 법률서비스 온라인 플랫폼을 운영하며 변호사의 광고 등에 관한 영업행위를 하고 있는 업체(이하 '청구인 회사' 라고 한다)가 제기한 심판청구가 자기관련성 요건을 갖추었는지 여부(+)
3. 이 사건 규정 제4조 제14호 중 '협회의 유권해석에 반하는 내용의 광고' 부분, 제8조 제2항 제4호 중 '협회의 유권해석에 위반되는 행위를 목적 또는 수단으로 하여 행하는 경우' 부분(이하 '유권해석위반 광고금지규정' 이라 한다)이 법률유보원칙에 위반되어 청구인들의 표현의 자유, 직업의 자유를 침해하는지 여부(+)
4. 이 사건 규정 제5조 제2항 제1호 중 '변호사 등과 소비자를 연결' 부분과 제8조 제2항 제2호(이하 '대가수수 직접 연결 금지규정' 이라 한다)의 규율대상
5. 이 사건 규정 제5조 제2항 제1호 중 '변호사 등을 광고·홍보·소개하는 행위' 부분(이하 '대가수수 광고금지규정' 이라 한다)이 과잉금지원칙에 위반되어 청구인들의 표현의 자유, 직업의 자유를 침해하는지 여부(+)

[결정요지]

1. 변협은 변호사법 제23조 제2항 제7호에서 명시적으로 위임받은 변호사 광고에 관한 규제를 설정함에 있어 공법인으로서 공권력 행사의 주체가 된다. 나아가, 변협의 구성원인 변호사 등은 위 규정을 준수하여야 할 의무가 있고, 이를 위반하게 되면 변호사법 등 관련 규정에 따라 징계를 받게 되는바, 이 사건 규정이 단순히 변협 내부 기준이라거나 사법적인 성질을 지니는 것이라 보기 어렵고, 수권법률인 변호사법과 결합하여 대외적 구속력을 가진다. 따라서 변협이 변호사 광고에 관한 규제와 관련하여 정립한 규범인 이 사건 규정은 헌법소원의 대상이 되는 공권력의 행사에 해당한다.

2. 법률서비스 온라인 플랫폼을 운영하며 변호사 등의 광고·홍보·소개 등에 관한 영업행위를 하고 있는 청구인 회사는 이 사건 규정의 직접적인 수범자인 변호사의 상대방으로서 변호사가 준수해야 하는 광고방법, 내용 등의 제약을 그대로 이어받게 된다. 이는 실질적으로는 변호사 등과 거래하는 위와 같은 사업자의 광고 수주 활동을 제한하거나 해당 부문 영업을 금지하는 것과 다르지 않은 점, 이 사건 규정 개정 목적의 가장 주요한 것이 청구인 회사가 운영하는 것과 같은 온라인 플랫폼을 규제하는 것이었던 점 등에 비추어 보면, 이 사건 규정은 청구인 회사의 영업의 자유 내지 법적 이익에 불리한 영향을 주는 것이므로, 기본권침해의 자기관련성을 인정할 수 있다.

3. 유권해석위반 광고금지규정은 변호사가 변협의 유권해석에 위반되는 광고를 할 수 없도록 금지하고 있다. 위 규정은 '협회의 유권해석에 위반되는'이라는 표지만을 두고 그에 따라 금지되는 광고의 내용 또는 방법 등을 한정하지 않고 있고, 이에 해당하는 내용이 무엇인지 변호사법이나 관련 회규를 살펴보더라도 알기 어렵다. 유권해석위반 광고금지규정 위반이 징계사유가 될 수 있음을 고려하면 적어도 수범자인 변호사는 유권해석을 통해 금지될 수 있는 내용들의 대강을 알 수 있어야 함에도, 규율의 예측가능성이 현저히 떨어지고 법집행기관의 자의적인 해석을 배제할 수 없는 문제가 있다.

따라서 위 규정은 수권법률로부터 위임된 범위 내에서 명확하게 규율 범위를 정하고 있다고 보기 어려우므로, 법률유보원칙에 위반되어 청구인들의 표현의 자유, 직업의 자유를 침해한다.

4. 대가수수 직접 연결 금지규정은 법률상담이나 사건에서 변호사와 소비자를 직접 이어주는 것과 관련하여 경제적 이익을 지급하는 형태의 광고를 금지하는 것으로 해석할 수 있다. 따라서 단순히 변호사와 소비자가 연결될 수 있는 장을 제공하는 것만으로 변호사와 소비자를 직접 연결하는 행위로 평가하기는 어려울 것이고, 일정한 경제적 이익의 수수가 있으나 그것이 직접적인 연결행위의 대가로 볼 수 없는 경우도 직접 연결을 전제로 한 위 규정의 규율대상에 포함된다고 보기 어렵다.

5. 대가수수 광고금지규정의 규율 대상은 이 사건 규정의 수범자인 변호사이고, 규제 대상이 되는 상대방의 행위는 '변호사 또는 소비자로부터 대가를 받고 법률상담 또는 사건 등을 소개·알선·유인하기 위하여 변호사 등을 광고·홍보·소개하는 행위'이다. 위 규정이 규제하는 광고·홍보·소개행위의 목적으로 소개·알선·유인을 정하면서도 그 대상을 특정

변호사로 제한하고 있지 아니한 점과 광고·홍보·소개행위의 목적이 소비자를 설득하여 구매를 유도하는 데 있는 점을 고려하면, 대가수수 광고금지규정이 단순히 변호사법이 금지하는 소개·알선·유인행위를 다시 한 번 규제하는 것에 불과하다고 보기 어렵다. 즉, 법률상담 또는 사건 등을 소개하거나 유인할 목적으로 불특정 다수의 변호사를 동시에 광고·홍보·소개하는 행위도 위 규정에 따라 금지되는 범위에 포함된다고 해석된다.

변호사광고에 대한 합리적 규제는 필요하지만, 광고표현이 지닌 기본권적 성질을 고려할 때 광고의 내용이나 방법적 측면에서 꼭 필요한 한계 외에는 폭넓게 광고를 허용하는 것이 바람직하다. 각종 매체를 통한 변호사 광고를 원칙적으로 허용하는 변호사법 제23조 제1항의 취지에 비추어 볼 때, 변호사 등이 다양한 매체의 광고업자에게 광고비를 지급하고 광고하는 것은 허용된다고 할 것인데, 이러한 행위를 일률적으로 금지하는 위 규정은 수단의 적합성을 인정하기 어렵다.

대가수수 광고금지규정이 아니더라도 변호사법이나 다른 규정들에 의하여 입법목적을 달성할 수 있고, 공정한 수임질서를 해치거나 소비자에게 피해를 줄 수 있는 내용의 광고를 특정하여 제한하는 등 완화된 수단에 의해서도 입법목적을 같은 정도로 달성할 수 있다. 나아가, 위 규정으로 입법목적이 달성될 수 있을지 불분명한 반면, 변호사들이 광고업자에게 유상으로 광고를 의뢰하는 것이 사실상 금지되어 청구인들의 표현의 자유, 직업의 자유에 중대한 제한을 받게 되므로, 위 규정은 침해의 최소성 및 법익의 균형성도 갖추지 못하였다.

따라서 대가수수 광고금지규정은 과잉금지원칙에 위반되어 청구인들의 표현의 자유와 직업의 자유를 침해한다.

핵심 체크 학습 직업의 자유

1. 게임 결과물의 환전업은 게임이용자로부터 게임 결과물을 매수하여 다른 게임이용자에게 이윤을 붙여 되파는 영업으로서 헌법 제15조가 보장하는 직업에 해당한다. [16 법무사]

해설 헌재 2010. 2. 25. 2009헌바38.

2. 일반학원의 강사라는 직업의 개시를 위한 주관적 전제조건으로서 '대학 졸업 이상의 학력 소지'라는 자격기준을 갖추도록 요구함으로써 직업선택의 자유를 제한하고 있으나 일률적으로 자격기준을 설정하여 통제하는 방식만큼의 효과를 거둘 만한 다른 제도나 절차를 쉽게 찾아보기 어려우므로 최소침해의 원칙은 문제되지 않는다. [16 법무사]

해설 헌재 2003. 9. 25. 2002헌마519.

3. 입법자는 일정한 전문분야에 관한 자격제도를 마련함에 있어서 그 제도를 마련한 목적을 고려하여 정책적인 판단에 따라 제도의 내용을 구성할 수 있으므로 자격요건에 관한 법률조항은 합리적인 근거 없이 현저히 자의적인 경우에만 헌법에 위반된다. [16 법무사]

해설 헌재 2000. 4. 27. 97헌바88.

정답 1. ○ 2. ○ 3. ○

4. '자동차운전전문학원을 졸업하고 운전면허를 받은 사람 중 교통사고를 일으킨 비율이 대통령령이 정하는 비율을 초과하는 때'에는 학원의 등록을 취소하거나 1년 이내의 운영정지를 명할 수 있도록 하는 것은 운전전문학원이 조성하는 사회적 위험을 관리하기 위한 것이므로 운전전문학원 운영자의 직업의 자유를 침해한다고 볼 수 없다. [16 법무사]

해설 이 사건 조항이 추구하는 입법목적이 이 사건 조항을 통하여 달성될 것인지가 불투명한 반면, 이 사건 조항에 따른 행정제재를 당하는 운전전문학원은 자신이 충실히 운전교육과 기능검정을 하였더라도 피할 수 없는 제재를 당할 수 있게 되고, 그러한 제재가 가져오는 영업상의 손실은 큰 것이다. 이 사건 조항은 법익의 균형성 원칙에 위배된다. 그러므로 이 사건 조항은 비례의 원칙에 어긋나 직업의 자유를 침해한다(헌재 2005. 7. 21. 2004헌가30).

5. 건설산업기본법에서 건설업자가 명의대여를 한 경우 건설업의 등록을 필요적으로 말소하도록 규정하는 것은 합헌이지만, 임원이 금고 이상의 형을 선고받은 경우 법인의 건설업 등록을 필요적으로 말소하도록 규정한 것은 위헌이다. [16 법무사]

해설 건설산업기본법에서 건설업자가 명의대여를 한 경우 건설업의 등록을 필요적으로 말소하도록 규정하는 것은 직업의 자유를 침해하지 않는다(헌재 2007. 5. 31. 2007헌바3).

심판대상조항이 건설업과 관련 없는 죄로 임원이 형을 선고받은 경우까지도 법인이 건설업을 영위할 수 없도록 하는 것은 입법목적달성을 위한 적합한 수단에 해당하지 아니하고, 이러한 경우까지도 가장 강력한 수단인 필요적 등록말소라는 제재를 가하는 것은 최소침해성 원칙에도 위배된다(헌재 2014. 4. 24. 2013헌바25).

6. 판매를 목적으로 모의총포를 소지하는 행위는 일률적으로 영업활동으로 볼 수는 없지만, 소지의 목적이나 정황에 따라 이를 영업을 위한 준비행위로 보아 영업활동의 일환으로 평가할 수 있으므로 직업의 자유의 보호범위에 포함될 수 있다. [16 사시]

해설 모의총포를 소지하는 사람들 중에는 영업과 무관하게 취미를 목적으로 소지하는 경우도 상정할 수 있는바, 이러한 경우에는 영업의 자유가 아닌 행복추구권에서 파생되는 일반적 행동의 자유가 제한된다. 2007헌마949 결정에서도 취미를 목적으로 모의총포를 소지하는 청구인들에 대하여 일반적 행동의 자유가 침해될 수 있다고 설시한 바 있다(헌재 2011. 11. 24. 2011헌바18).

정답 4. × 5. ○ 6. ○

7. 이륜자동차를 운전하여 고속도로 또는 자동차전용도로를 통행한 자를 처벌하는 것은 퀵서비스 배달업자의 직업수행의 자유를 침해하지 않는다. [16 사시]

해설 이 사건 법률조항은 이륜자동차 운전자가 고속도로 등을 통행하는 것만을 금지할 뿐 일반도로의 통행까지 금지하는 것은 아니다. 청구인들은 기타 일반 도로를 이용하여 배달업을 하는 데에는 아무런 영향을 받지 않는다. 따라서 이 사건 법률조항은 청구인들의 직업수행의 자유를 침해한다고 볼 수 없다(헌재 2011. 11. 24. 2011헌바51).

8. 농협 · 축협 조합장이 금고 이상의 형을 선고받은 경우 그 형이 확정되기 전에 이사가 그 직무를 대행하도록 규정한 것만으로는 조합장의 직업수행의 자유를 침해하지 않는다. [16 사시]

해설 이 사건 법률조항들에 의하여 달성하려는 공익은 모호한 반면에, 금고 이상의 형이 선고되었다는 이유만으로 형의 확정이라는 불확정한 시기까지 직무수행을 정지 당하는 조합장의 불이익은 실질적이고 현존하는 기본권 침해로서 위와 같은 공익보다 결코 작다고 할 수 없으므로 이 사건 법률조항들은 법익균형성 요건도 충족하지 못하였다. 따라서 이 사건 법률조항들은 과잉금지원칙에 위반하여 청구인들의 직업수행의 자유를 침해한다(헌재 2013. 8. 29. 2010헌마562 등).

9. 칸막이를 설치하여 금연구역과 흡연구역으로 나누어 운영하고 있는 PC방 전체에 대하여 2년의 유예기간이 지난 뒤 전면금연구역으로 운영해야 할 의무를 부과하는 것은 직업수행의 자유를 제한한다. [16 사시]

해설 청구인들은 이 사건 금연구역조항 및 부칙조항에 따라 현재 칸막이를 설치하여 금연구역과 흡연구역으로 나누어 운영하고 있는 PC방 전체를 2년의 유예기간이 지난 뒤 전면금연구역으로 운영해야 할 의무를 부담하게 되었으나, 이로 인해 PC방의 개설 · 영업행위 자체가 전면적으로 금지되는 것은 아니다. 하지만 이 사건 금연구역조항 및 부칙조항은 청구인들이 이미 선택한 직업을 영위하는 방식과 조건을 규율하는 것이므로, 청구인들의 직업수행의 자유를 제한하는 규정이다(헌재 2013. 6. 27. 2011헌마315 등).

10. 임원이 건설업과 관련 없는 죄로 금고 이상의 형을 선고받은 경우까지도 법인의 건설업 등록을 필요적으로 말소하도록 규정한 것은 범죄행위로 인하여 형사처벌을 받은 자를 건설업에서 배제하여 건설업자의 자질을 일정 수준으로 담보함으로써 부실공사를 방지하고 국민의 생명과 재산을 보호하기 위한 것으로 법인의 직업수행의 자유를 침해하지 않는다. [16 사시]

정답 7. ○ 8. × 9. ○ 10. ×

해설 건설업과 관련 없는 죄로 임원이 형을 선고받은 경우까지도 법인이 건설업을 영위할 수 없도록 하는 것은 입법목적달성을 위한 적합한 수단에 해당하지 아니하고, 이러한 경우까지도 가장 강력한 수단인 필요적 등록말소라는 제재를 가하는 것은 최소침해성 원칙에도 위배된다. 심판대상조항으로 인하여 건설업자인 법인은 등록이 말소되는 중대한 피해를 입게 되는 반면 심판대상조항이 공익 달성에 기여하는 바는 크지 않아 심판대상조항은 법익균형성 원칙에도 위배된다. 따라서 심판대상조항은 과잉금지원칙에 위배되어 청구인의 직업수행의 자유를 침해한다(헌재 2014. 4. 24. 2013헌바25).

11. 직업의 자유는 개인의 주관적 공권임과 동시에 사회적 시장경제질서라고 하는 객관적 법질서의 구성요소이다. [16 법행]

해설 1990.10.15. 89헌마178.

12. 당사자의 능력이나 자격과 상관없는 객관적 사유에 의하여 직업선택의 자유를 제한하는 경우에 엄격한 비례의 원칙이 심사척도로서 적용된다. [16 법행]

해설 헌재 2010. 2. 25. 2009헌바38.

13. 직업결정의 자유나 전직(轉職)의 자유에 비하여 직업수행의 자유에 대하여는 상대적으로 더 넓은 법률상의 규제가 가능하다. [16 법행]

해설 헌재 1995.4.20. 92헌마264.

14. 직장 선택의 자유는 단순히 국민의 권리가 아닌 인간의 권리로 보아야 하므로 외국인도 제한적으로라도 직장 선택의 자유를 향유할 수 있다. [16 법행]

해설 헌재 2011.9.29. 2007헌마1083 등.

15. 취업자격이 없는 외국인도 노동조합 및 노동관계조정법상 근로자에 해당하고, 노동조합 결성 및 가입이 허용된다. [16 법행]

해설 대법원 2008.9.11. 선고 2004도746 판결.

정답 11. ○ 12. ○ 13. ○ 14. ○ 15. ○

주거의 자유
영장주의

52 불법게임물의 강제수거 · 폐기 사건

(음반·비디오물및게임물에관한법률 제24조 제3항 제4호 중 게임물에 관한 규정 부분 위헌제청)

2002. 10. 31. 2000헌가12 **[합헌]**

|판시사항|

1. 관계행정청이 등급분류를 받지 아니하거나 등급분류를 받은 게임물과 다른 내용의 게임물을 발견한 경우 관계공무원으로 하여금 이를 수거·폐기하게 할 수 있도록 한 구 음반·비디오물 및 게임물에 관한 법률 제24조 제3항 제4호 중 게임물에 관한 규정 부분이 재산권을 침해하는지 여부(−)
2. 이 사건 법률조항이 재판청구권을 침해하는지 여부(−)
3. 이 사건 법률조항이 영장주의와 적법절차의 원칙에 위배되는지 여부(−)

[결정요지]

1. 이 사건 법률조항은 수거에 그치지 아니하고 폐기까지 가능하도록 규정하고 있으나, 이는 수거한 불법게임물의 사후처리와 관련하여 폐기의 필요성이 인정되는 경우에 대비하여 근거규정을 둔 것으로서 실제로 폐기에 나아감에 있어서는 비례의 원칙에 의한 엄격한 제한을 받는다고 할 것이므로, 이를 두고 과도한 입법이라고 보기는 어렵다. 따라서 이 사건 법률조항은 피해의 최소성의 요건을 위반한 것으로는 볼 수 없고, 또한 이 사건 법률조항이 불법게임물의 수거·폐기에 관한 행정상 즉시강제를 허용함으로써 게임제공업주 등이 입게 되는 불이익보다는 이를 허용함으로써 보호되는 공익이 더 크다고 볼 수 있으므로, 법익의 균형성의 원칙에 위배되는 것도 아니다.

결국 이 사건 법률조항에 의한 행정상 즉시강제의 허용은 과잉금지의 원칙의 위배 여부를 판단함에 있어 고려되어야 할 목적의 정당성, 방법의 적정성, 피해의 최소성 및 법익의 균형성 등 모든 요건을 충족하였다고 보여지므로, 위 법률조항이 과잉금지의 원칙에 위배하여 청구인의 재산권을 침해하였다고 볼 수 없다.

2. 재판청구권은 권리보호절차의 개설과 개설된 절차에의 접근의 효율성에 관한 절차

법적 요청으로서, 권리구제절차 내지 소송절차를 규정하는 절차법에 의하여 구체적으로 형성·실현되며, 또한 이에 의하여 제한되는 것인바, 이 사건 법률조항은 행정상 즉시강제에 관한 근거규정으로서 권리구제절차 내지 소송절차를 규정하는 절차법적 성격을 전혀 갖고 있지 아니하기 때문에, 이 사건 법률조항에 의하여는 재판청구권이 침해될 여지가 없다.

3. 영장주의가 행정상 즉시강제에도 적용되는지에 관하여는 논란이 있으나, 행정상 즉시강제는 상대방의 임의이행을 기다릴 시간적 여유가 없을 때 하명 없이 바로 실력을 행사하는 것으로서, 그 본질상 급박성을 요건으로 하고 있어 법관의 영장을 기다려서는 그 목적을 달성할 수 없다고 할 것이므로, 원칙적으로 영장주의가 적용되지 않는다고 보아야 할 것이다.

만일 어떤 법률조항이 영장주의를 배제할 만한 합리적인 이유가 없을 정도로 급박성이 인정되지 아니함에도 행정상 즉시강제를 인정하고 있다면, 이러한 법률조항은 이미 그 자체로 과잉금지의 원칙에 위반되는 것으로서 위헌이라고 할 것이다.

이 사건 법률조항은 앞에서 본바와 같이 급박한 상황에 대처하기 위한 것으로서 그 불가피성과 정당성이 충분히 인정되는 경우이므로, 이 사건 법률조항이 영장 없는 수거를 인정한다고 하더라도 이를 두고 헌법상 영장주의에 위배되는 것으로는 볼 수 없고, 위 구 음반·비디오물 및 게임물에 관한 법률 제24조 제4항에서 관계공무원이 당해 게임물 등을 수거한 때에는 그 소유자 또는 점유자에게 수거증을 교부하도록 하고 있고, 동조 제6항에서 수거 등 처분을 하는 관계공무원이나 협회 또는 단체의 임·직원은 그 권한을 표시하는 증표를 지니고 관계인에게 이를 제시하도록 하는 등의 절차적 요건을 규정하고 있으므로, 이 사건 법률조항이 적법절차의 원칙에 위배되는 것으로 보기도 어렵다.

관련 유사 판례—신체의 자유〔영장주의〕

52-1. 지방의회에서 사무감사를 위한 증인의 동행명령장제도
(1995.6.30. 선고 93추83 판결)

[판결내용]

지방의회에서의 사무감사·조사를 위한 증인의 동행명령장제도도 증인의 신체의 자유를 억압하여 일정 장소로 인치하는 것으로서 헌법 제12조 제3항의 "체포 또는 구속"에 준하는 사태로 보아야 하고, 거기에 현행범 체포와 같이 사후에 영장을 발부받지

> 아니하면 목적을 달성할 수 없는 긴박성이 있다고 인정할 수는 없으므로, 헌법 제12조 제3항에 의하여 법관이 발부한 영장의 제시가 있어야 함에도 불구하고 동행명령장을 법관이 아닌 지방의회 의장이 발부하고 이에 기하여 증인의 신체의 자유를 침해하여 증인을 일정 장소에 인치하도록 규정된 조례안은 영장주의원칙을 규정한 헌법 제12조 제3항에 위반된 것이다.

주거의 자유

1. 헌법재판소에 따르면 행정상 즉시강제에도 원칙적으로 영장주의가 적용된다.

(해설) 행정상 즉시강제는 상대방의 임의이행을 기다릴 시간적 여유가 없을 때 하명 없이 바로 실력을 행사하는 것으로서, 그 본질상 급박성을 요건으로 하고 있어 법관의 영장을 기다려서는 그 목적을 달성할 수 없다고 할 것이므로, 원칙적으로 영장주의가 적용되지 않는다고 보아야 할 것이다(헌재 2002. 10. 31. 2000헌가12).

2. 지방의회에서 사무감사를 위한 증인의 동행명령장제도는 영장주의 원칙을 규정한 헌법 제12조 제3항에 위반된다.

(해설) 대법원 1995.6.30. 선고 93추83 판결.

정답 1. × 2. ○

53 공직자의 병역공개 사건

(공직자 등의 병역사항신고 및 공개에 관한 법률 제3조 등 위헌확인)
2007. 5. 31. 2005헌마1139 **[헌법불합치]**

|판시사항|

1. 내밀한 사적 영역에 근접하는 민감한 개인정보를 공개함으로써 사생활의 비밀과 자유를 제한하는 국가적 조치에 대한 위헌심사기준
2. 4급 이상 공무원들의 병역 면제사유인 질병명을 관보와 인터넷을 통해 공개하도록 하는 것의 위헌 여부(+)

[결정요지]

1. 사람의 육체적·정신적 상태나 건강에 대한 정보, 성생활에 대한 정보와 같은 것은 인간의 존엄성이나 인격의 내적 핵심을 이루는 요소이다. 따라서 외부세계의 어떤 이해관계에 따라 그에 대한 정보를 수집하고 공표하는 것이 쉽게 허용되어서는 개인의 내밀한 인격과 자기정체성이 유지될 수 없다. '공직자등의 병역사항 신고 및 공개에 관한 법률' 제8조 제1항 본문 가운데 '4급 이상의 공무원 본인의 질병명에 관한 부분'(이하 '이 사건 법률조항'이라 한다)에 의하여 그 공개가 강제되는 질병명은 내밀한 사적 영역에 근접하는 민감한 개인정보로서, 특별한 사정이 없는 한 타인의 지득(知得), 외부에 대한 공개로부터 차단되어 개인의 내밀한 영역 내에 유보되어야 하는 정보이다. 이러한 성격의 개인정보를 공개함으로써 사생활의 비밀과 자유를 제한하는 국가적 조치는 엄격한 기준과 방법에 따라 섬세하게 행하여지지 않으면 아니 된다.

2. 사람의 육체적·정신적 상태나 건강에 대한 정보, 성생활에 대한 정보와 같은 것은 인간의 존엄성이나 인격의 내적 핵심을 이루는 요소이다. 따라서 외부세계의 어떤 이해관계에 따라 그에 대한 정보를 수집하고 공표하는 것이 쉽게 허용되어서는 개인의 내밀한 인격과 자기정체성이 유지될 수 없다. 이 사건 법률조항에 의하여 그 공개가 강제되는 질병명은 내밀한 사적 영역에 근접하는 민감한 개인정보이다. 인간이 아무리 공동체에서 어울려 살아가는 사회적 존재라 할지라도 개인의 질병명은 외부세계와의 접촉을 통하여

생성·전달·공개·이용되는 것이 자연스럽거나 필요한 정보가 아니다. 오히려 특별한 사정이 없는 한 타인의 지득(知得), 외부에 대한 공개로부터 차단되어 개인의 내밀한 영역 내에 유보되어야 하는 정보인 것이다. 공무원의 질병명 정보 또한 마찬가지이다.

이 사건에서 문제되고 있는 것은 병역면제 처분의 사유인 질병명으로서 이는 해당 공무원의 공적 활동과 관련하여 생성된 정보가 아니라 그 이전에, 그와 무관하게 개인에게 부과된 것으로서 극히 사적인 정체성을 드러내는 정보이다. 질병이 병역처분, 특히 병역면제 여부를 판가름함에 있어서 본질적인 요소라고는 하지만 그것은 개인이 선택·조정 가능한 사항이 아니었다. 이러한 성격의 개인정보를 공개함으로써 사생활의 비밀과 자유를 제한하는 국가적 조치는 엄격한 기준과 방법에 따라 섬세하게 행하여지지 않으면 아니 된다.

(1) 병무행정에 관한 부정과 비리가 근절되지 않고 있으며, 그 척결 및 병역부담평등에 대한 사회적 요구가 대단히 강한 우리 사회에서, '부정한 병역면탈의 방지'와 '병역의무의 자진이행에 기여'라는 입법목적을 달성하기 위해서는 병역사항을 신고하게 하고 적정한 방법으로 이를 공개하는 것이 필요하다고 할 수 있다. 한편, 질병은 병역처분에 있어 고려되는 본질적 요소이므로 병역공개제도의 실현을 위해 질병명에 대한 신고와 그 적정한 공개 자체는 필요하다 할 수 있다.

(2) 그런데 이 사건 법률조항은 사생활 보호의 헌법적 요청을 거의 고려하지 않은 채 인격 또는 사생활의 핵심에 관련되는 질병명과 그렇지 않은 것을 가리지 않고 무차별적으로 공개토록 하고 있으며, 일정한 질병에 대한 비공개요구권도 인정하고 있지 않다. 그리하여 그 공개 시 인격이나 사생활의 심각한 침해를 초래할 수 있는 질병이나 심신장애내용까지도 예외 없이 공개함으로써 신고의무자인 공무원의 사생활의 비밀을 심각하게 침해하고 있다.

(3) 우리 현실에 비추어 질병명 공개와 같은 처방을 통한 병역풍토의 쇄신이 필요하다 하더라도 특별한 책임과 희생을 추궁할 수 있는 소수 사회지도층에 국한하여야 할 것이다. 4급 공무원이면 주로 과장급 또는 계장급 공무원에 해당하여 주요 정책이나 기획의 직접적·최종적 결정권을 가진다고는 할 수 없고, 사회의 일반적 관념에 비추어 보면 평범한 직업인의 하나에 불과한 경우도 많을 것이다. 이런 점에서 이들의 병역정보가 설사 공적 관심의 대상이 된다 할지라도 그 정도는 비교적 약하다고 하지 않을 수 없고, 그렇다면 공무원 개인을 위한 정보 보호의 요청을 쉽사리 낮추어서는 아니되며 그 정보가 질병명과 같이 인격 또는 사생활의 핵심에 관련되는 것일 때는 더욱 그러하다.

(4) 결론적으로, 이 사건 법률조항이 공적 관심의 정도가 약한 4급 이상의 공무원들까지 대상으로 삼아 모든 질병명을 아무런 예외 없이 공개토록 한 것은 입법목적 실현에 치

<u>중한 나머지 사생활 보호의 헌법적 요청을 현저히 무시한 것이고, 이로 인하여 청구인들을 비롯한 해당 공무원들의 헌법 제17조가 보장하는 기본권인 사생활의 비밀과 자유를 침해하는 것이다.</u>

사생활의 비밀과 자유

54 청소년대상 성범죄자의 신상공개 사건

(청소년의성보호에관한법률 제20조 제2항 제1호 등 위헌제청)

2003. 6. 26. 2002헌가14 **[합헌]**

|판시사항|

1. 청소년 성매수자에 대한 신상공개를 규정한 청소년의성보호에관한법률(이하, '법' 이라고만 한다) 제20조 제2항 제1호가
   (1) 이중처벌금지원칙에 위반되는지 여부(－)
   (2) 과잉금지원칙에 위반되는지 여부(－)
   (3) 평등원칙에 위반되는지 여부(－)
   (4) 법관에 의한 재판을 받을 권리를 침해하는지 여부(－)
   (5) 적법절차원칙에 위반되는지 여부(－)
2. 신상공개의 시기·기간·절차 등에 관한 사항을 대통령령에 위임한 법 제20조 제5항이 포괄위임입법금지원칙에 위반되는지 여부(－)

[결정요지]

1. 법 제20조 제2항 제1호에 관하여(합헌의견(4인 의견))

(1) 이중처벌금지의 원칙 위배 여부

헌법 제13조 제1항에서 말하는 '처벌'은 원칙적으로 범죄에 대한 국가의 형벌권 실행으로서의 과벌을 의미하는 것이고, 국가가 행하는 일체의 제재나 불이익처분을 모두 그 '처벌'에 포함시킬 수는 없다. 법 제20조 제1항은 "청소년의 성을 사는 행위 등의 범죄방지를 위한 계도"가 신상공개제도의 주된 목적임을 명시하고 있는바, 이 제도가 당사자에게 일종의 수치심과 불명예를 줄 수 있다고 하여도, 이는 어디까지나 신상공개제도가 추구하는 입법목적에 부수적인 것이지 주된 것은 아니다. 또한, 공개되는 신상과 범죄사실은 이미 공개재판에서 확정된 유죄판결의 일부로서, 개인의 신상 내지 사생활에 관한 새로운 내용이 아니고, 공익목적을 위하여 이를 공개하는 과정에서 부수적으로 수치심 등이 발생된다고 하여 이것을 기존의 형벌 외에 또 다른 형벌로서 수치형이나 명예형에 해당한다고 볼 수는 없다. 그렇다면, 신상공개제도는 헌법 제13조의 이중처벌금지 원칙에 위배되지 않는다.

(2) **과잉금지의 원칙 위배 여부**

신상공개제도는 범죄자 본인을 처벌하려는 것이 아니라, 현존하는 성폭력위험으로부터 사회 공동체를 지키려는 인식을 제고함과 동시에 일반인들이 청소년 성매수 등 범죄의 충동으로부터 자신을 제어하도록 하기 위하여 도입된 것으로서, 이를 통하여 달성하고자 하는 '청소년의 성보호'라는 목적은 우리 사회에 있어서 가장 중요한 공익의 하나라고 할 것이다.

이에 비하여 청소년 성매수자의 일반적 인격권과 사생활의 비밀의 자유가 제한되는 정도를 살펴보면, 법 제20조 제2항은 "성명, 연령, 직업 등의 신상과 범죄사실의 요지"를 공개하도록 규정하고 있는바, 이는 이미 공개된 형사재판에서 유죄가 확정된 형사판결이라는 공적 기록의 내용 중 일부를 국가가 공익 목적으로 공개하는 것으로 공개된 형사재판에서 밝혀진 범죄인들의 신상과 전과를 일반인이 알게 된다고 하여 그들의 인격권 내지 사생활의 비밀을 침해하는 것이라고 단정하기는 어렵다. 또한, 신상과 범죄사실이 공개되는 범죄인들은 이미 국가의 형벌권 행사로 인하여 해당 기본권의 제한 여지를 일반인보다는 더 넓게 받고 있다. 청소년 성매수 범죄자들이 자신의 신상과 범죄사실이 공개됨으로써 수치심을 느끼고 명예가 훼손된다고 하더라도 그 보장 정도에 있어서 일반인과는 차이를 둘 수밖에 없어, 그들의 인격권과 사생활의 비밀의 자유도 그것이 본질적인 부분이 아닌 한 넓게 제한될 여지가 있다.

그렇다면 청소년 성매수자의 일반적 인격권과 사생활의 비밀의 자유가 제한되는 정도가 청소년 성보호라는 공익적 요청에 비해 크다고 할 수 없으므로 결국 법 제20조 제2항 제1호의 <u>신상공개는 해당 범죄인들의 일반적 인격권, 사생활의 비밀의 자유를 과잉금지의 원칙에 위배하여 침해한 것이라 할 수 없다.</u>

(3) **평등원칙의 위배 여부**

신상공개가 되는 청소년 대상 성범죄를 규정한 법률조항의 의미와 목적은 성인이 대가관계를 이용하여 청소년의 성을 매수하는 등의 행위로 인하여 야기되는 피해로부터 청소년을 보호하려는데 있는 것이고, 이에 비추어 볼 때 청소년 대상 성범죄와 그 밖의 일반 범죄는 서로 비교집단을 이루는 '본질적으로 동일한 것'이라고 단언하기는 어려우며, 나아가 그러한 구분기준이 특별히 자의적이라고 볼 만한 사정이 없다. 또한 청소년 대상 성범죄자 가운데 공개대상에서 제외되는 경우는 그 행위의 대상이나 형태에 있어서 청소년 성매수 행위의 공범적 성격의 것들로서 행위불법성의 차이 등을 고려한 것으로 보이므로, 청소년 대상 성범죄자 중 일부 범죄자의 신상이 공개되지 않는다 하더라도 그러한 차별입법이 자의적인 것이라거나 합리성이 없는 것이라고 단정하기 어렵다. 신상공개제도로 인하여 기본권 제한상의 차별을 초래하나, 그 입법목적과 이를 달성하려는 수단간에 비례성을 벗어난 차별이라고 보기 어렵고, 달리 평등권을 침해한 것이라고 볼 수 없다.

(4) 법관에 의한 재판을 받을 권리의 침해 여부

제청법원은 신상공개제도가 청소년보호위원회에 의하여 이루어진다는 점에서 법관에 의한 재판을 받을 권리를 침해한 것이라고 하나, 앞서 보았듯이 신상공개제도는 '처벌'에 해당한다고 할 수 없으므로 이 제도가 법관에 의한 재판을 받을 권리를 침해한 것이라 할 수 없다.

(5) 적법절차 위배 여부

법 제20조 제3항은 청소년보호위원회가 신상 등의 공개를 결정함에는 범행동기, 범행 후의 정황 등을 고려하도록 하고 있고, 제5항은 구체적인 절차 등에 관하여 필요한 사항을 대통령령으로 정하도록 하고 있으며, 하위 법규에서는 이러한 법의 취지에 따라 신상공개 대상자로 선정된 자에 대하여 10일 이상의 기간을 정하여 서면에 의한 의견진술기회를 주도록 하고, 지정된 기일까지 의견진술을 하지 않은 자에 대하여는 의견이 없는 것으로 간주하며, 의견진술을 한 자에 대하여는 재심의를 하여 신상공개 여부를 결정한다고 규정하고 있다.

한편 청소년보호위원회는 최소한의 독립성과 중립성을 갖춘 기관이고(청소년보호법 제29조, 제32조 등 참조), 신상공개결정에 대해서는 행정소송을 통해 그 적법 여부를 다툴 기회가 보장되고 있으며, 이미 법관에 의한 재판을 거쳐 형이 확정된 이후에 신상공개가 결정된다.

그렇다면 법 제20조 제2항 제1호의 신상공개제도는 법률이 정한 형식적 절차에 따라 이루어지며 그 절차의 내용도 합리성과 정당성을 갖춘 것이라고 볼 것이므로 절차적 적법절차원칙에 위반되는 것이라 할 수 없다.

2. 법 제20조 제5항에 관하여(합헌의견(4인 의견))

법 제20조 제5항에서 위임되는 "구체적인 시기·기간·절차 등"은 신상공개에 있어서 본질적 부분은 아니며 어디까지나 부수적인 부분이라고 볼 것이다. 그리고 대통령령에 규정될 '시기'는 법 제20조 제1항("계도문을 연 2회 이상 작성")을 고려하면 연 2회 이상으로서 각 확정판결 후 이에 가까운 때가 될 것으로 예상되고, '기간'은 입법목적을 달성하기에 합리적인 기간으로서 위 조항이 '연 2회 이상'이라고 정하고 있으므로 통상 6개월 범위 내일 것이 예측될 수 있으며, '절차'는 제3항 등 법상의 제 규정을 참조할 때 그 절차의 일반적 내용의 대강이 예측될 수 있고, '등'은, 시기, 기간, 절차와 유사하게, 신상공개시 필요한 그 밖의 사항이 대통령령으로 규정될 것임이 어느 정도 예측될 수 있으므로, 결국 대통령령에 규정될 내용의 대강이 예측가능하다 할 것이다. 따라서 법 제20조 제5항은 헌법상의 포괄위임입법금지 원칙에 위배된다고 할 수 없다.

사생활의 비밀과 자유

55 혼인빙자간음죄 사건

(형법 제304조 위헌소원)
2009. 11. 26. 2008헌바58, 2009헌바191(병합) **[위헌]**

|판시사항|

형법 제304조 중 "혼인을 빙자하여 음행의 상습없는 부녀를 기망하여 간음한 자" 부분이 헌법 제37조 제2항의 과잉금지원칙을 위반하여 남성의 성적 자기결정권 및 사생활의 비밀과 자유를 침해하는지 여부(+)

[결정요지]

1. 이 사건 법률조항의 경우 입법목적에 정당성이 인정되지 않는다. 첫째, 남성이 위력이나 폭력 등 해악적 방법을 수반하지 않고서 여성을 애정행위의 상대방으로 선택하는 문제는 그 행위의 성질상 국가의 개입이 자제되어야 할 사적인 내밀한 영역인데다 또 그 속성상 과장이 수반되게 마련이어서 우리 형법이 혼전 성관계를 처벌대상으로 하지 않고 있으므로 혼전 성관계의 과정에서 이루어지는 통상적 유도행위 또한 처벌해야 할 이유가 없다. 다음 여성이 혼전 성관계를 요구하는 상대방 남자와 성관계를 가질 것인가의 여부를 스스로 결정한 후 자신의 결정이 착오에 의한 것이라고 주장하면서 상대방 남성의 처벌을 요구하는 것은 여성 스스로가 자신의 성적 자기결정권을 부인하는 행위이다. 또한 혼인빙자간음죄가 다수의 남성과 성관계를 맺는 여성 일체를 '음행의 상습 있는 부녀'로 낙인찍어 보호의 대상에서 제외시키고 보호대상을 '음행의 상습없는 부녀'로 한정함으로써 여성에 대한 남성우월적 정조관념에 기초한 가부장적·도덕주의적 성 이데올로기를 강요하는 셈이 된다. 결국 이 사건 법률조항은 남녀 평등의 사회를 지향하고 실현해야 할 국가의 헌법적 의무(헌법 제36조 제1항)에 반하는 것이자, 여성을 유아시(幼兒視)함으로써 여성을 보호한다는 미명 아래 사실상 국가 스스로가 여성의 성적 자기결정권을 부인하는 것이 되므로, 이 사건 법률조항이 보호하고자 하는 여성의 성적 자기결정권은 여성의 존엄과 가치에 역행하는 것이다.

2. <u>개인의 성행위와 같은 사생활의 내밀영역에 속하는 부분에 대하여는 그 권리와 자</u>

유의 성질상 국가는 간섭과 규제를 가능하면 최대한으로 자제하여 개인의 자기결정권에 맡겨야 하며, 국가형벌권의 행사는 중대한 법익에 대한 위험이 명백한 경우에 한하여 최후 수단으로서 필요한 최소한의 범위에 그쳐야 하기 때문이다. 따라서 다른 생활영역과는 달리 사생활 특히, 성적 사생활 영역에서 형법적 보호의 필요성과 형벌의 필요성을 판단함에 있어서는 보다 엄격한 기준을 적용해야 하는 것이다.

결혼과 성에 관한 국민의 법의식에 많은 변화가 생겨나 여성의 착오에 의한 혼전 성관계를 형사법률이 적극적으로 보호해야 할 필요성은 이미 미미해졌고, 성인이 어떤 종류의 성행위와 사랑을 하건, 그것은 원칙적으로 개인의 자유 영역에 속하고, 다만 그것이 외부에 표출되어 명백히 사회에 해악을 끼칠 때에만 법률이 이를 규제하면 충분하며, 사생활에 대한 비범죄화 경향이 현대 형법의 추세이고, 세계적으로도 혼인빙자간음죄를 폐지해 가는 추세이며 일본, 독일, 프랑스 등에도 혼인빙자간음죄에 대한 처벌규정이 없는 점, 기타 국가 형벌로서의 처단기능의 약화, 형사처벌로 인한 부작용 대두의 점 등을 고려하면, 그 목적을 달성하기 위하여 혼인빙자간음행위를 형사처벌하는 것은 수단의 적절성과 피해의 최소성을 갖추지 못하였다.

이 사건 법률조항은 개인의 내밀한 성생활의 영역을 형사처벌의 대상으로 삼음으로써 남성의 성적 자기결정권과 사생활의 비밀과 자유라는 기본권을 지나치게 제한하는 것인 반면, 이로 인하여 추구되는 공익은 오늘날 보호의 실효성이 현격히 저하된 음행의 상습없는 부녀들만의 '성행위 동기의 착오의 보호'로서 그것이 침해되는 기본권보다 중대하다고는 볼 수 없으므로, 법익의 균형성도 상실하였다. 결국 이 사건 법률조항은 목적의 정당성, 수단의 적절성 및 피해최소성을 갖추지 못하였고 법익의 균형성도 이루지 못하였으므로, 헌법 제37조 제2항의 과잉금지원칙을 위반하여 남성의 성적 자기결정권 및 사생활의 비밀과 자유를 과잉제한하는 것으로 헌법에 위반된다.

핵심 체크 학습 사생활의 비밀과 자유

1. 헌법 제17조는 모든 국민이 사생활의 비밀과 자유를 침해받지 아니할 권리를 규정하고 있는바, 사생활의 비밀은 국가가 사생활영역을 들여다보는 것에 대한 보호를 제공하는 기본권이며, 사생활의 자유는 국가가 사생활의 자유로운 형성을 방해하거나 금지하는 것에 대한 보호를 의미한다. [15 법무사]

해설 헌재 2010. 12. 28. 2009헌바258

2. 사생활의 비밀과 자유에 관한 헌법규정은 개인의 사생활이 함부로 공개되지 아니할 소극적인 권리는 물론, 오늘날 고도로 정보화된 현대사회에서 자신에 관한 정보를 자율적으로 통제할 수 있는 적극적인 권리까지도 보장하려는 데에 그 취지가 있다. [15 법무사]

해설 대판 1998.7.24. 96다42789.

3. 사생활의 비밀과 자유가 보호하는 것은 개인의 내밀한 내용의 비밀을 유지할 권리, 개인이 자신의 사생활의 불가침을 보장받을 수 있는 권리, 개인의 양심영역이나 성적 영역과 같은 내밀한 영역에 대한 보호, 인격적인 감정세계의 존중의 권리와 정신적인 내면생활이 침해받지 아니할 권리 등 이다. [15 법무사]

해설 헌재 2003. 10. 30. 2002헌마518.

정답 1. ○ 2. ○ 3. ○

4. 구치소장이 미결수용자가 배우자와 접견하는 것을 녹음하는 행위는 미결수용자의 사생활의 비밀과 자유를 침해하는 것으로 헌법에 위반된다. [15 법무사]

해설 이 사건 녹음행위는 교정시설 내의 안전과 질서유지에 기여하기 위한 것으로서 그 목적이 정당할 뿐 아니라 수단이 적절하다. 또한, 소장은 미리 접견내용의 녹음 사실 등을 고지하며, 접견기록물의 엄격한 관리를 위한 제도적 장치도 마련되어 있는 점 등을 고려할 때 침해의 최소성 요건도 갖추었고, 이 사건 녹음행위는 미리 고지되어 청구인의 접견내용은 사생활의 비밀로서의 보호가치가 그리 크지 않다고 할 것이므로 법익의 불균형을 인정하기도 어려워, 과잉금지원칙에 위반하여 청구인의 사생활의 비밀과 자유를 침해하였다고 볼 수 없다(헌재 2012. 12. 27. 2010헌마153).

5. 자동차를 도로에서 운전하는 중에 좌석안전띠를 착용할 것인가 여부는 사생활영역의 문제가 아니므로, 운전할 때 운전자가 좌석안전띠를 착용하도록 하고 이를 위반했을 때 범칙금을 납부하도록 통고하는 것은 사생활의 비밀과 자유를 침해하는 것이 아니다. [15 법무사]

해설 헌재 2003. 10. 30. 2002헌마518.

6. 징벌 혐의로 조사를 받고 있는 수용자가 변호인 아닌 자와 접견할 당시 교도관이 참여하여 대화내용을 기록하게 한 행위는 과잉금지원칙을 위반하여 수용자의 사생활의 비밀과 자유를 침해하는 것이다. [15 법행]

해설 접견내용을 녹음 · 녹화하는 경우 수용자 및 그 상대방에게 그 사실을 말이나 서면 등으로 알려주어야 하고 취득된 접견기록물은 법령에 의해 보호 · 관리되고 있으므로 사생활의 비밀과 자유에 대한 침해를 최소화하는 수단이 마련되어 있다는 점, 청구인이 나눈 접견내용에 대한 사생활의 비밀로서의 보호가치에 비해 증거인멸의 위험을 방지하고 교정시설 내의 안전과 질서유지에 기여하려는 공익이 크고 중요하다는 점에 비추어 볼 때, 이 사건 접견참여 · 기록이 청구인의 사생활의 비밀과 자유를 침해하였다고 볼 수 없다(헌재 2014. 9. 25. 2012헌마523).

7. 성기구의 판매 행위를 제한할 경우 성기구를 사용하려는 소비자는 성기구를 이용하여 성적 만족을 얻으려는 사람의 은밀한 내적 영역에 대한 기본권인 사생활의 비밀과 자유가 제한된다고 볼 수 있다. [15 법행]

해설 헌재 2013. 8. 29. 2011헌바176.

정답 4. × 5. ○ 6. × 7. ○

8. 교도소장이 수용자가 없는 상태에서 실시한 거실 및 작업장의 검사행위가 과잉금지 원칙에 위배하여 수용자의 사생활의 비밀과 자유를 침해한다고 할 수 없다.

[15 법행]

해설 이 사건 검사행위는 교도소의 안전과 질서를 유지하고, 수형자의 교화·개선에 지장을 초래할 수 있는 물품을 차단하기 위한 것으로서 그 목적이 정당하고, 수단도 적절하며, 검사의 실효성을 확보하기 위한 최소한의 조치로 보이고, 달리 덜 제한적인 대체수단을 찾기 어려운 점 등에 비추어 보면 이 사건 검사행위가 과잉금지원칙에 위배하여 사생활의 비밀 및 자유를 침해하였다고 할 수 없다(헌재 2011. 10. 25. 2009헌마691).

9. '위치추적 전자장치'의 부착명령을 규정한 구 특정 범죄자에 대한 위치추적 전자장치 부착 등에 관한 법률 조항은 피부착자의 위치와 이동경로를 실시간으로 파악하여 피부착자를 24시간 감시할 수 있도록 하고 있으므로 피부착자의 사생활의 비밀과 자유를 제한한다. [15 법행]

해설 헌재 2013. 7. 25. 2011헌마781.

정답 8. ○ 9. ○

통신의 자유

56 서신검열 등 위헌확인

1995. 7. 21. 92헌마144 [인용(위헌확인), 한정위헌, 기각, 각하]

|판시사항|

1. 헌법소원의 대상이 된 침해행위가 종료되었어도 심판청구의 이익이 있다고 인정한 사례
2. 미결수용자와 변호인이 아닌 자 사이의 서신을 검열한 행위가 헌법에 위반되는지 여부
3. 미결수용자와 변호인 사이의 서신을 검열한 행위가 헌법에 위반되는지 여부
4. 피청구인의 위헌적인 공권력행사가 위헌법률에 기인한 것이라 인정하여 당해 법률조항에 대하여 위헌선언을 한 사례

[결정요지]

1. 헌법소원(憲法訴願)의 본질은 개인의 주관적(主觀的) 권리구제(權利救濟)뿐만 아니라 객관적(客觀的)인 헌법질서(憲法秩序)의 보장(保障)도 겸하고 있는 것인데, 미결수용자의 서신에 대한 검열이나 지연발송 및 지연교부행위는 헌법상 보장된 통신(通信)의 자유(自由)나 비밀(秘密)을 침해받지 아니할 권리 및 변호인(辯護人)의 조력(助力)을 받을 권리와의 관계에서 해명되어야 할 중요한 문제이고, 또 검열행위(檢閱行爲)는 행형법의 규정에 따라 앞으로도 계속될 것으로 보이므로, 이러한 침해행위가 이미 종료되었다 하더라도, 이 사건 심판청구는 헌법질서의 수호 · 유지를 위하여 긴요한 사항으로서 그 해명이 중대한 의미를 지니고 있고 동종행위의 반복위험성도 있어서 심판청구(審判請求)의 이익(利益)이 있다.

2. 질서유지 또는 공공복리를 위하여 구속제도가 헌법 및 법률상 이미 용인되어 있는 이상, 미결수용자(未決收容者)는 구속제도 자체가 가지고 있는 일면의 작용인 사회적 격리의 점에 있어 외부와의 자유로운 교통과는 상반되는 성질을 가지고 있으므로, 증거인멸이나 도망을 예방하고 교도소 내의 질서를 유지하여 미결구금제도(未決拘禁制度)를 실효성 있게 운영하고 일반사회의 불안을 방지하기 위하여 미결수용자(未決收容者)의 서신(書信)에 대한 검열(檢閱)은 그 필요성이 인정된다고 할 것이고, 이로 인하여 미결수용자(未決收

容者)의 통신(通信)의 비밀(秘密)이 일부제한(一部制限)되는 것은 질서유지 또는 공공복리라는 정당한 목적을 위하여 불가피할 뿐만 아니라 유효적절한 방법에 의한 최소한의 제한으로서 헌법에 위반된다고 할 수 없다.

3. 헌법(憲法) 제12조 제4항 본문은 신체구속을 당한 사람에 대하여 변호인(辯護人)의 조력(助力)을 받을 권리를 규정하고 있는바, 이를 위하여서는 신체구속을 당한 사람에게 변호인(辯護人)과 사이의 충분한 접견교통(接見交通)을 허용함은 물론 교통내용에 대하여 비밀(秘密)이 보장(保障)되고 부당한 간섭이 없어야 하는 것이며, 이러한 취지는 접견의 경우뿐만 아니라 변호인(辯護人)과 미결수용자(未決收容者) 사이의 서신(書信)에도 적용되어 그 비밀(秘密)이 보장(保障)되어야 할 것이다. 다만 미결수용자(未決收容者)와 변호인(辯護人) 사이의 서신(書信)으로서 그 비밀을 보장받기 위하여는, 첫째, 교도소측에서 상대방이 변호인(辯護人)이라는 사실을 확인할 수 있어야 하고, 둘째, 서신을 통하여 마약 등 소지금지품의 반입을 도모한다든가 그 내용에 도주 · 증거인멸 · 수용시설의 규율과 질서의 파괴 · 기타 형벌법령에 저촉되는 내용이 기재되어 있다고 의심할 만한 합리적인 이유가 있는 경우가 아니어야 한다.

4. 구(舊) 행형법(行刑法) 제62조는 형이 확정된 수형자(受刑者)에 대하여 서신검열(書信檢閱)을 규정한 같은 법 제18조 제3항 및 시행령 제62조를 미결수용자(未決收容者)에 대하여도 준용하도록 규정하고 있고, 피청구인의 위 검열행위(檢閱行爲)도 위 규정에 따른 것이므로, 위 검열행위(檢閱行爲)가 위헌(違憲)임을 확인함에 있어서, 구(舊) 행형법(行刑法) 제62조의 규정 중 앞서 본 변호인과의 서신검열이 허용되는 조건을 갖추지 아니한 경우에도 검열(檢閱)을 할 수 있도록 준용하는 부분에 대하여는 헌법재판소법 제75조 제5항에 따라 위헌을 선언한다.

관련 유사 판례

56-1. 수용자 발송 서신 무봉함 제출 사건

(2012. 2. 23. 2009헌마333)

[결정내용]

이 사건 시행령조항은 교정시설의 안전과 질서유지, 수용자의 교화 및 사회복귀를 원활하게 하기 위해 수용자가 밖으로 내보내는 서신을 봉함하지 않은 상태로 제출하도록 한 것이나, 이와 같은 목적은 교도관이 수용자의 면전에서 서신에 금지물품이 들어 있는지를 확인하고 수용자로 하여금 서신을 봉함하게 하는 방법, 봉함된 상태로 제출된 서신을 X-ray 검색기 등으로 확인한 후 의심이 있는 경우에만 개봉하여 확인하는 방법, 서신에 대한 검열이 허용되는 경우에만 무봉함 상태로 제출하도록 하는 방법 등으로도 얼마든지 달성할 수 있다고 할 것인바, 위 시행령 조항이 수용자가 보내려는 모든 서신에 대해 무봉함 상태의 제출을 강제함으로써 수용자의 발송 서신 모두를 사실상 검열 가능한 상태에 놓이도록 하는 것은 기본권 제한의 최소 침해성 요건을 위반하여 수용자인 청구인의 통신비밀의 자유를 침해하는 것이다.

핵심 체크 학습 통신의 자유

1. **정보수사기관의 장은 국가안전보장에 대한 상당한 위험이 예상되는 경우에 한하여 그 위해를 방지하기 위하여 정보수집이 특히 필요한 때에는 고등법원장의 허가 또는 대통령의 승인을 얻어 통신제한조치를 할 수 있다.** [14 법행]

   해설 고등법원장의 허가가 아니라 고등법원 수석부장판사의 허가이다(통신비밀보호법 제7조 제1항 제1호).

2. **3인 간의 대화에 있어서 그 중 한 사람이 그 대화를 녹음하는 경우에 다른 두 사람의 발언은 그 녹음자에 대한 관계에서 '타인 간의 대화'라고 할 수 있으므로 이를 녹음한 행위는 "공개되지 아니한 타인간의 대화를 녹음 또는 청취하지 못한다"고 규정한 통신비밀보호법 제3조 제1항에 위배된다.** [14 법행]

   해설 통신비밀보호법 제3조 제1항이 "공개되지 아니한 타인간의 대화를 녹음 또는 청취하지 못한다"라고 정한 것은, 대화에 원래부터 참여하지 않는 제3자가 그 대화를 하는 타인들 간의 발언을 녹음해서는 아니 된다는 취지이다. 3인 간의 대화에 있어서 그 중 한 사람이 그 대화를 녹음하는 경우에 다른 두 사람의 발언은 그 녹음자에 대한 관계에서 '타인 간의 대화'라고 할 수 없으므로, 이와 같은 녹음행위가 통신비밀보호법 제3조 제1항에 위배된다고 볼 수는 없다[대법원 2006.10.12. 선고 2006도4981].

정답 1. × 2. ×

3. 통신제한조치기간의 연장을 허가함에 있어 총연장기간 또는 총연장횟수의 제한을 두지 아니한 규정은, 주요 범죄 내지 국가 안위를 위협하는 음모나 조직화된 집단범죄의 음모가 있는 경우 장기간에 걸친 지속적인 수사가 필요하고, 통신제한조치기간을 연장하기 위해서는 반드시 법원의 허가를 받아야 하므로 그 남용을 막기 위한 사법적 통제절차가 마련되어 있어 통신의 비밀과 자유를 침해한다고 보기 어렵다.

[14 법행]

해설 통신제한조치기간의 연장을 허가함에 있어 총연장기간 또는 총연장횟수의 제한을 두고 그 최소한의 연장기간동안 범죄혐의를 입증하지 못하는 경우 통신제한조치를 중단하게 한다고 하여도, 여전히 통신제한조치를 해야 할 필요가 있으면 법원에 새로운 통신제한조치의 허가를 청구할 수 있으므로 이로써 수사목적을 달성하는데 충분하다. 또한 법원이 실제 통신제한조치의 기간연장절차의 남용을 통제하는데 한계가 있는 이상 통신제한조치 기간연장에 사법적 통제절차가 있다는 사정만으로는 그 남용으로 인하여 개인의 통신의 비밀이 과도하게 제한되는 것을 막을 수 없다. 그럼에도 통신제한조치기간을 연장함에 있어 법운용자의 남용을 막을 수 있는 최소한의 한계를 설정하지 않은 이 사건 법률조항은 침해의 최소성원칙에 위반한다. 나아가 통신제한조치가 내려진 피의자나 피내사자는 자신이 감청을 당하고 있다는 사실을 모르는 기본권제한의 특성상 방어권을 행사하기 어려운 상태에 있으므로 통신제한조치기간의 연장을 허가함에 있어 총연장기간 또는 총연장횟수의 제한이 없을 경우 수사와 전혀 관계없는 개인의 내밀한 사생활의 비밀이 침해당할 우려도 심히 크기 때문에 기본권 제한의 법익균형성 요건도 갖추지 못하였다. 따라서 이 사건 법률조항은 헌법에 위반된다 할 것이다[헌재 2010. 12. 28. 2009헌가30].

4. 수용자가 밖으로 내보내는 모든 서신을 봉함하지 않은 상태로 교정시설에 제출하도록 한 규정은, 수용자에 대한 자유형의 본질상 외부와의 자유로운 통신에 대한 제한은 불가피하고 수용자의 발송서신에 대하여 우리 법이 취하고 있는 '상대적 검열주의'를 이행하기 위한 효과적 교도행정의 방식일 뿐이어서 수용자의 통신비밀의 자유를 침해한다고 볼 수 없다. [14 법행]

해설 이 사건 시행령조항은 교정시설의 안전과 질서유지, 수용자의 교화 및 사회복귀를 원활하게 하기 위해 수용자가 밖으로 내보내는 서신을 봉함하지 않은 상태로 제출하도록 한 것이나, 이와 같은 목적은 교도관이 수용자의 면전에서 서신에 금지물품이 들어있는지를 확인하고 수용자로 하여금 서신을 봉함하게 하는 방법, 봉함된 상태로 제출된 서신을 X-ray 검색기 등으로 확인한 후 의심이 있는 경우에만 개봉하여 확인하는 방법, 서신에 대한 검열이 허용되는 경우에만 무봉함 상태로 제출하도록 하는 방법 등으로도

정답 3. × 4. ×

얼마든지 달성할 수 있다고 할 것인바, 위 시행령 조항이 수용자가 보내려는 모든 서신에 대해 무봉함 상태의 제출을 강제함으로써 수용자의 발송 서신 모두를 사실상 검열 가능한 상태에 놓이도록 하는 것은 기본권 제한의 최소 침해성 요건을 위반하여 수용자인 청구인의 통신비밀의 자유를 침해하는 것이다[헌재 2012. 2. 23. 2009헌마333].

5. 통신비밀보호법상 '전기통신의 감청'은 현재 이루어지고 있는 전기통신의 내용을 지득·채록하는 경우와 통신의 송·수신을 직접적으로 방해하는 경우를 의미하는 것이지 전자우편이 송신되어 수신인이 이를 확인하는 등으로 이미 수신이 완료된 전기통신에 관하여 남아 있는 기록이나 내용을 열어보는 등의 행위는 포함하지 않는다.
[14 법행]

해설 통신비밀보호법 제2조 제3호 및 제7호에 의하면 같은 법상 '감청'은 전자적 방식에 의하여 모든 종류의 음향·문언·부호 또는 영상을 송신하거나 수신하는 전기통신에 대하여 당사자의 동의 없이 전자장치·기계장치 등을 사용하여 통신의 음향·문언·부호·영상을 청취·공독하여 그 내용을 지득 또는 채록하거나 전기통신의 송·수신을 방해하는 것을 말한다. 그런데 해당 규정의 문언이 송신하거나 수신하는 전기통신 행위를 감청의 대상으로 규정하고 있을 뿐 송·수신이 완료되어 보관 중인 전기통신 내용은 대상으로 규정하지 않은 점, 일반적으로 감청은 다른 사람의 대화나 통신 내용을 몰래 엿듣는 행위를 의미하는 점 등을 고려하여 보면, 통신비밀보호법상 '감청'이란 대상이 되는 전기통신의 송·수신과 동시에 이루어지는 경우만을 의미하고, 이미 수신이 완료된 전기통신의 내용을 지득하는 등의 행위는 포함되지 않는다[대법원 2012.10.25. 선고 2012도4644].

정답 5. ○

양심의 자유

57 양심적 병역거부 사건

(병역법 제88조 제1항 제1호 등 위헌소원 등)
2018. 6. 28. 2011헌바379 등 **[헌법불합치, 합헌]**

|판시사항|

1. 병역의 종류를 규정한, 2006. 3. 24. 법률 제7897호로 개정되기 전의 구 병역법부터 현행 병역법까지의 병역법 제5조 제1항(이하 모두 합하여 '병역종류조항'이라 한다)이 양심적 병역거부자에 대한 대체복무제를 규정하고 있지 않음을 이유로 그 위헌확인을 구하는 헌법소원심판청구가 진정입법부작위를 다투는 청구인지 여부(－)
2. 병역종류조항의 위헌여부가 양심적 병역거부자에 대한 형사 재판의 전제가 되는지 여부(＋)
3. 병역의 종류를 현역, 예비역, 보충역, 병역준비역, 전시근로역의 다섯 가지로 한정하여 규정하고 양심적 병역거부자에 대한 대체복무제를 규정하지 아니한 병역종류조항이 과잉금지원칙을 위반하여 양심적 병역거부자의 양심의 자유를 침해하는지 여부(＋)
4. 현역입영 또는 소집 통지서를 받은 사람이 정당한 사유 없이 입영일이나 소집일부터 3일이 지나도 입영하지 아니하거나 소집에 응하지 아니한 경우를 처벌하는, 2009. 6. 9. 법률 제9754호로 개정되기 전의 구 병역법부터 현행 병역법까지의 병역법 제88조 제1항 본문 제1호, 2009. 6. 9. 법률 제9754호로 개정되기 전의 구 병역법 및 2013. 6. 4. 법률 제11849호로 개정되기 전의 구 병역법의 각 제88조 제1항 본문 제2호(이하 모두 합하여 '처벌조항'이라 한다)가 과잉금지원칙을 위반하여 양심적 병역거부자의 양심의 자유를 침해하는지 여부(－)
5. 병역종류조항에 대하여 헌법불합치 결정을 하되 계속 적용을 명한 사례

[결정요지]

1. 비군사적 성격을 갖는 복무도 입법자의 형성에 따라 병역의무의 내용에 포함될 수 있고, 대체복무제는 그 개념상 병역종류조항과 밀접한 관련을 갖는다. 따라서 병역종류조항에 대한 이 사건 심판청구는 입법자가 아무런 입법을 하지 않은 진정입법부작위를 다투는 것이 아니라, 입법자가 병역의 종류에 관하여 입법은 하였으나 그 내용이 양심적 병역거부자를 위한 대체복무제를 포함하지 아니하여 불완전·불충분하다는 부진정입법부작위를

다투는 것이라고 봄이 상당하다.

2. 병역종류조항이 대체복무제를 포함하고 있지 않다는 이유로 위헌으로 결정된다면, 양심적 병역거부자가 현역입영 또는 소집 통지서를 받은 후 3일 내에 입영하지 아니하거나 소집에 불응하더라도 대체복무의 기회를 부여받지 않는 한 당해 형사사건을 담당하는 법원이 무죄를 선고할 가능성이 있으므로, 병역종류조항은 재판의 전제성이 인정된다.

3. 병역종류조항은, 병역부담의 형평을 기하고 병역자원을 효과적으로 확보하여 효율적으로 배분함으로써 국가안보를 실현하고자 하는 것이므로 정당한 입법목적을 달성하기 위한 적합한 수단이다.

병역종류조항이 규정하고 있는 병역들은 모두 군사훈련을 받는 것을 전제하고 있으므로, 양심적 병역거부자에게 그러한 병역을 부과할 경우 그들의 양심과 충돌을 일으키는데, 이에 대한 대안으로 대체복무제가 논의되어 왔다. 양심적 병역거부자의 수는 병역자원의 감소를 논할 정도가 아니고, 이들을 처벌한다고 하더라도 교도소에 수감할 수 있을 뿐 병역자원으로 활용할 수는 없으므로, 대체복무제를 도입하더라도 우리나라의 국방력에 의미 있는 수준의 영향을 미친다고 보기는 어렵다. 국가가 관리하는 객관적이고 공정한 사전심사절차와 엄격한 사후관리절차를 갖추고, 현역복무와 대체복무 사이에 복무의 난이도나 기간과 관련하여 형평성을 확보해 현역복무를 회피할 요인을 제거한다면, 심사의 곤란성과 양심을 빙자한 병역기피자의 증가 문제를 해결할 수 있으므로, 대체복무제를 도입하면서도 병역의무의 형평을 유지하는 것은 충분히 가능하다. 따라서 대체복무제라는 대안이 있음에도 불구하고 군사훈련을 수반하는 병역의무만을 규정한 병역종류조항은, 침해의 최소성 원칙에 어긋난다.

병역종류조항이 추구하는 '국가안보' 및 '병역의무의 공평한 부담'이라는 공익은 대단히 중요하나, 앞서 보았듯이 병역종류조항에 대체복무제를 도입한다고 하더라도 위와 같은 공익은 충분히 달성할 수 있다고 판단된다. 반면, 병역종류조항이 대체복무제를 규정하지 아니함으로 인하여 양심적 병역거부자들은 최소 1년 6월 이상의 징역형과 그에 따른 막대한 유·무형의 불이익을 감수하여야 한다. 양심적 병역거부자들에게 공익 관련 업무에 종사하도록 한다면, 이들을 처벌하여 교도소에 수용하고 있는 것보다는 넓은 의미의 안보와 공익실현에 더 유익한 효과를 거둘 수 있을 것이다. 따라서 병역종류조항은 법익의 균형성 요건을 충족하지 못하였다. 그렇다면 양심적 병역거부자에 대한 대체복무제를 규정하지 아니한 병역종류조항은 과잉금지원칙에 위배하여 양심적 병역거부자의 양심의 자유를 침해한다.

헌법재판소는 2004년 입법자에 대하여 국가안보라는 공익의 실현을 확보하면서도 병역거부자의 양심을 보호할 수 있는 대안이 있는지 검토할 것을 권고하였는데, 그로부터 14년이 경과하도록 이에 관한 입법적 진전이 이루어지지 못하였다. 그사이 여러 국가기관에서 대체복무제 도입을 검토하거나 그 도입을 권고하였으며, 법원에서도 양심적 병역거부에 대해 무죄판결을 선고하는 사례가 증가하고 있다. 이러한 사정을 감안할 때 국가는 이 문제의 해결을 더 이상 미룰 수 없으며, 대체복무제를 도입함으로써 기본권 침해 상황을 제거할 의무가 있다.

4. (1) **재판관 강일원, 재판관 서기석의 합헌의견**

병역종류조항에 대체복무제가 규정되지 아니한 상황에서 현재의 대법원 판례에 따라 양심적 병역거부자를 처벌한다면, 이는 과잉금지원칙을 위반하여 양심적 병역거부자의 양심의 자유를 침해하는 것이다. 따라서 지금처럼 병역종류조항에 대체복무제가 규정되지 아니한 상황에서는 양심적 병역거부를 처벌하는 것은 헌법에 위반되므로, 양심적 병역거부는 처벌조항의 '정당한 사유'에 해당한다고 보아야 한다. 결국 양심적 병역거부자에 대한 처벌은 대체복무제를 규정하지 아니한 병역종류조항의 입법상 불비와 양심적 병역거부는 처벌조항의 '정당한 사유'에 해당하지 않는다는 법원의 해석이 결합되어 발생한 문제일 뿐, 처벌조항 자체에서 비롯된 문제가 아니다. 이는 병역종류조항에 대한 헌법불합치 결정과 그에 따른 입법부의 개선입법 및 법원의 후속 조치를 통하여 해결될 수 있는 문제이다.

이상을 종합하여 보면, 처벌조항은 정당한 사유 없이 병역의무를 거부하는 병역기피자를 처벌하는 조항으로서, 과잉금지원칙을 위반하여 양심적 병역거부자의 양심의 자유를 침해한다고 볼 수는 없다.

(2) **재판관 안창호, 재판관 조용호의 합헌의견**

처벌조항은 병역자원의 확보와 병역부담의 형평을 기하고 국가의 안전보장과 국토방위를 통해 헌법상 인정되는 중대한 법익을 실현하고자 하는 것으로 입법목적이 정당하고, 입영기피자 등에 대한 형사처벌은 위 입법목적을 달성하기 위한 적절한 수단이다.

양심을 빙자한 병역기피자를 심사단계에서 가려내는 것은 지극히 개인적·주관적인 양심의 형성과정을 추적해야 하는 쉽지 않은 일이다. 나아가 생명과 신체에 대한 위험 속에서 이행하는 병역의무와 등가성이 확보된 대체복무를 설정하는 것은 사실상 불가능하거나 매우 까다로운 일이다.

대체복무제의 도입은 국가공동체가 양심적 병역거부에 대한 합법성과 정당성을 인정하는 문제이므로, 그 도입여부는 규범적 평가 이전에 국민적 합의가 선행되어야 하는데, 아직 이에 관한 국민적 합의가 이루어지지 못한 것으로 보인다. 이와 같은 상황에서 양심적 병역거부자에 대해 형벌을 부과한다고 하여 침해의 최소성 요건을 충족하지 못한다고 볼 수 없다.

병역거부는 양심의 자유를 제한하는 근거가 되는 다른 공익적 가치와 형량할 때 우선적으로 보호받아야 할 보편적 가치를 가진다고 할 수 없다. 반면 처벌조항에 의하여 달성되는 공익은 국가공동체의 안전보장과 국토방위를 수호함으로써, 헌법의 핵심적 가치와 질서를 확보하고 국민의 생명과 자유, 안전과 행복을 지키는 것이다. 따라서 처벌조항에 의하여 제한되는 사익이 달성하려는 공익에 비하여 우월하다고 할 수 없으므로, 처벌조항은 법익의 균형성 요건을 충족한다. 그렇다면 처벌조항은 과잉금지원칙을 위반하여 양심의 자유를 침해하지 아니한다.

5. 병역종류조항에 대해 단순위헌 결정을 할 경우 병역의 종류와 각 병역의 구체적인 범위에 관한 근거규정이 사라지게 되어 일체의 병역의무를 부과할 수 없게 되므로, 용인하기 어려운 법적 공백이 생기게 된다. 더욱이 입법자는 대체복무제를 형성함에 있어 그 신청절차, 심사주체 및 심사방법, 복무분야, 복무기간 등을 어떻게 설정할지 등에 관하여 광범위한 입법재량을 가진다. 따라서 병역종류조항에 대하여 헌법불합치 결정을 선고하되, 다만 입법자의 개선입법이 이루어질 때까지 계속적용을 명하기로 한다. 입법자는 늦어도 2019. 12. 31.까지는 대체복무제를 도입하는 내용의 개선입법을 이행하여야 하고, 그때까지 개선입법이 이루어지지 않으면 병역종류조항은 2020. 1. 1.부터 효력을 상실한다.

양심의 자유

58 준법서약제 사건

(준법서약제 등 위헌확인, 가석방심사등에관한규칙 제14조 제2항 위헌확인)
2002. 4. 25. 98헌마425, 99헌마170·498(병합) [기각]

|판시사항|

1. 국가보안법위반 및 집회및시위에관한법률위반 수형자의 가석방 결정시 준법서약서를 제출하도록 한 가석방심사등에관한규칙 제14조가 준법서약의 내용상 서약자의 양심의 영역을 침범하는 것인지 여부(−)
2. 이 사건 규칙조항이 준법서약의 강제방법상 서약자의 양심의 자유를 침해하는 것인지 여부(−)
3. 이 사건 규칙조항이 국가보안법위반 및 집회및시위에관한법률위반 수형자의 가석방 결정시에만 준법서약서를 제출하도록 한 것은 동 법위반자들에 대한 불합리한 차별로서 평등권의 침해가 아닌지 여부(−)

[결정요지]

1. 양심의 자유가 침해되었는지의 여부를 판단하기 위하여는 먼저 양심의 자유의 헌법적 보호범위를 명확히 하여야 하는바, 이를 위해서는 양심에 따른 어느 행위(또는 불행위)가 실정법의 요구와 서로 충돌할 때 과연 어떤 요건하에 어느 정도 보호하여야 하는가의 측면에서 고찰되어야 할 것이다. 이렇게 볼 때 헌법상 그 침해로부터 보호되는 양심은 첫째 문제된 당해 실정법의 내용이 양심의 영역과 관련되는 사항을 규율하는 것이어야 하고, 둘째 이에 위반하는 경우 이행강제, 처벌 또는 법적 불이익의 부과 등 법적 강제가 따라야 하며, 셋째 그 위반이 양심상의 명령에 따른 것이어야 한다.

내용상 단순히 국법질서나 헌법체제를 준수하겠다는 취지의 서약을 할 것을 요구하는 이 사건 준법서약은 국민이 부담하는 일반적 의무를 장래를 향하여 확인하는 것에 불과하며, 어떠한 가정적 혹은 실제적 상황하에서 특정의 사유(思惟)를 하거나 특별한 행동을 할 것을 새로이 요구하는 것이 아니다. 따라서 이 사건 준법서약은 어떤 구체적이거나 적극적인 내용을 담지 않은 채 단순한 헌법적 의무의 확인·서약에 불과하다 할 것이어서 양심의 영역을 건드리는 것이 아니다.

2. 양심의 자유는 내심에서 우러나오는 윤리적 확신과 이에 반하는 외부적 법질서의 요구가 서로 회피할 수 없는 상태로 충돌할 때에만 침해될 수 있다. 그러므로 당해 실정법이 특정의 행위를 금지하거나 명령하는 것이 아니라 단지 특별한 혜택을 부여하거나 권고 내지 허용하고 있는 데에 불과하다면, 수범자는 수혜를 스스로 포기하거나 권고를 거부함으로써 법질서와 충돌하지 아니한 채 자신의 양심을 유지, 보존할 수 있으므로 양심의 자유에 대한 침해가 된다 할 수 없다. 이 사건의 경우, 가석방심사등에관한규칙 제14조에 의하여 준법서약서의 제출이 반드시 법적으로 강제되어 있는 것이 아니다. 당해 수형자는 가석방심사위원회의 판단에 따라 준법서약서의 제출을 요구받았다고 하더라도 자신의 의사에 의하여 준법서약서의 제출을 거부할 수 있다. 또한 가석방은 행형기관의 교정정책 혹은 형사정책적 판단에 따라 수형자에게 주는 은혜적 조치일 뿐이고 수형자에게 주어지는 권리가 아니어서, 준법서약서의 제출을 거부하는 당해 수형자는 결국 위 규칙조항에 의하여 가석방의 혜택을 받을 수 없게 될 것이지만, 단지 그것뿐이며 더 이상 법적 지위가 불안해지거나 법적 상태가 악화되지 아니한다. 이와 같이 위 규칙조항은 내용상 당해 수형자에게 하등의 법적 의무를 부과하는 것이 아니며 이행강제나 처벌 또는 법적 불이익의 부과 등 방법에 의하여 준법서약을 강제하고 있는 것이 아니므로 당해 수형자의 양심의 자유를 침해하는 것이 아니다.

3. 가석방은 수형자의 개별적인 요청이나 희망에 따라 행하여지는 것이 아니라 행형기관의 교정정책 혹은 형사정책적 판단에 따라 수형자에게 주어지는 은혜적 조치일 뿐이므로, 어떤 수형자가 형법 제72조 제1항에 규정된 요건을 갖추었다고 하더라도 그것만으로 행형당국에 대하여 가석방을 요구할 주관적 권리를 취득하거나 행형당국이 그에게 가석방을 하여야 할 법률상의 의무를 부담하게 되는 것이 아니다. 수형자는 동조에 근거한 행형당국의 가석방이라는 구체적인 행정처분이 있을 때 비로소 형기만료 전 석방이라는 사실상의 이익을 얻게 될 뿐이다. 이와 같이 수형자에게 가석방을 요구할 주관적 권리는 인정되지 아니하므로 이 사건 규칙조항에 의하여 동 권리가 침해된다고 볼 여지도 없다.

남북한의 대결상황에서 북한은 여전히 대남혁명전략을 추구하며 대한민국의 존립을 위협하고 있으므로 대한민국으로서는 국가의 존립 보장을 위하여 북한의 대남혁명전략에 방어적으로 대처하지 아니할 수 없다. 또한 북한에 연계하거나 혹은 자발적 의사에 의하여 대한민국의 자유민주적 기본질서를 침해하거나 붕괴시키려는 세력의 위법행위는 그 행위의 성격상 주로 국가보안법위반죄 또는 집회및시위에관한법률위반죄를 통하여 처단하여온 것이 현재 우리의 법적 현실이라고 할 것이다. 이와 같은 상황에서 당해 수형자들에게 그 가석방 여부를 심사함에 있어서 다른 범죄의 수형자들에게 일반적으로 적용되는 심사방법을 공히 적용하는 외에, 국민의 일반적 의무인 '국법질서 준수의 확인절차'를 더 거치도록 하는 것은 당해 수형자들이 지니는 차별적 상황을 합리적으로 감안한 것으로서 그 정책수단으로서의 적합성이 인정된다고 할 것이다.

이와 같이 준법서약제는 당해 수형자의 타 수형자에 대한 차별취급의 목적이 분명하고 비중이 큼에 비하여, 차별취급의 수단은 기본권침해의 문제가 없는 국민의 일반적 의무사항의 확인 내지 서약에 불과하다고 할 것이므로 그 차별취급의 비례성이 유지되고 있음이 명백하다고 할 것이고, 결국 이 사건 규칙조항은 헌법상 평등의 원칙에 위배되지 아니한다.

관련 유사 판례

58-1. 사상전향제도

(1997. 6. 13. 선고 96다56115 판결)

[판결내용]

헌법이 보장하는 양심의 자유는 정신적인 자유로서 어떠한 사상·감정을 가지고 있더라도 그것이 내심에 머무르는 한 절대적인 자유이므로 제한할 수 없는 것이나, 그와 같은 내심의 사상을 문제로 삼는 것이 아니라 보안처분 대상자가 지니고 있는 공산주의 사상은 그의 경력·전과내용·출소 후의 제반 행상 등에 비추어 그 내심의 영역을 벗어나 현저한 반사회성의 징표를 나타내고 있다고 볼 때, 구 사회안전법 제7조 제1호가 보안처분의 면제요건으로 '반공정신이 확립되었을 것'을 규정하고 있다거나 보안처분기간의 갱신 여부를 결정함에 있어 처분 대상자의 신념이나 사상을 신문하고 전향의 의사를 확인하는 것은 그 대상자가 같은 법 제6조 제1항 소정의 '죄를 다시 범할 현저한 위험성'의 유무를 판단하기 위한 자료를 수집하는 과정에 불과할 뿐 전향의 의사를 강요하는 것이 아니므로 이를 두고 양심의 자유를 보장한 헌법규정에 반한다고 볼 수 없다.

양심의 자유

59 국가보안법 제10조의 불고지 사건

(구 국가보안법 제10조 위헌소원)
1998. 7. 16. 96헌바35 [합헌]

|판시사항|

1. 헌법 제19조가 규정한 양심의 자유의 의미
2. 헌법 제19조가 규정한 양심의 자유가 제한가능한 기본권인지 여부(양심실현의 자유에 관하여 적극)
3. 구 국가보안법 제10조가 규정한 불고지죄가 양심의 자유(특히 침묵의 자유)를 침해하는지 여부(−)
4. 구 국가보안법 제10조가 규정한 불고지죄가 진술거부권을 침해하는지 여부(−)

[결정요지]

1. 헌법 제19조는 모든 국민은 양심의 자유를 가진다고 규정하여 양심의 자유를 기본권의 하나로 보장하고 있는바, 여기서 말하는 양심이란 세계관·인생관·주의·신조 등은 물론 이에 이르지 아니하여도 보다 널리 개인의 인격형성에 관계되는 내심에 있어서의 가치적·윤리적 판단도 포함된다. 그러므로 양심의 자유에는 널리 사물의 시시비비나 선악과 같은 윤리적 판단에 국가가 개입해서는 아니되는 내심적 자유는 물론, 이와 같은 윤리적 판단을 국가권력에 의하여 외부에 표명하도록 강제받지 아니할 자유까지 포괄한다.

2. 헌법 제19조가 보호하고 있는 양심의 자유는 양심형성의 자유와 양심적 결정의 자유를 포함하는 내심적 자유(forum internum)뿐만 아니라, 양심적 결정을 외부로 표현하고 실현할 수 있는 양심실현의 자유(forum externum)를 포함한다고 할 수 있다. 내심적 자유, 즉 양심형성의 자유와 양심적 결정의 자유는 내심에 머무르는 한 절대적 자유라고 할 수 있지만, 양심실현의 자유는 타인의 기본권이나 다른 헌법적 질서와 저촉되는 경우 헌법 제37조 제2항에 따라 국가안전보장·질서유지 또는 공공복리를 위하여 법률에 의하여 제한될 수 있는 상대적 자유라고 할 수 있다.

3. 여러 가지 국내외 정세의 변화에도 불구하고 남·북한의 정치·군사적 대결이나 긴장관계가 여전히 존재하고 있는 우리의 현실, 구 국가보안법 제10조가 규정한 불고지죄가 보호하고자 하는 국가의 존립·안전이라는 법익의 중요성, 범인의 친족에 대한 형사처벌에 있어서의 특례설정 등 제반사정에 비추어 볼 때 구 국가보안법 제10조가 양심의 자유를 제한하고 있다 하더라도 그것이 헌법 제37조 제2항이 정한 과잉금지의 원칙이나 기본권의 본질적 내용에 대한 침해금지의 원칙에 위반된 것이라고 볼 수 없다.

4. 구 국가보안법 제10조가 규정한 불고지죄는 소위 진정부작위범으로서 행위자가 자기 또는 공범 이외의 타인이 구 국가보안법 제3조 내지 제9조에 해당하는 죄를 범한 자라는 정을 알면서도 그로부터 사회통념상 상당하다고 인정되는 기간내에 이를 수사기관 또는 정보기관에 신고하지 아니한 경우에 성립하는 범죄이다. 따라서 불고지죄가 성립하기 이전의 단계 즉, 불고지의 대상이 되는 죄를 범한 자라는 사실을 알게 되어 고지의무가 발생하였으나 아직 상당한 기간이 경과하지 아니한 단계에 있어서는 고지의무의 대상이 되는 것은 자신의 범죄사실이 아니고 타인의 범죄사실에 대한 것이므로 자기에게 불리한 진술을 강요받지 아니할 진술거부권의 문제가 발생할 여지가 없다.

핵심 체크 학습

양심의 자유

1. 음주측정거부자에 대해 필요적으로 면허를 취소하는 것은 양심의 자유에 반하지 않는다. [15 법행]

해설 헌재 2004. 12. 16. 2003헌바87.

2. 자동차운전자에게 좌석안전띠를 매도록 하고, 이를 위반하였을 때 범칙금을 납부하도록 통고하는 것은 양심의 자유에 반하지 않는다. [15 법행]

해설 헌재 2003. 10. 30. 2002헌마518.

3. 사업자단체의 독점규제 및 공정거래법 위반행위가 있을 때 공정거래위원회가 당해 사업자단체에 대하여 '법위반사실의 공표'를 명하는 것은 양심의 자유에 반하지 않는다. [15 법행]

해설 헌재 2002. 1. 31. 2001헌바43.

4. 타인의 명예를 훼손한 자에 대하여 민사상 피해를 구제하는 방법으로 법원이 패소한 피고에 대하여 사죄광고를 할 것을 명하는 것은 양심의 자유에 반하지 않는다. [15 법행]

해설 민법 제764조 "명예회복에 적당한 처분"에 사죄광고를 포함시키는 것은 헌법에 위반된다는 것은 의미는, 동조 소정의 처분에 사죄광고가 포함되지 않는다고 하여야 헌법에 위반되지 아니한다는 것으로서, 이는 동조와 같이 불확정개념으로 되어 있거나 다의적인 해석가능성이 있는 조문에 대하여 한정축소해석을 통하여 얻어진 일정한 합의적 의미를 천명한 것이며, 그 의미를 넘어선 확대는 바로 헌법에 위반되어 채택할 수 없다는

정답 1. ○ 2. ○ 3. ○ 4. ×

뜻이다(헌재 1991. 4. 1. 89헌마160).

5. 연말정산 간소화를 위하여 의료기관에게 환자들의 의료비 내역에 관한 정보를 국세청에 제출하는 의무를 부과하는 것은 양심의 자유에 반하지 않는다. [15 법행]

해설 헌재 2008. 10. 30. 2006헌마1401 등.

정답 5. ○

종교의 자유

60 사법시험 제1차 시험의 일요일 시행 사건

(제42회 사법시험 제1차 시험 시행일자 위헌확인)
2001. 9. 27. 2000헌마159 **[기각]**

|판시사항|

1. 위 시험일정이 모두 종료하여 이 사건에서 인용결정을 받더라도 시험에 응시하는 것이 불가능하지만 기본권침해가 반복될 위험이 있어 예외적으로 권리보호의 이익이 있는 것으로 인정된 사례
2. 위 공고가 기독교를 신봉하는 청구인의 종교의 자유를 침해하고 평등의 원칙에 위배되는지 여부(−)
3. 위 공고가 공무담임권을 침해하는지 여부(−)
4. 위 공고가 휴식권을 침해하는지 여부(−)

[결정요지]

1. 제42회 사법시험은 2000. 12. 31.경 최종 합격자 발표를 마치고 그 시험일정이 모두 종료하였으므로 청구인이 이 사건 심판청구에서 인용결정을 받더라도 위 시험에 다시 응시하는 것은 불가능하여 권리보호의 이익이 없다고 보아야 할 것이나, 동종의 침해행위가 앞으로도 반복될 위험이 있거나 헌법질서의 수호·유지를 위하여 긴요한 사항이어서 그 해명이 중대한 의미를 지니고 있는 때에는 예외적으로 권리보호의 이익이 인정되는 것인바, 사법시험은 매년 반복하여 시행되고 피청구인의 의견서에 의하면 그 1차 시험은 응시자가 대폭 줄어드는 등의 특별한 사정이 없는 한 매년 일요일에 시행될 예정이므로 사법시험을 준비하고 있는 청구인으로서는 매년 사법시험 제1차 시험에 응시하기 위하여는 예배행사에 빠질 수밖에 없어 이 사건 역시 청구인의 기본권 침해가 반복될 위험이 있는 경우에 해당하여 권리보호의 이익을 인정하여야 할 것이다.

2. 우리 헌법 제20조는 제1항에서 모든 국민은 종교의 자유를 가진다고 규정하고 제2항에서 국교는 인정되지 아니하며 종교와 정치는 분리된다라고 규정하여 종교의 자유와 정교의 분리를 선언하고 있다. 이러한 종교의 자유의 구체적 내용에 관하여는 일반적으로 신앙의 자유, 종교적 행위의 자유 및 종교적 집회·결사의 자유의 3요소를 내용으로 한다고

설명되고 있다. 사법시험 제1차 시험 시행일을 일요일로 정하여 공고한 이 사건 공고와 관련하여 문제되는 종교의 자유는 위 3요소 중 종교적 행위의 자유와 관련이 된다.

이 사건에서 청구인은 자신의 신앙적 의무를 지키기 위하여 사법시험 응시를 포기하고 예배행사에 참여하였다는 것이므로 사법시험 시행일을 일요일로 정한 피청구인의 처분이 직접적으로 청구인의 종교의 자유를 침해하였다고 보기는 어렵다. 다만 매년 반복하여 시행되는 사법시험의 시행일을 일요일로 정하는 것이 청구인의 일요일에 예배행사에 참석할 종교적 행위의 자유를 제한하는 것으로 볼 수 있는지가 문제이나, 종교적 행위의 자유는 신앙의 자유와는 달리 절대적 자유가 아니라 질서유지, 공공복리 등을 위하여 제한할 수 있는 것으로서 사법시험 제1차 시험과 같은 대규모 응시생들이 응시하는 시험의 경우 그 시험장소는 중·고등학교 건물을 임차하는 것 이외에 특별한 방법이 없고 또한 시험관리를 위한 2,000여 명의 공무원이 동원되어야 하며 일요일 아닌 평일에 시험이 있을 경우 직장인 또는 학생 신분인 사람들은 결근, 결석을 하여야 하고 그 밖에 시험당일의 원활한 시험관리에도 상당한 지장이 있는 사정이 있는바, 이러한 사정을 참작한다면 피청구인이 사법시험 제1차 시험 시행일을 일요일로 정하여 공고한 것은 국가공무원법 제35조에 의하여 다수 국민의 편의를 위한 것이므로 이로 인하여 청구인의 종교의 자유가 어느 정도 제한된다 하더라도 이는 공공복리를 위한 부득이한 제한으로 보아야 할 것이고 그 정도를 보더라도 비례의 원칙에 벗어난 것으로 볼 수 없고 청구인의 종교의 자유의 본질적 내용을 침해한 것으로 볼 수도 없다. 또한 기독교 문화를 사회적 배경으로 하고 있는 구미 제국과 달리 우리 나라에서는 일요일은 특별한 종교의 종교의식일이 아니라 일반적인 공휴일로 보아야 할 것이고 앞서 본 여러 사정을 참작한다면 사법시험 제1차 시험 시행일을 일요일로 정한 피청구인의 이 사건 공고가 청구인이 신봉하는 종교를 다른 종교에 비하여 불합리하게 차별대우하는 것으로 볼 수도 없다.

3. 사법시험은 원칙적으로 자격시험의 성격이 있고 그 시험에 합격하여 사법연수원의 소정 과정을 마친 사람 중에서 판사나 검사를 임용하고 있으므로 그 한도에서 공무원임용시험의 성격을 가지고 있는바, 피청구인이 사법시험 제1차 시험의 시행일을 일요일로 정하였다고 하여 청구인의 공무담임권이 침해되었다고 볼 수는 없다. 즉 청구인이 자신이 신봉하는 종교의 특별한 교리를 이유로 일요일에는 예배행사 참여와 기도와 선행 이외의 다른 행위를 할 수 없다는 것일 뿐이므로 다수 국민의 편의를 위하여 시험 시행일을 일요일로 정한 피청구인의 이 사건 공고가 특별히 청구인의 사법시험 응시 기회를 차단한다고 볼 수 없다.

4. 휴식권은 헌법상 명문의 규정은 없으나 포괄적 기본권인 행복추구권의 한 내용으로 볼 수 있을 것이다. 사법시험 시행일을 일요일로 정한 피청구인의 이 사건 공고는 청구인 등에게 공무담임의 기회를 제공하는 것이어서 행복추구의 한 방편이 될지언정 거꾸로 이를

침해한다고 볼 수는 없다.

관련 유사 판례

60-1. 사립대학에서의 채플수업
(1998. 11. 10. 선고 96다37268 판결)

[판결내용]

기독교 재단이 설립한 사립대학이 학칙으로 대학예배의 6학기 참석을 졸업요건으로 정한 경우, 위 대학교의 대학예배는 목사에 의한 예배뿐만 아니라 강연이나 드라마 등 다양한 형식을 취하고 있고 학생들에 대하여도 예배시간의 참석만을 졸업의 요건으로 할 뿐 그 태도나 성과 등을 평가하지는 않는 사실 등에 비추어 볼 때, 위 대학교의 예배는 복음 전도나 종교인 양성에 직접적인 목표가 있는 것이 아니고 신앙을 가지지 않을 자유를 침해하지 않는 범위 내에서 학생들에게 종교교육을 함으로써 진리·사랑에 기초한 보편적 교양인을 양성하는 데 목표를 두고 있다고 할 것이므로, 대학예배에의 6학기 참석을 졸업요건으로 정한 위 대학교의 학칙은 헌법상 종교의 자유에 반하는 위헌무효의 학칙이 아니다.

60-2. 종교적 표현행위의 보호 정도
(1996. 9. 6. 선고 96다19246,19253 판결)

[판결내용]

종교의 자유에는 자기가 신봉하는 종교를 선전하고 새로운 신자를 규합하기 위한 선교의 자유가 포함되고 선교의 자유에는 다른 종교를 비판하거나 다른 종교의 신자에 대하여 개종을 권고하는 자유도 포함되는바, 종교적 선전, 타 종교에 대한 비판 등은 동시에 표현의 자유의 보호대상이 되는 것이나, 그 경우 종교의 자유에 관한 헌법 제20조 제1항은 표현의 자유에 관한 헌법 제21조 제1항에 대하여 특별 규정의 성격을 갖는다 할 것이므로 종교적 목적을 위한 언론·출판의 경우에는 그 밖의 일반적인 언론·출판에 비하여 보다 고도의 보장을 받게 된다. 다른 종교나 종교집단을 비판할 권리는 최대한 보장받아야 할 것인데, 그로 인하여 타인의 명예 등 인격권을 침해하는 경우에 종교의 자유 보장과 개인의 명예보호라는 두 법익을 어떻게 조정할 것인지는, 그 비판행위로 얻어지는 이익, 가치와 공표가 이루어진 범위의 광협, 그 표현 방법 등 그 비판행위 자체에 관한 제반 사정을 감안함과 동시에 그 비판에 의하여 훼손되거나 훼손될 수 있는 타인의 명예 침해의 정도를 비교·고려하여 결정하여야 한다.

핵심 체크 학습

종교의 자유

1. 종교적 목적을 위한 언론·출판의 자유를 행사하는 과정에서 타 종교의 신앙의 대상을 우스꽝스럽게 묘사하거나 다소 모욕적이고 불쾌하게 느껴지는 표현을 사용하였더라도 그것이 그 종교를 신봉하는 신도들에 대한 증오의 감정을 드러내는 것이거나 그 자체로 폭행·협박 등을 유발할 우려가 있는 정도가 아닌 이상 허용된다고 보아야 한다. [16 법행]

해설 대법원 2014.9.4. 선고 2012도13718 판결.

2. 기독교 재단이 설립한 사립대학이 학칙으로 대학예배의 6학기 참석을 졸업요건으로 정한 경우, 위 대학교의 예배는 복음 전도나 종교인 양성에 직접적인 목표가 있는 것이 아니고 신앙을 가지지 않을 자유를 침해하지 않는 범위 내에서 학생들에게 종교교육을 함으로써 진리·사랑에 기초한 보편적 교양인을 양성하는 데 목표를 두고 있다고 할 것이므로, 대학예배에의 6학기 참석을 졸업요건으로 정한 대학교의 학칙은 헌법상 종교의 자유에 반하는 위헌무효의 학칙이 아니다. [16 법행]

해설 대법원 1998. 11. 10. 선고 96다37268 판결.

3. 종교적 목적을 위한 언론·출판 및 종교적 집회·결사의 경우 그 성질상 일반적인 언론·출판의 자유 및 집회·결사의 자유보다 광범위한 보장을 받는다. [16 법행]

해설 대법원 2007.2.8. 선고 2006도4486 판결.

정답 1. ○ 2. ○ 3. ○

4. 군대 내에서 군종장교는 성직자로서의 신분과 국가공무원인 참모장교로서의 신분을 함께 가지고 있으므로, 군종장교가 주재하는 종교활동을 수행함에 있어 다른 종교를 비판하였다면, 국가공무원법에서 정한 종교적 중립을 준수할 의무를 위반한 직무상의 위법이 있다. [16 법행]

해설 군종장교가 최소한 성직자의 신분에서 주재하는 종교활동을 수행함에 있어 소속 종단의 종교를 선전하거나 다른 종교를 비판하였다고 할지라도 그것만으로 종교적 중립을 준수할 의무를 위반한 직무상의 위법이 있다고 할 수 없다(대법원 2007.04.26. 선고 2006다87903 판결).

5. 종교의 자유가 국민에게 그가 선택한 임의의 장소에서 자유롭게 종교전파를 할 자유까지를 보장하는 것은 아니다. [16 법행]

해설 헌재 2008. 6. 26. 2007헌마1366.

6. 생모가 사망의 위험이 예견되는 그 딸에 대하여 수혈이 최선의 치료방법이라는 의사의 권유를 자신의 종교적 신념이나 후유증 발생의 염려만을 이유로 완강하게 거부하고 방해하였다면 유기치사죄에 해당한다. [15 법무사]

해설 대판 1980.9.24. 79도1387.

7. 종교의 자유에는 신앙의 자유, 종교적 행위의 자유가 포함되며, 종교적 행위의 자유에는 신앙고백의 자유, 종교적 의식 및 집회·결사의 자유, 종교전파·교육의 자유 등이 있다. [15 법무사]

해설 헌재 2001. 9. 27. 2000헌마159 등.

8. 종교전파의 자유는 자신의 종교 또는 종교적 확신을 누구에게나 알리고 선전하는 자유를 말하며 포교행위 또는 선교행위가 이에 해당하나, 국민이 선택한 임의의 장소에서 이를 자유롭게 행사할 수 있는 권리까지 보장하는 것은 아니다. [15 법무사]

해설 종교전파의 자유는 국민에게 그가 선택한 임의의 장소에서 자유롭게 행사할 수 있는 권리까지 보장한다고 할 수 없으며, 그 임의의 장소가 대한민국의 주권이 미치지 아니하는 지역 나아가 국가에 의한 국민의 생명·신체 및 재산의 보호가 강력히 요구되는 해외 위난지역인 경우에는 더욱 그러하다(헌재 2008. 6. 26. 2007헌마1366).

정답 4. × 5. ○ 6. ○ 7. ○ 8. ○

9. 구치소장이 구치소 내에서 실시하는 종교의식 또는 행사에 미결수용자의 참석을 일률적으로 불허한 것은 종교의 자유를 침해한 것이다. [15 법무사]

해설 헌재 2014. 6. 26. 2012헌마782.

10. 종교단체가 운영하는 학교 형태 혹은 학원 형태의 교육기관도 예외 없이 학교설립인가 혹은 학원설립등록을 받도록 규정한 것은 종교의 자유를 침해하여 헌법에 위반된다. [15 법무사]

해설 교육법 제85조 제1항 및 학원의 설립 · 운영에 관한 법률 제6조가 종교교육을 담당하는 기관들에 대하여 예외적으로 인가 혹은 등록의무를 면제하여 주지 않았다고 하더라도, 헌법 제31조 제6항이 교육제도에 관한 기본사항을 법률로 입법자가 정하도록 한 취지, 종교교육기관이 자체 내부의 순수한 성직자 양성기관이 아니라 학교 혹은 학원의 형태로 운영될 경우 일반국민들이 받을 수 있는 부실한 교육의 피해의 방지, 현행 법률상 학교 내지 학원의 설립절차가 지나치게 엄격하다고 볼 수 없는 점 등을 고려할 때, 종교의 자유 등을 침해하였다고 볼 수 없다(헌재 2000. 3. 30. 99헌바14).

11. 헌법상의 기본권은 제1차적으로 개인의 자유로운 영역을 공권력의 침해로부터 보호하기 위한 방어적 권리이지만 다른 한편으로 헌법의 기본적인 결단인 객관적인 가치질서를 구체화한 것으로서, 사법(私法)을 포함한 모든 법영역에 그 영향을 미치는 것이므로 사인간의 사적인 법률관계도 헌법상의 기본권 규정에 적합하게 규율되어야 한다. [14 법행]

해설 대법원 2010.04.22. 선고 2008다38288 전원합의체 판결.

12. 학생이 가지는 소극적 종교행위의 자유 및 소극적 신앙고백의 자유는 부작위에 의하여 자신의 종교적 신념을 외부로 표현하고 실현하는 기본권이고, 학교법인은 종교교육의 자유를 보유하고 있으므로, 원칙적으로는 양자의 기본권적 가치에 관한 추상적 이익형량을 통하여 우선하는 기본권이 무엇인지를 확정할 필요가 있다. [14 법행]

해설 학생이 가지는 소극적 종교행위의 자유 및 소극적 신앙고백의 자유는 부작위에 의하여 자신의 종교적 신념을 외부로 표현하고 실현하는 기본권이라는 점에서 학교법인이 가지는 종교교육의 자유와의 사이에서 위계질서를 논하기는 어려우며 양자의 기본권 모두 인격적 가치 및 자유권적 가치를 가지므로 추상적인 이익형량만으로는 우선하는 기

정답 9. ○ 10. × 11. ○ 12. ×

본권을 정할 수 없다(대법원 2010.04.22. 선고 2008다38288 전원합의체 판결).

13. 사학 설립자나 학교법인이 가지는 사학 운영의 자유에는 설립자나 학교법인의 종교적·세계관적 교육이념에 따라 교과과정을 자유롭게 형성할 자유가 당연히 포함되므로 종교단체가 설립한 사립학교 즉 '종립학교'에서 종교행사 및 종교과목 수업을 할 자유는 종교의 자유뿐만 아니라 사학의 자유라는 관점에서도 일반적으로 보장되어야 한다. [14 법행]

해설 대법원 2010.04.22. 선고 2008다38288 전원합의체 판결.

14. 기본권규정은 민사상 법률관계에 직접적으로 적용할 수는 없는 것이나 다만, 사법상의 일반원칙을 규정한 민법 제2조, 제103조, 제750조 등의 내용을 형성하고 그 해석기준이 되므로 간접적으로 사법관계에 효력을 미치게 된다. [14 법행]

해설 기본권 규정은 그 성질상 사법관계에 직접 적용될 수 있는 예외적인 것을 제외하고는 사법상의 일반원칙을 규정한 민법 제2조, 제103조, 제750조, 제751조 등의 내용을 형성하고 그 해석 기준이 되어 간접적으로 사법관계에 효력을 미치게 된다(대법원 2010.04.22. 선고 2008다38288 전원합의체 판결).

정답 13. ○ 14. ×

언론·출판의 자유
집필의 자유

61 금치수형자에 대한 집필금지 사건

(행형법시행령 제145조 제2항 등 위헌확인)
2005. 2. 24. 2003헌마289 **[위헌 · 각하]**

|판시사항|

1. 교도소 내 규율 위반을 이유로 조사수용된 수형자에 대하여 교도소장이 조사기간 중 집필을 금지할 수 있도록 한 구 수용자규율및징벌등에관한규칙 제7조 제2항 본문 중 "집필" 부분에 대한 헌법소원이 직접성을 구비하고 있는지 여부(−)
2. 행형법상 징벌의 일종인 금치처분을 받은 자에 대하여 금치기간 중 집필을 전면 금지한 행형법시행령 제145조 제2항 본문 중 "집필" 부분이 법률유보의 원칙에 위반되는지 여부(+)
3. 위 행형법시행령 제145조 제2항 본문 중 "집필" 부분이 과잉금지의 원칙에 위반되는지 여부(+)

[결정요지]

1. 수용자의 지위에서 제한이 예정되어 있는 자유와 권리는 형의 집행과 도망·증거인멸의 방지라는 구금의 목적과 관련된 신체의 자유 및 거주이전의 자유 등 몇몇 기본권에 한정되어야 하며 그 역시 필요한 범위를 벗어날 수 없다. 특히 수용시설 내의 질서 및 안전유지를 위하여 행해지는 규율과 징계를 통한 기본권의 제한은 단지 공동생활의 유지를 위하여 수용자에게 구금과는 별도로 부가적으로 가해지는 고통으로서 다른 방법으로는 그 목적을 달성할 수 없는 경우에만 예외적으로 허용되어야 할 것이다.

구 수용자규율 및 징벌 등에 관한 규칙 제7조 제2항 본문은, 교도소 내 규율 위반을 이유로 조사수용된 수형자에 대하여 교도소장이 조사기간 중 집필을 금지할 수 있도록 규정하고 있으나, 조사수용 기간 중에 있는 수용자라고 하여 직접 집필이 금지되는 것이 아니라 교도소장이 필요하다고 판단하여 집필을 금지한 경우에 비로소 집필이 금지되는 것이므로, 위 규칙조항은 교도소장에 의한 집필의 금지라는 구체적 집행행위를 통하여 비로소 집필에 대한 제한을 가하는 것이어서 기본권 침해의 직접성이 인정되지 않는다.

2. 행형법상 징벌의 일종인 금치처분을 받은 자에 대하여 금치기간 중 집필을 전면 금지한 행형법시행령 제145조 제2항 본문 부분은, 금치대상자의 자유와 권리에 관한 사항을 규율하는 것이므로 모법의 근거 및 위임이 필요하다. 행형법 제33조의3 제1항은 수용자에 대하여 원칙적으로 집필을 금지하고 있다고 볼 수 있으나, 이 사건 시행령조항은 같은 조항에서 규정하고 있는 접견이나 서신수발 등과 달리 교도소장이 예외적으로라도 이를 허용할 가능성마저 봉쇄하고 있고, 위 행형법 제33조의3 제1항보다 가중된 제한을, 그것도 모법과 상이한 사유를 원인으로 집필의 자유를 박탈하고 있으므로 이 역시 이 사건 시행령 조항의 법률적 근거가 된다고 할 수 없어 이 사건 시행령조항은 금치처분을 받은 수형자의 집필에 관한 권리를 법률의 근거나 위임 없이 제한하는 것으로서 법률유보의 원칙에 위반된다.

3. 일반적으로 표현의 자유는 정보의 전달 또는 전파와 관련지어 생각되므로 구체적인 전달이나 전파의 상대방이 없는 집필의 단계를 표현의 자유의 보호영역에 포함시킬 것인지 의문이 있을 수 있으나, 집필은 문자를 통한 모든 의사표현의 기본 전제가 된다는 점에서 당연히 표현의 자유의 보호영역에 속해 있다고 보아야 한다.

기본권을 제한하는 입법에 있어 입법자는 침해 최소성의 관점에서 기본권을 보다 적게 제한하는 단계인 기본권행사의 '방법'에 관한 규제로써 의도하는 목적을 달성할 수 있는가를 시도하고 이러한 방법으로는 목적 달성이 어렵다고 판단되는 경우에 비로소 그 다음 단계인 기본권행사의 '여부'에 관한 규제를 선택해야 한다.

이 사건 시행령조항은 규율 위반자에 대해 불이익을 가한다는 면만을 강조하여 금치처분을 받은 자에 대하여 집필의 목적과 내용 등을 묻지 않고, 또 대상자에 대한 교화 또는 처우상 필요한 경우까지도 예외 없이 일체의 집필행위를 금지하고 있음은 입법목적 달성을 위한 필요최소한의 제한이라는 한계를 벗어난 것으로서 과잉금지의 원칙에 위반된다.

언론·출판의 자유
표현의 자유

62 대북 전단 등의 살포 금지·처벌 사건

(남북관계 발전에 관한 법률 일부 개정법률 위헌확인)
2023. 9. 26. 2020헌마1724등 **[위헌]**

|판시사항|

남북합의서 위반행위로서 전단 등 살포를 하여 국민의 생명·신체에 위해를 끼치거나 심각한 위험을 발생시키는 것을 금지하는 남북관계 발전에 관한 법률 제24조 제1항 제3호 및 이에 위반한 경우 처벌하는 같은 법 제25조 중 제24조 제1항 제3호에 관한 부분(이하 이들 조항을 합하여 '심판대상조항'이라 한다)이 청구인들의 표현의 자유를 침해하는지 여부(+)

[결정요지]

1. 재판관 이은애, 재판관 이종석, 재판관 이영진, 재판관 김형두의 위헌의견

심판대상조항은 표현의 내용을 제한하는 결과를 가져오는바, 국가가 표현 내용을 규제하는 것은 원칙적으로 중대한 공익의 실현을 위하여 불가피한 경우에 한하여 허용되고, 특히 정치적 표현의 내용 중에서도 특정한 견해, 이념, 관점에 기초한 제한은 과잉금지원칙 준수 여부를 심사할 때 더 엄격한 기준이 적용되어야 한다.

국가형벌권의 행사는 중대한 법익에 대한 위험이 명백한 경우에 한하여 최후수단으로 선택되어 필요 최소한의 범위에 그쳐야 하는바, 심판대상조항은 전단 등 살포를 금지하는 데서 더 나아가 이를 범죄로 규정하면서 징역형 등을 두고 있으며, 그 미수범도 처벌하도록 하고 있어 과도하다고 하지 않을 수 없다. 심판대상조항으로 북한의 적대적 조치가 유의미하게 감소하고 이로써 접경지역 주민의 안전이 확보될 것인지, 나아가 남북 간 평화통일의 분위기가 조성되어 이를 지향하는 국가의 책무 달성에 도움이 될 것인지 단언하기 어려운 반면, 심판대상조항이 초래하는 정치적 표현의 자유에 대한 제한은 매우 중대하다. 그렇다면 심판대상조항은 <u>과잉금지원칙에 위배되어 청구인들의 표현의 자유를 침해한다</u>.

심판대상조항은 북한의 적대적 조치로 초래되는 국민의 생명·신체에 대한 위해나 심각한 위험 발생의 책임을 전단 등 살포 행위자에게 전가하는 것이다. 법원이 구체적 사건에서 인과관계와 고의의 존부를 판단하여 범죄성립 여부를 결정할 수 있다고 하더라도, 위와 같은 위해나 심각한 위험의 발생이 전적으로 제3자인 북한에 의하여 초래되고 이에 대한 행위자의 지배가능성이 인정되지 않는 이상, 전단 등 살포에 대하여 형벌을 부과하는 것은 비난가능성이 없는 자에게 형벌을 가하는 것과 다름이 없다. 따라서 심판대상조항은 책임주의원칙에도 위배되어 청구인들의 표현의 자유를 침해한다.

2. 재판관 유남석, 재판관 이미선, 재판관 정정미의 위헌의견

심판대상조항이 정한 결과의 발생이 북한의 도발이나 무력행사의 위협 등 북한의 개입으로 실현되는 것이기는 하나, 북한의 개입은 전단 등 살포를 원인으로 하여 이루어진 것임을 전제로 하는 것이고, 결과 발생에 대한 고의와 인과관계를 요하므로, 심판대상조항이 타인의 행위로 인한 결과에 대해 그 책임 유무를 묻지 않고 형벌을 부과하는 구조라고 볼 수는 없다. 따라서 심판대상조항이 비난가능성 있는 행위를 하지 않는 사람에게 책임을 물어 처벌하는 것이라고 볼 수 없으므로, 책임주의원칙 위반은 문제되지 아니한다.

심판대상조항에 의한 표현의 자유 제한이 표현의 내용과 무관한 내용중립적 규제라고 보기는 어려운바, 심판대상조항은 표현의 내용을 규제하는 것으로 봄이 타당하다. 심판대상조항이 추구하는 주된 목적인 국민, 특히 접경지역 주민의 생명 · 신체의 안전 보장을 위해서는 반드시 형벌권의 행사가 아니더라도, 전단 등 살포행위 전에 이를 신고하도록 하고 그 신고에 대해 '경찰관 직무집행법' 등에 따라 적절하게 대응하도록 함으로써, 접경지역 주민 등의 생명 · 신체의 안전 보장이라는 입법목적을 달성할 수 있다. 심판대상조항이 입법목적 달성을 위한 수단으로 형벌을 택한 것은 형벌의 보충성 및 최후수단성에 부합한다고 보기 어렵다. 정보의 유입과 유통을 엄격히 통제하고 있는 북한의 특성상, 북한을 자극하여 도발을 일으킬 수 있을 만한 표현의 내용은 상당히 포괄적이므로, 심판대상조항에 의해 제한되는 표현 내용이 광범위하며, 이로 인하여 표현의 자유가 지나치게 제한된다. 심판대상조항이 정하는 결과는 북한의 개입을 통해서 실현되는 것인데, 그 개입이 있을 것인지 여부는 특수한 경우를 제외하고는 행위자가 예측하기 어려우므로, 표현의 자유에 대한 심대한 위축효과를 초래한다.

심판대상조항을 통해 평화통일을 지향할 국가의 책무를 달성한다는 공익은 명백하거나 구체적이지 못한 반면, 행위자가 받게 되는 표현의 자유에 대한 제약은 그 표현의 의미와 역할의 중요성에 비해 매우 크다. 따라서 심판대상조항은 과잉금지원칙을 위반하여 청구인들의 표현의 자유를 침해한다.

언론·출판의 자유
표현의 자유

63 음란표현 사건

(정보통신망 이용촉진 및 정보보호 등에 관한 법률 제65조 제1항 제2호 위헌소원)
2009. 5. 28. 2006헌바109, 2007헌바49·57·83·129(병합) **[합헌]**

|판시사항|

1. 헌법재판소법 제68조 제2항에 의한 헌법소원심판 청구인이 당해 사건인 형사사건에서 무죄의 확정판결을 받은 경우 재판의 전제성 존부(−)
2. 엄격한 의미의 음란표현은 헌법 제21조가 규정하는 언론·출판의 자유의 보호영역에 해당하지 아니한다는 취지로 판시한 선례를 변경한 사례
3. 이 사건 법률조항의 '음란' 개념이 명확성의 원칙에 위반되는지 여부(−)
4. 이 사건 법률조항에 의한 표현의 자유 제한이 과잉금지의 원칙에 반하는 것인지 여부(−)

[결정요지]

1. 헌법재판소법 제68조 제2항에 의한 헌법소원심판 청구인이 당해사건인 형사사건에서 무죄의 확정판결을 받은 때에는 처벌조항의 위헌확인을 구하는 헌법소원이 인용되더라도 재심을 청구할 수 없고, 청구인에 대한 무죄판결은 종국적으로 다툴 수 없게 되므로 법률의 위헌 여부에 따라 당해 사건 재판의 주문이 달라지거나 재판의 내용과 효력에 관한 법률적 의미가 달라지는 경우에 해당한다고 볼 수 없으므로 더 이상 재판의 전제성이 인정되지 아니하는 것으로 보아야 한다.

2. 음란표현이 언론·출판의 자유의 보호영역에 해당하지 아니한다고 해석할 경우 음란표현에 대하여는 언론·출판의 자유의 제한에 대한 헌법상의 기본원칙, 예컨대 명확성의 원칙, 검열 금지의 원칙 등에 입각한 합헌성 심사를 하지 못하게 될 뿐만 아니라, 기본권 제한에 대한 헌법상의 기본원칙, 예컨대 법률에 의한 제한, 본질적 내용의 침해금지 원칙 등도 적용하기 어렵게 되는 결과, 모든 음란표현에 대하여 사전 검열을 받도록 하고 이를 받지 않은 경우 형사처벌을 하거나, 유통목적이 없는 음란물의 단순소지를 금지하거나, 법률에 의하지 아니하고 음란물출판에 대한 불이익을 부과하는 행위 등에 대한 합헌성 심사도 하지 못하게 됨으로써, 결국 음란표현에 대한 최소한의 헌법상 보호마저도 부인하게 될

위험성이 농후하게 된다는 점을 간과할 수 없다.

이 사건 법률조항의 음란표현은 헌법 제21조가 규정하는 언론 · 출판의 자유의 보호영역 내에 있다고 볼 것인바, 종전에 이와 견해를 달리하여 음란표현은 헌법 제21조가 규정하는 언론 · 출판의 자유의 보호영역에 해당하지 아니한다는 취지로 판시한 우리 재판소의 의견(헌재 1998. 4. 30. 95헌가16, 판례집 10-1, 327, 340-341)을 변경한다.

3. 이 사건 법률조항의 '음란' 개념은, 비록 보다 구체화하는 것이 바람직스럽다고 볼 여지가 있으나, 현 상태로도 수범자와 법집행자에게 적정한 판단기준 또는 해석기준을 제시하고 있다고 볼 수 있고, 이와 같은 기준에 따라 어떤 표현이 '음란' 표현에 해당하는지 여부에 관한 자의적인 법해석이나 법집행을 배제할 수 있다 할 것이므로, 결국 이 사건 법률조항의 '음란' 개념은 명확성의 원칙에 위반되지 않는다고 할 것이다.

4. 이 사건 법률조항에 의한 표현의 자유 제한은 음란표현이 헌법상 표현의 자유에 의한 보호대상이 되고 따라서 음란물 정보의 배포 등의 행위에 대하여 형사상 중한 처벌을 가하는 것이 이러한 기본권을 다소 제한하게 되는 결과가 된다 하더라도 이는 공공복리를 위하여 필요한 제한으로서 헌법 제37조 제2항의 과잉금지의 원칙에 반하는 것이라고 보기 어렵다.

언론·출판의 자유
표현의 자유

64 청소년이용음란물 사건

(아동·청소년의 성보호에 관한 법률 제2조 제5호 등 위헌제청 등)
2015. 6. 25. 2013헌가17 등 [합헌]

|판시사항|

1. 구 '아동·청소년의 성보호에 관한 법률' (2011. 9. 15. 법률 제11047호로 개정되고, 2012. 12. 18. 법률 제11572호로 전부개정되기 전의 것, 이하 '구 아동청소년성보호법' 이라 한다) 제8조 제2항 및 제4항 중 아동·청소년이용음란물 가운데 "아동·청소년으로 인식될 수 있는 사람이나 표현물이 등장하여 그 밖의 성적 행위를 하는 내용을 표현하는 것" 에 관한 부분(이하 '심판대상조항' 이라 한다)이 죄형법정주의의 명확성원칙에 위배되는지 여부(－)
2. 심판대상조항이 표현의 자유를 과도하게 제한하고 책임과 형벌의 비례성을 상실하여 과잉금지원칙에 위배되는지 여부(－)
3. 심판대상조항이 소위 가상의 아동·청소년이용음란물의 배포 등을 실제 아동·청소년이 등장하는 아동·청소년이용음란물의 배포 등과 동일한 법정형으로 규율하는 것이 평등원칙에 위배되는지 여부(－)

[결정요지]

1. 아동청소년성보호법의 입법목적, 가상의 아동·청소년이용음란물의 규제 배경, 법정형의 수준 등을 고려할 때, '아동·청소년으로 인식될 수 있는 사람'은 일반인의 입장에서 실제 아동·청소년으로 오인하기에 충분할 정도의 사람이 등장하는 경우를 의미함을 알 수 있고, '아동·청소년으로 인식될 수 있는 표현물' 부분도 아동·청소년을 상대로 한 비정상적 성적 충동을 일으키기에 충분한 행위를 담고 있어 아동·청소년을 대상으로 한 성범죄를 유발할 우려가 있는 수준의 것에 한정된다고 볼 수 있으며, 기타 법관의 양식이나 조리에 따른 보충적인 해석에 의하여 판단 기준이 구체화되어 해결될수 있으므로, 위 부분이 불명확하다고 할 수 없다.

'그 밖의 성적 행위' 부분도 아동청소년성보호법 제2조 제4호에서 예시하고 있는 "성교 행위, 유사 성교 행위, 신체의 전부 또는 일부를 접촉·노출하는 행위로서 일반인의 성적 수치심이나 혐오감을 일으키는 행위, 자위 행위"와 같은 수준으로 일반인으로 하여금 성적 수치심이나 혐오감을 일으키기에 충분한 행위, 즉 음란한 행위를 의미함을 알 수 있고, 무엇이 아동·청소년을 대상으로 한 음란한 행위인지 법에서 일률적으로 정해놓는 것은 곤란하므로 포괄적 규정형식을 택한 불가피한 측면이 있다. 따라서 심판대상조항은 죄형법정주의의 명확성원칙에 위배되지 아니한다.

2. 가상의 아동·청소년이용음란물이라 하더라도 아동·청소년을 성적 대상으로 하는 표현물의 지속적 유포 및 접촉은 아동·청소년의 성에 대한 왜곡된 인식과 비정상적 태도를 형성하게 할 수 있고, 아동·청소년을 잠재적 성범죄로부터 보호하고 이에 대해 사회적 경고를 하기 위해서는 가상의 아동·청소년이용음란물의 배포 등에 대해서 중한 형벌로 다스릴 필요가 있다.

또한 가상의 아동·청소년이용음란물은 실제 아동·청소년이 등장하는 경우와 마찬가지로 아동·청소년을 상대로 한 비정상적 성적 충동을 일으키기에 충분한 정도의 것으로서 아동·청소년을 대상으로 한 성범죄로부터 아동·청소년보호를 위한 최소한의 불가피한 경우로 한정되며, 죄질과 비난가능성 면에서 일반적인 음란물과 차이가 있으므로 심판대상조항이 형법상 음화반포죄나 정보통신망이용촉진 및 정보보호 등에 관한 법률 위배(음란물 유포)에서 정한 법정형보다 더 중한 법정형을 정하고 있다고 하더라도 책임과 형벌 사이에 비례성을 상실하고 있다고 볼 수 없으며, 아동·청소년의 성보호라는 공익의 중대함을 고려할 때 법익의 균형성 또한 충족한다. 따라서 심판대상조항은 과잉금지원칙에 위배되지 않는다.

3. 가상의 아동·청소년이용음란물과 실제의 아동·청소년이 등장하는 아동·청소년이용음란물은 모두 아동·청소년에 대한 비정상적 성적 충동을 일으켜 아동·청소년을 상대로 한 성범죄로 이어지게 할 수 있다는 점에서 죄질 및 비난가능성의 정도에 거의 차이가 없고, 법정형의 상한만이 정해져 있어 법관이 법정형의 범위 내에서 얼마든지 구체적 타당성을 고려한 양형의 선택이 가능하므로 심판대상조항이 형벌체계상 균형을 상실하여 평등원칙에 반한다고 볼 수 없다.

언론·출판의 자유
표현의 자유

65 의료광고 규제 사건

(의료법 제69조 등 위헌제청)
2005. 10. 27. 2003헌가3 **[위헌]**

|판시사항|

1. 상업광고의 규제에 관한 위헌심사의 기준
2. "특정의료기관이나 특정의료인의 기능·진료방법" 에 관한 광고를 금지하는 의료법 제46조 제3항 및 그 위반시 300만 원 이하의 벌금에 처하도록 하는 동법 제69조가 표현의 자유 내지 직업수행의 자유를 침해하는지 여부(+)

[결정요지]

1. 상업광고에 대한 규제에 의한 표현의 자유 내지 직업수행의 자유의 제한은 헌법 제37조 제2항에서 도출되는 비례의 원칙(과잉금지원칙)을 준수하여야 하지만, 상업광고는 사상이나 지식에 관한 정치적, 시민적 표현행위와는 차이가 있고, 인격발현과 개성신장에 미치는 효과가 중대한 것은 아니므로, 비례의 원칙 심사에 있어서 '피해의 최소성' 원칙은 '입법목적을 달성하기 위하여 필요한 범위 내의 것인지'를 심사하는 정도로 완화되는 것이 상당하다.

2. 의료인의 기능이나 진료방법에 대한 광고가 소비자들을 기만하는 것이거나, 소비자들에게 정당화되지 않은 의학적 기대를 초래 또는 오인하게 할 우려가 있거나, 공정한 경쟁을 저해하는 것이라면, 국민의 보건과 건전한 의료경쟁 질서를 위하여 규제가 필요하다. 그러나 객관적인 사실에 기인한 것으로서 소비자에게 해당 의료인의 의료기술이나 진료방법을 과장함이 없이 알려주는 의료광고라면 이는 의료행위에 관한 중요한 정보에 관한 것으로서 소비자의 합리적 선택에 도움을 주고 의료인들 간에 공정한 경쟁을 촉진하므로 오히려 공익을 증진시킬 수 있다. 비록 의료광고가 전문적이고 기술적인 영역에 관한 것이고, 일반 국민들이 그 가치를 판단하기 어려운 측면이 있다 하더라도, 소비자로 하여금 과연 특정의료인이 어떤 기술이나 기량을 지니고 있는지, 어떻게 진단하고 치료하는지를 알 수 없게 한다면, 이는 소비자를 중요한 특정 의료정보로부터 차단시킴으로써 정보의 효율적

유통을 방해하는 것이며, 표현의 자유와 영업의 자유의 대상이 된 상업광고에 대한 규제가 입법목적의 달성에 필요한 한도 내에서 섬세하게 재단(裁斷)된 것이라 할 수 없다. 그러므로 이 사건 조항이 의료인의 기능과 진료방법에 대한 광고를 금지하고 이에 대하여 벌금형에 처하도록 한 것은 입법목적을 달성하기 위하여 필요한 범위를 넘어선 것이므로, '피해의 최소성' 원칙에 위반된다.

한편 이 사건 조항이 보호하고자 하는 공익의 달성 여부는 불분명한 것인 반면, 이 사건 조항은 의료인에게 자신의 기능과 진료방법에 관한 광고와 선전을 할 기회를 박탈함으로써 표현의 자유를 제한하고, 다른 의료인과의 영업상 경쟁을 효율적으로 수행하는 것을 방해함으로써 직업수행의 자유를 제한하고 있고, 소비자의 의료정보에 대한 알 권리를 제약하게 된다. 따라서 보호하고자 하는 공익보다 제한되는 사익이 더 중하다고 볼 것이므로 이 사건 조항은 '법익의 균형성' 원칙에도 위배된다. 결국 이 사건 조항은 헌법 제37조 제2항의 비례의 원칙에 위배하여 표현의 자유와 직업수행의 자유를 침해하는 것이다.

언론·출판의 자유
표현의 자유

66 교통수단 이용 광고 제한 사건

(옥외광고물등관리법 제3조 제1항 제6호 등 위헌확인)
2002. 12. 18. 2000헌마764 [기각]

|판시사항|

1. 교통수단을 이용하여 타인의 광고를 할 수 없도록 하고 있는 옥외광고물등관리법시행령 규정이 표현의 자유를 침해하는지 여부(-)
2. 위 규정이 직업의 자유를 침해하는지 여부(-)

[결정요지]

1. 광고가 단순히 상업적인 상품이나 서비스에 관한 사실을 알리는 경우에도 그 내용이 공익을 포함하는 때에는 헌법 제21조의 표현의 자유에 의하여 보호된다. 광고물도 사상·지식·정보 등을 불특정다수인에게 전파하는 것으로서 언론·출판의 자유에 의한 보호를 받는 대상이 됨은 물론이다. 뿐만 아니라 국민의 알권리는 국민 누구나가 일반적으로 접근할 수 있는 모든 정보원(情報原)으로부터 정보를 수집할 수 있는 권리로서 정보수집의 수단에는 제한이 없는 권리인바, 알권리의 정보원으로서 광고를 배제시킬 합리적인 이유가 없음을 고려할 때, 광고는 이러한 관점에서도 표현의 자유에 속한다고 할 것이다.

국가가 개인의 표현행위를 규제하는 경우, 표현내용에 대한 규제는 원칙적으로 중대한 공익의 실현을 위하여 불가피한 경우에 한하여 엄격한 요건 하에서 허용되는 반면, 표현내용과 무관하게 표현의 방법을 규제하는 것은 합리적인 공익상의 이유로 폭넓은 제한이 가능하다. 헌법상 표현의 자유가 보호하고자 하는 가장 핵심적인 것이 바로 '표현행위가 어떠한 내용을 대상으로 한 것이든 보호를 받아야 한다'는 것이며, '국가가 표현행위를 그 내용에 따라 차별함으로써 특정한 견해나 입장을 선호하거나 억압해서는 안된다'는 것이다.

이 사건 시행령조항이 자동차소유자 자신에 관한 광고는 허용하면서 타인에 관한 광고를 금지하는 것은 일견하여 표현내용에 따른 규제로 볼 수도 있으나, 이 사건 시행령조항이 자신에 관한 광고와 타인에 관한 광고를 구분하여 규제의 기준으로 삼은 것은, 광고의 매체로 이용될 수 있는 차량을 제한함으로써 자동차를 이용한 광고행위의 양을 도로교통의 안전과 도시미관을 해치지 않는 적정한 수준으로 제한하려고 한 것이다. 따라서 표현의 자유를 침해한다고 볼 수 없다.

2. 옥외광고물등관리법시행령조항에 의한 제한이 청구인들의 인격발현과 개성신장에 미치는 비교적 경미한 효과를 고려할 때, '비영업용 차량을 광고매체로 이용하는 광고대행업'은 하나의 독립된 직업이 아니라 단지 '광고대행업'을 행사하는 방법의 하나라고 판단되므로, 시행령조항은 '광고대행업'이란 직업의 행사방법을 제한하는 규정으로 차량을 매체로 하는 광고를 제한함으로써 달성하고자 하는 공익인 도로교통의 안전성과 도시미관의 중대함에 비추어, 제한을 통하여 얻는 공익적 성과와 개인의 자유에 대한 제한의 정도가 합리적인 비례관계를 벗어났다고 볼 수 없다. 따라서 이 사건 시행령조항은 직업의 자유를 침해하지 않는다.

언론·출판의 자유
표현의 자유

67 청소년유해매체물의 전자표시 사건

(정보통신망이용촉진및정보보호등에관한법률 제42조 등 위헌확인)
2004. 1. 29. 2001헌마894 [기각]

|판시사항|

1. '청소년유해매체물의 표시방법' 에 관한 정보통신부고시가 헌법소원의 대상이 된다고 본 사례
2. 전기통신사업자의 전기통신역무를 이용하여 일반에게 공개를 목적으로 정보를 제공하는 자 중 청소년보호법상의 청소년유해매체물 제공자는 대통령령이 정하는 표시방법에 따라 청소년유해매체물임을 표시하도록 한 정보통신망이용촉진 및 정보보호 등에 관한 법률 제42조가 포괄위임입법금지 및 죄형법정주의의 명확성 원칙에 위배되는 여부(−)
3. 동법시행령 제21조 제2항이 인터넷을 이용하여 정보를 제공하는 자의 경우 기호·부호·문자 또는 숫자를 사용하여 청소년유해매체물임을 나타낼 수 있는 전자적 표시도 함께 하도록 규정한 것이 동법 제42조의 위임범위 내인지 여부(+)
4. 정보통신부장관이 정보유형 등을 고려하여 위 전자적 표시의 구체적 방법을 정하여 관보에 고시하도록 한 동법시행령 제21조 제3항이 재위임의 허용범위 내인지 여부(+)
5. 인터넷상의 청소년유해매체물 정보의 경우 18세 이용금지 표시 외에 추가로 '전자적 표시'를 하도록 하여 차단소프트웨어 설치시 동 정보를 볼 수 없게 한 동법시행령 제21조 제2항 및 '청소년유해매체물의 표시방법' 에 관한 정보통신부고시가 표현의 자유를 침해하는 여부(−)
6. 위 조항들이 동성애에 관한 양심의 자유 등을 침해하는지 여부(−)

[결정요지]

1. '청소년유해매체물의 표시방법'에 관한 정보통신부고시는 청소년유해매체물을 제공하려는 자가 하여야 할 전자적 표시의 내용을 정하고 있는데, 이는 정보통신망이용촉진및정보보호등에관한법률 제42조 및 동법시행령 제21조 제2항, 제3항의 위임규정에 의하여 제정된 것으로서 국민의 기본권을 제한하는 것인바 상위법령과 결합하여 대외적 구속력을 갖는 법규명령으로 기능하고 있는 것이므로 헌법소원의 대상이 된다.

2. 정보통신망이용촉진및정보보호등에관한법률 제42조에 따라 대통령령으로 정해질 표시방법은 청소년을 해당 유해정보로부터 보호하기 위하여 청소년의 이용을 억제하기 위한 취지의 표시이거나 그 밖에 인터넷과 같은 매체의 특성에 맞춰 해당 정보에 대한 청소년의 이용을 억제하기 위한 표시가 될 것이라는 점이 예측될 수 있다. 위 조항은 포괄위임입법금지 및 죄형법정주의의 명확성 원칙에 위배되지 않는다.

3. 동법시행령 제21조 제2항이 추가적으로 전자적 표시를 하도록 한 것은 인터넷의 경우 청소년이 이용할 수 없다는 표시를 하는 것만으로는 청소년들에게 차단 효과가 약하므로, 프로그램의 전자적 장치에 의해 소프트웨어가 선별함으로써 청소년들이 접근을 방지하고자 한 것으로 이해된다. 그러한 전자적 표시는 인터넷 매체의 특수성을 반영한 것으로서 청소년을 청소년유해매체물로부터 격리하기 위한 표시방법의 하나에 해당되므로 동법시행령 제21조 제2항의 '전자적 표시' 규정은 동법 제42조의 위임범위를 벗어난 위법 내지 위헌성이 없다.

4. 동법시행령 제21조 제3항에서 위임한 '전자적 표시'의 내용은 인터넷 매체를 통한 청소년유해 정보가 청소년에게 이용되지 않도록 하기 위한 전자적, 기술적 표시방법을 지칭한다고 볼 것이므로 그 대강을 정하고 구체적인 특정 사항을 다시 범위를 정하여 정보통신부장관고시에 다시 위임한 것으로 볼 수 있어, 재위임에 관한 헌법적 한계를 벗어난 것이 아니다.

5. 동법시행령 제21조 제2항 및 해당 정보통신부장관고시가 표현의 자유를 침해하는 여부

청소년을 인터넷 유해매체물로부터 차단하기 위해서는 이 사건 고시의 전자적 표시 외에 다른 방법이 채택될 수도 있을 것이다. 예를 들어, 이름과 주민등록번호를 확인하는 것이거나, 신용카드 정보를 통하거나, 공인인증서에 의한 전자서명제도(전자서명법 참조)를 이용하여 미성년자 여부를 확인하는 방법이다. 그러나 주민등록번호를 확인하는 방법은 타인의 신상정보를 도용할 우려가 있고, 신용카드를 이용하는 경우는 신용카드정보가 쉽게 노출되는 위험이 있고 신용카드가 없는 성인은 이용할 수 없으며, 공인인증서에 의한 전자서명은 아직 광범위하게 이용되는 것이라 보기 어렵다. 또한 이러한 대체방법들에 의한 비용 부담은 대부분 인터넷사이트 운영자가 지출하게 될 것이다. 그렇다면 이 사건 고시의 전자적 표시방법 외에 위와 같은 방법들이 청구인과 같은 정보제공자들의 표현의 자유를 덜 제약하면서도 같은 입법목적을 달성할 수 있는 것이라고 단정하기는 어렵다.

청소년유해매체물로 결정된 매체물 혹은 인터넷 정보라 하더라도 이들은 의사형성적 작용을 하는 의사의 표현·전파의 형식 중의 하나이므로 언론·출판의 자유에 의하여 보호되는 의사표현의 매개체에 해당된다. 그런데 이 사건 고시는 청소년유해매체물에 해당된 인터넷 정보제공자에 대하여 전자적 표시를 하도록 요구하고 있어 표현의 자유를 제한하는 것이므로, 그러한 제한이 헌법 제37조 제2항에서 인정되는 과잉금지의 원칙에 위배되는지가 문제된다.

이 사건 고시에 대해 공익 목적의 중요성이 인정되고, 전자적 표시의무는 해당 정보의 내용에 관하여 통제하는 것이기보다는 사후조치로서 유해매체물이 청소년에게 차단될 수 있는 기술적 방법만을 정하고 있는 것이고 그 효과는 부모나 성인이 차단소프트웨어를 설치했을 때에만 나타나는 것을 고려하면, 동법시행령 제21조 제2항과 이 사건 고시는 기본권 제한의 효과와 내용면에서 볼 때 추구하는 공익이 제한되는 사익에 비하여 균형을 벗어난 것으로 볼 수 없다.

6. 한편 청소년유해매체물로 인정된 인터넷 정보에 대하여 '전자적 표시'를 요구한다고 해서 양심의 자유나 알권리 등이 침해된다고 할 수 없다.

언론·출판의 자유
익명표현의 자유

68 선거운동기간 중 인터넷게시판 실명확인 사건

(공직선거법 제82조의6 제1항 등 위헌확인)
2021. 1. 28. 2018헌마456 등 [위헌]

|판시사항|

1. 인터넷언론사는 선거운동기간 중 당해 홈페이지 게시판 등에 정당·후보자에 대한 지지·반대 등의 정보를 게시하는 경우 실명을 확인받는 기술적 조치를 하도록 정한 공직선거법 조항(이하 '실명확인 조항' 이라 한다) 중 "인터넷언론사" 및 "지지·반대" 부분이 명확성원칙에 위배되는지 여부(−)
2. 위 실명확인 조항을 비롯하여, 행정안전부장관 및 신용정보업자는 실명인증자료를 관리하고 중앙선거관리위원회가 요구하는 경우 지체 없이 그 자료를 제출해야 하며, 실명확인을 위한 기술적 조치를 하지 아니하거나 실명인증의 표시가 없는 정보를 삭제하지 않는 경우 과태료를 부과하도록 정한 공직선거법 조항(이하 '심판대상조항' 이라 한다)이 게시판 등 이용자의 익명표현의 자유 및 개인정보자기결정권과 인터넷언론사의 언론의 자유를 침해하는지 여부(+)

[결정요지]

1. 공직선거법 및 관련 법령이 구체적으로 '인터넷언론사'의 범위를 정하고 있고, 중앙선거관리위원회가 설치·운영하는 인터넷선거보도심의위원회가 심의대상인 인터넷언론사를 결정하여 공개하는 점 등을 종합하면 '인터넷언론사'는 불명확하다고 볼 수 없으며, '지지·반대'의 사전적 의미와 심판대상조항의 입법목적, 공직선거법 관련 조항의 규율내용을 종합하면, 건전한 상식과 통상적인 법 감정을 가진 사람이면 자신의 글이 정당·후보자에 대한 '지지·반대'의 정보를 게시하는 행위인지 충분히 알 수 있으므로, 실명확인 조항 중 "인터넷언론사" 및 "지지·반대" 부분은 명확성 원칙에 반하지 않는다.

2. 심판대상조항의 입법목적은 정당이나 후보자에 대한 인신공격과 흑색선전으로 인한 사회경제적 손실과 부작용을 방지하고 선거의 공정성을 확보하기 위한 것이고, 익명표현이 허용될 경우 발생할 수 있는 부정적 효과를 막기 위하여 그 규제의 필요성을 인정할 수는 있다.

그러나 심판대상조항과 같이 인터넷홈페이지의 게시판 등에서 이루어지는 정치적 익명표현을 규제하는 것은 인터넷이 형성한 '사상의 자유시장'에서의 다양한 의견 교환을 억제하고, 이로써 국민의 의사표현 자체가 위축될 수 있으며, 민주주의의 근간을 이루는 자유로운 여론 형성이 방해될 수 있다. 선거운동기간 중 정치적 익명표현의 부정적 효과는 익명성 외에도 해당 익명표현의 내용과 함께 정치적 표현행위를 규제하는 관련 제도, 정치적·사회적 상황의 여러 조건들이 아울러 작용하여 발생하므로, 모든 익명표현을 사전적·포괄적으로 규율하는 것은 표현의 자유보다 행정편의와 단속편의를 우선함으로써 익명표현의 자유와 개인정보자기결정권 등을 지나치게 제한한다.

정치적 의사표현을 자유롭게 할 수 있는 핵심적 기간이라 볼 수 있는 선거운동기간 중 익명표현의 제한이 구체적 위험에 기초한 것이 아니라 심판대상조항으로 인하여 위법한 표현행위가 감소할 것이라는 추상적 가능성에 의존하고 있는 점, 심판대상조항의 적용대상인 '인터넷언론사'의 범위가 광범위하다는 점까지 고려하면 심판대상조항으로 인한 기본권 제한의 정도는 결코 작다고 볼 수 없다.

실명확인제가 표방하고 있는 선거의 공정성이라는 목적은 인터넷 이용자의 표현의 자유나 개인정보자기결정권을 제약하지 않는 다른 수단에 의해서도 충분히 달성할 수 있다. 공직선거법은 정보통신망을 이용한 선거운동 규제를 통하여 공직선거법에 위반되는 정보의 유통을 제한하고 있고, '정보통신망 이용촉진 및 정보보호 등에 관한 법률'상 사생활 침해나 명예훼손 등의 침해를 받은 사람에게 인정되는 삭제요청 등의 수단이나 임시조치 등이 활용될 수도 있으며, 인터넷 이용자의 표현의 자유나 개인정보자기결정권을 제약하지 않고도 허위 정보로 인한 여론 왜곡을 방지하여 선거의 공정성을 확보하는 새로운 수단을 도입할 수도 있다.

인터넷을 이용한 선거범죄에 대하여는 명예훼손죄나 후보자비방죄 등 여러 사후적 제재수단이 이미 마련되어 있다. 현재 기술 수준에서 공직선거법에 규정된 수단을 통하여서도 정보통신망을 이용한 행위로서 공직선거법에 위반되는 행위를 한 사람의 인적 사항을 특정하고, 궁극적으로 선거의 공정성을 확보할 수 있다.

심판대상조항은 정치적 의사표현이 가장 긴요한 선거운동기간 중에 인터넷언론사 홈페이지 게시판 등 이용자로 하여금 실명확인을 하도록 강제함으로써 익명표현의 자유와 언론의 자유를 제한하고, 모든 익명표현을 규제함으로써 대다수 국민의 개인정보자기결정권도 광범위하게 제한하고 있다는 점에서 이와 같은 불이익은 선거의 공정성 유지라는 공익보다 결코 과소평가될 수 없다.

그러므로 심판대상조항은 과잉금지원칙에 반하여 인터넷언론사 홈페이지 게시판 등 이용자의 익명표현의 자유와 개인정보자기결정권, 인터넷언론사의 언론의 자유를 침해한다.

관련 유사 판례

68-1. 인터넷 본인확인제

(2012.08.23. 2010헌마47)

[결정내용]

1. 본인확인제는 인터넷게시판에 타인의 명예를 훼손하는 등의 불법정보를 게시하는 것을 억제하고 불법정보 게시로 피해가 발생한 경우 가해자를 특정할 수 있는 기초자료를 확보함으로써 건전한 인터넷문화를 조성하기 위한 것으로서 그 목적의 정당성과 수단의 적합성을 인정할 수 있다. 그러나, 인터넷게시판 운영자에게 게시판 이용자에 대한 본인확인조치를 하도록 하여 게시판 이용자가 본인확인절차를 거치지 아니하면 인터넷게시판에 정보를 게시할 수 없도록 하는 본인확인제는 아래와 같이 목적달성에 필요한 범위를 넘는 과도한 제한을 하는 것으로서 침해의 최소성이 인정되지 않는다.

(1) 불법정보 게시로 인한 피해가 발생한 경우 가해자 특정은 인터넷 주소 등의 추적 및 확인 등을 통하여, 피해자 구제는 정보통신서비스제공자에 의한 당해 정보의 삭제·임시조치(정보통신망법 제44조의2 제1항, 제2항), 게시판 관리·운영자에 대한 불법정보 취급의 거부·정지 또는 제한명령(정보통신망법 제44조의7 제2항, 제3항) 등으로 불법정보의 유통 및 확산을 차단하거나 사후적으로 손해배상 또는 형사처벌 등을 통하여 충분히 할 수 있다.

(2) 본인확인의 대상인 '게시판 이용자'는 '정보의 게시자'뿐만 아니라 불법행위를 할 가능성이 없는 '정보의 열람자'도 포함하고, 본인확인제 적용 대상인 정보통신서비스 제공자 선정에 있어서 그 정확성과 기준이 불분명한 이용자수 산정 결과에 따라 적용대상의 범위가 정하여지는 등 본인확인제는 인터넷의 특성을 고려하지 아니한 채 그 적용범위를 광범위하게 정함으로써 법집행자에게 자의적인 집행의 여지를 부여하고 있다.

(3) 본인확인제에 따라 정보통신서비스제공자가 본인확인정보를 보관하여야 하는 기간은 정보의 게시가 종료된 후 6개월이 경과하는 날까지이므로, 정보를 삭제하여 그 게시를 종료하지 않는 한 본인확인정보는 무기한으로 정보통신서비스제공자에게 보관되는 결과가 발생할 수 있다.

2. 또한, 본인확인제는 아래와 같이 본인확인제로 인하여 게시판 이용자 및 정보통신서비스제공자가 입게 되는 불이익이 본인확인제가 달성하려는 공익보다 결코 더 작다고 할 수 없으므로 법익의 균형성 역시 인정되지 않는다.

(1) 표현의 자유는 민주주의의 근간이 되는 중요한 헌법적 가치이므로 표현의 자유의 사전 제한을 정당화하기 위해서는 그 제한으로 인하여 달성하려는 공익의 효과가 명백하여야 하는데, 본인확인제 시행 이후에 명예훼손 등의 불법정보 게시가 의미있게

감소하였다는 증거를 찾아볼 수 없고, 국내 인터넷 이용자들의 해외 사이트로의 도피, 국내 사업자와 해외 사업자 사이의 차별 내지 자의적 법집행의 시비로 인한 집행 곤란의 문제를 발생시키고 있어서, 결과적으로 당초 목적과 같은 공익을 실질적으로 달성하고 있다고 보기 어렵다. 뿐만 아니라 본인확인제의 적용을 받지 않는 모바일 게시판, 소셜 네트워크 서비스 등 새로운 의사소통수단의 등장으로 본인확인제는 그 공익을 인터넷 공간의 아주 제한된 범위에서만 실현하게 되었다.

(2) 반면에 본인확인제로 인하여 인터넷 이용자는 자신의 신원 노출에 따른 규제나 처벌 등을 염려하여 표현 자체를 포기할 가능성이 높고, 외국인이나 주민등록번호가 없는 재외국민은 인터넷게시판의 이용이 봉쇄되며, 새롭게 등장한 정보통신망상의 의사소통수단과 경쟁하여야 하는 게시판 운영자는 업무상 불리한 제한을 당하고, 본인확인정보 보관으로 인하여 게시판 이용자의 개인정보가 외부로 유출되거나 부당하게 이용될 가능성이 증가하게 되었다.

3. 따라서, 본인확인제를 규율하고 있는 이 사건 법령조항들은 과잉금지원칙에 위배하여 청구인 OOO 등의 표현의 자유, 개인정보자기결정권, 청구인 OOOOO의 언론의 자유 등 기본권을 침해한다.

언론·출판의 자유
출판의 자유

69 음란 · 저속물출판사 등록취소 사건

(출판사및인쇄소의등록에관한법률 제5조의2 제5호 등 위헌제청)
1998. 4. 30. 95헌가16 [합헌 · 위헌]

|판시사항|

1. 헌법상 보호되지 않는 언론·출판과 그 판단기준
2. 언론출판의 자유의 한계와 제한
3. 음란간행물을 발간한 출판사에 대해 등록취소를 가능케 한 규제의 위헌 여부(−)
4. 저속간행물을 발간한 출판사에 대해 등록취소를 가능케 한 규제의 위헌 여부(+)

[결정요지]

1. 이 사건 법률조항은 언론·출판의 자유, 직업선택의 자유 및 재산권을 경합적으로 제약하고 있다. 이처럼 하나의 규제로 인해 여러 기본권이 동시에 제약을 받는 기본권경합의 경우에는 기본권침해를 주장하는 제청신청인과 제청법원의 의도 및 기본권을 제한하는 입법자의 객관적 동기 등을 참작하여 사안과 가장 밀접한 관계에 있고 또 침해의 정도가 큰 주된 기본권을 중심으로 해서 그 제한의 한계를 따져 보아야 할 것이다. 이 사건에서는 제청신청인과 제청법원이 언론·출판의 자유의 침해를 주장하고 있고, 입법의 일차적 의도도 출판내용을 규율하고자 하는 데 있으며, 규제수단도 언론·출판의 자유를 더 제약하는 것으로 보이므로 언론·출판의 자유를 중심으로 해서 이 사건 법률조항이 그 헌법적 한계를 지키고 있는지를 판단하기로 한다.

언론·출판의 영역에서 국가는 단순히 어떤 표현이 가치없거나 유해하다는 주장만으로 그 표현에 대한 규제를 정당화시킬 수는 없다. 그 표현의 해악을 시정하는 1차적 기능은 시민사회 내부에 존재하는 사상의 경쟁메커니즘에 맡겨져 있기 때문이다. 그러나 대립되는 다양한 의견과 사상의 경쟁메커니즘에 의하더라도 그 표현의 해악이 처음부터 해소될 수 없는 성질의 것이거나 또는 다른 사상이나 표현을 기다려 해소되기에는 너무나 심대한 해악을 지닌 표현은 언론·출판의 자유에 의한 보장을 받을 수 없고 국가에 의한 내용규제가 광범위하게 허용된다.

2. 언론·출판의 영역에 있어서 국가의 개입은 원칙적으로 2차적인 것이다. 그러나 모든 표현이 시민사회의 자기교정기능에 의해서 해소될 수 있는 것은 아니다. 일정한 표현은 일단 표출되면 그 해악이 대립되는 사상의 자유경쟁에 의한다 하더라도 아예 처음부터 해소될 수 없는 성질의 것이거나 또는 다른 사상이나 표현을 기다려 해소되기에는 너무나 심대한 해악을 지닌 것이 있다. 바로 이러한 표현에 대하여는 국가의 개입이 1차적인 것으로 용인되고, 헌법상 언론·출판의 자유에 의하여 보호되지 않는데, 위에서 본 헌법 제21조 제4항이 바로 이러한 표현의 자유에 있어서의 한계를 설정한 것이라고 할 것이다.

3. 명확성의 원칙이란 기본적으로 최대한이 아닌 최소한의 명확성을 요구하는 것이다. 그러므로 법문언이 해석을 통해서, 즉 법관의 보충적인 가치판단을 통해서 그 의미내용을 확인해 낼 수 있고, 그러한 보충적 해석이 해석자의 개인적인 취향에 따라 좌우될 가능성이 없다면 명확성의 원칙에 반한다고 할 수 없다 할 것이다.

(1) 이 사건 법률조항의 "음란" 개념은 적어도 수범자와 법집행자에게 적정한 지침을 제시하고 있다고 볼 수 있고 또 법적용자의 개인적 취향에 따라 그 의미가 달라질 수 있는 가능성도 희박하다고 하지 않을 수 없다. 따라서 이 사건 법률조항의 "음란" 개념은 그것이 애매모호하여 명확성의 원칙에 반한다고 할 수 없다.

(2) 음란간행물의 출판금지 및 유통억제의 입법목적은 정당하고 또 등록취소의 수단은 이러한 목적에 적합한 수단인바, 설령 등록취소로 인해 합헌적인 간행물의 출판과 유통에까지 위축적인 효과가 초래될 우려가 없는 것은 아니라 하더라도, 음란출판의 유통과정과 그 실태, 음란출판규제의 필요성, 재등록의 용이성, 등록취소제도의 실제적 운용현황 및 등록취소에 관한 현행의 법제상 등록취소의 수단이 혹시 초래할지도 모르는 합헌적인 출판활동에 대한 제약을 최소화시킬 수 있는 장치가 마련되어 있는 등의 사정을 종합적으로 고려해 보면 등록취소로 인한 기본권적 이익의 실질적 침해는 그다지 크지 않은 반면, 음란출판의 금지 및 유통억제의 필요성과 공익은 현저히 크다고 볼 수밖에 없어 과잉금지의 원칙에 위반되지 아니한다.

4. (1) "음란"의 개념과는 달리 "저속"의 개념은 그 적용범위가 매우 광범위할 뿐만 아니라 법관의 보충적인 해석에 의한다 하더라도 그 의미내용을 확정하기 어려울 정도로 매우 추상적이다. 이 "저속"의 개념에는 출판사등록이 취소되는 성적 표현의 하한이 열려 있을 뿐만 아니라 폭력성이나 잔인성 및 천한 정도도 그 하한이 모두 열려 있기 때문에 출판을 하고자 하는 자는 어느 정도로 자신의 표현내용을 조절해야 되는지를 도저히 알 수 없도록 되어 있어 명확성의 원칙 및 과도한 광범성의 원칙에 반한다.

(2) 청소년의 건전한 심성을 보호하기 위해서 퇴폐적인 성표현이나 지나치게 폭력적이고 잔인한 표현 등을 규제할 필요성은 분명 존재하지만, 이들 저속한 표현을 규제하더라도 그 보호대상은 청소년에 한정되어야 하고, 규제수단 또한 청소년에 대한 유통을 금지하는 방향으로 좁게 설정되어야 할 것인데, 저속한 간행물의 출판을 전면 금지시키고 출판사의 등록을 취소시킬 수 있도록 하는 것은 청소년보호를 위해 지나치게 과도한 수단을 선택한 것이고, 또 청소년보호라는 명목으로 성인이 볼 수 있는 것까지 전면 금지시킨다면 이는 성인의 알권리의 수준을 청소년의 수준으로 맞출 것을 국가가 강요하는 것이어서 성인의 알권리까지 침해하게 된다.

관련 유사 판례

69-1. 제한상영가 등급제

(2008. 7. 31. 2007헌가4)

[결정내용]

제한상영가 등급의 영화도 마찬가지로 헌법상 표현의 자유를 통하여 보호를 받는 표현물인데도, 다른 등급의 영화에 비하여 상영이나 광고 등의 면에서 제한을 받고 있으므로 이에 해당하는 영화가 어떤 영화인지에 관하여는 법률이 명확하게 규정할 필요가 있다.

영진법 제21조 제3항 제5호는 '제한상영가' 등급의 영화를 '상영 및 광고·선전에 있어서 일정한 제한이 필요한 영화'라고 정의하고 있는데, 이 규정은 제한상영가 등급의 영화가 어떤 영화인지를 말해주기보다는 제한상영가 등급을 받은 영화가 사후에 어떠한 법률적 제한을 받는지를 기술하고 있으므로, 제한상영가 영화가 어떤 영화인지 이 규정만 가지고는 도대체 짐작하기가 쉽지 않다. 제한상영가 영화가 어떤 내용의 영화인지를 예측할 수 있도록 하려면 이러한 등급분류판정을 받은 후에 가해지는 법률적 효과가 아니라 그 영화 자체가 어떤 내용의 영화인지에 대한 정보를 법률 규정이 제공하고 있어야 하는데, 이 규정은 그 자체로는 이에 대해 아무런 정보도 제공하고 있지 않다.

결국 영진법 제21조 제3항 제5호 규정이나 관련 규정들로는 제한상영가 등급의 영화가 어떤 영화인지를 예측할 수 없으므로 제한상영가 등급에 관하여 정하고 있는 영진법 제21조 제3항 제5호는 명확성원칙에 위배된다고 할 것이다.

언론·출판의 자유
신문의 자유

70 신문 등의 자유와 기능보장에 관한 법률 제16조 등 사건

(신문등의자유와기능보장에관한법률 제16조 등 위헌확인 등)
2006. 6. 29. 2005헌마165·314·555·807, 2006헌가3(병합) [위헌 · 헌법불합치 · 기각]

|판시사항|

1. 적법요건에 대한 판단

신문사인 청구인들이 신문법 및 언론중재법의 일부 조항에 대한 헌법소원심판청구에 자기관련성이 있다고 판단한 사례

2. 본안에 대한 판단

(1) 일간신문과 뉴스통신·방송사업의 겸영을 금지하는 신문법 제15조 제2항이 신문사업자인 청구인들의 신문의 자유를 침해하는지 여부(−)

(2) 일간신문사 지배주주의 뉴스통신사 또는 다른 일간신문사 주식·지분의 소유·취득을 제한하는 신문법 제15조 제3항이 신문사업자인 청구인들의 신문의 자유를 침해하는지 여부(한정적극)

(3) 일간신문의 전체 발행부수 등 신문사의 경영자료를 신고·공개하도록 규정한 신문법 제16조 제1항·제2항·제3항이 신문사업자인 청구인들의 신문의 자유와 평등권을 침해하는지 여부(−)

(4) 1개 일간신문사의 시장점유율 30%, 3개 일간신문사의 시장점유율 60% 이상인 자를 시장지배적사업자로 추정하는 신문법 제17조가 신문사업자인 청구인들의 신문의 자유와 평등권을 침해하는지 여부(+)

(5) 시장지배적사업자를 신문발전기금의 지원대상에서 배제한 신문법 제34조 제2항 제2호가 신문사업자인 청구인들의 평등권을 침해하는지 여부(+)

(6) 일간신문사에 고충처리인을 두고 그 활동사항을 매년 공표하도록 규정한 언론중재법 제6조 제1항·제4항·제5항이 신문사업자인 청구인들의 신문의 자유를 침해하는지 여부(−)

(7) 정정보도청구의 요건으로 언론사의 고의·과실이나 위법성을 요하지 않도록 규정한 언론중재법 제14조 제2항, 제31조 후문이 신문사업자인 청구인들의 언론의 자유를 침해하는지 여부(−)

(8) 정정보도청구의 소를 민사집행법상 가처분절차에 의하여 재판하도록 규정한 언론중재법 제26조 제6항 본문 전단 중 '정정보도청구' 부분이 신문사업자인 청구인들의 공정

한 재판을 받을 권리와 언론의 자유를 침해하는지 여부(+)

(9) 언론중재법 시행 전의 언론보도로 인한 정정보도청구에 대하여도 언론중재법을 적용하도록 규정한 언론중재법 부칙 제2조 중 '제14조 제2항, 제26조 제6항 본문 전단 중 정정보도청구 부분, 제31조 후문' 부분이 신뢰보호원칙에 어긋나 신문사업자인 청구인들의 언론의 자유를 침해하는지 여부(+)

[결정요지]

1. 적법요건에 대한 판단

편집의 자유에 대한 국가적·외부적 침해는 연혁적으로도 언론의 자유에 대한 심각한 침해로 인정되었던 반면에, 발행인과 편집인의 관계에 관하여는 국내·외를 막론하고 이론상이나 실정법상 아직 그 법적 논의가 정리되지 않은 채 다양한 주장이 제기되고 있는 단계에 불과하기 때문이다. 이와 같이 신문법 제3조 제2항은 국가로 대표되는 외부세력에 의한 규제·간섭으로부터 편집의 자유와 독립을 보호하는 규정으로 보아야 하므로, 신문사업자인 청구인들이 이 조항에 대하여 기본권침해의 자기관련성이 없다.

2. 본안에 대한 판단

신문은 본질적으로 자유로워야 하지만, 공정하고 객관적인 보도를 통하여 민주적 여론형성에 기여하고 국민의 알 권리를 충족시켜야 한다는 점에서 자유에 상응하는 공적 기능을 아울러 수행하게 된다. 이러한 신문의 공적 기능에 대한 헌법적 요청은 특히 헌법 제21조 제3항에서 두드러지게 나타난다. 헌법 제21조 제3항은 "통신·방송의 시설기준과 신문의 기능을 보장하기 위하여 필요한 사항은 법률로 정한다."고 규정하고 있는데, 이 규정에서 통신·방송의 시설기준 법정주의와 나란히 신문기능 법정주의를 정한 것은 우리 헌법이 방송뿐만 아니라 신문에 대하여도 그 공적 기능의 보장을 위한 입법형성, 즉 입법적 규율의 가능성을 예정하고 있음을 의미한다. 여기서 "신문의 기능"이란 주로 민주적 의사형성에 있고, 그것은 다원주의를 본질로 하는 민주주의사회에서 언론의 다양성 보장을 불가결의 전제로 하는 것이므로, "신문의 기능을 보장하기 위하여"란 결국 '신문의 다양성을 유지하기 위하여'란 의미도 포함하고 있다고 할 것이다. 헌법 제21조 제3항은 언론·출판으로 인한 타인의 명예나 권리의 보호를 규정하고 있는 헌법 제21조 제4항과 함께 다원화된 현대정보산업사회에서 언론·출판이 가지는 사회적 의무와 책임에 관하여 규정한 것이다. 그러므로 신문의 자유가 헌법적으로 보호되어야 할 중요한 가치가 있는 기본권이라 하더라도 신문의 공적 기능과 책임을 위하여 필요한 입법적 규율은 허용된다.

또한 신문기업 활동의 외적 조건을 규제하는 신문법 조항에 대한 위헌심사는 신문의 내용을 규제하여 언론의 자유를 제한하는 경우에 비하여 그 기준이 완화된다.

(1) 신문법 제15조 제2항은 일간신문이 뉴스통신이나 일정한 방송사업을 겸영하는 것을 금지하고 있다. 그런데 일간신문이 뉴스통신이나 방송사업과 같은 이종 미디어를 겸영하는 것을 어떻게 규율할 것인가 하는 것은 고도의 정책적 접근과 판단이 필요한 분야로서, 겸영금지의 규제정책을 지속할 것인지, 지속한다면 어느 정도로 규제할 것인지의 문제는 입법자의 미디어정책적 판단에 맡겨져 있다. 신문법 제15조 제2항은 신문의 다양성을 보장하기 위하여 필요한 한도 내에서 그 규제의 대상과 정도를 선별하여 제한적으로 규제하고 있다고 볼 수 있다. 규제 대상을 일간신문으로 한정하고 있고, 겸영에 해당하지 않는 행위, 즉 하나의 일간신문법인이 복수의 일간신문을 발행하는 것 등은 허용되며, 종합편성이나 보도전문편성이 아니어서 신문의 기능과 중복될 염려가 없는 방송채널사용사업이나 종합유선방송사업, 위성방송사업 등을 겸영하는 것도 가능하다. 그러므로 신문법 제15조 제2항은 헌법에 위반되지 아니한다.

(2) (가) **재판관 윤영철, 재판관 김경일, 재판관 주선회, 재판관 전효숙의 헌법불합치의견** 신문법 제15조 제3항에서 일간신문의 지배주주가 뉴스통신 법인의 주식 또는 지분의 2분의1 이상을 취득 또는 소유하지 못하도록 함으로써 이종 미디어 간의 결합을 규제하는 부분은 언론의 다양성을 보장하기 위한 필요한 한도 내의 제한이라고 할 것이어서 신문의 자유를 침해한다고 할 수 없다. 그런데 제15조 제3항은 나아가 일간신문의 지배주주에 의한 신문의 복수소유를 규제하고 있다. 신문의 다양성을 보장하기 위하여 신문의 복수소유를 제한하는 것 자체가 헌법에 위반된다고 할 수 없지만, 신문의 복수소유가 언론의 다양성을 저해하지 않거나 오히려 이에 기여하는 경우도 있을 수 있는데, 이 조항은 신문의 복수소유를 일률적으로 금지하고 있어서 필요 이상으로 신문의 자유를 제약하고 있다. 그러나 신문의 다양성 보장을 위한 복수소유 규제의 기준을 어떻게 설정할지의 여부는 입법자의 재량에 맡겨져 있으므로 이 조항에 대해서는 단순위헌이 아닌 헌법불합치결정을 선고하고, 다만 입법자의 개선입법이 있을 때까지 계속 적용을 허용함이 상당하다.

(나) **재판관 권 성, 재판관 김효종, 재판관 조대현의 단순위헌의견** 일간신문의 복수소유를 일률적으로 규제하는 것이 신문의 자유를 침해한다는 점에 대해서는 앞에서 본 헌법불합치의견의 이유와 같고, 이 조항에서 일간신문과 뉴스통신 간의 이종 미디어 결합을 규제하는 것이 위헌이라는 점은 신문법 제15조 제2항에 대한 반대의견의 이유와 같다. 그런데 이 조항을 위헌으로 선고하더라도 법적 공백이나 혼란이 초래될 것이라 볼 수 없으므로 이 조항에

대하여 헌법불합치결정이 아니라 위헌결정을 선고하여야 한다.

(다) 소 결 신문법 제15조 제3항에 대하여 재판관 4인은 헌법불합치의견을, 재판관 3인은 단순위헌의견을 개진하였고, 뒤의 차(2)와 같이 재판관 2인은 합헌의견을 각 개진하였다. 그런데 단순위헌의견도 헌법불합치의견의 범위 내에서는 헌법불합치의견과 견해를 같이 한 것이라고 할 것이므로, 신문법 제15조 제3항에 대하여 헌법불합치결정을 선고하기로 하되, 입법자가 개선입법을 할 때까지 계속 적용을 명하기로 한다.

(3) 신문법 제16조가 신문기업 자료의 신고·공개 제도를 둔 것은 신문시장의 투명성을 제고하고, 신문법 제15조의 겸영금지 및 소유제한 규정의 실효성을 담보함으로써 신문의 다양성이라는 헌법적 요청을 구현하기 위해서이다. 신문기업은 일반기업에 비하여 공적 기능과 사회적 책임이 크기 때문에 그 소유구조는 물론 경영활동에 관한 자료를 신고·공개하도록 함으로써 그 투명성을 높이고 신문시장의 경쟁질서를 정상화할 필요성이 더욱 크다. 신문법 제16조에서 신고·공개하도록 규정하고 있는 사항 중 상당부분은 상법 등 다른 법률에 의해 이미 공시 또는 공개되고 있는 것들이고, 그 밖에 발행부수, 광고수입 등과 같은 사항을 추가적으로 신고·공개하도록 하고 있지만, 이는 신문 특유의 기능보장을 위하여 필요한 범위 내의 것이다. 따라서 이 조항들이 신문의 자유를 지나치게 침해한다거나, 일반 사기업에 비하여 평등원칙에 반하는 차별을 가하는 위헌규정이라 할 수 없다.

(4) 신문법 제17조는 신문사업자를 일반사업자에 비하여 더 쉽게 시장지배적사업자로 추정되도록 규정하고 있는데, 이러한 규제는 신문의 다양성 보장이라는 입법목적 달성을 위한 합리적이고도 적정한 수단이 되지 못한다. 첫째, 발행부수만을 기준으로 신문시장의 점유율을 평가하고 있는 점, 둘째, 신문시장의 시장지배력을 평가함에 있어 서로 다른 경향을 가진 신문들에 대한 개별적인 선호도를 합쳐 이들을 하나의 시장으로 묶고 있는 점, 셋째, 그 취급분야와 독자층이 완연히 다른 일반일간신문과 특수일간신문 사이에 시장의 동질성을 인정하고 있는 점, 넷째, 신문의 시장지배적 지위는 결국 독자의 개별적·정신적 선택에 의하여 형성되는 것인 만큼 그것이 불공정행위의 산물이라고 보거나 불공정행위를 초래할 위험성이 특별히 크다고 볼만한 사정이 없는데도 신문사업자를 일반사업자에 비하여 더 쉽게 시장지배적사업자로 추정되도록 하고 있는 점 등이 모두 불합리하다. 따라서 신문법 제17조는 신문사업자인 청구인들의 평등권과 신문의 자유를 침해하여 헌법에 위반된다.

(5) 시장점유율이 높다는 이유만으로, 즉 독자의 선호도가 높아서 발행부수가 많다는

점을 이유로 신문사업자를 차별하는 것, 그것도 시장점유율 등을 고려하여 신문발전기금 지원의 범위와 정도에 있어 합리적 차등을 두는 것이 아니라 기금 지원의 대상에서 아예 배제하는 것은 합리적이 아니다. 발행부수가 많은 신문사업자를 시장지배적사업자제도를 이용하여 규제하려고 한다면 먼저 그 지배력의 남용 유무를 조사하여 그 남용이 인정될 때에만 기금 지원의 배제라는 추가적 제재를 가하는 것이 시장지배적사업자제도의 취지에 맞다. 따라서 신문법 제34조 제2항 제2호는 합리적인 이유 없이 발행부수가 많은 신문사업자를 차별하는 것이므로 평등원칙에 위배된다.

(6) 언론중재법 제6조에 의하여 신문사에게 강제되는 것은 고충처리인을 두어야 한다는 것과 고충처리인에 관한 사항을 공표하여야 한다는 것뿐이고, 그 외에 고충처리인제도의 운영에 관한 사항은 전적으로 신문사업자의 자율에 맡겨져 있다. 뿐만 아니라 고충처리인제도의 직무권한은 권고나 자문에 불과하여 실질적으로 신문사를 구속하는 효과도 적다. 이에 비해 고충처리인제도가 원활하게 기능할 경우 달성되는 공익은 매우 크다. 고충처리인제도는 언론피해의 예방, 피해발생시의 신속한 구제 및 분쟁해결에 있어서 적은 비용으로 큰 효과를 나타낼 수 있다. 그러므로 언론중재법 제6조 제1항·제4항·제5항은 헌법에 위반되지 아니한다.

(7) 언론중재법 제14조에서 규정하고 있는 정정보도청구권은 반론보도청구권이나 민법상 불법행위에 기한 청구권과는 전혀 다른 새로운 성격의 청구권이다. 허위의 신문보도로 피해를 입었을 때 피해자는 기존의 민·형사상 구제제도로 보호를 받을 수도 있지만, 신문사 측에 고의·과실이 없거나 위법성조각사유가 인정되는 등의 이유로 민사상의 불법행위책임이나 형사책임을 추궁할 수 없는 경우도 있다. 이러한 경우 피해자에 대한 적합한 구제책은 신문사나 신문기자 개인에 대한 책임추궁이 아니라, 문제의 보도가 허위임을 동일한 매체를 통하여 동일한 비중으로 보도·전파하도록 하는 것이다. 더욱이 정정보도청구권은 그 내용이나 행사방법에 있어 필요 이상으로 신문의 자유를 제한하고 있지 않다. 일정한 경우 정정보도를 거부할 수 있는 사유도 인정하고 있고, 제소기간도 단기간으로 제한하고 있으며, 정정보도의 방법도 동일 지면에 동일 크기로 보도문을 내도록 하여 원래의 보도 이상의 부담을 지우고 있지도 않다. 따라서 언론중재법 제14조 제2항이 신문의 자유를 침해하는 것이라고 볼 수 없으며, 언론중재법 제31조 후문은 그 위치에도 불구하고 제14조 제2항과 동일한 내용을 명예훼손에 관하여 재확인하는 규정으로 보아야 할 것이므로 역시 헌법에 위반되지 않는다.

(8) 언론중재법 제26조 제6항 본문 전단은 정정보도청구의 소를 민사집행법상의 가처분절차에 의하여 재판하도록 규정하고 있다. 그 결과 정정보도청구의 소에서는 그 청구원인을 구성하는 사실의 인정을 '증명' 대신 '소명'으로 할 수 있게 되었다. 그런데 언론중재법상의 정정보도청구소송은 통상의 가처분과는 달리 그 자체가 본안소송이다. 이러한 정정보도청구의 소에서, 승패의 관건인 "사실적 주장에 관한 언론보도가 진실하지 아니함"이라는 사실의 입증에 대하여, 통상의 본안절차에서 반드시 요구하고 있는 증명을 배제하고 그 대신 간이한 소명으로 이를 대체하는 것인데 이것은 소송을 당한 언론사의 방어권을 심각하게 제약하므로 공정한 재판을 받을 권리를 침해한다. 정정보도청구를 가처분절차에 따라 소명만으로 인용할 수 있게 하는 것은 나아가 언론의 자유를 매우 위축시킨다. 진실에 부합하지 않을 개연성이 있다는 소명만으로 정정보도 책임을 지게 되므로 언론사로서는 사후의 분쟁에 대비하여 진실임을 확신할 수 있는 증거를 수집·확보하지 못하는 한, 사실주장에 관한 보도를 주저하게 될 것이다. 이러한 언론의 위축효과는 중요한 사회적 관심사에 대한 신속한 보도를 자제하는 결과를 초래하고 그로 인한 피해는 민주주의의 기초인 자유언론의 공적 기능이 저하된다는 것이다. 이와 같이 피해자의 보호만을 우선하여 언론의 자유를 합리적인 이유 없이 지나치게 제한하는 것은 위헌이다.

(9) 언론중재법 부칙 제2조 본문은 언론중재법의 시행 전에 행하여진 언론보도에 대하여도 동법을 적용하도록 규정하고 있다. 이에 따라 정정보도청구권의 성립요건과 정정보도청구소송의 심리절차에 관하여 언론중재법이 소급하여 적용됨으로써 언론사의 종전의 법적 지위가 새로이 변경되었다. 이것은 이미 종결된 과거의 법률관계를 소급하여 새로이 규율하는 것이기 때문에 소위 진정 소급입법에 해당한다. 진정 소급입법은 헌법적으로 허용되지 않는 것이 원칙이고 이를 예외적으로 허용할 특단의 사정도 이 부칙조항에 대해 인정되지 않으므로 부칙 제2조 중 '제14조 제2항, 제26조 제6항 본문 전단 중 정정보도청구 부분, 제31조 후문' 부분은 헌법에 위반된다.

언론·출판의 자유
소비자 불매 운동

71 조중동 광고 중단 압박 사건

(형법 제314조 제1항 등 위헌소원)
2011. 12. 29. 2010헌바54, 407(병합) **[합헌]**

|판시사항|

1. 형법 제314조 제1항 중 '제313조의 방법 중 기타 위계로써 또는 위력으로써 사람의 업무를 방해한 자' 부분, 제324조 중 '협박으로 사람의 권리행사를 방해하거나 의무없는 일을 하게 한 자' 부분, 제350조, 형법 제30조가 죄형법정주의의 명확성원칙에 위배되는지 여부(−)
2. 헌법이 보장하는 소비자 보호 운동의 일환으로 행해지는 소비자 불매 운동이 헌법적 허용한계를 가지는지 여부(+)
3. 소비자들이 집단적으로 벌이는 소비자 불매 운동에 위 법률조항들을 적용하는 것이 헌법이 소비자 보호 운동을 보장하는 취지에 반하는지 여부(−)

[결정요지]

1. (1) 형법 제314조 제1항에서의 '위계'란 사람을 속이거나 유혹하거나 사람의 착오·부지를 이용하는 일체의 수단을 의미하고, '위력'은 사람의 의사의 자유를 제압, 혼란케 할 만한 유형·무형의 일체의 세력을 의미하며, '업무'란 사람이 그 사회적 지위에 있어서 계속적으로 종사하는 사무 또는 사업을 의미하고, '방해'란 업무에 어떤 지장을 주거나 지장을 줄 위험을 발생하게 하는 것을 뜻한다.

(2) 형법 제30조에서의 '2인 이상이 공동하여'란 주관적 요건으로서 공동가공의 의사와 객관적 요건으로서 공동의사에 기하여 기능적 행위지배를 통하여 범죄를 실행한 사실이 필요하다. '공동가공의 의사'란 공동의 의사로 특정한 범죄행위를 하기 위하여 일체가 되어 서로 다른 사람의 행위를 이용하여 자기의 의사를 실행에 옮기는 것을 내용으로 하고 비록 전체적인 모의과정이 없었더라도 순차적으로 또는 암묵적으로 상통하여 의사의 결합이 이루어지면 성립할 수 있다. '기능적 행위지배에 의한 범죄의 공동실행'이란 각자가 기능적·분업적 관점에서 분담한 역할과 실행행위가 범죄의 실현에 본질적 기능을 수행한 것으로서 전체 행위를 함께 지배하였다고 평가될 때 인정된다.

(3) 형법 제324조에서의 '협박'이란 타인의 생명, 신체, 자유 또는 재산 등에 관하여 상

대방으로 하여금 공포심을 일으켜 의사결정에 영향을 주기에 충분한 정도의 해악을 고지하는 행위를 말하고, 고지된 해악의 구체적 내용, 고지된 해악과 상대방과의 관계, 상대방의 성별·연령, 고지 당시의 전후상황 등을 종합적으로 고려하여 인정 여부를 판단한다.

(4) 형법 제350조에서의 '공갈'이란 폭행 또는 협박을 수단으로 하여 상대방으로 하여금 공포심을 일으켜 의사결정에 영향을 주는 행위를 의미하고, 이 경우 협박은 위 형법 제324조에서의 개념과 동일하게 해석하고 있다.

(5) 위 각 법률조항은 그 의미나 해석에 있어 건전한 상식과 통상적인 법감정을 가진 일반인으로서 능히 인식할 수 있고 법집행기관이나 법원의 해석에 의하여 합리적으로 보충될 수 있으므로, 명확성원칙에 위배되지 아니한다.

2. 현행 헌법이 보장하는 소비자 보호 운동이란 '공정한 가격으로 양질의 상품 또는 용역을 적절한 유통구조를 통해 적절한 시기에 안전하게 구입하거나 사용할 소비자의 제반 권익을 증진할 목적으로 이루어지는 구체적 활동'을 의미하고, 단체를 조직하고 이를 통하여 활동하는 형태, 즉 근로자의 단결권이나 단체행동권에 유사한 활동뿐만 아니라, 하나 또는 그 이상의 소비자가 동일한 목표로 함께 의사를 합치하여 벌이는 운동이면 모두 이에 포함된다 할 것이다. 이 소비자 보호 운동이 보장됨으로써 비로소 소비자는 단순한 상품이나 정보의 구매자로서가 아니라 상품의 구매 및 소비과정에서 발생하는 생산자 또는 공급자로부터의 부당한 지배와 횡포를 배제하고 소비자의 이익을 수호하는 소비주체로서의 지위를 누릴 수 있게 된다. 이렇게 헌법적으로 보장되어 있는 소비자 보호 운동 가운데서 구매력을 무기로 소비자가 자신의 선호를 시장에 실질적으로 반영하고자 하는 시도로서 소비자 불매 운동이란, '하나 또는 그 이상의 운동주도세력이 소비자의 권익을 향상시킬 목적으로 개별 소비자들로 하여금 시장에서 특정 상품의 구매를 억지하거나 제3자로 하여금 그렇게 하도록 설득하는 조직화된 행위'를 의미한다.

헌법상 보장되는 소비자 보호 운동의 일환으로 행해지는 소비자 불매 운동은 모든 경우에 있어서 그 정당성이 인정될 수는 없고, 헌법이나 법률의 규정에 비추어 정당하다고 평가되는 범위에 해당하는 경우에만 형사책임이나 민사책임이 면제된다고 할 수 있다. 즉, 헌법상 보호되는 소비자 불매 운동에는 정당하게 보호될 수 있는 영역이 존재하고 넘지 말아야 할 한계가 내재되어 있다는 것이다. 이러한 취지에서 소비자보호법에서도 구체적으로 열거된 소비자의 기본적 권리를 '정당하게' 행사할 것을 요구하고 있다(제5조 제1항).

헌법 제124조는 "국가는 건전한 소비행위를 계도하고 생산품의 품질향상을 촉구하기 위한 소비자 보호 운동을 법률이 정하는 바에 의하여 보장한다."고 규정하고 있는바, 헌법이 보장하는 소비자 보호 운동이란 '공정한 가격으로 양질의 상품 또는 용역을 적절한 유통

구조를 통해 적절한 시기에 안전하게 구입하거나 사용할 소비자의 제반 권익을 증진할 목적으로 이루어지는 구체적 활동'을 의미한다. 위 소비자 보호 운동의 일환으로서, 구매력을 무기로 소비자가 자신의 선호를 시장에 실질적으로 반영하려는 시도인 소비자 불매 운동은 모든 경우에 있어서 그 정당성이 인정될 수는 없고, 헌법이나 법률의 규정에 비추어 정당하다고 평가되는 범위에 해당하는 경우에만 형사책임이나 민사책임이 면제된다고 할 수 있다. 우선, ① 객관적으로 진실한 사실을 기초로 행해져야 하고, ② 소비자 불매 운동에 참여하는 소비자의 의사결정의 자유가 보장되어야 하며, ③ 불매 운동을 하는 과정에서 폭행, 협박, 기물파손 등 위법한 수단이 동원되지 않아야 하고, ④ 특히 물품 등의 공급자나 사업자 이외의 제3자를 상대로 불매 운동을 벌일 경우 그 경위나 과정에서 제3자의 영업의 자유 등 권리를 부당하게 침해하지 않을 것이 요구된다. 이 경우 제3자의 정당한 영업의 자유 기타 권리를 부당하게 제한하거나 위축시키는지 여부는, 불매 운동의 취지나 목적, 성격에 비추어 볼 때, 제3자를 불매 운동 대상으로 선택해야 할 필요성이 있었는지, 또한 제3자를 대상으로 이루어진 불매 운동의 내용과 그 경위 및 정도와 사이에 긴밀한 상관관계가 존재하는지를 기준으로 결정될 수 있을 것이다.

3. 헌법이 보장하는 소비자 보호 운동에도 위에서 본 바와 같은 헌법적 허용한계가 분명히 존재하는 이상, 헌법이 보장하는 근로3권의 내재적 한계를 넘어선 쟁의행위가 형사책임 및 민사책임을 면할 수 없는 것과 마찬가지로, 헌법과 법률이 보장하고 있는 한계를 넘어선 소비자 불매 운동 역시 정당성을 결여한 것으로서 정당행위 기타 다른 이유로 위법성이 조각되지 않는 한 업무방해죄로 형사처벌할 수 있다고 할 것이다. 따라서 집단적으로 이루어진 소비자 불매 운동 중 정당한 헌법적 허용한계를 벗어나 타인의 업무를 방해하는 결과를 가져오기에 충분한 집단적 행위를 처벌하는 형법 제314조 제1항 중 '제313조의 방법 중 기타 위계 또는 위력으로써 사람의 업무를 방해한 자' 부분, 형법 제30조 자체는 소비자 보호 운동을 보장하는 헌법의 취지에 반하지 않는다. 마찬가지 이유로, 정당한 헌법적 허용한계를 벗어나 상대방으로 하여금 공포심을 일으켜 의사결정에 영향을 미칠 수 있을 정도의 해악을 고지하여 의무없는 일을 강요하였거나 공갈하여 타인의 재산 또는 재산상의 이익을 취득하였다고 평가하기에 충분한 소비자 불매 운동행위를 처벌하는 형법 제324조 중 '협박으로 사람의 권리행사를 방해하거나 의무없는 일을 하게 한 자' 부분, 제350조 역시 소비자 보호 운동을 보장하는 헌법의 취지에 반한다고 할 수 없다.

언론·출판의 자유
방송의 자유

72 방송사업자의 협찬고지 사건

(방송법 제74조 위헌소원)
2003. 12. 18. 2002헌바49 [합헌]

|판시사항|

1. 방송의 자유의 성격과 그 보호영역 중 객관적 규범질서 영역에서의 입법형성재량의 범위 및 민영방송사업자의 주관적 권리의 범위
2. 협찬고지의 허용범위를 대통령령에 위임하고 있는 방송법 제74조 제1항이 헌법상 포괄위임입법금지의 원칙에 위배되는지 여부(－)
3. 형성법률에 대한 위헌성 판단 기준과 위 조항의 기본권 침해 여부(－)

[결정요지]

1. 방송의 자유의 보호영역에는, 단지 국가의 간섭을 배제함으로써 성취될 수 있는 방송프로그램에 의한 의견 및 정보를 표현, 전파하는 주관적인 자유권 영역 외에 그 자체만으로 실현될 수 없고 그 실현과 행사를 위해 실체적, 조직적, 절차적 형성 및 구체화를 필요로 하는 객관적 규범질서의 영역이 존재한다.

입법자는 자유민주주의를 기본원리로 하는 헌법의 요청에 따라 국민의 다양한 의견을 반영하고 국가권력이나 사회세력으로부터 독립된 방송을 실현할 수 있도록 광범위한 입법형성재량을 갖고 방송체제의 선택을 비롯하여, 방송의 설립 및 운영에 관한 조직적, 절차적 규율과 방송운영주체의 지위에 관하여 실체적인 규율을 행할 수 있다.

방송의 자유는 주관적 권리로서의 성격과 함께 자유로운 의견형성이나 여론형성을 위해 필수적인 기능을 행하는 객관적 규범질서로서 제도적 보장의 성격을 함께 가진다. 이러한 방송의 자유의 보호영역에는, 단지 국가의 간섭을 배제함으로써 성취될 수 있는 방송프로그램에 의한 의견 및 정보를 표현, 전파하는 주관적인 자유권 영역 외에 그 자체만으로 실현될 수 없고 그 실현과 행사를 위해 실체적, 조직적, 절차적 형성 및 구체화를 필요로 하는 객관적 규범질서의 영역이 존재하며, 더욱이 방송매체의 특수성을 고려하면 방송의 기능을 보장하기 위한 규율의 필요성은 신문 등 다른 언론매체보다 높다. 그러므로 입법자는 자유민주주의를 기본원리로 하는 헌법의 요청에 따라 국민의 다양한 의견을 반영하고

국가권력이나 사회세력으로부터 독립된 방송을 실현할 수 있도록 광범위한 입법형성재량을 갖고 방송체제의 선택을 비롯하여, 방송의 설립 및 운영에 관한 조직적, 절차적 규율과 방송운영주체의 지위에 관하여 실체적인 규율을 행할 수 있다. 입법자가 방송법제의 형성을 통하여 민영방송을 허용하는 경우 민영방송사업자는 그 방송법제에서 기대되는 방송의 기능을 보장받으며 형성된 법률에 의해 주어진 범위 내에서 주관적 권리를 가지고 헌법적 보호를 받는다.

2. 방송의 기술성·전문성 및 다양성·급변성 등에 비추어 협찬고지의 허용범위를 미리 법률로 상세하게 정하기는 입법기술상 어려운 반면 시대상황 등에 능동적·탄력적인 대응을 하기 위하여 행정입법에 위임하는 것이 합리적이다. 한편, 이 사건 법률조항의 주된 성격이 형성적, 허용적 규정으로서 위임의 구체성·명확성의 요구 정도가 국민의 기본권을 직접적으로 침해하거나 제한할 소지가 있는 법규보다는 완화된다고 할 것이다.

방송법 제74조 제1항의 입법 경위와 목적, 방송법의 전반적 체제 및 협찬고지의 본질에 비추어 위 조항의 위임에 의하여 대통령령으로 정하여질 협찬고지의 내재적 허용범위는 실정법상 광고방송이 허용되는 범위 내에서 건전한 방송문화 및 광고질서 확립을 통하여 방송의 공정성과 공익성을 기하고 나아가 방송의 자유를 실질적으로 보장하는데 기여할 수 있는 범위로 한정될 것이므로 위 조항의 수규자인 방송사업자는 당해사건의 협찬주인 구 한국담배인삼공사와 같이 방송광고가 금지된 담배 등의 상품이나 용역을 제조·판매 또는 제공하는 자로부터 협찬을 받거나 협찬고지할 수 없음을 충분히 예측할 수 있어 위임의 구체성·명확성의 요건이 충족되었다고 볼 수 있다. 그렇다면, 이 사건 법률조항은 입법자가 그 권한 범위 내에서 형성의 재량을 행사한 것으로서 그 위임에 의하여 대통령령으로 정하여질 협찬고지의 허용범위의 대강을 예측할 수 있으므로 포괄위임입법금지의 원칙에 위배되지 아니한다.

3. 형성법률에 대한 위헌성 판단은 기본권 제한의 한계 규정인 헌법 제37조 제2항에 따른 과잉금지 내지 비례의 원칙의 적용을 받는 것이 아니라, 그러한 형성법률이 그 재량의 한계인 자유민주주의 등 헌법상의 기본원리를 지키면서 방송의 자유의 실질적 보장에 기여하는지 여부에 따라 판단된다.

이 사건 법률조항은 여타의 법익을 위한 방송의 자유에 대한 제한이 아니라 방송사업의 운영을 규율하는 형성법률로서, 협찬고지를 민영방송사업의 운영에 필수적인 재원조달수단의 하나로 보장하는 한편 그 허용범위를 제한함으로써 방송사업자뿐 아니라 시청자 및 방송관련종사자 등 각 이해관계를 고려하여 헌법상 방송의 자유를 실질적으로 보장하기 위하여 필요한 규제이며, 그것이 방송의 자유의 객관적 보장영역으로서 필수적 요소인 민영방송사업의 수익성을 부인할 정도로 영업활동에 대한 제한을 가하거나, 민영방송사업자의 사적 자치에 의한 형성이나 결정의 기본적 요소를 박탈하는 정도에 이르지 아니하므로 헌법상 기본원리를 준수하면서 그 입법형성의 재량의 범위 내에서 행해졌다고 볼 수 있어 헌법에 합치된다.

언론·출판의 자유
명확성의 원칙

73 불온통신 규제 사건

(전기통신사업법 제53조 등 위헌확인)
2002. 6. 27. 99헌마480 **[위헌 · 각하]**

|판시사항|

1. 공공의 안녕질서 또는 미풍양속을 해하는 내용의 통신을 금하는 전기통신사업법 제53조 제1항이 명확성의 원칙에 위배되는지 여부(+)
2. 위 전기통신사업법 제53조 제1항이 과잉금지원칙에 위배되는지 여부(+)
3. 공공의 안녕질서 또는 미풍양속을 해하는 것으로 인정되는 통신의 대상 등을 대통령령으로 정하도록 한 같은법 제53조 제2항이 포괄위임입법금지원칙에 위배되는지 여부(+)
4. 공공의 안녕질서 또는 미풍양속을 해하는 통신에 대하여는 정보통신부장관은 전기통신사업자로 하여금 그 취급을 거부 · 정지 또는 제한하도록 명할 수 있도록 규정한 같은법 제53조 제3항 및 같은법 제53조의 제2항의 위임에 따라 공공의 안녕질서 또는 미풍양속을 해하는 것으로 인정되는 통신을 규정하는 같은법시행령 제16조가 위헌인지 여부(+)

[결정요지]

1. 표현의 자유를 규제하는 입법에 있어서 명확성의 원칙은 특별히 중요한 의미를 지닌다. 무엇이 금지되는 표현인지가 불명확한 경우에, 자신이 행하고자 하는 표현이 규제의 대상이 아니라는 확신이 없는 기본권주체는 대체로 규제를 받을 것을 우려해서 표현행위를 스스로 억제하게 될 가능성이 높기 때문에 표현의 자유를 규제하는 법률은 규제되는 표현의 개념을 세밀하고 명확하게 규정할 것이 헌법적으로 요구된다. 그런데, "공공의 안녕질서 또는 미풍양속을 해하는"이라는 불온통신의 개념은 너무나 불명확하고 애매하다. 여기서의 "공공의 안녕질서"는 위 헌법 제37조 제2항의 "국가의 안전보장 · 질서유지"와, "미풍양속"은 헌법 제21조 제4항의 "공중도덕이나 사회윤리"와 비교하여 볼 때 동어반복이라 해도 좋을 정도로 전혀 구체화되어 있지 아니하다. 이처럼, "공공의 안녕질서", "미풍양속"은 매우 추상적인 개념이어서 어떠한 표현행위가 과연 "공공의 안녕질서"나 "미풍양속"을 해하는 것인지, 아닌지에 관한 판단은 사람마다의 가치관, 윤리관에 따라 크게 달라질 수밖에 없고, 법집행자의 통상적 해석을 통하여 그 의미내용을 객관적으로 확정하기도 어렵다.

2. 전기통신사업법 제53조는 "공공의 안녕질서 또는 미풍양속을 해하는"이라는 불온통신의 개념을 전제로 하여 규제를 가하는 것으로서 불온통신 개념의 모호성, 추상성, 포괄성으로 말미암아 필연적으로 규제되지 않아야 할 표현까지 다함께 규제하게 되어 과잉금지원칙에 어긋난다. 즉, 헌법재판소가 명시적으로 보호받는 표현으로 분류한 바 있는 '저속한' 표현이나, 이른바 '청소년유해매체물' 중 음란물에 이르지 아니하여 성인에 의한 표현과 접근까지 금지할 이유가 없는 선정적인 표현물도 '미풍양속'에 반한다 하여 규제될 수 있고, 성(性), 혼인, 가족제도에 관한 표현들이 "미풍양속"을 해하는 것으로 규제되고 예민한 정치적, 사회적 이슈에 관한 표현들이 "공공의 안녕질서"를 해하는 것으로 규제될 가능성이 있어 표현의 자유의 본질적 기능이 훼손된다.

3. 전기통신사업법 제53조 제2항은 "제1항의 규정에 의한 공공의 안녕질서 또는 미풍양속을 해하는 것으로 인정되는 통신의 대상 등은 대통령령으로 정한다"고 규정하고 있는바 이는 포괄위임입법금지원칙에 위배된다. 왜냐 하면, 위에서 본 바와 같이 "공공의 안녕질서"나 "미풍양속"의 개념은 대단히 추상적이고 불명확하여, 수범자인 국민으로 하여금 어떤 내용들이 대통령령에 정하여질지 그 기준과 대강을 예측할 수도 없게 되어 있고, 행정입법자에게도 적정한 지침을 제공하지 못함으로써 그로 인한 행정입법을 제대로 통제하는 기능을 수행하지 못한다. 그리하여 행정입법자는 다분히 자신이 판단하는 또는 원하는 "안녕질서", "미풍양속"의 관념에 따라 헌법적으로 보호받아야 할 표현까지 얼마든지 규제대상으로 삼을 수 있게 되어 있다. 이는 위 조항의 위임에 의하여 제정된 전기통신사업법시행령 제16조 제2호와 제3호가 위 전기통신사업법 제53조 제1항에 못지않게 불명확하고 광범위하게 통신을 규제하고 있는 점에서 더욱 명백하게 드러난다.

4. 불온통신의 취급거부, 정지, 제한에 관한 전기통신사업법 제53조 제3항 및 불온통신의 개념을 정하고 있는 같은법시행령 제16조는 위헌인 같은 조 제1항, 제2항을 전제로 하고 있어 더 나아가 살필 필요없이 각 위헌이다.

언론·출판의 자유
명확성의 원칙

74 미네르바 사건

(전기통신기본법 제47조 제1항 위헌소원)
2010. 12. 28. 2008헌바157, 2009헌바88(병합) **[위헌]**

|판시사항|

공익을 해할 목적으로 전기통신설비에 의하여 공연히 허위의 통신을 한 자를 형사 처벌하는 전기통신기본법 제47조 제1항(이하 '이 사건 법률조항' 이라 한다)의 죄형법정주의의 명확성 원칙 위반 여부(+)

[결정요지]

이 사건 법률조항은 표현의 자유에 대한 제한입법이며, 동시에 형벌조항에 해당하므로, 엄격한 의미의 명확성원칙이 적용된다. 그런데 이 사건 법률조항은 "공익을 해할 목적"의 허위의 통신을 금지하는바, 여기서의 "공익"은 형벌조항의 구성요건으로서 구체적인 표지를 정하고 있는 것이 아니라, 헌법상 기본권 제한에 필요한 최소한의 요건 또는 헌법상 언론·출판의 자유의 한계를 그대로 법률에 옮겨 놓은 것에 불과할 정도로 그 의미가 불명확하고 추상적이다. 따라서 어떠한 표현행위가 "공익"을 해하는 것인지, 아닌지에 관한 판단은 사람마다의 가치관, 윤리관에 따라 크게 달라질 수밖에 없으며, 이는 판단주체가 법전문가라 하여도 마찬가지이고, 법집행자의 통상적 해석을 통하여 그 의미내용이 객관적으로 확정될 수 있다고 보기 어렵다. 나아가 현재의 다원적이고 가치상대적인 사회구조 하에서 구체적으로 어떤 행위상황이 문제되었을 때에 문제되는 공익은 하나로 수렴되지 않는 경우가 대부분인바, 공익을 해할 목적이 있는지 여부를 판단하기 위한 공익간 형량의 결과가 언제나 객관적으로 명백한 것도 아니다. 결국, <u>이 사건 법률조항은 수범자인 국민에 대하여 일반적으로 허용되는 '허위의 통신' 가운데 어떤 목적의 통신이 금지되는 것인지 고지하여 주지 못하고 있으므로 표현의 자유에서 요구하는 명확성의 요청 및 죄형법정주의의 명확성원칙에 위배하여 헌법에 위반된다.</u>

(1) 재판관 조대현, 재판관 김희옥, 재판관 김종대, 재판관 송두환의 '허위의 통신' 부분의 명확성원칙 위반에 관한 보충의견

이 사건 법률조항의 입법연혁, 관련 조항의 체계에 비추어 보면, 이 사건 법률조항이 본래 입법취지는 '허위의 명의를 이용한 통신'을 규제하려는 데 있었다고 볼 것이다. 그러나 장시간에 걸쳐 사문화된 상태에 있었던 이 사건 법률조항이 최근 몇 년 사이에 내용상 허위의 통신 행위에 대하여 갑작스레 적용되기 시작하면서, 이 사건 법률조항의 '허위의 통신'이 어떠한 행위를 말하는지 다시 의문이 제기되게 되었다. '허위' 개념에는 내용의 거짓이나 형식의 오류가 모두 포함될 수 있기 때문에, 법률 용어로 사용하기 위하여는 보다 구체적인 부연 내지 체계적 배치가 필요함에도 이 사건 법률조항은 법조문 자체의 문언이나 관련 조항의 체계상 그와 같은 구체화의 취지를 명백하게 드러내지 아니한 결과, 당초 입법취지와는 달리, 확대된 법률의 해석, 적용이 가능하게 된 것이다. 결국 이 사건 법률조항은 '공익을 해할 목적'이 불명확하다는 점에서 뿐만 아니라 '허위의 통신'부분이 불명확하다는 점에서도, 죄형법정주의의 명확성원칙에 위반된다.

(2) 재판관 이강국, 재판관 이공현, 재판관 조대현, 재판관 김종대, 재판관 송두환의 과잉금지원칙 위반 여부에 관한 보충의견

표현이 어떤 내용에 해당한다는 이유만으로 표현의 자유의 보호영역에서 애당초 배제된다고는 볼 수 없으므로, '허위사실의 표현'도 헌법 제21조가 규정하는 언론·출판의 자유의 보호영역에는 해당하되, 다만 헌법 제37조 제2항에 따라 제한될 수 있는 것이다. 그런데 이 사건 법률조항을 당해 사건에서와 같이 공익을 해할 목적의 허위사실을 내용으로 하는 통신에 적용하는 것은, '공익' 개념의 모호성, 추상성, 포괄성으로 말미암아 필연적으로 규제되지 않아야 할 표현까지 다함께 규제하게 되어 과잉금지원칙에 어긋난다. 나아가 이 사건 법률조항은, 자신이 행하고자 하는 표현이 규제의 대상이 아니라는 확신이 없는 기본권 주체로 하여금 규제를 받을 것을 우려하여 스스로 표현행위를 억제하도록 할 가능성이 높은바, 제재에 대한 두려움으로 인하여 표현이 억제된다면, 표현의 자유의 기능은 훼손될 수밖에 없다. 결국, 이 사건 법률조항은 과잉금지원칙에 위배하여 표현의 자유를 침해하는 것으로서 헌법에 위반된다.

언론·출판의 자유
사전검열금지의 원칙

75 방송금지가처분과 검열금지 사건

(민사소송법 제714조 제2항 위헌소원)
2001. 8. 30. 2000헌바36 [합헌]

|판시사항|

1. 민사소송법 제714조 제2항에 의한 방영금지가처분을 허용하는 것이 헌법상 검열금지의 원칙에 위반되는지 여부(－)
2. 민사소송법 제714조 제2항이 언론의 자유를 침해하는지 여부(－)

[결정요지]

1. 헌법 제21조 제2항에서 규정한 검열 금지의 원칙은 모든 형태의 사전적인 규제를 금지하는 것이 아니고 단지 의사표현의 발표 여부가 오로지 행정권의 허가에 달려있는 사전심사만을 금지하는 것을 뜻하므로, 이 사건 법률조항에 의한 방영금지가처분은 행정권에 의한 사전심사나 금지처분이 아니라 개별 당사자간의 분쟁에 관하여 사법부가 사법절차에 의하여 심리, 결정하는 것이어서 헌법에서 금지하는 사전검열에 해당하지 아니한다.

2. 본건에 있어서 만민중앙교회 대표자 이재록이 공적 인물에 해당한다고 볼 수도 있겠으나, 바로 위와 같은 표현의 내용과 이로 인하여 침해되는 인격권의 내용 및 그 침해정도, 두 가치 사이의 비교·형량 등 사전금지청구권에 관한 여러 가지 요건을 법원이 엄격히 심사하여 그 허용 여부를 결정하게 되는 것이므로, 공적 인물과 사인간에 심사기준을 달리 하여야 한다는 청구인의 주장은 이 사건 법률조항의 위헌 근거로 주장될 수 있는 내용은 아니라 할 것이다.

일정한 표현행위에 대한 가처분에 의한 사전금지청구는 개인이나 단체의 명예나 사생활 등 인격권 보호라는 목적에 있어서 그 정당성이 인정되고 보호수단으로서도 적정하며, 이에 의한 언론의 자유 제한의 정도는 침해 최소성의 원칙에 반하지 않을 뿐만 아니라 보호되는 인격권보다 제한되는 언론의 자유의 중요성이 더 크다고 볼 수 없어 법익 균형성의 원칙 또한 충족하므로, 이 사건 법률조항은 과잉금지의 원칙에 위배되지 아니하고 언론의 자유의 본질적 내용을 침해하지 아니한다.

언론·출판의 자유
사전검열금지의 원칙

76 영화등급분류 보류제와 검열금지 사건

(영화진흥법 제21조 제4항 위헌제청)
2001. 8. 30. 2000헌가9 [위헌]

|판시사항|

1. 언론·출판의 자유의 보호대상이 되는 의사표현 또는 전파의 매개체의 범위
2. 헌법 제21조 제2항이 정한 검열금지의 원칙의 의미
3. 사전검열이 절대적으로 금지되는 이유
4. 금지되는 검열의 요건
5. 영상물등급위원회의 검열기관 해당 여부(+)
6. 영상물등급위원회에 의한 등급분류보류제도의 검열 해당 여부(+)

[결정요지]

1. 언론·출판의 자유의 보호대상이 되는 의사표현 또는 전파의 매개체는 어떠한 형태이건 가능하므로, 담화·연설·토론·연극·방송·음악·영화·가요 등과 문서·소설·시가·도화·사진·조각·서화 등 모든 형상의 의사표현 또는 의사전파의 매개체를 포함한다.

2. 헌법 제21조 제2항의 검열은 그 명칭이나 형식과 관계없이 실질적으로 행정권이 주체가 되어 사상이나 의견 등이 발표되기 이전에 예방적 조치로서 그 내용을 심사, 선별하여 발표를 사전에 억제하는, 즉 허가받지 아니한 것의 발표를 금지하는 제도를 뜻하고, 이러한 사전검열은 법률로써도 불가능한 것으로서 절대적으로 금지된다.

3. 언론·출판에 대하여 사전검열이 허용될 경우에는 국민의 예술활동의 독창성과 창의성을 침해하여 정신생활에 미치는 위험이 크고 행정기관이 집권자에게 불리한 내용의 표현을 사전에 억제함으로써 이른바 관제의견이나 지배자에게 무해한 여론만이 허용되는 결과를 초래할 염려가 있기 때문에 헌법이 절대적으로 금지하는 것이다.

4. 일반적으로 허가를 받기 위한 표현물의 제출의무, 행정권이 주체가 된 사전심사절차, 허가를 받지 아니한 의사표현의 금지 및 심사절차를 관철할 수 있는 강제수단 등의 요건을 갖춘 경우에만 헌법에 의하여 금지되는 검열에 해당된다.

5. 영상물등급위원회의 경우에도, 비록 그의 심의 및 등급분류활동에 있어서 독립성이

보장된 기관이라 할지라도(공연법 제23조), 그것이 검열기관인가 여부를 판단하는 데 있어서 결정적인 것이라고는 할 수 없다. 심의기관의 독립성이 보장되어야 하는 것은 단지 심의절차와 그 결과의 공정성 및 객관성을 확보하기 위하여 모든 형태의 심의절차에 요구되는 당연한 전제일 뿐이기 때문이다. 국가에 의하여 검열절차가 입법의 형태로 계획되고 의도된 이상, 비록 검열기관을 민간인들로 구성하고 그 지위의 독립성을 보장한다고 해서 영화진흥법이 정한 등급분류보류제도의 법적 성격이 바뀌는 것은 아니다.

따라서 이러한 영상물등급위원회에 의한 등급분류보류제도는 '행정권이 주체가 된 사전심사절차'라는 요건도 충족시킨다. 영상물등급위원회는, 그 위원을 대통령이 위촉하고, 그 구성방법 및 절차에 관하여 필요한 사항을 대통령령으로 정하도록 하고 있으며, 국가예산으로 그 운영에 필요한 경비의 보조를 받을 수 있도록 하고 있는 점 등에 비추어 행정권이 심의기관의 구성에 지속적인 영향을 미칠 수 있고 행정권이 주체가 되어 검열절차를 형성하고 있어 검열기관에 해당한다.

6. 영화진흥법 제21조 제4항이 규정하고 있는 영상물등급위원회에 의한 등급분류보류제도는, 영상물등급위원회가 영화의 상영에 앞서 영화를 제출받아 그 심의 및 상영등급분류를 하되, 등급분류를 받지 아니한 영화는 상영이 금지되고 만약 등급분류를 받지 않은 채 영화를 상영한 경우 과태료, 상영금지명령에 이어 형벌까지 부과할 수 있도록 하며, 등급분류보류의 횟수제한이 없어 실질적으로 영상물등급위원회의 허가를 받지 않는 한 영화를 통한 의사표현이 무한정 금지될 수 있으므로 검열에 해당한다.

관련 유사 판례—〔허가나 검열의 금지〕

76-1. 종합유선방송사업의 허가제

(2001. 5. 31. 2000헌바43, 52(병합))

[결정내용]

언론·출판에 대한 허가·검열금지의 취지는 정부가 표현의 내용에 관한 가치판단에 입각해서 특정 표현의 자유로운 공개와 유통을 사전 봉쇄하는 것을 금지하는 데 있으므로, 내용규제 그 자체가 아니거나 내용규제의 효과를 초래하는 것이 아니라면 위의 금지된 "허가"에는 해당되지 않는다고 할 것이다. 언론매체의 소유 및 운영, 매체시장 내에서의 질서, 타 매체나 서비스와의 관계에 관한 규제 등은 대체로 내용중립적인 구조적 규제의 형태를 가지고 있으나, 이러한 규제가 위 금지된 허가에 해당되는지 여부는 그 규제내용의 실질에 따라 판단되어야 할 것이다.

언론·출판의 자유
사전검열금지의 원칙

77 외국비디오물 수입추천제 사건

(구 음반·비디오물및게임물에관한법률 제16조 제1항 등 위헌제청)
2005. 2. 3. 2004헌가8 **[위헌]**

|판시사항|

외국비디오물을 수입할 경우에 반드시 영상물등급위원회로부터 수입추천을 받도록 규정하고 있는 구 음반·비디오물 및 게임물에 관한 법률 제16조 제1항 등이 사전검열에 해당하는지 여부(+)

[결정요지]

"헌법 제21조 제1항과 제2항은 모든 국민은 언론·출판의 자유를 가지며, 언론·출판에 대한 허가나 검열은 인정되지 아니한다고 규정하고 있다. 여기서의 검열은 행정권이 주체가 되어 사상이나 의견 등이 발표되기 이전에 예방적 조치로서 그 내용을 심사, 선별하여 발표를 사전에 억제하는, 즉 허가받지 아니한 것의 발표를 금지하는 제도를 뜻한다. 이러한 검열제가 허용될 경우에는 국민의 예술활동의 독창성과 창의성을 침해하여 정신생활에 미치는 위험이 클 뿐만 아니라 행정기관이 집권자에게 불리한 내용의 표현을 사전에 억제함으로써 이른바 관제의견이나 지배자에게 무해한 여론만이 허용되는 결과를 초래할 염려가 있기 때문에 헌법이 직접 그 금지를 규정하고 있는 것이다. 그러므로 헌법 제21조 제2항이 언론·출판에 대한 검열금지를 규정한 것은 비록 헌법 제37조 제2항이 국민의 자유와 권리를 국가안전보장·질서유지 또는 공공복리를 위하여 필요한 경우에 한하여 법률로써 제한할 수 있도록 규정하고 있다고 할지라도, 언론·출판의 자유에 대하여는 검열을 수단으로 한 제한만은 법률로써도 허용되지 아니 한다는 것을 밝힌 것이다. 물론 여기서 말하는 검열은 그 명칭이나 형식에 구애됨이 없이 실질적으로 위에서 밝힌 검열의 개념에 해당되는 모든 것을 그 대상으로 하는 것이다. 그러나 검열금지의 원칙은 모든 형태의 사전적인 규제를 금지하는 것이 아니고, 단지 의사표현의 발표 여부가 오로지 행정권의 허가에 달려있는 사전심사만을 금지하는 것을 뜻한다.

그러므로 검열은 일반적으로 허가를 받기 위한 표현물의 제출의무, 행정권이 주체가 된 사전심사절차, 허가를 받지 아니한 의사표현의 금지 및 심사절차를 관철할 수 있는 강제수단 등의 요건을 갖춘 경우에만 이에 해당하는 것이다." 즉, 헌법재판소는 허가를 받기 위한 표현물의 제출의무, 행정권이 주체가 된 사전심사절차, 허가를 받지 아니한 의사표현의 금지, 심사절차를 관철할 수 있는 강제수단 등의 요소를 사전검열의 판단기준으로 제시하였다.

외국비디오물을 수입할 경우에 반드시 영상물등급위원회로부터 수입추천을 받도록 규정하고 있는 구 음반·비디오물 및 게임물에 관한 법률 제16조 제1항 등에 의한 외국비디오물 수입추천제도는 외국비디오물의 수입·배포라는 의사표현행위 전에 표현물을 행정기관의 성격을 가진 영상물등급위원회에 제출토록 하여 표현행위의 허용 여부를 행정기관의 결정에 좌우되게 하고, 이를 준수하지 않는 자들에 대하여 형사처벌 등의 강제조치를 규정하고 있는바, 허가를 받기 위한 표현물의 제출의무, 행정권이 주체가 된 사전심사절차, 허가를 받지 아니한 의사표현의 금지, 심사절차를 관철할 수 있는 강제수단이라는 요소를 모두 갖추고 있으므로, 우리 나라 헌법이 절대적으로 금지하고 있는 사전검열에 해당한다.

언론·출판의 자유
사전검열금지의 원칙

78 텔레비전 방송광고의 사전심의제 사건

(방송법 제32조 제2항 등 위헌확인)
2008. 6. 26. 2005헌마506 **[위헌]**

|판시사항|

1. 방송위원회로부터 위탁을 받은 한국광고자율심의기구로 하여금 텔레비전 방송광고의 사전심의를 담당하도록 한 것이 헌법이 금지하는 사전검열에 해당하는지 여부(+)
2. 구 방송법 규정과 거의 유사한 내용을 담고 있는 개정된 현행 방송법에 대해서도 법질서의 정합성과 소송경제 측면을 고려하여 심판대상에 포함시켜 판단한 사례

[결정요지]

1. 한국광고자율심의기구는 행정기관적 성격을 가진 방송위원회로부터 위탁을 받아 이 사건 텔레비전 방송광고 사전심의를 담당하고 있는바, 한국광고자율심의기구는 민간이 주도가 되어 설립된 기구이기는 하나, 그 구성에 행정권이 개입하고 있고, 행정법상 공무수탁사인으로서 그 위탁받은 업무에 관하여 국가의 지휘·감독을 받고 있으며, 방송위원회는 텔레비전 방송광고의 심의 기준이 되는 방송광고 심의규정을 제정, 개정할 권한을 가지고 있고, 자율심의기구의 운영비나 사무실 유지비, 인건비 등을 지급하고 있다. 그렇다면 한국광고자율심의기구가 행하는 방송광고 사전심의는 방송위원회가 위탁이라는 방법에 의해 그 업무의 범위를 확장한 것에 지나지 않는다고 할 것이므로 <u>한국광고자율심의기구가 행하는 이 사건 텔레비전 방송광고 사전심의는 행정기관에 의한 사전검열로서 헌법이 금지하는 사전검열에 해당한다.</u>

2. 구 방송법 제32조는 2008. 2. 29. 법률 제8867호로 개정되어 방송광고사전심의의 주체를 방송통신심의위원회로 변경하였는데, 방송통신심의위원회의 구성이나 업무, 업무처리 방식 등은 구 방송위원회의 그것과 다르지 않다고 할 것인바, 법질서의 정합성과 소송경제의 측면에서 개정된 방송법에 대해서도 위헌을 선언할 필요가 있다고 할 것이므로 구 방송법 규정과 함께 개정된 방송법 제32조 제2항, 제3항에 대해서도 위헌을 선언한다.

언론 · 출판의 자유
사전검열금지의 원칙

79 건강기능식품 표시 · 광고의 사전심의 사건

(건강기능식품에관한법률 제18조 제1항 제6호 등 위헌제청)
2018. 6. 28. 2016헌바8 등 **[위헌]**

|판시사항|

사전심의를 받은 내용과 다른 내용의 건강기능식품 기능성광고를 금지하고 이를 위반한 경우 처벌하는 것이 사전검열금지원칙에 위배되는지 여부(+)

[결정요지]

현행 헌법상 사전검열은 표현의 자유 보호대상이면 예외 없이 금지된다. 건강기능식품의 기능성 광고는 인체의 구조 및 기능에 대하여 보건용도에 유용한 효과를 준다는 기능성 등에 관한 정보를 널리 알려 해당 건강기능식품의 소비를 촉진시키기 위한 상업광고이지만, 헌법 제21조 제1항의 표현의 자유의 보호 대상이 됨과 동시에 같은 조 제2항의 사전검열 금지 대상도 된다.

광고의 심의기관이 행정기관인지 여부는 기관의 형식에 의하기보다는 그 실질에 따라 판단되어야 하고, 행정기관의 자의로 개입할 가능성이 열려 있다면 개입 가능성의 존재 자체로 헌법이 금지하는 사전검열이라고 보아야 한다. 건강기능식품법상 기능성 광고의 심의는 식약처장으로부터 위탁받은 한국건강기능식품협회에서 수행하고 있지만, 법상 심의주체는 행정기관인 식약처장이며, 언제든지 그 위탁을 철회할 수 있고, 심의위원회의 구성에 관하여도 법령을 통해 행정권이 개입하고 지속적으로 영향을 미칠 가능성이 존재하는 이상 그 구성에 자율성이 보장되어 있다고 볼 수 없다. 식약처장이 심의기준 등의 제정과 개정을 통해 심의 내용과 절차에 영향을 줄 수 있고, 식약처장이 재심의를 권하면 심의기관이 이를 따라야 하며, 분기별로 식약처장에게 보고가 이루어진다는 점에서도 그 심의업무의 독립성과 자율성이 있다고 보기 어렵다. 따라서 이 사건 건강기능식품 기능성광고 사전심의는 그 검열이 행정권에 의하여 행하여진다 볼 수 있고, 헌법이 금지하는 사전검열에 해당하므로 헌법에 위반된다.

언론·출판의 자유
알 권리

80 미결수용자 일간지 구독금지 사건

(일간지 구독금지처분 등 위헌확인)
1998. 10. 29. 98헌마4 [각하·기각]

|판시사항|

1. 수용자교육·교화운영지침에 따른 구치소 수용자에 대한 신문기사 삭제행위에 대해 곧바로 청구된 헌법소원에서 보충성의 예외를 인정할 것인지 여부(+)
2. 청구인이 이미 출소한 경우 수용자에 대한 신문기사 삭제행위를 다툴 권리보호이익이 있는지 여부(+)
3. 수용소에서의 신문구독이 알 권리의 보호영역에 포함되는지 여부(+)
4. 교화상 또는 구금목적에 특히 부적당하다고 인정되는 기사, 조직범죄 등 수용자 관련 범죄기사에 대해 신문을 삭제한 후 수용자에게 구독케 한 행위가 알 권리의 과잉침해에 해당하지 않는다고 한 사례

[결정요지]

1. 수용소에서의 신문기사 삭제행위에 대해 행정심판이나 행정소송의 대상이 될 수 있을 것이라고 일반국민이 쉽게 판단하기는 어렵고, 청구인이 구금자로서 활동의 제약을 받고 있었던 점을 아울러 고려할 때 이는 전심절차 이행의 기대가능성이 없어 보충성의 예외인 경우로 인정된다.

2. 헌법소원 심판청구 당시에는 권리보호의 이익이 있었으나 그 후 사정변경으로 말미암아 권리보호의 이익이 소멸된 경우에도 당해 사건에 대한 본안판단이 헌법질서의 수호·유지를 위하여 긴요한 사항이어서 그 해명이 헌법적으로 중요한 의미를 지니고 있는 경우나, 그러한 침해행위가 앞으로도 반복될 위험이 있는 경우 등에는 예외적으로 심판청구의 이익을 인정하여 이미 종료된 침해행위가 위헌이었음을 확인할 필요가 있다. 이 사건에서 수용자가 구독하는 신문의 일부기사 삭제행위는 국민의 알 권리의 침해 문제와 관련하여 앞으로도 계속될 것으로 보이므로 권리보호의 이익이 있다.

3. 국민의 알 권리는 정보에의 접근·수집·처리의 자유를 뜻하며 그 자유권적 성질의 측면에서는 일반적으로 정보에 접근하고 수집·처리함에 있어서 국가권력의 방해를 받지 아니한다고 할 것이므로, 개인은 일반적으로 접근가능한 정보원, 특히 신문, 방송 등 매스 미디어로부터 방해받음이 없이 알 권리를 보장받아야 할 것이다. 미결수용자에게 자비(自費)로 신문을 구독할 수 있도록 한 것은 일반적으로 접근할 수 있는 정보에 대한 능동적 접근에 관한 개인의 행동으로서 이는 알 권리의 행사이다.

4. 국민의 알 권리는 정보에의 접근·수집·처리의 자유를 뜻하며 그 자유권적 성질의 측면에서는 일반적으로 정보에 접근하고 수집·처리함에 있어서 국가권력의 방해를 받지 아니한다고 할 것이므로, 개인은 일반적으로 접근가능한 정보원, 특히 신문, 방송 등 매스 미디어로부터 방해받음이 없이 알 권리를 보장받아야 할 것이다.

교화상 또는 구금목적에 특히 부적당하다고 인정되는 기사, 조직범죄 등 수용자 관련 범죄기사에 대한 신문기사 삭제행위는 구치소내 질서유지와 보안을 위한 것으로, 신문기사 중 탈주에 관한 사항이나 집단단식, 선동 등 구치소내 단체생활의 질서를 교란하는 내용이 미결수용자에게 전달될 때 과거의 예와 같이 동조단식이나 선동 등 수용의 내부질서와 규율을 해하는 상황이 전개될 수 있고, 이는 수용자가 과밀하게 수용되어 있는 현 구치소의 실정과 과소한 교도인력을 볼 때 구치소내의 질서유지와 보안을 어렵게 할 우려가 있다. 이 사건 신문기사의 삭제 내용은 그러한 범위내에 그치고 있을 뿐 신문기사 중 주요기사 대부분이 삭제된 바 없음이 인정되므로 이는 수용질서를 위한 청구인의 알 권리에 대한 최소한의 제한이라고 볼 수 있으며, 이로써 침해되는 청구인에 대한 수용질서와 관련되는 위 기사들에 대한 정보획득의 방해와 그러한 기사 삭제를 통해 얻을 수 있는 구치소의 질서유지와 보안에 대한 공익을 비교할 때 청구인의 알 권리를 과도하게 침해한 것은 아니다.

언론·출판의 자유
알 권리

81 군내 불온도서 소지 금지 사건

(군인사법 제47조의2 위헌확인 등)
2010. 10. 28. 2008헌마638 [기각 · 각하]

|판시사항|

1. 군인의 복무에 관하여 '이 법에 관한 것을 제외하고' 대통령령에 위임하고 있는 군인사법 제47조의2, 위 군인사법 제47조의2 및 군인복무규율 제16조의2에 근거한 국방부장관 및 육군참모총장의 '군내 불온서적 차단대책 강구 지시'가 기본권침해의 직접성이 인정되는지 여부(-)
2. 불온도서의 소지 · 전파 등을 금지하는 군인복무규율 제16조의2가 명확성원칙, 과잉금지원칙 및 법률유보원칙에 위배되어 청구인들의 기본권을 침해하는지 여부(-)

[결정요지]

1. 군인사법 제47조의2는 '군인의 복무에 관하여는 이 법에 규정한 것을 제외하고는 따로 대통령령이 정하는 바에 의한다.'고 규정하여 기본권 침해에 관하여 아무런 규율도 하지 아니한 채 이를 대통령령에 위임하고 있으므로, 그 내용이 국민의 권리관계를 직접 규율하는 것이라고 보기 어렵다. 또한 국방부장관 등의 '군내 불온서적 차단대책 강구 지시'는 그 지시를 받은 하급 부대장이 일반 장병을 대상으로 하여 그에 따른 구체적인 집행 행위를 함으로써 비로소 청구인들을 비롯한 일반 장병의 기본권 제한의 효과가 발생한다 할 것이므로 직접적인 공권력 행사라고 볼 수 없다. 따라서 위 법률조항 및 지시는 기본권 침해의 직접성이 인정되지 아니한다.

2. 군인복무규율 제16조의2(이하 '이 사건 복무규율조항'이라 한다.)는 국군의 이념 및 사명을 해할 우려가 있는 도서로 인하여 군인들의 정신전력이 저해되는 것을 방지하기 위한 조항이라고 할 것이고, 규범의 의미내용으로부터 무엇이 금지되고 무엇이 허용되는 행위인지를 예측할 수 있으므로 명확성원칙에 위배되는 법령조항이라고 보기 어렵다.

군의 정신전력이 국가안전보장을 확보하는 군사력의 중요한 일부분이라는 점이 분명한 이상, 정신전력을 보전하기 위하여 불온도서의 소지 · 전파 등을 금지하는 규율조항은 목적의 정당성이 인정된다. 또한 군의 정신전력에 심각한 저해를 초래할 수 있는 범위의 도서로 한정함으로써 침해의 최소성 요건을 지키고 있고, 이 사건 복무규율조항으로 달성되는 군의 정신전력 보존과 이를 통한 군의 국가안전보장 및 국토방위의무의 효과적인 수행이라는 공익은 이 사건 복무규율조항으로 인하여 제한되는 군인의 알 권리라는 사익보다 결코 작다 할 수 없다. 이 사건 복무규율조항은 법익균형성원칙에도 위배되지 아니한다.

이 사건 복무규율조항이 법률유보원칙을 준수하였는지를 살펴보면, 군인사법 제47조의2는 헌법이 대통령에게 부여한 군통수권을 실질적으로 존중한다는 차원에서 군인의 복무에 관한 사항을 규율할 권한을 대통령령에 위임한 것이라 할 수 있고, 대통령령으로 규정될 내용 및 범위에 관한 기본적인 사항을 다소 광범위하게 위임하였다 하더라도 포괄위임금지원칙에 위배된다고 볼 수 없다. 따라서 이 사건 복무규율조항은 이와 같은 군인사법 조항의 위임에 의하여 제정된 정당한 위임의 범위 내의 규율이라 할 것이므로 법률유보원칙을 준수한 것이다.

언론·출판의 자유
알 권리

82 한·중 마늘교역에 관한 합의서 사건

(대한민국정부와 중화인민공화국정부간의 마늘교역에 관한 합의서 등 위헌확인)
(2004. 12. 16. 2002헌마579 **[각하]**)

|판시사항|

1. 일정한 시기부터 한국의 민간기업이 자유롭게 수입할 수 있다고 한 중국과의 마늘교역에 관한 합의 내용이 마늘재배농가의 재산권 등 기본권을 침해할 가능성이 있는지 여부(−)
2. 위와 같은 합의 내용을 공개할 정부의 의무가 인정되는지 여부(−)

[결정요지]

1. 오늘날 경제나 재정의 면에서 국가의 유도적·조정적 조치나 법률이 증가함에 따라 국가의 행위가 개인의 영업이나 이윤추구에 영향을 미치는 경우가 빈번해졌다 하더라도, 개인이나 기업의 단순한 이윤추구의 기회나 유리한 법적 상황이 지속되리라는 기대나 희망은 재산권의 보호범위에 속하지 않는다. 이 사건에서 중국산 마늘에 대한 수입제한조치는 중국산 마늘의 수입이 단기간에 급격히 증대할 경우 국내시장의 가격에 중대한 영향을 주고 이에 따라 국내 마늘재배농가의 경영이 악화되는 것을 방지하기 위하여 3년의 기한으로 행하여진 것이다. 이는 당면한 구체적 경제상황에 적응하지 못한 농가를 한시적으로 보호하여 대응조치를 할 시간적 여유를 주기 위한 것일 뿐, 장기간 혹은 기한 없이 계속적으로 중국산 마늘에 대한 수입장벽을 지속하여 마늘재배농가에 유리한 경제적 법적 상황을 확보하여 주기 위한 것은 아니다. 따라서 마늘재배농가에게 위 수입제한조치가 다시 연장되는 것에 대한 어떠한 법적 신뢰도 부여될 수 없고, 마늘재배농가는 단지 기존의 수입제한조치를 활용하여 자신의 계획에 따라 경영을 조정하여야 할 뿐이므로 국가가 이러한 제한조치를 연장하지 아니한다고 하여도 마늘재배농가인 청구인들의 재산권이 제한되는 것으로 볼 수 없다.

모든 국가작용이 합리성과 정당성을 갖춘 적정한 것인지를 판단하기 위한 일반적인 헌법원칙의 하나인 적법절차원칙이나 국회와 대통령의 권한의 분배로서 조약의 국회동의 및 대통령의 비준을 규정한 헌법 제60조 제1항과 제70조 또는 권력분립원칙이 그 자체로 청구인들에게 어떠한 주관적인 권리를 보장한다고 보기는 어렵다. 따라서 위 주장 자체로 청구인들의 주관적인 권리가 침해된다고 볼 수 없고 이 사건 조항에 의한 기본권 침해 가능성을 인정할 수 없다.

대한민국정부와 중화인민공화국정부 간 합의된 중국산 마늘에 대한 수입제한조치는 당면한 구체적 경제상황에 적응하지 못한 농가를 한시적으로 보호하여 대응조치를 할 시간적 여유를 주기 위한 것일 뿐, 장기간 혹은 기한 없이 계속적으로 중국산 마늘에 대한 수입장벽을 지속하여 마늘재배농가에 유리한 경제적 법적 상황을 확보하여 주기 위한 것은 아니다. 따라서 마늘재배농가에게 위 수입제한조치가 다시 연장되는 것에 대한 어떠한 법적 신뢰도 부여될 수 없고, 마늘재배농가는 단지 기존의 수입제한조치를 활용하여 자신의 계획에 따라 경영을 조정하여야 할 뿐이므로 국가가 이러한 제한조치를 연장하지 아니한다고 하여도 마늘재배농가의 재산권이 제한되는 것으로 볼 수 없다. 또한 경영상황의 악화로 마늘재배를 중단해야 하더라도 이로써 직업선택의 자유가 어떠한 영향을 받는다고 볼 수 없다. 적법절차위반과 조약체결에 관한 헌법규정 및 권력분립원칙은 그 자체로 어떠한 주관적인 권리를 보장한다고 보기는 어렵다.

2. 원칙적으로 국가에게 이해관계인의 공개청구 이전에 적극적으로 정보를 공개할 것을 요구하는 것까지 알 권리로 보장되는 것은 아니다. 따라서 일반적으로 국민의 권리의무에 영향을 미치거나 국민의 이해관계와 밀접한 관련이 있는 정책결정 등에 관하여 적극적으로 그 내용을 알 수 있도록 공개할 국가의 의무는 기본권인 알 권리에 의하여 바로 인정될 수는 없고 이에 대한 구체적인 입법이 있는 경우에야 비로소 가능하다.

이와 같이 알 권리에서 파생되는 정부의 공개의무는 특별한 사정이 없는 한 국민의 적극적인 정보수집행위, 특히 특정의 정보에 대한 공개청구가 있는 경우에야 비로소 존재하므로, 청구인들의 정보공개청구가 없었던 이 사건의 경우 이 사건 조항을 사전에 마늘재배농가들에게 공개할 정부의 의무는 인정되지 아니한다.

언론·출판의 자유
알 권리

83 화환 설치를 금지하는 공직선거법 조항 사건

(공직선거법 제90조 제1항 제1호 등 위헌제청)
(2023. 6. 29. 2023헌가12 **[헌법불합치]**)

|판시사항|

1. 공직선거법 제90조 제1항 제1호 중 '화환 설치'에 관한 부분 및 공직선거법 제256조 제3항 제1호 아목 중 '제90조 제1항 제1호의 화환 설치'에 관한 부분(이하 합하여 '심판대상조항'이라 한다)이 정치적 표현의 자유를 침해하는지 여부 (+)
2. 헌법불합치 결정을 선고하면서 계속 적용을 명한 사례

[결정요지]

1. (1) 정치적 표현의 자유에 대한 제한과 심사기준

정치적 표현의 자유의 헌법상 지위와 성격, 선거의 공정성과의 관계 등에 비추어 볼 때, 입법자는 선거의 공정성을 보장하기 위해서 부득이하게 선거 국면에서의 정치적 표현의 자유를 제한하더라도, 입법목적 달성과의 관련성이 구체적이고 명백한 범위 내에서 가장 최소한의 제한에 그치는 수단을 선택하지 않으면 안 된다. 정치적 표현에 대하여는 '자유를 원칙으로, 금지를 예외로' 하여야 하고, '금지를 원칙으로, 허용을 예외로' 해서는 안 된다는 점은 자명하다. 따라서 선거운동 등에 대한 제한이 정치적 표현의 자유를 침해하는지 여부를 판단함에 있어서는 표현의 자유의 규제에 관한 판단기준으로서 엄격한 심사기준을 적용하여야 한다(헌재 2022. 7. 21. 2017헌바100등 참조).

(2) 과잉금지원칙 위배 여부

(가) 목적의 정당성 및 수단의 적합성

심판대상조항은 선거에서의 균등한 기회를 보장하고 선거의 공정성을 확보하기 위한 것으로서 그 정당성이 인정된다. 심판대상조항이 누구든지 선거일 전 180일부터 선거일까지 선거에 영향을 미치게 하기 위하여 공직선거법의 규정에 의한 것을 제외하고는 화환을 설치할 수 없도록 금지·처벌하는 것은 위와 같은 입법목적을 달성하기 위한 적합한 수단에 해당한다(헌재 2022. 7. 21. 2017헌바100등 참조).

(나) **침해의 최소성**

그러나 위와 같은 입법목적의 정당성 및 수단의 적합성이 인정된다 하더라도, 심판대상조항은 다음과 같은 이유에서 침해의 최소성에 어긋난다고 볼 수밖에 없다.

(a) 우선, 심판대상조항은 후보자의 정치적 표현의 자유를 제한할 뿐만 아니라, 일반 유권자에 대하여는 화환을 설치하여 정치적 표현을 할 기회를 사실상 박탈하는 결과를 초래한다.

공직선거법상 후보자나 예비후보자에게는 선거사무소의 간판이나 현수막 게시, 표시물 착용 등이 허용된다(제60조의3 제1항 제1호, 제5호, 제61조 제6항, 제67조, 제68조 등 참조). 그러나 그 규격이나 게시방법 등을 제한하고 이를 위반한 자에 대하여 과태료나 형사처벌 등의 제재를 가하도록 하고 있어(제256조 제3항 제1호 가목, 제261조 제8항 제2호 가목), 그 허용범위가 넓다고 볼 수 없다.

더욱이 일반 유권자의 경우에는 그러한 허용규정조차 두지 않고 있어, 선거에 영향을 미치게 할 목적만 인정된다면 화환을 설치하는 방법으로는 특정 후보자나 정당에 대한 정치적 표현 자체를 할 수 없게 된다.

이처럼 심판대상조항은 후보자에 대한 정치적 표현의 자유를 상당 부분 제한할 뿐 아니라, 후보자에 비하여 선거운동의 허용영역이 상대적으로 좁은 일반 유권자에 대하여는 더욱 광범위하게 정치적 표현의 자유를 제한함으로써 민주주의 사회의 근간이 되는 정치적 표현의 자유라는 기본권을 형해화하고 있다(헌재 2022. 7. 21. 2017헌바100등; 헌재 2022. 7. 21. 2018헌바357등 참조).

(b) 다음으로, 심판대상조항은 규제기간을 '선거일 전 180일부터 선거일까지'로 정하고 있으나, 그와 같은 장기간의 규제기간이 정치적 표현의 자유를 제한할 합리적인 기준이 된다고 볼 수 없다. 이러한 시간적 범위는 일반 유권자의 정치적 표현 제한 시점의 합리적인 기준이 되지 못하고, 각종 선거가 순차적으로 맞물려 돌아가는 현실에서 국민들의 정치적 표현의 자유를 상시적으로 제한하게 되어 그로 인한 기본권 제한의 정도가 지나치게 크다(헌재 2022. 7. 21. 2017헌바100등; 헌재 2022. 7. 21. 2018헌바357등 참조).

(c) 한편, 화환의 경우 투입되는 비용에 따라 이용 규모나 횟수, 규격 등이 달라져 홍보 효과에도 상당한 차이가 발생할 수 있고, 이에 따라 결과적으로 선거에서의 기회 불균형을 야기할 수 있다. 그러나 이 같은 문제는 공직선거법상 선거비용 규제 등을 통해서도 충분히 해소할 수 있다(헌재 2022. 7. 21. 2017헌바100등; 헌재 2022. 7. 21. 2018헌바357등 참조).

(d) 화환 설치를 금지하는 것이 선거의 과열로 인한 무분별한 흑색선전, 허위사실유포나 비방을 방지하기 위해 불가피하다고 보기도 어렵다. 후보자에 대한 인신공격적 비난이나 허위사실 적시를 통한 비방 등은 그 행위를 직접적으로 금지하고 처벌하는 규정으로

대처하여야 할 문제이다. 그런데 공직선거법은 이미 이러한 규정을 두고 있으며, 그 법정형도 심판대상조항보다 무겁다(헌재 2022. 7. 21. 2017헌바100등; 헌재 2022. 7. 21. 2018헌바357등 참조).

(다) 법익의 균형성

심판대상조항은 선거에서의 기회 균등 및 선거의 공정성 도모를 위한 것이나, 선거의 공정성 등을 해치는 것이 명백하다고 볼 수 없는 방법조차 선거일 전 180일부터 선거일까지 장기간에 걸쳐 규제하고 있다. 그로 인하여 일반 유권자나 후보자가 받게 되는 정치적 표현의 자유에 대한 제약은 매우 크다고 할 것이고, 심판대상조항이 달성하고자 하는 공익이 그보다 중대하다고 볼 수 없다. 따라서 심판대상조항은 법익의 균형성도 갖추지 못하였다(헌재 2022. 7. 21. 2017헌바100등; 헌재 2022. 7. 21. 2018헌바357등 참조).

(라) 소 결

그렇다면 심판대상조항은 과잉금지원칙에 위배되어 정치적 표현의 자유를 침해하여 헌법에 위반된다.

2. 심판대상조항의 위헌성은 선거에 영향을 미치게 하기 위하여 화환을 설치하는 행위를 장기간 동안 포괄적으로 규제하는 데 있고, 이와 관련하여 정치적 표현행위의 방법을 구체적으로 어느 정도로 허용할 것인가는 입법자가 논의를 거쳐 결정해야 할 사항이다.

따라서 심판대상조항에 대하여 2024. 5. 31.을 시한으로 입법자가 개정할 때까지 계속 적용을 명하는 헌법불합치결정을 한다.

핵심 체크 학습 언론·출판의 자유

1. 사전심의를 받지 아니한 의료광고를 금지하고 이를 위반한 경우 처벌하는 「의료법」 상의 규정은 사전검열금지원칙에 위반되지 않는다. [16 사시]

해설 의료광고의 사전심의는 보건복지부장관으로부터 위탁을 받은 각 의사협회가 행하고 있으나 사전심의의 주체인 보건복지부장관은 언제든지 위탁을 철회하고 직접 의료광고 심의업무를 담당할 수 있는 점, 의료법 시행령이 심의위원회의 구성에 관하여 직접 규율하고 있는 점, 심의기관의 장은 심의 및 재심의 결과를 보건복지부장관에게 보고하여야 하는 점, 보건복지부장관은 의료인 단체에 대해 재정지원을 할 수 있는 점, 심의기준·절차 등에 관한 사항을 대통령령으로 정하도록 하고 있는 점 등을 종합하여 보면, 각 의사협회는 행정권의 영향력에서 벗어나 독립적이고 자율적으로 사전심의업무를 수행하고 있다고 보기 어렵다. 따라서 이 사건 법률규정들은 사전검열금지원칙에 위배된다(헌재 2015. 12. 23. 2015헌바75).

2. 금치처분을 받은 미결수용자에 대하여 그 기간 중 집필을 금지하면서 예외적인 경우에만 교도소장이 집필을 허가할 수 있도록 한 「형의 집행 및 수용자의 처우에 관한 법률」상의 규정은 미결수용자의 표현의 자유를 침해하지 않는다. [16 사시]

해설 금치 처분을 받은 수용자들은 이미 수용시설의 안전과 질서유지에 위반되는 행위, 그 중에서도 가장 중한 평가를 받은 행위를 한 자들이라는 점에서, 집필과 같은 처우 제한의 해제는 예외적인 경우로 한정될 수밖에 없고, 미결수용자는 징벌집행 중 소송서류의 작성 등 수사 및 재판 과정에서의 권리행사는 제한 없이 허용되는 점 등을 감안하면, 이 사건 집필제한 조항은 청구인의 표현의 자유를 침해하지 아니한다(헌재 2014. 8. 28. 2012헌마623).

정답 1. × 2. ○

3. 긴급조치 제1호는 유신헌법을 부정하거나 반대하고 폐지를 주장하는 행위 중 실제로 국가의 안전보장과 공공의 안녕질서에 대한 심각하고 중대한 위협이 명백하고 현존하는 경우 이외에도, 국가긴급권의 발동이 필요한 상황과는 전혀 무관하게 헌법과 관련하여 자신의 견해를 단순하게 표명하는 행위까지 모두 처벌하고 처벌의 대상이 되는 행위를 구체적으로 특정할 수 없으므로 표현의 자유를 침해한다. [16 사시]

해설 긴급조치 제1호, 제2호는 국가긴급권의 발동이 필요한 상황과는 전혀 무관하게 헌법과 관련하여 자신의 견해를 단순하게 표명하는 모든 행위까지 처벌하고, 처벌의 대상이 되는 행위를 전혀 구체적으로 특정할 수 없으므로, 표현의 자유 제한의 한계를 일탈하여 국가형벌권을 자의적으로 행사하였고, 죄형법정주의의 명확성 원칙에 위배되며, 국민의 헌법개정권력의 행사와 관련한 참정권, 국민투표권, 영장주의 및 신체의 자유, 법관에 의한 재판을 받을 권리 등을 침해한다(헌재 2013. 3. 21. 2010헌바132 등).

4. 헌법재판소는 '언론·출판은 타인의 명예나 권리 또는 공중 도덕이나 사회윤리를 침해하여서는 아니된다.'라고 규정하고 있는 헌법 제21조 제4항은 헌법상 표현의 자유의 보호영역 한계를 설정한 것이라고는 볼 수 없다고 판단하였다. [14 법무사]

해설 헌법 제21조 제4항은 "언론·출판은 타인의 명예나 권리 또는 공중도덕이나 사회윤리를 침해하여서는 아니 된다."고 규정하고 있는바, 이는 언론·출판의 자유에 따르는 책임과 의무를 강조하는 동시에 언론·출판의 자유에 대한 제한의 요건을 명시한 규정으로 볼 것이고, 헌법상 표현의 자유의 보호영역 한계를 설정한 것이라고는 볼 수 없다(헌재 2009. 5. 28. 2006헌바109 등).

5. 표현의 자유는, 전통적으로 사상 또는 의견의 자유로운 표명과 그것을 전파할 자유를 의미하는 것으로서, 이러한 자유로운 표명과 전파의 자유에는 자신의 신원을 누구에게도 밝히지 아니한 채 익명 또는 가명으로 자신의 사상이나 견해를 표명하고 전파할 익명표현의 자유도 포함된다. [14 법무사]

해설 '자유로운' 표명과 전파의 자유에는 자신의 신원을 누구에게도 밝히지 아니한 채 익명 또는 가명으로 자신의 사상이나 견해를 표명하고 전파할 익명표현의 자유도 그 보호영역에 포함된다고 할 것이다(헌재 2010. 2. 25. 2008헌마324 등).

6. 저속한 간행물의 출판을 전면 금지시키고 출판사의 등록을 취소시킬 수 있도록 하는 것은 청소년보호를 위해 지나치게 과도한 수단을 선택한 것으로서, 성인의 알 권리를 침해하는 것이다. [14 법무사]

정답 3. ○ 4. ○ 5. ○ 6. ○

해설 헌재 1998. 4. 30. 95헌가16.

7. 국민의 알 권리의 내용에는 자신의 권익보호와 직접 관련이 있는 정보의 공개를 청구할 수 있는 개별적 정보공개 청구권만이 포함되고, 일반 국민 누구나 국가에 대하여 보유·관리하고 있는 정보의 공개를 청구할 수 있는 일반적 정보공개청구권은 포함되지 않는다. [14 법무사]

해설 정보공개청구권은 다시 공권력이 보유하는 모든 정보에 대하여 일반국민 또는 언론기관이 공개를 요구할 권리(일반적 공개청구권)와 공권력이 보유하는 특정의 정보에 대하여 이해관계가 있는 특정 개인이 공개를 요구할 권리(개별적 공개청구권)로 나누인다(헌재 1991. 5. 13. 90헌마133).

8. 헌법재판소의 견해에 의하면 자유로운 의사의 형성은 충분한 정보에의 접근이 보장됨으로써 비로소 가능하기 때문에 알 권리는 표현의 자유에 당연히 포함된다. [14 법무사]

해설 헌재 1989. 9. 4. 88헌마22.

9. 영상물등급위원회는 행정권과 독립된 민간 자율기관이므로, 영화에 대한 사전심의는 헌법이 금지하는 사전검열금지의 원칙에 반하지 아니한다. [15 법행]

해설 헌재 1996. 10. 4. 93헌가13 등.

10. 구 영화진흥법에 따른 등급분류 보류제도는 사전검열에 해당한다. [15 법행]

해설 영상물등급위원회는 실질적으로 행정기관인 검열기관에 해당하고, 이에 의한 등급분류보류는 비디오물 유통 이전에 그 내용을 심사하여 허가받지 아니한 것의 발표를 금지하는 제도, 즉 검열에 해당되므로 헌법에 위반된다(헌재 2008. 10. 30. 2004헌가18).

11. 민사소송법에 근거한 방영금지가처분은 제작 또는 방영되기 이전에 그 내용을 심사하여 금지하는 것이므로 사전검열에 해당한다. [15 법행]

해설 이 사건 법률조항에 의한 방영금지가처분은 행정권에 의한 사전심사나 금지처분이 아니라 개별 당사자간의 분쟁에 관하여 사법부가 사법절차에 의하여 심리, 결정하는 것이어서 헌법에서 금지하는 사전검열에 해당하지 아니한다(헌재 2001. 8. 30. 2000헌바36).

정답 7. × 8. ○ 9. × 10. ○ 11. ×

12. 외국비디오물을 수입할 경우 반드시 영상물등급위원회로부터 수입추천을 받도록 한 구 음반 · 비디오물 및 게임물에 관한 법률 제16조 제1항의 외국비디오물 수입추천제도는 헌법이 금지하는 사전검열에 해당하지 아니한다. [15 법행]

해설 우리 헌법 제21조 제2항이 절대적으로 금지하고 있는 사전검열에 해당하여 헌법에 위반된다(헌재 2006. 10. 26. 2005헌가14).

13. 청소년 등에게 부적절한 내용의 음반에 대하여 청소년에게 판매할 수 없도록 미리 등급을 심사하는 등급심사제도는 사전검열에 해당한다. [15 법행]

해설 청소년에게 부적절한 내용의 음반에 대해서는 청소년에게 판매할 수 없도록 미리 등급을 심사하는 이른바 등급심사제도는 사전검열에 해당하지 아니한다(헌재 1996. 10. 31. 94헌가6).

14. 알 권리의 청구권적 성질은 의사형성이나 여론형성에 필요한 정보를 적극적으로 수집하고 수집을 방해하는 방해제거를 청구할 수 있다는 것을 의미하는바 이는 정보수집권 또는 정보공개청구권으로 나타난다. [14 법행]

해설 "알 권리"는 표현의 자유와 표리일체의 관계에 있으며 자유권적 성질과 청구권적 성질을 공유하는 것이다. 자유권적 성질은 일반적으로 정보에 접근하고 수집 · 처리함에 있어서 국가권력의 방해를 받지 아니한다는 것을 말하며, 청구권적 성질을 의사형성이나 여론 형성에 필요한 정보를 적극적으로 수집하고 수집을 방해하는 방해제거를 청구할 수 있다는 것을 의미하는 바 이는 정보수집권 또는 정보공개청구권으로 나타난다[헌재 1991. 5. 13. 90헌마133].

15. 알 권리의 실현은 법률의 제정이 뒤따라야 비로소 구체화 될 수 있는 것이므로 그러한 법률이 제정되어 있지 않은 상태에서 헌법 제21조에 의해 직접 보장될 수 있는 것은 아니다. [14 법행]

해설 헌법상 입법의 공개(제50조 제1항), 재판의 공개(제109조)와는 달리 행정의 공개에 대하여서는 명문규정을 두고 있지 않지만 "알 권리"의 생성기반을 살펴볼 때 이 권리의 핵심은 정부가 보유하고 있는 정보에 대한 국민의 "알 권리", 즉 국민의 정부에 대한 일반적 정보공개를 구할 권리(청구권적 기본권)라고 할 것이며, 이러한 "알 권리"의 실현은 법률의 제정이 뒤따라 이를 구체화시키는 것이 충실하고도 바람직하지만, 그러한 법률이 제정되어 있지 않다고 하더라도 불가능한 것은 아니고 헌법 제21조에 의해 직접 보장될 수 있다고 하는 것이 헌법재판소의 확립된 판례인 것이다[헌재 1991. 5. 13. 90헌마

정답 12. × 13. × 14. ○ 15. ×

133].

16. 법원이 형을 선고받은 피고인에게 재판서를 송달하지 않는다고 하여 국민의 알 권리를 침해한다고 할 수 없다. [14 법행]

해설 재판의 선고는 공판기일에 출석한 피고인에게 주문을 낭독하고 이유의 요지를 설명하여야 하는 것이 원칙으로 되어 있으며, 형사소송법제324조는 형을 선고하는 경우에는 재판장은 피고인에게 상소할 기간과 상소할 법원을 고지하여야 한다고 규정하고 있으므로, 법원이 형을 선고받은 피고인에게 재판서를 송달하지 않는다고 하여 국민의 알 권리를 침해한다고 할 수 없고, 형사소송법 제343조 제2항이 상소기간을 재판서 송달일이 아닌 재판선고일로부터 계산하는 것이 과잉으로 국민의 재판청구권을 제한한다고 할 수 없다[헌재 1995. 3. 23. 92헌바1].

17. 알 권리에서 파생되는 정부의 공개의무는 특별한 사정이 없는 한 국민의 적극적인 정보수집행위, 특히 특정의 정보에 대한 공개청구가 있는 경우에야 비로소 존재하므로, 정보공개청구가 없었던 경우 정보를 사전에 공개할 정부의 의무는 인정되지 아니한다. [14 법행]

해설 알 권리는 국민이 일반적으로 정보에 접근하고 수집 · 처리함에 있어서 국가권력의 방해를 받지 않음을 보장하고 의사형성이나 여론 형성에 필요한 정보를 적극적으로 수집하고 수집에 대한 방해의 제거를 청구할 수 있는 권리로서, 원칙적으로 국가에게 이해관계인의 공개청구 이전에 적극적으로 정보를 공개할 것을 요구하는 것까지 알 권리로 보장되는 것은 아니다[헌재 2004. 12. 16. 2002헌마579].

18. 표현의 자유에는 자신의 신원을 누구에게도 밝히지 아니한 채 익명으로 자신의 사상이나 견해를 표명하고 전파할 자유도 포함된다.

해설 헌법 제21조에서 보장하고 있는 표현의 자유는, 전통적으로는 사상 또는 의견의 자유로운 표명(발표의 자유)과 그것을 전파할 자유(전달의 자유)를 의미하는 것으로서, 개인이 인간으로서의 존엄과 가치를 유지하고 행복을 추구하며 국민주권을 실현하는데 필수불가결한 것이고, 종교의 자유, 양심의 자유, 학문과 예술의 자유 등의 정신적인 자유를 외부적으로 표현하는 자유이다. 이러한 '자유로운' 표명과 전파의 자유에는 자신의 신원을 누구에게도 밝히지 아니한 채 익명 또는 가명으로 자신의 사상이나 견해를 표명하고 전파할 익명표현의 자유도 그 보호영역에 포함된다고 할 것이다(헌재 2010. 2. 25. 2008헌마324).

정답 16. ○ 17. ○ 18. ○

집회의 자유

84 집회·시위를 위한 인천애뜰 잔디마당의 사용을 제한하는 인천광역시 조례 조항에 관한 헌법소원 사건

(인천애(愛)뜰의 사용 및 관리에 관한 조례 제6조 등 위헌확인)
2023. 9. 26. 2019헌마1417 **[위헌]**

|판시사항|

1. 집회 또는 시위를 하기 위하여 인천애(愛)뜰 중 잔디마당과 그 경계 내 부지에 대한 사용허가 신청을 한 경우 인천광역시장이 이를 허가할 수 없도록 제한하는 인천애(愛)뜰의 사용 및 관리에 관한 조례(이하 '이 사건 조례' 라 한다) 제7조 제1항 제5호 가목(이하 '심판대상조항' 이라 한다)이 법률유보원칙에 위배되어 청구인들의 집회의 자유를 침해하는지 여부(−)
2. 심판대상조항이 과잉금지원칙에 위배되어 청구인들의 집회의 자유를 침해하는지 여부(+)

[결정요지]

1. 법률유보원칙 위반 여부

(1) 헌법 제117조 제1항은 지방자치단체가 법령의 범위 안에서 자치에 관한 규정을 제정할 수 있도록 하고, 지방자치법 제28조 제1항은 "지방자치단체는 법령의 범위에서 그 사무에 관하여 조례를 제정할 수 있다. 다만, 주민의 권리 제한 또는 의무 부과에 관한 사항이나 벌칙을 정할 때에는 법률의 위임이 있어야 한다."라고 규정한다. 그런데 조례 제정권자인 지방의회는 선거를 통하여 그 지역적 민주적 정당성을 부여받은 주민의 대표기관이고, 헌법이 지방자치단체에 대해 포괄적인 자치권을 보장하고 있는 취지에 비추어, 조례에 대한 법률의 위임은 법규명령에 대한 법률의 위임과 같이 반드시 구체적으로 범위를 정할 필요가 없으며, 포괄적으로도 할 수 있다(헌재 1995. 4. 20. 92헌마264등; 헌재 2019. 11. 28. 2017헌마1356 참조).

(2) 지방자치법에 의하면 공유재산의 관리, 광장의 설치 및 관리는 일반적으로 지방자치단체의 사무에 속하고(제13조 제2항 제1호 자목 및 제5호 나목 참조), 공공시설의 설치와 관리에 관하여 다른 법령에 규정이 없으면 조례로 정하도록 하고 있다(제161조 제2항).

이 사건 조례는 위 법률조항들에 근거하여 인천광역시가 소유한 공유재산이자 공공시설인 인천애뜰의 사용 및 관리에 필요한 사항을 규율하기 위하여 제정된 것으로(제1조), 심판대상조항은 인천애뜰의 잔디마당과 그 경계 내 부지의 사용 기준을 정한 것이다. 그렇다면 심판대상조항은 법률의 위임 내지는 법률에 근거하여 규정된 것이라고 할 수 있으므로, 법률유보원칙에 위배되는 것으로 볼 수 없다.

2. 과잉금지원칙 위반 여부

(1) 목적의 정당성

잔디마당은 본래 시청사 부지 가장자리에 있었던 외벽과 화단 등을 철거하여 조성되어 시청사와 매우 근접한 장소로, 만약 집회·시위가 평화적으로 이루어지지 않을 경우 시청사의 안전과 기능 유지가 직접적으로 위협받을 수 있는바, 심판대상조항은 시청사의 안전과 기능을 확보하기 위한 규정으로 볼 수 있다. 또한 심판대상조항은 집회·시위를 개최하거나 참석하는 사람들의 잔디마당에 대한 독점적·배타적 사용을 차단함으로써 집회·시위에 참석하지 않는 시민이 자유롭게 잔디마당을 산책, 운동, 휴식 등의 장소로 이용할 수 있도록 하기 위한 규정이다. 이러한 심판대상조항의 목적은 정당하다.

(2) 수단의 적합성

집회·시위를 위한 잔디마당 사용허가가 전면적·일률적으로 차단되면 잔디마당에서 열리는 집회·시위의 개최도 봉쇄되므로 이로 인하여 시청사의 안전과 기능이 위협받을 가능성이 작아지고 해당 집회·시위에 참석하지 않는 시민의 자유로운 이용이 배제될 여지도 줄어들게 되는바, 수단의 적합성도 인정된다.

(3) 침해의 최소성

(가) 집회 장소는 집회 목적·효과와 관련하여 중요한 의미를 가지므로, 집회 장소를 자유롭게 선택할 수 있어야 집회의 자유가 비로소 효과적으로 보장된다. 특정 장소를 집회 장소로 정할 때는 그곳이 집회 목적과 특별한 연관성이 있기 때문이다. 따라서 집회의 자유는 다른 법익의 보호를 위하여 정당화되지 않는 한 집회 장소를 항의의 대상으로부터 분리하는 것을 금지한다(헌재 2003. 10. 30. 2000헌바67등 참조).

잔디마당은 인천광역시 시청사 부지 가장자리에 있던 외벽 등을 철거하여 시청사 바로 앞까지 조성된 공간으로, 도심에 위치하고 일반인에게 자유롭게 개방된 공간이며, 도보나 대중교통으로 접근하기 편리하고 다중의 이목을 집중시키기에 유리하여, 인천광역시 또는 그 인근 지역에 거주하거나 생활근거지를 둔 다수인이 모여 공통의 의견을 표명하기에 적합한 공간적 특성을 가지고 있다. 특히 잔디마당을 둘러싸고 인천광역시, 시의회, 시 교육청 청사 등이 있으며 이들은 모두 인천광역시 행정 사무의 중심적 역할을 수행하고 있으므로, 이와 같은 지방자치단체의 행정사무에 대한 의견을 표명하려는 목적이나 내용의 집회의 경우에는 장소와의 관계가 매우 밀접하여 상징성이 큰 곳이라 할 수 있다.

이러한 장소적 특성을 고려하면 집회의 장소로 잔디마당을 선택할 자유는 원칙적으로 보장되어야 하고, 공유재산의 관리나 공공시설의 설치·관리 등의 명목으로 일방적으로 제한되어서는 안 된다. 그럼에도 심판대상조항은 집회 또는 시위를 위한 잔디마당의 사용허가 신청에 대해서는 예외 없이 이를 허가할 수 없도록 규정하여, 잔디마당에서의 집회·시위를 전면적·일률적으로 금지하고 있다.

(나) 잔디마당은 시청사와 매우 근접한 곳이어서 여기서 집회·시위가 개최되는 경우 시청사의 안전과 기능 유지에 위협이 될 수도 있으나, 인천광역시가 스스로 결단하여 시청사에 인접한 곳까지 개방된 공간을 조성한 이상 이는 불가피한 측면이 있다. 인천광역시로서는 시청사 보호를 위한 방호인력을 확충하고 청사 입구에 보안시설물을 설치하는 등의 대책을 마련함으로써, 잔디마당에서의 집회·시위를 전면적으로 제한하지 않고도 시청사의 안전과 기능 유지라는 입법목적을 충분히 달성할 수 있을 것이다.

한편, 잔디마당에서의 집회·시위에는 '집회 및 시위에 관한 법률'이 적용되므로, 그에 따른 절차 및 제한을 준수하여야 한다. 만약 집회 또는 시위가 '집단적인 폭행, 협박, 손괴, 방화 등으로 공공의 안녕 질서에 직접적인 위협을 끼칠 것이 명백'하여 시청사의 안전과 기능 확보를 위협할 것이 분명하거나, 인천애뜰을 이용하는 시민들의 안전이 저해될 우려가 현저한 경우에는, 관할경찰서장이 위 법률상 금지·제한 통고나 해산명령으로 대응할 수 있으므로, 시청사의 안전과 기능 보장 및 시민의 자유로운 이용이라는 입법목적을 달성하는 데는 어려움이 없다(제5조 제1항 제2호, 제8조 제1항 제1호, 제20조 제1항 제1호 참조).

(다) 인천광역시는 2019. 11. 1. 인천애뜰을 새롭게 조성하여 개장하면서 '24시간 연중 개방된 시민 공간'이라는 점을 스스로 강조하였고, 잔디마당이라고 하여 예외를 두지 않았다. 실제로도 잔디마당과 분수광장 등 인천애뜰의 모든 영역은 일반인에게 널리 개방되어 자유로운 통행과 휴식 등 공간으로 활용되고 있다. 잔디마당의 현황과 실제 운영방식이 이와 같은 이상, 잔디마당이 시청사 및 부설 주차장 등과 함께 여전히 국토계획법상 공공청사 부지에 속한다고 하더라도 이를 집회의 자유를 전면적·일률적으로 제한할 수 있는 근거로 삼을 수 없다.

(라) 인천광역시는 집회 또는 시위를 위한 잔디마당 사용이 제한되더라도, 여전히 인천애뜰의 나머지 부분인 분수광장에서 집회를 하려고 하는 경우 그 사용허가를 받을 수 있으며, 특히 사용허가 신청이 중복되는 경우에는 '바닥분수 광장 또는 음악분수 광장에서의 집회'에 대하여 우선하여 허가할 수 있도록 규정하고 있는 점(이 사건 조례 제7조 제2항 제4호) 등을 고려하면, 심판대상조항이 집회의 자유를 위축시키지 않는다는 취지로 주장한다.

그러나 위에서 본 바와 같이 집회의 목적이나 내용은 집회 장소와 밀접 불가분의 관계에 있는바, 이 사건 조례 제7조 제2항 제4호에 따라 분수광장을 사용하는 것이 용이하다고 하더라도, 이는 시청사에서 상대적으로 멀리 떨어져 있어 집회·시위의 효율적인 목적 달성이 어려울 수 있으므로, 분수광장에서 집회를 개최할 수 있는 점이 잔디마당에서의 집회 또는 시위를 금지하는 데 대한 대안이 될 수는 없다.

(마) 따라서 심판대상조항은 침해의 최소성 요건을 갖추지 못하였다.

(4) 법익의 균형성

심판대상조항을 통하여 시청사의 안전과 기능을 확보하고, 공무원이 외부로부터의 심리적 압력을 받지 않고 공무에 집중할 수 있는 환경이 조성되며, 집회·시위의 영향을 받지 않고 잔디마당을 산책, 운동, 휴식을 위한 공간으로 사용하려 하는 사람의 편익이 증진될 여지가 있다. 그러나 심판대상조항에 의하면 잔디마당을 집회 장소로 선택할 자유가 완전히 제한되는바, 공공에 위험을 야기하지 않고 시청사의 안전과 기능에도 위협이 되지 않는 집회나 시위까지도 예외 없이 금지되는 불이익이 발생하게 된다. 그렇다면 심판대상조항으로 인하여 제한되는 사익이 위 공익보다 중대하다고 보이므로, 심판대상조항은 법익의 균형성 요건도 갖추지 못하였다.

(5) 소 결

이상에서 살펴본 내용을 종합하면, 심판대상조항은 과잉금지원칙에 위배되어 청구인들의 집회의 자유를 침해한다.

집회의 자유

85 국내 주재 외교기관 1백미터 이내에서의 옥외집회금지 사건

(집회및시위에관한법률 제11조 제1호 위헌소원)
2003. 10. 30. 2000헌바67·83(병합) [위헌]

|판시사항|

1. 집회의 자유의 이중적 헌법적 기능
2. 평화적 집회의 보장
3. 집회의 자유의 보장내용
4. 집회장소의 헌법적 의미
5. 집시법이 옥외집회와 옥내집회를 구분하는 이유
6. 최종적 수단으로서의 집회의 금지와 해산
7. 국내 주재 외교기관 청사의 경계지점으로부터 1백미터 이내의 장소에서의 옥외집회를 전면적으로 금지하고 있는 집회및시위에관한법률 제11조 제1호 중 국내 주재 외국의 외교기관 부분의 입법목적
8. 집회금지장소에 관한 특별규정을 둔 것이 과도한 규제인지의 여부(−)
9. 예외를 허용하지 않는 전면적인 집회금지가 반드시 필요한지의 여부(+)
10. 비례의 원칙의 위반 여부(+)

[결정요지]

1. 집회의 자유는 개인의 인격발현의 요소이자 민주주의를 구성하는 요소라는 이중적 헌법적 기능을 가지고 있다. 인간의 존엄성과 자유로운 인격발현을 최고의 가치로 삼는 우리 헌법질서 내에서 집회의 자유도 다른 모든 기본권과 마찬가지로 일차적으로는 개인의 자기결정과 인격발현에 기여하는 기본권이다. 뿐만 아니라, 집회를 통하여 국민들이 자신의 의견과 주장을 집단적으로 표명함으로써 여론의 형성에 영향을 미친다는 점에서, 집회의 자유는 표현의 자유와 더불어 민주적 공동체가 기능하기 위하여 불가결한 근본요소에 속한다.

2. 집회의 자유에 의하여 보호되는 것은 단지 '평화적' 또는 '비폭력적' 집회이다. 집회의 자유는 민주국가에서 정신적 대립과 논의의 수단으로서, 평화적 수단을 이용한 의견의

표명은 헌법적으로 보호되지만, 폭력을 사용한 의견의 강요는 헌법적으로 보호되지 않는다. 헌법은 집회의 자유를 국민의 기본권으로 보장함으로써, 평화적 집회 그 자체는 공공의 안녕질서에 대한 위험이나 침해로서 평가되어서는 아니 되며, 개인이 집회의 자유를 집단적으로 행사함으로써 불가피하게 발생하는 일반대중에 대한 불편함이나 법익에 대한 위험은 보호법익과 조화를 이루는 범위 내에서 국가와 제3자에 의하여 수인되어야 한다는 것을 헌법 스스로 규정하고 있는 것이다.

3. 집회의 자유는 집회의 시간, 장소, 방법과 목적을 스스로 결정할 권리를 보장한다. 집회의 자유에 의하여 구체적으로 보호되는 주요행위는 집회의 준비 및 조직, 지휘, 참가, 집회장소·시간의 선택이다. 따라서 집회의 자유는 개인이 집회에 참가하는 것을 방해하거나 또는 집회에 참가할 것을 강요하는 국가행위를 금지할 뿐만 아니라, 예컨대 집회장소로의 여행을 방해하거나, 집회장소로부터 귀가하는 것을 방해하거나, 집회참가자에 대한 검문의 방법으로 시간을 지연시킴으로써 집회장소에 접근하는 것을 방해하는 등 집회의 자유행사에 영향을 미치는 모든 조치를 금지한다.

4. 집회의 목적·내용과 집회의 장소는 일반적으로 밀접한 내적인 연관관계에 있기 때문에, 집회의 장소에 대한 선택이 집회의 성과를 결정짓는 경우가 적지 않다. 집회장소가 바로 집회의 목적과 효과에 대하여 중요한 의미를 가지기 때문에, 누구나 '어떤 장소에서' 자신이 계획한 집회를 할 것인가를 원칙적으로 자유롭게 결정할 수 있어야만 집회의 자유가 비로소 효과적으로 보장되는 것이다. 따라서 집회의 자유는 다른 법익의 보호를 위하여 정당화되지 않는 한, 집회장소를 항의의 대상으로부터 분리시키는 것을 금지한다.

5. 집시법이 옥외집회와 옥내집회를 구분하는 이유는, 옥외집회의 경우 외부세계, 즉 다른 기본권의 주체와 직접적으로 접촉할 가능성으로 인하여 옥내집회와 비교할 때 법익충돌의 위험성이 크다는 점에서 집회의 자유의 행사방법과 절차에 관하여 보다 자세하게 규율할 필요가 있기 때문이다. 이는 한편으로는 집회의 자유의 행사를 실질적으로 가능하게 하기 위한 것이고, 다른 한편으로는 집회의 자유와 충돌하는 제3자의 법익을 충분히 보호하기 위한 것이다.

6. 집회의 자유를 제한하는 대표적인 공권력의 행위는 집시법에서 규정하는 집회의 금지, 해산과 조건부 허용이다. 집회의 자유에 대한 제한은 다른 중요한 법익의 보호를 위하여 반드시 필요한 경우에 한하여 정당화되는 것이며, 특히 집회의 금지와 해산은 원칙적으

로 공공의 안녕질서에 대한 직접적인 위협이 명백하게 존재하는 경우에 한하여 허용될 수 있다. 집회의 금지와 해산은 집회의 자유를 보다 적게 제한하는 다른 수단, 즉 조건을 붙여 집회를 허용하는 가능성을 모두 소진한 후에 비로소 고려될 수 있는 최종적인 수단이다.

7. 외교기관 인근에서의 집회는 일반적으로 다른 장소와 비교할 때 중요한 보호법익과의 충돌상황을 야기할 수 있고, 이로써 법익에 대한 침해로 이어질 개연성이 높으므로, 이 사건 법률조항은 이와 같은 고도의 법익충돌상황을 사전에 효과적으로 방지하기 위하여 외교기관 인근에서의 집회를 전면적으로 금지한 것이다. 이 사건 법률조항의 보호법익으로는 국내 주재 외교기관에의 자유로운 출입 및 원활한 업무의 보장, 외교관의 신체적 안전이 고려된다.

8. 특정 장소가 그 기능수행의 중요성 때문에 특별히 보호되어야 하고 중요한 기관에 대한 효과적인 보호가 그 장소에서의 집회를 원칙적으로 금지함으로써 이루어질 수 있다고 입법자가 판단하였다면, 이러한 입법자의 판단이 현저하게 잘못되었다고 할 수 없다. 입법자는 야간의 옥외집회나 특정 장소에서의 옥외집회의 경우와 같이 법익침해의 고도의 개연성이 있는 특수한 상황에 대해서는 집회가 공공의 안녕질서에 미칠 영향이나 법익충돌의 위험성의 정도에 따라 그에 상응하는 규제를 할 수 있다.

9. 특정장소에서의 집회가 이 사건 법률조항에 의하여 보호되는 법익에 대한 직접적인 위협을 초래한다는 일반적 추정이 구체적인 상황에 의하여 부인될 수 있다면, 입법자는 '최소침해의 원칙'의 관점에서 금지에 대한 예외적인 허가를 할 수 있도록 규정해야 한다. 이 사건 법률조항에 의하여 전제된 추상적 위험성에 대한 입법자의 예측판단은 구체적으로 다음과 같은 경우에 부인될 수 있다고 할 것이다.

첫째, 외교기관에 대한 집회가 아니라 우연히 금지장소 내에 위치한 다른 항의대상에 대한 집회의 경우, 이 사건 법률조항에 의하여 전제된 법익충돌의 위험성이 작다고 판단된다. 이 사건 법률조항의 문제점은, 집회금지구역 내에서 외교기관이나 당해 국가를 항의의 대상으로 삼지 않는, 다른 목적의 집회가 함께 금지된다는 데 있다.

둘째, 소규모 집회의 경우, 일반적으로 이 사건 법률조항의 보호법익이 침해될 위험성이 작다. 예컨대 외국의 대사관 앞에서 소수의 참가자가 소음의 발생을 유발하지 않는 평화적인 피켓시위를 하고자 하는 경우, 일반 대중의 합세로 인하여 대규모시위로 확대될 우려나 폭력시위로 변질될 위험이 없는 이상, 이러한 소규모의 평화적 집회의 금지를 정당화할 수 있는 근거를 발견하기 어렵다.

셋째, 예정된 집회가 외교기관의 업무가 없는 휴일에 행해지는 경우, 외교기관에의 자유로운 출입 및 원활한 업무의 보장 등 보호법익에 대한 침해의 위험이 일반적으로 작다고 할 수 있다.

10. 따라서 입법자가 '외교기관 인근에서의 집회의 경우에는 일반적으로 고도의 법익충돌위험이 있다'는 예측판단을 전제로 하여 이 장소에서의 집회를 원칙적으로 금지할 수는 있으나, 일반·추상적인 법규정으로부터 발생하는 과도한 기본권제한의 가능성이 완화될 수 있도록 일반적 금지에 대한 예외조항을 두어야 할 것이다. 그럼에도 불구하고 이 사건 법률조항은 전제된 위험상황이 구체적으로 존재하지 않는 경우에도 이를 함께 예외 없이 금지하고 있는데, 이는 입법목적을 달성하기에 필요한 조치의 범위를 넘는 과도한 제한인 것이다. 그러므로 이 사건 법률조항은 최소침해의 원칙에 위반되어 집회의 자유를 과도하게 침해하는 위헌적인 규정이다.

관련 유사 판례

85-1. 각급법원 1백미터 이내에서의 집회 · 시위의 금지
(2018. 7. 26. 2018헌바137)

[결정내용]

법원 인근에서 옥외집회나 시위가 열릴 경우 해당 법원에서 심리중인 사건의 재판에 영향을 미칠 위협이 존재한다는 일반적 추정이 구체적 상황에 따라 부인될 수 있는 경우라면, 입법자로서는 각급 법원 인근일지라도 예외적으로 옥외집회 · 시위가 가능하도록 관련 규정을 정비하여야 한다. 법원 인근에서의 집회라 할지라도 법관의 독립을 위협하거나 재판에 영향을 미칠 염려가 없는 집회도 있다. 예컨대 법원을 대상으로 하지 않고 검찰청 등 법원 인근 국가기관이나 일반법인 또는 개인을 대상으로 한 집회로서 재판업무에 영향을 미칠 우려가 없는 집회가 있을 수 있다. 법원을 대상으로 한 집회라도 사법행정과 관련된 의사표시 전달을 목적으로 한 집회 등 법관의 독립이나 구체적 사건의 재판에 영향을 미칠 우려가 없는 집회도 있다. 한편 집시법은 심판대상조항 외에도 집회 · 시위의 성격과 양상에 따라 법원을 보호할 수 있는 다양한 규제수단을 마련하고 있으므로, 각급 법원 인근에서의 옥외집회 · 시위를 예외적으로 허용한다고 하더라도 이러한 수단을 통하여 심판대상조항의 입법목적은 달성될 수 있다. 심판대상조항은 입법목적을 달성하는 데 필요한 최소한도의 범위를 넘어 규제가 불필요하거나 또는 예외적으로 허용 가능한 옥외집회 · 시위까지도 일률적 · 전면적으로 금지하고 있으므로,

침해의 최소성 원칙에 위배된다.

85-2. 국회의사당 1백미터 이내에서의 집회 · 시위의 금지

(2018. 5. 31. 2013헌바322 등)

[결정내용]

국회의사당 인근에서의 집회가 심판대상조항에 의하여 보호되는 법익에 대한 직접적인 위협을 초래한다는 일반적 추정이 구체적인 상황에 의하여 부인될 수 있는 경우라면, 입법자로서는 예외적으로 옥외집회가 가능할 수 있도록 심판대상조항을 규정하여야 한다. 예를 들어, 국회의 기능을 직접 저해할 가능성이 거의 없는 '소규모 집회', 국회의 업무가 없는 '공휴일이나 휴회기 등에 행하여지는 집회', '국회의 활동을 대상으로 한 집회가 아니거나 부차적으로 국회에 영향을 미치고자 하는 의도가 내포되어 있는 집회'처럼 옥외집회에 의한 국회의 헌법적 기능이 침해될 가능성이 부인되거나 또는 현저히 낮은 경우에는, 입법자로서는 심판대상조항으로 인하여 발생하는 집회의 자유에 대한 과도한 제한 가능성이 완화될 수 있도록 그 금지에 대한 예외를 인정하여야 한다. 물론 국회의사당 인근에서 폭력적이고 불법적인 대규모 집회가 행하여지는 경우 국회의 헌법적 기능이 훼손될 가능성이 커지는 것은 사실이다. 그러나 '집회 및 시위에 관한 법률'은 이러한 상황에 대처할 수 있도록 다양한 규제수단들을 규정하고 있고, 집회 과정에서의 폭력행위나 업무방해행위 등은 형사법상의 범죄행위로서 처벌된다.

이처럼, 심판대상조항은 입법목적을 달성하는 데 필요한 최소한도의 범위를 넘어, 규제가 불필요하거나 또는 예외적으로 허용하는 것이 가능한 집회까지도 이를 일률적 · 전면적으로 금지하고 있으므로 침해의 최소성 원칙에 위배된다.

85-3. 외교기관 인근에서의 집회 · 시위의 예외적 허용

(2010. 10. 28. 2010헌마111) [기각]

[결정내용]

이 사건 법률조항은 외교기관의 경계지점으로부터 반경 100미터 이내 지점에서의 집회 및 시위를 원칙적으로 금지하되, 그 가운데에서도 외교기관의 기능이나 안녕을 침해할 우려가 없다고 인정되는 세 가지의 예외적인 경우에는 이러한 집회 및 시위를 허용하고 있는바, 이는 입법기술상 가능한 최대한의 예외적 허용 규정이며, 그 예외적 허용 범위는 적절하다고 보이므로 이보다 더 넓은 범위의 예외를 인정하지 않는 것을 두고 침해의 최소성원칙에 반한다고 할 수 없다. 그리고 이 사건 법률조항으로 달성하고자 하는 공익은 외교기관의 기능과 안전의 보호라는 국가적 이익이며, 이 사건 법률조항은 법익충돌의 위험성이 없는 경우에는 외교기관 인근에서의 집회나 시위도 허용함으로써 구체적인 상황에 따라 상충하는 법익 간의 조화를 이루고 있다. 따라서 이 사건 법률조항이 청구인의 집회의 자유를 침해한다고 할 수 없다.

85-4. 국무총리 공관 1백미터 이내에서의 집회 · 시위의 금지

(2018. 6. 28. 2015헌가28 등)

[결정내용]

국무총리는 대통령의 권한대행자, 대통령의 보좌기관 및 행정부 제2인자로서의 지위를 가지는바, 이러한 국무총리의 헌법상 지위를 고려하면 이 사건 금지장소 조항은 국무총리의 생활공간이자 직무수행 장소인 공관의 기능과 안녕을 보호하기 위한 것으로서 그 입법목적이 정당하다. 그리고 국무총리 공관 인근에서 행진을 제외한 옥외집회 · 시위를 금지하는 것은 입법목적 달성을 위한 적합한 수단이다. 이 사건 금지장소 조항은 국무총리 공관의 기능과 안녕을 직접 저해할 가능성이 거의 없는 '소규모 옥외집회 · 시위의 경우', '국무총리를 대상으로 하는 옥외집회 · 시위가 아닌 경우'까지도 예외 없이 옥외집회 · 시위를 금지하고 있는바, 이는 입법목적 달성에 필요한 범위를 넘는 과도한 제한이다. 또한 이 사건 금지장소 조항은 국무총리 공관 인근에서의 '행진'을 허용하고 있으나, 집시법상 '행진'의 개념이 모호하여 기본권 제한을 완화하는 효과는 기대하기 어렵다. 또한 집시법은 이 사건 금지장소 조항 외에도 집회의 성격과 양상에 따른 다양한 규제수단들을 규정하고 있으므로, 국무총리 공관 인근에서의 옥외집회 · 시위를 예외적으로 허용한다 하더라도 국무총리 공관의 기능과 안녕을 충분히 보장할 수 있다. 이러한 사정들을 종합하여 볼 때, 이 사건 금지장소 조항은 그 입법목적을 달성하는 데 필요한 최소한도의 범위를 넘어, 규제가 불필요하거나 또는 예외적으로 허용하는 것이 가능한 집회까지도 이를 일률적 · 전면적으로 금지하고 있다고 할 것이므로 침해의 최소성 원칙에 위배된다.

핵심 체크 학습

집회의 자유

1. 옥외집회가 그 신고사항에 미비점이 있거나 신고의 범위를 일탈하였다고 하더라도 그 신고내용과 동일성이 유지되어 있는 한 미신고 옥외집회는 아니다. [15 법무사]

해설 당초 신고한 내용의 집회와 동일성을 상실한 집회는 신고한 범위를 뚜렷이 벗어난 집회가 아니라 미신고집회에 해당한다(헌재 2013. 12. 26. 2013헌바24).

2. 원칙적으로 공공의 안녕질서에 대한 위협이 예상되는 경우에는 집회를 해산할 수 있다. [15 법무사]

해설 시위로 인하여 타인의 법익이나 공공의 안녕질서에 대한 직접적인 위험이 명백하게 초래된 경우에는 집시법 제20조 제1항 제2호에 기하여 해산을 명할 수 있고, 이러한 요건을 갖춘 해산명령에 불응하는 경우에는 집시법 제24조 제5호에 의하여 처벌할 수 있다(대판 2014.07.10. 선고 2014도1926).

3. 집회에 대한 허가제는 절대적으로 금지된다. [15 법무사]

해설 헌재 2014. 4. 24. 2011헌가29.

4. 집회의 자유는 집회의 시간, 장소, 방법과 목적을 스스로 결정할 권리를 포함하기 때문에 옥외집회를 야간에 주최하는 것 역시 집회의 자유로 보호된다. [15 법무사]

해설 헌재 2014. 4. 24. 2011헌가29.

정답 1. ○ 2. × 3. ○ 4. ○

5. 옥외집회의 신고의무는 집회 자체를 보호하고, 타인이나 공동체와의 이익충돌을 피하기 위해 요구되는 사전적 협력의무이다. [15 법무사]

해설 사전신고는 경찰관청 등 행정관청으로 하여금 집회의 순조로운 개최와 공공의 안전보호를 위하여 필요한 준비를 할 수 있는 시간적 여유를 주기 위한 것으로서, 협력의무로서의 신고이다(헌재 2014. 1. 28. 2011헌바174 등).

6. 집회는 내적 유대뿐만 아니라 공통의 의사형성과 의사표현을 전제로 한다. [15 사시]

해설 집회시위법에 '옥외집회'에 대한 정의규정은 있으나 '집회'에 대한 정의규정은 없다. 그러나 일반적으로 집회는, 일정한 장소를 전제로 하여 특정 목적을 가진 다수인이 일시적으로 회합하는 것을 말하는 것으로 일컬어지고 있고, 그 공동의 목적은 '내적인 유대 관계'로 족하다(헌재 2009. 5. 28. 2007헌바22). 그리고 건전한 상식과 통상적인 법감정을 가진 사람이면 누구나 집회시위법상 '집회'가 무엇을 의미하는지, 그 적용대상자가 누구이며, 구체적으로 어떠한 행위가 금지되고 있는지를 추론할 수 있을 것이다. 따라서 심판대상조항의 '집회'의 개념이 불명확하다고 볼 수 없으므로, 죄형법정주의 명확성원칙에 위배되지 아니한다(헌재 2014. 1. 28. 2011헌바174 등).

7. 구「집회 및 시위에 관한 법률」상 누구든지 국회의사당의 경계지점으로부터 1백 미터 이내의 장소에서는 옥외집회 또는 시위를 해서는 안 된다고 규정한 조항은 과잉금지원칙에 위반하여 집회의 자유를 침해하는 것으로 볼 수 없다. [15 사시변형]

해설 심판대상조항은 입법목적을 달성하는 데 필요한 최소한도의 범위를 넘어, 규제가 불필요하거나 또는 예외적으로 허용하는 것이 가능한 집회까지도 이를 일률적 · 전면적으로 금지하고 있으므로 침해의 최소성 원칙에 위배된다(2018. 5. 31. 2013헌바322 등).

8. 본문에서 야간옥외집회를 제한하면서 단서에서 집회의 성격상 부득이하여 주최자가 질서유지인을 두고 미리 신고하는 경우에 관할경찰관서장이 질서유지를 위한 조건을 붙여 야간옥외집회를 허용하는 구「집회 및 시위에 관한 법률」조항의 경우, 단서의 '관할경찰관서장의 허용'이 '옥외집회에 대한 일반적인 사전허가'를 의미하는 것은 아니다. [15 사시]

해설 '행정청이 주체가 되어 집회의 허용 여부를 사전에 결정하는 것'으로서 행정청에 의한 사전허가는 헌법상 금지되지만, 입법자가 법률로써 일반적으로 집회를 제한하는 것은 헌법상 '사전허가금지'에 해당하지 않는다. 집시법 제10조 본문은 "해가 뜨기 전이나

정답 5. ○ 6. × 7. × 8. ○

해가 진 후에는" 옥외집회를 못하도록 시간적 제한을 규정한 것이고, 단서는 오히려 본문에 의한 제한을 완화시키려는 규정이다. 따라서 본문에 의한 시간적 제한이 집회의 자유를 과도하게 제한하는지 여부는 별론으로 하고, 단서의 "관할경찰관서장의 허용"이 '옥외집회에 대한 일반적인 사전허가'라고는 볼 수 없는 것이다. 집시법 제10조는 법률에 의하여 옥외집회의 시간적 제한을 규정한 것으로서 그 단서 조항의 존재에 관계없이 헌법 제21조 제2항의 '사전허가금지'에 위반되지 않는다(헌재 2009. 9. 24. 2008헌가25). 따라서 헌법불합치 의견에 따라 사전검열에 해당한다 본 5인의 위헌의견은 법정의견이 아니다.

9. 구 「집회 및 시위에 관한 법률」상 국내주재 외교기관 청사의 경계지점으로부터 1백미터 이내의 장소에서의 옥외집회를 전면적으로 금지하고 있는 것은 최소침해성의 원칙에 위반되어 집회의 자유를 침해하는 위헌적인 규정이다. [15 사시]

해설 헌법재판소는 외교기관주변에서의 집회·시위의 '전면적' 금지에 대해서 위헌결정을 내렸다(2003. 10. 30. 2000헌바67).

10. 일반공중에게 개방된 장소인 광장에서 불법 · 폭력 집회나 시위를 개최하는 것을 막기 위하여 경찰버스들로 광장을 둘러싸 소위 차벽(遮壁)을 만드는 방법으로 출입을 제지하는 것은, 단순히 통행하고자 하는 일반시민의 경우 일반적 행동자유권의 침해 문제이지 집회의 자유와는 관련이 없다. [15 사시]

해설 이 사건에서 서울광장이 청구인들의 생활형성의 중심지라고 할 수 없을 뿐만 아니라 청구인들이 서울광장에 출입하고 통행하는 행위가 그 장소를 중심으로 생활을 형성해 나가는 행위에 속한다고 볼 수도 없으므로 청구인들이 서울광장을 출입하고 통행하는 자유는 헌법상의 거주·이전의 자유의 보호영역에 속한다고 할 수 없고, 따라서 이 사건 통행제지행위로 인하여 청구인들의 거주·이전의 자유가 제한된다고 할 수는 없다(헌재 2011.6.30. 2009헌마406). 따라서 일반적 행동의 자유권 침해를 원인으로 위헌 확인을 결정하였다.

정답 9. ○ 10. ○

11. 해가 뜨기 전이나 해가 진 후의 시위를 금지하는 「집회 및 시위에 관한 법률」 제10조 본문에는 위헌적인 부분과 합헌적인 부분이 공존하고 있으므로, 동 규정을 이미 보편화된 야간의 일상적인 생활의 범주에 속하는 '해가 진 후부터 같은 날 24시까지의 시위'에 적용하는 한 헌법에 위반된다. [15 사시]

해설 야간시위를 금지하는 집시법 제10조 본문에는 위헌적인 부분과 합헌적인 부분이 공존하고 있으며, 위 조항 전부의 적용이 중지될 경우 공공의 질서 내지 법적 평화에 대한 침해의 위험이 높아, 일반적인 옥외집회나 시위에 비하여 높은 수준의 규제가 불가피한 경우에도 대응하기 어려운 문제가 발생할 수 있으므로, 현행 집시법의 체계 내에서 시간을 기준으로 한 규율의 측면에서 볼 때 규제가 불가피하다고 보기 어려움에도 시위를 절대적으로 금지하여 위헌성이 명백한 부분에 한하여 위헌 결정을 한다. 심판대상조항들은, 이미 보편화된 야간의 일상적인 생활의 범주에 속하는 '해가 진 후부터 같은 날 24시까지의 시위'에 적용하는 한 헌법에 위반된다(헌재 2014. 3. 27. 2010헌가2 등).

12. 입법자가 법률로써 일반적으로 집회를 제한하는 것도 원칙적으로 헌법 제21조 제2항에서 금지하는 '사전허가'에 해당한다. [15 법행]

해설 헌법 제21조 제2항의 '허가'는 '행정청이 주체가 되어 집회의 허용 여부를 사전에 결정하는 것'으로서 행정청에 의한 사전허가는 헌법상 금지되지만, 입법자가 법률로써 일반적으로 집회를 제한하는 것은 헌법상 '사전허가금지'에 해당하지 않는다(헌재 2014. 4. 24. 2011헌가29).

정답 11. ○ 12. ×

결사의 자유

86 농 · 축협 합병 사건

(농업협동조합법 위헌확인)
2000. 6. 1. 99헌마553 [기각]

|판시사항|

1. 축협중앙회라는 결사체 자체도 그 결사의 구성원인 회원조합들과 별도로 결사의 자유의 주체가 될 수 있는지 여부(+)
2. 회원의 임의탈퇴나 임의해산이 불가능하고 반드시 법률로 따로 정하여 해산하도록 하고 있는 등 사법인에서 볼 수 없는 공법인적 특성을 많이 가지고 있는 축협중앙회가 기본권의 주체가 될 수 있는 법인인지 여부(+)
3. 헌법 제123조 제5항에서, "농·어민의 자조조직을 육성할 의무" 와 "자조조직의 자율적 활동과 발전을 보장할 의무" 를 아울러 규정하고 있는 의미
4. "중앙회의 해산에 관하여는 따로 법률로 정한다" 고 규정하고 있는 축협법 제111조의 입법 취지
5. 축협중앙회의 해산 및 새로 설립되는 농협중앙회로의 통합 등을 규정하고 있는 농업협동조합법이 축협중앙회 등이 가지는 기본권의 본질적인 내용을 침해하는지 여부(−)
6. 위 농업협동조합법이 축협중앙회 등의 결사의 자유, 직업의 자유, 재산권 등을 과도하게 제한하는 것으로 위헌인지 여부(−)

[결정요지]

1. 법인 등 결사체도 그 조직과 의사형성에 있어서, 그리고 업무수행에 있어서 자기결정권을 가지고 있어 결사의 자유의 주체가 된다고 봄이 상당하므로, 축협중앙회는 그 회원조합들과 별도로 결사의 자유의 주체가 된다.

2. 헌법상 기본권의 주체가 될 수 있는 법인은 원칙적으로 사법인에 한하는 것이고, 공법인은 헌법의 수범자이지 기본권의 주체가 될 수 없다. 또 예외적으로 공법인적 성질을 가지는 법인이 기본권의 주체가 되는 경우에도 그 공법인적 성격으로 인한 제한을 받지 않을 수 없다고 할 것이다. 헌법상 기본권의 주체가 될 수 있는 법인은 원칙적으로 사법인에 한하는 것이고 공법인은 헌법의 수범자이지 기본권의 주체가 될 수 없다. 축협중앙회는

지역별·업종별 축협과 비교할 때, 회원의 임의탈퇴나 임의해산이 불가능한 점 등 그 공법인성이 상대적으로 크다고 할 것이지만, 이로써 공법인이라고 단정할 수는 없을 것이고, 이 역시 그 존립목적 및 설립형식에서의 자주적 성격에 비추어 사법인적 성격을 부인할 수 없으므로, 축협중앙회는 공법인성과 사법인성을 겸유한 특수한 법인으로서 이 사건에서 기본권의 주체가 될 수 있다.

3. 헌법 제123조 제5항은 국가에게 "농·어민의 자조조직을 육성할 의무"와 "자조조직의 자율적 활동과 발전을 보장할 의무"를 아울러 규정하고 있는데, 이러한 국가의 의무는 자조조직이 제대로 활동하고 기능하는 시기에는 그 조직의 자율성을 침해하지 않도록 하는 후자의 소극적 의무를 다하면 된다고 할 수 있지만, 그 조직이 제대로 기능하지 못하고 향후의 전망도 불확실한 경우라면 단순히 그 조직의 자율성을 보장하는 것에 그쳐서는 아니 되고, 적극적으로 이를 육성하여야 할 전자의 의무까지도 수행하여야 한다.

4. 중앙회의 해산을 따로 법률로 정하여 하도록 한 축협법 제111조의 취지는, 축산업을 포함한 농업은 단순히 농민의 이익만을 위한 산업이 아니라 국민에게 식량공급을 담당하고 있는 산업이므로 지속적으로 국가의 농업정책과 긴밀하게 관련되어 있고, 농협, 축협 등 각 중앙회는 한편으로는 회원조합이나 그 조합원의 이익을 위하여 기능하면서도 다른 한편으로는 국가의 농업정책 수행의 기능을 보조·담당하기도 하여 국가의 농업정책수행을 함께 긴밀히 조율해 나가는 기능도 아울러 지니고 있다고 판단되는 점에 비추어, 해산에 관한 한 중앙회 회원들끼리 함부로 중앙회를 임의해산하는 일이 없도록 하여 중앙회의 유지·존속을 꾀함과 아울러, 중앙회의 존속여부 및 해산방식 등의 점에 관하여 법 자체에서 광범위한 입법형성권을 유보하여 둔 것이다.

5. 기존의 축협중앙회를 해산하여 신설되는 농협중앙회에 통합하도록 하는 농업협동조합법에 의하면 신설중앙회 안에서 상당한 자율성을 갖는 축산경제대표이사를 정점으로 한 양축인들의 자조조직이 유지될 뿐만 아니라(제128조 제3항, 제132조), 기존의 축협중앙회 사업도 신설중앙회가 그대로 이어받으며(제134조), 지역별·업종별 축협은 그대로 존속하므로(부칙 제11조), 축협중앙회의 회원 조합이나 축협조합원들의 입장에서 보면, 그들의 단체는 신설중앙회 안에 형태를 바꾸어 여전히 유지·존속하고 있어, 이를 형식적으로만 보아 양축인들의 자율적 단체가 해산되어 소멸하였다거나, 향후 그들의 단체결성이 금지되었다고 볼 것은 아니고, 나아가 이는 헌법 제123조 제5항의 국가의 자조조직 육성의무 이행의 한 형태로서 결과된 것이므로, 청구인들에게 수인을 요구할 수 있는 범위를 넘어서 그들의

기본권의 본질적인 내용을 침해하는 것이라고 할 것은 못된다.

6. 기존의 축협중앙회를 해산하여 신설되는 농협중앙회에 합병토록 하고 신설 농협중앙회가 기존축협중앙회의 자산·조직 및 직원을 승계하도록 규정한 위 농업협동조합법 부칙 제2조 제2호, 제6조, 제7조 제1항, 제2항, 제10조, 제11조는, 일선 조합의 부실, 조직의 비대화, 신용사업의 경쟁력상실 등 축협중앙회의 어려운 상황을 극복하기 위한 효과적이고도 불가피한 선택으로, 위 법률에서 축산부분의 자율성도 배려하고 있는 점 등을 고려하면, 그것이 비록 청구인들의 결사의 자유, 직업의 자유, 재산권 등 기본권을 제한한다고 하더라도, 그 정도가 과도하여 기본권제한의 목적·수단간의 비례성을 현저히 상실하였다고 보기 어렵고, 그 입법목적 및 통합이 지니는 고도의 공익성 등에 비추어 입법재량권의 범위를 현저히 일탈한 것이라고 할 수 없다.

핵심 체크 학습

결사의 자유

1. 상공회의소가 결사의 자유의 주체가 되는 사법인으로 기본적으로는 임의단체라고 하더라도 일반결사에 비하여 여러 규제와 혜택을 법령으로 규정하고 있으므로, 결사의 자유의 제한과 관련하여 순수한 사적인 임의결사의 기본권이 제한되는 경우에 비해서는 완화된 심사기준을 적용할 수 있다. [14 사시]

해설 상공회의소는 상공업자들의 사적인 단체이기는 하나, 설립·회원·기관·의결방법·예산편성과 결산 등이 상공회의소법에 의하여 규율되고, 단체결성·가입·탈퇴에 상당한 제한이 있는 조직이며 다른 결사와 달리 일정한 공적인 역무를 수행하면서 지방자치단체의 행정지원과 자금지원 등의 혜택을 받고 있는 법인이므로, 이 사건 법률조항에 의한 결사의 자유 제한이 과잉금지원칙에 위배되는지 판단할 때에는, 순수한 사적인 임의결사에 비해서 완화된 기준을 적용할 수 있다(헌재 2006. 5. 25. 2004헌가1).

2. 안마사회는 안마사들이 공동의 목적을 위하여 결합하고 조직하는 사법상의 결사에 해당하는데, 안마사들을 안마사회에 의무적으로 가입하고 회비를 납부하도록 한 의료법 조항은 소극적 결사의 자유를 침해하는 것이다. [14 사시]

해설 안마사회는 안마사들이 공동의 목적을 위하여 결합하고 조직하는 사법상의 결사에 해당하고, 이에 따라 안마사들은 안마사회에 자유롭게 가입하고 탈퇴할 수 있는 헌법상 결사의 자유를 누릴 수 있다 할 것인데도, 이 사건 법률조항이 안마사들을 안마사회에 의무적으로 가입하도록 한 것은 결과적으로 소극적 결사의 자유를 제한하는 것이다. ~ 안마사들로 하여금 하나의 중앙회에 의무적으로 가입하도록 하여 전국적 차원의 단체를 존속시키는 것은 그들 사이에 정보를 교환하고 친목을 도모하며 직업수행 능력을 높일 수 있고, 시각장애인으로 하여금 직업 활동을 효과적으로 수행하도록 하기 위하여 국가가 적극적으로 개입하는 것이 필요하다. 이 사건 법률조항으로 안마사회에 의무적으로 가입하고 정관을 준수하고 회비를 납부하게 되지만 과다한 부담이라고 단정하기 어렵다. 이

정답 1. ○ 2. ×

사건 법률조항은 안마사들의 결사의 자유를 침해하지 않는다(헌재 2008. 10. 30. 2006헌가15).

3. 행정관청이 일정한 요건을 갖추지 못한 노동조합 설립신고서를 「노동조합 및 노동관계조정법」에 따라 반려할 수 있도록 규정한 것은 헌법 제21조 제2항이 금지하는 결사에 대한 허가제라고 볼 수 없다. [14 사시]

해설 ○ 헌법 제21조 제2항 후단의 결사의 자유에 대한 '허가제'란 사전 허가를 받지 아니한 단체 결성을 금지하는 제도를 말한다. 그런데 이 사건 법률조항은 노동조합법상 요구되는 요건만 충족되면 그 설립이 자유롭다는 점에서 일반적인 금지를 특정한 경우에 해제하는 허가와는 개념적으로 구분되고, 더욱이 행정관청의 설립신고서 수리 여부에 대한 결정은 재량 사항이 아니라 의무 사항으로 그 요건 충족이 확인되면 설립신고서를 수리하고 그 신고증을 교부하여야 한다는 점에서 단체의 설립 여부 자체를 사전에 심사하여 특정한 경우에 한해서만 그 설립을 허용하는 '허가'와는 다르다. 따라서 이 사건 법률조항의 노동조합 설립신고서 반려제도가 헌법 제21조 제2항 후단에서 금지하는 결사에 대한 허가제라고 볼 수 없다(헌재 2012. 3. 29. 2011헌바53).

4. 헌법 제21조에서 보장하는 결사에는 공법상의 결사나 법이 특별한 공공목적에 의하여 구성원의 자격을 정하고 있는 특수단체는 포함되지 아니한다. [14 사시]

해설 ○ 헌법 제21조 제1항이 보장하고 있는 결사의 자유에 의하여 보호되는 "결사"개념에는 법이 특별한 공공목적에 의하여 구성원의 자격을 정하고 있는 특수단체의 조직활동까지 그에 해당하는 것으로 볼 수 없다(헌재 1994. 2. 24. 92헌바43).

5. 근로자의 단결권도 결사의 자유 속에 포함되나, 헌법이 노동3권과 같은 특별 규정을 두어 별도로 단결권을 보장하는 것은 근로자의 단결에 대해서는 일반 결사의 경우와 다르게 특별한 보장을 해준다는 뜻을 내포하고 있다. [14 사시]

해설 ○ 근로자의 단결권도 국민의 결사의 자유 속에 포함되나, 헌법이 노동3권과 같은 특별 규정을 두어 별도로 단결권을 보장하는 것은 근로자의 단결에 대해서는 일반 결사의 경우와 다르게 특별한 보장을 해준다는 뜻으로 해석된다. 즉, 근로자의 단결을 침해하는 사용자의 행위를 적극적으로 규제하여 근로자가 단결권을 실질적으로 자유롭게 행사할 수 있도록 해준다는 것을 의미한다(헌재 2012. 3. 29. 2011헌바53).

정답 3. ○ 4. ○ 5. ○

6. 축협중앙회는 공법인성과 사법인성을 겸유한 특수한 법인으로서 결사의 자유라는 기본권의 주체가 될 수 있지만, 축협중앙회의 공법인적 특성이 상대적으로 더 크다는 점은 그의 기본권의 제약요소로 작용한다. [14 사시]

해설 "축협중앙회"는 지역별 · 업종별 축협과 비교할 때, 회원의 임의탈퇴나 임의해산이 불가능한 점 등 그 공법인성이 상대적으로 크다고 할 것이지만, 이로써 축협중앙회를 공법인이라고 단정할 수는 없을 것이고, 이 역시 그 존립목적 및 설립형식에서의 자주적 성격에 비추어 사법인적 성격을 부인할 수 없다. 따라서 축협중앙회는 공법인성과 사법인성을 겸유한 특수한 법인으로서 이 사건에서 기본권의 주체가 될 수 있다고는 할 것이지만, 위와 같이 두드러진 공법인적 특성이 축협중앙회가 가지는 기본권의 제약요소로 작용하는 것만은 이를 피할 수 없다고 할 것이다(헌재 2000. 6. 1. 99헌마553).

정답 6. ○

학문·예술의 자유

87 세무대학 폐지 사건

(세무대학설치법폐지법률 위헌확인)
2001. 2. 22. 99헌마613 **[각하·기각]**

|판시사항|

1. 세무대학 진학을 목표로 공부해 온 고등학생들에게, 세무대학을 폐지하는 이 사건 폐지법에 대한 청구인적격(자기관련성)이 인정될 수 있는지 여부(−)
2. 국회가 이 사건 폐지법을 제정하는 과정에서 별도의 청문절차를 거치지 않았다는 이유만으로 헌법 제12조의 적법절차를 위반한 것인지 여부(−)
3. 이 사건 폐지법으로 인하여 청구인들의 행복추구권, 대학의 자율권과 교수의 자유, 신뢰보호의 원칙 및 교육을 받을 권리, 평등권 등의 기본권이 침해되었는지 여부(−)

[결정요지]

1. 고등학교 학생인 청구인들의 경우, 세무대학 진학을 목표로 공부를 해 왔다는 사실만으로는 아직 세무대학에서 학업할 수 있는 자격을 확정적으로 부여받았다고 볼 수 없어 청구인적격(자기관련성)이 인정될 수 없으므로 이들의 심판청구는 부적법하다.

2. 정부는 이 사건 폐지법률안을 국회에 제출하기에 앞서 행정절차법 제41조와 법제업무운영규정 제15조에 따라 입법예고를 통해 이해당사자는 물론 전 국민에게 세무대학 폐지의 의사를 미리 공표하였으며, 헌법 제89조에 따라 국무회의의 심의를 거치는 등 헌법과 법률이 정한 절차와 방법을 준수하였다. 따라서 <u>국회가 이 사건 폐지법을 제정하는 과정에서 별도의 청문절차를 거치지 않았다고 해서 그것만으로 곧 헌법 제12조의 적법절차를 위반하였다고 볼 수는 없다.</u>

3. (1) 이 사건 폐지법에 의하여 세무대학이 폐교되는 경우에도 이미 세무대학을 졸업한 자들은 종전과 마찬가지로 계속해서 자유롭게 상호 친목의 기회를 도모할 수 있고, 졸업생은 종전과 마찬가지로 세무대학 졸업생의 신분을 유지할 수 있다(부칙 제4조 제1항). 그러므로 <u>이 사건 폐지법에 의해서 세무대학을 폐교하는 것이 헌법 제10조의 행복추구권을 통</u>

해서 보장된 청구인들의 일반적 행동의 자유 또는 제37조 제1항의 헌법에 열거되지 아니한 권리를 본질적으로 침해하는 것은 아니다.

(2) 국립대학인 세무대학은 공법인으로서 사립대학과 마찬가지로 대학의 자율권이라는 기본권의 보호를 받으므로, 세무대학은 국가의 간섭 없이 인사·학사·시설·재정 등 대학과 관련된 사항들을 자주적으로 결정하고 운영할 자유를 갖는다. 그러나 대학의 자율성은 그 보호영역이 원칙적으로 당해 대학 자체의 계속적 존립에까지 미치는 것은 아니다. 세무대학의 자율성은 법률의 목적에 의해서 세무대학이 수행해야 할 과제의 범위 내에서만 인정되는 것으로서, 세무대학의 설립과 폐교가 국가의 합리적인 고도의 정책적 결단 그 자체에 의존하고 있는 이상 세무대학의 계속적 존립과 과제수행을 자율성의 한 내용으로 요구할 수는 없다. 게다가 이 사건 폐지법(부칙 제4조 제3항)은 세무대학소속 교수·부교수·조교수 및 전임강사의 신분보장에 관하여 교육공무원법의 해당 조항을 준용함으로써 세무대학을 폐지하더라도 교수들의 지속적인 학문활동을 보장하는 등 기존의 권리를 최대한 보장하고 있다. 따라서, 이 사건 폐지법에 의한 세무대학의 폐교로 인하여 곧바로 청구인 자신의 진리탐구와 연구발표 및 교수의 자유가 침해되는 것은 아니다.

따라서 이 사건 폐지법에 의해서 세무대학이 폐교된다고 해서 세무대학의 자율성이 침해되거나 곧바로 세무대학 교수의 진리탐구와 연구발표 및 교수의 자유가 침해되는 것은 아니다.

(3) 이 사건 폐지법(부칙 제2조)은 세무대학의 재학생과 휴학생 중에서 대통령령이 정하는 중앙행정기관 소속 교육훈련기관에서 대통령령이 정하는 위탁교육을 이수하거나 국내 소재 전문대학의 세무관련학과에 편입학하여 당해 학교를 졸업한 자, 또는 2001년 2월에 세무대학을 졸업하는 자는 종전의 규정에 의하여 국세행정관서의 8급 국가공무원으로 채용할 것을 규정하고 있다. 그러므로 헌법상 신뢰보호의 원칙이나 교육을 받을 권리가 이 사건 폐지법으로 인하여 침해되었다고 할 수 없다.

(4) 세무대학은 세무공무원 채용환경의 변화 및 정부기능 간소화 등 주변여건의 변화에 따라 기존 세무공무원의 교육기관으로 통합·전환해야 할 필요가 있어서 이를 폐지한 것이다. 이와 같은 상황은 입법자의 차별취급을 정당화할 수 있을 정도로 중요한 성질의 것이다. 따라서 세무대학과 마찬가지로 국비로 운영되는 경찰대학과 달리 이 사건 폐지법으로 세무대학만을 폐교한다고 하더라도 이와 같이 차별취급하는 합리적이고 실질적인 이유가 있는 것이므로, 이 사건 폐지법이 청구인들의 평등권을 침해한다고 볼 수 없다.

학문·예술의 자유

88 국립대학의 장 후보자 추천 사건

(교육공무원법 제24조 제4항 등 위헌확인)
2006. 4. 27. 2005헌마1047·1048(병합) **[기각]**

|판시사항|

1. 국립대학 교수나 교수회가 대학의 자율과 관련한 기본권 주체성이 있는지 여부(+)
2. 교수나 교수회에게 헌법 제31조 제4항의 대학의 자율의 보장내용에 포함되는 헌법상의 기본권인 국립대학의 장 후보자 선정에 참여할 권리가 있는지 여부(+)
3. 대학의 자율을 제한하는 법률에 대한 위헌심사기준
4. 대학의 장 후보자 선정의 방식으로 '대학의장임용추천위원회에서의 선정'을 규정한 교육공무원법 제24조 제4항은 간선제를 강요하여 대학의 자율을 침해하는 것인지 여부(−)
5. 대학의 장 임기만료 후 3월 이내에 후보자를 추천하지 아니하는 경우 대학의 추천없이 대통령이 교육인적자원부장관의 제청을 받아 대학의 장을 임용하도록 한 교육공무원법 제24조 제6항은 대학의 자율을 침해하는 것인지 여부(−)
6. 대학의 장 후보자 선정을 직접선거의 방법으로 실시하기로 해당 대학 교원의 합의가 있는 경우 그 선거관리를 선거관리위원회에 의무적으로 위탁시키는 교육공무원법 제24조의3 제1항은 대학의 자율을 침해한 것인지 여부(−)
7. 대학의장임용추천위원회의 구성·운영 등에 관하여 필요한 사항을 대통령령에 정하도록 위임한 교육공무원법 제24조 제7항은 포괄위임입법금지의 원칙이나 교육제도 법정주의에 반하는 것인지 여부(−)

[결정요지]

1. 헌법재판소는 대학의 자율성은 헌법 제22조 제1항이 보장하고 있는 학문의 자유의 확실한 보장수단으로 꼭 필요한 것으로서 대학에게 부여된 헌법상의 기본권으로 보고 있다. 그러나 대학의 자치의 주체를 기본적으로 대학으로 본다고 하더라도 교수나 교수회의 주체성이 부정된다고 볼 수는 없고, 가령 학문의 자유를 침해하는 대학의 장에 대한 관계에서는 교수나 교수회가 주체가 될 수 있고, 또한 국가에 의한 침해에 있어서는 대학 자체 외에도 대학 전구성원이 자율성을 갖는 경우도 있을 것이므로 문제되는 경우에 따라서 대학, 교수, 교수회 모두가 단독, 혹은 중첩적으로 주체가 될 수 있다고 보아야 할 것이다.

2. 나아가 전통적으로 대학자치는 학문활동을 수행하는 교수들로 구성된 교수회가 누려오는 것이었고, 현행법상 국립대학의 장 임명권은 대통령에게 있으나, 1990년대 이후 국립대학에서 총장 후보자에 대한 직접선거방식이 도입된 이래 거의 대부분 대학 구성원들이 추천하는 후보자 중에서 대학의 장을 임명하여 옴으로써 대통령이 대학총장을 임명함에 있어 대학교원들의 의사를 존중하여 온 점을 고려하면, 청구인들에게 대학총장 후보자 선출에 참여할 권리가 있고 이 권리는 대학의 자치의 본질적인 내용에 포함된다고 할 것이므로 결국 헌법상의 기본권으로 인정할 수 있다.

3. 교육공무원법 제24조 제4항 본문 및 제1호, 제6항, 제7항 중 위원회의 구성·운영 등에 관하여 필요한 사항은 대통령령으로 정하되 부분, 제24조의2 제4항, 제24조의3 제1항이 대학의 자유를 제한하고 있다고 하더라도 그 위헌 여부는 입법자가 기본권을 제한함에 있어 헌법 제37조 제2항에 의한 합리적인 입법한계를 벗어나 자의적으로 그 본질적 내용을 침해하였는지 여부에 따라 판단되어야 할 것이다.

4. 대학의장임용추천위원회에서의 선정은 원칙적인 방식이 아닌 교원의 합의된 방식과 선택적이거나 혹은 실제로는 보충적인 방식으로 규정되어 있는 점, 대학의 장 후보자 선정과 관련하여 대학에게 반드시 직접선출 방식을 보장하여야 하는 것은 아니며, 다만 대학교원들의 합의된 방식으로 그 선출방식을 정할 수 있는 기회를 제공하면 족하다고 할 것인데, 교육공무원법 제24조 제4항은 대학의 장 후보자 선정을 위원회에서 할 것인지, 아니면 교원의 합의된 방식에 의할 것인지를 대학에서 우선적으로 결정하도록 하여 이를 충분히 보장하고 있는 점, 또한 이 규정은 개정 전 교육공무원임용령 제12조의3 제4항과 동일한 내용으로서 청구인들이 속한 각 대학은 개정 전 위 시행령에 근거하여 직선제의 방식으로 대학의 장 후보자를 선출해 온 점을 고려하면, 이전의 시행령의 내용을 그대로 담고 있는 교육공무원법 제24조 제4항이 대학에게 총장 후보자 선출에 있어서 새로운 제한을 추가하거나 가중한 것이라고 볼 수 없으므로 위 규정이 매우 자의적인 것으로서 합리적인 입법한계를 일탈하였거나 대학의 자율의 본질적인 부분을 침해하였다고 볼 수 없다.

5. 국립대학에서 총장이 임명되지 못하는 경우에 대통령이 교육인적자원부장관의 제청으로 총장을 임용하는 것은 그 공백상태를 해결하기 위한 적절한 수단이며 이 경우 임시적 지위를 갖는 총장을 임용하는 일시적인 임용형태를 취할 것인지 아니면 통상의 총장지위를 갖는 정식의 임용형태를 취할 것인지는 입법자의 재량사항에 속한 것으로 볼 수 있는 점, 또한 총장 임기만료 후 3개월이 경과한 경우에만 대통령이 위의 권한을 행사하도록 함

으로써 대학에게 그 총장후보자의 선출에 대한 자율권을 행사할 충분한 기간과 기회를 제공하고 있는 점, 대학의 자율도 국민의 교육받을 권리를 존중하여 가능한 한 이를 침해하여서는 안되며, 대학이 총장의 임기만료 후에도 만연히 대학의 장 후보자를 선출하지 아니한 채 국가가 관여하는 것을 배제해달라고 주장하는 것은 합리적인 대학의 자율의 범위라고 볼 수 없는 점, 국립대학의 총장은 구성원의 대표로서의 성격 외에도 국가행정관청의 장으로서의 성격도 겸하고 있으므로 국립대학의 총장 미임명으로 인한 국가행정의 공백이나 불안정상태를 막을 긴급한 필요가 있는 점 등을 고려할 때 교육공무원법 제24조 제6항이 매우 자의적인 것으로서 합리적인 입법한계를 일탈하였거나 대학의 자율의 본질적인 부분을 침해하였다고 볼 수 없다.

6. 국가의 예산과 공무원이라는 인적조직에 의하여 운용되는 국립대학에서 선거관리를 공정하게 하기 위하여 중립적 기구인 선거관리위원회에 선거관리를 위탁하는 것은 선거의 공정성을 확보하기 위한 적절한 방법인 점, 선거관리위원회에 위탁하는 경우는 대학의 장 후보자를 선정함에 있어서 교원의 합의된 방식과 절차에 따라 직접선거에 의하는 경우로 한정되어 있는 점, 선거에 관한 모든 사항을 선거관리위원회에 위탁하는 것이 아니라 선거관리만을 위탁하는 것이고 그 외 선거권, 피선거권, 선출방식 등은 여전히 대학이 자율적으로 정할 수 있는 점, 중앙선거관리위원회에서 위 선거관리와 관련한 규칙을 제정하고자 하는 경우 대학들은 교육인적자원부장관을 통하여 그 의견을 개진할 수 있는 점(교육공무원법 제24조의3 제2항), 선거관리위원회는 공공단체의 직접선거와 관련하여 조합원이 직접 투표로 선출하는 조합장선거(농업협동조합법 제51조 제4항)와 교육위원 및 교육감선거(지방교육자치에 관한 법률 제51조 제1항)의 경우에도 그 선거사무를 관리하고 있는 점을 고려하면, 교육공무원법 제24조의3 제1항이 매우 자의적인 것으로서 합리적인 입법한계를 일탈하였거나 대학의 자율의 본질적인 부분을 침해하였다고 볼 수 없다.

7. 대상법률이 형성법률인 경우 위헌성 판단은 기본권 제한의 한계 규정인 헌법 제37조 제2항에 따른 과잉금지 내지 비례의 원칙의 적용을 받는 것이 아니라, 그러한 형성법률이 그 재량의 한계인 자유민주주의 등 헌법상의 기본원리를 지키면서 관련 기본권이나 객관적가치질서의 보장에 기여하는지 여부에 따라 판단된다.

교육공무원법 제24조 제7항은 위원회의 구성, 운영 등에 관하여 구체적인 위임의 범위를 정하지 아니하고 시행령에 위임하였으나, 이 위원회는 대학의 장 후보자를 추천하기 위한 위원회임은 목적상 명백하고, 또한 위원회는 대학의 모든 구성원이 아닌 해당 대학 교원을 중심으로 구성될 것임을 알 수 있어 그 대강의 내용을 예측할 수 있고, 각 대학마다

규모나 지역 등의 사정에 따라 탄력적으로 위원수나 위원자격을 정하도록 할 필요가 있어 구성과 운영 등에 관한 사항을 시행령에 위임하여야 할 합리적인 이유가 있으므로 위임입법의 한계를 일탈하였다고 할 수 없다.

한편 위의 연혁과 관련규정의 내용에 기초하여 볼 때, 위원회는 해당 대학이 대학의 장 후보자 추천권한을 행사하기 위한 것으로서 위 규정은 청구인들의 권리를 제한하는 규정이라기보다는 추천권행사를 위한 형성적 법률규정에 가깝다고 볼 수 있고, 위 규정은 교수들이나 특히 여성위원들의 참여를 보장하고 있어 청구인들의 기본권이나 대학의 자율을 증진시키는 측면도 있으므로 위 규정이 대학자치의 본질을 침해한다거나, 교육제도 법정주의에 반하여 위헌이라고 보기도 어렵다.

핵심 체크 학습 학문 · 예술의 자유

1. **학문의 자유라 함은 진리를 탐구하는 자유를 의미하는데, 그것은 단순히 진리탐구의 자유에 그치지 않고 탐구한 결과에 대한 발표의 자유 내지 가르치는 자유 등을 포함한다.** [15 법무사]

   해설 헌재 2001. 2. 22. 99헌마613.

2. **국립대학 교원의 성과연봉제는 학문의 자유를 침해하지 않는다.** [15 법무사]

   해설 헌재 2013. 11. 28. 2011헌마282 등.

3. **헌법 제31조 제4항의 교육의 자주성이나 대학의 자율성은 헌법 제22조 제1항이 보장하고 있는 학문의 자유의 확실한 보장수단으로 꼭 필요하지만 이는 대학에게 부여된 헌법상의 기본권은 아니다.** [15 법무사]

   해설 교육의 자주성이나 대학의 자율성은 헌법 제22조 제12항이 보장하고 있는 학문의 자유의 확실한 보장수단으로 꼭 필요한 것으로서 이는 대학에게 부여된 헌법상의 기본권이다(헌재 1992. 10. 1. 92헌마68 등).

4. **국민의 수학권의 보장을 위하여 교사의 수업권은 일정범위 내에서 제약을 받으므로 초 · 중 · 고등학교의 교사는 수업의 자유를 내세워 자신이 연구한 결과를 학생들에게 여과 없이 전파할 수 없다.** [15 법무사]

   해설 수업의 자유는 무제한보호되기는 어려우며 초 · 중 · 고등학교의 교사는 자신이 연구한 결과에 대하여 스스로 확신을 갖고 있다고 하더라도 그것을 학회에서 보고하거나 학술지에 기고하거나 스스로 저술하여 책자를 발행하는 것은 별론 수업의 자유를 내세워

정답 1. ○ 2. ○ 3. × 4. ○

함부로 학생들에게 여과(濾過)없이 전파할 수는 없다(헌재 1992. 11. 12. 89헌마88).

5. 경찰대학의 입학 연령을 21세 미만으로 제한하고 있는 경찰대학의 학사운영에 관한 규정이 학문의 자유를 침해하는 것은 아니다. [15 법무사]

해설 경찰대학의 입학 연령을 21세 미만으로 제한하고 있는 것이 경찰대학에 진학하여서 연구할 자유를 침해하고 있거나 병역의무이행 그 자체를 이유로 불이익을 부과하고 있는 것이 아니므로 청구인의 학문의 자유와 병역의무이행으로 인한 불이익 처우 금지 등을 침해하였다고 볼 수 없다(헌재 2009. 7. 30. 2007헌마991).

정답 5. ○

지적재산권의 보호

89 실용신안권의 소멸 사건

(실용신안법 제34조 등 위헌확인)
2002. 4. 25. 2001헌마200 **[기각]**

|판시사항|

1. 실용신안권의 등록료 납부기한을 1회 6개월간 유예할 뿐 등록료 미납시 실용신안권을 소멸시키면서도 다른 사후적 구제수단을 두지 않은 구 실용신안법 제34조가 재산권을 침해한 여부(-)
2. 위 조항이 적법절차원칙에 위배되는 여부(-)

[결정요지]

1. 헌법 제22조 제2항은 저작자·발명가·과학기술자와 예술가의 권리는 법률로써 보호한다고 하여 학문과 예술의 자유를 제도적으로 뒷받침해 주고 학문과 예술의 자유에 내포된 문화국가실현의 실효성을 높이기 위하여 저작자 등의 권리보호를 국가의 과제로 규정하고 있다. 저작자 등의 권리를 보호하는 것은 학문과 예술을 발전·진흥시키고 문화국가를 실현하기 위하여 불가결할 뿐 아니라, 이들 저작자 등의 산업재산권을 보호한다는 의미도 함께 가지고 있다. 이와 같은 헌법의 취지에 따라 특허법, 실용신안법, 의장법 등 산업재산권을 보호하기 위한 개별법률들이 제정되어 발명가 등의 권리를 구체적으로 보호하고 있다.

실용신안권은 고안의 경제적 가치를 보호하여 권리자의 재산적 이익을 만족시키는 것으로 헌법 제23조에 의하여 보장되는 재산적 가치가 있는 권리라고 할 것이므로 그 내용과 한계를 정함에 있어 원칙적으로 입법자가 광범위한 입법형성권을 가진다고 할 것이지만, 실용신안권이 재산권으로서 충실히 기능하고 보호될 수 있도록 법치국가원리에 따른 비례의 원칙을 준수하여야 한다.

구 실용신안법 제34조는 실용신안권자가 등록료 납부의무를 이행하지 않는 경우에 실용신안권을 소멸시켜 널리 일반의 공유재산으로 이용하게 함으로써 기술개발을 촉진하고 산업발전에 이바지하도록 한다는 것으로, 그 입법목적은 정당하고, 이러한 목적을 달성하기 위한 방법도 적정하다고 보인다. 실용신안권의 존속기간이 장기화되는 경우 그 고안은 새로운 고안으로서의 가치가 감소되는 반면, 이를 이용 또는 응용하여 개량 또는 응용고안을 창안하는 사람들에게는 기술개발의 비용을 증가시키게 되므로 실용신안권의 내용을 제한할 공익적 필요가 있다 할 것이고, 그 제한을 어느 정도로 할 것인지는 입법자가 헌법의 취지와 재산권으로서 실용신안권이 충실히 기능하고 보호될 수 있도록 하는 한편, 입법 당시 우리의 기술수준과 산업정책 및 국제조약 등을 고려하여 정하여야 할 것인데, 물론, 추가납부기간 외에도 권리회복절차 등 다른 구제수단을 두는 것이 실용신안권의 보호에 보다 충실한 것이겠지만, 입법자가 우리의 기술수준과 산업발전의 단계를 진단·예측한 결과 6개월간의 등록료 납부 유예기간만을 둔 입법적 선택을 하였고, 불가피한 사유 등에 의한 미납시 사후적 구제절차를 두지 않았다고 하더라도 이러한 선택에 수인할 수 없을 정도의 불균형이 존재한다고 보이지는 아니하므로, 자의적인 입법이라거나 현저히 불균형적인 입법이라고 할 수는 없어 재산권을 침해한다고 볼 수 없다.

2. 비록 법이 정하는 절차는 아니라고 하더라도 실용신안권의 등록과 동시에 반드시 교부하도록 되어 있는 실용신안등록증에는 등록료 납부의무와 그 불이행시 실용신안권의 소멸이라는 법적 효과를 고지하고 있고, 실용신안권 설정등록 후 처음으로 납부하게 되는 4년차분 등록료를 납부기간 내에 납부하지 않는 경우에는 미리 미납사실과 권리소멸을 예고하는 사전통지를 하는 등 행정실무상으로도 절차적인 면을 보완하고 있으므로 실용신안권을 소멸시키기 전에 미리 사전통지나 권리소멸의 예고를 하지 않았다고 하여 적법절차의 원칙에 어긋난다고 할 수는 없다.

핵심 체크 학습

지적재산권의 보호

1. **실용신안권은 고안의 경제적 가치를 보호하므로 헌법 제23조에 의하여 보장되는 재산적 가치가 있는 권리는 아니다.**

해설 재산적 가치가 있는 권리이다(헌재 2002.4.25. 2001헌마200).

정답 1. ×

재 산 권
내용 및 한계 규정

90 개발제한구역 지정 사건

(도시계획법 제21조에 대한 위헌소원)
1998. 12. 24. 89헌마214, 90헌바16, 97헌바78(병합) **[헌법불합치]**

|판시사항|

1. 토지재산권의 사회적 의무성
2. 개발제한구역(이른바 그린벨트) 지정으로 인한 토지재산권 제한의 성격과 한계
3. 토지재산권의 사회적 제약의 한계를 정하는 기준
4. 토지를 종전의 용도대로 사용할 수 있는 경우에 개발제한구역 지정으로 인한 지가의 하락이 토지재산권에 내재하는 사회적 제약의 범주에 속하는지 여부(+)
5. 도시계획법 제21조의 위헌 여부(+)
6. 헌법불합치결정을 하는 이유와 그 의미
7. 보상입법의 의미 및 법적 성격

[결정요지]

1. 자유와 재산권은 상호보완관계이자 불가분의 관계에 있다고 하겠다. 재산권의 이러한 자유보장적 기능은 재산권을 어느 정도로 제한할 수 있는가 하는 사회적 의무성의 정도를 결정하는 중요한 기준이 된다. 재산권에 대한 제한의 허용정도는 재산권행사의 대상이 되는 객체가 기본권의 주체인 국민 개개인에 대하여 가지는 의미와 다른 한편으로는 그것이 사회전반에 대하여 가지는 의미가 어떠한가에 달려 있다. 즉, 재산권 행사의 대상이 되는 객체가 지닌 사회적인 연관성과 사회적 기능이 크면 클수록 입법자에 의한 보다 광범위한 제한이 정당화된다. 다시 말하면, 특정 재산권의 이용이나 처분이 그 소유자 개인의 생활영역에 머무르지 아니하고 일반국민 다수의 일상생활에 큰 영향을 미치는 경우에는 입법자가 공동체의 이익을 위하여 개인의 재산권을 규제하는 권한을 더욱 폭넓게 가진다고 하겠다.

헌법상의 재산권은 토지소유자가 이용가능한 모든 용도로 토지를 자유로이 최대한 사용할 권리나 가장 경제적 또는 효율적으로 사용할 수 있는 권리를 보장하는 것을 의미하지는 않는다. 입법자는 중요한 공익상의 이유로 토지를 일정 용도로 사용하는 권리를 제한할

수 있다. 따라서 토지의 개발이나 건축은 합헌적 법률로 정한 재산권의 내용과 한계내에서만 가능한 것일 뿐만 아니라 토지재산권의 강한 사회성 내지는 공공성으로 말미암아 이에 대하여는 다른 재산권에 비하여 보다 강한 제한과 의무가 부과될 수 있다.

2. 개발제한구역을 지정하여 그 안에서는 건축물의 건축 등을 할 수 없도록 하고 있는 도시계획법 제21조는 헌법 제23조 제1항, 제2항에 따라 토지재산권에 관한 권리와 의무를 일반·추상적으로 확정하는 규정으로서 재산권을 형성하는 규정인 동시에 공익적 요청에 따른 재산권의 사회적 제약을 구체화하는 규정인바, 토지재산권은 강한 사회성, 공공성을 지니고 있어 이에 대하여는 다른 재산권에 비하여 보다 강한 제한과 의무를 부과할 수 있으나, 그렇다고 하더라도 다른 기본권을 제한하는 입법과 마찬가지로 비례성원칙을 준수하여야 하고, 재산권의 본질적 내용인 사용·수익권과 처분권을 부인하여서는 아니 된다.

3. 개발제한구역 지정으로 인하여 토지를 종래의 목적으로도 사용할 수 없거나 또는 더 이상 법적으로 허용된 토지이용의 방법이 없기 때문에 실질적으로 토지의 사용·수익의 길이 없는 경우에는 토지소유자가 수인해야 하는 사회적 제약의 한계를 넘는 것으로 보아야 한다.

4. 개발제한구역의 지정으로 인한 개발가능성의 소멸과 그에 따른 지가의 하락이나 지가상승률의 상대적 감소는 토지소유자가 감수해야 하는 사회적 제약의 범주에 속하는 것으로 보아야 한다. 자신의 토지를 장래에 건축이나 개발목적으로 사용할 수 있으리라는 기대가능성이나 신뢰 및 이에 따른 지가상승의 기회는 원칙적으로 재산권의 보호범위에 속하지 않는다. 구역지정 당시의 상태대로 토지를 사용·수익·처분할 수 있는 이상, 구역지정에 따른 단순한 토지이용의 제한은 원칙적으로 재산권에 내재하는 사회적 제약의 범주를 넘지 않는다.

5. 도시계획법 제21조에 의한 재산권의 제한은 개발제한구역으로 지정된 토지를 원칙적으로 지정 당시의 지목과 토지현황에 의한 이용방법에 따라 사용할 수 있는 한, 재산권에 내재하는 사회적 제약을 비례의 원칙에 합치하게 합헌적으로 구체화한 것이라고 할 것이나, 종래의 지목과 토지현황에 의한 이용방법에 따른 토지의 사용도 할 수 없거나 실질적으로 사용·수익을 전혀 할 수 없는 예외적인 경우에도 아무런 보상없이 이를 감수하도록 하고 있는 한, 비례의 원칙에 위반되어 당해 토지소유자의 재산권을 과도하게 침해하는 것으로서 헌법에 위반된다.

6. 도시계획법 제21조에 규정된 개발제한구역제도 그 자체는 원칙적으로 합헌적인 규정인데, 다만 개발제한구역의 지정으로 말미암아 일부 토지소유자에게 사회적 제약의 범위를 넘는 가혹한 부담이 발생하는 예외적인 경우에 대하여 보상규정을 두지 않은 것에 위헌성이 있는 것이고, 보상의 구체적 기준과 방법은 헌법재판소가 결정할 성질의 것이 아니라 광범위한 입법형성권을 가진 입법자가 입법정책적으로 정할 사항이므로, 입법자가 보상입법을 마련함으로써 위헌적인 상태를 제거할 때까지 위 조항을 형식적으로 존속케 하기 위하여 헌법불합치결정을 하는 것인바, 입법자는 되도록 빠른 시일내에 보상입법을 하여 위헌적 상태를 제거할 의무가 있고, 행정청은 보상입법이 마련되기 전에는 새로 개발제한구역을 지정하여서는 아니되며, 토지소유자는 보상입법을 기다려 그에 따른 권리행사를 할 수 있을 뿐 개발제한구역의 지정이나 그에 따른 토지재산권의 제한 그 자체의 효력을 다투거나 위 조항에 위반하여 행한 자신들의 행위의 정당성을 주장할 수는 없다.

7. <u>입법자가 도시계획법 제21조를 통하여 국민의 재산권을 비례의 원칙에 부합하게 합헌적으로 제한하기 위해서는, 수인의 한계를 넘어 가혹한 부담이 발생하는 예외적인 경우에는 이를 완화하는 보상규정을 두어야 한다</u>. 이러한 보상규정은 입법자가 헌법 제23조 제1항 및 제2항에 의하여 재산권의 내용을 구체적으로 형성하고 공공의 이익을 위하여 재산권을 제한하는 과정에서 이를 합헌적으로 규율하기 위하여 두어야 하는 규정이다. <u>재산권의 침해와 공익간의 비례성을 다시 회복하기 위한 방법은 헌법상 반드시 금전보상만을 해야 하는 것은 아니다. 입법자는 지정의 해제 또는 토지매수청구권 제도와 같이 금전보상에 갈음하거나 기타 손실을 완화할 수 있는 제도를 보완하는 등 여러 가지 다른 방법을 사용할 수 있다.</u>

재 산 권
내용 및 한계 규정

91 종합부동산세 사건

(구 종합부동산세법 제5조 등 위헌소원 등)
2008. 11. 13. 2006헌바112, 2007헌바71 · 88 · 94, 2008헌바3 · 62, 2008헌가12(병합) [위헌 · 헌법불합치 · 합헌]

|판시사항|

1. 종합부동산세의 과세방법을 '인별합산' 이 아니라 '세대별 합산' 으로 규정한 것이 헌법 제36조 제1항에 위반되는 것인지 여부(+)
2. 주택분 종합부동산세의 납세의무자와 과세표준, 세율 및 세액을 규정한 것과 종합합산과세대상 토지분 종합부동산세의 납세의무자와 과세표준, 세율 및 세액을 규정한 것이 납세의무자의 재산권을 침해하는지 여부(이 사건 주택분 종합부동산세 부과규정은 적극, 이 사건 종합토지분 종합부동산세 부과규정은 소극)
3. 종합부동산세를 국세로 규정한 구 종합부동산세법 제16조 제1항 및 제17조 중 '납세지 관할 세무서장' , '납세지 관할 지방국세청장' 부분이 자치재정권을 침해하는지 여부(−)
4. 종합부동산세 제도가 이중과세, 소급입법 과세, 미실현 이득에 대한 과세 및 원본잠식, 헌법 제119조 위반, 헌법상 체계정당성 원리 위반, 입법권 남용에 해당하는지 여부(−)
5. 종합부동산세 부과로 인한 평등권 또는 평등원칙 위배, 거주 이전의 자유 침해, 생존권 또는 인간다운 생활을 할 권리 침해, 개발제한구역 내 토지와 관련한 재산권 등 침해에 해당하는지 여부(−)

[결정요지]

1. 특정한 조세 법률조항이 혼인이나 가족생활을 근거로 부부 등 가족이 있는 자를 혼인하지 아니한 자 등에 비하여 차별 취급하는 것이라면 비례의 원칙에 의한 심사에 의하여 정당화되지 않는 한 헌법 제36조 제1항에 위반된다 할 것인데, 이 사건 세대별 합산규정은 생활실태에 부합하는 과세를 실현하고 조세회피를 방지하고자 하는 것으로 그 입법목적의 정당성은 수긍할 수 있으나, 가족 간의 증여를 통하여 재산의 소유 형태를 형성하였다고 하여 모두 조세회피의 의도가 있었다고 단정할 수 없고, 정당한 증여의 의사에 따라 가족 간에 소유권을 이전하는 것도 국민의 권리에 속하는 것이며, 우리 민법은 부부별산제를 채택하고 있고 배우자를 제외한 가족의 재산까지 공유로 추정할 근거규정이 없고, 공유재산

이라고 하여 세대별로 합산하여 과세할 당위성도 없으며, 부동산 가격의 앙등은 여러 가지 요인이 복합적으로 작용하여 발생하는 것으로서 오로지 세제의 불비 때문에 발생하는 것만이 아니며, 이미 헌법재판소는 자산소득에 대하여 부부간 합산과세에 대하여 위헌 선언한 바 있으므로 적절한 차별취급이라 할 수 없다. 또한 부동산실명법상의 명의신탁 무효 조항이나 과징금 부과 조항, 상속세 및 증여세법상의 증여 추정규정 등에 의해서도 조세회피의 방지라는 입법목적을 충분히 달성할 수 있어 반드시 필요한 수단이라고 볼 수 없다.

이 사건 세대별 합산규정으로 인한 조세부담의 증가라는 불이익은 이를 통하여 달성하고자 하는 조세회피의 방지 등 공익에 비하여 훨씬 크고, 조세회피의 방지와 경제생활 단위별 과세의 실현 및 부동산 가격의 안정이라는 공익은 입법정책상의 법익인데 반해 혼인과 가족생활의 보호는 헌법적 가치라는 것을 고려할 때 법익균형성도 인정하기 어렵다. 따라서 이 사건 세대별 합산규정은 혼인한 자 또는 가족과 함께 세대를 구성한 자를 비례의 원칙에 반하여 개인별로 과세되는 독신자, 사실혼 관계의 부부, 세대원이 아닌 주택 등의 소유자 등에 비하여 불리하게 차별하여 취급하고 있으므로, 헌법 제36조 제1항에 위반된다.

2. 종합부동산세는 부동산 보유에 대한 조세부담의 형평성을 제고하고, 부동산 가격을 안정시키려는데 목표가 있고, 아울러 지방재정의 균형발전과 국민경제의 건전한 발전에 이바지하고자 하는 것으로 이러한 입법목적의 정당성과 방법의 적절성을 수긍할 수 있다. 또한 전체 재산세 납세의무자나 인구, 세대 중 종합부동산세의 납세의무자가 차지하는 비율, 1인당 또는 1세대당 평균세액, 세액 단계별 납세자 및 납세액의 분포, 부동산 가격 대비 조세부담률, 직전년도 총세액 부담액에 대한 150% 내지 300%의 세액 상한의 설정 등에 비추어 보면, 종합부동산세법이 규정한 조세의 부담은 재산권의 본질적 내용인 사적 유용성과 원칙적인 처분권한을 여전히 부동산 소유자에게 남겨 놓는 한도 내에서의 재산권의 제한이고, 위 가격 대비 부담률에 비추어 보면, 매년 종합부동산세가 부과된다고 하더라도 상당히 짧은 기간 내에 사실상 부동산가액 전부를 조세 명목으로 무상으로 몰수하는 결과를 가져 오게 되는 것이라고 보기도 어려우므로, 이 사건 주택분 및 종합토지분 종합부동산세의 과세표준 및 세율로 인한 납세의무자의 세부담 정도는 종합부동산세의 입법 목적에 비추어 일반적으로는 과도하다고 보기 어려운 것으로 입법재량의 범위를 일탈하였다고 단정할 수는 없을 것이다.

그러나, 이 사건 주택분 종합부동산세 부과규정은, 납세의무자 중 적어도 주거 목적으로 한 채의 주택만을 보유하고 있는 자로서, 그 중에서도 특히 일정한 기간 이상 이를 보유하거나 또는 그 보유기간이 이에 미치지 않는다 하더라도 과세 대상 주택 이외에 별다른 재산이나 수입이 없어 조세지불 능력이 낮거나 사실상 거의 없는 자 등에 대하여 주택분 종합부동산세를 부과함에 있어서는 그 보유의 동기나 기간, 조세 지불능력 등과 같이 정책적 과세의 필요성 및 주거생활에 영향을 미치는 정황 등을 고려하여 납세의무자의 예외를 두거나 과세표준 또는 세율을 조정하여 납세의무를 감면하는 등의 과세 예외조항이나 조정장치를 두어야 할 것임에도 이와 같은 주택 보유의 정황을 고려하지 아니한 채 다른 일반 주택 보유자와 동일하게 취급하여 일률적 또는 무차별적으로, 그것도 재산세에 비하여 상대적으로 고율인 누진세율을 적용하여 결과적으로 다액의 종합부동산세를 부과하는 것이므로, 그 입법 목적의 달성에 필요한 정책수단의 범위를 넘어 과도하게 주택 보유자의 재산권을 제한하는 것으로서 피해의 최소성 및 법익 균형성의 원칙에 어긋난다고 보지 않을 수 없다.

이와 달리, 이 사건 종합토지분 종합부동산세 부과규정은, 매년 종합합산 과세대상인 토지에 대한 종합부동산세가 반복적으로 부과되어 재산권에 대한 제한이 있다 하더라도 종합부동산세 납세의무자의 세부담의 정도 및 주택과는 또 다른 토지의 특수성 등을 종합하면, 부동산에 대한 과도한 보유 및 투기적 수요 등을 억제함으로써 부동산의 가격안정을 꾀하며, 징수한 종합부동산세의 지방양여를 통하여 지방재정의 균형발전과 국민경제의 건전한 발전을 도모함으로써 얻을 수 있는 공익이 보다 크다고 할 것이므로, 피해의 최소성 및 법익 균형성의 원칙에 어긋난다고 보기는 어렵다 할 것이다.

3. 부동산 보유세를 국세로 할 것인지 지방세로 할 것인지는 입법정책의 문제에 해당되고, 입법정책상 종합부동산세법이 부동산 보유세인 종합부동산세를 국세로 규정하였다 하더라도 지방자치단체의 자치재정권의 본질을 훼손하는 것이라고 보기 어려우므로 이 사건 국세 규정은 헌법에 위반된다고 볼 수 없다.

4. (1) 종합부동산세는 재산세와 사이에서는 동일한 과세대상 부동산이라고 할지라도 지방자치단체에서 재산세로 과세되는 부분과 국가에서 종합부동산세로 과세되는 부분이 서로 나뉘어져 재산세를 납부한 부분에 대하여 다시 종합부동산세를 납부하는 것이 아니고, 양도소득세와 사이에서는 각각 그 과세의 목적 또는 과세 물건을 달리하는 것이므로, 이중과세의 문제는 발생하지 아니한다.

(2) 구 종합부동산세법 부칙 제2조는 구 종합부동산세법이 그 시행 후 최초로 납세의무가 성립하는 종합부동산세에 대하여 적용됨을 명백히 규정하고 있으므로, 구 종합부동산세법이 시행된 후 과세기준일 현재 과세대상 부동산에 대하여 종합부동산세를 부과하는 것은 소급입법에 의한 과세라고 하기는 어렵다.

(3) 종합부동산세는 본질적으로 부동산의 보유사실 그 자체에 담세력을 인정하고 그

가액을 과세표준으로 삼아 과세하는 것으로서, 일부 수익세적 성격이 있다 하더라도 미실현 이득에 대한 과세의 문제가 전면적으로 드러난다고 보기 어렵고, 그 부과로 인하여 원본인 부동산가액의 일부가 잠식되는 경우가 있다 하더라도 그러한 사유만으로 곧바로 위헌이라 할 수는 없을 것이다.

(4) 국가에 대하여 경제에 관한 규제와 조정을 할 수 있도록 규정한 헌법 제119조 제2항이 보유세 부과 그 자체를 금지하는 취지로 보이지 아니하므로 주택 등에 보유세인 종합부동산세를 부과하는 그 자체를 헌법 제119조에 위반된다고 보기 어렵다.

(5) 종합부동산세는 지방세인 재산세와는 별개의 독립된 국세로서 구 조세특례제한법상의 중과세 특례라고 할 수 없을 뿐만 아니라, 종합부동산세가 재산세나 다른 조세와의 관계에서도 규범의 구조나 내용 또는 규범의 근거가 되는 원칙 면에서 상호 배치되거나 모순된다고 보기도 어려우므로, 입법 체계의 정당성에 위반된다고 할 수 없다.

(6) 조세 관련 법률이라 하여 정부가 제출하는 방식으로 입법하여야 한다는 헌법적인 관행이 확립되어 있다고 보기 어렵고, 헌법 제40조에 의하면 입법권은 본래 국회에 속하는 것이므로, 종합부동산세법이 비록 국회의원이 제출하는 형식으로 입법되었다 하여 이를 들어 입법권의 남용이라 하기도 어렵다.

5. (1) ① 일정 가액 이상의 부동산에 대하여 각각 부채를 고려함이 없이 누진세율에 의하여 과세하도록 한 것은, 입법재량의 범위 내에서 부동산의 가격안정과 담세능력에 상응한 과세를 도모하기 위한 것으로 합리적인 이유 없이 차별대우하는 것이 아니고, ② 토지와 주택의 사회적 기능이나 국민경제의 측면, 특히 주택은 인간의 기본적인 생존의 조건이 되는 생활공간인 점을 고려할 때, 토지와 주택을 다른 재산권과 달리 취급하더라도 합리성이 없다 할 수 없으며, ③ 종합부동산세법은 전국의 모든 부동산을 소유자별로 합산한 가액을 과세표준으로 하는 재산세의 일종이므로, 사회·경제적인 여건으로 종합부동산세의 부과대상이 수도권에 편중되어 있다 하여 이를 들어 수도권을 비수도권에 비하여 차별한다고 할 수는 없고, ④ 임대주택, 기숙사, 사원용 주택, 건설사업자의 미분양 주택 등은 주거생활의 안정을 위한 주택의 공급에 기여하여 부동산의 가격안정에 도움을 주는 것으로 이를 과세표준 합산대상에 배제하는 것이 합리적이라 할 것이므로, 평등의 원칙에 반한다고 보기 어렵다.

(2) 주택 등에 대한 종합부동산세의 부과로 거주 이전의 자유가 사실상 제약당할 여지가 있으나, 이는 위의 기본권에 대한 침해가 아니라 주택 등의 재산권에 대한 제한이 수반하는 반사적인 불이익에 지나지 아니하므로 이 사건 주택분 종합부동산세 부과규정이 거주 이전의 자유를 침해한다고 보기 어렵다 할 것이다.

(3) 종합부동산세법은 공시가격을 기준으로 주택분의 경우에는 6억 내지 9억 원, 종합합산 토지분의 경우에는 3억 내지 6억 원을 초과하여 보유한 자를 납세의무자로 하고 있는바, 위 과세대상 주택 등의 가액에 비추어 보면, 종합부동산세의 납세의무자는 인간의 존엄에 상응하는 최소한의 물질적인 생활을 유지할 수 있는 지위에 있다 할 것이므로, 이 사건 종합부동산세 부과규정으로 인하여 납세의무자의 생존권이나 인간다운 생활을 할 권리를 제한하거나 침해한다고 보기 어렵다 할 것이다.

(4) 종합합산 과세대상 토지가 '개발제한구역의 지정 및 관리에 관한 특별조치법'상의 개발제한구역의 지정으로 인하여 재산권 행사에 제한을 받고 있다 하더라도, 그 토지의 재산적 가치가 완전히 소멸되는 것이 아니라 그러한 재산권의 제한은 당해 토지의 개별공시지가에 반영되어 과세표준이 감액 평가됨으로써 일반토지와 비교할 때 감액된 종합부동산세를 부담하게 될 것이므로, 개발제한구역으로 지정된 토지에 대하여 재산세에 더하여 다른 일반토지와 같은 세율의 종합부동산세를 부과한다 하여 다른 일반 토지에 비하여 특별히 청구인의 재산권이 침해되었다거나, 평등원칙에 위반된다고 보기는 어렵다 할 것이다.

관련 유사 판례

91-1. 임대차존속기간을 20년으로 제한하는 민법 제651조 제1항

(2013.12.26. 2011헌바234)

[결정내용]

1. 이 사건 법률조항 제정 당시에 견고한 건물 기타 공작물의 소유를 목적으로 하는 토지임대차 및 식목, 채염 목적의 토지임대차에 대하여 최단기의 제한을 규정하지 않은 것은 토지임대인을 위한 것으로 그 입법취지를 확인할 수 있으나, 견고하지 않은 건물 기타 공작물 소유를 목적으로 하는 토지임대차 및 건물 등 임대차와 관련하여 임대차존속기간을 강행규정으로 제한한 이유에 대하여는 임대인을 위한 것인지, 임차인을 위한 것인지 또는 임대차와 관련된 사회경제적 효용성을 고려한 것인지 그 입법취지가 불명확하다.

2. 대법원은 이 사건 법률조항의 입법취지가 너무 오랜 기간에 걸쳐 임차인에게 임차물의 이용을 맡겨 놓으면 임차물의 관리가 소홀하여지고 임차물의 개량이 잘 이루어지지 않아 발생할 수 있는 사회경제적인 손실을 방지하는 데에 있다고 하고 있다.

3. 그러나 임대차계약을 통하여 합리적이고 효과적인 임차물 관리 및 개량방식의 설정이 가능함에도 불구하고, 임대인 또는 소유자가 임차물의 가장 적절한 관리자라는 전제하에 임대차의 존속기간을 강제함으로써 임차물 관리 및 개량의 목적을 이루고자

하는 것은 임차물의 관리소홀 및 개량미비로 인한 가치하락 방지라는 목적 달성을 위한 필요한 최소한의 수단이라고 볼 수 없다.

4. 이 사건 법률조항은 제정 당시에 비해 현저히 변화된 현재의 사회경제적 현상을 제대로 반영하지 못하는 데 그치는 것이 아니라, 당사자가 20년이 넘는 임대차를 원할 경우 우회적인 방법을 취할 수밖에 없게 함으로써 사적 자치에 의한 자율적 거래관계 형성을 왜곡하고 있다.

5. 건물 등 임대차의 경우, 임차한 상가와 주변 상권의 영업 전망에 따라 임차인으로서는 20년 이상의 임대차를 묵인하고 계속 임차하기를 원할 수도 있고, 아니면 20년 초과부분의 무효를 주장하고 20년 초과기간에 해당하는 임대료 상당의 부당이득의 반환을 청구할 수도 있다. 역으로 임대인의 경우에도 영업 전망이 좋을 경우 20년 초과 임대차의 무효를 주장하거나 임대료의 대폭 인상을 요구할 수 있다. 이처럼 임대차존속기간 20년을 강제함으로써 경제사정의 변화에 따라 당사자가 이를 악용할 여지를 만들어 주는 것은, 이 사건 법률조항이 입법목적의 실현을 위해 필요한 범위를 벗어나는 과도한 제한을 가하고 있음으로 인한 결과이다.

6. 토지임대차의 경우, 견고한 건물 소유 목적인지 여부에 따라 이 사건 법률조항의 적용 여부에 차이를 두는 것은, 소유건물이 견고한 건물에 해당하는지 여부가 불분명한 경우도 있어 이에 대한 분쟁이 유발될 수 있을 뿐 아니라, 건축기술이 발달된 오늘날 이러한 견고한 건물에 해당하는지 여부가 임대차존속기간 제한의 적용여부를 결정하는 기준이 되기에는 부적절하다. 또한, 지하매설물 설치를 위한 토지임대차나 목조건물과 같은 소위 비견고건물의 소유를 위한 토지임대차의 경우 이 사건 법률조항으로 인해 임대차기간이 갱신되지 않는 한 20년이 경과한 후에는 이를 제거 또는 철거해야 하는데, 이는 사회경제적으로도 손실이 아닐 수 없다.

7. 따라서 이 사건 법률조항은 입법취지가 불명확하고, 대법원이 해석하는 바와 같이 사회경제적 효율성 측면에서 일정한 목적의 정당성이 인정된다 하더라도 과잉금지원칙을 위반하여 계약의 자유를 침해한다.

92 수사기관의 수사결과 사무장병원으로 확인된 의료기관에 대한 요양급여비용 지급보류 사건

재 산 권
공용수용

(국민건강보험법 제47조의2 제1항 등 위헌소원)
2023. 3. 23. 2018헌바433등 [헌법불합치, 각하]

|판시사항|

1. 의료기관의 개설 주체를 의료법인 등으로 제한하고 있는 구 의료법 제33조 제2항 제3호(이하 '이 사건 개설금지조항' 이라 한다)에 대한 심판청구가 적법한지 여부(−)
2. 요양기관이 의료법 제33조 제2항을 위반하였다는 사실을 수사기관의 수사 결과로 확인한 경우 공단으로 하여금 해당 요양기관이 청구한 요양급여비용의 지급을 보류할 수 있도록 규정한 구 국민건강보험법 제47조의2 제1항 중 '의료법 제33조 제2항' 에 관한 부분(이하 '이 사건 구법조항' 이라 한다), 국민건강보험법 제47조의2 제1항 전문 중 '의료법 제33조 제2항' 에 관한 부분(이하 '이 사건 현행법조항' 이라 하고, 이 사건 구법조항과 통틀어 '이 사건 지급보류조항' 이라 한다)이 무죄추정의 원칙에 위반되는지 여부(−)
3. 이 사건 지급보류조항이 의료기관 개설자의 재산권을 침해하는지 여부(+)
4. 헌법불합치결정을 선고하면서 구법조항 적용 중지, 현행법조항 계속 적용을 명한 사례

[결정요지]

1. 이 사건 개설금지조항에 대한 심판청구는 법률조항 자체의 위헌성을 다투는 것이 아니라 당해 사건 재판의 기초가 되는 사실관계의 인정이나 평가 또는 개별적 · 구체적 사건에서의 법률조항의 단순한 포섭 · 적용에 관한 문제를 다투는 경우에 불과하여 부적법하다.

2. 이 사건 지급보류조항은 사후적인 부당이득 환수절차의 한계를 보완하고, 건강보험의 재정 건전성이 악화될 위험을 방지하고자 마련된 조항으로서, 사무장병원일 가능성이 있는 요양기관이 일정 기간 동안 요양급여비용을 지급받지 못하는 불이익을 받더라도 이를 두고 유죄의 판결이 확정되기 전에 죄 있는 자에 준하여 취급하는 것이라고 보기 어렵다. 따라서 이 사건 지급보류조항은 무죄추정의 원칙에 위반된다고 볼 수 없다.

3. 지급보류처분은 잠정적 처분이고, 그 처분 이후 사무장병원에 해당하지 않는다는

사실이 밝혀져서 무죄판결의 확정 등 사정변경이 발생할 수 있다는 점 등을 고려하면, 지급보류처분의 '처분요건'뿐만 아니라 '지급보류처분의 취소'에 관하여도 명시적인 규율이 필요하고, 그 '취소사유'는 '처분요건'과 균형이 맞도록 규정되어야 한다. 또한 무죄판결이 확정되기 전이라도 하급심 법원에서 무죄판결이 선고되는 경우에는 그때부터 일정 부분에 대하여 요양급여비용을 지급하도록 할 필요가 있다. 나아가, 사정변경사유가 발생할 경우 지급보류처분이 취소될 수 있도록 한다면, 이와 함께 지급보류기간 동안 의료기관의 개설자가 수인해야 했던 재산권 제한상황에 대한 적절하고 상당한 보상으로서의 이자 내지 지연손해금의 비율에 대해서도 규율이 필요하다. 이러한 사항들은 이 사건 지급보류조항으로 인한 기본권 제한이 입법목적 달성에 필요한 최소한도에 그치기 위해 필요한 조치들이지만, 현재 이에 대한 어떠한 입법적 규율도 없다. 따라서 이 사건 지급보류조항은 과잉금지원칙에 반하여 요양기관 개설자의 재산권을 침해한다.

4. 이 사건 구법조항이 가지는 위헌적 요소들을 제거하고, 지급보류처분의 취소 사유나 지급보류처분에 의하여 발생한 요양기관 개설자의 재산권 제한 정도를 완화하기 위한 적절하고 상당한 보상으로서의 이자 내지 지연손해금 등 제도적 대안 등을 어떠한 내용으로 형성할 것인지에 관하여는 입법자에게 폭넓은 재량이 부여되어 있다. 이 사건 구법조항에 대해 계속 적용을 명하는 경우에는 위헌선언의 효력이 당해 사건에 미치지 못할 우려가 있으므로, 이 사건 구법조항에 대하여 헌법불합치결정을 선고하되 그 적용을 중지한다. 이 사건 현행법조항에 대하여 단순위헌결정을 할 경우 요양급여비용의 지급을 보류함이 정당한 경우에도 그 처분의 근거가 사라져 건강보험 재정의 건전성 확보라는 입법목적을 달성하기 어려운 법적 공백이 발생할 수 있으므로, 이 사건 현행법조항에 대하여는 헌법불합치결정을 선고하되, 2024. 12. 31.을 시한으로 입법자의 개선입법이 이루어질 때까지 잠정적용한다.

재 산 권
공용수용

93 재래시장 재건축에서의 매도청구권 사건

(중소기업의구조개선과재래시장활성화를위한 특별조치법 제16조 제1항 등 위헌소원)
2006. 7. 27. 2003헌바18 **[합헌]**

|판시사항|

1. 중소기업의 구조개선과 재래시장활성화를 위한 특별조치법 제16조 제5항에 의하여 준용되는 집합건물의 소유 및 관리에 관한 법률 제48조 제4항에 따른 매도청구권을 실질적으로 헌법 제23조 제3항의 '공용수용' 으로 볼 수 있는지 여부(+)
2. 재래시장 재건축사업에 있어서 행사요건을 완화하여 위 매도청구권을 인정하는 것이 위헌이라는 청구인 주장의 의미와 이에 대한 위헌심사 방법
3. 이 사건 법률 제16조 제1항 중 '시장재건축에 관한 부분' 및 같은 법 제16조 제5항 중 '집합건물법 제48조 제4항을 준용하는 부분' 이 헌법상 재산권을 침해하는지 여부(−)

[결정요지]

1. 토지재산권 등에 관한 입법에 있어서 입법자에게 넓은 입법재량이 인정된다고 할지라도, 재산권의 사회적 기속성에 기한 제한 역시 다른 기본권에 대한 제한입법과 마찬가지로 비례원칙을 준수하여야 하고 재산권의 본질적 내용인 사적 이용권과 원칙적인 처분권을 부인하여서는 아니 되며, 이는 사회적 기속성이 더욱 강한 토지재산권에 관하여도 마찬가지이다. 요컨대, 재산권에 대한 제약이 비례원칙에 합치하는 것이라면 그 제약은 재산권자가 수인하여야 하는 사회적 제약의 범위 내에 있는 것이고, 반대로 재산권에 대한 제약이 비례원칙에 반하여 과잉된 것이라면 그 제약은 재산권자가 수인하여야 하는 사회적 제약의 한계를 넘는 것이며, 따라서 입법자가 재산권을 비례의 원칙에 부합하게 합헌적으로 제한하기 위해서는 수인의 한계를 넘어 가혹한 부담이 발생하는 예외적인 경우에는 이를 완화하는 보상규정을 두어야 한다.

한편, 헌법 제23조 제3항은 "공공필요에 의한 재산권의 수용·사용 또는 제한 및 그에 대한 보상은 법률로써 하되, 정당한 보상을 지급하여야 한다."고 규정하여, 재산권행사의 사회적 의무성의 한계를 넘는 재산권의 수용·사용·제한과 그에 대한 보상의 원칙을 규정하고 있다. 따라서 공공필요에 의한 재산권의 공권력적, 강제적 박탈을 의미하는 공용수용

은 국민의 재산권을 그 의사에 반하여 강제적으로라도 취득해야 할 공익적 필요성이 있을 것, 수용과 그에 대한 보상은 모두 법률에 의거할 것, 정당한 보상을 지급할 것의 요건을 갖추어야 합헌적인 것이라고 할 수 있다.

이 사건 법률조항에 따른 매도청구권을 헌법 제23조 제1항·제2항의 재산권의 제한으로 볼 것인지, 아니면 헌법 제23조 제3항의 공용수용으로 볼 것인지 문제되나, 위 매도청구권의 행사로 재건축불참자는 그 의사에 반하여 재산권이 박탈당하는 결과에 이른다는 점에서 실질적으로 헌법 제23조 제3항의 공용수용과 같은 것으로 볼 수 있고, 이 경우 헌법 제23조 제3항에 따라 보상적조치가 있어야 비로소 허용되는 범주 내에 있게 되는바, 이 사건 법률조항은 매도청구권행사에 의하여 시가에 따른 매매계약체결의 효과를 주고 있어 일응 정당한 보상요건은 갖춘 것으로 볼 수 있으므로 이러한 점에서는 특별히 위헌의 의심은 없다.

2. 청구인은 시장재건축에 있어서 다소 완화된 요건하에서 부여되는 매도청구권 자체의 위헌성을 묻고 있으므로 이는 헌법 제23조 제3항 공용수용의 요건 중 '공공의 필요성'을 갖추었는지에 대한 의문이라고 볼 수 있고, 이에 대한 심사는 실질적으로 헌법 제37조 제2항의 과잉금지원칙에 따라 이루어져야 할 것이다.

3. 이 사건 법률 규정으로써 보호되는 재래시장활성화나 그 사업추진의 원활화 등의 공익이 이 사건 법률조항으로 제한을 받게 되는 비참가자의 재산권이라는 이익을 능가한다고 할 수 있으므로 법익의 균형성도 갖추었다. 따라서, 이 사건 법률조항은 시장재건축사업지역 내의 재건축불참자의 재산권을 본질적인 내용까지 침해한다거나 과잉금지의 원칙에 위배된다고 볼 수 없다.

재 산 권
공용수용

94 군사법원법상 비용보상청구권의 제척기간 사건

(군사법원법 제227조의12 제2항 위헌소원)
2023. 8. 31. 2020헌바252 [위헌]

|판시사항|

비용보상청구권의 제척기간을 무죄판결이 확정된 날부터 6개월 이내로 규정한 구 군사법원법 제227조의12 제2항(이하 '심판대상조항' 이라 한다)이 헌법에 위반되는지 여부(+)

[결정요지]

1. 재판관 유남석, 재판관 김기영, 재판관 문형배, 재판관 이미선의 위헌의견

제척기간을 단기로 규정하는 것은 권리의 행사가 용이하고 빈번히 발생하는 것이거나, 법률관계를 신속히 확정하여 분쟁을 방지할 필요가 있는 경우이다. 그런데 군사법원법상 비용보상청구권은 이러한 사유에 해당하지 않을 뿐만 아니라, 피고인의 방어권 및 재산권을 보호하기 위해서 일반적인 사법상의 권리보다 더 확실하게 보호되어야 하므로, 심판대상조항은 제척기간을 6개월이라는 단기로 규정할 합리적인 이유가 있다고 볼 수 없다. 군사법원법상 피고인이 재판의 진행이나 무죄판결의 선고 사실을 모르는 경우가 발생할 수 있는데, 심판대상조항은 기산점에 관한 예외를 인정하지 않는다. 심판대상조항의 제척기간을 보다 장기로 규정하더라도 국가재정의 합리적인 운영을 저해한다고 보기 어려운 점 등을 고려하면, 심판대상조항은 과잉금지원칙을 위반하여 비용보상청구권자의 재판청구권 및 재산권을 침해한다.

2. 재판관 이은애, 재판관 이종석, 재판관 이영진, 재판관 정정미의 위헌의견

헌법재판소는 2015. 4. 30. 2014헌바408등 결정에서 심판대상조항과 동일한 내용의 구 형사소송법 제194조의3 제2항에 대하여, 비용보상청구권의 특성, 입법형성에 관한 재량권 등을 종합하면 과잉금지원칙에 위배하여 재판청구권이나 재산권을 침해하지 않는다고 보았다. 심판대상조항은 비용보상청구권자가 군사법원법의 적용을 받는 차이가 있을 뿐, 선례와 달리 판단할 사정변경이나 이유를 찾기 어렵기 때문에, 과잉금지원칙에 위반되지 않는다.

하지만 형사소송법은 2014. 12. 30. 비용보상청구권의 제척기간을 '무죄판결이 확정된 사실을 안 날부터 3년, 무죄판결이 확정된 때부터 5년 이내'로 개정하였다. 무죄를 선고받은 비용보상청구권자가 형사소송법이 적용되는지와 군사법원법이 적용되는지는 본질적인 차이가 없는데, 심판대상조항의 제척기간이 형사소송법보다 짧은 것에는 그 차별을 정당화할 합리적인 이유를 찾아보기 어렵다. 군사법원법이 규정하는 비용보상청구권은 군사재판의 특수성이 적용될 영역이 아니기 때문이다. 따라서 심판대상조항은 군사법원법과 형사소송법의 적용을 받는 비용보상청구권자를 자의적으로 다르게 취급하여 평등원칙에 위반된다.

핵심 체크 학습

재 산 권

1. 「사립학교교직원 연금법」상 퇴직급여 및 퇴직수당을 받을 권리는 사회적 기본권의 하나인 사회보장수급권에는 해당하지만, 헌법 제23조에 의하여 보장되는 재산권에는 해당하지 아니한다. [16 사시]

해설 '사립학교교직원 연금법'상 퇴직급여 및 퇴직수당을 받을 권리는 사회적 기본권의 하나인 사회보장수급권인 동시에 경제적 가치가 있는 권리로서 헌법 제23조에 의하여 보장되는 재산권이다(헌재 2010. 7. 29. 2008헌가15).

2. 개인택시면허의 재산권적 성격은 인정되지만, 개인택시의 공급과잉을 억제하기 위해 개인택시면허의 양도를 금지하는 것은 개인택시운수업자들의 재산권을 침해하는 것으로 볼 수 없다. [16 사시]

해설 개인택시의 공급과잉을 억제할 필요가 있고, 개인택시면허의 양도 및 상속에 따르는 프리미엄의 획득·유지는 면허처분에 의하여 직접적으로 부여되는 이익이 아니며, 개인택시면허는 공법상의 권리로서 행정목적상의 한계를 가진다. 따라서 이 사건 시행령 조항이 법률의 위임을 받아 개인택시면허의 양도 및 상속을 제한하는 것을 두고 법률유보원칙에 위배되거나 입법형성권의 한계를 벗어나 청구인들의 재산권을 침해하는 것으로 볼 수 없다(헌재 2012. 3. 29. 2010헌마443 등).

3. 배우자의 상속공제를 인정받기 위한 요건으로 배우자상속재산분할기한까지 배우자의 상속재산을 분할하여 신고할 것을 요구하면서 위 기한이 경과하면 일률적으로 배우자의 상속공제를 부인하고 있는 조항은 배우자인 상속인의 재산권을 침해한다고 볼 수 없다. [16 사시]

해설 피상속인의 배우자가 상속공제를 받은 후에 상속재산을 상속인들에게 이전하는

정답 1. × 2. ○ 3. ×

방법으로 부의 무상이전을 시도하는 것을 방지하고 상속세에 대한 조세법률관계를 조기에 확정하기 위한 정당한 입법목적을 가진 것이나, 상속재산분할심판과 같이 상속에 대한 실체적 분쟁이 계속 중이어서 법정기한 내에 재산분할을 마치기 어려운 부득이한 사정이 있는 경우, 후발적 경정청구 등에 의해 그러한 심판의 결과를 상속세 산정에 추후 반영할 길을 열어두지도 않은 채, 위 기한이 경과하면 일률적으로 배우자 상속공제를 부인함으로써 비례원칙에 위배되어 청구인들의 재산권을 침해한다(헌재 2012. 5. 31. 2009헌바190).

4. 구 「태평양전쟁 전후 국외 강제동원희생자 등 지원에 관한 법률」에 규정된 위로금 등의 각종 지원은 태평양전쟁이라는 특수한 상황에서 일제에 의한 강제동원희생자와 그 유족이 입은 고통을 치유하기 위한 시혜적 조치이며, 이러한 시혜적 급부를 받을 권리 역시 헌법 제23조에 의하여 보장되는 재산권에 해당한다. [16 사시]

해설 국외강제동원자지원법에 규정된 위로금 등의 각종 지원이 태평양전쟁이라는 특수한 상황에서 일제에 의한 강제동원 희생자와 그 유족이 입은 고통을 치유하기 위한 시혜적 조치라고 판단한 바 있고, 국외강제동원자지원법은 미수금 지원금이 강제동원희생자와 그 유족 등에게 인도적 차원에서 지급하는 위로금임을 명시적으로 밝히고 있으며, 미수금 지원금을 받게 될 '유족'의 범위를 강제동원으로 인한 고통과 슬픔을 함께한 '친족'으로 한정하고 있으므로, 미수금 지원금은 인도적 차원의 시혜적인 금전 급부에 해당한다. 인도적 차원의 시혜적 급부를 받을 권리는 헌법 제23조에 의하여 보장된 재산권이라고 할 수 없다(헌재 2015. 12. 23. 2009헌바317 등).

5. 학교안전공제회가 관리 · 운용하는 학교안전공제및사고예방기금은 헌법 제23조 제1항에 의하여 보호되는 재산권으로 볼 수 없다. [16 사시]

해설 공제회가 관리 · 운용하는 기금은 학교안전사고보상공제 사업 등에 필요한 재원을 확보하고, 공제급여에 충당하기 위하여 설치 및 조성되는 것으로서 학교안전법령이 정하는 용도에 사용되는 것일 뿐, 각 공제회에 귀속되어 사적 유용성을 갖는다거나 원칙적 처분권이 있는 재산적 가치라고 보기 어렵고, 공제회가 갖는 기금에 대한 권리는 법에 의하여 정해진 대로 운영할 수 있는 법적 권능에 불과할 뿐 사적 이익을 위해 권리주체에게 귀속될 수 있는 성질의 것이 아니므로, 이는 헌법 제23조 제1항에 의하여 보호되는 공제회의 재산권에 해당되지 않는다 (헌재 2015. 7. 30. 2014헌가7).

6. 소유자가 거주하지 아니하거나 경작하지 아니하는 농지를 비사업용 토지로 보아 60%의 중과세율을 적용하도록 한 것은 재산권을 침해하지 아니한다. [16 사시]

해설 사실상 소유자가 거주 또는 경작하지 않는 토지의 소유를 억제할 수 있을 정도의

정답 4. × 5. ○ 6. ○

세율을 60%로 본 입법자의 판단은 존중할 필요가 있다. 경자유전의 원칙상 상당 기간 거주 또는 경작하지 않은 것은 일응 투기 목적의 징표로 볼 수 있는데, 이 사건 법률조항은 이러한 농지에 한해서 양도소득세 중과를 적용하고 있으며, 당사자의 귀책사유 없이 비사업용 토지로 되는 경우에 대한 보완책을 마련하고 있으므로 침해의 최소성원칙에 반하지 아니한다(헌재 2012. 7. 26. 2011헌바357).

7. 행정기관이 개발촉진지구 지역개발사업으로 실시계획을 승인하고 이를 고시하면 고급골프장 사업과 같이 공익성이 낮은 사업에 대해서까지도 시행자인 민간개발자에게 수용권한을 부여하는 규정은 헌법 제23조 제3항에 위반된다. [16 사시]

해설 지구개발사업의 하나인 '관광휴양지 조성사업' 중에는 고급골프장, 고급리조트 등(이하 '고급골프장 등'이라 한다)의 사업과 같이 입법목적에 대한 기여도가 낮을 뿐만 아니라, 대중의 이용·접근가능성이 작아 공익성이 낮은 사업도 있다. 또한 고급골프장 등 사업은 그 특성상 사업 운영 과정에서 발생하는 지방세수 확보와 지역경제 활성화는 부수적인 공익일 뿐이고, 이 정도의 공익이 그 사업으로 인하여 강제수용 당하는 주민들의 기본권침해를 정당화할 정도로 우월하다고 볼 수는 없다. 따라서 이 사건 법률조항은 공익적 필요성이 인정되기 어려운 민간개발자의 지구개발사업을 위해서까지 공공수용이 허용될 수 있는 가능성을 열어두고 있어 헌법 제23조 제3항에 위반된다(헌재 2014. 10. 30. 2011헌바172 등).

8. 개인택시면허의 재산권적 성격은 인정되나, 개인택시의 공급과잉을 억제하기 위해 개인택시면허의 양도를 금지하는 것이 개인택시운수사업자들의 재산권을 침해하는 것으로 볼 수 없다. [14 법무사]

해설 헌재 2012. 3. 29. 2010헌마443 등.

9. 공무원의 보수청구권은, 법률 및 법률의 위임을 받은 하위법령에 의해 그 구체적 내용이 형성되면 재산적 가치가 있는 공법상의 권리가 되어 재산권의 내용에 포함된다. [14 법무사]

해설 공무원의 보수청구권은, 법률 및 법률의 위임을 받은 하위법령에 의해 그 구체적 내용이 형성되면 재산적 가치가 있는 공법상의 권리가 되어 재산권의 내용에 포함되지만, 법령에 의하여 구체적 내용이 형성되기 전의 권리, 즉 공무원이 국가 또는 지방자치단체에 대하여 어느 수준의 보수를 청구할 수 있는 권리는 단순한 기대이익에 불과하여 재산권의 내용에 포함된다고 볼 수 없다(헌재 2008. 12. 26. 2007헌마444).

정답 7. ○ 8. ○ 9. ○

10. 의료급여법상 의료급여 수급권은 공공부조의 일종으로 순수하게 사회정책적 목적에서 주어지는 권리이므로 개인의 노력과 금전적 기여를 통하여 취득되는 재산권의 보호대상에 포함된다고 보기 어렵다. [14 법무사]

해설 의료급여수급권은 공공부조의 일종으로서 순수하게 사회정책적 목적에서 주어지는 권리이므로 개인의 노력과 금전적 기여를 통하여 취득되는 재산권의 보호대상에 포함된다고 보기 어려워, 이 사건 시행령조항 및 시행규칙조항이 청구인들의 재산권을 침해한다고 할 수 없다(헌재 2009. 9. 24. 2007헌마1092).

11. 건설공사를 위하여 문화재발굴허가를 받아 매장문화재를 발굴하는 경우 그 발굴비용을 사업시행자로 하여금 부담하도록 한 것은 과잉금지원칙에 위배되어 재산권을 침해하는 것이 아니다. [14 법무사]

해설 헌재 2010. 10. 28. 2008헌바74.

12. 임용결격사유가 존재함에도 불구하고 공무원으로 임용되어 20년 이상 근무한 자에 대해 법이 정한 퇴직연금 수급권을 부여하지 않은 것은, 당해 공무원에 대한 신뢰보호원칙에 위배되어 재산권을 침해하는 것으로서 위헌이다. [14 법무사]

해설 임용결격공무원의 경우 그 임용행위가 당연무효이므로 공무원 퇴직연금수급권의 법정요건의 하나인 적법한 공무원이라 할 수 없다. 따라서 적법한 공무원으로서의 신분을 취득하지 못한 청구인은 공무원퇴직연금수급권을 취득할 수 없으므로, 이 사건 심판대상조항에 의하여 청구인의 재산권이 침해될 여지는 없다(헌재 2012. 8. 23. 2010헌바425).

정답 10. ○ 11. ○ 12. ×

공무담임권

95 5급공무원 일반승진시험 사건

(공무원임용시험령 제42조 제1항 위헌확인)
2007. 6. 28. 2005헌마1179 **[기각]**

|판시사항|

1. 공무원임용시험령 제42조 제1항 중 '시험요구일 현재'와 '승진임용이 제한되거나' 부분이 청구인으로 하여금 5급 일반승진시험을 보지 못하게 하여 청구인의 공무담임권을 침해하는지 여부(－)
2. 이 사건 심판대상 규정이 시험요구일을 기준으로 5급 일반승진시험 응시대상자를 정함으로써 청구인의 평등권을 침해하는지 여부(－)

[결정요지]

1. 공무담임권의 보호영역에는 일반적으로 공직취임의 기회보장, 신분박탈, 직무의 정지가 포함될 뿐이고 청구인이 주장하는 '승진시험의 응시제한'이나 이를 통한 승진기회의 보장 문제는 공직신분의 유지나 업무수행에는 영향을 주지 않는 단순한 내부 승진인사에 관한 문제에 불과하여 공무담임권의 보호영역에 포함된다고 보기는 어려우므로 결국 이 사건 심판대상 규정은 청구인의 공무담임권을 침해한다고 볼 수 없다.

2. 승진후보자명부에 등재된 자에게 시험요구일 이후에 공무원임용령 제32조에 정한 승진임용의 제한사유가 발생한 경우에는 그 사유발생일에 해당 공무원을 승진후보자명부에서 삭제하게 되어 해당자는 승진시험에 응시할 수 없으므로 시험요구일 기준으로 징계사유 발생 여부에 따라 차별이 있다고 볼 수 없다. 5급일반승진시험은 해당 부처가 아닌 중앙인사위원회가 실시하는 것으로서(시험령 제3조 제1항) 원칙적으로 연 1회 실시되며(시험령 제42조 제4항), 중앙인사위원회로서는 여러 부처에서의 응시자들이 많을 것이므로 시험관리의 공정성과 효율성을 위해서는 미리 시험응시인원을 확정할 필요가 있고, 절차상 임용제청권자의 시험요구일도 인원확정의 적절한 기준이 될 수 있고, 5급 일반승진시험의 경우에 시험실시예정일을 기준으로 시험응시대상자를 정한다고 하더라도 그 시험실시일이 고정된 것이 아니고 매년의 상황에 따라 다를 것이므로, 5급 일반승진시험에 있어서 시험요구일을

기준으로 시험응시대상자를 정하는 것은 합리적인 이유가 있다. 근본적으로 청구인이 2007년에야 시험에 응시할 수 있게 되어 추가로 12개월의 승진임용제한을 받게 되었다는 점과 관련하여서는 이는 시험이 1년에 1~2회 시행됨으로써 발생하는 현실상의 문제이지 법률상의 문제라고 볼 수 없고, 승진임용의 제한을 받는 기간은 승진시험실시 시기와 시험령에 의거한 추가시험 실시 여부에 따라 달라질 수 있는 점 등의 사정을 고려하면 위와 같은 차별에는 합리적인 이유가 있다고 할 것이다.

공무담임권

96 교육공무원 정년단축 사건

(교육공무원법 제47조 제1항 위헌확인, 교육공무원법 제47조 제1항 본문 위헌확인)
2000. 12. 14. 99헌마112 · 137(병합) [각하]

|판시사항|

1. 교육공무원법의 정년규정에 대하여 사립학교 교원들에게 기본권침해의 자기관련성이 인정되는지 여부(−)
2. 대학교원을 제외하고 교육공무원의 정년을 65세에서 62세로 단축한 교육공무원법 제47조 제1항이 교원들의 공무담임권을 침해하는지 여부(−)
3. 위 법률조항이 교원들의 평등권을 침해하는지 여부(−)

[결정요지]

1. 교육공무원법 제47조 제1항은 "교육공무원"의 정년을 규정한 것으로서 교육공무원이 아닌 사립학교 교원들에게 적용되거나 준용되는 것이 아니며, 정부가 지급하는 사립학교 재정결함 보조금의 영향으로 사립학교 교원의 정년이 교육공무원의 정년과 연계하여 설정되고 있다 하더라도 그러한 경제적 · 사실적 관련성만으로는 사립학교 교원들이 위 법률조항으로 인하여 자신들의 기본권을 직접 침해받는다고 보기 어렵다.

2. 공무원이 정년까지 근무할 수 있는 권리는 헌법의 공무원신분보장규정에 의하여 보호되는 기득권으로서 그 침해 내지 제한은 신뢰보호의 원칙에 위배되지 않는 범위내에서만 가능하다고 할 것인 즉 기존의 정년규정을 변경하여 임용 당시의 공무원법상의 정년까지 근무할 수 있다는 기대 내지 신뢰를 합리적 이유없이 박탈하는 것은 위 공무원신분 보장규정에 위배된다 할 것이나, 임용당시의 공무원법상의 정년까지 근무할 수 있다는 기대와 신뢰는 절대적인 권리로서 보호되어야만 하는 것은 아니고 행정조직, 직제의 변경 또는 예산의 감소 등 강한 공익상의 정당한 근거에 의하여 좌우될 수 있는 상대적이고 가변적인 것이라 할 것이므로 입법자에게는 제반사정을 고려하여 합리적인 범위내에서 정년을 조정할 입법형성권이 인정된다.

(1) 입법자는 우리 나라의 교육여건, 공교육 정상화 등 교육개혁에 대한 국민적 열망 등 여러 가지 사정을 종합할 때, 젊고 활기찬 교육분위기 조성을 위한 교직사회의 신진대사가 필요하고 바람직한 것이라고 보아 초·중등교원의 정년을 3년간 단축하여 62세로 설정하고 있는바, 입법자의 이러한 교육정책적 판단과 결정은 나름대로 합리성이 있는 것으로 인정되고, 우리나라 다른 공무원들의 정년연령에 비교하여 보거나 외국의 교원정년제도와 비교하여 보더라도 교원정년을 62세로 한 것이 입법형성권의 한계를 일탈하여 불합리할 정도로 지나치게 단축한 것이라고 보기 어렵다.

(2) 개정법 부칙은 기존교원들에 대하여, 명예퇴직수당의 지급대상 및 지급액에 관하여 종전의 정년을 적용토록 함으로써 단축된 정년으로 인한 불이익을 어느 정도 보전할 수 있도록 배려하고 있는바, 이러한 경과조치의 존재, 기존교원에 대한 신뢰이익 침해의 정도, 정년단축을 통해 실현코자 하는 공익목적의 중요성 등을 종합적으로 고려할 때 헌법상의 신뢰보호원칙에 위배되는 것이라 할 수 없다.

(3) 따라서 교육공무원법 제47조 제1항은 헌법 제37조 제2항 또는 신뢰보호원칙에 위반하거나, 공무원의 신분보장 정신에 위반하여 공무담임권을 침해하는 것이라 할 수 없다.

3. 초·중등교원과 대학교원은 그 임무, 자격기준, 임용과 승진의 과정등의 면에서 차이가 있고, 이로 인하여 대학교원의 경우 그 최초임용시의 연령이 초·중등교원보다 상대적으로 고령인 데다, 고등교육과 연구라는 업무의 성격상 초·중등교원보다 높은 연령까지 대학교원으로 재직할 필요성을 인정할 수 있는바, 입법자가 이러한 점에 착안하여, 대학교원의 정년을 초·중등교원의 정년보다 3년 높은 65세로 책정한 것은 합리적 근거에 기초한 것이라 할 것이므로 이로 인하여 초·중등교원들의 평등권이 침해된다고 할 수 없다.

공무담임권

97 아동 · 청소년이용음란물소지죄로 형이 확정된 자에 대한 공무원 결격사유 사건

(기본권 침해 위헌확인)
2023. 6. 29. 2020헌마1605등 **[헌법불합치]**

|판시사항|

1. 국가공무원법 제33조 제6호의4 나목 중 구「아동 · 청소년의 성보호에 관한 법률」제11조 제5항 가운데 "아동 · 청소년이용음란물임을 알면서 이를 소지한 죄로 형을 선고받아 그 형이 확정된 사람은 국가공무원법 제2조 제2항 제1호의 일반직공무원으로 임용될 수 없도록 한 것"에 관한 부분 및 지방공무원법 제31조 제6호의4 나목 중 구「아동 · 청소년의 성보호에 관한 법률」제11조 제5항 가운데 "아동 · 청소년이용음란물임을 알면서 이를 소지한 죄로 형을 선고받아 그 형이 확정된 사람은 지방공무원법 제2조 제2항 제1호의 일반직공무원으로 임용될 수 없도록 한 것"에 관한 부분(이하 합하여 '심판대상조항' 이라 한다)이 청구인들의 공무담임권을 침해하는지 여부 (+)
2. 헌법불합치 결정을 선고하면서 계속 적용을 명한 사례

[결정요지]

1. (1) **침해의 최소성**

아동 · 청소년이용음란물소지죄로 형을 선고받아 확정된 자에 대하여 일반직공무원에 임용되는 것을 제한하는 것이 입법목적을 달성하는 데 적합한 수단이라고 하더라도, 범죄의 경중이나 재범의 위험성 등 구체적 사정을 고려하지 아니하고 직무의 종류에 상관없이 일반직공무원에 임용되는 것을 영구적으로 제한하고 있는 심판대상조항은 침해의 최소성에 위반된다. 구체적인 이유는 다음과 같다.

(가) 심판대상조항은 직무의 종류를 불문하고 모든 일반직공무원에 임용되는 것을 제한하고 있는데, 제한되는 직무의 범위가 지나치게 넓고 포괄적이다.

공무원은 실적과 경력에 따라 임용되는 '경력직공무원'과 정무직, 별정직 공무원이 포함되는 '특수경력직공무원'으로 나뉘고, '경력직공무원'은 다시 '일반직공무원'과 '특정직공무원'으로 나뉜다(국가공무원법 제2조 제1항, 제2항; 지방공무원법 제2조 제1항, 제2항 참조). 기술 · 연구 또는 행정 일반에 대한 업무를 담당하는 '일반직공무원'은 종류가 매우 다양하고, 그 직무 중에는 아동 · 청소년과 관련이 없는 직무도 많다(헌재 2022. 11. 24. 2020헌마1181 참조).

헌법재판소는 2019. 7. 25. 2016헌마754 결정에서 미성년자에 대하여 성범죄를 범하여 형을 선고받아 확정된 자와 성인에 대한 성폭력범죄를 범하여 벌금 100만 원 이상의 형을 선고받아 확정된 자는 초 · 중등교육법상의 교원에 임용될 수 없도록 한 교육공무원법 조항에 대하여 공무담임권을 침해하지 않는다고 판단한 바 있으나, 아동 · 청소년과 상시적으로 접촉하고 밀접한 생활관계를 형성하여 이를 바탕으로 교육과 인성발달의 기초를 형성하는 데 지대한 영향을 미치는 초 · 중등학교 교원과 일반직공무원은 직무의 내용이나 아동 · 청소년과의 접촉 가능성 및 빈도에 있어서 큰 차이가 있다(헌재 2022. 11. 24. 2020헌마1181 참조).

물론 아동 · 청소년이용음란물소지죄는 이러한 음란물이 제작되거나 배포됨을 전제로 성립되는 범죄이므로 이러한 음란물을 생산하기 위한 아동 · 청소년 대상 성착취 및 성학대 범죄와 관련성이 있음을 부인하기는 어렵다.

그러나 아동 · 청소년이용음란물소지죄는 그 자체로는 아동 · 청소년을 직접 대상으로 하지 않는다는 점에서 아동 · 청소년을 직접 대상으로 하는 다른 성범죄들과 그 비난가능성이나 위험성의 면에서 차이가 있으므로, 이러한 측면을 전혀 고려하지 않고 아동 · 청소년이용음란물소지죄를 범하여 형이 확정되었다는 이유만으로 공무원이 되는 기회를 차단하는 것은 지나친 제한이라 아니할 수 없다.

(나) 한편, 심판대상조항은 범죄의 경중, 재범의 위험성 등 구체적 사정을 고려하지 아니하고 영구적으로 임용을 제한하며, 범행 이후 아무리 오랜 시간이 지나더라도 결격사유가 해소될 수 있는 어떠한 가능성도 인정하고 있지 않다.

일반직공무원의 경우 7급 이상 공무원 시험은 20세 이상, 8급 이하 공무원 시험은 18세(교정 · 보호직렬은 20세) 이상이면 누구든지 응시할 수 있으므로(공무원임용시험령 제16조 제1항), 형을 선고받아 확정된 사람이 그 확정시로부터 수십 년이 지난 후에 임용에 지원하는 경우도 충분히 발생할 수 있다. 공직의 신뢰성을 확보하고 아동 · 청소년의 성을 보호하는 입법목적은 개별 범죄의 비난가능성, 재범의 위험성 등을 고려하여 상당한 기간 동안 임용을 제한하는 방법으로도 충분히 달성할 수 있고, 형을 선고받아 확정된 사실만으로 일률적으로 일반직공무원으로 임용될 기회를 영구적으로 완전히 박탈하는 것은 그 제한의 정도가 지나치다(헌재 2022. 11. 24. 2020헌마1181 참조).

(다) 공무원은 국민 전체의 봉사자로서 그가 수행하는 직무 그 자체가 공공의 이익을 위한 것이고, 원활한 직무수행을 위해서는 공무원 개개인이나 공직에 대한 국민신뢰가 기본바탕이 되어야 하므로, 직무의 공공성에 상응하는 고도의 윤리성을 갖추어야 한다(헌재 2007. 7. 26. 2006헌마764 참조). 따라서 아동 · 청소년이용음란물소지죄로 형을 선고받은 사람은 공직에 대한 국민의 신뢰를 현저히 해치므로, 범행의 구체적인 내용이나 시기를 불문하

고 영구적으로 공직에 임용시켜서는 안 된다는 주장도 있을 수 있다. 그러나 입법자는 공익실현을 위하여 기본권을 제한하는 경우에도 입법목적을 실현하기에 적합한 여러 수단 중에서 되도록 국민의 기본권을 가장 존중하고 기본권을 최소로 침해하는 수단을 선택해야 한다(헌재 2003. 10. 30. 2002헌마684등 참조).

그런데 아동·청소년이용음란물소지죄로 형을 선고받은 경우라고 하더라도 범죄의 종류, 죄질, 내용이 다양하고, 재범의 위험성이 일정하지 않으며, 그에 따라 국민의 공직에 대한 신뢰 등에 미치는 영향도 큰 차이가 있으므로, 입법자로서는 입법목적을 달성하는 데 필요한 범죄의 유형, 내용 등으로 그 범위를 가급적 한정하거나 판결이 확정된 때로부터 일정한 기간이 지난 후에는 임용될 수 있도록 규정하는 등의 방법을 통해 기본권의 침해를 최소화할 수 있다(헌재 2022. 11. 24. 2020헌마1181 참조).

한편, 형벌 등 범죄에 대한 제재와는 달리, 법률상 결격사유에서는 같은 종류의 성범죄를 범하였다면 범죄의 경중에 관계없이 성범죄자로서 본질적으로 동일하다고 볼 수 있다는 주장도 있을 수 있다. 그러나 법률상 결격사유를 정함에 있어서도 범죄의 경중이나 재범의 위험성 여부를 고려하여야 하며 현재 우리 실정법에서 법률상 결격사유를 규정하는 통상적인 규정 방식도 그와 다르지 않다. 범죄의 경중이나 재범의 위험성에 관한 개별적 판단 없이 일률적으로 영구히 임용 기회를 차단하는 것은 죄질이 가볍고 재범의 위험성이 적은 사람에게 부당한 기본권 침해가 될 수 있다(헌재 2016. 3. 31. 2013헌마585등 참조).

(2) 법익의 균형성

아동·청소년이용음란물소지죄로 형이 확정된 자를 일반직공무원의 직무로부터 배제함으로써 공직에 대한 국민의 신뢰를 유지하여 공무수행을 원활히 하고 아동·청소년의 성을 보호하고자 하는 공익은 중대하다. 그러나 심판대상조항은 범죄의 경중이나 재범의 위험성 등과 무관하게 일반직공무원 직무 전체에 대하여 일률적으로 영구히 임용을 제한하고 결격사유를 해소할 수 있는 어떠한 예외도 인정하지 않음으로써, 이로 인하여 청구인들이 받게 되는 불이익은 공익의 중대성을 고려하더라도 지나치게 크다. 따라서 심판대상조항은 법익의 균형성을 갖추지 못하였다.

(3) 소 결

심판대상조항은 과잉금지원칙에 위반되어 청구인들의 공무담임권을 침해한다.

2. 심판대상조항의 위헌성을 해소하는 구체적인 방법은 입법자가 논의를 거쳐 결정해야 할 사항이므로 이 조항들에 대하여 헌법불합치 결정을 선고하되 2024. 5. 31.을 시한으로 입법자가 개정할 때까지 계속 적용을 명하기로 한다.

핵심 체크 학습 공무담임권

1. 공무담임권은 각종 선거에 입후보하여 당선될 수 있는 피선거권과 공직에 임명될 수 있는 공직취임권을 포함한다. [16 사시]

해설 헌법 제25조에서 규정하고 있는 공무담임이란 입법부 · 집행부 · 사법부는 물론 지방자치단체 등 국가 · 공공단체의 구성원으로 선임되거나 비선거직공직에 취임하여 공무를 담당하는 것을 가리키는 것으로서 이러한 공무담임권에는 각종 선거에 입후보하여 당선될 수 있는 피선거권과 공직에 임명될 수 있는 공직취임권이 포함된다(헌재 2005. 9. 29. 2004헌바52).

2. 국회의원선거의 기탁금 제도 및 공무원 시험의 응시연령 제한은 모두 공무담임권의 제한 문제와 관련된다. [16 사시]

해설 공무원 시험에서 응시연령의 제한은 국민들의 공무담임권을 제한하는 것이고, 공무담임권의 행사를 연령에 따라 차별하는 것이므로, 헌법적 한계 내에서 이루어져야 한다(헌재 2006. 5. 25. 2005헌마11 등). 기탁금 제도 외에도 국민의 공무담임권 즉 피선거권에 대하여 법률이 정한 조건과 선거운동 등에서의 제한이 여러가지 있음을 찾아볼 수 있다(헌재 1989. 9. 8. 88헌가6).

3. 지방자치단체의 장이 공소제기된 후 구금상태에 있는 경우 부단체장이 그 권한을 대행하도록 한 규정은 공무원 권한(직무)의 부당한 정지에 해당하여 공무담임권을 침해한다. [16 사시]

해설 권한대행제도에 의하여 자치단체장의 공무담임권이 제한을 받는 것은 사실이나 그 제한은 잠정적이고 그 경우에도 단체장으로서의 신분과 보수도 계속 유지된다는 점에서 공무담임권에 대한 침해가 그렇게 가혹하다고 볼 수 없다. 이 사건 법률규정으로 인하

정답 1. ○ 2. ○ 3. ×

여 침해되는 자치단체장의 공무담임권보다 그로 인하여 얻게 되는 지방행정의 원활한 운영이라는 공익이 훨씬 크다고 할 것이어서 이 사건 법률규정은 헌법 제37조 제2항의 비례원칙에 위배되지 않는다(헌재 2005. 5. 26. 2002헌마699 등).

4. 재판연구원 및 검사의 신규임용에 있어 서류전형 이후 법학전문대학원 졸업예정자에게만 필기전형이나 실무기록평가를 치르게 하는 것은 사법연수원 수료자의 공무담임권을 침해할 가능성이 없다. [16 사시]

해설 이 사건 공고는 위와 같이 사법연수원과 법학전문대학원의 교육 제도 및 평가 과정의 차이를 반영한 것일 뿐이고 법학전문대학원 졸업예정자에게 필기전형이나 실무기록평가를 치르도록 하는 것 외에 양 집단 간 임용 절차상 아무런 차이가 없으므로, 이 사건 공고가 각각의 선발인원을 별도로 내정하기 위하여 임용 절차를 이원화한 것이라고 단정할 수 없다. 따라서 이 사건 공고는 청구인들의 공무담임권이나 평등권을 침해할 가능성이 있다고 할 수 없다 (헌재 2015. 4. 30. 2013헌마504).

5. 헌법 제7조에서 보장하는 직업공무원제도의 기본적 요소에 능력주의가 포함되는 점에 비추어 공무담임권은 모든 국민이 누구나 그 능력과 적성에 따라 공직에 취임할 수 있는 균등한 기회의 보장을 그 내용으로 한다. [16 사시]

해설 직업공무원으로의 공직취임권에 관하여 규율함에 있어서는 임용희망자의 능력·전문성·적성·품성을 기준으로 하는 이른바 능력주의 또는 성과주의를 바탕으로 하여야 한다. 그러므로 결국 헌법 제25조의 공무담임권 조항은 '모든 국민이 누구나 그 능력과 적성에 따라 공직에 취임할 수 있는 균등한 기회를 보장함'을 내용으로 한다(헌재 2014. 4. 24. 2010헌마747).

정답 4. ○ 5. ○

청 원 권

98 로비스트에 대한 형사처벌 사건

(특정범죄가중처벌등에관한법률 제3조 위헌소원)
2005. 11. 24. 2003헌바108 **[합헌]**

|판시사항|

1. 공무원의 직무에 속한 사항의 알선에 관하여 금품이나 이익을 수수·요구 또는 약속한 자를 형사처벌하는 특정범죄가중처벌 등에 관한 법률 제3조가 국민의 청원권이나 일반적 행동자유권을 침해하는 것인지 여부(－)
2. '공무원의 직무에 속한 사항의 알선' 이라는 용어의 의미가 너무 광범위하고 포괄적이어서 죄형법정주의의 명확성원칙을 위반하고 있는지 여부(－)

[결정요지]

1. 행복추구권은 그의 구체적인 표현으로서 일반적인 행동자유권과 개성의 자유로운 발현권을 포함하는데, 일반적 행동자유권은 개인이 행위를 할 것인가의 여부에 대하여 자유롭게 결단하는 것을 전제로 하여 이성적이고 책임감 있는 사람이라면 자기에 관한 사항은 스스로 처리할 수 있을 것이라는 생각에서 인정되는 포괄적인 의미의 자유권으로서 일반 조항적인 성격을 가지는 기본권이다. 그런데 이 사건 규정은 공무원의 직무에 속하는 사항의 알선에 관하여 금품 수수 등의 행위를 하지 못하게 함으로써 금품을 대가로 해서는 다른 사람을 중개하거나 대신하여 그 이해관계나 국정에 관한 의견 또는 희망을 해당 기관에 진술할 수 없게 한다는 점에서 일반적 행동자유권 제한 문제를 발생시킨다 할 것이다.

청원권은 국민적 관심사를 국가기관에 표명할 수 있는 수단으로서의 성격을 가진 기본권으로 국민은 누구나 형식에 구애됨이 없이 그 관심사를 국가기관에 표명할 수 있다. 모든 국민은 공권력과의 관계에서 일어나는 여러 가지 이해관계 또는 국정에 관해서 자신의 의견이나 희망을 해당 기관에 진술할 수 있으며, 청원을 수리한 국가기관은 청원에 대하여 심사하여야 할 의무를 지게 된다.

한편, 이러한 청원권의 행사는 자신이 직접 하든 아니면 제3자인 중개인이나 대리인을 통해서 하든 청원권으로서 보호된다. 우리 헌법은 문서로 청원을 하도록 한 것 이외에 그 형식을 제한하고 있지 않으며, 청원권의 행사방법이나 그 절차를 구체화하고 있는 청원법도 제3자를 통해 하는 방식의 청원을 금지하고 있지 않다. 따라서 국민이 여러 가지 이해관계 또는 국정에 관해서 자신의 의견이나 희망을 해당 기관에 직접 진술하는 외에 그 본인을 대리하거나 중개하는 제3자를 통해 진술하더라도 이는 청원권으로서 보호될 것이다. 그런데 이 사건 규정은 공무원의 직무에 속한 사항의 알선 관련 금품 수수행위를 형사처벌하고 있으므로 국회의 입법이나 정부의 정책결정 및 정책집행 등에 관한 로비 내지 알선 행위를 제한하게 되고, 이것은 공권력과의 관계에서 일어나는 여러 가지 이해관계 또는 국정에 관해서 그 의견이나 희망을 해당 기관에 진술할 자유를 제한하게 되므로 이는 청원권 제한 문제를 일으킨다고 할 것이다.

금전적 대가를 받는 알선 내지 로비활동을 합법적으로 보장할 것인지 여부는 그 시대 국민의 법 감정이나 사회적 상황에 따라 입법자가 판단할 사항으로, 우리의 역사에서 로비가 공익이 아닌 특정 개인이나 집단의 사익을 추구하는 도구로 이용되었다는 점이나 건전한 정보제공보다는 비합리적인 의사결정을 하게 하여 시민사회의 발전을 저해하는 요소가 되었다는 점을 감안하여 청원권 등의 구체적인 내용 형성에 폭넓은 재량을 가진 입법부가 대가를 받는 로비제도를 인정하지 않고, 공무원의 직무에 속한 사항의 알선에 관하여 금품 등을 수수하는 모든 행위를 형사처벌하고 있다고 하더라도 이것이 청원권이나 일반적 행동자유권을 침해하는 것으로 볼 수 없다.

2. 이 사건 규정은 '공무원의 직무에 속한 사항'이나 '알선'과 같은 다소 추상적이고 광범위한 의미를 가진 것으로 보이는 용어를 사용하고 있는데, 먼저 '공무원의 직무에 속한 사항'에 관하여 보면, 이 사건 규정이 보호하고자 하는 법익은 공무의 공정성과 이에 대한 사회일반의 신뢰성 및 직무의 불가매수성으로 뇌물 관련 범죄에서 이러한 법익의 침해가 의심되는 경우에는 예외 없이 이를 처벌할 필요성이 인정되므로 이 사건 규정이 공무원의 직무에 속한 사항인 경우에 그 중요성 정도나 법령 등에 정해진 직무인지의 여부를 가리지 않고 모두 처벌할 수 있도록 수식어로서 어떤 제한도 가하지 않고 단순히 공무원의 직무에 속한 사항이라고만 규정하고 있다고 하더라도 이것이 죄형법정주의의 명확성원칙에 위반하고 있다고 할 수 없다.

또한 '알선'은 '일정한 사항에 관하여 어떤 사람과 그 상대방 사이에 서서 중개하거나 편의를 도모하는 것'으로 청탁한 취지를 상대방에게 전하거나 그 사람을 대신하여 스스로 상대방에게 청탁을 하는 행위도 '알선'행위에 해당한다 할 것이므로 이 부분 규정도 죄형법정주의의 명확성원칙에 위반된다고 할 수 없다.

핵심 체크 학습 청원권

1. 지방의회 의원 모두가 소개의원이 되기를 거절하였다면 그 청원내용에 찬성하는 의원이 없는 것이므로 지방의회에서 심사하더라도 인용가능성이 전혀 없어 심사의 실익이 없으며, 청원의 소개의원도 1인으로 족한 점을 감안하면, 지방의회에 청원을 할 때에 지방의회 의원의 소개를 얻도록 한 것이 청원권의 과도한 제한에 해당한다고 볼 수 없다. [16 법행]

   해설 헌재 1999. 11. 25. 97헌마54.

2. 청원법 제8조는 동일내용의 청원서를 동일기관에 2개 이상 또는 2개 기관 이상에 제출할 수 없도록 하고, 이에 위배된 청원서를 접수한 관서는 이를 취급하지 아니하도록 하고 있으므로, 동일내용의 청원에 대하여는 국가기관이 이를 수리, 심사 및 통지를 하여야 할 아무런 의무가 없다. [16 법행]

   해설 헌재 2004. 5. 27. 2003헌마851.

3. 정부에 제출 또는 회부된 정부의 정책에 관련된 청원은 국무회의의 필수적 심의대상이다. [16 법행]

   해설 헌법 제89조 제15호.

정답 1. ○ 2. ○ 3. ○

4. 국회는 재판에 간섭하거나 국가기관을 모독하는 내용의 청원, 정부에서 처리함이 타당한 청원은 접수하지 아니한다. [16 법행]

해설 국회가 채택한 청원으로서 정부에서 처리함이 타당하다고 인정되는 청원은 의견서를 첨부하여 정부에 이송한다(국회법 제126조 제1항).

5. 청원이 단순한 호소나 요청이 아닌 구체적인 권리행사로서의 성질을 갖는 경우라면, 그에 대한 국가기관의 거부의 회신은 헌법소원의 대상이 되는 공권력의 행사라고 할 수 있다. [16 법행]

해설 헌재 2004. 10. 28. 2003헌마898.

정답 4. × 5. ○

재판청구권

99 교원소청심사특별위원회의 재심결정에 대한 학교법인의 불복 사건

(대학교원기간임용제탈락자구제를위한특별법 위헌확인)
2006. 4. 27. 2005헌마1119 [위헌 · 기각]

|판시사항|

1. 대학교원기간임용제탈락자구제를위한특별법 제2조 제2호, 제4조, 제5조의 규정이 학교법인의 재산권을 침해하여 헌법에 위반되는지 여부(−)
2. 이 사건 구제규정이 대학의 자율성 또는 일반적 행동자유권을 침해하는지 여부(−)
3. 법 제9조 제1항의 규정(이하 '이 사건 제소금지규정' 이라 한다)이 입법형성권의 한계를 넘어 헌법에 위배되는지 여부(+)

[결정요지]

1. 이 사건 구제규정에 의하여 재심결정이 있더라도 과거의 재임용 거부처분의 부당성이 확인될 뿐 학교법인이 소유하는 금전이나 시설 등 재산권 규정의 보호를 받는 구체적인 권리가 직접 침해되는 것은 아니다. 그리고 재심결정으로 인한 학교법인의 재정적 부담 가능성 역시 이 사건 구제규정의 제정으로 인하여 과거의 재임용 거부의 부당성이 확인됨에 따라 법적 여건이 달라져서 부담하게 되는 반사적인 경제적 불이익에 불과하다고 할 것이다. 따라서 이 사건 구제규정으로 인하여 학교법인의 재산권이 직접적으로 침해된다고 보기는 어렵다.

2. 헌법상 교원지위법정주의가 교원의 신분이 부당하게 박탈되지 않도록 하는 최소한의 보호의무를 부과하고 있고, 이 사건 구제규정은 위 의무를 준수하기 위한 반성적 고려에서 도입되었다는 점, 그리고 과거의 재임용 거부처분이 부당하였음을 확인하는 정도의 제한적인 효력만 가지므로 이 사건 구제규정에 의한 실질적인 구제의 폭이 넓지 않을 것으로 보이는 점 등을 고려하면 이로 인하여 학교법인의 자율성이 현저하게 제한받게 된다고 보기 어려우므로, 이 사건 구제규정이 학교법인의 자율성이나 일반적 행동자유권을 침해한다고 할 수 없다.

3. 헌법 제27조 제1항은 권리구제절차에 관한 구체적 형성을 완전히 입법자의 형성권에 맡기지는 않는다. 입법자가 단지 법원에 제소할 수 있는 형식적인 권리나 이론적인 가능성만을 제공할 뿐, 권리구제의 실효성이 보장되지 않는다면 권리구제절차의 개설은 사실상 무의미할 수 있기 때문이다. 그러므로 재판청구권은 법적 분쟁의 해결을 가능하게 하는 적어도 한 번의 권리구제절차가 개설될 것을 요청할 뿐 아니라, 그를 넘어서 소송절차의 형성에 있어서 실효성 있는 권리보호를 제공하기 위하여 그에 필요한 절차적 요건을 갖출 것을 요청한다. 비록 재판절차가 국민에게 개설되어 있다 하더라도, 절차적 규정들에 의하여 법원에의 접근이 합리적인 이유로 정당화될 수 없는 방법으로 어렵게 된다면, 재판청구권은 사실상 형해화될 수 있으므로, 바로 여기에 입법형성권의 한계가 있다

이 사건 제소금지규정은 재임용에서 탈락한 사립대학 교원의 권리구제절차를 형성하면서 분쟁의 당사자이자 재심절차의 피청구인인 학교법인에게는 교원소청심사특별위원회(이하 '특별위원회'라 한다)의 재심결정에 대하여 소송으로 다투지 못하게 함으로써 학교법인의 재판청구권을 침해한다. 또한 학교법인은 그 소속 대학교원과 사법상의 고용계약관계에 있고 재심절차에서 그 결정의 효력을 받는 일방 당사자의 지위에 있음에도 불구하고 이 사건 제소금지규정은 합리적인 이유 없이 학교법인의 제소권만을 부인함으로써 헌법 제11조의 평등원칙에 위배되고, 재임용 거부 조치가 부당하였는지 여부에 관하여 특별위원회의 재심결정이 최종적인 것이 되는 결과 일체의 법률적 쟁송에 대한 재판권능을 법원에 부여한 헌법 제101조 제1항에도 위배될 뿐 아니라, 행정처분인 재심결정의 적법 여부에 관하여 대법원을 최종심으로 하는 법원의 심사를 박탈함으로써 헌법 제107조 제2항에도 아울러 위배된다.

재판청구권

100 심리불속행제도와 상고제한 사건

(상고심절차에관한특례법 제4조 위헌소원 등)
1997.10.30. 97헌바37, 95헌마142·215, 96헌마95(병합) **[합헌]**

|판시사항|

심리불속행 제도를 규정하고 있는 상고심절차에관한특례법 제4조 제1항 및 제3항과 제5조 제1항 및 제2항의 위헌 여부(-)

[결정요지]

헌법 제101조 제2항은 "법원은 최고법원인 대법원과 각급 법원으로 조직된다"고 규정하고 제102조 제3항은 "대법원과 각급 법원의 조직은 법률로 정한다"고 규정하여 대법원을 최고법원으로 하고 그 아래에 심급을 달리 하여 각급 법원을 두도록 하고 있다. 헌법이 위와 같이 대법원을 최고법원으로 규정하였다고 하여 대법원이 곧바로 모든 사건을 상고심으로서 관할하여야 한다는 결론이 당연히 도출되는 것은 아니다. 헌법 제102조 제3항에 따라 법률로 정할 "대법원과 각급 법원의 조직"에는 그 관할에 관한 사항도 포함되며, 따라서 대법원이 어떤 사건을 제1심으로서 또는 상고심으로서 관할할 것인지는 법률로 정할 수 있는 것으로 보아야 하기 때문이다. 다만, 헌법 제110조 제2항이 군사법원의 상고심을 대법원이 관할하도록 정하고 같은 조 제4항이 군사법원에서의 단심재판을 제한하도록 규정하고 있고, 헌법 제107조 제2항이 명령·규칙 또는 처분의 위헌·위법 여부에 대한 최종적 심사권이 대법원에 있음을 규정하고 있으므로 그 범위내에서는 대법원에서의 재판을 받을 권리가 헌법상 보장되지만, 그 이외의 다른 모든 경우에도 심급제도를 인정하여야 한다거나 대법원을 상고심으로 하는 것이 헌법상 요구된다고 할 수는 없다.

헌법 제27조 제1항은 "모든 국민은 헌법과 법률이 정한 법관에 의하여 법률에 의한 재판을 받을 권리를 가진다"라고 규정하고 있으므로 국민은 법률에 의한 정당한 재판을 받을 권리가 있고, 하급심에서 잘못된 재판을 하였을 때에는 상소심으로 하여금 이를 바로 잡게 하는 것이 재판청구권을 실질적으로 보장하는 방법이 된다는 의미에서 심급제도는 재판청구권을 보장하기 위한 하나의 수단으로 이해할 수 있다. 그러나 여기에서 말하는 "헌법과 법률이 정하는 법관에 의하여 법률에 의한 재판을 받을 권리"가 사건의 경중을 가리지 아니하고 모든 사건에 대하여 대법원을 구성하는 법관에 의한 균등한 재판을 받을 권리를 의미한다거나 또는 상고심재판을 받을 권리를 의미하는 것이라고 할 수는 없다. 왜냐 하면 상고제도의 목적을 법질서의 통일과 법발견 또는 법창조에 관한 공익의 추구에 둘 것인지, 아니면 구체적인 사건의 적정한 판단에 의한 당사자의 권리구제에 둘 것인지, 또는 양자를 다 같이 고려할 것인지는 역시 입법자의 형성의 자유에 속하는 사항이고, 그 중 어느 하나를 더 우위에 두었다고 하여 헌법에 위반되는 것은 아니기 때문이다. 다시 말하면, 심급제도는 사법에 의한 권리보호에 관하여 한정된 법 발견차원의 합리적인 분배의 문제인 동시에 재판의 적정과 신속이라는 서로 상반되는 두가지의 요청을 어떻게 조화시키느냐의 문제로 돌아가므로 원칙적으로 입법자의 형성의 자유에 속하는 사항이다.

상고심절차에관한특례법 제4조 제1항 및 제3항과 제5조 제1항 및 제2항은 비록 국민의 재판청구권을 제약하고 있기는 하지만 위 심급제도와 대법원의 기능에 비추어 볼 때 헌법이 요구하는 대법원의 최고법원성을 존중하면서 민사, 가사, 행정 등 소송사건에 있어서 상고심 재판을 받을 수 있는 객관적인 기준을 정함에 있어 개별적 사건에서의 권리구제보다 법령해석의 통일을 더 우위에 둔 규정으로서 그 합리성이 있다고 할 것이므로 헌법에 위반되지 아니한다.

재판청구권

101 구속기간 갱신 사건

(형사소송법 제92조 제1항 위헌제청)
2001. 6. 28. 99헌가14 **[합헌]**

|판시사항|

1. 구속기간을 제한하고 있는 형사소송법 제92조 제1항이 피고인의 공정한 재판을 받을 권리를 침해하는지 여부(−)
2. 위 법률조항에 의한 구속기간의 제한과 구속기간 내에 심리를 마쳐 판결을 선고하려는 법원의 실무관행이 맞물려 피고인의 공정한 재판을 받을 권리가 사실상 침해되는 경우 위 법률조항의 위헌 여부(−)

[결정요지]

1. 공정한 재판이라 함은 헌법과 법률이 정한 자격이 있고, 헌법 제104조 내지 제106조에 정한 절차에 의하여 임명되고 신분이 보장되어 독립하여 심판하는 법관으로부터 헌법과 법률에 의하여 그 양심에 따라 적법절차에 의하여 이루어지는 재판을 의미한다. 또한 그 권리는 재판절차를 규율하는 법률과 재판에서 적용될 실체적 법률이 모두 합헌적이어야 한다는 의미에서의 법률에 의한 재판을 받을 권리뿐만 아니라 재판의 공정을 보장하기 위하여 비밀재판을 배제하고 일반국민의 감시 아래 재판의 심리와 판결을 받을 권리도 내용으로 한다. 이로부터 공개된 법정의 법관의 면전에서 모든 증거자료가 조사·진술되고 이에 대하여 피고인이 공격·방어할 수 있는 기회를 보장받을 권리, 즉 원칙적으로 당사자주의와 구두변론주의가 보장되어 당사자에게 공소사실에 대한 답변과 입증 및 반증의 기회가 부여되는 등 공격·방어권이 충분히 보장되는 재판을 받을 권리가 파생되어 나온다.

이 사건 법률조항에서 말하는 '구속기간'은 '법원이 피고인을 구속한 상태에서 재판할 수 있는 기간'을 의미하는 것이지, '법원이 형사재판을 할 수 있는 기간' 내지 '법원이 구속사건을 심리할 수 있는 기간'을 의미한다고 볼 수 없다. 즉, 이 사건 법률조항은 미결구금의 부당한 장기화로 인하여 피고인의 신체의 자유가 침해되는 것을 방지하기 위한 목적에서 미결구금기간의 한계를 설정하고 있는 것이지, 신속한 재판의 실현 등을 목적으로 법원의 재판기간 내지 심리기간 자체를 제한하려는 규정이라 할 수는 없다. 그러므로 구속사건을 심리하는 법원으로서는 만약 심리를 더 계속할 필요가 있다고 판단하는 경우에는 피고인의 구속을 해제한 다음 구속기간의 제한에 구애됨이 없이 재판을 계속할 수 있음이 당연하고, 따라서 비록 이 사건 법률조항이 법원의 피고인에 대한 구속기간을 엄격히 제한하고 있다 하더라도 이로써 법원의 심리기간이 제한된다거나 나아가 피고인의 공격·방어권 행사를 제한하여 피고인의 공정한 재판을 받을 권리가 침해된다고 볼 수는 없다.

2. 이 사건 법률조항에 의한 구속기간의 제한과 구속기간 내에 심리를 마쳐 판결을 선고하는 법원의 실무관행이 맞물려 피고인의 공정한 재판을 받을 권리가 사실상 침해되는 결과가 발생한다 하더라도, 그러한 침해의 근본적인 원인은 이 사건 법률조항을 그 입법목적에 반하여 그릇되게 해석·적용하는 법원의 실무관행에 있다 할 것이다. 따라서 비록 위와 같은 법원의 실무관행으로 말미암아 결과적으로 피고인의 공정한 재판을 받을 권리가 침해될 수 있다 하더라도, 이로써 그 자체로는 피고인의 공정한 재판을 받을 권리를 침해하지 아니하는, 오히려 피고인의 또 다른 기본권인 신체의 자유를 두텁게 보장하고 있는 이 사건 법률조항이 헌법에 위반된다고 할 수는 없다.

핵심 체크 학습

재판청구권

헌법판례선

1. 검사가 법원의 증인으로 채택된 수감자를 그 증언에 이르기까지 거의 매일 검사실로 하루 종일 소환하여 피고인측 변호인이 접근하는 것을 차단하고, 검찰에서의 진술을 번복하는 증언을 하지 않도록 회유·압박하는 한편, 때로는 검사실에서 그에게 편의를 제공하기도 한 행위는 피고인의 공정한 재판을 받을 권리를 침해한다. [16 법무사]

해설 헌재 2001. 8. 30. 99헌마496.

2. 형사소송법 제297조 제1항 전문 중 '재판장은 증인이 피고인의 면전에서 충분한 진술을 할 수 없다고 인정한 때에는 피고인을 퇴정하게 하고 진술하게 할 수 있다.'는 부분은 피고인의 증인에 대한 반대신문권 등을 완전히 박탈하는 것으로서 과잉금지원칙에 위반되므로, 헌법이 보장하는 공정한 재판을 받을 권리를 침해한다. [16 법무사]

해설 공정한 재판을 받을 권리를 침해한다고 할 수 없다(헌재 2012. 7. 26. 2010헌바62).

3. 정식재판 청구기간을 '약식명령의 고지를 받은 날로부터 7일 이내'로 정하고 있는 형사소송법(1954. 9. 23. 법률 제341호로 제정된 것) 제453조 제1항 중 피고인에 관한 부분이 합리적인 입법재량의 범위를 벗어나 약식명령 피고인의 재판청구권을 침해한다고 볼 수 없다. [16 법무사]

해설 헌재 2013. 10. 24. 2012헌바428.

정답 1. ○ 2. × 3. ○

4. 재판청구권으로부터 반드시 모든 사건에 관해 대법원의 재판을 받을 권리가 도출되지는 않는다. [16 법행]

해설 헌재 1992.6.26. 90헌바25.

5. 재정신청 기각결정에 대하여 형사소송법의 재항고를 금지하는 것은 대다수의 무고한 피의자의 지위불안을 신속히 해소할 필요성, 대법원의 업무부담 증가 회피 등 합리적 이유가 있으므로 청구인들의 재판청구권을 침해하지 아니한다. [16 법행]

해설 재정신청인인 청구인들의 재판청구권을 침해하고, 또 법 제415조의 재항고가 허용되는 고등법원의 여타 결정을 받은 사람에 비하여 합리적 이유 없이 재정신청인을 차별취급함으로써 청구인들의 평등권을 침해한다(헌재 2011. 11. 24. 2008헌마578).

6. 보호감호를 규정한 사회보호법을 폐지하면서 사회보호법폐지법률 부칙 제2조가 가출소·집행면제 등 보호감호의 관리와 집행에 관한 종전의 사회보호위원회의 권한을 법관이 아닌 치료감호법에 따른 치료감호심의위원회로 하여금 행사하도록 한 것은 법관에 의한 재판을 받을 권리를 침해하지 아니한다. [16 법행]

해설 헌재 2009. 3. 26. 2007헌바50.

7. 소환된 증인이 보복을 당할 우려가 있는 등의 이유로 피고인의 면전에서 충분한 진술을 할 수 없다고 인정한 경우 재판장이 피고인을 퇴정시키고 증인신문을 할 수 있도록 한 형사소송법 조항은 피고인의 공정한 재판을 받을 권리를 침해한다고 할 수 없다. [16 법행]

해설 헌재 2010. 11. 25. 2009헌바57.

8. 구 특허법상 특허청의 심판절차에 의한 심결이나 결정에 대하여는 법령에 위반된 것을 이유로 하는 경우에 한하여 대법원에 상고할 수 있도록 규정되어 있었는데, 위 특허청의 심결이나 결정은 헌법과 법률이 정한 법관에 의한 재판이라고 볼 수 없다. [16 법행]

해설 헌재 1995. 9. 28. 92헌가11 등.

정답 4. ○ 5. × 6. ○ 7. ○ 8. ○

9. 공권력이나 사인에 의해 기본권이 침해당하거나 침해당할 위험에 처해 있을 경우 재판청구권에 기하여 이에 대한 구제나 그 예방을 요청할 수 있으므로, 재판청구권은 다른 기본권의 보장을 위한 기본권이라는 성격을 가진다. [16 사시]

해설 재판청구권은 기본권의 보호에 관하여 중요한 의미를 갖는 기본권으로서, 기본권의 보장과 관철에 기여하는 절차적 기본권이다.

10. 재심제도의 규범적 형성에 있어서는 재판의 적정성과 정의의 실현이라는 법치주의의 요청에 의해 입법형성의 자유가 축소된다. [16 사시]

해설 어떤 사유를 재심사유로 하여 재심을 허용할 것인가 하는 것은 입법자가 확정된 판결에 대한 법적 안정성, 재판의 신속, 적정성, 법원의 업무부담 등을 고려하여 결정하여야 할 입법정책의 문제이며, 재심청구권도 입법형성권의 행사에 의하여 비로소 창설되는 법률상의 권리일 뿐, 청구인의 주장과 같이 헌법 제27조 제1항, 제37조 제1항에 의하여 직접 발생되는 기본적 인권은 아니다(헌재 2000. 6. 29. 99헌바66).

11. 재판청구권에 사건의 경중을 가리지 않고 모든 사건에 대하여 상고심재판을 받을 권리가 포함된다고 볼 수는 없다. [16 사시]

해설 상소심에서 재판을 받을 권리를 헌법상 명문화한 규정이 없고 상고문제가 일반법률에 맡겨진 우리의 법제에서는 헌법 제27조에서 규정한 재판을 받을 권리에 모든 사건에 대해 상고법원의 구성법관에 의한, 상고심절차에 의한 재판을 받을 권리까지도 포함된다고 단정할 수 없을 것이고, 모든 사건에 대해 획일적으로 상고할 수 있게 하느냐 않느냐는 특단의 사정이 없는 한 입법정책의 문제라고 할 것이다(헌재 1992. 6. 26. 90헌바25).

12. 재판청구권은 기본권의 침해에 대한 구제절차가 반드시 헌법소원의 형태로 독립된 헌법재판기관에 의하여 이루어질 것을 요구하지는 않는다. [16 사시]

해설 기본권의 헌법적 보장은 반드시 헌법소원제도라는 방법을 통하여만 이루어지는 것이 아니며 우리 헌법상 사법권에 의한 기본권 침해의 경우 상소, 재심, 비약상고를 통하여 상급법원에 재심사를 구할 수 있고 형사피고인에 대하여는 유죄로 확정되기 이전에는 피고인이 무죄추정의 항변을 할 수 있으며 형사보상청구권, 재판절차진술권을 행사할 수 있는 등 광범위한 권리구제수단이 인정되고 있다(헌재 1998. 4. 30. 92헌마239).

정답 9. ○ 10. × 11. ○ 12. ○

13. 헌법상 보장되는 기본권인 '공정한 재판을 받을 권리'에는 '공정한 헌법재판을 받을 권리'도 포함된다. [16 사시]

해설 공정한 재판을 받을 권리는 헌법 제27조의 재판청구권에 의하여 함께 보장되고, 재판청구권에는 민사재판, 형사재판, 행정재판뿐만 아니라 헌법재판을 받을 권리도 포함되므로 헌법상 보장되는 기본권인 '공정한 재판을 받을 권리'에는 '공정한 헌법재판을 받을 권리'도 포함된다 (헌재 2014. 4. 24. 2012헌마2).

정답 13. ○

형사보상청구권

102 형사보상청구의 상한제 및 불복금지 사건

(형사보상법 제19조 제1항 등 위헌확인 등)
2010. 10. 28. 2008헌마514, 2010헌마220(병합) **[위헌 · 기각]**

|판시사항|

1. 형사보상금을 일정한 범위 내로 한정하고 있는 형사보상법 제4조 제1항과 형사보상법시행령 제2조이 청구인들의 형사보상청구권을 침해하는지 여부(−)
2. 형사보상의 청구에 대하여 한 보상의 결정에 대하여는 불복을 신청할 수 없도록 하여 형사보상의 결정을 단심재판으로 규정한 형사보상법 제19조 제1항이 청구인들의 형사보상청구권 및 재판청구권을 침해하는지 여부(+)

[결정요지]

1. 형사보상은 과실책임의 원리에 의하여 고의·과실로 인한 위법행위와 인과관계 있는 모든 손해를 배상하는 손해배상과는 달리, 형사사법절차에 내재하는 불가피한 위험에 대하여 형사사법기관의 귀책사유를 따지지 않고 형사보상청구권자가 입은 손실을 보상하는 것이다. 그런데 형사피고인 등으로서 구금되었던 자가 무죄판결 등을 받았다고 하더라도, 형사피고인 등이 구속된 사유나 무죄판결을 선고받게 된 이유는 매우 다양하므로, 그 모든 경우에 국가의 형사사법작용인 구금이 위법·부당한 것이었다고 단정할 수는 없다.

따라서 형사피고인 등으로서 적법하게 구금되었다가 후에 무죄판결 등을 받음으로써 발생하는 신체의 자유 제한에 대한 보상은 형사사법절차에 내재하는 불가피한 위험으로 인한 피해에 대한 보상으로서, 국가의 위법·부당한 행위를 전제로 하는 국가배상과는 그 취지 자체가 상이한 것이고, 따라서 그 보상 범위도 손해배상의 범위와 동일하여야 하는 것이 아니다. 국가의 형사사법행위가 고의·과실로 인한 것으로 인정되는 경우에는 국가배상청구 등 별개의 절차에 의하여 인과관계 있는 모든 손해를 배상받을 수 있으므로, 형사보상절차로써 인과관계 있는 모든 손해를 보상하지 않는다고 하여 반드시 부당하다고 할 수는 없을 것이다.

형사보상은 형사피고인 등의 신체의 자유를 제한한 것에 대하여 사후적으로 그 손해를 보상하는 것인바, 구금으로 인하여 침해되는 가치는 객관적으로 평가하기 어려운 것이므로, 그에 대한 보상을 어떻게 할 것인지는 국가의 경제적, 사회적, 정책적 사정들을 참작하여 입법재량으로 결정할 수 있는 사항이라 할 것이다. 이러한 점에서 헌법 제28조에서 규정하는 '정당한 보상'은 헌법 제23조 제3항에서 재산권의 침해에 대하여 규정하는 '정당한 보상'과는 차이가 있다 할 것이다. 헌법 제23조 제3항에서 규정하는 '정당한 보상'이란 원칙적으로 피수용재산의 객관적 재산가치를 완전하게 보상하는 것이어야 하는바, 토지수용 등과 같은 재산권의 제한은 물질적 가치에 대한 제한이므로 제한되는 가치의 범위가 객관적으로 산정될 수 있어 이에 대한 완전한 보상이 가능하다. 그런데 헌법 제28조에서 문제되는 신체의 자유에 대한 제한인 구금으로 인하여 침해되는 가치는 객관적으로 산정할 수 없으므로, 일단 침해된 신체의 자유에 대하여 어느 정도의 보상을 하여야 완전한 보상을 하였다고 할 것인지 단언하기 어렵다. 헌법 제23조 제3항에 '보상을 하여야 한다.'라고 규정하는 반면, 헌법 제28조는 '법률이 정하는 바에 의하여 …… 보상을 청구할 수 있다.'라고 규정하고 있는 것은 이러한 점을 반영하는 것이라 할 수 있다.

형사보상청구권은 헌법 제28조에 따라 '법률이 정하는 바에 의하여' 행사되므로 그 내용은 법률에 의해 정해지는바, 형사보상의 구체적 내용과 금액 및 절차에 관한 사항은 입법자가 정하여야 할 사항이다. 이 사건 보상금조항 및 이 사건 보상금 시행령조항은 보상금을 일정한 범위 내로 한정하고 있는데, 형사보상은 형사사법절차에 내재하는 불가피한 위험으로 인한 피해에 대한 보상으로서 국가의 위법·부당한 행위를 전제로 하는 국가배상과는 그 취지 자체가 상이하므로 형사보상절차로서 인과관계 있는 모든 손해를 보상하지 않는다고 하여 반드시 부당하다고 할 수는 없으며, 보상금액의 구체화·개별화를 추구할 경우에는 개별적인 보상금액을 산정하는데 상당한 기간의 소요 및 절차의 지연을 초래하여 형사보상제도의 취지에 반하는 결과가 될 위험이 크고 나아가 그로 인하여 형사보상금의 액수에 지나친 차등이 발생하여 오히려 공평의 관념을 저해할 우려가 있는바, 이 사건 보상금조항 및 이 사건 보상금시행령조항은 청구인들의 형사보상청구권을 침해한다고 볼 수 없다.

2. 보상액의 산정에 기초되는 사실인정이나 보상액에 관한 판단에서 오류나 불합리성이 발견되는 경우에도 그 시정을 구하는 불복신청을 할 수 없도록 하는 것은 형사보상청구권 및 그 실현을 위한 기본권으로서의 재판청구권의 본질적 내용을 침해하는 것이라 할 것이고, 나아가 법적안정성만을 지나치게 강조함으로써 재판의 적정성과 정의를 추구하는 사법제도의 본질에 부합하지 아니하는 것이다. 또한, 불복을 허용하더라도 즉시항고는 절차가 신속히 진행될 수 있고 사건수도 과다하지 아니한데다 그 재판내용도 비교적 단순하므로 불복을 허용한다고 하여 상급심에 과도한 부담을 줄 가능성은 별로 없다고 할 것이어서, 이 사건 불복금지조항은 형사보상청구권 및 재판청구권을 침해한다고 할 것이다.

관련 유사 판례

102-1. 형사보상청구의 제척기간

(2010. 7. 29. 2008헌가4)

[결정내용]

형사보상의 청구는 무죄재판이 확정된 때로부터 1년 이내에 하도록 규정하고 있는 형사보상법 제7조가 헌법 제28조에 위반되는지 여부가 문제되는데, 권리의 행사가 용이하고 일상 빈번히 발생하는 것이거나 권리의 행사로 인하여 상대방의 지위가 불안정해지는 경우 또는 법률관계를 보다 신속히 확정하여 분쟁을 방지할 필요가 있는 경우에는 특별히 짧은 소멸시효나 제척기간을 인정할 필요가 있으나, 이 사건 법률조항은 위의 어떠한 사유에도 해당하지 아니하는 등 달리 합리적인 이유를 찾기 어렵고, 일반적인 사법상의 권리보다 더 확실하게 보호되어야 할 권리인 형사보상청구권의 보호를 저해하고 있다. 또한, 이 사건 법률조항은 형사소송법상 형사피고인이 재정하지 아니한 가운데 재판할 수 있는 예외적인 경우를 상정하고 있는 등 형사피고인은 당사자가 책임질 수 없는 사유에 의하여 무죄재판의 확정사실을 모를 수 있는 가능성이 있으므로, 형사피고인이 책임질 수 없는 사유에 의하여 제척기간을 도과할 가능성이 있는바, 이는 국가의 잘못된 형사사법작용에 의하여 신체의 자유라는 중대한 법익을 침해받은 국민의 기본권을 사법상의 권리보다도 가볍게 보호하는 것으로서 부당하다.

102-2. 초과 구금에 대한 형사보상을 규정하지 않은 형사보상법 사건

(2022. 2. 24. 2018헌마998 등)

[결정내용]

헌법 제28조의 형사보상청구권이 국가의 형사사법작용에 의하여 신체의 자유가 침해된 국민에게 그 구제를 인정하여 국민의 기본권 보호를 강화하는 데 그 목적이 있는 점에 비추어 보면, 외형상·형식상으로 무죄재판이 없다고 하더라도 형사사법절차에 내재하는 불가피한 위험으로 인하여 국민의 신체의 자유에 관하여 피해가 발생하였다면 형사보상청구권을 인정하는 것이 타당하다. 심판대상조항은 소송법상 이유 등으로 무죄재판을 받을 수는 없으나 그러한 사유가 없었더라면 무죄재판을 받을 만한 현저한 사유가 있는 경우 그 절차에서 구금되었던 개인 역시 형사사법절차에 내재하는 불가피한 위험으로 인하여 신체의 자유에 피해를 입은 것은 마찬가지이므로 국가가 이를 마땅히 책임져야 한다는 고려에서 마련된 규정이다.

원판결의 근거가 된 가중처벌규정에 대하여 헌법재판소의 위헌결정이 있었음을 이유로 개시된 재심절차에서, 공소장의 교환적 변경을 통해 위헌결정된 가중처벌규정보다 법정형이 가벼운 처벌규정으로 적용법조가 변경되어 피고인이 무죄판결을 받지는 않았으나 원판결보다 가벼운 형으로 유죄판결이 확정됨에 따라 원판결에 따른 구금형 집행이 재심판결에서 선고된 형을 초과하게 된 이 사건과 같은 경우, 소송법상 이유로 무죄재판을 받을 수는 없으나 그러한 사유가 없었다면 무죄재판을 받았을 것임이 명백하고 원판결의 형 가운데 재심절차에서 선고된 형을 초과하는 부분의 전부 또는 일부에 대해서는 결과적으로 부당한 구금이 이루어진 것으로 볼 수 있다는 점에서 심판대상조항이 형사보상 대상으로 규정하고 있는 경우들과 본질적으로 다르다고 보기 어렵다. 다만 무죄재판을 받을 수 없었던 사유가 '적용법조에 대한 공소장의 교환적 변경'이라는 점에 차이가 있다. 그런데 형사사법기관이 피고인을 위한 비상구제절차인 재심절차에 이르러 공소장의 교환적 변경 등을 통해 무죄재판을 피하였다고 하더라도, 피고인이 그러한 형사사법절차 속에서 이미 신체의 자유에 관한 중대한 피해를 입었다면, 피고인 개인으로 하여금 그 피해를 부담하도록 하는 것은 헌법상 형사보상청구권의 취지에 어긋난다. 결과적으로 부당한 구금으로 이미 피고인의 신체의 자유에 관한 중대한 피해가 발생한 이상, 공소장의 교환적 변경을 통하여 무죄재판을 피하였다는 사정은 피고인에 대한 형사보상청구권 인정 여부를 달리할 합리적인 근거가 될 수 없다. 그럼에도 불구하고 심판대상조항이 이 사건에서 문제되는 경우를 형사보상 대상으로 규정하지 아니한 것은 현저히 자의적인 차별로서 평등원칙을 위반하여 청구인들의 평등권을 침해한다.

핵심 체크 학습

형사보상청구권

1. **형사보상을 받을 자가 같은 원인에 대하여 다른 법률에 따라 손해배상을 받은 경우에 그 손해배상의 액수가 형사보상 및 명예회복에 관한 법률에 따라 받을 보상금의 액수와 같거나 그보다 많을 때에는 보상하지 아니한다.** [14 법무사]

해설 형사보상법 제6조 제2항.

2. **헌법 제28조는 형사보상에 있어서의 정당한 보상을 명문으로 규정하고 있다.** [14 법무사]

해설 형사피의자 또는 형사피고인으로서 구금되었던 자가 법률이 정하는 불기소처분을 받거나 무죄판결을 받은 때에는 법률이 정하는 바에 의하여 국가에 정당한 보상을 청구할 수 있다(헌법 제28조).

3. **헌법재판소의 견해에 의하면 형사보상청구권은 국가기관의 고의 또는 과실을 전제로 하지 않는다는 점에서 국가배상청구권과는 구별되나, 그 보상의 범위는 국가배상에서의 손해배상과 동일하여야 한다.** [14 법무사]

해설 형사보상은 과실책임의 원리에 의하여 고의·과실로 인한 위법행위와 인과관계 있는 모든 손해를 배상하는 손해배상과는 달리, 형사사법절차에 내재하는 불가피한 위험에 대하여 형사사법기관의 귀책사유를 따지지 않고 형사보상청구권자가 입은 손실을 보상하는 것이다(헌재 2010. 10. 28. 2008헌마514 등).

정답 1. ○ 2. ○ 3. ×

4. 형사보상액의 산정에 기초되는 사실인정이나 보상액에 관한 판단에서 오류나 불합리성이 발견되는 경우에도 그 시정을 구하는 불복신청을 할 수 없도록 하는 것은 형사보상청구권 및 그 실현을 위한 기본권으로서의 재판청구권의 본질적 내용을 침해하는 것이다. [14 법무사]

해설 헌재 2010. 10. 28. 2008헌마514 등.

5. 법률이 형사보상의 청구를 무죄재판이 확정된 때로부터 1년 이내에 하도록 하는 것은 피고인의 형사보상청구권을 침해한 것이다. [14 법무사]

해설 헌재 2010. 7. 29. 2008헌가4.

정답 4. ○ 5. ○

국가배상청구권

103 국가배상청구에서의 구상권 사건

(국가배상법 제2조 제1항 단서 위헌소원)
1994. 12. 29. 93헌바21 **[한정위헌]**

|판시사항|

국가배상법 제2조 제1항 단서 중 군인에 관련되는 부분의 위헌 여부

[결정요지]

헌법 제29조 제1항은 "공무원의 직무상 불법행위로 손해를 받은 국민은 법률이 정하는 바에 의하여 국가 또는 공공단체에 정당한 배상을 청구할 수 있다. 이 경우 공무원 자신의 책임은 면제되지 아니한다"고 규정하면서, 같은 조 제2항에서 "군인 · 군무원 · 경찰공무원 기타 법률이 정하는 자가 전투 · 훈련 등 직무집행과 관련하여 받은 손해에 대하여는 법률이 정하는 보상 외에 국가 또는 공공단체에 공무원의 직무상 불법행위로 인한 배상은 청구할 수 없다"고 규정하여, 국가배상청구권이 인정되는 국민 중에서 군인 등에 한하여 국가배상청구권을 제한하고 있다. 따라서 문리해석상 헌법 제29조 제2항은, 공무원의 직무상 불법행위로 직무집행과 관련하여 손해를 입은 군인 등이 법률이 정하는 보상을 지급받을 수 있을 때에는 직접 국가 또는 공공단체에 대하여 손해배상청구권을 행사하는 것을 허용하지 아니한 것은 명백하다. 그러나 위 규정이 이 사건과 같은 사안에서 일반국민이 국가에 대하여 구상권을 행사하는 것까지 허용하지 아니하는가 여부는 분명하지 아니하다. 그렇다면 이 문제는 위 규정의 입법목적과 헌법의 일반원칙에 따라 해석하여야 할 것이다.

그런데 헌법 제29조 제2항을 피해군인 등에게 발생한 국가에 대한 손해배상청구권을 그 군인 등과 국가 사이에서만 상대적으로 소멸시키는 규정으로 해석한다면, 일반국민은 공동불법행위자인 군인의 부담부분에 관하여 국가에 대하여 구상권을 행사할 수 있게 된다. 이리하여 일반국민은 다른 공동불법행위로 인한 손해배상사건에서와 마찬가지로 자신의 부담부분에 한하여만 손해를 배상하고 국가도 공동불법행위자인 군인의 사용자로서의 책임을 부담하는 결과가 되어 형평의 원칙에 부합하게 된다. 이와 반대로 헌법 제29조 제2항을 국가의 불법행위책임 자체를 절대적으로 배제하는 규정으로 해석한다면, 이 사건과 같은 사안에서 일반국민은 공동불법행위자인 군인의 부담부분에 관하여 국가에 대하여 구

상권을 행사할 수 없게 되고, 설사 공동불법행위자인 군인 개인에 대하여 구상권을 행사할 수 있다고 하더라도 그 군인 자신에게 변제할 자력이 없을 경우에는 일반국민은 현실적으로 구상을 받을 수 없게 된다. 그 결과 국가는 공동불법행위자인 군인의 사용자로서 그 군인의 불법행위로 인한 손해배상책임을 전혀 지지 아니하고 그 부담부분을 일반국민에게 전가시키거나 전가시키는 결과가 되어 형평의 원칙에 위배되고 아울러 법률에 근거 없이 일반국민에게 재산상의 의무를 부과하는 것으로 국민의 재산권을 침해하게 된다.

국가배상법 제2조 제1항 단서 중 군인에 관련되는 부분을, 일반국민이 직무집행 중인 군인과의 공동불법행위로 직무집행 중인 다른 군인에게 공상을 입혀 그 피해자에게 공동의 불법행위로 인한 손해를 배상한 다음 공동불법행위자인 군인의 부담부분에 관하여 국가에 대하여 구상권을 행사하는 것을 허용하지 않는다고 해석한다면, 이는 위 단서 규정의 헌법상 근거규정인 헌법 제29조가 구상권의 행사를 배제하지 아니하는데도 이를 배제하는 것으로 해석하는 것으로서 합리적인 이유 없이 일반국민을 국가에 대하여 지나치게 차별하는 경우에 해당하므로 헌법 제11조, 제29조에 위반되며, 또한 국가에 대한 구상권은 헌법 제23조 제1항에 의하여 보장되는 재산권이고 위와 같은 해석은 그러한 재산권의 제한에 해당하며 재산권의 제한은 헌법 제37조 제2항에 의한 기본권제한의 한계 내에서만 가능한데, 위와 같은 해석은 헌법 제37조 제2항에 의하여 기본권을 제한할 때 요구되는 비례의 원칙에 위배하여 일반국민의 재산권을 과잉제한하는 경우에 해당하여 헌법 제23조 제1항 및 제37조 제2항에도 위반된다.

그렇다면, <u>이 사건 심판대상 부분은, 일반국민이 직무집행 중인 군인과의 공동불법행위로 직무집행 중인 다른 군인에게 공상을 입혀 그 피해자에게 공동의 불법행위로 인한 손해를 배상한 다음 공동불법행위자인 군인의 부담부분에 관하여 국가에 대하여 구상권을 행사하는 것을 허용하지 아니한다고 해석하는 한, 헌법 제117조, 제23조 제1항, 제29조 및 제37조 제2항에 위반되어 위헌이므로 주문과 같이 결정한다</u>.

핵심 체크 학습

국가배상청구권

1. 헌법상의 국가배상청구권에 관한 규정은 국가배상청구권을 청구권적 기본권으로 보장하며, 국가배상청구권은 그 요건에 해당하는 사유가 발생한 개별 국민에게는 금전청구권으로서의 재산권으로 보장된다. [16 법행]

   해설 헌재 2011. 9. 29. 2010헌바116.

2. 국가배상청구의 요건인 '공무원의 직무'에는 권력적 작용과 비권력적 작용은 포함되나, 행정주체가 사경제주체로서 하는 활동은 제외된다. [16 법행]

   해설 대판 2004.4.9. 2002다10691.

3. 법관의 재판에 법령의 규정을 따르지 아니한 잘못이 있다 하더라도 이로써 바로 그 재판상 직무행위가 국가배상법 제2조 제1항에서 말하는 위법한 행위로 되어 국가의 손해배상책임이 발생하는 것은 아니고, 그 국가배상책임이 인정되려면 당해 법관이 위법 또는 부당한 목적을 가지고 재판을 하였다거나 법이 법관의 직무수행상 준수할 것을 요구하고 있는 기준을 현저하게 위반하는 등 법관이 그에게 부여된 권한의 취지에 명백히 어긋나게 이를 행사하였다고 인정할 만한 특별한 사정이 있어야 한다. [16 법행]

   해설 대판 2001.10.12. 01다47290.

정답 1. ○ 2. ○ 3. ○

4. 국가배상제도에는 피해자구제기능, 손해분산기능 외에도 제재기능 및 위법행위 억제 기능이 있다. [16 법행]

해설 헌재 2000. 2. 24. 99헌바17등 참고.

5. 행정처분이 항고소송절차에서 위법한 것으로 인정되어 취소하는 판결이 확정된 경우에는 처분청이 소속된 국가 등 공공단체가 처분상대방에게 위법한 처분으로 인해 발생한 손해를 배상할 책임이 성립한다. [16 법행]

해설 어떠한 행정처분이 후에 항고소송에서 취소되었다고 할지라도 그 기판력에 의하여 당해 행정처분이 곧바로 공무원의 고의 또는 과실로 인한 것으로서 불법행위를 구성한다고 단정할 수는 없는 것이다(대법원 2012.05.24. 선고 2012다11297 판결).

정답 4. ○ 5. ×

교육을 받을 권리

104 과외금지 사건

(학원의설립·운영에관한법률 제22조 제1항 제1호 등 위헌제청)
2000. 4. 27. 98헌가16, 98헌마429(병합) **[위헌]**

|판시사항|

1. 부모의 자녀교육권
2. 교육에 대한 국가의 책임
3. 부모의 자녀교육권과 국가의 교육책임과의 관계
4. 법 제3조에 의하여 제한되는 기본권
5. 기본권 제한의 한계로서의 비례의 원칙
6. 입법목적의 정당성과 수단의 적합성
7. 수단의 최소침해성
8. 법익의 균형성

[결정요지]

1. 자녀의 양육과 교육은 일차적으로 부모의 천부적인 권리인 동시에 부모에게 부과된 의무이기도 하다. '부모의 자녀에 대한 교육권'은 비록 헌법에 명문으로 규정되어 있지는 아니하지만, 이는 모든 인간이 누리는 불가침의 인권으로서 혼인과 가족생활을 보장하는 헌법 제36조 제1항, 행복추구권을 보장하는 헌법 제10조 및 "국민의 자유와 권리는 헌법에 열거되지 아니한 이유로 경시되지 아니한다"고 규정하는 헌법 제37조 제1항에서 나오는 중요한 기본권이다. 부모는 자녀의 교육에 관하여 전반적인 계획을 세우고 자신의 인생관·사회관·교육관에 따라 자녀의 교육을 자유롭게 형성할 권리를 가지며, 부모의 교육권은 다른 교육의 주체와의 관계에서 원칙적인 우위를 가진다.

2. 헌법 제31조 제1항은 "모든 국민은 능력에 따라 균등하게 교육을 받을 권리를 가진다"고 규정하여 국민의 교육을 받을 권리를 보장하고 있다. '교육을 받을 권리'란, 모든 국민에게 저마다의 능력에 따른 교육이 가능하도록 그에 필요한 설비와 제도를 마련해야 할 국가의 과제와 아울러 이를 넘어 사회적·경제적 약자도 능력에 따른 실질적 평등교육을 받을 수 있도록 적극적인 정책을 실현해야 할 국가의 의무를 뜻한다. 특히 같은 조 제6항은

"학교교육 및 평생교육을 포함한 교육제도와 그 운영, 교육재정 및 교원의 지위에 관한 기본적인 사항은 법률로 정한다"고 함으로써 학교교육에 관한 국가의 권한과 책임을 규정하고 있다. 위 조항은 국가에게 학교제도를 통한 교육을 시행하도록 위임하였고, 이로써 국가는 학교제도에 관한 포괄적인 규율권한과 자녀에 대한 학교교육의 책임을 부여받았다.

3. 자녀의 양육과 교육에 있어서 부모의 교육권은 교육의 모든 영역에서 존중되어야 하며, 다만, 학교교육에 관한 한, 국가는 헌법 제31조에 의하여 부모의 교육권으로부터 원칙적으로 독립된 독자적인 교육권한을 부여받음으로써 부모의 교육권과 함께 자녀의 교육을 담당하지만, 학교 밖의 교육영역에서는 원칙적으로 부모의 교육권이 우위를 차지한다.

4. 법 제3조에 의하여 제한되는 기본권은, 배우고자 하는 아동과 청소년의 인격의 자유로운 발현권, 자녀를 가르치고자 하는 부모의 교육권, 과외교습을 하고자 하는 개인의 직업선택의 자유 및 행복추구권이다.

5. 과외교습을 금지하는 법 제3조에 의하여 제기되는 헌법적 문제는 교육의 영역에서의 자녀의 인격발현권·부모의 교육권과 국가의 교육책임의 경계설정에 관한 문제이고, 이로써 국가가 사적인 교육영역에서 자녀의 인격발현권·부모의 자녀교육권을 어느 정도로 제한할 수 있는가에 관한 것이다. 학교교육에 관한 한, 국가는 교육제도의 형성에 관한 폭넓은 권한을 가지고 있지만, 과외교습과 같은 사적으로 이루어지는 교육을 제한하는 경우에는 특히 자녀인격의 자유로운 발현권과 부모의 교육권을 존중해야 한다는 것에 국가에 의한 규율의 한계가 있으므로, 법치국가적 요청인 비례의 원칙을 준수하여야 한다.

6. (1) 사교육의 영역에 관한 한, 우리 사회가 불행하게도 이미 자정능력이나 자기조절능력을 현저히 상실했고, 이로 말미암아 국가가 부득이 개입하지 않을 수 없는 실정이므로, 위와 같이 사회가 자율성을 상실한 예외적인 상황에서는 고액과외교습을 방지하여 사교육에서의 과열경쟁으로 인한 학부모의 경제적 부담을 덜어주고 나아가 국민이 되도록 균등한 정도의 사교육을 받도록 하려는 법 제3조의 입법목적은 입법자가 '잠정적으로' 추구할 수 있는 정당한 공익이라고 하겠다.

(2) 수단의 적합성의 관점에서 보더라도 법 제3조가 학원·교습소·대학(원)생에 의한 과외교습을 허용하면서 그밖에 고액과외교습의 가능성이 있는 개인적인 과외교습을 광범위하게 금지하는 규제수단을 택하였고, 이러한 수단이 위 입법목적의 달성에 어느정도 기여한다는 점은 의문의 여지가 없다. 따라서 수단으로서의 적합성도 인정된다 하겠다.

7. 법 제3조는 원칙적으로 허용되고 기본권적으로 보장되는 행위에 대하여 원칙적으로 금지하고 예외적으로 허용하는 방식의 '원칙과 예외'가 전도된 규율형식을 취한데다가, 그 내용상으로도 규제의 편의성만을 강조하여 입법목적 달성의 측면에서 보더라도 금지범위에 포함시킬 불가피성이 없는 행위의 유형을 광범위하게 포함시키고 있다는 점에서, 입법자가 선택한 규제수단은 입법목적의 달성을 위한 최소한의 불가피한 수단이라고 볼 수 없다.

8. 법 제3조와 같은 형태의 사교육에 대한 규율은, 사적인 교육의 영역에서 부모와 자녀의 기본권에 대한 중대한 침해라는 개인적인 차원을 넘어서 국가를 문화적으로 빈곤하게 만들며, 국가간의 경쟁에서 살아남기 힘든 오늘날의 무한경쟁시대에서 문화의 빈곤은 궁극적으로는 사회적·경제적인 후진성으로 이어질 수밖에 없다. 따라서 법 제3조가 실현하려는 입법목적의 실현효과에 대하여 의문의 여지가 있고, 반면에 법 제3조에 의하여 발생하는 기본권제한의 효과 및 문화국가실현에 대한 불리한 효과가 현저하므로, 법 제3조는 제한을 통하여 얻는 공익적 성과와 제한이 초래하는 효과가 합리적인 비례관계를 현저하게 일탈하여 법익의 균형성을 갖추지 못하고 있다.

교육을 받을 권리

105 학교용지부담금 부과 사건

(구 학교용지확보에관한특례법 제2조 제2호 등 위헌제청)
2005. 3. 31. 2003헌가20 [위헌]

|판시사항|

1. 주택건설촉진법에 의하여 시행하는 개발사업지역에서 공동주택을 분양받은 자에게 학교용지확보를 위하여 부담금을 부과·징수할 수 있도록 한 것이 헌법상 의무교육의 무상원칙에 반하는지 여부(+)
2. 이 사건 법률조항이 평등원칙에 반하는지 여부(+)

[결정요지]

1. 헌법은, 모든 국민은 그 보호하는 자녀에게 적어도 초등교육과 법률이 정하는 교육을 받게 할 의무를 지고(헌법 제31조 제2항), 의무교육은 무상으로 한다(헌법 제31조 제3항)고 규정하고 있다. 이러한 의무교육제도는 국민에 대하여 보호하는 자녀들을 취학시키도록 한다는 의무부과의 면보다는 국가에 대하여 인적·물적 교육시설을 정비하고 교육환경을 개선하여야 한다는 의무부과의 측면이 보다 더 중요한 의미를 갖는다. 의무교육에 필요한 학교시설은 국가의 일반적 과제이고, 학교용지는 의무교육을 시행하기 위한 물적 기반으로서 필수조건임은 말할 필요도 없으므로 이를 달성하기 위한 비용은 국가의 일반재정으로 충당하여야 한다. 따라서 적어도 의무교육에 관한 한 일반재정이 아닌 부담금과 같은 별도의 재정수단을 동원하여 특정한 집단으로부터 그 비용을 추가로 징수하여 충당하는 것은 의무교육의 무상성을 선언한 헌법에 반한다.

2. 부담금의 정당화 요건은 일반적으로 헌법상 평등원칙과 밀접한 관련이 있다. 부담금은 국민의 재산권을 제한하여 일반 국민이 아닌 특별한 의무자집단에 대하여 부과되는 특별한 재정책임이므로, 납부의무자들을 일반 국민들과 달리 취급하여 이들을 불리하게 대우함에 있어서 합리적인 이유가 있어야 하며 자의적인 차별은 납부의무자들의 평등권을 침해하기 때문이다.

의무교육이 아닌 중등교육에 관한 교육재정과 관련하여 재정조달목적의 부담금을 징수할 수 있다고 하더라도 이는 일반적인 재정조달목적의 부담금이 갖추어야 할 요건을 동일하게 갖춘 경우에 한하여 허용될 수 있다. 그런데, 학교용지부담금은 특정한 공익사업이 아니라 일반적 공익사업이거나 일반적 공익사업으로서의 성격을 함께 가지고 있는 공익사업을 위한 재정확보수단이다. 그리고 학교용지확보 필요성에 있어서 주택건설촉진법상의 수분양자들의 구체적 사정을 거의 고려하지 않은 채 수분양자 모두를 일괄적으로 동일한 의무자집단에 포함시켜 동일한 학교용지부담금을 부과하는 것은 합리적 근거가 없는 차별에 해당하고, 의무자집단 전체의 입장에서 보더라도 일반 국민, 특히 다른 개발사업에 의한 수분양자집단과 사회적으로 구별되는 집단적 동질성을 갖추고 있다고 할 수 없다. 나아가 학교용지확보의 필요성은 신규 주택의 건설·공급의 경우에 생겨나는 것이고, 그 정도는 개발사업의 목적이나 절차에 관계없이 개발사업의 결과로 공급되는 신규 주택의 수에 비례하여 결정된다고 보아야 할 것인데, 이 사건 법률조항은 학교용지부담금 부과대상 개발사업을 신규 주택의 공급 여부가 아닌 단순히 주택 공급의 근거 법률이 무엇이냐에 따라 정하고 있는바, 이는 합리성이 없는 기준에 의하여 자의적으로 제청신청인들을 불리하게 대우하는 것이다.

교육을 받을 권리

106 초·중등 교원의 정치활동 제한 사건

(정당법 제6조 제1호 등 위헌확인)
2004. 3. 25. 2001헌마710 [기각]

|판시사항|

1. 헌법상 정치적 자유권의 의의
2. 이 사건 법률조항이 청구인들의 정치적 자유권을 침해하는지 여부(－)
3. 이 사건 법률조항이 대학교원의 정당가입 및 선거운동의 자유를 허용하면서도 청구인들과 같은 초·중등학교의 교원에 대하여는 이를 금지함으로써 청구인들의 평등권을 침해하는지 여부(－)

[결정요지]

1. 오늘날 정치적 기본권은 국민이 정치적 의사를 자유롭게 표현하고, 국가의 정치적 의사형성에 참여하는 정치적 활동을 총칭하는 것으로 넓게 인식되고 있다. 정치적 기본권은 기본권의 주체인 개별 국민의 입장에서 보면 주관적 공권으로서의 성질을 가지지만, 민주정치를 표방한 민주국가에 있어서는 국민의 정치적 의사를 국정에 반영하기 위한 객관적 질서로서의 의미를 아울러 가진다. 그 중 정치적 자유권이라 함은 국가권력의 간섭이나 통제를 받지 아니하고 자유롭게 정치적 의사를 형성·발표할 수 있는 자유라고 할 수 있다. 이러한 정치적 자유권에는 정치적 의사를 자유롭게 표현하고, 자발적으로 정당에 가입하고 활동하며, 자유롭게 선거운동을 할 수 있는 것을 주된 내용으로 한다.

2. 이 사건 법률조항이 청구인들과 같은 초·중등학교 교원의 정당가입 및 선거운동의 자유를 금지함으로써 정치적 기본권을 제한하는 측면이 있는 것은 사실이나, 공무원의 정치적 중립성 등을 규정한 헌법 제7조 제1항·제2항, 교육의 정치적 중립성을 규정한 헌법 제31조 제4항의 규정취지에 비추어 보면, 감수성과 모방성 그리고 수용성이 왕성한 초·중등학교 학생들에게 교원이 미치는 영향은 매우 크고, 교원의 활동은 근무시간 내외를 불문하고 학생들의 인격 및 기본생활습관 형성 등에 중요한 영향을 끼치는 잠재적 교육과정의 일부분인 점을 고려하고, 교원의 정치활동은 교육수혜자인 학생의 입장에서는 수업권의 침

해로 받아들여질 수 있다는 점에서 현 시점에서는 국민의 교육기본권을 더욱 보장함으로써 얻을 수 있는 공익을 우선시해야 할 것이라는 점 등을 종합적으로 감안할 때, 초·중등학교 교육공무원의 정당가입 및 선거운동의 자유를 제한하는 것은 헌법적으로 정당화될 수 있다.

3. 현행 교육법령은, 초·중등학교의 교원 즉 교사는 법령이 정하는 바에 따라 학생을 교육하는 자이고(교육기본법 제9조; 초·중등교육법 제20조 제3항), 반면에 대학의 교원은 학생을 교육·지도하고 학문을 연구하되 학문연구만을 전담할 수 있다(고등교육법 제15조 제2항)고 하여 양자의 직무를 달리 규정하고 있다. 뿐만 아니라, 초·중등학교의 교육은 일반적으로 승인된 기초적인 지식의 전달에 중점이 있는 데 비하여, 대학의 교육은 학문의 연구·활동과 교수기능을 유기적으로 결합하여 학문의 발전과 피교육자인 대학생들에 대한 교육의 질을 높일 필요성이 있기 때문에 대학교원의 자격기준도 이와 같은 기능을 수행할 수 있는 능력을 갖출 것이 요구된다. 그렇다면 초·중등학교 교원에 대해서는 정당가입과 선거운동의 자유를 금지하면서 대학교원에게는 이를 허용한다 하더라도, 이는 양자간 직무의 본질이나 내용 그리고 근무태양이 다른 점을 고려할 때 합리적인 차별이라고 할 것이므로 청구인이 주장하듯 헌법상의 평등권을 침해한 것이라고 할 수 없다.

핵심 체크 학습

교육을 받을 권리

헌법판례선

1. 국가는 모든 국민에게 균등한 교육을 받게 하고 특히 경제적 약자가 실질적인 평등교육을 받을 수 있도록 적극적 정책을 실현해야 한다. [14 법무사]

해설 헌재 2000. 4. 27. 98헌가16 등.

2. 실질적인 평등교육을 실현해야 할 국가의 적극적인 의무가 인정되므로, 국민이 직접 실질적 평등교육을 위한 교육비를 청구할 권리가 인정된다. [14 법무사]

해설 실질적인 평등교육을 실현해야 할 국가의 적극적인 의무가 인정된다고 하여 이로부터 국민이 직접 실질적 평등교육을 위한 교육비를 청구할 권리가 도출된다고 볼 수 없다(헌재 2003. 11. 27. 2003헌바39).

3. 교육을 받을 권리는, 교육을 통해 개인의 잠재적인 능력을 계발시켜 줌으로써 인간다운 문화생활과 직업생활을 할 수 있는 기초를 마련해 준다. [14 법무사]

해설 헌재 1994. 2. 24. 93헌마192.

4. 헌법 제 31조 제3항에 규정된 의무교육의 무상원칙에 있어서 의무교육 무상의 범위는 원칙적으로 헌법상 교육의 기회균등을 실현하기 위해 필수불가결한 비용, 즉 모든 학생이 의무교육을 받음에 있어서 경제적인 차별 없이 수학하는 데 반드시 필요한 비용에 한한다. [14 법무사]

해설 헌재 2012. 4. 24. 2010헌바164.

정답 1. ○ 2. × 3. ○ 4. ○

5. 의무교육에 있어서 무상의 범위에는 의무교육이 실질적이고 균등하게 이루어지기 위한 본질적 항목으로, 수업료나 입학금의 면제, 학교와 교사 등 인적·물적 시설 및 그 시설을 유지하기 위한 인건비와 시설유지비 등의 부담제외가 포함된다.

[14 법무사]

해설 의무교육에 있어서 무상의 범위에는 의무교육이 실질적이고 균등하게 이루어지기 위한 본질적 항목으로, 수업료나 입학금의 면제, 학교와 교사 등 인적 · 물적 시설 및 그 시설을 유지하기 위한 인건비와 시설유지비 등의 부담제외가 포함되고, 그 외에도 의무교육을 받는 과정에 수반하는 비용으로서 의무교육의 실질적인 균등보장을 위해 필수불가결한 비용은 무상의 범위에 포함된다(헌재 2012. 4. 24. 2010헌바164).

6. 헌법상 초등교육에 대한 의무교육과는 달리 중등교육의 단계에 있어서는 어느 범위에서 어떠한 절차를 거쳐 어느 시점에서 의무교육으로 실시할 것인가는 입법자의 형성의 자유에 속하는 사항으로서 국회가 입법정책적으로 판단하여 법률로 구체적으로 규정할 때에 비로소 헌법상의 권리로서 구체화되는 것으로 보아야 한다. [16 법행]

해설 헌재 1991. 2. 11. 90헌가27.

7. 헌법 제31조 제6항이 규정하고 있는 교원지위법정주의는 교원의 권리 내지 지위의 보장뿐만 아니라 교원의 기본권 제한의 근거가 될 수도 있다. [16 법행]

해설 헌재 1991. 7. 22. 89헌가106.

8. 부모의 자녀교육권이란 부모의 자기결정권이라는 의미에서 보장되는 자유가 아니라, 자녀의 보호와 인격발현을 위하여 부여되는 것이므로, 자녀의 행복이란 관점에서 교육방향을 결정하라는 행위지침을 의미할 뿐 부모의 기본권이라고는 볼 수 없다.

[16 법행]

해설 부모의 자녀교육권은 다른 기본권과는 달리, 기본권의 주체인 부모의 자기결정권이라는 의미에서 보장되는 자유가 아니라, 자녀의 보호와 인격발현을 위하여 부여되는 기본권이다. 다시 말하면, 부모의 자녀교육권은 자녀의 행복이란 관점에서 보장되는 것이며, 자녀의 행복이 부모의 교육에 있어서 그 방향을 결정하는 지침이 된다(헌재 2000. 4. 27. 98헌가16).

정답 5. ○ 6. ○ 7. ○ 8. ×

9. 부모는 자녀의 교육에 있어서 자녀의 정신적, 신체적 건강을 고려하여 교육의 목적과 그에 적합한 수단을 선택해야 할 것이고, 부모가 자녀의 건강에 반하는 방향으로 자녀교육권을 행사할 경우에는 헌법 제31조는 부모 외에도 국가에게 자녀의 교육에 대한 과제와 의무가 있다는 것을 규정하고 있으므로 국가는 부모의 자녀교육권을 제한할 수 있다. [16 법행]

해설 헌재 2000. 4. 27. 98헌가16 등.

10. 헌법 제31조 제3항에 규정된 의무교육의 무상원칙은 헌법상 교육의 기회균등을 실현하기 위해 필수불가결한 비용, 즉 모든 학생이 의무교육을 받음에 있어서 경제적인 차별 없이 수학하는 데 반드시 필요한 비용을 대상으로 하며, 여기에는 수업료나 입학금의 면제, 학교와 교사 등 인적·물적 시설 및 그 시설을 유지하기 위한 인건비와 시설유지비 등의 부담제외, 그 외에도 의무교육을 받는 과정에 수반하는 비용으로서 의무교육의 실질적인 균등보장을 위해 필수불가결한 비용이 포함된다. [16 법행]

해설 헌재 2012. 8. 23. 2010헌바220.

정답 9. ○ 10. ○

근로의 권리

107 외국인산업기술연수생 사건

(산업기술연수생 도입기준 완화결정 등 위헌확인)
2007. 8. 30. 2004헌마670 **[위헌 · 각하]**

|판시사항|

1. 근로의 권리에 관한 외국인의 기본권 주체성(한정 적극)
2. 「외국인산업기술연수생의보호및관리에관한지침」 제4조, 제8조 제1항 및 제17조가 헌법소원의 대상이 되는 공권력의 행사에 해당하는지 여부(+)
3. 이 사건 노동부 예규가 청구인의 평등권을 침해하는지 여부(+)

[결정요지]

1. 근로의 권리가 "일할 자리에 관한 권리"만이 아니라 "일할 환경에 관한 권리"도 함께 내포하고 있는바, 후자는 인간의 존엄성에 대한 침해를 방어하기 위한 자유권적 기본권의 성격도 갖고 있어 건강한 작업환경, 일에 대한 정당한 보수, 합리적인 근로조건의 보장 등을 요구할 수 있는 권리 등을 포함한다고 할 것이므로 외국인 근로자라고 하여 이 부분에까지 기본권 주체성을 부인할 수는 없다. 즉 근로의 권리의 구체적인 내용에 따라, 국가에 대하여 고용증진을 위한 사회적·경제적 정책을 요구할 수 있는 권리는 사회권적 기본권으로서 국민에 대하여만 인정해야 하지만, 자본주의 경제질서하에서 근로자가 기본적 생활수단을 확보하고 인간의 존엄성을 보장받기 위하여 최소한의 근로조건을 요구할 수 있는 권리는 자유권적 기본권의 성격도 아울러 가지므로 이러한 경우 외국인 근로자에게도 그 기본권 주체성을 인정함이 타당하다.

2. 행정규칙이라도 재량권행사의 준칙으로서 그 정한 바에 따라 되풀이 시행되어 행정관행을 이루게 되면, 행정기관은 평등의 원칙이나 신뢰보호의 원칙에 따라 상대방에 대한 관계에서 그 규칙에 따라야 할 자기구속을 당하게 되는바, 이 경우에는 대외적 구속력을 가진 공권력의 행사가 된다.

지방노동관서의 장은, 사업주가 이 사건 노동부 예규 제8조 제1항의 사항을 준수하도록 행정시도를 하고, 만일 이러한 행정지도에 위반하는 경우에는 연수추천단체에 필요한 조치를 요구하며, 사업주가 계속 이를 위반한 때에는 특별감독을 실시하여 제8조 제1항의 위반사항에 대하여 관계 법령에 따라 조치하여야 하는 반면, 사업주가 근로기준법상 보호대상이지만 제8조 제1항에 규정되지 않은 사항을 위반한다 하더라도 행정지도, 연수추천단체에 대한 요구 및 관계 법령에 따른 조치 중 어느 것도 하지 않게 되는바, 지방노동관서의 장은 평등 및 신뢰의 원칙상 모든 사업주에 대하여 이러한 행정관행을 반복할 수밖에 없으므로, 결국 위 예규는 대외적 구속력을 가진 공권력의 행사가 된다. 나아가 위 예규 제4조와 제8조 제1항이 근로기준법 소정 일부 사항만을 보호대상으로 삼고 있으므로 청구인이 주장하는 평등권 등 기본권을 침해할 가능성도 있다. 그렇다면 이 사건 노동부 예규는 대외적인 구속력을 갖는 공권력행사로서 기본권침해의 가능성도 있으므로 헌법소원의 대상이 된다 할 것이다.

3. 산업연수생이 연수라는 명목하에 사업주의 지시·감독을 받으면서 사실상 노무를 제공하고 수당 명목의 금품을 수령하는 등 실질적인 근로관계에 있는 경우에도, 근로기준법이 보장한 근로기준 중 주요사항을 외국인 산업연수생에 대하여만 적용되지 않도록 하는 것은 합리적인 근거를 찾기 어렵다.

특히 이 사건 중소기업청 고시에 의하여 사용자의 법 준수능력이나 국가의 근로감독능력 등 사업자의 근로기준법 준수와 관련된 제반 여건이 갖추어진 업체만이 연수업체로 선정될 수 있으므로, 이러한 사업장에서 실질적 근로자인 산업연수생에 대하여 일반 근로자와 달리 근로기준법의 일부 조항의 적용을 배제하는 것은 자의적인 차별이라 아니할 수 없다. 근로기준법 제5조와 「국제연합의 경제적·사회적 및 문화적 권리에 관한 국제규약」 제4조에 따라 '동등한 가치의 노동에 대하여 동등한 근로조건을 향유할 권리'를 제한하기 위하여는 법률에 의하여만 하는바, 이를 행정규칙에서 규정하고 있으므로 위 법률유보의 원칙에도 위배된다. 그렇다면, 이 사건 노동부 예규는 청구인의 평등권을 침해한다고 할 것이다.

근로의 권리

108 한국보건산업진흥원의 고용승계배제 사건

(한국보건산업진흥원법 부칙 제3조 위헌소원)
2002. 11. 28. 2001헌바50 **[합헌]**

|판시사항|

1. 국가에 대한 직접적인 직장존속보장청구권이 근로자에게 인정되는지 여부(−)
2. 법률로 국가보조 연구기관을 통폐합함에 있어 재산상의 권리 · 의무만 승계시키고, 근로관계의 당연승계 조항을 두지 아니한 것이 위헌인지 여부(−)

[결정요지]

1. (1) 직장선택의 자유는 개인이 그 선택한 직업분야에서 구체적인 취업의 기회를 가지거나, 이미 형성된 근로관계를 계속 유지하거나 포기하는 데에 있어 국가의 방해를 받지 않는 자유로운 선택 · 결정을 보호하는 것을 내용으로 한다. 그러나 이 기본권은 원하는 직장을 제공하여 줄 것을 청구하거나 한번 선택한 직장의 존속보호를 청구할 권리를 보장하지 않으며, 또한 사용자의 처분에 따른 직장 상실로부터 직접 보호하여 줄 것을 청구할 수도 없다. 다만 국가는 이 기본권에서 나오는 객관적 보호의무, 즉 사용자에 의한 해고로부터 근로자를 보호할 의무를 질 뿐이다. 헌법 제15조의 직업의 자유 또는 헌법 제32조의 근로의 권리, 사회국가원리 등에 근거하여 실업방지 및 부당한 해고로부터 근로자를 보호하여야 할 국가의 의무를 도출할 수는 있을 것이나, 국가에 대한 직접적인 직장존속보장청구권을 근로자에게 인정할 헌법상의 근거는 없다.

(2) 근로의 권리는 사회적 기본권으로서, 국가에 대하여 직접 일자리(직장)를 청구하거나 일자리에 갈음하는 생계비의 지급청구권을 의미하는 것이 아니라, 고용증진을 위한 사회적 · 경제적 정책을 요구할 수 있는 권리에 그친다. 근로의 권리를 직접적인 일자리 청구권으로 이해하는 것은 사회주의적 통제경제를 배제하고, 사기업 주체의 경제상의 자유를 보장하는 우리 헌법의 경제질서 내지 기본권규정들과 조화될 수 없다. 마찬가지 이유로 근로의 권리로부터 국가에 대한 직접적인 직장존속청구권을 도출할 수도 없다. 단지 위에서 본 직업의 자유에서 도출되는 보호의무와 마찬가지로 사용자의 처분에 따른 직장 상실에 대하여 최소한의 보호를 제공하여야 할 의무를 국가에 지우는 것으로 볼 수는

있을 것이다.

2. (1) 이와 같이 우리 헌법상 국가에 대한 직접적인 직장존속보장청구권을 인정할 근거는 없으므로 근로관계의 당연승계를 보장하는 입법을 반드시 하여야 할 헌법상의 의무를 인정할 수 없다. 따라서 한국보건산업진흥원법 부칙 제3조가 기존 연구기관의 재산상의 권리·의무만을 새로이 설립되는 한국보건산업진흥원에 승계시키고, 직원들의 근로관계가 당연히 승계되는 것으로 규정하지 않았다 하여 위헌이라 할 수 없다.

(2) 다만, 우리 헌법상 국가(입법자)는 근로관계의 존속보호를 위하여 최소한의 보호를 제공하여야 할 의무를 지고 있다고 할 것이며, 따라서 위 부칙 제3조가 그러한 최소한의 보호의무마저 저버린 것이 아닌지 문제될 수 있겠으나, 국가가 근로관계의 존속을 보호하기 위한 최소한의 보호조치를 취하고 있는지의 여부는 당해 법률조항만에 의할 것이 아니라, 노사관계에 관한 법체계 전반을 통하여 판단하여야 할 것인바, 헌법 제33조에서 노동기본권을 보장하고 있는 점, 법원이 재판을 통하여 고용승계 여부에 관한 당사자의 의사와 태도를 합리적으로 해석함으로써 근로관계 존속보호의 기능을 수행할 가능성이 열려 있는 점, 고용보험제도를 비롯하여 고용안정, 취업기회의 제공, 직업능력의 개발을 위한 부수적 법제가 마련되어 있는 점 등을 고려할 때, 현행법제상 국가는 근로관계의 존속보호를 위한 최소한의 보호조치마저 제공하고 있지 않다고 보기 어렵다.

(3) 근로관계의 승계를 규정하고 있는 다른 법률들과 비교하거나, 합병, 영업양도로 근로관계가 승계되는 경우와 비교하여 차이가 있다 하더라도, 거기에는 합리적인 이유가 있다 할 것이므로 평등원칙에 위반된다고 할 수 없다.

핵심 체크 학습

근로의 권리

1. **계속근로기간 1년 이상인 근로자가 근로연도 중도에 퇴직한 경우 중도퇴직 전 1년 미만의 근로에 대하여 유급휴가를 보장하지 않는 것은 근로의 권리를 침해한다.**

[16 사시]

해설 연차유급휴가의 판단기준으로 근로연도 1년간의 재직 요건을 정한 이상, 이 요건을 충족하지 못한 근로연도 중도퇴직자의 중도퇴직 전 근로에 관하여 반드시 그 근로에 상응하는 등의 유급휴가를 보장하여야 하는 것은 아니므로, 근로연도 중도퇴직자의 중도퇴직 전 근로에 대해 1개월 개근 시 1일의 유급휴가를 부여하지 않더라도 이것이 청구인의 근로의 권리를 침해한다고 볼 수 없다(헌재 2015. 5. 28. 2013헌마619).

2. **국가비상사태 하에서라도 단체교섭권 · 단체행동권이 제한되는 근로자의 범위를 공무원 등으로 구체적으로 제한함이 없이, 단체교섭권 · 단체행동권의 행사요건 및 한계 등에 관한 기본적 사항조차 법률에서 규정하지 아니한 채 그 행사의 허용 여부를 주무관청의 조정결정에 포괄적으로 위임하고, 이에 위반하는 경우 형사처벌하도록 규정한 것은 근로3권의 본질적인 내용을 침해한다.** [16 사시]

해설 심판대상조항은 단체교섭권 · 단체행동권이 제한되는 근로자의 범위를 구체적으로 제한함이 없이, 단체교섭권 · 단체행동권의 행사요건 및 한계 등에 관한 기본적 사항조차 법률에서 정하지 아니한 채, 그 허용 여부를 주무관청의 조정결정에 포괄적으로 위임하고 이에 위반할 경우 형사처벌하도록 하고 있는바, 이는 모든 근로자의 단체교섭권 · 단체행동권을 사실상 전면적으로 부정하는 것으로서 헌법에 규정된 근로3권의 본질적 내용을 침해하는 것이다(헌재 2015. 3. 26. 2014헌가5).

정답 1. × 2. ○

3. 교원노조의 설립 및 활동의 주된 주체를 원칙적으로 초·중등학교에 재직 중인 교원으로 한정하고 있는 규정은 해직 교원들의 단결권을 침해하지 않는다. [16 사시]

해설 이 사건 법률조항으로 인하여 교원 노조 및 해직 교원의 단결권 자체가 박탈된다고 할 수는 없는 반면, 교원이 아닌 자가 교원노조의 조합원 자격을 가질 경우 교원노조의 자주성에 대한 침해는 중대할 것이어서 법익의 균형성도 갖추었으므로, 이 사건 법률조항은 청구인들의 단결권을 침해하지 아니한다(헌재 2015. 5. 28. 2013헌마671 등).

4. 근로3권 중 단결권에는 개별 근로자가 노동조합 등 근로자단체를 조직하거나 그에 가입하여 활동할 수 있는 개별적 단결권뿐 아니라 근로자단체가 존립하고 활동할 수 있는 집단적 단결권도 포함된다. [16 사시]

해설 근로3권 중 단결권에는 개별 근로자가 노동조합 등 근로자단체를 조직하거나 그에 가입하여 활동할 수 있는 개별적 단결권뿐만 아니라 근로자단체가 존립하고 활동할 수 있는 집단적 단결권도 포함된다(헌재 2015. 5. 28. 2013헌마671 등).

5. 공무원인 노동조합원의 쟁의행위를 형사처벌하면서 사용자측인 정부교섭대표의 부당노동행위에 대해서는 그 구제수단으로서 민사상의 구제절차를 마련하는 데 그치고 형사처벌을 규정하지 않았다고 하더라도 이러한 규정이 공무원의 단체교섭권을 침해하는 것은 아니다. [16 사시]

해설 공노법이 공무원의 쟁의행위를 금지하고 이를 위반한 자를 형사처벌하는 것과 정부교섭대표 등 사용자의 부당노동행위와 구제명령위반에 대한 형사처벌규정의 적용을 배제하는 것은 그 입법목적이 서로 다르고, 공무원 노사관계의 특성을 고려한 합리적인 근거에 기한 것으로서, 청구인들의 평등권을 침해한 것으로 볼 수 없다 (헌재 2008. 12. 26. 2005헌마971 등).

6. 일할 환경에 관한 권리는 외국인 근로자에게는 인정되지 아니한다. [14 법무사]

해설 근로의 권리가 "일할 자리에 관한 권리"만이 아니라 "일할 환경에 관한 권리"도 함께 내포하고 있는바, 후자는 인간의 존엄성에 대한 침해를 방어하기 위한 자유권적 기본권의 성격도 갖고 있어 건강한 작업환경, 일에 대한 정당한 보수, 합리적인 근로조건의 보장 등을 요구할 수 있는 권리 등을 포함한다고 할 것이므로 외국인 근로자라고 하여 이 부분에까지 기본권 주체성을 부인할 수는 없다(헌재 2007. 8. 30. 2004헌마670).

정답 3. ○ 4. ○ 5. ○ 6. ×

7. 최저임금을 도출할 수 있는 권리는 헌법에서 직접적으로 도출된다. [14 법무사]

해설 헌법 제32조 제1항 후단은 "국가는 사회적·경제적 방법으로 근로자의 고용 증진과 적정임금의 보장에 노력하여야 하며, 법률이 정하는 바에 의하여 최저임금제를 시행하여야 한다."고 규정하고 있어서 최저임금을 청구할 수 있는 권리가 바로 헌법 제32조 제1항의 근로의 권리에 의하여 보장된다고 보기는 어렵다(헌재 2012. 10. 25. 2011헌마307).

8. 근로의 권리는 근로자를 개인의 차원에서 보호하기 위한 권리이기 때문에 노동조합은 그 주체가 될 수 없다. [14 법무사]

해설 헌법 제32조 제1항이 규정한 근로의 권리는 근로자를 개인의 차원에서 보호하기 위한 권리로서 개인인 근로자가 그 주체가 되는 것이고 노동조합은 그 주체가 될 수 없다(헌재 2009. 2. 26. 2007헌바27).

정답 7. × 8. ○

근로3권
단결권

109 유니온 샵(Union Shop) 협정 사건

(노동조합및노동관계조정법 제81조 제2호 단서 위헌소원)
2005. 11. 24. 2002헌바95·96, 2003헌바9(병합) **[합헌]**

|판시사항|

1. 당해 사업장에 종사하는 근로자의 3분의 2 이상을 대표하는 노동조합의 경우 단체협약을 매개로 한 조직강제[이른바 유니언 샵(Union Shop) 협정의 체결]를 용인하고 있는 노동조합및노동관계조정법 제81조 제2호 단서가 근로자의 단결권을 보장한 헌법 제33조 제1항 등에 위반되는지 여부(－)
2. 이 사건 법률조항이 평등의 원칙에 위배되는지 여부(－)

[결정요지]

1. (1) 이 사건 법률조항은 노동조합의 조직유지·강화를 위하여 당해 사업장에 종사하는 근로자의 3분의 2 이상을 대표하는 노동조합(이하 '지배적 노동조합'이라 한다)의 경우 단체협약을 매개로 한 조직강제[이른바 유니언 샵(Union Shop) 협정의 체결]를 용인하고 있다. 이 경우 근로자의 단결하지 아니할 자유와 노동조합의 적극적 단결권(조직강제권)이 충돌하게 되나, 근로자에게 보장되는 적극적 단결권이 단결하지 아니할 자유보다 특별한 의미를 갖고 있고, 노동조합의 조직강제권도 이른바 자유권을 수정하는 의미의 생존권(사회권)적 성격을 함께 가지는 만큼 근로자 개인의 자유권에 비하여 보다 특별한 가치로 보장되는 점 등을 고려하면, 노동조합의 적극적 단결권은 근로자 개인의 단결하지 않을 자유보다 중시된다고 할 것이고, 또 노동조합에게 위와 같은 조직강제권을 부여한다고 하여 이를 근로자의 단결하지 아니할 자유의 본질적인 내용을 침해하는 것으로 단정할 수는 없다.

(2) 이 사건 법률조항은 앞서 본 바와 같이 특정한 노동조합의 가입을 강제하는 단체협약의 체결을 용인하고 있으므로 근로자의 개인적 단결권(단결선택권)과 노동조합의 집단적 단결권(조직강제권)이 동일한 장에서 서로 충돌한다.

이와 같이 개인적 단결권과 집단적 단결권이 충돌하는 경우 기본권의 서열이론이나 법익형량의 원리에 입각하여 어느 기본권이 더 상위기본권이라고 단정할 수는 없다. 왜냐하면 개인적 단결권은 헌법상 단결권의 기초이자 집단적 단결권의 전제가 되는 반면에, 집단적 단결권은 개인적 단결권을 바탕으로 조직·강화된 단결체를 통하여 사용자와 사이에 실질적으로 대등한 관계를 유지하기 위하여 필수불가결한 것이기 때문이다. 즉 개인적 단결권이든 집단적 단결권이든 기본권의 서열이나 법익의 형량을 통하여 어느 쪽을 우선시키고 다른 쪽을 후퇴시킬 수는 없다고 할 것이다. 따라서 이러한 경우 헌법의 통일성을 유지하기 위하여 상충하는 기본권 모두가 최대한으로 그 기능과 효력을 발휘할 수 있도록 조화로운 방법을 모색하되(규범조화적 해석 ; 1991. 9. 16. 89헌마165, 판례집 3, 518, 528 참조), 법익형량의 원리, 입법에 의한 선택적 재량 등을 종합적으로 참작하여 심사하여야 한다.

이 사건 법률조항은 단체협약을 매개로 하여 특정 노동조합에의 가입을 강제함으로써 **근로자의 단결선택권과 노동조합의 집단적 단결권**(조직강제권)**이 충돌**하는 측면이 있으나, 이러한 조직강제를 적법·유효하게 할 수 있는 노동조합의 범위를 엄격하게 제한하고 지배적 노동조합의 권한남용으로부터 개별근로자를 보호하기 위한 규정을 두고 있는 등 전체적으로 상충되는 두 기본권 사이에 합리적인 조화를 이루고 있고 그 제한에 있어서도 적정한 비례관계를 유지하고 있으며, 또 근로자의 단결선택권의 본질적인 내용을 침해하는 것으로도 볼 수 없으므로, 근로자의 단결권을 보장한 헌법 제33조 제1항에 위반되지 않는다.

2. 노동조합의 조직강제는 조직의 유지·강화를 통하여 단일하고 결집된 교섭능력을 증진시킴으로써 궁극적으로는 근로자 전체의 지위향상에 기여하고, 특히 이 사건 법률조항은 일정한 지배적 노동조합에게만 단체협약을 매개로 한 조직강제를 제한적으로 허용하고 있는데다가 소수노조에게까지 이를 허용할 경우 자칫 반조합의사를 가진 사용자에 의하여 다수 근로자의 단결권을 탄압하는 도구로 악용될 우려가 있는 점 등을 고려할 때, 이 사건 법률조항이 지배적 노동조합 및 그 조합원에 비하여 소수노조 및 그에 가입하였거나 가입하려고 하는 근로자에 대하여 한 차별적 취급은 합리적인 이유가 있으므로 평등권을 침해하지 않는다.

근로3권
단체교섭권

110 교원노조의 개별교섭 금지 사건

(교원의노동조합설립및운영등에관한법률 제6조 제1항 위헌소원)
2006. 12. 28. 2004헌바67 [합헌]

|판시사항|

1. 사립학교의 설립·경영자들은 교원노조와 개별적으로 단체교섭을 할 수 없고 반드시 연합하여 단체교섭에 응하도록 규정한 교원의노동조합설립및운영등에관한법률 제6조 제1항 후문이 비례의 원칙에 어긋나게 사립학교의 설립·경영자인 청구인들의 결사의 자유를 침해하는지 여부(-)
2. 이 사건 법률조항이 평등의 원칙에 위반되는지 여부(-)

[결정요지]

1. 개별 학교에서의 교원노조를 인정하지 않는 것에 대응하여 이 사건 법률조항이 개별 학교법인은 단체교섭의 상대방이 될 수 없도록 함으로써 교원노조로 하여금 개별 학교의 운영에 관여하지 못하도록 한 것은, 첫째 교원의 근로조건이 각 학교법인별로 크게 다르지 아니한 점, 둘째 교원의 지위를 통일적으로 보장할 필요가 있는 점, 셋째 교원의 노사관계가 일반 노사관계와는 다른 특수성을 지니는 점 등을 모두 고려하여 개별 학교차원의 교섭으로 인한 혼란을 방지하고자 하는 것이라고 할 것이므로, 그 입법목적의 정당성 및 방법의 적절성을 인정할 수 있다.

개별 학교법인에게 단체교섭의 상대방이 될 수 있도록 한다면 전국 단위 또는 시·도 단위 교원노조가 모든 개별 학교법인과 단체교섭을 해야 하므로 이는 불필요한 인적·물적 낭비요인이 될 뿐만 아니라, 단체교섭의 결과인 단체협약의 내용이 개별 학교마다 다르다면 각 학교 사이에서 적지 않은 혼란이 야기될 수도 있다. 따라서 이 사건 법률조항은 청구인들의 결사의 자유에 대한 필요·최소한의 제한이라고 할 수 있으므로 침해의 최소성 요건을 충족한다. 그리고 이 사건 법률조항이 추구하고자 하는 공익은 개별 학교법인이 단체교섭의 상대방이 되지 못함으로 인하여 발생할 수 있는 결사의 자유의 제한보다 크다고 할 것이므로 법익의 균형성도 충족한다.

2. 교원이 근로관계 법령에서 정한 근로자임에는 틀림이 없다고 하더라도 교원의 근로관계는 각 사업장에서 사용자에 고용되어 직접 근로를 제공하고 그로부터 임금 등의 반대급부를 받는 일반근로자의 근로관계와는 본질적인 구조상의 차이가 있다. 따라서 일반 사용자들이나 경영자들과는 달리 개별 학교법인이 교원노조와의 단체교섭의 상대방이 될 수 없도록 한 것은 합리적인 이유가 있는 차별이라고 할 것이므로 이 사건 법률조항은 학교법인인 청구인들의 평등권을 침해한다고 할 수 없다.

근로3권
단체행동권

111 특수경비원의 단체행동권 제한 사건

(경비업법 제15조 제3항 등 위헌확인)
2009. 10. 29. 2007헌마1359 **[기각]**

|판시사항|

이 사건 법률조항이 과잉금지원칙을 위반하여 특수경비원의 단체행동권을 침해하는지 여부(－)

[결정요지]

이 사건 법률조항은 특수경비원들이 관리하는 국가 중요시설의 안전을 도모하고 방호혼란을 방지하려고 하는 것이므로 그 목적의 정당성을 인정할 수 있고, 특수경비원의 쟁의행위를 금지함으로써 위와 같은 입법목적에 기여할 수 있다 할 것이므로 수단의 적합성도 인정할 수 있다. 특수경비원 업무의 강한 공공성과 특히 특수경비원은 소총과 권총 등 무기를 휴대한 상태로 근무할 수 있는 특수성 등을 감안할 때, 특수경비원의 신분이 공무원이 아닌 일반근로자라는 점에만 치중하여 특수경비원에게 근로3권 즉 단결권, 단체교섭권, 단체행동권 모두를 인정하여야 한다고 보기는 어렵고, 적어도 특수경비원에 대하여 단결권, 단체교섭권에 대한 제한은 전혀 두지 아니하면서 단체행동권 중 '경비업무의 정상적인 운영을 저해하는 일체의 쟁의행위'만을 금지하는 것은 입법목적 달성에 필요불가결한 최소한의 수단이라고 할 것이어서 침해의 최소성 원칙에 위배되지 아니한다.

이 사건 법률조항으로 인하여 특수경비원의 단체행동권이 제한되는 불이익을 받게 되는 것을 부정할 수는 없으나 국가나 사회의 중추를 이루는 중요시설 운영에 안정을 기함으로써 얻게 되는 국가안전보장, 질서유지, 공공복리 등의 공익이 매우 크다고 할 것이므로, 이 사건 법률조항에 의한 기본권제한은 법익의 균형성 원칙에 위배되지 아니한다. 따라서 이 사건 법률조항은 과잉금지원칙에 위배되지 아니하므로 헌법에 위반되지 아니한다.

근로3권
단체행동권

112 필수공익사업에서의 강제중재 사건

(노동조합및노동관계조정법 제62조 제3호 등 위헌제청)
2003. 5. 15. 2001헌가31 **[합헌]**

|판시사항|

1. 필수공익사업에서 노동쟁의가 발생한 경우에 노동위원회 위원장이 직권으로 중재회부결정을 할 수 있도록 한 노동조합및노동관계조정법 제62조 제3호 및 제75조가 기본권제한방법이 부적절하여 과잉금지의 원칙에 위배하여 근로자의 단체행동권을 침해하는 것인지 여부(−)
2. 이 사건 법률조항들이 공익 목적 달성을 위하여 반드시 필요한 한도 내로 기본권 제한을 최소화하지 못함으로써 과잉금지의 원칙에 위배하여 근로자의 단체행동권을 침해하는 것인지 여부(−)

[결정요지]

1. 필수공익사업장에서의 노동쟁의로 인하여 국민생활 영위에 필수적인 재화와 용역의 공급이 갑자기 중단된다면 중대한 사회적 혼란이 야기되고 국민의 기초적 일상생활이나 심한 경우 그 생명과 신체에까지 심각한 해악을 초래하며 나아가 국민경제를 현저히 위태롭게 할 수 있다. 이러한 위험상황을 방지하여 공익과 국민경제를 유지할 필요가 발생하는 경우에는 노동위원회의 직권에 의한 중재를 사전에 거치게 하는 것이 극단적으로 치닫는 노동쟁의를 상호간 감정의 대립을 더 이상 격화시키지 아니한 채 합리적 방향으로 신속하고 원만하게 타결하도록 하는 효과적 수단이 될 수 있다. 따라서 이 사건 법률조항들이 필수공익사업장에서의 노동쟁의를 노동위원회의 직권으로 중재에 회부함으로써 파업에 이르기 전에 노사분쟁을 해결하는 강제중재제도를 채택하고 있는 것은 그 방법상 헌법상 정당한 목적을 추구하기 위하여 필요하고 적합한 수단의 하나가 된다고 할 것이므로 과잉금지 원칙상의 수단의 적합성이 인정된다.

2. 이 사건 법률조항들에 의한 직권중재의 대상은 도시철도를 포함한 철도, 수도, 전기, 가스, 석유정제 및 석유공급, 병원, 한국은행, 통신의 각 사업에 한정되어 있다. 태업,

파업 또는 직장폐쇄 등의 쟁의행위가 이러한 필수공익사업에서 발생하게 되면 비록 그것이 일시적이라 하더라도 그 공급중단으로 커다란 사회적 혼란을 야기함은 물론 국민의 일상생활 심지어는 생명과 신체에까지 심각한 해악을 초래하게 되고 국민경제를 현저히 위태롭게 하므로, 현재의 우리 나라의 노사여건 하에서는 위와 같은 필수공익사업에 한정하여 쟁의행위에 이르기 이전에 노동쟁의를 신속하고 원만하게 타결하도록 강제중재제도를 인정하는 것은 공익과 국민경제를 유지·보전하기 위한 최소한의 필요한 조치로서 과잉금지의 원칙에 위배되지 아니한다.

근로3권
공무원의 근로3권

113 공무원노조의 가입범위 등 사건

(공무원의노동조합설립및운영등에관한법률 위헌확인 등)
2008. 12. 26. 2005헌마971 · 1193, 2006헌마198(병합) **[각하 · 기각]**

|판시사항|

1. 헌법 제33조 제2항에 따라 공무원인 근로자에게 단결권 · 단체교섭권 · 단체행동권을 인정할 것인가의 여부, 어떤 형태의 행위를 어느 범위에서 인정할 것인가 등에 대하여 국회가 광범위한 입법형성권을 가지는지 여부(+)
2. 5급 이상 공무원의 노동조합가입을 금지하고, 나아가 6급 이하의 공무원 중에서도 '지휘 · 감독권 행사자', '업무 총괄자', '인사 · 보수 등 행정기관의 입장에 서는 자', '노동관계의 조정 · 감독 등 업무 종사자' 등의 가입을 금지하는 '공무원의 노동조합 설립 및 운영 등에 관한 법률' 제6조가 공무원인 청구인들의 단결권을 과도하게 제한하며, 5급 및 6급 공무원을 합리적 이유 없이 7급 이하 공무원인 공무원들과 차별하여 평등권을 침해하는지 여부(−)
3. '법령 등에 의하여 국가 또는 지방자치단체가 그 권한으로 행하는 정책결정에 관한 사항, 임용권의 행사 등 그 기관의 관리 · 운영에 관한 사항으로서 근무조건과 직접 관련되지 아니하는 사항' 에 대해서는 단체교섭을 할 수 없도록 규정하고 있는 공노법 제8조 제1항 단서가 청구인들의 단체교섭권을 침해하는지 여부(−)
4. 노동조합이 2 이상인 경우 노동조합이 정부교섭대표의 교섭창구 단일화요구에 응하지 않는 경우에는 정부교섭대표로 하여금 교섭창구가 단일화될 때까지 교섭을 거부할 수 있도록 한 공노법 제9조 제4항이 청구인들의 단체교섭권을 침해하는지 여부(−)
5. '법령 · 조례 · 예산 및 하위규정' 과 다른 내용으로 체결되는 단체협약에 대하여 효력을 발생하지 않도록 한 공노법 제10조 제1항이 국회의 입법 재량권의 한계를 일탈하여 청구인들의 단체교섭권을 침해하는지 여부(−)
6. 공무원에 대하여 일체의 쟁의행위를 금지한 공노법 제11조가 청구인들의 단체행동권을 침해하는지 여부(−)
7. 공노법 제11조를 위반하여 파업 · 태업 그 밖에 업무의 정상적인 운영을 저해하는 행위를 한 공무원을 형사처벌하는 공노법 제18조가 죄형법정주의 원칙 중 명확성의 원칙에 반하거나 입법재량의 한계를 일탈한 과중한 처벌로서 헌법에 위배되는지 여부(−)
8. 노동조합 및 노동관계조정법상 단체교섭 거부, 단체협약 불이행 및 구제명령 불이행에 대한 형사처벌 조항의 적용을 배제하고 있는 공노법 제17조 제3항 중 '제89조 2호', '제90조 중 제81조' 부분이 헌법이 부여한 입법재량권의 한계를 일탈하여 공무원노동조합의 단

체교섭권을 침해하고, 일반 노동조합에 비하여 공무원 노동조합을 합리적 이유 없이 차별함으로써 헌법 제11조 소정의 평등의 원칙에 위배되는지 여부(−)

[결정요지]

1. 우리 헌법은 제33조 제1항에서 근로자의 자주적인 노동3권을 보장하고 있으면서도, 같은 조 제2항에서 공무원인 근로자에 대하여는 법률에 의한 제한을 예정하고 있는바, 이는 공무원의 국민 전체에 대한 봉사자로서의 지위 및 그 직무상의 공공성을 고려하여 합리적인 공무원제도의 보장과 이와 관련된 주권자의 권익을 공공복리의 목적 아래 통합 조정하려는 것이다. 따라서 국회는 헌법 제33조 제2항에 따라 공무원인 근로자에게 단결권·단체교섭권·단체행동권을 인정할 것인가의 여부, 어떤 형태의 행위를 어느 범위에서 인정할 것인가 등에 대하여 광범위한 입법형성의 자유를 가진다.

2. 노동조합 가입범위에 관한 공노법 제6조는 통상 5급 이상의 공무원이 제반 주요정책을 결정하고 그 소속 하위직급자들을 지휘·명령하여 분장사무를 처리하는 역할을 하는 공무원의 업무수행 현실, 6급 이하의 공무원 중에서도 '지휘감독권 행사자' 등은 '항상 사용자의 이익을 대표하는 자'의 입장에 있거나 그 업무의 공공성·공익성이 큰 점 등을 고려하여 위 공무원들을 노동조합 가입대상에서 제외한 것으로, 헌법 제33조 제2항이 입법자에게 부여하고 있는 형성적 재량권의 범위를 일탈하여 청구인들의 단결권을 침해한다고 볼 수 없다. 또한 위 조항이 5급 공무원과 6급 이하 공무원, 6급 이하 공무원 중 일정 업무 담당자와 나머지 6급 이하 공무원, 노조가입이 금지되는 6급 이하 공무원과 교원을 차별취급하고 있다 하더라도, 그 차별에는 합리적인 이유가 있어 청구인들의 평등권을 침해한다고도 볼 수 없다.

3. "정책결정에 관한 사항, 임용권의 행사 등 그 기관의 관리·운영에 관한 사항으로서 근무조건과 직접 관련되지 아니하는 사항"을 단체교섭의 대상에서 제외시킨 공노법 제8조 제1항 단서는 정부의 정책결정 및 관리운영사항은 교섭대상사항이 아니라고 본 것으로, 정책결정 및 관리운영사항 일체를 교섭대상에서 제외시킨 것이 아니고, 정부의 정책결정 및 관리운영사항 중에서도 근무조건과 직접 관련되는 사항에 대하여는 단체교섭을 허용하고 있으므로, 합리적 근거 없이 입법형성권의 범위를 일탈하여 청구인들의 단체교섭권을 침해하는 것으로 볼 수 없다.

4. 단체교섭을 요구하는 노동조합이 2 이상인 경우 정부교섭대표에게 당해 노동조합에

대하여 교섭창구를 단일화하도록 요청할 수 있고, 교섭창구가 단일화될 때까지 교섭을 거부할 수 있도록 한 공노법 제9조 제4항은, 복수노조 허용에 따라 예상되는 단체교섭의 혼란 및 단체협약 적용상의 어려움, 과다한 교섭비용을 줄이기 위하여, 단체교섭에 있어 관련된 노동조합에게 원칙적으로 단체교섭권의 행사를 보장하면서 노동조합 간의 자율적인 교섭창구 단일화를 규정한 것으로 합리적인 근거가 있으므로, 위 조항이 입법재량권의 범위를 일탈하여 청구인들의 단체교섭권을 침해하는 것으로는 보이지 아니한다.

5. 공노법 제10조 제1항은 공무원노조에게 단체협약체결권을 인정하면서도 단체협약의 내용 중 법령 · 조례 · 예산 등에 위배되는 내용에 대하여는 단체협약의 효력을 부정하고 있는바, 공무원의 경우 민간부문과 달리 근무조건의 대부분은 헌법상 국민전체의 의사를 대표하는 국회에서 법률, 예산의 형태로 결정되는 것으로서, 그 범위 내에 속하는 한 정부와 공무원노동단체 간의 자유로운 단체교섭에 의하여 결정될 사항이라 할 수 없다. 따라서 노사 간 합의로 체결된 단체협약이라 하더라도 법률 · 예산 및 그의 위임에 따르거나 그 집행을 위한 명령 · 규칙에 규정되는 내용보다 우선하는 효력을 인정할 수는 없으며, 조례는 지방의회가 제정하는 것으로 해당 지방자치단체와 그 공무원을 기속하므로, 단체협약에 대하여 조례에 우선하는 효력을 부여할 수도 없다. 한편, 위 조항은 법령 · 조례 또는 예산 등과 저촉되는 부분에 한하여 단체협약으로서의 효력만 부인할 뿐, 교섭 자체를 할 수 없게 하거나 단체협약의 체결을 금지하지는 않고, 공노법 제10조 제2항은 정부교섭대표에게 그 내용이 이행될 수 있도록 성실히 노력할 의무를 부과하고 있으므로, 공노법 제10조 제1항이 국회의 입법재량권의 한계를 일탈하여 청구인들의 단체협약체결권을 침해한다고 보기 어렵다.

6. 공무원이 쟁의행위를 통하여 공무원 집단의 이익을 대변하는 것은 국민전체에 대한 봉사자로서의 공무원의 지위와 특성에 반하고 국민전체의 이익추구에 장애가 되며, 공무원의 보수 등 근무조건은 국회에서 결정되고 그 비용은 최종적으로 국민이 부담하는바, 공무원의 파업으로 행정서비스가 중단되면 국가기능이 마비될 우려가 크고 그 손해는 고스란히 국민이 부담하게 되며, 공공업무의 속성상 공무원의 파업에 대한 정부의 대응수단을 찾기 어려워 노사 간 힘의 균형을 확보하기 어렵다. 따라서, 공무원에 대하여 일체의 쟁의행위를 금지한 공노법 제11조는 헌법 제33조 제2항에 따른 입법형성권의 범위 내에 있어, 헌법에 위배되지 아니한다.

7. 공무원의 쟁의행위에 대한 형사처벌을 규정한 공노법 제18조는 위 조항의 보호법익, 형법상 업무방해죄에 관한 대법원의 해석 등을 참조하여 통상의 해석방법에 의하여 그

보호법익과 금지된 행위 및 처벌의 종류와 정도를 알 수 있어, 죄형법정주의의 한 내용인 형벌법규의 명확성의 원칙에 반한다고 할 수 없다. 어떤 행위를 범죄로 규정하고 이에 대하여 어떠한 형벌을 과할 것인가는 원칙적으로 국가의 입법정책에 관한 사항으로서 입법자에게 광범위한 입법재량 내지 형성의 자유가 인정되어야 할 분야인 점, 공무원인 근로자의 업무의 공공성·공익성, 형법상 업무방해죄의 법정형에 견주어 볼 때, 위 조항의 법정형이 입법재량의 한계를 벗어난 과중한 처벌이라고 볼 수 없다. 또한 공무원이 쟁의행위를 할 경우 단순히 행정질서에 장해를 줄 위험성이 있는 정도가 아니라 국민생활의 전반에 영향을 미쳐서 일반의 공익을 침해할 고도의 개연성이 있으므로, 이에 대하여 행정형벌을 과하도록 한 공노법 제18조가 입법재량의 한계를 일탈하여 헌법에 위반된다고 할 수 없다.

8. 공노법 제17조 제3항은 '노동조합 및 노동관계조정법'의 적용이 배제되는 경우를 규정하면서, 사용자의 부당노동행위 및 그에 대한 구제명령을 이행하지 아니한 경우의 처벌규정인 '노조법 제89조 2호 내지 제90조'를 들어, 공무원인 노동조합원의 쟁의행위를 처벌하는 데 반하여 사용자 측인 정부교섭대표의 부당노동행위에 대하여는 처벌하지 아니하고 있다. 그러나 어떤 행위를 범죄로 규정하고 이에 대하여 어떠한 형벌을 과할 것인가 하는 문제는 원칙적으로 입법정책에 관한 사항으로서 입법자에게 광범위한 입법재량 내지 형성의 자유가 인정되어야 할 문제이므로, 사용자의 부당노동행위에 대한 구제수단으로서 민사상의 구제절차를 마련하는 데 그치고 형사처벌까지 규정하지 아니하였다고 하여 청구인들의 단체교섭권을 침해하여 헌법에 위반된다고 할 수는 없다.

또한, 공노법이 공무원의 쟁의행위를 금지하고 이를 위반한 자를 형사처벌하는 것과 정부교섭대표 등 사용자의 부당노동행위와 구제명령위반에 대한 형사처벌규정의 적용을 배제하는 것은 그 입법목적이 서로 다르고, 공무원 노사관계의 특성을 고려한 합리적인 근거에 기한 것으로서, 청구인들의 평등권을 침해한 것으로 볼 수 없다. 그리고 입법자가 사용자의 부당노동행위에 대한 구제방법으로 민사상의 원상회복주의를 채택하고 형사상의 처벌을 배제한 것은, 정부교섭대표를 형사처벌하지 않는다고 하여 부당노동행위가 남발할 우려는 현실적으로 크지 않음에 반하여, 형사처벌을 할 경우 부당노동행위를 둘러싼 형사고발 등으로 불필요한 행정력이 소모되고 공직사회가 갈등에 휩싸이게 되는 등의 부작용이 우려되기 때문으로, 공노법 제17조 제3항 해당부분이 사용자의 부당노동행위를 형사처벌하는 문제에 있어서 일반 근로자와 공무원인 근로자를 차별하는 데는 합리적인 이유가 있으므로, 청구인들의 평등권을 침해하는 것으로 볼 수 없다.

근로3권
공무원의 근로3권

114 지방공무원의 노동운동 금지 사건

(지방공무원법 제58조 제1항 등 위헌소원)
2005. 10. 27. 2003헌바50·62, 2004헌바96, 2005헌바49(병합) **[합헌]**

|판시사항|

1. 사실상 노무에 종사하는 공무원을 제외한 나머지 공무원의 노동운동과 공무 이외의 일을 위한 집단행위를 금지하는 지방공무원법 제58조 제1항의 규정 중 '노동운동', '공무 이외의 일을 위한 집단행위', '사실상 노무에 종사하는 공무원'의 개념이 불명확하여 명확성의 원칙에 위반되는지 여부(−)
2. 위 법률조항이 근로3권을 침해하여 위헌인지 여부(−)
3. 위 법률조항이 언론·출판·집회·결사의 자유를 침해하여 위헌인지 여부(−)
4. 위 법률조항으로 인하여 근로3권이 제한되는 공무원과 그렇지 아니하는 사실상 노무에 종사하는 공무원 및 교원의노동조합설립및운영등에관한법률 소정의 교원과의 관계에서 평등권을 침해하는지 여부(−)
5. 위 법률조항이 국제법규를 위반한 것인지 여부(−)
6. 위 법률조항이 위임입법의 법리를 위반한 것인지 여부(−)
7. 사실상 노무에 종사하는 공무원을 제외한 공무원이 노동운동 기타 공무 이외의 일을 위한 집단행위를 한 경우 처벌하도록 규정하고 있는 지방공무원법 제82조가 입법재량을 일탈한 것인지 여부(−)

[결정요지]

1. 지방공무원법(이하 '법'이라 한다) 제58조 제1항에서 규정하고 있는 '노동운동'의 개념은 그 근거가 되는 헌법 제33조 제2항의 취지에 비추어 근로자의 근로조건의 향상을 위한 단결권·단체교섭권·단체행동권 등 근로3권을 기초로 하여 이에 직접 관련된 행위를 의미하는 것으로 좁게 해석하여야 하고, '공무 이외의 일을 위한 집단행위'의 개념도 헌법상의 집회·결사의 자유와 관련시켜 살펴보면 모든 집단행위를 의미하는 것이 아니라 공무 이외의 일을 위한 집단행위 중 공익에 반하는 행위로 축소하여 해석하여야 하며, 법원도 위 개념들을 해석·적용함에 있어서 위와 유사한 뜻으로 명백히 한정해석하고 있다. 아울러 '사실상 노무에 종사하는 공무원'의 개념은 공무원의 주된 직무를 정신활동으로 보고 이에

대비되는 신체활동에 종사하는 공무원으로 명확하게 해석된다. 그렇다면, 위 개념들은 집행당국에 의한 자의적 해석의 여지를 주거나 수범자의 예견가능성을 해할 정도로 불명확하다고 볼 여지가 없다.

2. 법 제58조 제1항이 근로3권이 보장되는 공무원의 범위를 사실상 노무에 종사하는 공무원에 한정하고 있는 것은 근로3권의 향유주체가 될 수 있는 공무원의 범위를 법률로 정하도록 위임하고 있는 헌법 제33조 제2항에 근거한 것으로 입법자에게 부여하고 있는 형성적 재량권의 범위를 벗어난 것이라고는 볼 수 없으므로, 위 법률조항이 근로3권을 침해한 것으로 위헌이라 할 수 없다.

3. 법 제58조 제1항이 공무원의 공무 이외의 일을 위한 집단행위를 금지하고 있는 것은 공무원의 집단행동이 공무원 집단의 이익을 대변함으로써 국민전체의 이익추구에 장애가 될 소지가 있기 때문에 공무원이라는 특수한 신분에서 나오는 의무의 하나를 규정한 것이고, 위 개념이 '공익에 반하는 목적을 위하여 직무전념의무를 해태하는 등의 영향을 가져오는 집단적 행위'라고 명백히 한정하여 해석되므로, 위 법률조항이 언론·출판의 자유와 집회·결사의 자유의 본질적인 내용을 과도하게 침해한다고 볼 수 없다.

4. 법 제58조 제1항이 사실상 노무에 종사하는 공무원에 대하여서만 근로3권을 보장하고 그 이외의 공무원들에 대하여는 근로3권의 행사를 제한함으로써 양자를 달리 취급하는 것은 헌법 제33조 제2항에 그 근거를 두고 있을 뿐 아니라 합리적인 이유가 있다 할 것이므로 헌법상 평등의 원칙에 위반되는 것이 아니다. 한편, 입법자는 합리적인 기준에 따라 능력이 허용하는 범위 내에서 법적 가치의 상향적인 구현을 위한 제도의 단계적 개선을 추진할 수 있는 길을 선택할 수 있는 것이므로, 공무원의 근로3권을 제한하는 것이 헌법에 위반되는 것이 아닌 이상 현시점에서 교원의노동조합설립및운영등에관한법률 소정의 교원은 단결권과 단체교섭권을 향유할 수 있으나 공무원에게는 이를 보장하지 못하고 있다고 하여 이를 두고 자의적인 차별을 가하는 것이라 할 수는 없다.

5. 국제인권규약들은 권리의 본질을 침해하지 아니하는 한 국내의 민주적인 대의절차에 따라 필요한 범위 안에서 근로기본권에 대한 법률에 의한 제한은 용인하고 있으므로 공무원의 근로3권을 제한하는 법 제58조 제1항과 정면으로 배치되는 것은 아니고, 그 밖에 청구인들이 거론하는 근로기본권에 관한 국제법상의 선언, 협약 및 권고 등은 우리 나라가 비준한 바 없거나 권고적 효력만을 가지고 있어 위 법률조항에 대한 위헌성 심사의 척도가

될 수 없다.

6. 사실상 노무에 종사하는 공무원의 범위를 각각의 지방자치단체의 특수한 사정을 감안하지 아니하고 법률에서 일일이 정하는 것은 곤란한 일이므로 미리 법률로써 자세히 정할 수 없는 부득이한 사정이 있는 경우에 해당하고, '사실상 노무에 종사하는 공무원'은 그 의미가 명확하여 달리 해석될 여지가 없어 하위법령에서 원래의 취지와 다른 규정을 둘 수는 없음이 명백하며, 법 제58조 제2항에서 위임하는 사항은 사실상 노무에 종사하는 공무원의 '범위'임이 분명하므로, 위 법률조항이 위임입법의 한계를 일탈하였다고 할 수 없다.

7. 공무원이 노동운동과 공무 이외의 일을 위한 집단행위를 할 경우 이는 지방자치단체와 공무원의 관계에서 단순히 행정질서에 장해를 줄 위험성이 있는 정도의 의무위반이 아니고 국민생활의 전반에 영향을 미쳐서 일반의 공익을 침해할 고도의 개연성을 띤 행위라고 볼 수 있으므로 이에 대하여 행정형벌을 과하도록 한 법 제82조가 입법재량의 한계를 일탈하여 헌법에 위반한다고 볼 수 없다. 한편, 공무원이 위와 같은 행위를 한 경우 형사처벌을 받을 수 있고 이와 별도로 법 제69조 제1항 제1호에 의하여 징계처분을 받을 수 있다고 하더라도 징계처분과 형사처벌은 그 권력의 기초, 목적, 내용, 대상 등을 달리하므로, 그러한 사정만으로 달리 볼 것은 아니다.

근로3권
공무원의 근로3권

115 '사실상 노무에 종사하는 공무원의 범위'에 관한 조례제정의무 사건

(입법부작위 위헌확인)
2009. 7. 30. 2006헌마358 [위헌확인]

|판시사항|

1. 피청구인들이 '사실상 노무에 종사하는 공무원'의 구체적 범위를 정하는 조례를 제정할 헌법상 의무를 부담하는지 여부(+) 및 조례제정을 지체함에 정당한 사유가 존재하는지 여부(−)
2. 이 사건 부작위가 청구인들의 근로3권을 침해하는지 여부(+)

[결정요지]

1. 지방공무원법 제58조 제2항은 '사실상 노무에 종사하는 공무원'의 구체적인 범위를 조례로 정하도록 하고 있기 때문에 그 범위를 정하는 조례가 제정되어야 비로소 지방공무원 중에서 단결권·단체교섭권 및 단체행동권을 보장받게 되는 공무원이 구체적으로 확정된다. 그러므로 지방자치단체는 소속 공무원 중에서 지방공무원법 제58조 제1항의 '사실상 노무에 종사하는 공무원'에 해당하는 지방공무원이 단결권·단체교섭권 및 단체행동권을 원만하게 행사할 수 있도록 보장하기 위하여 그 구체적인 범위를 조례로 제정할 헌법상 의무를 부담하며, 지방공무원법 제58조가 '사실상 노무에 종사하는 공무원'에 대하여 단체행동권을 포함한 근로3권을 인정하더라도 업무 수행에 큰 지장이 없고 국민에 대한 영향이 크지 아니하다는 입법자의 판단에 기초하여 제정된 이상, 해당 조례의 제정을 미루어야 할 정당한 사유가 존재한다고 볼 수도 없다.

2. 헌법 제33조 제2항과 지방공무원법 제58조 제1항 단서 및 제2항에 의하면 조례에 의하여 '사실상 노무에 종사하는 공무원'으로 규정되는 지방공무원만이 단체행동권을 보장받게 되므로 조례가 아예 제정되지 아니하면 지방공무원 중 누구도 단체행동권을 보장받을 수 없게 된다. 따라서 이 사건 부작위는 청구인들이 단체행동권을 향유할 가능성조차 봉쇄하여 버리는 것으로 청구인들의 기본권을 침해한다.

핵심 체크 학습 근로3권

1. ① 제헌 헌법은 근로자의 단결, 단체교섭과 단체행동의 자유는 법률의 범위 내에서 보장된다고 규정하였다. [16 법무사]

해설 옳다.

2. 취업활동을 할 수 있는 체류자격이 없는 외국인도 노동조합을 결성하거나 노동조합에 가입할 수 있다. [16 법무사]

해설 타인과의 사용종속관계하에서 근로를 제공하고 그 대가로 임금 등을 받아 생활하는 사람은 노동조합법상 근로자에 해당하고, 노동조합법상의 근로자성이 인정되는 한, 그러한 근로자가 외국인인지 여부나 취업자격의 유무에 따라 노동조합법상 근로자의 범위에 포함되지 아니한다고 볼 수는 없다(대법원 2015.06.25. 선고 2007두4995 전원합의체 판결).

3. 헌법은 사립학교 교원의 단체행동권을 제한하는 명문 규정을 두고 있지 않다. [16 법무사]

해설 옳다.

4. 노동조합을 설립할 때 행정관청에 설립신고서를 제출하게 하고 그 요건을 충족하지 못하는 경우 행정관청이 설립신고서를 반려하도록 규정한 구 노동조합 및 노동관계조정법 조항은 단체결성에 대한 허가제를 금지하는 헌법 제21조 제2항에 위배되지는 아니하나, 근로자의 단결권에 대한 과도한 침해로서 헌법 제33조 제1항에 위배된다. [16 법무사]

정답 1. ○ 2. ○ 3. ○ 4. ×

(해설) 이 사건 규정의 노동조합 설립신고서 반려제도가 헌법 제21조 제2항 후단에서 금지하는 결사에 대한 허가제라고 볼 수 없다. 또한 이 사건 규정이 과잉금지의 원칙을 위반하여 근로자의 단결권을 침해한다고 할 수 없다(헌재 2012. 3. 29. 2011헌바53).

5. 근로자 개인뿐 아니라 근로자단체도 헌법상 단결권의 주체가 될 수 있다.

[16 법무사]

(해설) 헌법 제33조 제1항은 근로자 개인의 단결권만이 아니라 근로자단체 자체의 단결권도 보장하고 있는 것이다(헌재 2006. 2. 23. 2004헌마208).

6. 근로자는 노동조합과 같은 근로자단체의 결성을 통하여 집단으로 사용자에 대항함으로써 사용자와 대등한 세력을 이루어 근로조건의 형성에 영향을 미칠 수 있는 기회를 가지게 되므로 이러한 의미에서 근로3권은 '사회적 보호기능을 담당하는 자유권' 또는 '사회권적 성격을 띤 자유권'이라고 말할 수 있다. [16 법행]

(해설) 헌재 2009. 10. 29. 2007헌마1359.

7. 헌법 제33조 제1항이 '근로자는 근로조건의 향상을 위하여 자주적인 단결권, 단체교섭권, 단체행동권을 가진다'고 규정하여 근로자에게 '단결권, 단체교섭권, 단체행동권'을 기본권으로 보장하는 뜻은 근로자가 사용자와 대등한 지위에서 단체교섭을 통하여 자율적으로 임금 등 근로조건에 관한 단체협약을 체결할 수 있도록 하기 위한 것이다. 비록 헌법이 위 조항에서 '단체협약체결권'을 명시하여 규정하고 있지 않다고 하더라도 근로조건의 향상을 위한 근로자 및 그 단체의 본질적인 활동의 자유인 '단체교섭권'에는 단체협약체결권이 포함되어 있다. [16 법행]

(해설) 헌재 1998. 2. 27. 94헌바13 등.

8. 소위 '소극적 단결권'이란 헌법 제33조 제1항의 단결권에 포함되지 아니하므로, 근로자가 노동조합에 가입하지 아니할 권리 내지 이미 가입한 노동조합에서 탈퇴할 권리는 노동조합의 지위를 약화시키려는 정치적 논리일 뿐 헌법상 기본권으로서 보호되는 권리라고 볼 수 없다. [16 법행]

(해설) 헌재 1999. 11. 25. 98헌마141.

정답 5. ○ 6. ○ 7. ○ 8. ×

9. 노동조합이 근로자의 근로조건과 경제조건의 개선이라는 목적을 위하여 활동하는 범위 내에서는 헌법 제33조의 단결권의 보호를 받고, 그 밖의 영역에서 개인이나 다른 사회단체와 마찬가지로 정치적 의사를 표명하거나 정치적으로 활동하는 경우에는 모든 개인과 단체를 똑같이 보호하는 일반적인 기본권인 의사표현의 자유 등의 보호를 받는다. [16 법행]

해설 헌재 1999. 11. 25. 95헌마154.

10. 형법상 업무방해죄는 모든 쟁의행위에 대하여 무조건 적용되는 것이 아니라, 단체행동권의 내재적 한계를 넘어 정당성이 없다고 판단되는 쟁의행위에 대하여만 적용되는 조항이며, 그 목적이나 방법 및 절차상 한계를 넘어 업무방해의 결과를 야기시키는 쟁의행위에 대하여만 형사처벌하는 것은 헌법상 단체행동권을 침해하였다고 볼 수 없다. [16 법행]

해설 헌재 1998. 7. 16. 97헌바23.

정답 9. ○ 10. ○

인간다운 생활을 할 권리
사회보험수급권

116 산재보험법 적용대상 제외 사건

(산업재해보상보험법 제5조 단서 등 위헌소원)
2003. 7. 24. 2002헌바51 **[각하 · 합헌]**

|판시사항|

1. 시행령조항에 대한 헌법재판소법 제68조 제2항에 기한 헌법소원청구의 적법 여부(−)
2. 일정 범위의 사업을 산업재해보상보험법의 적용 대상에서 제외하면서 그 적용제외사업을 대통령령으로 정하도록 규정한 산업재해보상보험법 제5조 단서가 위임입법의 명확성을 구비하고 있는지 여부(+)
3. 이 사건 법률조항이 헌법상의 평등원칙에 위배되는지 여부(−)
4. 이 사건 법률조항이 인간다운 생활을 할 권리 등을 규정한 헌법 제34조에 위반되는지 여부(−)
5. 이 사건 법률조항이 근로조건의 기준에 관한 헌법 제32조 제3항에 위반되는지 여부(−)

[결정요지]

1. 헌법재판소법 제68조 제2항의 규정에 의한 헌법소원심판청구에 있어 심판의 대상은 재판의 전제가 되는 형식적 의미의 법률 및 그와 동일한 효력을 가진 명령이므로, 산업재해보상보험법 제5조 단서의 위임에 따른 시행령조항에 대한 심판청구부분은 심판대상이 될 수 없는 대통령령에 대한 것이어서 부적법하다.

2. 산업재해보상보험법 제5조 단서는 예외적으로 산업재해보상보험법이 강제적용되지 않는 사업을 대통령령으로 정하도록 위임하는 것으로서 그 규율의 범위가 쉽게 한정될 뿐 아니라, 행정부가 대통령령으로 적용제외사업을 규정함에 있어 '위험률 · 규모 및 사업장소 등'을 참작하도록 함으로써 그 위임에 따라 대통령령에 규정될 내용과 범위에 관한 기본적 사항이 구체적으로 규정하고 있어서 산업재해보상보험의 보험료 부담을 감당하기 어렵거나 그 부담으로 인하여 사업 수행에 악영향을 받을 수 있는 영세사업 또는 재해발생률이 낮아서 산업재해보상보험을 강제로 시행하지 않아도 근로자 보호에 지장이 없는 사업 등이 대통령령에 적용제외사업으로 규정되리라는 것을 충분히 예측할 수 있으므로, 이 사건 법률조항은 위임입법의 명확성을 갖추고 있다.

3. 이 사건 법률조항으로써 산업재해보상보험의 적용제외사업을 정한 것은 산업재해보상보험법의 적용 확대를 위한 지속적인 노력을 기울이는 과정에서 근로자 보호라는 입법목적과 사업의 종류·규모에 따라 재해발생률, 보험비용의 부담 정도, 보험비용의 부담이 사업에 미치는 영향이 각기 다르다는 산업재해보상보험의 원리 내지 특성 및 산업재해보상보험의 운영주체인 국가의 관장력에도 한계가 있다는 현실을 비교형량하여 나온 입법정책적 결정으로서 거기에 나름대로 합리적인 이유가 있다고 할 수 있고, 따라서 비록 현 단계에서 일정 범위의 사업이 산업재해보상보험법의 적용을 받지 못하여 그 소속 근로자의 보호의 면에서 다소간 차별이 생긴다 하더라도 이는 점진적 제도개선으로 해결하여야 할 부득이한 것이므로, 이를 두고 객관적으로 정의와 형평에 반한다거나 자의적인 것이어서 평등원칙에 위배된다고 할 수 없다.

4. 헌법은 제34조 제1항에서 국민에게 인간다운 생활을 할 권리를 보장하는 한편, 동조 제2항에서는 국가의 사회보장 및 사회복지 증진의무를 천명하고 있으며, 동조 제6항에서는 국가에게 재해 예방 및 그 위험으로부터 국민을 보호하기 위해 노력할 의무가 있음을 선언하고 있다. 그런데 인간다운 생활을 할 권리의 법적 성질에 비추어 볼 때 그 법규범력이 미치는 범위는 '최소한의 물질적 생존'의 보장에 필요한 급부에의 요구권으로 한정될 뿐, 그것으로부터 그 이상의 급부를 내용으로 하는 구체적 권리가 직접 도출되어 나오는 것은 아니라고 할 수 있고, 한편 헌법 제34조 제2항, 제6항을 보더라도 이들 규정은 단지 사회보장·사회복지의 증진 등과 같은 국가활동의 목표를 제시하거나 이를 위한 객관적 의무만을 국가에 부과하고 있을 뿐, 개인에게 국가에 대하여 사회보장·사회복지 또는 재해 예방 등과 관련한 적극적 급부의 청구권을 부여하고 있다거나 그것에 관한 입법적 위임을 하고 있다고 보기 어렵다. 결국 최소한의 수준을 넘는 사회복지·사회보장에 따른 급부의 실현은 이에 필요한 사회경제적 여건에 의존하는 것으로서, 국가가 재정능력, 국민 전체의 소득과 생활수준 내지 전체적인 사회보장수준과 국민감정 등의 사정, 사회보장제도의 특성 등 여러 가지 요소를 합리적으로 고려한 입법을 통하여 해결할 사항이라 할 것인데, 주어진 가용자원이 한정되고 상충하는 여러 공익이나 국가과제의 조정이 필요한 상황 하에서는 입법자에게 광범위한 입법재량이 부여되지 않을 수 없다.

헌법 제34조의 인간다운 생활을 할 권리나 국가의 사회보장·사회복지 증진의무 등의 성질에 비추어 볼 때 국가가 어떠한 내용의 산업재해보상보험제도를 어떠한 범위에서, 어떠한 방법으로 시행할 것인지는 입법자의 재량영역에 속하는 문제라 할 것이고, 근로자에게 인정되는 보험수급권도 그와 같은 입법재량권의 행사에 따라 제정되는 산업재해보상보험법에 의하여 비로소 구체화되는 법률상의 권리라고 볼 것인바, 그렇다면 처음부터 적용

제외사업에 종사함으로써 위 법 소정의 수급자격을 갖추지 못한 근로자로서는 헌법상의 인간다운 생활을 할 권리나 산업재해보상보험법에 기한 권리를 내세워 국가에 대하여 적용대상사업 획정과 관련한 적극적 행위를 요구할 지위에 있다고 볼 수 없으므로, 이 사건 법률조항은 헌법 제34조에 위반되지 않는다.

5. 헌법 제32조 제3항은 "근로조건의 기준은 인간의 존엄성을 보장하도록 법률로 정한다"고 규정하고 있다. 근로조건이라 함은 임금과 그 지불방법, 취업시간과 휴식시간, 안전시설과 위생시설, 재해보상 등 근로계약에 의하여 근로자가 근로를 제공하고 임금을 수령하는데 관한 조건들로서, 근로조건에 관한 기준을 법률로써 정한다는 것은 근로조건에 관하여 법률이 최저한의 제한을 설정한다는 의미이다. 이처럼 헌법이 근로조건의 기준을 법률로 정하도록 한 것은 인간의 존엄에 상응하는 근로조건에 관한 기준의 확보가 사용자에 비하여 경제적·사회적으로 열등한 지위에 있는 개별 근로자의 인간존엄성의 실현에 중요한 사항일 뿐만 아니라, 근로자와 그 사용자들 사이에 이해관계가 첨예하게 대립될 수 있는 사항이어서 사회적 평화를 위해서도 민주적으로 정당성이 있는 입법자가 이를 법률로 정할 필요성이 있으며, 인간의 존엄성에 관한 판단기준도 사회·경제적 상황에 따라 변화하는 상대적 성격을 띠는 만큼 그에 상응하는 근로조건에 관한 기준도 시대상황에 부합하게 탄력적으로 구체화하도록 법률에 유보한 것이다. 한편 입법자는 헌법 제32조 제3항에 의거하여 근로조건의 최저기준을 근로기준법에 규정하고 있다.

산업재해를 입은 근로자에 대한 보상을 어떻게 할 것인가의 문제는 헌법 제32조 제3항이 의미하는 근로조건에 관한 기준의 한 문제로 볼 수 있는바, 이 사건 법률조항에 의하여 일정 범위의 사업을 적용대상에서 제외한 것은 산업재해보상보험의 특성상 사업규모와 산재발생률 등을 참작하여 현 단계에서 강제적 보험관계를 통한 재해보상 등의 필요성이 크지 않다는 합리적 판단에 기인한 것이라고 볼 수 있으므로, 이 사건 법률조항은 헌법 제32조 제3항의 규정에 위반된다고 볼 수 없다.

인간다운 생활을 할 권리
사회보험수급권

117 산재보험법상 최고보상제도의 소급적용 사건

(산업재해보상보험법 제38조 제6항 위헌소원 등)
2009. 5. 28. 2005헌바20 · 22, 2009헌바30(병합) **[위헌]**

|판시사항|

1. 2000. 7. 1.부터 시행되는 최고보상제도를 2000. 7. 1. 전에 장해사유가 발생하여 장해보상연금을 수령하고 있던 수급권자에게도 2년6월의 유예기간 후 2003. 1. 1.부터 적용하는 산재법 부칙 제7조 중 "2002. 12. 31.까지는" 부분이 소급입법금지원칙에 위배하여 재산권을 침해하는지 여부(−)
2. 이 사건 심판대상조항이 신뢰보호원칙에 위배하여 재산권을 침해하는지 여부(+)

[결정요지]

1. 공법상의 재산적 가치 있는 지위가 헌법상 재산권의 보호를 받기 위하여는, 우선 입법자에 의하여 수급요건, 수급자의 범위, 수급액 등 구체적인 사항이 법률에 규정됨으로써 구체적인 법적 권리로 형성되어 개인의 주관적 공권의 형태를 갖추어야 한다.

공법상의 권리인 사회보험수급권이 재산권적인 성질을 가지기 위해서는, ① 공법상의 권리가 권리주체에게 귀속되어 개인의 이익을 위해 이용 가능해야 하고(사적 유용성), ② 국가의 일방적인 급부에 의한 것이 아니라 권리주체의 노동이나 투자, 특별한 희생에 의하여 획득되어 자신이 행한 급부의 등가물에 해당하는 것이어야 하며(수급자의 상당한 자기기여), ③ 수급자의 생존의 확보에 기여해야 한다(생존보장에 기여). 이러한 기준에 비추어 볼 때, 청구인들은 법 소정의 요건을 갖추어 장해보상연금을 이미 수령하던 자들이므로 청구인들의 장해보상연금청구권은 헌법상 보장되는 재산권의 범주에 속한다고 볼 것이다.

심판대상조항은 청구인들과 같은 기존의 장해보상연금 수급권자에 대하여 이미 발생하여 이행기가 도래한 장해연금 수급권의 내용을 변경하지는 아니하고, 산재법 제38조 제6항 시행 이후의 법률관계, 즉 장래 이행기가 도래하는 장해연금 수급권의 내용을 변경하는 것에 불과하므로, 이미 종료된 과거의 사실관계 또는 법률관계에 새로운 법률이 소급적으로 적용되어 과거를 법적으로 새로이 평가하는 진정 소급입법에는 해당하지 아니한다. 따라서 이 사건에서는 소급입법에 의한 재산권 침해는 문제될 여지가 없고, 다만 청구인들이 지니고 있는 기존의 법상태에 대한 신뢰를 법치국가적인 관점에서 헌법적으로 보호해 주어야 할 것인지 여부가 문제된다 할 것이다.

2. 신뢰보호원칙의 위반 여부를 판단함에 있어서는, 첫째, 보호가치 있는 신뢰이익이 존재하는가, 둘째, 과거에 발생한 생활관계를 현재의 법으로 규율함으로써 달성되는 공익이 무엇인가, 셋째, 개인의 신뢰이익과 공익상의 이익을 비교 형량하여 어떠한 법익이 우위를 차지하는가를 살펴보아야 할 것이다.

(1) 신뢰보호의 원칙은 헌법상 법치국가 원리로부터 파생되는 것으로, 법률이 개정되는 경우 기존의 법질서에 대한 당사자의 신뢰가 합리적이고 정당한 반면, 법률의 제정이나 개정으로 야기되는 당사자의 손해가 극심하여 새로운 입법으로 달성코자 하는 공익적 목적이 그러한 당사자의 신뢰가 파괴되는 것을 정당화할 수 없는 경우, 그러한 새 입법은 허용될 수 없다는 것이다. 이러한 신뢰보호원칙의 위반 여부는 한편으로는 침해되는 이익의 보호가치, 침해의 정도, 신뢰의 손상 정도, 신뢰침해의 방법 등과 또 다른 한편으로는 새로운 입법을 통하여 실현하고자 하는 공익적 목적 등을 종합적으로 형량하여야 한다.

(2) 심판대상조항은 실제 평균임금이 노동부장관이 고시하는 한도금액 이상일 경우 그 한도금액을 실제임금으로 의제하는 최고보상제도를 2003. 1. 1.부터 기존 피재근로자인 청구인들에도 적용함으로써, 평균임금에 대한 청구인들의 정당한 법적 신뢰를 심각하고 예상하지 못한 방법으로 제약하여 청구인들에게 불이익을 초래하였다.

(3) 심판대상조항이 달성하려는 공익은 한정된 재원으로 보다 많은 재해근로자와 그 유족들에게 적정한 사회보장적 급여를 실시하고 재해근로자 사이에 보험급여의 형평성을 제고하여 소득재분배의 기능을 수행하는 데 있는 것으로 보인다.

(4) 장해급여제도는 본질적으로 소득재분배를 위한 제도가 아니고, 손해배상 내지 손실보상적 급부인 점에 그 본질이 있는 것으로, 산업재해보상보험이 갖는 두 가지 성격 중 사회보장적 급부로서의 성격은 상대적으로 약하고 재산권적인 보호의 필요성은 보다 강하다고 볼 수 있어 다른 사회보험수급권에 비하여 보다 엄격한 보호가 필요하다. 장해급여제도에 사회보장 수급권으로서의 성격도 있는 이상 소득재분배의 도모나 새로운 산재보상사업의 확대를 위한 자금마련의 목적으로 최고보상제를 도입하는 것 자체는 입법자의 결단으로서 형성적 재량권의 범위 내에 있다고 보더라도, 그러한 입법자의 결단은 최고보상제도 시행 이후에 산재를 입는 근로자들부터 적용될 수 있을 뿐, 제도 시행 이전에 이미 재해를 입고 산재보상수급권이 확정적으로 발생한 청구인들에 대하여 그 수급권의 내용을 일시에 급격히 변경하여 가면서까지 적용할 수 있는 것은 아니라고 보아야 할 것이다.

따라서, 심판대상조항은 신뢰보호의 원칙에 위배하여 청구인들의 재산권을 침해하는 것으로서 헌법에 위반된다.

인간다운 생활을 할 권리

사회보험수급권

118 미결수용자에 대한 국민건강보험급여 정지 사건

(국민건강보험법 제49조 제4호 위헌확인)
2005. 2. 24. 2003헌마31, 2004헌마695(병합) **[기각]**

|판시사항|

1. 교도소에 수용된 때에는 국민건강보험급여를 정지하도록 한 국민건강보험법 제49조 제4호가 수용자의 건강권, 인간의 존엄성, 행복추구권, 인간다운 생활을 할 권리를 침해하는지 여부(－)
2. 위 조항이 미결수용자에게 있어서 무죄추정의 원칙에 위배되는지 여부(－)
3. 위 조항이 수용자의 재산권을 침해할 수 있는지 여부(－)
4. 위 조항이 평등원칙에 위배되는지 여부(－)

[결정요지]

1. 교도소에 수용된 때에는 국민건강보험급여를 정지하도록 한 국민건강보험법 제49조 제4호는 수용자에게 불이익을 주기 위한 것이 아니라, 국가의 보호, 감독을 받는 수용자의 질병치료를 국가가 부담하는 것을 전제로 수용자에 대한 의료보장제도를 합리적으로 운영하기 위한 것이므로 입법목적의 정당성을 갖고 있다. 가사 국가의 예산상의 이유로 수용자들이 적절한 의료보장을 받지 못하는 것이 현실이라고 하더라도 이는 수용자에 대한 국가의 보건의무불이행에 기인하는 것이지 위 조항에 기인하는 것으로 볼 수 없다. 위 조항은 수용자의 의료보장수급권을 직접 제약하는 규정이 아니며, 입법재량을 벗어나 수용자의 건강권을 침해하거나 국가의 보건의무를 저버린 것으로 볼 수 없으므로 수용자의 건강권, 인간의 존엄성, 행복추구권, 인간다운 생활을 할 권리를 침해하는 것이라 할 수 없다.

2. 이 사건 규정이 무죄추정의 원칙에 위배되는지 보건대, 헌법 제27조 제4항의 무죄추정이란 유죄의 확정판결 전에 죄있는 자에 준하여 취급하는 불이익을 금하는 것을 말하고, 여기서의 불이익이란 죄있는 자에 준하는 취급을 함으로써 법률적, 사실적 측면에서 사회생활에 유형, 무형의 불이익과 불편을 주는 것을 말한다. 그런데 위에서 본 바와 같이 이 사건 규정은 수용자의 의료보장체계를 일원화하고 수입원이 차단된 수용자의 건강보험

료 납입부담을 면제하기 위한 입법 정책적 판단에 기인한 것이지 유죄의 확정 판결이 있기 전에 재소자라는 이유로 어떤 불이익을 주기 위한 것이 아님이 분명하다. 따라서 이 사건 규정은 무죄추정의 원칙에 위반된다고 할 수 없다.

3. 이 사건 규정이 재산권을 침해한다는 주장에 대하여 보건대, 건강보험수급권과 같이 공법상의 권리가 헌법상의 재산권으로 보호받기 위해서는 국가의 일방적인 급부에 의한 것이 아니라 수급자의 상당한 자기기여를 전제로 한다. 그런데 국민건강보험은 개인의 보험료와 국가의 재정으로 운영되고 이 사건 규정의 적용에 의하여 청구인들과 같은 수용자에게 보험급여가 정지되는 경우 동시에 보험료 납부의무도 면제된다. 그렇다면 수급자의 자기기여가 없는 상태이므로 이 사건 규정에 의하여 건강보험수급권이 정지되더라도 이를 사회보장수급권(인간다운 생활을 할 권리)으로 다툴 수 있음은 별론으로 하고 재산권 침해로 다툴 수는 없다고 할 것이다.

4. 위 조항은 수용자에게 의료급여를 정지함으로써 수용자를 차별하고 있으나, 이는 수용자에 대한 의료보장을 일괄적으로 국가가 부담하도록 하는 것을 전제로 하여 수용자간 의료급여의 형평문제와 구금의 목적실현 등을 고려한 것으로 합리적 이유가 있으므로 평등원칙에 위배되지 않는다.

인간다운 생활을 할 권리
사회보험수급권

119 퇴직연금 지급정지 사건

(구 공무원연금법 제47조 제2호 등 위헌제청)
2005. 10. 27. 2004헌가20 **[위헌]**

|판시사항|

1. 퇴직연금 지급정지제도 자체가 헌법에 위반되는지 여부(－)
2. 구 공무원연금법 제47조 제3호에서 퇴직연금 지급정지대상기관을 총리령으로 정하도록 위임하고 있는 것이 포괄위임금지의 원칙에 위반되는지 여부(＋)
3. 법 제47조 제2호·제3호에서 퇴직연금 지급정지의 요건 및 내용을 대통령령으로 정하도록 위임하고 있는 것이 포괄위임금지의 원칙에 위반되는지 여부(＋)

[결정요지]

1. 퇴직연금수급권은 사회보장수급권과 재산권이라는 양 권리의 성격이 불가분적으로 혼화되어 있으므로 전체적으로 재산권적 보호의 대상이 되면서도 순수한 재산권만은 아니라는 특성을 가지고 있다고 할 것이다.

다만, 퇴직연금 중 본인의 기여금에 해당하는 부분은 재직중 근무의 대가로 지급하였어야 할 임금의 후불적 성격이 강하고, 국가 또는 지방자치단체의 부담금에 해당하는 부분은 은혜적 급여 또는 사회보장적 급여의 성격이 강하다고 할 것이다. 따라서 퇴직연금의 사회보장적 성격에 비추어 볼 때, 퇴직연금의 지급정도는 원칙적으로 입법자가 사회정책적 측면과 국가의 재정 및 기금의 상황 등 여러 가지 사정을 참작하여 폭넓은 재량으로 결정할 수 있는 사항이긴 하지만 임금후불적 성격이 강한 기여금부분에 관해서는 재산권적 보호가 더욱 강조되어야 하므로 입법형성의 여지가 보다 좁다고 보아야 할 것이다

퇴직연금수급권은 사회보장수급권과 재산권이라는 양 권리의 성격이 불가분적으로 혼화되어 있어서 전체적으로 재산권적 보호의 대상이 되면서도 순수한 재산권만은 아니라는 특성을 가지고 있으므로, 입법자가 사회정책적 측면과 국가의 재정 및 기금의 상황 등 여러 가지 사정을 참작하여 퇴직연금수급권을 축소하는 것은 원칙적으로 가능한 일이라 할 것이다.

2. 법 제47조 제3호의 경우 정부재정지원기관 중에서 그 일부를 대상으로 선별한다면 국회는 정부재정지원의 규모와 형태에 관한 일정한 기준을 먼저 법률로 정한 다음 그 범위 내에서 하위법규가 이를 선별하도록 위임하였어야 함에도 불구하고, 위 조항은 물론 그 밖의 어느 규정도 재정지원의 방식·형태·규모 등에 관한 아무런 기준을 제시하지 아니함으로써 비록 아무리 적은 규모라도 어떤 형태로든지 정부의 재정지원이 있기만 하면 총리령이 정하는 바에 따라 지급정지대상기관이 될 수 있게 되어 정부재정지원기관의 확정을 실질적으로 행정부에 일임한 결과가 되었다.

3. 지급정지제도의 본질에 비추어 지급정지의 요건 및 내용을 규정함에 있어서는 소득의 유무뿐만 아니라 소득의 수준에 대한 고려는 필수적인 것임에도 불구하고, 법 제47조 제2호·제3호는 이를 규정함에 있어 지급정지와 소득수준의 상관관계에 관하여 아무런 정함이 없이 대통령령에 포괄적으로 입법을 위임한 것으로서 헌법 제75조가 정하는 포괄위임금지의 원칙에 위반된다. 나아가 퇴직연금 중 본인의 기여금에 해당하는 부분은 임금의 후불적 성격이 강하므로 재산권적 보호가 강조되어야 하는 점을 고려하여, '퇴직연금 또는 조기퇴직연금의 2분의 1의 범위 안에서'라는 구체적 범위를 정하여 위임하여야 함에도 불구하고 그러한 범위를 정하지 아니한 채 위임하고 있다는 점에서도 위헌이라고 보아야 한다.

인간다운 생활을 할 권리
사회부조수급권

120 보건복지부장관의 2002년도 최저생계비 고시 사건

(2002년도 국민기초생활보장최저생계비 위헌확인)
2004. 10. 28. 2002헌마328 [기각]

|판시사항|

보건복지부장관이 2002년도 최저생계비를 고시함에 있어 장애로 인한 추가지출비용을 반영한 별도의 최저생계비를 결정하지 않은 채 가구별 인원수만을 기준으로 최저생계비를 결정한 2002년도 최저생계비고시가 생활능력 없는 장애인가구 구성원의 인간다운 생활을 할 권리, 인간의 존엄과 가치 및 행복추구권, 평등권을 침해하였는지 여부(−)

[결정요지]

1. 인간다운 생활을 할 권리의 침해 여부

우리 헌법은 사회국가원리를 명문으로 규정하지 않고, 헌법 전문, 인간다운 생활을 할 권리를 비롯한 사회적 기본권의 보장(헌법 제31조 내지 제36조), 경제 영역에서 적극적으로 계획하고 유도하고 재분배하여야 할 국가의 의무를 규정하는 경제에 관한 조항(헌법 제119조 제2항 이하) 등을 통하여 간접적으로 사회국가원리를 수용하고 있다. 사회국가란 사회정의의 이념을 헌법에 수용한 국가, 사회현상에 대하여 방관적인 국가가 아니라 경제·사회·문화의 모든 영역에서 정의로운 사회질서의 형성을 위하여 사회현상에 관여하고 간섭하고 분배하고 조정하는 국가이며, 궁극적으로는 국민 각자가 실제로 자유를 행사할 수 있는 그 실질적 조건을 마련해 줄 의무가 있는 국가를 의미한다.

헌법 제34조 제1항이 보장하는 인간다운 생활을 할 권리는 사회권적 기본권의 일종으로서 인간의 존엄에 상응하는 최소한의 물질적인 생활의 유지에 필요한 급부를 요구할 수 있는 권리를 의미하는데, 이러한 권리는 국가가 재정형편 등 여러 가지 상황들을 종합적으로 감안하여 법률을 통하여 구체화할 때에 비로소 인정되는 법률적 권리라고 할 것이다. 나아가 모든 국민은 인간다운 생활을 할 권리를 가지며 국가는 생활능력 없는 국민을 보호할 의무가 있다는 헌법의 규정은 모든 국가기관을 기속하지만 그 기속의 의미는 동일하지 아니한데, 입법부나 행정부에 대하여는 국민소득, 국가의 재정능력과 정책 등을 고려하여 가능한 범위 안에서 최대한으로 모든 국민이 물질적인 최저생활을 넘어서 인간의 존엄성에 맞는 건강하고 문화적인 생활을 누릴 수 있도록 하여야 한다는 행위의 지침, 즉 행위규범으로서 작용하지만, 헌법재판에 있어서는 다른 국가기관, 즉 입법부나 행정부가 국민으로 하여금 인간다운 생활을 영위하도록 하기 위하여 객관적으로 필요한 최소한의 조치를 취할 의무를 다하였는지를 기준으로 국가기관의 행위의 합헌성을 심사하여야 한다는 통제규범으로 작용하는 것이다.

국가가 인간다운 생활을 보장하기 위한 헌법적 의무를 다하였는지의 여부가 사법적 심사의 대상이 된 경우에는, 국가가 최저생활보장에 관한 입법을 전혀 하지 아니하였다든가 그 내용이 현저히 불합리하여 헌법상 용인될 수 있는 재량의 범위를 명백히 일탈한 경우에 한하여 헌법에 위반된다고 할 수 있다.

이러한 사정들에 비추어 보면, 보건복지부장관이 이 사건 고시를 하면서 장애인가구의 추가지출비용을 반영한 최저생계비를 별도로 정하지 아니한 채 가구별 인원수를 기준으로 한 최저생계비만을 결정·공표함으로써 장애인가구의 추가지출비용이 반영되지 않은 최저생계비에 따라 장애인가구의 생계급여 액수가 결정되었다 하더라도 그것만으로 국가가 생활능력 없는 장애인의 인간다운 생활을 보장하기 위한 조치를 취함에 있어서 국가가 실현해야 할 객관적 내용의 최소한도의 보장에도 이르지 못하였다거나 헌법상 용인될 수 있는 재량의 범위를 명백히 일탈하였다고는 보기 어렵다 할 것이어서 이 사건 고시로 인하여 생활능력 없는 장애인가구 구성원의 인간다운 생활을 할 권리가 침해되었다고 할 수 없다.

2. 인간의 존엄과 가치 및 행복추구권의 침해 여부

헌법 제10조에서 규정한 인간의 존엄과 가치는 '헌법이념의 핵심'으로 국가는 헌법에 규정된 개별적 기본권을 비롯하여 헌법에 열거되지 아니한 자유와 권리까지도 이를 보장하여야 하며, 이를 통하여 개별 국민이 가지는 인간으로서의 존엄과 가치를 존중하고 확보하여야 한다는 헌법의 기본원리를 선언한 조항이다. 따라서 자유와 권리의 보장은 1차적으로 헌법상 개별적 기본권규정을 매개로 이루어지지만, 기본권제한에 있어서 인간의 존엄과 가치를 침해한다거나 기본권형성에 있어서 최소한의 필요한 보장조차 규정하지 않음으로써 결과적으로 인간으로서의 존엄과 가치를 훼손한다면 헌법 제10조에서 규정한 인간의 존엄과 가치에 위반된다고 할 것이다. 이 사건 고시는 앞서 보았듯이 생활능력 없는 장애인가구의 최저생활보장을 위한 생계급여지급과 관련하여 인간다운 생활을 할 권리를 형성하는 성질을 가지고 있으나 그 내용상 최소한의 필요한 보장수준을 제시하지 아니하여 인간으로서의 인격이나 본질적 가치가 훼손된다고 볼 수 없으므로 인간의 존엄과 가치 및 행복추구권을 침해하는 규정이라고 할 수 없다.

3. 평등권의 침해 여부

평등위반 여부를 심사함에 있어 엄격심사에 의할 것인지, 완화된 심사에 의할 것인지는 입법자 내지 입법의 위임을 받은 행정부에게 인정되는 형성의 자유 정도에 따라 달라진다 할 것인데, 이 사건 고시로 인한 장애인가구와 비장애인가구의 차별취급은 헌법에서 특별히 평등을 요구하는 경우 내지 차별대우로 인하여 자유권의 행사에 중대한 제한을 받는 경우에 해당한다고 볼 수 없는 점, 국가가 국민의 인간다운 생활을 보장하기 위하여 행하는 사회부조에 관하여는 입법부 내지 입법에 의하여 위임을 받은 행정부에게 사회보장, 사회복지의 이념에 명백히 어긋나지 않는 한 광범위한 형성의 자유가 부여된다는 점을 고려하면, 이 사건 고시로 인한 장애인가구와 비장애인가구의 차별취급이 평등위반인지 여부를 심사함에 있어서는 완화된 심사기준인 자의금지원칙을 적용함이 상당하다.

이 사건 고시를 장애인가구와 비장애인가구에게 일률적으로 적용하였다 하더라도 그러한 취급에는 합리성이 있다 할 것이고 이를 자의적인 것이라고 할 수는 없다 할 것이다. 따라서, 이 사건 고시가 생활능력 없는 장애인가구 구성원의 평등권을 침해한다고 할 수 없다.

4. 따라서, 보건복지부장관이 2002년도 최저생계비를 고시함에 있어 장애로 인한 추가 지출비용을 반영한 별도의 최저생계비를 결정하지 않은 채 가구별 인원수만을 기준으로 최저생계비를 결정한 것은 생활능력 없는 장애인가구 구성원의 인간의 존엄과 가치 및 행복추구권, 인간다운 생활을 할 권리, 평등권을 침해하였다고 할 수 없다.

핵심 체크 학습 인간다운 생활을 할 권리

1. 교도시설에 수용 중인 경우에는 기결수뿐 아니라 미결수용자에 대하여도 국민건강보험급여를 정지하고 있는 국민건강보험법 규정이 수용자의 건강권, 인간의 존엄성, 행복추구권, 인간다운 생활을 할 권리를 침해하는 것이라고 할 수 없다. [16 법무사]

해설 헌재 2005. 2. 24. 2003헌마31 등.

2. 헌법 제34조 제2항 및 제6항의 국가의 사회보장·사회복지 증진의무나 재해예방노력의무 등의 성질에 비추어 국가가 어떠한 내용의 산재보험을 어떠한 범위와 방법으로 시행할지 여부는 입법자의 재량영역에 속하는 문제이고, 산재피해 근로자에게 인정되는 산재보험수급권도 그와 같은 입법재량권의 행사에 의하여 제정된 산재보험법에 의하여 비로소 구체화되는 '법률상의 권리'이며, 개인에게 국가에 대한 사회보장·사회복지 또는 재해예방 등과 관련된 적극적 급부청구권은 인정하고 있지 않다. [16 법무사]

해설 헌재 2005. 7. 21. 2004헌바2.

3. 국가가 인간다운 생활을 보장하기 위한 헌법적 의무를 다하였는지의 여부가 사법적 심사의 대상이 된 경우에는, 국가가 최저생활보장에 관한 입법을 전혀 하지 아니하였다든가 그 내용이 현저히 불합리하여 헌법상 용인될 수 있는 재량의 범위를 명백히 일탈한 경우에 한하여 헌법에 위반된다고 할 수 있다. [16 법무사]

해설 헌재 2004. 10. 28. 2002헌마328.

정답 1. ○ 2. ○ 3. ○

4. 공무원연금법상의 각종 급여는 모두 사회보장 수급권으로서의 성격과 아울러 재산권으로서의 성격도 가지고, 그 중 퇴직일시금 및 퇴직수당 수급권은 후불임금 내지 재산권적 성격을 많이 띠고 있는데 비하여, 퇴직연금 수급권은 상대적으로 사회보장적 급여로서의 성격이 강하다. [16 법무사]

해설 헌재 2008. 2. 28. 2005헌마872 등.

5. 일정한 법정요건을 갖춰 발생한 산재보험수급권은 구체적인 법적 권리로 보장되고 그 성질상 경제적·재산적 가치가 있는 공법상의 권리로서 헌법상 재산권의 보호대상에 포함된다. [16 법무사]

해설 헌재 2009. 5. 28. 2005헌바20 등.

6. 국가는 사회적 기본권에 의하여 제시된 국가의 의무와 과제를 언제나 국가의 현실적인 재정·경제능력의 범위 내에서 다른 국가과제와의 조화와 우선순위결정을 통하여 이행할 수밖에 없다. [16 법행]

해설 헌재 2002. 12. 18. 2002헌마52.

7. 사회적 기본권은 입법과정이나 정책결정과정에서 사회적 기본권에 규정된 국가목표의 무조건적인 최우선적 배려가 아니라 단지 적절한 고려를 요청하는 것이다. [16 법행]

해설 헌재 2002. 12. 18. 2002헌마52.

8. 헌법 제34조 제1항과 제5항은 입법부와 행정부에 대하여는 국민소득, 국가의 재정능력과 정책 등을 고려하여 가능한 범위안에서 최대한으로 모든 국민이 물질적인 최저생활을 넘어서 인간의 존엄성에 맞는 건강하고 문화적인 생활을 누릴 수 있도록 하여야 한다는 행위규범으로서 작용한다. [16 법행]

해설 헌재 2004. 10. 28. 2002헌마328.

정답 4. ○ 5. ○ 6. ○ 7. ○ 8. ○

9. 헌법 제34조 제1항과 제5항은 헌법재판에 있어서는 다른 국가기관 즉 입법부나 행정부가 국민으로 하여금 인간다운 생활을 영위하도록 하기 위하여 객관적으로 필요한 최소한의 조치를 취할 의무를 다하였는지의 여부를 기준으로 국가기관의 행위의 합헌성을 심사하여야 한다는 통제규범으로 작용한다. [16 법행]

해설 헌재 1997. 5. 29. 94헌마33.

10. 생활보호대상자에 대한 생계보호급여의 수준이 일반 최저생계비에 미달한다면 이는 인간다운 생활을 할 권리를 침해한 것이다. [16 법행]

해설 생계보호의 수준이 일반 최저생계비에 못 미친다고 하더라도 그 사실만으로 곧 그것이 헌법에 위반된다거나 청구인들의 행복추구권이나 인간다운 생활을 할 권리를 침해한 것이라고는 볼 수 없다(헌재 1997. 5. 29. 94헌마33).

정답 9. ○ 10. ×

환 경 권

121 공직선거 선거운동 시 확성장치 사용에 따른 소음 규제기준 부재 사건

공직선거법 제79조 제3항 등 위헌확인)
2019. 12. 27. 2018헌마730 **[헌법불합치]**

|판시사항|

1. 공직선거법(2010. 1. 25. 법률 제9974호로 개정된 것) 제79조 제3항 제2호 중 "시 · 도지사 선거" 부분, 같은 항 제3호 및 공직선거법(2005. 8. 4. 법률 제7681호로 개정된 것) 제216조 제1항(이하 통틀어 '심판대상조항' 이라 한다)이 청구인의 건강하고 쾌적한 환경에서 생활할 권리를 침해하여 위헌인지 여부(+)
2. 헌법불합치 결정을 선고한 사례

[결정요지]

1. 국가가 국민의 건강하고 쾌적한 환경에서 생활할 권리에 대한 보호의무를 다하지 않았는지 여부를 헌법재판소가 심사할 때에는 국가가 이를 보호하기 위하여 적어도 적절하고 효율적인 최소한의 보호조치를 취하였는가 하는 이른바 '과소보호금지원칙'의 위반 여부를 기준으로 삼아야 한다.

공직선거법에는 확성장치를 사용함에 있어 자동차에 부착하는 확성장치 및 휴대용 확성장치의 수는 "시 · 도지사선거는 후보자와 구 · 시 · 군 선거연락소마다 각 1대 · 각 1조, 지역구지방의회의원선거 및 자치구 · 시 · 군의 장 선거는 후보자마다 1대 · 1조를 넘을 수 없다"는 규정만 있을 뿐 확성장치의 최고 출력 내지 소음 규제기준이 마련되어 있지 아니하다. 기본권의 과소보호금지원칙에 부합하면서 선거운동을 위해 필요한 범위 내에서 합리적인 최고 출력 내지 소음 규제기준을 정할 필요가 있다.

공직선거법에는 야간 연설 및 대담을 제한하는 규정만 있다. 그러나 대다수의 직장과 학교는 그 근무 및 학업 시간대를 오전 9시부터 오후 6시까지로 하고 있어 그 전후 시간대의 주거지역에서는 정온한 환경이 더욱더 요구된다. 그러므로 출근 또는 등교 시간대 이전인 오전 6시부터 7시까지, 퇴근 또는 하교 시간대 이후인 오후 7시부터 11시까지에도 확성장치의 사용을 제한할 필요가 있다.

공지선거법에는 주거지역과 같이 정온한 생활환경을 유지할 필요성이 높은 지역에 대한 규제기준이 마련되어 있지 아니하다. 예컨대 '소음 · 진동관리법', '집회 및 시위에 관한 법률' 등에서 대상지역 및 시간대별로 구체적인 소음기준을 정한 것과 같이, 공직선거법에서도 이에 준하는 규정을 둘 수 있다.

따라서 심판대상조항이 선거운동의 자유를 감안하여 선거운동을 위한 확성장치를 허용할 공익적 필요성이 인정된다고 하더라도 정온한 생활환경이 보장되어야 할 주거지역에서 출근 또는 등교 이전 및 퇴근 또는 하교 이후 시간대에 확성장치의 최고 출력 내지 소음을 제한하는 등 사용시간과 사용지역에 따른 수인 한도 내에서 확성장치의 최고 출력 내지 소음 규제기준에 관한 규정을 두지 아니한 것은, 국민이 건강하고 쾌적하게 생활할 수 있는 양호한 주거환경을 위하여 노력하여야 할 국가의 의무를 부과한 헌법 제35조 제3항에 비추어 보면, 적절하고 효율적인 최소한의 보호조치를 취하지 아니하여 국가의 기본권 보호의무를 과소하게 이행한 것으로서, 청구인의 건강하고 쾌적한 환경에서 생활할 권리를 침해하므로 헌법에 위반된다.

2. 심판대상조항에 대하여 단순위헌결정을 하여 즉시 효력을 상실시킨다면 법적 공백상태가 발생할 우려가 있고, 공직선거의 선거운동에서 확성장치의 사용에 따른 소음 규제기준은 입법자가 충분한 논의를 거쳐 결정하여야 할 사항이므로, 헌법불합치 결정을 선고하고, 2021. 12. 31.을 시한으로 입법자의 개선입법이 있을 때까지 잠정적용을 명하기로 한다.

핵심 체크 학습 환 경 권

1. **헌법상의 기본권으로서의 환경권은 그 보호대상인 환경의 내용과 범위, 권리의 주체가 되는 권리자의 범위 등이 명확하지 못하여 이 규정이 개개의 국민에게 직접으로 구체적인 사법상의 권리를 부여한 것이라고 보기는 어렵다.**

   해설 대법원 1995.05.23. 자 94마2218 결정.

2. **환경영향평가 대상지역 안의 주민들은 수인한도를 넘는 환경침해를 받지 아니하고 쾌적한 환경에서 생활할 수 있는 개별적으로 보호되는 직접적 · 구체적 이익을 가진다.**

   해설 주민 개개인에 대하여 개별적으로 보호되는 직접적 · 구체적인 이익이라고 보아야 한다(대법원 1998.04.24. 선고 97누3286 판결).

정답 1. ○ 2. ○

혼인과 가족생활의 보장

122 부부의 자산소득합산과세 사건

(소득세법 제61조 위헌소원)
2002. 8. 29. 2001헌바82 **[위헌]**

|판시사항|

1. 헌법 제36조 제1항의 규범내용
2. 부부의 자산소득을 합산하여 과세하도록 규정하고 있는 소득세법 제61조 제1항이 헌법 제36조 제1항에 위반되는지 여부(+)

[결정요지]

1. 헌법 제36조 제1항은 "혼인과 가족생활은 개인의 존엄과 양성의 평등을 기초로 성립되고 유지되어야 하며, 국가는 이를 보장한다."라고 규정하고 있는데, 헌법 제36조 제1항은 혼인과 가족생활을 스스로 결정하고 형성할 수 있는 자유를 기본권으로서 보장하고, 혼인과 가족에 대한 제도를 보장한다. 그리고 헌법 제36조 제1항은 혼인과 가족에 관련되는 공법 및 사법의 모든 영역에 영향을 미치는 헌법원리 내지 원칙규범으로서의 성격도 가지는데, 이는 적극적으로는 적절한 조치를 통해서 혼인과 가족을 지원하고 제삼자에 의한 침해 앞에서 혼인과 가족을 보호해야 할 국가의 과제를 포함하며, 소극적으로는 불이익을 야기하는 제한조치를 통해서 혼인과 가족을 차별하는 것을 금지해야 할 국가의 의무를 포함한다. 이러한 헌법원리로부터 도출되는 차별금지명령은 헌법 제11조 제1항에서 보장되는 평등원칙을 혼인과 가족생활영역에서 더욱더 구체화함으로써 혼인과 가족을 부당한 차별로부터 특별히 더 보호하려는 목적을 가진다. 이 때 특정한 법률조항이 혼인한 자를 불리하게 하는 차별취급은 중대한 합리적 근거가 존재하여 헌법상 정당화되는 경우에만 헌법 제36조 제1항에 위배되지 아니한다.

2. 부부간의 인위적인 자산 명의의 분산과 같은 가장행위 등은 상속세및증여세법상 증여의제규정 등을 통해서 방지할 수 있고, 부부의 공동생활에서 얻어지는 절약가능성을 담세력과 결부시켜 조세의 차이를 두는 것은 타당하지 않으며, 자산소득이 있는 모든 납세의무자 중에서 혼인한 부부가 혼인하였다는 이유만으로 혼인하지 않은 자산소득자보다 더

많은 조세부담을 하여 소득을 재분배하도록 강요받는 것은 부당하며, 부부 자산소득 합산과세를 통해서 혼인한 부부에게 가하는 조세부담의 증가라는 불이익이 자산소득합산과세를 통하여 달성하는 사회적 공익보다 크다고 할 것이므로, 소득세법 제61조 제1항이 자산소득합산과세의 대상이 되는 혼인한 부부를 혼인하지 않은 부부나 독신자에 비하여 차별취급하는 것은 헌법상 정당화되지 아니하기 때문에 헌법 제36조 제1항에 위반된다.

혼인과 가족생활의 보장

123 호주제 위헌 사건

(민법 제781조 제1항 본문 후단부분 위헌제청 등)

2005. 2. 3. 2001헌가9·10·11·12·13·14·15, 2004헌가5(병합) **[헌법불합치]**

|판시사항|

1. 위헌제청되지 않은 법률조항을 심판대상에 포함시킨 사례
2. 헌법과 전통의 관계
3. 호주제가 헌법에 위반되는지 여부(+)
4. 위헌결정으로 초래되는 다른 법제도의 공백을 이유로 헌법불합치결정을 한 사례

[결정요지]

1. 처의 부가(夫家)입적을 규정한 민법 제826조 제3항 후단은 무호주로의 변경을 구하면서 호주제의 위헌성을 다투는 위헌제청신청의 취지와 무관하지 않을 뿐 아니라, 법원이 위헌제청한 민법 제778조, 제781조 제1항 본문 후단과 결합하여 호주제의 골격을 이루고 있으므로 호주제의 위헌 여부라는 중요한 헌법문제의 보다 완전한 해명을 위하여 그 조항의 위헌 여부도 심판의 대상으로 삼아 한꺼번에 심리·판단하는 것이 헌법재판의 객관적 기능에 비추어 상당하다.

2. (1) 헌법은 국가사회의 최고규범이므로 가족제도가 비록 역사적·사회적 산물이라는 특성을 지니고 있다 하더라도 헌법의 우위로부터 벗어날 수 없으며, 가족법이 헌법이념의 실현에 장애를 초래하고, 헌법규범과 현실과의 괴리를 고착시키는 데 일조하고 있다면 그러한 가족법은 수정되어야 한다.

(2) 우리 헌법은 제정 당시부터 특별히 혼인의 남녀동권을 헌법적 혼인질서의 기초로 선언함으로써 우리 사회 전래의 가부장적인 봉건적 혼인질서를 더 이상 용인하지 않겠다는 헌법적 결단을 표현하였으며, 현행 헌법에 이르러 양성평등과 개인의 존엄은 혼인과 가족제도에 관한 최고의 가치규범으로 확고히 자리잡았다. 한편, 헌법 전문과 헌법 제9조에서 말하는 "전통", "전통문화"란 역사성과 시대성을 띤 개념으로서 헌법의 가치질서, 인류의 보편가치, 정의와 인도정신 등을 고려하여 오늘날의 의미로 포착하여야 하며, 가족제도에

관한 전통·전통문화란 적어도 그것이 가족제도에 관한 헌법이념인 개인의 존엄과 양성의 평등에 반하는 것이어서는 안 된다는 한계가 도출되므로, 전래의 어떤 가족제도가 헌법 제36조 제1항이 요구하는 개인의 존엄과 양성평등에 반한다면 헌법 제9조를 근거로 그 헌법적 정당성을 주장할 수는 없다.

3. (1) 심판대상조항인 민법 제778조, 제781조 제1항 본문 후단, 제826조 제3항 본문이 그 근거와 골격을 이루고 있는 호주제는 "호주를 정점으로 가(家)라는 관념적 집합체를 구성하고, 이러한 가를 직계비속남자를 통하여 승계시키는 제도", 달리 말하면 남계혈통을 중심으로 가족집단을 구성하고 이를 대대로 영속시키는 데 필요한 여러 법적 장치로서, 단순히 집안의 대표자를 정하여 이를 호주라는 명칭으로 부르고 호주를 기준으로 호적을 편제하는 제도는 아니다.

(2) 헌법 제36조 제1항은 혼인과 가족생활에서 양성의 평등대우를 명하고 있으므로 남녀의 성을 근거로 하여 차별하는 것은 원칙적으로 금지되고, 성질상 오로지 남성 또는 여성에게만 특유하게 나타나는 문제의 해결을 위하여 필요한 예외적 경우에만 성차별적 규율이 정당화된다. 과거 전통적으로 남녀의 생활관계가 일정한 형태로 형성되어 왔다는 사실이나 관념에 기인하는 차별, 즉 성역할에 관한 고정관념에 기초한 차별은 허용되지 않는다. 호주제는 성역할에 관한 고정관념에 기초한 차별로서, 호주승계 순위, 혼인 시 신분관계 형성, 자녀의 신분관계 형성에 있어서 정당한 이유없이 남녀를 차별하는 제도이고, 이로 인하여 많은 가족들이 현실적 가족생활과 가족의 복리에 맞는 법률적 가족관계를 형성하지 못하여 여러모로 불편과 고통을 겪고 있다. 숭조(崇祖)사상, 경로효친, 가족화합과 같은 전통사상이나 미풍양속은 문화와 윤리의 측면에서 얼마든지 계승, 발전시킬 수 있으므로 이를 근거로 호주제의 명백한 남녀차별성을 정당화하기 어렵다.

(3) 호주제는 당사자의 의사나 복리와 무관하게 남계혈통 중심의 가의 유지와 계승이라는 관념에 뿌리박은 특정한 가족관계의 형태를 일방적으로 규정·강요함으로써 개인을 가족 내에서 존엄한 인격체로 존중하는 것이 아니라 가의 유지와 계승을 위한 도구적 존재로 취급하고 있는데, 이는 혼인·가족생활을 어떻게 꾸려나갈 것인지에 관한 개인과 가족의 자율적 결정권을 존중하라는 헌법 제36조 제1항에 부합하지 않는다.

(4) 헌법 제36조 제1항은 혼인과 가족생활은 개인의 존엄을 존중하는 가운데 성립되고 유지되어야 함을 분명히 하고 있다. 혼인과 가족생활은 인간생활의 가장 본원적이고 사적(私的)인 영역이다. 이러한 영역에서 개인의 존엄을 보장하라는 것은 혼인·가족생활에 있어서 개인이 독립적 인격체로서 존중되어야 하고, 혼인과 가족생활을 어떻게 꾸려나갈 것인지에 관한 개인과 가족의 자율적 결정권을 존중하라는 의미이다. 혼인과 가족생활을 국

가가 결정한 이념이나 목표에 따라 일방적으로 형성하는 것은 인간의 존엄성을 최고의 가치로 삼고 민주주의원리와 문화국가원리에 터잡고 있는 우리 헌법상 용납되지 않는다. 국가는 개인의 생활양식, 가족형태의 선택의 자유를 널리 존중하고, 인격적·애정적 인간관계에 터잡은 현대 가족관계에 개입하지 않는 것이 바람직하다.

호주제는 개인을 독립적 인격체로서 존중하는 것이 아니라 오로지 남계혈통 중심의 가의 유지와 계승이라는 목적을 위한 대상적·도구적 존재로 파악하고 있다. 호주제는 혼인과 가족생활 당사자의 복리나 선택권을 무시한 채 가의 유지와 계승이라는 관념에 뿌리박은 특정한 가족관계의 형태를 법으로써 일방적으로 규정하고 강요하는 것인데, 이는 혼인과 가족생활에서 개인의 존엄을 존중하라는 헌법 제36조 제1항의 요구에 부합하지 않는다.

4. 호주제의 골격을 이루는 심판대상조항들이 위헌으로 되면 호주제는 존속하기 어렵고, 그 결과 호주를 기준으로 가별로 편제토록 되어 있는 현행 호적법이 그대로 시행되기 어려워 신분관계를 공시·증명하는 공적 기록에 중대한 공백이 발생하게 되므로, 호주제를 전제하지 않는 새로운 호적체계로 호적법을 개정할 때까지 심판대상조항들을 잠정적으로 계속 적용케 하기 위하여 헌법불합치결정을 선고한다.

124 부성(父姓)주의 사건

(민법 제781조 제1항 위헌제청)
2005. 12. 22. 2003헌가5·6(병합) **[헌법불합치]**

|판시사항|

1. 민법 제781조 제1항 본문 중 "자(子)는 부(父)의 성(姓)과 본(本)을 따르고" 부분이 헌법에 위반되는지 여부(+)
2. 심판대상 법률조항에 대해 헌법불합치를 선고하면서 그 법률조항의 잠정적용을 명하였으나 헌법불합치 주문에 대한 이유에 있어 재판관들의 의견이 상이한 사례

[결정요지]

1. 성명은 개인의 정체성과 개별성을 나타내는 인격의 상징으로서 개인이 사회 속에서 자신의 생활영역을 형성하고 발현하는 기초가 되는 것이라 할 것이므로 자유로운 성의 사용 역시 헌법상 인격권으로부터 보호된다고 할 수 있다. 그리고 헌법 제36조 제1항은 "혼인과 가족생활은 개인의 존엄과 양성의 평등을 기초로 성립되고 유지되어야 하며 국가는 이를 보장한다."고 규정하여 개인의 존엄과 양성의 평등을 기초로 한 가족제도를 헌법적 차원에서 보장하고 있는바, 성은 혈통을 상징하는 기호로서 개인의 혈통관계를 어떻게 성으로 반영할 것인지의 문제이며 이는 가족제도의 한 내용을 이루는 것이다. 성에 관한 규율에 대해 폭넓은 입법형성의 자유가 인정된다고 하더라도 그것이 헌법적 이념과 가치에 반하는 것일 수는 없으므로 개인의 인격권을 침해하는 것이거나 개인의 존엄과 양성의 평등에 반하는 내용으로 가족제도를 형성할 수 없다는 한계를 가진다.

(1) 양계 혈통을 모두 성으로 반영하기 곤란한 점, 부성의 사용에 관한 사회 일반의 의식, 성의 사용이 개인의 구체적인 권리의무에 영향을 미치지 않는 점 등을 고려할 때 민법 제781조 제1항 본문 중 "자(子)는 부(父)의 성(姓)과 본(本)을 따르고" 부분이 성의 사용 기준에 대해 부성주의를 원칙으로 규정한 것은 입법형성의 한계를 벗어난 것으로 볼 수 없다.

(2) 출생 직후의 자(子)에게 성을 부여할 당시 부(父)가 이미 사망하였거나 부모가 이혼하여 모가 단독으로 친권을 행사하고 양육할 것이 예상되는 경우, 혼인외의 자를 부가 인지

하였으나 여전히 모가 단독으로 양육하는 경우 등과 같은 사례에 있어서도 일방적으로 부의 성을 사용할 것을 강제하면서 모의 성의 사용을 허용하지 않고 있는 것은 개인의 존엄과 양성의 평등을 침해한다.

(3) 입양이나 재혼 등과 같이 가족관계의 변동과 새로운 가족관계의 형성에 있어서 구체적인 사정들에 따라서는 양부 또는 계부 성으로의 변경이 개인의 인격적 이익과 매우 밀접한 관계를 가짐에도 부성의 사용만을 강요하여 성의 변경을 허용하지 않는 것은 개인의 인격권을 침해한다.

(4) 이 사건 법률조항의 위헌성은 부성주의의 원칙을 규정한 것 자체에 있는 것이 아니라 부성의 사용을 강제하는 것이 부당한 것으로 판단되는 경우에 대해서까지 부성주의의 예외를 규정하지 않고 있는 것에 있으므로 이 사건 법률조항에 대해 헌법불합치결정을 선고하되 이 사건 법률조항에 대한 개정 법률이 공포되어 2008. 1. 1. 그 시행이 예정되어 있으므로 2007. 12. 31.까지 이 사건 법률조항의 잠정적인 적용을 명함이 상당하다.

2. 이 사건 법률조항이 부성주의(父姓主義)를 원칙으로 규정한 것 자체는 헌법에 위반되지 아니하나 부성주의를 강요하는 것이 부당한 경우에 대해서도 예외를 규정하지 않은 것이 헌법에 위반되므로 헌법불합치를 선고하고 잠정적용을 명하여야 한다는 재판관 5인의 의견과 이 사건 법률조항이 부성주의(父姓主義)를 원칙으로 규정하고 있는 것이 헌법에 위반되므로 위헌을 선고하여야 하지만 법적 공백과 혼란의 방지를 위해 헌법불합치를 선고하고 잠정적용을 명하여야 한다는 재판관 2인의 의견으로 헌법불합치를 선고하고 잠정적용을 명한 사례이다.

혼인과 가족생활의 보장

125 남성 단기복무장교의 육아휴직 사건

(군인사법 제48조 제3항 위헌확인)
2008. 10. 30. 2005헌마1156 [기각]

|판시사항|

1. 기본권으로서의 양육권의 성격
2. 육아휴직신청권의 법적 성격
3. 남성 단기복무장교를 육아휴직 허용 대상에서 제외하고 있는 구 군인사법 제48조 제3항 본문 제4호 중 육아휴직 부분이 남성 단기복무장교의 양육권을 침해하는지 여부(−)
4. 직업군인에게만 육아휴직을 허용하는 것이 의무복무군인인 남성 단기복무장교의 평등권을 침해하는지 여부(−)
5. 단기복무군인 중 여성에게만 육아휴직을 허용하는 것이 성별에 의한 차별인지 여부(−)

[결정요지]

1. 자녀에 대한 부모의 양육권은 비록 헌법에 명문으로 규정되어 있지는 아니하지만, 이는 모든 인간이 누리는 불가침의 인권으로서 혼인과 가족생활을 보장하는 헌법 제36조 제1항, 행복추구권을 보장하는 헌법 제10조 및 '국민의 자유와 권리는 헌법에 열거되지 아니한 이유로 경시되지 아니한다.'고 규정한 헌법 제37조 제1항에서 나오는 중요한 기본권이다. 부모는 자녀의 양육에 관하여 전반적인 계획을 세우고 자신의 인생관·사회관·교육관에 따라 자녀의 양육을 자유롭게 형성할 권리를 가진다. 헌법은 제36조 제1항에서 혼인과 가정생활을 보장함으로써 가족의 자율영역이 국가의 간섭에 의하여 획일화·평준화되고 이념화되는 것으로부터 보호하고 있는데, 가족생활을 구성하는 핵심적 내용 중의 하나가 바로 자녀의 양육이다.

양육권은 공권력으로부터 자녀의 양육을 방해받지 않을 권리라는 점에서는 자유권적 기본권으로서의 성격을, 자녀의 양육에 관하여 국가의 지원을 요구할 수 있는 권리라는 점에서는 사회권적 기본권으로서의 성격을 아울러 가진다. 이 사건 법률조항과 같이 육아휴직을 신청할 수 있는 대상 군인을 제한하는 것은 사회권적 기본권으로서의 양육권을 제한하는 것으로 볼 수 있다.

2. 육아휴직신청권은 헌법 제36조 제1항 등으로부터 개인에게 직접 주어지는 헌법적 차원의 권리라고 볼 수는 없고, 입법자가 입법의 목적, 수혜자의 상황, 국가예산, 전체적인 사회보장수준, 국민정서 등 여러 요소를 고려하여 제정하는 입법에 적용요건, 적용대상, 기간 등 구체적인 사항이 규정될 때 비로소 형성되는 법률상의 권리이다.

3. 이 사건 법률조항은 입법자가 육아휴직신청권이 가지는 근로자로서의 권리성, 육아휴직의 허용 대상을 확대할 경우 예산과 인력이 추가로 소요되는 점, 다른 의무복무군인과의 형평성 등을 고려하여 육아휴직의 허용 대상을 정한 것이므로, 국가가 헌법상 용인될 수 있는 재량의 범위를 명백히 일탈함으로써 사회적 기본권으로서의 양육권을 최소한 보장하여야 할 의무를 불이행한 것으로 볼 수 없다.

4. 장교를 포함한 남성 단기복무군인은 병역법상의 병역의무 이행을 위하여 한정된 기간 동안만 복무하는 데 반하여 직업군인은 군인을 직업으로 선택하여 상대적으로 장기간 복무한다는 점에서 중요한 차이가 있으므로, 입법자가 그와 같은 복무형태의 차이 및 육아휴직신청권이 갖는 근로자로서의 권리성, 제도의 전면적 실시에 따른 국가부담의 증가, 의무복무군인 사이의 형평성, 국방력의 유지 등 국가가 추구하는 다른 정책적 목표를 고려하여, 육아휴직의 적용대상으로부터 의무복무 중인 단기장교를 제외한 것이 입법재량의 범위를 벗어났다거나 의무복무군인인 남성 단기복무장교의 평등권을 침해한다고 볼 수 없다.

5. 병역의무를 이행하고 있는 남성 단기복무군인과 달리 장교를 포함한 여성 단기복무군인은 지원에 의하여 직업으로서 군인을 선택한 것이므로, 이 사건 법률조항이 육아휴직과 관련하여 단기복무군인 중 남성과 여성을 차별하는 것은 성별에 근거한 차별이 아니라 의무복무군인과 직업군인이라는 복무형태에 따른 차별로 봄이 타당하다.

핵심 체크 학습

혼인과 가족생활의 보장

1. 중혼의 취소청구권자를 규정하면서 직계비속을 제외한 민법 제818조(2005. 3. 31. 법률 제7427호로 개정된 것)는 합리적인 이유 없이 직계비속을 차별하고 있어, 평등원칙에 위반된다. [16 법무사]

해설 헌재 2010. 7. 29. 2009헌가8.

2. 중혼을 혼인취소의 사유로 정하면서 그 취소청구권의 제척기간 또는 소멸사유를 규정하지 않은 민법(2005. 3. 31. 법률 제7427호로 개정된 것) 제816조 제1호 중 '제810조의 규정에 위반한 때' 부분은 중혼의 당사자를 언제든지 혼인의 취소를 당할 수 있는 불안정한 지위로 만들고, 그로 인해 후혼배우자의 인격권과 행복추구권을 침해하며, 다른 혼인 취소사유와 달리 취급하여 평등원칙에 반한다. [16 법무사]

해설 후혼의 취소가 가혹한 결과가 발생하는 경우에는 구체적 사건에서 법원이 권리남용의 법리 등으로 해결하고 있다. 따라서 중혼 취소청구권의 소멸에 관하여 아무런 규정을 두지 않았다 하더라도, 이 사건 법률조항이 현저히 입법재량의 범위를 일탈하여 후혼배우자의 인격권 및 행복추구권을 침해하지 아니한다(헌재 2014. 7. 24. 2011헌바275).

3. 누진과세제도 하에서 혼인한 부부에게 조세부담의 증가를 초래하는 부부자산소득합산과세를 규정하고 있는 구 소득세법 제80조 제1항 제2호는 혼인한 부부를 비례의 원칙에 반하여 사실혼관계의 부부나 독신자에 비하여 차별하는 것으로서 헌법 제36조 제1항에 위반된다. [16 법무사]

해설 헌재 2002. 8. 29. 2001헌바82.

정답 1. ○ 2. × 3. ○

4. 호주제는 당사자의 의사나 복리와 무관하게 남계혈통 중심의 가의 유지와 계승이라는 관념에 뿌리박은 특정한 가족관계의 형태를 일방적으로 규정·강요함으로써 개인을 가족 내에서 존엄한 인격체로 존중하는 것이 아니라 가의 유지와 계승을 위한 도구적 존재로 취급하고 있는데, 이는 혼인·가족생활을 어떻게 꾸려나갈 것인지에 관한 개인과 가족의 자율적 결정권을 존중하라는 헌법 제36조 제1항에 부합하지 않는다. [16 법무사]

해설 헌재 2005. 2. 3. 2001헌가9 등.

5. 친생부인의 소의 제척기간을 규정한 민법(2005. 3. 31. 법률 제7427호로 개정된 것) 제847조 제1항 중 '부(夫)가 그 사유가 있음을 안 날부터 2년내' 부분은 친생부인의 소의 제척기간에 관한 입법재량의 한계를 일탈하지 않은 것으로서 헌법에 위반되지 아니한다. [16 법무사]

해설 헌재 2015. 3. 26. 2012헌바357.

6. 헌법 제36조 제1항은 "혼인과 가족생활은 개인의 존엄과 양성의 평등을 기초로 성립되고 유지되어야 하며, 국가는 이를 보장한다."라고 규정하고 있는데, 위 헌법 규정은 혼인과 가족에 대한 제도를 보장하는 것이지, 혼인과 가족 생활을 스스로 결정하고 형성할 수 있는 자유를 기본권으로 보장하는 것은 아니다. [14 법무사]

해설 헌법 제36조 제1항은 "혼인과 가족생활은 개인의 존엄과 양성의 평등을 기초로 성립되고 유지되어야 하며, 국가는 이를 보장한다."라고 규정하고 있는데, 헌법 제36조 제1항은 혼인과 가족생활을 스스로 결정하고 형성할 수 있는 자유를 기본권으로서 보장하고, 혼인과 가족에 대한 제도를 보장한다(헌재 2002. 8. 29. 2001헌바82).

7. 모든 납세의무자 중에서 혼인한 부부가 혼인하였다는 이유만으로 혼인하지 않은 자산소득자보다 더 많은 조세부담을 하여 소득을 재분배하도록 강요받는 것은 부당하다. [14 법무사]

해설 헌재 2002. 8. 29. 2001헌바82.

정답 4. ○ 5. ○ 6. × 7. ○

8. 헌법은 국가사회의 최고규범이므로 가족제도가 비록 역사적·사회적 산물이라는 특성을 지니고 있다 하더라도 헌법의 우위로부터 벗어날 수 없으며, 가족법이 헌법이념의 실현에 장애를 초래하고, 헌법규범과 현실과의 괴리를 고착시키는 데 일조하고 있다면 그러한 가족법은 수정되어야 한다. [14 법무사]

해설 헌재 2005. 2. 3. 2001헌가9.

9. 우리 헌법은 제정 당시부터 특별히 혼인의 남녀동권을 헌법적 혼인질서의 기초로 선언함으로써 우리 사회 전래의 가부장적인 봉건적 혼인질서를 더 이상 용인하지 않겠다는 헌법적 결단을 표현하였다. [14 법무사]

해설 헌재 2005. 2. 3. 2001헌가9 등.

10. 사실혼에 대하여 혼인의 효과 가운데 신고를 전제로 하는 것이 인정되지 아니하는 것과 마찬가지로 조세나 과징금 부과 등의 공법관계에서는 획일성이 요청되므로 사실혼을 법률혼과 동일하게 취급할 수 없다. [14 법무사]

해설 고용보험법 등 각종 사회보장법에서 사실혼 배우자를 배우자로 인정하여 일정한 범위 안에서 법률혼에 준하여 보호하고 있는 것은 사실혼관계의 부부 중 일방이 사망한 경우 잔존 배우자의 경제적 안정을 도모하기 위한 것에 불과할 뿐이고, 사실혼에 대하여 혼인의 효과 가운데 신고를 전제로 하는 것이 인정되지 아니하는 것과 마찬가지로 조세나 과징금 부과 등의 공법관계에서는 획일성이 요청되므로 사실혼을 법률혼과 동일하게 취급할 수 없다(헌재 2010. 12. 28. 2009헌바400).

정답 8. ○ 9. ○ 10. ○

병역의무

126 남자만의 병역의무 부과 사건

(병역법 제3조 제1항 등 위헌확인)
2010. 11. 25. 2006헌마328 [각하 · 기각]

|판시사항|

1. 대한민국 국민인 남자는 18세부터 제1국민역에 편입되도록 한 구 병역법 제8조 제1항에 대한 헌법소원 심판청구의 청구기간 도과 여부(+)
2. 대한민국 국민인 남자에 한하여 병역의무를 부과한 구 병역법 제3조 제1항 전문의 평등권 침해 여부(−)

[결정요지]

1. 청구인은 구 병역법 제8조 제1항, 제2조 제2항에 의하여 18세가 되는 해의 1. 1.에 제1국민역에 편입되었는바, 그로부터 1년이 경과하여 한 구 병역법 제8조 제1항에 대한 청구는 청구기간이 도과한 것으로서 부적법하다.

2. (1) **재판관 이강국, 재판관 김희옥, 재판관 이동흡, 재판관 송두환의 기각의견**

이 사건 법률조항은 헌법이 특별히 양성평등을 요구하는 경우나 관련 기본권에 중대한 제한을 초래하는 경우의 차별취급을 그 내용으로 하고 있다고 보기 어려우며, 징집대상자의 범위 결정에 관하여는 입법자의 광범위한 입법형성권이 인정된다는 점에 비추어 이 사건 법률조항이 평등권을 침해하는지 여부는 완화된 심사기준에 따라 판단하여야 한다.

집단으로서의 남자는 집단으로서의 여자에 비하여 보다 전투에 적합한 신체적 능력을 갖추고 있으며, 개개인의 신체적 능력에 기초한 전투적합성을 객관화하여 비교하는 검사체계를 갖추는 것이 현실적으로 어려운 점, 신체적 능력이 뛰어난 여자의 경우에도 월경이나 임신, 출산 등으로 인한 신체적 특성상 병력자원으로 투입하기에 부담이 큰 점 등에 비추어 남자만을 징병검사의 대상이 되는 병역의무자로 정한 것이 현저히 자의적인 차별취급이라 보기 어렵다. 한편 보충역이나 제2국민역 등은 국가비상사태에 즉시 전력으로 투입될 수 있는 예비적 전력으로서 병력동원이나 근로소집의 대상이 되는바, 평시에 현역으로 복무하지 않는다고 하더라도 병력자원으로서 일정한 신체적 능력이 요구된다고 할 것이므로 보충역 등 복무의무를 여자에게 부과하지 않은 것이 자의적이라 보기도 어렵다. 결국 이 사건 법률조항이 성별을 기준으로 병역의무자의 범위를 정한 것은 자의금지원칙에 위배하여 평등권을 침해하지 않는다.

(2) 재판관 김희옥의 위 기각의견에 대한 보충의견

입법자로서는, 현역 이외의 대체적 복무 형태는 국토방위라는 병역의무 본래의 목적과 관련하여 불가피한 경우에 한하도록 하고, 병역의무를 부담하지 아니하는 국민은 다른 형태로 병역의무의 이행을 지원하도록 하는 등의 진지한 개선 노력을 경주하여야 할 것이다. 다만 그 구체적 내용은 입법자의 광범위한 형성 영역에 있다.

(3) 재판관 조대현, 재판관 김종대의 기각의견

이 사건 법률조항은 헌법상 기본의무인 국방의 의무의 부과에 관한 것이므로 그에 대한 심사는 기본권의 과잉제한을 논할 필요가 없고, 다만 기본의무의 부과가 그 목적에 있어 정당한지, 그 부과 내용이 합리적이고 공평한지 여부를 따지는 것으로 족하며, 이 사건 법률조항은 국가보위를 목적으로 하는 국군의 최적의 전투력 확보를 위한 것으로서 여자의 신체적 특징, 대한민국의 국방안보현실 등을 고려할 때 기본의무 부과에 있어 지켜야 할 헌법상 심사기준을 충족시킨다.

병역의무

127 동원예비군 무단이탈 사건

(군형법 제1조 제3항 제3호 등 위헌소원)
1999. 2. 25. 97헌바3 **[합헌]**

|판시사항|

1. 소집되어 실역에 복무중인 예비역 등에게 현역군인에 준하여 군형법을 적용하는 것이 헌법에 위반되는지 여부(-)
2. 무단이탈죄를 규정하고 있는 군형법 제79조의 구성요건이 죄형법정주의에 위반되는지 여부(-)

[결정요지]

1. (1) 헌법 제39조 제1항은 "모든 국민은 법률이 정하는 바에 의하여 국방의 의무를 진다"고 규정하고 있다. 여기서 말하는 국방의 의무는 외부 적대세력의 직·간접적인 침략행위로부터 국가의 독립을 유지하고 영토를 보전하기 위한 의무로서, 현대전이 고도의 과학기술과 정보를 요구하고 국민전체의 협력을 필요로 하는 이른바 총력전인 점에 비추어 단지 병역법에 의하여 군복무에 임하는 등의 직접적인 병력형성의무만을 가리키는 것이 아니라, 병역법, 향토예비군설치법, 민방위기본법, 비상대비자원관리법 등에 의한 간접적인 병력형성의무 및 병력형성이후 군작전명령에 복종하고 협력하여야 할 의무도 포함한다.

사회활동을 영위하고 있는 예비역이라 할지라도 병력동원훈련소집 등으로 입영하게 되면 군대라는 특수사회의 일원이 되고, 동일한 지휘체계하에서 현역병과 함께 복무하게 되는바, 소집기간 중 군의 질서를 유지하고 일사불란한 지휘권을 확립하려면 그 예비역들을 현역병과 동일한 지휘, 복무, 규율체계에 복속시킬 필요가 있으므로, 군형법 제1조 제3항 제3호에서 소집되어 실역에 복무중인 예비역에 대하여 현역군인에 준하여 군형법을 적용토록 하였다 하더라도 이는 국방의 의무(헌법 제39조 제1항)에 근거한 것으로서 그 병역의무의 이행을 실효성있게 확보하기 위한 것이라 할 것이므로 헌법에 위반된다고 할 수 없다.

(2) 헌법 제39조 제2항은 "누구든지 병역의무의 이행으로 인하여 불이익한 처우를 받지 아니한다"고 규정하고 있다. 이 조항의 의미에 관하여는 논란이 있을 수 있겠으나, 병역의무 이행을 직접적 이유로 차별적 불이익을 가하거나, 또는 병역의무를 이행한 것이 결과적,

간접적으로 그렇지 아니한 경우보다 오히려 불이익을 받는 결과를 초래하여서는 아니된다는 것이 그 일차적이고도 기본적인 의미이다. 따라서 병역의무 이행의 일환으로 병역의무 이행 '중'에 입는 불이익은 '병역의무의 이행으로 인한' 불이익에 해당하지 않는다.

병역의무 그 자체를 이행하느라 받는 불이익은 병역의무의 이행으로 인한 불이익한 처우의 금지(헌법 제39조 제2항)와는 무관한 바, 예비역이 병역법에 의하여 병력동원훈련 등을 위하여 소집을 받는 것은 헌법과 법률에 따른 국방의 의무를 이행하는 것이고, 그 동안 군형법의 적용을 받는 것 또한 국방의 의무를 이행하는 중에 범한 군사상의 범죄에 대하여 형벌이라는 제재를 받는 것이므로, 어느 것이나 헌법 제39조 제1항에 규정된 국방의 의무를 이행하느라 입는 불이익이라고 할 수는 있을지언정, 병역의무의 이행으로 불이익한 처우를 받는 것이라고는 할 수 없다.

(3) 예비군동원이나 예비군훈련소집의 경우에 예비군대원은 어디까지나 예비군대원의 신분으로서 복무할 뿐이지, 현역군인과 동일하거나 현역군인에 준하여 복무하는 것이 아니므로, 향토예비군설치법에 의한 훈련을 받는 예비역과 달리 병력동원훈련소집 등으로 소집되어 실역에 복무중인 예비역에 대하여 군인에 준하여 군형법을 적용한다 하더라도 이는 합리적 이유가 없지 않으므로 평등원칙에 위반되지 않는다.

2. 군의 통수작용은 상황에 따라 유동성, 긴급성, 기밀성을 요구하므로 군형법도 이러한 군조직의 특수성에 부응하여 탄력적인 규율의 필요성이 있는바, 군형법 제79조에 규정된 "허가없이 근무장소 또는 지정장소를 일시 이탈하거나 지정한 시간내에 지정한 장소에 도달하지 못한 자"라는 구성요건은, 약간의 불명확성을 지니고 있으나, 이는 법관의 통상적인 해석작용에 의하여 충분히 보완될 수 있고, 위 조항의 피적용자는 일반국민이 아니라 군인 또는 준군인으로서 구체적인 상황에서 과연 자신의 행위가 근무이탈행위에 해당하는지 여부를 잘 인식할 수 있는 위치에 있어 그 금지된 행위가 무엇인지 예측할 수 없는 것도 아니므로, 죄형법정주의에서 요구되는 명확성의 원칙에 위배되지 아니한다.

핵심 체크 학습

병역의무

헌법판례선

1. ① 현역병의 군대 입대 전 범죄에 대한 군사법원의 재판권을 규정하고 있는 군사법원법 제2조 제2항 중 제1항 제1호의 '군형법 제1조 제2항의 현역에 복무하는 병' 부분은 재판청구권을 침해한다고 볼 수 없다. [16 법무사]

   해설 헌재 2009. 7. 30. 2008헌바162.

2. 영창제도를 규정하고 있는 구 전투경찰대 설치법 제5조는 적법절차원칙에 위배된다. [16 법무사]

   해설 이 사건 영창조항이 헌법에서 요구하는 수준의 절차적 보장 기준을 충족하지 못했다고 볼 수 없으므로 헌법 제12조 제1항의 적법절차원칙에 위배되지 아니한다(헌재 2016. 3. 31. 2013헌바190).

3. 산업기능요원으로 편입되어 1년 이상 종사하다가 편입이 취소되어 입영하는 사람의 경우 복무기간을 단축할 수 있다고 규정한 구 병역법 규정은 1년 미만을 종사하다가 편입취소된 산업기능요원만 차별하여 위헌이다. [16 법무사]

   해설 헌재 2011. 11. 24. 2010헌마746.

4. 헌법 제39조 제2항이 금지하는 '불이익한 처우'라 함은 단순한 사실상, 경제상의 불이익을 모두 포함하는 것이 아니라 법적인 불이익을 의미하는 것으로 보아야 한다. [16 법무사]

   해설 헌재 1999. 12. 23. 98헌마363.

정답 1. ○ 2. × 3. ○ 4. ○

5. 국방의 의무는 외부 적대세력의 직·간접적인 침략행위로부터 국가의 독립을 유지하고 영토를 보전하기 위한 의무로서, 현대전이 고도의 과학기술과 정보를 요구하고 국민전체의 협력을 필요로 하는 이른바 총력전인 점에 비추어 단지 병역법에 의하여 군복무에 임하는 등의 직접적인 병력형성의무만을 가리키는 것이 아니라, 병역법·향토예비군설치법·민방위기본법·비상대비자원관리법 등에 의한 간접적인 병력형성의무 및 병력형성 이후 군작전명령에 복종하고 협력하여야 할 의무도 포함하는 개념이다. [16 법무사]

해설 헌재 1995. 12. 28. 91헌마80.

정답 5. ○

제 3 편

통치구조

국 회

대의제 민주주의

1 국회구성권 사건

(국회구성권 등 침해 위헌확인)
1998. 10. 29. 96헌마186 **[각하]**

|판시사항|

국회내 정당간의 의석분포를 결정할 권리 내지 국회구성권이 헌법소원으로 다툴 수 있는 국민의 기본권인지 여부(−)

[결정요지]

헌법의 기본원리인 대의제 민주주의하에서 국회의원 선거권이란 것은 국회의원을 보통·평등·직접·비밀선거에 의하여 국민의 대표자인 국회의원을 선출하는 권리에 그치고, 개별 유권자 혹은 집단으로서의 국민의 의사를 선출된 국회의원이 그대로 대리하여 줄 것을 요구할 수 있는 권리까지 포함하는 것은 아니다. 또한 대의제도에 있어서 국민과 국회의원은 명령적 위임관계에 있는 것이 아니라 자유위임관계에 있기 때문에 일단 선출된 후에는 국회의원은 국민의 의사와 관계없이 독자적인 양식과 판단에 따라 정책결정에 임할 수 있다. 그런데 청구인들 주장의 "국회구성권"이란 유권자가 설정한 국회의석분포에 국회의원들을 기속시키고자 하는 것이고, 이러한 내용의 "국회구성권"이라는 것은 오늘날 이해되고 있는 대의제도의 본질에 반하는 것이므로 헌법상 인정될 여지가 없다.

대의제 민주주의하에서 국민의 국회의원 선거권이란 국회의원을 보통·평등·직접·비밀선거에 의하여 국민의 대표자로 선출하는 권리에 그치며, 국민과 국회의원은 명령적 위임관계에 있는 것이 아니라 자유위임관계에 있으므로, 유권자가 설정한 국회의석분포에 국회의원들을 기속시키고자 하는 내용의 "국회구성권"이라는 기본권은 오늘날 이해되고 있는 대의제도의 본질에 반하는 것이어서 헌법상 인정될 여지가 없고, 청구인들 주장과 같은 대통령에 의한 여야 의석분포의 인위적 조작행위로 국민주권주의라든지 복수정당제도가 훼손될 수 있는지의 여부는 별론으로 하고 그로 인하여 바로 헌법상 보장된 청구인들의 구체적 기본권이 침해당하는 것은 아니다.

국 회
대의제 민주주의

2 비례대표국회의원 의석승계 제한 사건

(공직선거법 제200조 제2항 단서 위헌확인)
2009. 6. 25. 2008헌마413 **[헌법불합치]**

|판시사항|

1. 임기만료일 전 180일 이내에 비례대표국회의원에 궐원이 생긴 때를 비례대표국회의원 의석승계 제한사유로 규정한 공직선거법 제200조 제2항 단서 중 '임기만료일 전 180일 이내에 비례대표국회의원에 궐원이 생긴 때' 부분이 대의제 민주주의 원리에 위배되는지 여부(+)
2. 심판대상조항이 궐원된 비례대표국회의원 의석을 승계 받을 후보자명부상의 차순위후보자의 공무담임권을 침해하는지 여부(+)

[결정요지]

1. 비례대표의원선거제에 있어 비례대표의원의 선출은 유권자의 정당에 대한 투표와 정당에 의한 후보자명부에 기재된 순위에 따라 이루어지는 것이므로, 비례대표의원에 궐원이 생긴 경우 지역구의원에 궐원이 생긴 경우와는 달리 후보자등록 당시에 제출된 정당의 후보자명부에 기재된 순위에 따라 궐원된 비례대표의원의 의석 승계가 이루어지는 것은 지극히 자연스러운 것이라 할 수 있고, 이는 비례대표제를 채택하고 있는 독일과 일본의 경우에도 마찬가지인 것이다.

비례대표국회의원에 궐원이 생긴 때에 그 궐원된 의석의 승계를 어떻게 정할 것인지는 입법자가 입법형성권의 범위 내에서 스스로 정할 사항이지만, 이때에도 통치구조의 헌법원리인 민주주의 원리에 저촉되지 않아야 함은 물론이고 헌법이 공무담임권을 기본권으로 보장하는 취지와 대의제 민주주의 통치질서에서 선거가 가지는 의미와 기능이 충분히 고려되어야 한다는 헌법적인 한계가 있다.

현행 비례대표선거제하에서 선거에 참여한 선거권자들의 정치적 의사표명에 의하여 직접 결정되는 것은, 어떠한 비례대표국회의원후보자가 비례대표국회의원으로 선출되느냐의 문제라기보다는 비례대표국회의원의석을 할당받을 정당에 배분되는 비례대표국회의원의 의석수라고 할 수 있다. 그런데 심판대상조항은 임기만료일 전 180일 이내에 비례대표국회의원에 궐원이 생긴 때에는 정당의 비례대표국회의원 후보자명부에 의한 의석 승계를 인정하지 아니함으로써 결과적으로 그 정당에 비례대표국회의원의석을 할당받도록 한 선거권자들의 정치적 의사표명을 무시하고 왜곡하는 결과가 된다. 또한, 비례대표국회의원에 궐원이 생긴 때에는 지역구국회의원에 궐원이 생긴 때와는 달리 원칙적으로 상당한 비용이나 시간이 소요되는 보궐선거나 재선거가 요구되지 아니하고 정당이 제출한 후보자명부에 기재된 순위에 따라서 간명하게 승계 여부가 결정되는 점, 국회의원으로서의 의정활동준비나 업무수행이 임기만료일 전부터 180일이라는 기간 내에는 불가능하다거나 현저히 곤란한 것으로 단정하기는 어려운 점 등을 종합해 볼 때, '임기만료일 전 180일 이내에 비례대표국회의원에 궐원이 생긴 때'를 일반적인 경우와 달리 취급하여야 할 합리적인 이유가 있는 것으로 보기도 어렵다. 더욱이 임기만료일 전 180일 이내에 비례대표국회의원에 상당수의 궐원이 생길 경우에는 의회의 정상적인 기능수행을 부당하게 제약하는 결과를 초래할 수도 있다. 따라서 심판대상조항은 선거권자의 의사를 무시하고 왜곡하는 결과를 낳을 수 있고, 의회의 정상적인 기능 수행에 장애가 될 수 있다는 점에서 헌법의 기본원리인 대의제 민주주의 원리에 부합되지 않는다고 할 것이다.

2. 심판대상조항은 앞에서 본 바와 같이 대의제 민주주의 원리에 부합되지 아니하는 것으로서 합리적 이유 없이 비례대표국회의원선거를 통하여 표출된 선거권자들의 정치적 의사표명을 무시, 왜곡하는 결과를 초래할 뿐이라 할 것이므로, 수단의 적합성 요건을 충족한 것으로 보기 어렵다. 나아가 비례대표국회의원의 전체 임기(4년)의 1/8 정도에 해당하는 180일이라는 기간은 비례대표국회의원으로서 국정을 수행함에 있어 결코 짧지 않은 기간이라 할 수 있고, 잔여임기가 180일 이내인 경우에 궐원된 비례대표국회의원의 의석 승계를 일체 허용하지 아니하는 것은 그 입법목적에 비추어 지나친 것이어서 침해의 최소성원칙에도 위배된다. 따라서 심판대상조항은 과잉금지원칙에 위배하여 청구인들의 공무담임권을 침해한 것이다.

국 회
정당국가적 민주주의

3 국회 교섭단체의 정책연구위원 배정 사건

(국회법 제34조 등 위헌확인)
2008. 3. 27. 2004헌마654 [기각]

|판시사항|

1. 교섭단체 소속의원의 입법활동을 보좌하기 위하여 교섭단체에 정책연구위원을 두도록 하는 국회법 제34조 제1항이 교섭단체를 구성한 정당과 그렇지 못한 정당을 차별하는 규정인지 여부(+)
2. 정책연구위원을 교섭단체 구성 여부만을 기준으로 배정하는 것이 소수정당의 평등권을 침해하는지 여부(−)

[결정요지]

1. 국회법은 정당과 원내교섭단체간의 일체성을 인정하여, 국회에 20인 이상의 소속의원을 가진 정당은 하나의 교섭단체로 보고, 국회의원은 둘 이상의 교섭단체에 소속될 수 없으며, 국회의원의 소속 정당이 변경된 경우에는 지체 없이 의장에게 보고하도록 하고 있다. 따라서 교섭단체에 정책연구위원을 둔다는 국회법 제34조 제1항 규정은 교섭단체를 구성한 정당에게 정책연구위원을 배정한다는 것과 실질적으로 다를 바 없다고 할 것인바, 이 규정은 교섭단체 소속의원과 그렇지 못한 의원을 차별하는 것인 동시에, 교섭단체를 구성한 정당과 그렇지 못한 정당도 차별하고 있다고 할 것이다. 그렇다면 국회의원 20인 이상을 확보하지 못하여 교섭단체를 구성하지 못한 청구인은 이 사건 규정으로 인하여 자신의 기본권을 침해받을 가능성이 있다.

2. 국회의 역할 중 가장 중요한 것은 국민의 요구와 기대를 수렴하여 입법화하는 일이다. 그런데 국민의 의사를 수렴하여 정책을 수립하고 이를 법률안으로 구체화하는 일은 국회의원 개개인보다 그들의 결사체인 정당 등 교섭단체가 하는 것이 더 적절하고 효율적일 것이다. 나아가 원내에서도 법률안을 발의하는 데에는 의원 10인 이상의 찬성이 있어야 하는 점, 이를 심의하기 위한 의사일정에 관하여 교섭단체 간의 타협과 조정이 필요한 점, 법률안 심의는 주로 본회의가 아닌 소관 상임위원회 중심으로 이루어지는데 상임위원회

수가 17개에 달하는 점, 법안이 의결되기 위하여는 재적의원 과반수의 출석과 출석의원 과반수의 찬성을 필요로 하는 점 등을 고려하여 볼 때, 일정수 이상의 소속의원을 가진 교섭단체가 입법활동을 주도할 가능성이 높다. 이러한 상황에서 국회 입법활동의 활성화와 효율화를 이루기 위하여는 우선적으로 교섭단체의 전문성을 제고시켜야 하며, 교섭단체가 필요로 하는 전문인력을 공무원 신분인 정책연구위원으로 임용하여 그 소속의원들의 입법활동을 보좌하도록 할 필요성이 발생하므로 교섭단체에 한하여 정책연구위원을 배정하는 것은 입법재량의 범위 내로서 그 차별에 합리적인 이유가 있다 할 것이다.

국 회
국회의원의 정당기속

4 국회 상임위 강제사임 사건

(국회의원과 국회의장간의 권한쟁의)
2003. 10. 30. 2002헌라1 [기각]

|판시사항|

1. 국회의원이 권한쟁의심판을 청구할 당사자적격이 있는지 여부(+)
2. 국회의장인 피청구인이 국회의원인 청구인을 그 의사에 반하여 국회 보건복지위원회에서 사임시키고 환경노동위원회로 보임한 행위(이하 "이 사건 사 · 보임행위" 라 한다)가 권한쟁의심판의 대상이 되는지 여부(+)
3. 제16대 국회의 제2기 원구성이 완료되고 청구인이 보건복지위원회에 다시 배정된 상태이지만 헌법적 해명의 필요성이 있어 심판의 이익이 있다고 판시한 사례
4. 피청구인의 이 사건 사 · 보임행위가 헌법과 법률의 규정에 위반하여 청구인의 법률안 심의 · 표결 권한을 침해한 것인지 여부(−)

[결정요지]

1. 헌법재판소는 1997. 7. 16. 선고한 96헌라2 국회의원과 국회의장간의 권한쟁의 사건에서 국회의원과 국회의장을 헌법 제111조 제1항 제4호 소정의 '국가기관'에 해당하는 것으로 해석하고 이들의 당사자능력을 인정한 바 있으며, 이러한 입장은 2000. 2. 24. 선고한 99헌라1 국회의원과 국회의장간의 권한쟁의 사건에서도 이어지고 있다. 따라서 <u>국회의원인 청구인은 권한쟁의심판을 청구할 당사자능력이 있다</u>.

2. 피청구인은 2001. 12. 24. 한나라당 교섭단체대표의원이 요청한, 같은 한나라당 의원으로서 국회 보건복지위원회 소속이던 청구인과 환경노동위원회 소속이던 박혁규의원을 서로 맞바꾸는 내용의 상임위원회 위원 사 · 보임 요청서에 결재를 하였고, 이는 국회법 제48조 제1항에 규정된 바와 같이 교섭단체대표의원의 요청에 따른 상임위원 개선행위이다. 위와 같은 피청구인의 개선행위에 따라 청구인은 같은 날부터 보건복지위원회에서 사임되고, 위 박혁규 의원이 동 위원회에 보임되었다. 따라서, <u>청구인의 상임위원 신분의 변경을 가져온 피청구인의 이 사건 사 · 보임행위는 권한쟁의심판의 대상이 되는 처분이라고 할</u>

것이다.

3. 현재의 제16대 국회는 4년 임기중 전반기를 이미 마쳤고, 후반기 들어 2002. 7.경 새로이 각 상임위원회의 위원배정이 이루어졌으며, 이 때 청구인은 다시 보건복지위원회에 배정되어 현재까지 동 위원회에서 활동하고 있다. 그러므로 청구인이 이 사건 권한쟁의심판청구에 의하여 달성하고자 하는 목적은 이미 이루어져 청구인이 주장하는 권리보호이익은 소멸하였다. 그러나 이 사건과 같이 상임위원회 위원의 개선, 즉 사·보임행위는 법률의 근거하에 국회관행상 빈번하게 행해지고 있고 그 과정에서 당해 위원의 의사에 반하는 사·보임이 이루어지는 경우도 얼마든지 예상할 수 있으므로 청구인에게 뿐만 아니라 일반적으로도 다시 반복될 수 있는 사안이어서 헌법적 해명의 필요성이 있으므로 이 사건은 심판의 이익이 있다.

4. (1) 정당은 국민과 국가의 중개자로서 정치적 도관(導管)의 기능을 수행하여 주체적·능동적으로 국민의 다원적 정치의사를 유도·통합함으로써 국가정책의 결정에 직접 영향을 미칠 수 있는 규모의 정치적 의사를 형성하고 있다. 이와 같은 정당의 기능을 수행하기 위해서는 무엇보다도 먼저 정당의 자유로운 지위가 전제되지 않으면 안 된다. 즉, 정당의 자유는 민주정치의 전제인 자유롭고 공개적인 정치적 의사형성을 가능하게 하는 것이므로 그 자유는 최대한 보장되지 않으면 안 되는 것이다. 한편, 정당은 그 자유로운 지위와 함께 "공공(公共)의 지위"를 함께 가지므로 이 점에서 정당은 일정한 법적 의무를 지게 된다. 현대정치의 실질적 담당자로서 정당은 그 목적이나 활동이 헌법적 기본질서를 존중하지 않으면 안되며, 따라서 정당의 활동은 헌법의 테두리 안에서 보장되는 것이다. 또한 정당은 정치적 조직체인 탓에 그 내부조직에서 형성되는 과두적·권위주의적 지배경향을 배제하여 민주적 내부질서를 확보하기 위한 법적 규제가 불가피하게 요구된다. 그러나 정당에 대한 법적 규제는 위와 같은 한정된 목적에 필요한 범위 안에서 행해져야 하며, 그것이 국민의 정치활동의 자유나 정당의 단체자치에 부당한 간섭으로 작용해서는 안 된다. 특히 정당의 내부질서에 대한 규제는 그것이 지나칠 때에는 정당의 자유에 대한 침해의 위험성이 있으므로 민주적 내부질서에 필요한 최소한도의 규제로 그쳐야 한다.

(2) 현대의 민주주의가 종래의 순수한 대의제 민주주의에서 정당국가적 민주주의의 경향으로 변화하고 있음은 주지하는 바와 같다. 다만, 국회의원의 국민대표성보다는 오늘날 복수정당제하에서 실제적으로 정당에 의하여 국회가 운영되고 있는 점을 강조하려는 견해와, 반대로 대의제 민주주의 원리를 중시하고 정당국가적 현실은 기본적으로 국회의원의 전체국민대표성을 침해하지 않는 범위내에서 인정하려는 입장이 서로 맞서고 있다. 국회의

원의 원내활동을 기본적으로 각자에 맡기는 자유위임은 자유로운 토론과 의사형성을 가능하게 함으로써 당내민주주의를 구현하고 정당의 독재화 또는 과두화를 막아주는 순기능을 갖는다. 그러나 자유위임은 의회내에서의 정치의사형성에 정당의 협력을 배척하는 것이 아니며, 의원이 정당과 교섭단체의 지시에 기속되는 것을 배제하는 근거가 되는 것도 아니다. 또한 국회의원의 국민대표성을 중시하는 입장에서도 특정 정당에 소속된 국회의원이 정당기속 내지는 교섭단체의 결정(소위 '당론')에 위반하는 정치활동을 한 이유로 제재를 받는 경우, 국회의원 신분을 상실하게 할 수는 없으나 "정당내부의 사실상의 강제" 또는 소속 "정당으로부터의 제명"은 가능하다고 보고 있다. 그렇다면, 당론과 다른 견해를 가진 소속 국회의원을 당해 교섭단체의 필요에 따라 다른 상임위원회로 전임(사 · 보임)하는 조치는 특별한 사정이 없는 한 헌법상 용인될 수 있는 "정당내부의 사실상 강제"의 범위내에 해당한다고 할 것이다.

(3) 또한 오늘날 교섭단체가 정당국가에서 의원의 정당기속을 강화하는 하나의 수단으로 기능할 뿐만 아니라 정당소속 의원들의 원내 행동통일을 기함으로써 정당의 정책을 의안심의에서 최대한으로 반영하기 위한 기능도 갖는다는 점에 비추어 볼 때, 국회의장이 국회의 의사(議事)를 원활히 운영하기 위하여 상임위원회의 구성원인 위원의 선임 및 개선에 있어 교섭단체대표의원과 협의하고 그의 "요청"에 응하는 것은 국회운영에 있어 본질적인 요소라고 아니할 수 없다. 피청구인은 국회법 제48조 제1항에 규정된 바에 따라 청구인이 소속된 한나라당 "교섭단체대표의원의 요청"을 서면으로 받고 이 사건 사 · 보임행위를 한 것으로서 하등 헌법이나 법률에 위반되는 행위를 한 바가 없다.

(4) 요컨대, 피청구인의 이 사건 사 · 보임행위는 청구인이 소속된 정당내부의 사실상 강제에 터 잡아 교섭단체대표의원이 상임위원회 사 · 보임 요청을 하고 이에 따라 이른바 의사정리권한의 일환으로 이를 받아들인 것으로서, 그 절차 · 과정에 헌법이나 법률의 규정을 명백하게 위반하여 재량권의 한계를 현저히 벗어나 청구인의 권한을 침해한 것으로는 볼 수 없다고 할 것이다.

국 회

회의공개의 원칙

5 국회방청불허 사건

(국회예산결산특별위원회 계수조정소위원회 방청허가불허 위헌확인)
2000. 6. 29. 98헌마443, 99헌마583(병합) **[각하 · 기각]**

|판시사항|

1. 의사공개의 원칙과 국회방청의 자유
2. 국회법 제55조 제1항의 위헌여부(−)
3. 국회예산결산특별위원회 계수조정소위원회의 성격, 국회관행 등을 이유로 동 위원회 회의에 대한 시민단체의 방청을 불허한 것이 알 권리를 침해한 것인지 여부(−)
4. 의원들의 국정감사활동에 대한 평가 및 결과 공표의 부적절함을 이유로 국정감사에 대한 시민단체의 방청을 불허한 것이 알 권리를 침해한 것인지 여부(−)

[결정요지]

1. 오늘날 국회기능의 중점이 본회의에서 위원회로 옮겨져 위원회중심주의로 운영되고 있고, 법안 등의 의안에 대한 실질적인 심의가 위원회에서 이루어지고 있음은 주지의 사실인바, 헌법 제50조 제1항이 천명하고 있는 의사공개의 원칙은 위원회의 회의에도 당연히 적용되는 것으로 보아야 한다.

국회법 제55조 제1항은 "위원회에서는 의원이 아닌 자는 위원장의 허가를 받아 방청할 수 있다"고 규정하고 있는바, 이는 위에서 본바와 같은 위원회의 공개원칙을 전제로 한 것이다. 청구인들의 주장과 같이 비공개를 원칙으로 하여 위원장의 자의에 따라 공개여부를 결정케 한 것이 아니다. 위 조항은 위원회 회의가 공개되는 경우에도 방청을 허용하여서는 아니될 사유가 있을 때에는 위원장이 방청을 허가하지 아니할 수 있도록 하고 있는 규정이다.

2. 국회법 제55조 제1항은 위원회의 공개원칙을 전제로 한 것이지, 비공개를 원칙으로 하여 위원장의 자의에 따라 공개여부를 결정케 한 것이 아닌바, 위원장이라고 하여 아무런 제한없이 임의로 방청불허 결정을 할 수 있는 것이 아니라, 회의장의 장소적 제약으로 불가피한 경우, 회의의 원활한 진행을 위하여 필요한 경우 등 결국 회의의 질서유지를 위하여

필요한 경우에 한하여 방청을 불허할 수 있는 것으로 제한적으로 풀이되며, 이와 같이 이해하는 한, 위 조항은 헌법에 규정된 의사공개의 원칙에 저촉되지 않으면서도 국민의 방청의 자유와 위원회의 원활한 운영간에 적절한 조화를 꾀하고 있다고 할 것이므로 국민의 기본권을 침해하는 위헌조항이라 할 수 없다.

3. 소위원회의 회의도 가능한 한 국민에게 공개하는 것이 바람직하나, 전문성과 효율성을 위한 제도인 소위원회의 회의를 공개할 경우 우려되는 부정적 측면도 외면할 수 없고, 헌법은 국회회의의 공개여부에 관하여 회의 구성원의 자율적 판단을 허용하고 있으므로, 소위원회 회의의 공개여부 또한 소위원회 또는 소위원회가 속한 위원회에서 여러 가지 사정을 종합하여 합리적으로 결정할 수 있다 할 것인바, 예산결산특별위원회의 계수조정소위원회는 예산의 각 장·관·항의 조정과 예산액 등의 수치를 종합적으로 조정·정리하는 소위원회로서, 예산심의에 관하여 이해관계를 가질 수 밖에 없는 많은 국가기관과 당사자들에게 계수조정 과정을 공개하기는 곤란하다는 점과, 계수조정소위원회를 비공개로 진행하는 것이 국회의 확립된 관행이라는 점을 들어 방청을 불허한 것이고, 한편 절차적으로도 계수조정소위원회를 비공개로 함에 관하여는 예산결산특별위원회 위원들의 실질적인 합의 내지 찬성이 있었다고 볼 수 있으므로, 이 사건 소위원회 방청불허행위를 헌법이 설정한 국회 의사자율권의 범위를 벗어난 위헌적인 공권력의 행사라고 할 수 없다.

4. 피청구인들은 의원들의 국정감사활동에 대한 시민연대의 평가기준의 공정성에 대한 검증절차가 없었고, 모니터 요원들의 전문성이 부족하며, 평가의 언론공표로 의원들의 정치적 평판 내지 명예에 대한 심각한 훼손의 우려가 있어 청구인들의 방청을 허용할 경우 원활한 국정감사의 실현이 불가능하다고 보아 전면적으로 또는 조건부로 방청을 불허하였는바, 원만한 회의진행 등 회의의 질서유지를 위하여 방청을 금지할 필요성이 있었는지에 관하여는 국회의 자율적 판단을 존중하여야 하는 것인즉, 피청구인들이 위와 같은 사유를 들어 방청을 불허한 것이 헌법재판소가 관여하여야 할 정도로 명백히 이유없는 자의적인 것이라 보기 어렵다.

국 회
입법절차

6 법률안 변칙처리에 관한 권한쟁의 사건

(국회의원과 국회의장간의 권한쟁의)
1997.7.16. 96헌라2 [권한침해 · 기각]

|판시사항|

1. 국회의원과 국회의장이 권한쟁의심판의 당사자가 될 수 있는지 여부(+)
2. 야당의원들에게 개의일시를 통지하지 않음으로써 출석의 기회를 박탈한 채 본회의를 개의, 법률안을 가결처리한 경우 야당의원들의 법률안 심의 · 표결권의 침해 여부(+)
3. 위와 같은 법률안 가결선포행위의 위헌 여부(인용의견이 과반수에 이르지 아니하여 기각된 예)

[결정요지]

1. 헌법 제111조 제1항 제4호에서 헌법재판소의 관장사항의 하나로 "국가기관 상호간, 국가기관과 지방자치단체간 및 지방자치단체 상호간의 권한쟁의에 관한 심판"이라고 규정하고 있을 뿐 권한쟁의심판의 당사자가 될 수 있는 국가기관의 종류나 범위에 관하여는 아무런 규정을 두고 있지 않고, 이에 관하여 특별히 법률로 정하도록 위임하고 있지도 않다. 따라서 입법자인 국회는 권한쟁의심판의 종류나 당사자를 제한할 입법형성의 자유가 있다고 할 수 없고, 헌법 제111조 제1항 제4호에서 말하는 국가기관의 의미와 권한쟁의심판의 당사자가 될 수 있는 국가기관의 범위는 결국 헌법해석을 통하여 확정하여야 할 문제이다.

따라서 헌법 제111조 제1항 제4호 소정의 '국가기관'에 해당하는지 아닌지를 판별함에 있어서는 그 국가기관이 헌법에 의하여 설치되고 헌법과 법률에 의하여 독자적인 권한을 부여받고 있는지 여부, 헌법에 의하여 설치된 국가기관 상호간의 권한쟁의를 해결할 수 있는 적당한 기관이나 방법이 있는지 여부 등을 종합적으로 고려하여야 할 것이다.

(1) 헌법재판소법 제62조 제1항 제1호가 국가기관 상호간의 권한쟁의심판을 "국회, 정부, 법원 및 중앙선거관리위원회 상호간의 권한쟁의심판"이라고 규정하고 있더라도 이는 한정적, 열거적인 조항이 아니라 예시적인 조항이라고 해석하는 것이 헌법에 합치되므로 이들 기관외에는 권한쟁의심판의 당사자가 될 수 없다고 단정할 수 없다.

(2) 헌법 제111조 제1항 제4호 소정의 "국가기관"에 해당하는지 여부는 그 국가기관이 헌법에 의하여 설치되고 헌법과 법률에 의하여 독자적인 권한을 부여받고 있는지, 헌법에 의하여 설치된 국가기관 상호간의 권한쟁의를 해결할 수 있는 적당한 기관이나 방법이 있는지 등을 종합적으로 고려하여야 할 것인바, 이러한 의미에서 국회의원과 국회의장은 위 헌법조항 소정의 "국가기관"에 해당하므로 권한쟁의심판의 당사자가 될 수 있다.

(3) 우리 재판소가 종전에 이와 견해를 달리하여 국회의원은 권한쟁의심판의 청구인이 될 수 없다고 한 의견은 이를 변경한다.

2. 국회는 국민의 대표기관, 입법기관으로서 폭넓은 자율권을 가지고 있고, 그 자율권은 권력분립의 원칙이나 국회의 지위, 기능에 비추어 존중되어야 하는 것이지만, 한편 법치주의의 원리상 모든 국가기관은 헌법과 법률에 의하여 기속을 받는 것이므로 국회의 자율권도 헌법이나 법률을 위반하지 않는 범위내에서 허용되어야 하고 따라서 국회의 의사절차나 입법절차에 헌법이나 법률의 규정을 명백히 위반한 흠이 있는 경우에도 국회가 자율권을 가진다고는 할 수 없다. 이 사건은 국회의장이 국회의원의 헌법상 권한을 침해하였다는 이유로 국회의원인 청구인들이 국회의장을 상대로 권한쟁의심판을 청구한 사건이므로 이 사건 심판대상은 국회의 자율권이 허용되는 사항이라고 볼 수 없고, 따라서 헌법재판소가 심사할 수 없는 국회내부의 자율에 관한 문제라고 할 수는 없다.

국회의장이 야당의원들에게 본회의 개의일시를 국회법에 규정된 대로 적법하게 통지하지 않음으로써 그들이 본회의에 출석할 기회를 잃게 되었고, 그 결과 법률안의 심의 · 표결과정에 참여하지 못하게 되었다면 이로써 야당의원들의 헌법에 의하여 부여된 법률안 심의 · 표결의 권한이 침해된 것이다.

3. 재판관 김용준, 재판관 김문희, 재판관 이영모의 의견

이 사건 법률안은 재적의원의 과반수인 국회의원 155인이 출석한 가운데 개의된 본회의에서 출석의원 전원의 찬성으로 의결처리되었고, 그 본회의에 관하여 일반국민의 방청이나 언론의 취재를 금지하는 조치가 취하여지지도 않았음이 분명한바, 그렇다면 이 사건 법률안의 가결선포행위는 입법절차에 관한 헌법의 규정을 명백히 위반한 흠이 있다고 볼 수 없으므로 이를 무효라고 할 수 없다.

4. 재판관 이재화, 재판관 조승형, 재판관 고중석의 의견

의회민주주의와 다수결원리의 헌법적 의미를 고려할 때, 헌법 제49조는 단순히 재적의원 과반수의 출석과 출석의원 과반수에 의한 찬성을 형식적으로 요구하는 것에 그치지 않고, 국회의 의결은 통지가 가능한 국회의원 모두에게 회의에 출석할 기회가 부여된 바탕위에 재적의원 과반수의 출석과 출석의원 과반수의 찬성으로 이루어져야 함을 뜻하는 것으로 해석하여야 하는바, 헌법 제49조를 구체화하는 국회법규정에 위배하여 야당의원들에게 본회의 개의일시를 알리지 않음으로써 출석가능성을 배제한 가운데 본회의를 개의하여, 여당의원들만 출석한 가운데 그들만의 표결로 법률안을 가결선포한 행위는 야당의원들의 헌법상의 권한을 침해한 것임과 아울러 헌법 제49조에 명백히 위배되는 것이다.

국 회
입법절차

7 방위사업청 신설내용의 수정안 제출 사건

(국회의원과 국회의장 간의 권한쟁의)
2006. 2. 23. 2005헌라6 [기각]

|판시사항|

1. 국회법상 수정안의 범위
2. 국회의장이 방위사업청 신설을 내용으로 하는 의안을 복수차관제와 일부청의 차관급 격상을 내용으로 하는 정부조직법 개정안의 수정안으로 보고 처리한 것이 국회법에 위반되는지 여부(−)

[결정요지]

1. 국회법상 수정안의 범위에 대한 어떠한 제한도 규정되어 있지 않은 점과 국회법 규정에 따른 문언의 의미상 수정이란 원안에 대하여 다른 의사를 가하는 것으로 새로 추가, 삭제, 또는 변경하는 것을 모두 포함하는 개념이라는 점에 비추어, 어떠한 의안으로 인하여 원안이 본래의 취지를 잃고 전혀 다른 의미로 변경되는 정도에까지 이르지 않는다면 이를 국회법상의 수정안에 해당하는 것으로 보아 의안을 처리할 수 있는 것으로 볼 수 있다. 물론 이미 이루어진 것의 잘못된 점을 바로잡는다는 수정의 사전적 의미를 감안하여 원안의 목적 또는 성격을 변경하지 않는 범위 내에서 고치는 것을 전제로 하고 수정안은 원안과 동일성이 인정되는 범위 내에서만 인정될 수 있다는 해석도 가능하기는 하다. 그러나 원안의 목적과 성격을 보는 관점에 따라서는 동일성의 인정범위가 달라질 수 있고 또한 너무 좁게 해석하면 국회법 규정에 따른 수정의 의미를 상실할 수도 있다.

2. 위와 같이 국회법 제95조상의 수정의 개념을 폭넓게 보는 해석이 가능하다면 복수차관제와 일부청의 차관급 격상을 내용으로 하는 정부조직법 개정안에 대한 수정안인 방위사업청 신설을 내용으로 하는 의안(이하 '이 사건 수정안'이라 한다)을 국회의장이 적법한 수정안에 해당하는 것으로 보고 의안을 처리하였다 하더라도 이를 명백히 법률에 위반된다고 할 수는 없다. 게다가 국회속기록에 의하면 피청구인(국회의장)은 국회의 의사절차가 명문의 규정이 없는 경우 과거의 관례에 따르게 되어 있는 점을 전제로 국회사무처로부터 제17

대 국회에서 2005. 6. 29.까지의 수정안 12개 중 10개가 원안에 포함되어 있지 않은 새로운 사항을 규정한 것이라는 자료를 보고받고 이에 근거하여 이 사건 수정안을 표결처리하였고, 당해 국회사무처의 보고자료에서 언급한 의안을 살펴보면 실제로 이와 같이 새로운 사항을 규정한 의안들이 아무런 문제없이 수정안으로 처리되어왔음을 확인할 수 있다. 따라서 피청구인이 아무런 근거 없이 일방적으로 국회법을 해석하여 수정안의 범위에 대한 입장을 정한 것으로 볼 수도 없다.

국 회
입법절차

8 국회표결에서의 이의표시 사건

(국회의장과 국회의원 간의 권한쟁의)
2000. 2. 24. 99헌라1 **[기각]**

|판시사항|

1. 국회의원과 국회의장이 권한쟁의심판의 당사자가 될 수 있는지 여부(적극, 반대의견 있음)
2. 국회의장(피청구인)을 대리한 국회부의장이 국회 본회의에서 일부 국회의원들이 의사진행을 방해하는 가운데, 남녀차별금지및구제에관한법률안 등 법률안들을 가결·선포한 행위가 헌법 또는 법률에 의한 국회의원들(청구인)의 법률안 심의·표결권을 침해하는지 여부
3. 기각의견 4, 인용의견 3, 각하의견 2의 경우 권한쟁의심판청구를 기각한 사례

[결정요지]

1. 국회의장과 국회의원 간에 그들의 권한의 존부 또는 범위에 관하여 분쟁이 생길 수 있고, 이와 같은 분쟁은 단순히 국회의 구성원인 국회의원과 국회의장 간의 국가기관 내부문제가 아니라 헌법상 별개의 국가기관이 각자 그들의 권한의 존부 또는 범위를 둘러싼 분쟁이다. 이 분쟁은 권한쟁의심판 이외에 이를 해결할 수 있는 다른 수단이 없으므로 국회의원과 국회의장은 헌법 제111조 제1항 제4호 소정의 권한쟁의심판의 당사자가 될 수 있다.

2. 재판관 이재화, 재판관 고중석, 재판관 이영모, 재판관 하경철의 기각의견

우리 국회의 법률안 심의는 본회의 중심주의가 아닌 소관 상임위원회에서 이루어진다. 소관 상임위원회에서 심사·의결된 내용을 본회의에서는 거의 그대로 통과시키는 이른바 위원회 중심주의를 채택하고 있다. 따라서 대부분의 법률안에 대한 표결은 이의유무에 의한 국회법 제112조 제3항에 따른 '전원일치'의 방법으로 행하여진다.

회의록은 회의에 관한 공적 기록이며 회의와 관련하여 문제가 생겼을 때에는 유력한 증거가 된다. 회의에서의 의결, 결정, 선거 그밖의 효력은 회의록의 기재에 의하여 입증되는 것이므로, 회의록의 기재내용의 진정을 증명하는 취지로 의장, 의장을 대리한 부의장, 임시의장과 사무총장 또는 그 대리자가 서명·날인하여 국회에 보존해 두는 것이다. 국회의 자율권을 존중하여야 하는 헌법재판소로서는 이 사건 법률안 가결·선포행위와 관련된

사실인정은 국회본회의 회의록의 기재내용에 의존할 수밖에 없고 그밖에 이를 뒤집을 만한 다른 증거는 없다.

1) 청구인들이 국회본회의에서 이의제기(국회법 제112조 제3항)를 한 사실이 있는지 여부에 관한 증거를 보면, 국회본회의 회의록에 (장내소란)으로 기재된 것만으로 청구인들이 이의를 한 것으로 인정할 수는 없고, 방송사의 보도내용을 담은 비디오테이프 또한 본회의장 내에서 일어난 소란을 청구인들이 이의를 한 것으로 인정할 증거가 되지 아니한다.

2) 국회의 자율권을 존중하여야 하는 헌법재판소로서는 이 사건 법률안 가결·선포행위와 관련된 사실인정은 국회본회의 회의록의 기재내용에 의존할 수밖에 없고, 피청구인의 이 사건 법률안 가결·선포행위가 헌법 제49조, 국회법 제112조 제3항 위반으로 인정할 수 있는 증거가 없으므로, 청구인들의 법률안 심의·표결권을 침해하는 위법이 있다는 이 사건 권한쟁의심판청구는 기각을 면할 수 없다.

3. 이 결정에 관하여 재판관 4인은 기각의견, 재판관 3인은 인용의견, 재판관 2인은 각하의견이므로 청구인들의 이 심판청구를 기각하기로 한다.

국 회
입법절차

9 사립학교법 개정법률안의 수정안 가결 사건

(국회의원과 국회의장 간의 권한쟁의)
2008. 4. 24. 2006헌라2 [기각]

|판시사항|

1. 국회의장이 교섭단체 대표의원과 직접 협의하지 않고 의사일정의 순서를 변경한 것이 국회법 제77조에 위반되는지 여부(−)
2. 장내소란으로 의안상정·제안설명 등 의사진행이 정상적으로 이루어지지 못하고 질의신청을 하는 의원도 없는 상황에서 위원회의 심사를 거치지 않은 의안에 대하여 제안자의 취지설명, 질의, 토론절차를 거치지 않은 채 표결절차를 진행한 국회의장의 행위가 국회법 제93조의 심의절차에 위반되는지 여부(−)

[결정요지]

1. 국회법상 '협의'의 개념은 의견을 교환하고 수렴하는 절차라는 성질상 다양한 방식으로 이루어질 수 있고, 그에 대한 판단과 결정은 종국적으로 국회의장에게 맡겨져 있다. 피청구인 국회의장은 장내소란으로 국회법에 따른 정상적인 의사진행을 기대하기 어려운 상황에서 효율적인 회의 진행을 위하여 의사일정 제5항이던 사립학교법 중 개정법률안을 제일 먼저 상정하여 심의할 필요가 있다고 판단한 점, 사립학교법 중 개정법률안의 상정 자체에 반대하던 한나라당 대표의원과의 협의는 실질적인 의미가 없는 상황이었던 점, 당시 회의록에 의하면 한나라당 의원들을 포함하여 274명의 의원들이 본회의장에 출석하고 있는 것으로 기재되어 있으므로 의사일정을 변경하더라도 그 자체로 국회의원들의 심의·표결에 지장이 있었다고 보기 어려운 점 등을 고려해 볼 때, 피청구인이 한나라당 대표의원과 직접 협의 없이 의사일정순서를 변경하였다고 하여 국회법 제77조 위반으로 보기 어렵다.

2. 국회법 제93조는 '위원회의 심의를 거치지 아니한 안건에 대해서는 제안자가 그 취지를 설명하도록' 정하고 있으나, 그러한 취지설명의 방식에는 제한이 없고 제안자가 발언대에서 구두설명을 하지 않더라도 서면이나 컴퓨터 단말기에 의한 설명 등으로 이를 대체

할 수 있으므로, 발언대의 마이크를 사용하기 어려울 만큼 소란스러운 상황에서 피청구인이 제안자의 취지설명을 컴퓨터 단말기로 대체하도록 한 것이 국회법 제93조를 위반하였다고 할 수 없다. 또한, 의사진행 방해로 의안상정·제안설명 등 의사진행이 정상적으로 이루어지지 못하고 질의신청을 하는 의원도 없는 상황에서 피청구인이 '질의신청 유무'에 대한 언급 없이 단지 '토론신청이 없으므로 바로 표결하겠다'라고 한 행위가 위원회 심의를 거치지 않은 안건에 대하여 질의, 토론을 거치도록 정한 국회법 제93조에 위반하여 청구인 국회의원들의 심의·표결권을 침해할 정도에 이르렀다고는 보기 어렵다.

국 회
입법절차

10 신문법 등을 둘러싼 국회의원과 국회의장 간의 권한쟁의

(국회의원과 국회의장 등 간의 권한쟁의)
2009. 10. 29. 2009헌라8·9·10(병합) **[인용, 기각, 각하]**

|판시사항|

1. 국회의원이 국회의장의 직무를 대리하여 법률안 가결선포행위를 한 국회부의장을 상대로 위 가결선포행위가 자신의 법률안 심의·표결권을 침해하였음을 주장하여 권한쟁의심판을 청구할 수 있는지 여부(−)
2. (1) 국회의원이 법률안 심의·표결권을 포기할 수 있는지 여부(−)
   (2) 의사진행을 방해하거나 다른 국회의원들의 투표를 방해한 국회의원이 자신의 심의·표결권이 침해되었음을 주장하여 국회의장을 상대로 제기한 권한쟁의심판청구가 소권의 남용으로서 부적법한 것으로 볼 수 없다고 한 사례
3. '신문 등의 자유와 기능보장에 관한 법률 전부개정법률안' (이하 '신문법안' 이라 한다)의 가결선포행위에 대하여
   (1) 안건의 제안취지 설명 절차가 위법하여 국회의원의 심의·표결권을 침해하였는지 여부(−)
   (2) <u>질의·토론 절차가 위법하여 국회의원의 심의·표결권을 침해하였는지 여부</u>(+)
   (3) <u>표결 절차에서, 표결의 자유와 공정이 현저히 저해되고 그로 인하여 표결 결과의 정당성에 영향을 미쳤을 개연성이 있는지 여부 및 다수결의 원칙에 위배되어 국회의원의 표결권을 침해하였는지 여부</u>(+)
4. '방송법 일부개정법률안' (이하 '방송법안' 이라 한다)의 가결선포행위에 대하여
   (1) 안건의 제안취지 설명 절차가 위법하여 국회의원의 심의·표결권을 침해하였는지 여부(−)
   (2) 질의·토론 절차가 위법하여 국회의원의 심의·표결권을 침해하였는지 여부(−)
   (3) <u>표결 절차에서 일사부재의의 원칙에 위배하여 국회의원의 심의·표결권을 침해하였는지 여부</u>(+)
5. '인터넷멀티미디어 방송사업법 일부개정법률안' (이하 '인터넷멀티미디어법안' 이라 한다) 및 '금융지주회사법 일부개정법률안' (이하 '금융지주회사법안' 이라 한다)의 가결선포행위에 대하여
   (1) 안건의 제안취지 설명 및 질의·토론 절차가 위법하여 국회의원의 심의·표결권을 침해하였는지 여부(−)

(2) 금융지주회사법 수정안이 국회법 제95조가 정한 수정동의에 해당하는지 여부(+)
6. 신문법안 가결선포행위에 대한 무효확인 청구의 인용 여부(−)
7. 방송법안 가결선포행위에 대한 무효확인 청구의 인용 여부(−)

[결정요지]

1. 권한쟁의심판에서는 처분 또는 부작위를 야기한 기관으로서 법적 책임을 지는 기관만이 피청구인적격을 가지므로, 이 사건 심판은 의안의 상정·가결선포 등의 권한을 갖는 국회의장을 상대로 제기되어야 한다. 국회부의장은 국회의장의 직무를 대리하여 법률안을 가결선포할 수 있을 뿐(국회법 제12조 제1항), 법률안 가결선포행위에 따른 법적 책임을 지는 주체가 될 수 없으므로, 국회부의장에 대한 이 사건 심판청구는 피청구인 적격이 인정되지 아니한 자를 상대로 제기되어 부적법하다(이하, '피청구인'이라고만 표시되었을 경우 이는 국회부의장이 '피청구인 국회의장'의 직무를 대리한 것을 의미한다).

2. (1) 국회의원의 법률안 심의·표결권은 국민에 의하여 선출된 국가기관으로서 국회의원이 그 본질적 임무인 입법에 관한 직무를 수행하기 위하여 보유하는 권한으로서의 성격을 갖고 있으므로 국회의원의 개별적인 의사에 따라 포기할 수 있는 것은 아니다.

(2) 이 사건 권한쟁의심판의 경우는 헌법상의 권한질서 및 국회의 의사결정체제와 기능을 수호·유지하기 위한 공익적 쟁송으로서의 성격이 강하므로, 청구인들 중 일부가 자신들의 정치적 의사를 관철하려는 과정에서 피청구인의 의사진행을 방해하거나 다른 국회의원들의 투표를 방해하였다 하더라도, 그러한 사정만으로 이 사건 심판청구 자체가 소권의 남용에 해당하여 부적법하다고 볼 수는 없다.

3. (1) **적법의견**

(가) **재판관 이강국, 재판관 이공현, 재판관 조대현의 적법의견** 제안취지의 설명에 관한 국회법 규정의 취지는 심의·표결에 참가할 국회의원으로 하여금 제안된 법률안의 취지와 내용을 알게 하고자 하는 것이다. 이 사건에서 국회의원들이 실제로 신문법 수정안을 표결할 때에는 법률안의 취지와 내용을 알 수 있는 상태에 있었으므로, 신문법 수정안에 대한 제안취지의 설명은 이루어졌다고 볼 것이다. 따라서 피청구인이 제안취지 설명에 관한 국회법 제93조를 위배하여 청구인들의 심의·표결권을 침해하였다고 보기는 어렵다.

(나) 재판관 민형기, 재판관 이동흡, 재판관 목영준의 적법의견 신문법 수정안이 표결개시 선언될 때 e-의안시스템에 입력되었을 뿐 아직 회의진행시스템에 입력되지 아니한 절차적 흠결이 있다. 그러나, 청구인들이 e-의안시스템에 의하여도 신문법 수정안의 내용을 파악할 수 있었고, 표결이 실질적으로 개시되기 전에 의안이 회의진행시스템에 입력된 이상, 회의장의 질서가 극도로 문란하였던 상황에서 피청구인이 위와 같은 제안취지 설명을 유효한 것으로 보고 표결 절차를 진행한 것은 국회의장의 자율적 의사진행권한범위를 벗어나지 아니하였다. 따라서 국회법 제93조에 위배되어 청구인들의 심의·표결권을 침해할 정도에 이르렀다고 보기는 어렵다.

(2) 위법의견

(가) 재판관 이강국, 재판관 조대현, 재판관 김희옥, 재판관 송두환의 위법의견 국회의 심의 절차는 의회주의 이념을 기초로 하는 국회 입법 절차의 본질적인 부분이다. 국회법 제93조도 심의 절차를 특별한 사유가 없는 한 입법 절차에서 반드시 거쳐야 할 절차로 규정하고 있고, 특히 위원회의 심사를 거치지 아니한 안건에 대하여는 본회의의 의결에 의하여도 질의·토론 절차를 생략할 수 없도록 함으로써 안건에 관한 심의가 보장되도록 하고 있다.

피청구인은 신문법안을 다른 법안들과 일괄 상정하고, 그 즉시 그에 대한 질의·토론은 실시하지 않겠다고 선언한 다음 곧바로 위원회의 심사를 거치지 않은 신문법 수정안에 대한 표결을 선포하였으며, 표결선포 후 약 11분 가량이 지난 후에야 신문법 수정안이 회의진행시스템에 입력되고, 그로부터 약 30초 후에 투표가 시작된 점 등의 회의 진행상황에 비추어보면, 청구인들이 피청구인의 표결선포 전에 질의나 토론 신청을 준비하는 것은 물리적으로 불가능하였다. 또한 국회법 제110조 제2항에 따라 표결선포 이후에는 질의·토론 자체가 허용되지 않으므로, 피청구인이 의안 내용을 사전에 제공하지 아니한 채 표결선포를 함으로써 질의 및 토론 신청의 기회는 실질적으로 봉쇄되었다.

이러한 사정을 종합하면, 피청구인이 청구인들에게 신문법 수정안에 대한 질의· 토론 신청을 할 수 있는 기회를 사전에 부여하였다고 볼 수 없으므로, 이러한 상태에서 질의·토론 절차를 생략한 피청구인의 의사진행은 국회법 제93조를 위배하여 청구인들의 심의·표결권을 침해한 것이다.

(나) 재판관 김종대, 재판관 이동흡의 위법의견 위원회의 심사를 거치지 않고 바로 본회의에 상정된 법률안의 경우에 국회의장이 질의·토론 신청이 있었는지 여부를 확인하거나 이를 언급도 하지 아니한 채 질의·토론을 생략하고 곧바로 표결처리에 나아가는 의사진행은 국회의장의 의사진행 권한의 한계를 넘어 청구인들의 질의·토론의 기회를 봉쇄하는 것으로서 정당화될 수 없으므로, 청구인들의 심의·표결권을 침해한 것이다.

(3) 재판관 이강국, 재판관 이공현, 재판관 조대현, 재판관 김희옥, 재판관 송두환의 위법의견

헌법 제49조가 천명한 다수결의 원칙은 국회의 의사결정 과정의 합리성 내지 정당성이 확보될 것을 전제로 한 것이고, 국회의원의 법률안 표결권은 국회의 구성원으로서 자신과 다른 국회의원의 표결권이 모두 정당하게 행사되고 확인되는 과정을 거쳐 국회의 최종의사로 확정되는 국회입법권의 근본적인 구성요소이다. 따라서 법률안에 대한 표결의 자유와 공정이 현저히 저해되고 이로 인하여 표결 결과의 정당성에 영향을 미칠 개연성이 인정되는 경우라면, 그러한 표결 절차는 헌법 제49조 및 국회법 제109조가 규정한 다수결 원칙의 대전제에 반하는 것으로서 국회의원의 법률안 표결권을 침해한다.

신문법 수정안 표결 전후의 무질서하였던 회의장 상황 및 현행 전자투표 방식의 맹점 등을 고려할 때, 피청구인으로서는 표결과정에서 요구되는 최소한의 질서를 확보하고 위법한 투표행위나 투표 방해행위를 제지하는 등의 조치를 취하였어야 함에도 그러지 못한 결과, 신문법 수정안에 대한 표결 과정에 권한 없는 자에 의한 임의의 투표행위, 위법한 무권 또는 대리투표행위로 의심받을 만한 여러 행위, 투표방해 또는 반대 투표행위 등 정상적인 절차에서 나타날 수 없는 투표행위가 다수 확인되는바, 신문법 수정안에 대한 표결 절차는 자유와 공정이 현저히 저해되었다. 신문법 수정안 표결 전후 상황, 위법의 의심이 있는 투표행위의 횟수 및 정도 등을 종합하면, 신문법 수정안의 표결 결과는 극도로 무질서한 상황에서 발생한 위법한 투표행위, 정당한 표결권 행사에 의한 것인지를 객관적으로 가릴 수 없는 다수의 투표행위들이 그대로 반영된 것으로서, 표결과정의 현저한 무질서와 불합리 내지 불공정이 표결 결과의 정당성에 영향을 미쳤을 개연성이 있다. 결국, 피청구인의 신문법안 가결선포행위는 헌법 제49조 및 국회법 제109조의 다수결 원칙에 위배되어 청구인들의 표결권을 침해한 것이다.

4. (1) 방송법안의 경우 의안이 회의진행시스템에 입력된 후 법률안에 대한 표결이 선포되었고 그러한 상태가 표결 종료 시까지 유지되어 있었으므로, 국회법 규정이 요구하는 의안에 대한 제안취지 설명은 이루어졌다고 볼 것이다.

(2) 재판관 이강국, 재판관 이공현, 재판관 김희옥, 재판관 민형기, 재판관 목영준의 적법의견

방송법안의 경우 청구인들은 표결이 선포되기 전에 질의나 토론을 신청할 기회가 충분히 있었는바, 질의나 토론 신청이 있었다는 점이 명백하지 않은 이상 질의나 토론 신청이 없는 것으로 판단하고 의사를 진행한 피청구인의 판단은 존중되어야 한다. 또한 이 사건 당일 장내가 소란하여 의사진행이 정상적으로 이루어질 수 없는 상황이었으므로, 피청구인이 위 각 법률안에 대한 표결에 앞서 질의·토론 신청의 유무를 적극적으로 확인하는 발언을 하지 않았더라도, 그것이 국회법 제93조에 위배한 것으로 보기는 어렵다.

(3) 재판관 조대현, 재판관 김종대, 재판관 민형기, 재판관 목영준, 재판관 송두환의 위법의견

헌법 제49조 및 국회법 제109조는 의결정족수에 관하여 일부 다른 입법례와는 달리, 의결을 위한 출석정족수와 찬성정족수를 병렬적으로 규정하고 있고, '재적의원 과반수의 출석'과 '출석의원의 과반수의 찬성'이라는 규정의 성격이나 흠결의 효력을 별도로 구분하여 규정하고 있지 아니하다. 국회의원이 특정 의안에 반대하는 경우 회의장에 출석하여 반대투표하는 방법 뿐만 아니라 회의에 불출석하는 방법으로도 반대 의사를 표시할 수 있으므로, '재적의원 과반수의 출석'과 '출석의원 과반수의 찬성'의 요건이 국회의 의결에 대하여 가지는 의미나 효력을 달리 할 이유가 없다.

전자투표에 의한 표결의 경우 국회의장의 투표종료선언에 의하여 투표 결과가 집계됨으로써 안건에 대한 표결 절차는 실질적으로 종료되므로, 투표의 집계 결과 출석의원 과반수의 찬성에 미달한 경우는 물론 재적의원 과반수의 출석에 미달한 경우에도 국회의 의사는 부결로 확정되었다고 볼 수밖에 없다.

결국 방송법 수정안에 대한 1차 투표가 종료되어 재적의원 과반수의 출석에 미달되었음이 확인된 이상, 방송법 수정안에 대한 국회의 의사는 부결로 확정되었다고 보아야 하므로, 피청구인이 이를 무시하고 재표결을 실시하여 그 표결 결과에 따라 방송법안의 가결을 선포한 행위는 일사부재의 원칙(국회법 제92조)에 위배하여 청구인들의 표결권을 침해한 것이다.

5. (1) 앞서 방송법안에 대한 판단[4-(1), (2)]에서 본 바와 같다.

(2) 국회법상 수정안의 범위에 대한 어떠한 제한도 규정되어 있지 않은 점과 국회법 규정에 따른 문언의 의미상 수정이란 원안에 대하여 다른 의사를 가하는 것으로 새로 추가, 삭제 또는 변경하는 것을 모두 포함하는 개념이라는 점에 비추어, 어떠한 의안으로 인하여 원안이 본래의 취지를 잃고 전혀 다른 의미로 변경되는 정도에까지 이르지 않는다면 이를 국회법상의 수정동의에 해당하는 것으로 볼 수 있다.

6. 기각의견

(1) 재판관 민형기, 재판관 목영준의 기각의견

앞서 본 바와 같이 신문법안 가결선포행위가 청구인들의 법률안 심의·표결권을 침해한 것으로 볼 수는 없으므로, 위 가결선포행위가 청구인들의 심의·표결권을 침해함을 전제로 구하는 무효확인 청구는 나아가 판단할 필요없이 이유 없다.

(2) 재판관 이강국, 재판관 이공현의 기각의견

권한쟁의심판 결과 드러난 위헌·위법 상태를 제거함에 있어 헌법재판소는 피청구인의 정치적 형성권을 가급적 존중하여야 하므로, 재량적 판단에 의한 무효확인 또는 취소로 처분의 효력을 직접 결정하는 것은 권한질서의 회복을 위하여 헌법적으로 요청되는 예외적인 경우에 한정되어야 한다. 이 사건에 있어서도 국회의 입법에 관한 자율권을 존중하는 의미에서 헌법재판소는 처분의 권한 침해만을 확인하고, 권한 침해로 인하여 야기된 위헌·위법 상태의 시정은 피청구인에게 맡겨 두는 것이 바람직하다.

(3) 재판관 김종대의 기각의견

피청구인의 가결선포행위가, 무효나 취소소송의 대상이 될 수 있는 행정처분의 성격을 갖는 경우가 아닌 한, 국회의 법률제정과정에서 비롯된 국회의원과 국회의장 사이의 이 사건 권한쟁의심판사건에 있어서 헌법재판소의 권한쟁의심판권은 피청구인이 청구인들의 심의·표결권을 침해하였는지 여부를 확인하는 것에 그치고, 그 후 법률안 가결선포행위의 효력에 대한 사후의 조치는 오직 국회의 자율적 의사결정에 의하여 해결할 영역에 속한다.

(4) 재판관 이동흡의 기각의견

이 사건 각 법률안 가결선포행위의 무효 여부는 그것이 입법 절차에 관한 헌법의 규정을 명백히 위반한 흠이 있는지 여부에 의하여 가려져야 한다. 이 사건 신문법안은 재적의원 과반수의 출석과 출석의원 중 압도적 다수의 찬성으로 의결되었는바, 위 법률안 의결과정에서 피청구인의 질의·토론에 관한 의사진행이 국회법 제93조에서 규정한 절차를 위반하였다 하더라도, 다수결의 원칙(헌법 제49조), 회의공개의 원칙(헌법 제50조)등 헌법의 규정을 명백히 위반한 경우에 해당하지 아니하므로 무효라고 할 수 없다.

7. 기각의견

(1) 재판관 이강국, 재판관 이공현, 재판관 김희옥의 기각의견

앞서 본 바와 같이 방송법안 가결선포행위가 청구인들의 법률안 심의·표결권을 침해한 것으로 볼 수는 없으므로, 위 가결선포행위가 청구인들의 심의·표결권을 침해한 것임을 전제로 한 무효확인 청구는 나아가 판단할 필요없이 이유 없다.

(2) 재판관 민형기, 재판관 이동흡, 재판관 목영준의 기각의견

헌법재판소법 제66조는 권한침해확인과 아울러 원인되는 처분의 취소 또는 무효확인까지 할 것인지 여부를 헌법재판소의 재량에 맡겨놓고 있는바, 우리 헌법은 국회의 의사절차에 관한 기본원칙으로 제49조에서 '다수결의 원칙'을, 제50조에서 '회의공개의 원칙'을 각 선언하고 있으므로, 결국 법률안의 가결선포행위의 효력은 입법 절차상 위 헌법규정을 명백히 위반한 하자가 있었는지에 따라 결정되어야 할 것이다. 피청구인의 방송법안 가결선포행위는 비록 국회법을 위반하여 청구인들의 심의·표결권을 침해한 것이지만, 그 하자가 입법 절차에 관한 헌법규정을 위반하는 등 가결선포행위를 취소 또는 무효로 할 정도에 해당한다고 보기 어렵다.

(3) 재판관 김종대의 기각의견

앞서 신문법안 가결선포행위의 무효확인 청구에서 밝힌 바와 같은 이유로, 방송법안 가결선포행위의 무효확인 청구도 기각되어야 한다.

국 회
조세법률주의

11 공익법인에 대한 증여세 부과 사건

(구 상속세법 부칙 제3조 위헌소원)
2004. 7. 15. 2002헌바63 **[합헌]**

|판시사항|

1. 헌법상 소급입법 과세금지원칙의 법적 근거 및 내용
2. 구 상속세법 부칙 제3조 중 "제8조의2 … 제4항 제3호의 개정규정은 이 법 시행 후 … 공익사업을 영위하는 자가 주식 또는 출자지분을 취득하는 것부터 적용한다." 부분이 소급과세입법에 해당되는지 여부(−)
3. 이 사건 법률조항이 헌법상 신뢰보호원칙에 위배되는지 여부(−)
4. 이 사건 법률조항이 헌법상 재산권보장규정에 위반되는지 여부(−)

[결정요지]

1. 우리 헌법 제38조는 모든 국민은 법률이 정하는 바에 의하여 납세의무를 진다고 규정하는 한편, 헌법 제59조는 조세의 종목과 세율은 법률로 정한다고 규정하여, 조세법률주의를 선언하고 있는데, 이는 납세의무가 존재하지 않았던 과거에 소급하여 과세하는 입법을 금지하는 원칙을 포함하며, 이러한 소급입법 과세금지원칙은 조세법률관계에 있어서 법적 안정성을 보장하고 납세자의 신뢰이익의 보호에 기여한다. 우리 재판소는 새로운 입법으로 과거에 소급하여 과세하거나 또는 이미 납세의무가 존재하는 경우에도 소급하여 중과세하는 것은 소급입법 과세금지원칙에 위반된다는 일관된 태도를 취하여 왔다.

2. 이 사건 법률조항은 개정 상속세법 시행일 이후에 출연재산으로 100분의 5를 초과하여 새롭게 취득하는 내국법인의 주식에 대하여 적용되므로, 과세요건 완성 전의 사실이나 법률관계를 규율대상으로 하는 것이 아니어서 진정소급과세입법에 해당되지 아니하며, 아직 완성되지 아니하고 진행과정에 있는 사실 또는 법률관계를 규율대상으로 하는 부진정소급효 과세입법에도 해당되지 아니한다.

3. 조세법의 영역에 있어서는 국가가 조세·재정정책을 탄력적·합리적으로 운용할 필

요성이 매우 큰 만큼, 조세에 대한 법규·제도는 신축적으로 변할 수밖에 없다는 점에서 납세의무자로서는 구법질서에 의거한 신뢰를 바탕으로 적극적으로 새로운 법률관계를 형성하였다든지 하는 특별한 사정이 없는 한 원칙적으로 세율 등 현재의 세법이 변함없이 유지되리라고 기대하거나 신뢰할 수는 없다.

청구인은 개정 전 상속세법 제8조의 제1항 제1호 단서 및 같은 법조 제4항에 의거하여 공익법인에 이미 출연된 재산을 사용하여 내국법인의 주식을 100분의 20까지 취득하는 경우에 증여세 면제혜택을 받을 것이라는 기대 내지 신뢰를 가졌다고 볼 수 있으나, 공익사업에 출연한 재산은 일정한 조건하에서 증여세가 잠정적으로 면제되므로 공익사업 영위자의 증여세 면제혜택에 대한 기대 내지 신뢰 이익은 그리 크지 않으며, 조세감면에 대한 추가적인 개정입법도 충분히 예상할 수 있으므로 법률의 존속에 대한 신뢰이익의 보호가치는 크다고 할 수 없는 반면에, 출연재산을 변칙적인 탈세나 부의 증식 내지 세습수단으로 악용하는 것을 방지하기 위하여 개정 상속세법 시행 이전에 출연한 재산을 이용하여 내국법인의 주식을 취득하는 것을 100분의 5이하로 제한해야 할 필요성이 더 크고, 조세회피나 부의 세습을 시도하는 것을 방지함으로써 얻게 되는 공적 이익이 더 막중하다고 할 것이므로, 이 사건 법률조항은 헌법상 신뢰보호원칙에 위배되지 않는다.

4. 공익사업 영위자가 증여세 면제 제도를 신뢰하였다고 하더라도 이는 당시의 법제도에 대한 기대이익에 불과할 뿐, 이를 공익사업 영위자의 기득권으로서 헌법 제23조 제1항 제1문이 보장하는 재산권이라고 할 수 없고, 기대가 충족되지 못하였다고 하여 재산권이 박탈된 것이라고 할 수 없으므로, 이 사건 법률조항은 재산권을 보장하는 헌법 제23조 제1항이나, 소급입법에 의한 재산권 박탈을 금지하는 헌법 제13조 제2항에 위배되지 아니한다.

국 회
조세법률주의

12 증여의 합의해제에 대한 증여세 부과 사건

(구 상속세법 제29조의2 제5항 위헌소원)
2002. 1. 31. 2000헌바35 **[합헌]**

|판시사항|

1. 수증자가 증여받은 재산을 증여자에게 반환하는 경우(통상 "증여의 합의해제"), 증여 받은 때부터 1년이 도과한 경우에는 반환에 대하여 증여세를 부과하도록 한 구 상속세법 제29조의2 제5항 중 반환에 관한 부분이 계약자유의 원칙에 위반되는지 여부(−)
2. 위 법률조항이 실질적 조세법률주의 등에 위반되는지 여부(−)

[결정요지]

1. 헌법 제10조는 행복을 추구할 권리를 보장하고 있고, 여기의 행복추구권 속에는 일반적 행동자유권이 포함되며, 이 일반적 행동자유권으로부터 계약의 자유가 파생되는데, 계약의 자유란 계약 체결의 여부, 계약의 상대방, 계약의 방식과 내용 등을 당사자의 자유로운 의사로 결정하는 자유를 말한다. 또한 헌법 제119조 제1항은 우리 나라의 경제질서가 개인과 기업의 경제상의 자유, 사유재산제도 및 사적 자치에 기초한 자유시장경제질서를 기본으로 하고 있음을 선언하고 있다.

계약의 자유 등 사적 자치의 원칙과 조세법상의 공평과세의 이념의 조화라는 측면에서 볼 때, 위와 같은 입법목적 달성을 위하여 합의해제에 의한 증여재산의 반환을 재증여의 경우와 동일시하여 증여세를 부과하는 것과 예외적으로 일정한 기간 이내의 합의해제에 의한 반환에 대하여 증여세를 부과하지 아니하는 것이 부적절하다고 할 수 없으며, 공평과세라는 증여세제의 기본 이념과 증여세의 공공성 및 공익성에 비추어 볼 때 위와 같은 합의해제의 자유에 대한 제한은 불가피한 필요, 최소한의 조치라고 할 수 있을 뿐 아니라, 또한 논란의 여지는 있으나 부득이한 사정이 있는 경우라면 국세기본법 및 시행령상의 후발적 사유에 의한 경정청구(更正請求)에 의하여 구제될 수 있는 점, 통상적으로 합의해제가 행해지는 동기가 조세부담의 회피 내지 편법적 절세에 있는 점 등을 참작하면, 당사자의 계약의 자유 내지 사적 자치가 더 중요하다고는 말할 수 없다. 본건에 있어서는, 이 사건 법률소항의 연혁 및 입법취지, 공평과세라는 증여세제의 기본이념과 증여세의 공공성 및 공익성, 기타 헌법상 규정된 기본권이나 기본원칙과 기본권제한의 입법한계, 그리고 1년이라는 기간은 증여 당사자들로서 반환 내지 증여에 의하여 증여재산을 환원시킬 것인지의 여부에 관하여 판단하기에 충분한 시간으로서 계약의 자유 내지 사적 자치를 무의미하게 할 정도로 단기간이거나 이를 지나치게 제한한다고는 말할 수 없는 점 등에 비추어 보면, 위 기간이 자의적이거나 합리적 기준 없이 결정된 것이라고 볼 수 없으므로, 계약의 자유가 침해되었다거나 사적 자치의 원칙이 훼손되었다고 말할 수는 없다.

2. 원칙적으로 조세의 부과·징수는 국민의 납세의무에 기초하는 것으로서 재산권의 침해가 되지 않으나, 그에 관한 법률조항이 조세법률주의에 위반되고 이로 인한 자의적인 과세처분권 행사에 의하여 납세의무자의 사유재산에 관한 이용·수익·처분권이 중대한 제한을 받게 되는 경우에는 예외적으로 재산권의 침해가 될 수 있다.

증여계약의 합의해제에 의하여 당초의 증여자에게 실질적인 재산의 증가가 없다는 것은 사실적 측면에서 본 피상적 결과에 불과하고, 앞에서 살핀 바와 같이 합의해제에 의하여 증여재산을 반환하는 행위는 원래의 증여와는 또 다른 별개의 새로운 증여라고 볼 수밖에 없고, 이는 원래의 증여와 과세대상도 다르다는 점 등의 사정에 비추어 보면, 결국 합의해제에 의한 반환이 이루어진 경우 법률적인 측면은 물론 경제적인 측면에서도 이를 가리켜 당초 증여자의 재산상태에 변동이 없는 것이라고 말할 수는 없으며, 달리 실질적 조세법률주의에 반한다고 볼 만한 사정이 없다.

국 회
조세법률주의

13 취득세 미납에 대한 가산세 사건

(지방세법 제121조 제1항 위헌소원)
2003. 9. 25. 2003헌바16 **[헌법불합치]**

|판시사항|

법정기한내에 취득세 신고는 하였으나 납부하지 않는 자에 대하여 신고와 납부의무를 모두 이행하지 않는 자와 동일한 율로 가산세를 부과하고, 또한 가산세 산정시에 취득세가 미납된 기간을 전혀 고려하지 않은 지방세법 제121조 제1항이 헌법상 비례의 원칙 및 평등의 원칙에 위반되는지 여부(+)

[결정요지]

1. 지방세법상 취득세에 대한 가산세는 납세의무자에게 부여된 협력의무위반에 대한 책임을 묻는 행정적 제재를 조세의 형태로 구성한 것으로 형식에 있어서만 조세일 뿐이고 본질에 있어서는 본세의 징수를 확보하기 위한 수단인바, 가산세의 부담은 세법상의 의무위반의 내용과 정도에 따라 달리 결정되어야 합리성을 갖는 것이며, 취득세 자진납부의무의 위반정도는 미납기간의 장단과 미납세액의 다과라는 두 가지 요소에 의하여 결정되어야 함에도 불구하고 이 사건 법률조항은 산출세액의 100분의 20을 가산세로 획일규정한 것은 의무위반의 정도를 결정하는 두 가지 요소 중 미납세액만을 고려하고 또 하나의 요소인 미납기간의 장단은 전혀 고려하지 아니하고 있으므로 이는 현저히 합리성을 결하여 헌법상의 비례의 원칙에 위반된다고 할 수 있다.

2. 가산세는 법이 정하는 바에 의하여 부과하는 행정상의 제재이지만, 가산세도 세금의 하나이므로 합리적인 이유 없이 특정의 납세의무자를 불리하게 차별하거나 우대하는 것은 허용되지 않는바, 지방세법 제120조의 '신고납부' 의무는 취득사실을 신고할 의무와 취득세액을 납부할 의무라는 두 가지 의무를 가리키는 것인데도 불구하고, 두 가지 의무 중 하나만을 불이행한 자나 두 가지 의무 모두를 불이행한 자를 구별하지 아니하고 똑같이 산출세액의 100분의 20을 가산세로 납부하도록 규정하고 있고, 또한 자진납부의무를 불이행한 자들 사이에서도 그 미납기간의 장단을 전혀 고려하지 않고 똑같이 취급하고 있는

것은 헌법상의 평등의 원칙에 어긋난다. 또한 소득세 등 국세의 경우에 신고의무불이행과 납부의무불이행에 대하여 별개로 구분하여 대응하고 있는데, 취득세도 똑같은 국민이 부담하는 조세라는 측면에서 볼 때에 구분하여 대응하지 아니할 합리적 이유가 없는 상황에서 취득세 납세의무자를 소득세 등 국세의 납세의무자에 비하여 차별하는 것은 합리적인 이유 없이 같은 것을 서로 다르게 취급하여 헌법상의 평등의 원칙에 위반한다.

국 회
조세법률주의

14 먹는 샘물 수입판매업자에 대한 수질개선부담금 부과 사건

(먹는물관리법 제28조 제1항 위헌소원)
2004. 7. 15. 2002헌바42 **[합헌]**

|판시사항|

1. 부담금의 정당화 요건
2. 먹는 샘물 수입판매업자에 대한 수질개선부담금 부과가 평등원칙에 위배되는지 여부(－)
3. 먹는 샘물 평균판매가액의 100분의 20의 범위 안에서 수질개선부담금을 부과하도록 하는 것이 비례성원칙에 위배되는지 여부(－)

[결정요지]

1. 재정조달목적 부담금의 헌법적 정당화에 있어서는 다음과 같은 요청들이 충족되어야 할 것으로 판단된다. 첫째, 부담금은 조세에 대한 관계에서 어디까지나 예외적으로만 인정되어야 하며, 어떤 공적 과제에 관한 재정조달을 조세로 할 것인지 아니면 부담금으로 할 것인지에 관하여 입법자의 자유로운 선택권을 허용하여서는 안 된다. 둘째, 부담금 납부의무자는 재정조달 대상인 공적 과제에 대하여 일반국민에 비해 '특별히 밀접한 관련성'을 가져야 한다. 셋째, 이상과 같은 부담금의 예외적 성격과 특히 부담금이 재정에 대한 국회의 민주적 통제체계로부터 일탈하는 수단으로 남용될 위험성을 감안할 때, 부담금이 장기적으로 유지되는 경우에 있어서는 그 징수의 타당성이나 적정성이 입법자에 의해 지속적으로 심사될 것이 요구된다.

정책실현목적 부담금의 경우에는, 특별한 사정이 없는 한, 부담금의 부과가 정당한 사회적·경제적 정책목적을 실현하는 데 적절한 수단이라는 사실이 곧 합리적 이유를 구성할 여지가 많다. 그러므로 이 경우에는 '재정조달 대상인 공적 과제와 납부의무자 집단 사이에 존재하는 관련성' 자체보다는 오히려 '재정조달 이전 단계에서 추구되는 특정 사회적·경제적 정책목적과 부담금의 부과 사이에 존재하는 상관관계'에 더 주목하게 된다. 따라서 재정조달목적 부담금의 헌법적 정당화에 있어서는 중요하게 고려되는 '재정조달 대상 공적 과제에 대한 납부의무자 집단의 특별한 재정책임 여부' 내지 '납부의무자 집단에 대한 부담금의 유용한 사용 여부' 등은 정책실현목적 부담금의 헌법적 정당화에 있어서는 그다지 결정적인 의미를 가지지 않는다고 할 것이다.

부담금은 조세에 대한 관계에서 어디까지나 예외적으로만 인정되어야 하며, 어떤 공적 과제에 관한 재정조달을 조세로 할 것인지 아니면 부담금으로 할 것인지에 관하여 입법자의 자유로운 선택권을 허용하여서는 안 된다. 부담금 납부의무자는 재정조달 대상인 공적 과제에 대하여 일반국민에 비해 '특별히 밀접한 관련성'을 가져야 하며, 부담금이 장기적으로 유지되는 경우에 있어서는 그 징수의 타당성이나 적정성이 입법자에 의해 지속적으로 심사될 것이 요구된다. 다만, 부담금이 재정조달목적뿐 아니라 정책실현목적도 함께 가지는 경우에는 위 요건들 중 일부가 완화된다.

2. 우리 나라의 자연환경, 수자원의 현황, 국민의 소득수준 등의 여러 요소와 사정을 종합적으로 고려할 때 음용수에 관하여 국가가 수돗물 우선정책을 추진하는 것은 합리적인 정책형성권 행사로서 존중되어야 할 것인데, 수돗물과 대체적·경쟁적 관계에 있는 수입 먹는샘물이 음용수로 사용되는 것이 증가하면 그만큼 수돗물 우선정책은 위축되게 되고, 나아가 수입 먹는샘물을 선택할 경제적 능력이 부족한 저소득층 국민들로 하여금 질 낮은 수돗물을 마시지 않을 수 없게 하는 결과를 초래할 것이다. 그러므로 먹는샘물 수입판매업자에게 수질개선부담금을 부과하는 것은 수돗물 우선정책에 반하는 수입 먹는샘물의 보급 및 소비를 억제하도록 간접적으로 유도함으로써 궁극적으로는 수돗물의 질을 개선하고 이를 국민에게 저렴하게 공급하려는 정당한 국가정책이 원활하게 실현될 수 있게 하기 위한 것으로서, 부과에 합리적인 이유가 있으므로 평등원칙에 위배되는 것이라 볼 수 없다.

3. 이 사건 법률조항은 단지 부담금의 부과 및 그것의 가격에의 반영을 통해 먹는샘물의 수입판매 및 소비를 간접적으로 규제하는 데 그치고 있을 뿐, 이를 원천적으로 봉쇄하고 있지는 않다. 한편, 수질개선부담금은 먹는샘물의 보급 및 소비를 억제함으로써 수돗물 우선정책의 원활한 실현을 가능하게 하고 아울러 먹는물의 수질개선에 소요되는 재정을 마련하기 위한 것인바, 입법자는 이러한 공익목적과 국민의 사익을 적절히 형량하여 합리적이라고 판단되는 부과율을 책정할 수 있다. 그런데 이 사건 법률조항은 먹는샘물 수입판매업자에 대한 구체적인 부과율을 평균판매가액의 100분의 20의 범위 안에서 대통령령이 정하도록 위임하고 있고, 그에 기하여 법시행령 제8조는 이를 1천분의 75(7.5%)로 정하고 있는바, 이러한 부과율 자체가 현저히 불합리하거나 위헌이라고 볼 정도로 지나치게 높다고 할 수 없다. 더구나 부담금관리기본법 제7조에 의하면 기획예산처장관은 매년 부담금의 부과실적 및 사용명세 등이 포함된 부담금운용종합보고서를 작

성하여 국회에 제출하도록 되어 있어, 수질개선부담금 징수의 타당성이나 적정성은 매년 입법자의 지속적인 심사 하에 놓여 있다. 그렇다면 이 사건 법률조항은 먹는 샘물 수입판매업자의 직업의 자유와 재산권, 국민의 행복추구권을 필요 이상으로 지나치게 제약함으로써 헌법에 위반되는 것이라고는 볼 수 없다.

국 회
조세법률주의

15 영화상영관 입장권 부과금 사건

(영화및비디오물의진흥에관한법률 제25조의2 등 위헌확인)
2008. 11. 27. 2007헌마860 [각하 · 기각]

|판시사항|

1. 영화관 관람객이 입장권 가액의 100분의 3을 부담하도록 하고 영화관 경영자는 이를 징수하여 영화진흥위원회에 납부하도록 강제하는 내용의 영화상영관 입장권 부과금 제도가 영화관 관람객의 재산권 및 영화관 경영자의 직업수행의 자유를 침해하는지 여부(−)
2. 위 1.항과 같은 영화상영관 입장권 부과금 제도가 영화관 관람객 및 영화관 경영자의 평등권을 침해하는지 여부(−)

[결정요지]

1. 기각의견(4인의견)

이 사건 부과금이 헌법적으로 정당화되기 위해서는 영화예술의 진흥과 한국영화산업의 발전이라는 공적 과제에 대하여 부과금의 납부의무자 집단으로 선정된 영화상영관 관람객이 특별히 밀접한 관련성을 가져야 한다.

(1) 집단적 동질성

다른 국민들과 구분되고 내부 의무자들 사이에 동질적인 특정 요소가 있다면 의무자 집단이 불특정 다수라고 하여 집단적 동질성을 부정해야 하는 것은 아닌바, 영화상영관 입장권에 대한 부과금의 경우 그 납부의무자를 영화상영관 관람객으로 한정하여 단일 장르에 대한 이용자로 특정하였으므로, 이들은 현재의 질적 수준을 갖춘 영화예술을 향유한다는 점에서 동질적인 특정 요소를 갖추고 있다.

(2) 객관적 근접성

영화예술의 진흥과 그 결과물인 영화의 감상은 장르의 한정으로 인하여 명백히 밀접한 관련성이 있으며, 따라서 영화를 감상하는 관람객은 영화예술의 향유자로서 그 진흥·발전에 객관적 근접성이 있다.

(3) 집단적 책임성

조세외적인 재원 마련이 허용된다는 의미에서 공적 과제의 특수성이 인정된다면 그와 객관적 근접성이 인정되는 집단의 책임성도 인정할 여지가 커지는바, 영화상영관 관람객은 영화발전기금의 집행을 통하여 질적 수준이 향상된 영화를 감상하게 되는 혜택을 누리게 될 것이므로 그 재원 마련을 위하여 일정 정도 집단적인 책임이 있다고 볼 수 있다. 특히 영화상영관 관람객은 완전한 자유의사에 의해 영화라는 장르에 접하게 되는 것이므로 불합리한 조세외적 부담을 진다고 보기도 힘들다.

(4) 집단적 효용성

영화상영관 입장권에 대한 부과금으로써 그 재원이 마련된 영화발전기금의 지출용도(이 사건 법률 제25조 제1항)를 살펴보면, 전반적으로 영화 예술이라는 장르에 한정하여 그 장기적 발전에 기여하는 내용을 담고 있으며, 영화예술의 질적 향상과 한국영화산업 발전의 궁극적 이익은 결국 영화를 감상하는 영화산업의 소비자에게 돌아가게 되므로, 이 사건 부과금의 징수로 인한 수입은 궁극적으로 영화상영관 관람객이라는 집단의 이익을 위하여 사용된다고 할 수 있다. 또한 영화발전기금의 지출 내용이 영화상영관 관람객의 집단적 이익에 실제로 어느 정도 기여하느냐는 원칙적으로 그 지출 단계에서의 합리성 여부와 관련된 문제일 뿐, 이 사건 부과금의 부과 자체에 관한 직접적 위헌 사유로서 검토할 문제는 아니다.

따라서 영화예술의 질적 향상과 한국영화산업의 발전이라는 특정의 공적과제에 대하여 영화상영관 관람객은 일반 국민에 비해 특별히 밀접한 관련성을 가지며, 이를 인정한다면 영화산업진흥과 관련된 재정조달목적 부담금의 납부의무자 집단을 선정함에 있어서 그 산업의 소비자 중에서 특히 영화상영관 관람객을 납부의무자로 정한 입법자의 선택이 현저하게 불합리하다고 볼 수는 없다. 그러므로 <u>영화상영관 입장권에 대한 부과금 제도는 과잉금지원칙에 반하여 영화관 관람객의 재산권과 영화관 경영자의 직업수행의 자유를 침해하였다고 볼 수 없다.</u>

2. 기각의견(4인의견)

영화상영관 입장권 부과금 제도는 재정조달목적 부담금의 헌법적 정당화 요건을 갖추었으며 영화상영관 관람객은 영화의 본래적·전형적 소비자인 점에서 이들에게 일반 국민들, 특히 다른 문화영역을 향유하는 사람들과 다른 특별한 재정책임을 지우는 것은 합리적 근거가 있다. 또한 위와 같은 영화산업의 특수성과 부과금 부과의 효율적 집행이라는 측면에서 볼 때 영화상영관 경영자에게 특별히 부과금의 징수 및 납부의무를 지우는 것 역시 합리적 근거가 있는 것이므로, 이는 <u>영화상영관 경영자를 다른 사업자, 특히 영화 이외의 문화산업을 영위하는 사람들과 자의적으로 차별하는 것이 아니다.</u>

국 회
탄핵소추권

16 노무현 대통령 탄핵심판 사건

(대통령(노무현) 탄핵)
2004. 5. 14. 2004헌나1 **[기각]**

|판시사항|

1. 탄핵심판절차에서의 헌법재판소에 의한 판단의 대상
2. 국회의 탄핵소추절차에 적법절차원칙을 직접 적용할 수 있는지 여부(−)
3. 헌법 제65조의 탄핵심판절차의 본질
4. 헌법 제65조의 탄핵사유의 의미
5. 선거에서의 공무원의 정치적 중립의무의 헌법적 근거
6. 대통령이 공직선거및선거부정방지법 제9조의 '공무원' 에 해당하는지 여부(+)
7. 기자회견에서 특정정당을 지지한 대통령의 발언이 공무원의 정치적 중립의무에 위반되는지 여부(+)
8. 기자회견에서 특정정당을 지지한 대통령의 발언이 공무원의 선거운동금지를 규정하는 공선법 제60조에 위반되는지 여부(−)
9. 헌법을 준수하고 수호해야 할 대통령의 의무
10. 중앙선거관리위원회의 선거법위반 결정에 대한 대통령의 행위가 헌법에 위반되는지 여부(+)
11. 재신임 국민투표를 제안한 행위가 헌법에 위반되는지 여부(+)
12. 대통령 측근의 권력형 부정부패와 관련하여 대통령의 법위반이 인정되는지 여부(−)
13. 불성실한 직책수행과 경솔한 국정운영으로 인한 정국의 혼란 및 경제파탄이 탄핵심판절차의 판단대상이 되는지 여부(−)
14. 헌법재판소법 제53조 제1항의 '탄핵심판청구가 이유 있는 때' 란 중대한 법위반의 경우에 한정되는지 여부(+)
15. '법위반의 중대성' 에 관한 판단 기준
16. 대통령의 구체적인 법위반행위에 있어서 헌법질서에 역행하고자 하는 적극적인 의사를 인정할 수 없는 이 사건의 경우 파면결정을 할 것인지 여부(−)
17. 탄핵심판절차에서 소수의견을 밝힐 수 있는지 여부(−)

[결정요지]

1. 헌법재판소는 사법기관으로서 원칙적으로 탄핵소추기관인 국회의 탄핵소추의결서에 기재된 소추사유에 의하여 구속을 받는다. 따라서 헌법재판소는 탄핵소추의결서에 기재되지 아니한 소추사유를 판단의 대상으로 삼을 수 없다. 그러나 탄핵소추의결서에서 그 위반을 주장하는 '법규정의 판단'에 관하여 헌법재판소는 원칙적으로 구속을 받지 않으므로, 청구인이 그 위반을 주장한 법규정 외에 다른 관련 법규정에 근거하여 탄핵의 원인이 된 사실관계를 판단할 수 있다. 또한, 헌법재판소는 소추사유의 판단에 있어서 국회의 탄핵소추의결서에서 분류된 소추사유의 체계에 의하여 구속을 받지 않으므로, 소추사유를 어떠한 연관관계에서 법적으로 고려할 것인가의 문제는 전적으로 헌법재판소의 판단에 달려 있다.

2. 적법절차원칙이란, 국가공권력이 국민에 대하여 불이익한 결정을 하기에 앞서 국민은 자신의 견해를 진술할 기회를 가짐으로써 절차의 진행과 그 결과에 영향을 미칠 수 있어야 한다는 법원리를 말한다. 그런데 이 사건의 경우, 국회의 탄핵소추절차는 국회와 대통령이라는 헌법기관 사이의 문제이고, 국회의 탄핵소추의결에 의하여 사인으로서의 대통령의 기본권이 침해되는 것이 아니라, 국가기관으로서의 대통령의 권한행사가 정지되는 것이다. 따라서 국가기관이 국민과의 관계에서 공권력을 행사함에 있어서 준수해야 할 법원칙으로서 형성된 적법절차의 원칙을 국가기관에 대하여 헌법을 수호하고자 하는 탄핵소추절차에는 직접 적용할 수 없다고 할 것이고, 그 외 달리 탄핵소추절차와 관련하여 피소추인에게 의견진술의 기회를 부여할 것을 요청하는 명문의 규정도 없으므로, 국회의 탄핵소추절차가 적법절차원칙에 위배되었다는 주장은 이유 없다.

3. 헌법 제65조는 행정부와 사법부의 고위공직자에 의한 헌법위반이나 법률위반에 대하여 탄핵소추의 가능성을 규정함으로써, 그들에 의한 헌법위반을 경고하고 사전에 방지하는 기능을 하며, 국민에 의하여 국가권력을 위임받은 국가기관이 그 권한을 남용하여 헌법이나 법률에 위반하는 경우에는 다시 그 권한을 박탈하는 기능을 한다. 즉, 공직자가 직무수행에 있어서 헌법에 위반한 경우 그에 대한 법적 책임을 추궁함으로써, 헌법의 규범력을 확보하고자 하는 것이 바로 탄핵심판절차의 목적과 기능인 것이다.

4. 헌법 제65조에 규정된 탄핵사유를 구체적으로 살펴보면, '직무집행에 있어서'의 '직무'란, 법제상 소관 직무에 속하는 고유 업무 및 통념상 이와 관련된 업무를 말한다. 따라서 직무상의 행위란, 법령·조례 또는 행정관행·관례에 의하여 그 지위의 성질상 필요로 하거

나 수반되는 모든 행위나 활동을 의미한다. 헌법은 탄핵사유를 "헌법이나 법률에 위배한 때"로 규정하고 있는데, '헌법'에는 명문의 헌법규정뿐만 아니라 헌법재판소의 결정에 의하여 형성되어 확립된 불문헌법도 포함된다. '법률'이란 단지 형식적 의미의 법률 및 그와 등등한 효력을 가지는 국제조약, 일반적으로 승인된 국제법규 등을 의미한다.

5. 선거에서의 공무원의 정치적 중립의무는 '국민 전체에 대한 봉사자'로서의 공무원의 지위를 규정하는 헌법 제7조 제1항, 자유선거원칙을 규정하는 헌법 제41조 제1항 및 제67조 제1항 및 정당의 기회균등을 보장하는 헌법 제116조 제1항으로부터 나오는 헌법적 요청이다. 공선법 제9조는 이러한 헌법적 요청을 구체화하고 실현하는 법규정이다.

6. 공선법 제9조의 '공무원'이란, 위 헌법적 요청을 실현하기 위하여 선거에서의 중립의무가 부과되어야 하는 모든 공무원 즉, 구체적으로 '자유선거원칙'과 '선거에서의 정당의 기회균등'을 위협할 수 있는 모든 공무원을 의미한다. 그런데 사실상 모든 공무원이 그 직무의 행사를 통하여 선거에 부당한 영향력을 행사할 수 있는 지위에 있으므로, 여기서의 공무원이란 원칙적으로 국가와 지방자치단체의 모든 공무원 즉, 좁은 의미의 직업공무원은 물론이고, 적극적인 정치활동을 통하여 국가에 봉사하는 정치적 공무원을 포함한다. 다만, 국회의원과 지방의회의원은 정당의 대표자이자 선거운동의 주체로서의 지위로 말미암아 선거에서의 정치적 중립성이 요구될 수 없으므로, 공선법 제9조의 '공무원'에 해당하지 않는다. 따라서 선거에 있어서의 정치적 중립성은 행정부와 사법부의 모든 공직자에게 해당하는 공무원의 기본적 의무이다. 더욱이, 대통령은 행정부의 수반으로서 공정한 선거가 실시될 수 있도록 총괄·감독해야 할 의무가 있으므로, 당연히 선거에서의 중립의무를 지는 공직자에 해당하는 것이고, 이로써 공선법 제9조의 '공무원'에 포함된다.

7. 대통령이 특정 정당을 일방적으로 지지하는 발언을 함으로써 국민의 의사형성과정에 영향을 미친다면, 정당과 후보자들에 대한 정당한 평가를 기초로 하는 국민의 자유로운 의사형성과정에 개입하여 이를 왜곡시키는 것이며, 동시에 지난 수 년간 국민의 신뢰를 얻기 위하여 꾸준히 지속해 온 정당과 후보자의 정치적 활동의 의미를 반감시킴으로써 의회민주주의를 크게 훼손시키는 것이다. 그런데 이 부분 대통령의 발언은 그 직무집행에 있어서 반복하여 특정 정당에 대한 자신의 지지를 적극적으로 표명하고, 나아가 국민들에게 직접 그 정당에 대한 지지를 호소하는 내용이라 할 수 있다. 따라서 선거에 임박한 시기이기 때문에 공무원의 정치적 중립성이 어느 때보다도 요청되는 때에, 공정한 선거관리의 궁극적 책임을 지는 대통령이 기자회견에서 전 국민을 상대로, 대통령직의 정치적 비중과 영향

력을 이용하여 특정 정당을 지지하는 발언을 한 것은, 대통령의 지위를 이용하여 선거에 대한 부당한 영향력을 행사하고 이로써 선거의 결과에 영향을 미치는 행위를 한 것이므로, 선거에서의 중립의무를 위반하였다.

8. 공선법 제58조 제1항은 '당선'의 기준을 사용하여 '선거운동'의 개념을 정의함으로써, '후보자를 특정할 수 있는지의 여부'를 선거운동의 요건으로 삼고 있다. 그러나 이 사건의 발언이 이루어진 시기인 2004. 2. 18.과 2004. 2. 24.에는 아직 정당의 후보자가 결정되지 아니하였으므로, 후보자의 특정이 이루어지지 않은 상태에서 특정 정당에 대한 지지발언을 한 것은 선거운동에 해당한다고 볼 수 없다. 뿐만 아니라, 여기서 문제되는 대통령의 발언들은 기자회견에서 기자의 질문에 대한 답변의 형식으로 수동적이고 비계획적으로 행해진 점을 감안한다면, 대통령의 발언에 선거운동을 향한 능동적 요소와 계획적 요소를 인정할 수 없고, 이에 따라 선거운동의 성격을 인정할 정도로 상당한 목적의사가 있다고 볼 수 없다. 그렇다면 피청구인의 발언이 특정 후보자나 특정 가능한 후보자들을 당선 또는 낙선시킬 의도로 능동적·계획적으로 선거운동을 한 것으로는 보기 어렵다.

9. 헌법 제66조 제2항 및 제69조에 규정된 대통령의 '헌법을 준수하고 수호해야 할 의무'는 헌법상 법치국가원리가 대통령의 직무집행과 관련하여 구체화된 헌법적 표현이다. '헌법을 준수하고 수호해야 할 의무'가 이미 법치국가원리에서 파생되는 지극히 당연한 것임에도, 헌법은 국가의 원수이자 행정부의 수반이라는 대통령의 막중한 지위를 감안하여 제66조 제2항 및 제69조에서 이를 다시 한번 강조하고 있다. 이러한 헌법의 정신에 의한다면, 대통령은 국민 모두에 대한 '법치와 준법의 상징적 존재'인 것이다.

10. 대통령이 현행법을 '관권선거시대의 유물'로 폄하하고 법률의 합헌성과 정당성에 대하여 대통령의 지위에서 공개적으로 의문을 제기하는 것은 헌법과 법률을 준수해야 할 의무와 부합하지 않는다. 물론, 대통령도 정치인으로서 현행 법률의 개선방향에 관한 입장과 소신을 피력할 수는 있으나, 어떠한 상황에서, 어떠한 연관관계에서 법률의 개정에 관하여 논의하는가 하는 것은 매우 중요하며, 이 사건의 경우와 같이, 대통령이 선거법위반행위로 말미암아 중앙선거관리위원회로부터 경고를 받는 상황에서 그에 대한 반응으로서 현행 선거법을 폄하하는 발언을 하는 것은 법률을 존중하는 태도라고 볼 수 없는 것이다. 모든 공직자의 모범이 되어야 하는 대통령의 이러한 언행은 법률을 존중하고 준수해야 하는 다른 공직자의 의식에 중대한 영향을 미치고, 나아가 국민 전반의 준법정신을 저해하는 효과를 가져오는 등 법치국가의 실현에 있어서 매우 부정적인 영향을 미칠 수 있다. 결론적으

로, 대통령이 국민 앞에서 현행법의 정당성과 규범력을 문제삼는 행위는 법치국가의 정신에 반하는 것이자, 헌법을 수호해야 할 의무를 위반한 것이다.

11. 국민투표는 직접민주주의를 실현하기 위한 수단으로서 '사안에 대한 결정' 즉, 특정한 국가정책이나 법안을 그 대상으로 한다. 따라서 국민투표의 본질상 '대표자에 대한 신임'은 국민투표의 대상이 될 수 없으며, 우리 헌법에서 대표자의 선출과 그에 대한 신임은 단지 선거의 형태로써 이루어져야 한다. 대통령이 자신에 대한 재신임을 국민투표의 형태로 묻고자 하는 것은 헌법 제72조에 의하여 부여받은 국민투표부의권을 위헌적으로 행사하는 경우에 해당하는 것으로, 국민투표제도를 자신의 정치적 입지를 강화하기 위한 정치적 도구로 남용해서는 안 된다는 헌법적 의무를 위반한 것이다. 물론, 대통령이 위헌적인 재신임 국민투표를 단지 제안만 하였을 뿐 강행하지는 않았으나, 헌법상 허용되지 않는 재신임 국민투표를 국민들에게 제안한 것은 그 자체로서 헌법 제72조에 반하는 것으로 헌법을 실현하고 수호해야 할 대통령의 의무를 위반한 것이다.

12. 헌법 제65조 제1항은 '대통령…이 그 직무집행에 있어서'라고 하여, 탄핵사유의 요건을 '직무' 집행으로 한정하고 있으므로, 위 규정의 해석상 대통령의 직위를 보유하고 있는 상태에서 범한 법위반행위만이 소추사유가 될 수 있다. 썬앤문 및 대선캠프 관련 불법정치자금 수수 등에 관한 소추사유들은 피청구인이 2003. 2. 25. 대통령으로 취임하기 전에 일어난 사실에 바탕을 두고 있는 것이어서 대통령으로서의 직무집행과 무관함이 명백하므로, 탄핵사유에 해당하지 않는다. 피청구인이 대통령으로 취임한 후에 일어난 사실에 바탕을 두고 있는 측근비리에 관하여 보건대, 이 사건 변론절차에서 현출된 모든 증거에 의하더라도 피청구인이 위 최도술 등의 불법자금 수수 등의 행위를 지시·방조하였다거나 기타 불법적으로 관여하였다는 사실이 인정되지 않으므로 이를 전제로 한 이 부분 소추사유는 이유없다.

13. 헌법 제69조는 대통령의 취임선서의무를 규정하면서, 대통령으로서 '직책을 성실히 수행할 의무'를 언급하고 있다. 비록 대통령의 '성실한 직책수행의무'는 헌법적 의무에 해당하나, '헌법을 수호해야 할 의무'와는 달리, 규범적으로 그 이행이 관철될 수 있는 성격의 의무가 아니므로, 원칙적으로 사법적 판단의 대상이 될 수 없다고 할 것이다. 헌법 제65조 제1항은 탄핵사유를 '헌법이나 법률에 위배한 때'로 제한하고 있고, 헌법재판소의 탄핵심판절차는 법적인 관점에서 단지 탄핵사유의 존부만을 판단하는 것이므로, 이 사건에서 청구인이 주장하는 바와 같은 정치적 무능력이나 정책결정상의 잘못 등 직책수행의 성실성 여부는 그 자체로서 소추사유가 될 수 없어, 탄핵심판절차의 판단대상이 되지 아니한다.

14. 헌법재판소법은 제53조 제1항에서 "탄핵심판청구가 이유 있는 때에는 헌법재판소는 피청구인을 당해 공직에서 파면하는 결정을 선고한다."고 규정하고 있는데, 위 규정은 헌법 제65조 제1항의 탄핵사유가 인정되는 모든 경우에 자동적으로 파면결정을 하도록 규정하고 있는 것으로 문리적으로 해석할 수 있으나, 직무행위로 인한 모든 사소한 법위반을 이유로 파면을 해야 한다면, 이는 피청구인의 책임에 상응하는 헌법적 징벌의 요청 즉, 법익형량의 원칙에 위반된다. 따라서 헌법재판소법 제53조 제1항의 '탄핵심판청구가 이유 있는 때'란, 모든 법위반의 경우가 아니라, 단지 공직자의 파면을 정당화할 정도로 '중대한' 법위반의 경우를 말한다.

15. '법위반이 중대한지' 또는 '파면이 정당화되는지'의 여부는 그 자체로서 인식될 수 없는 것이므로, '법위반이 어느 정도로 헌법질서에 부정적 영향이나 해악을 미치는지의 관점'과 '피청구인을 파면하는 경우 초래되는 효과'를 서로 형량하여 탄핵심판청구가 이유 있는지의 여부 즉, 파면여부를 결정해야 한다. 한편, 대통령에 대한 파면결정은, 국민이 선거를 통하여 대통령에게 부여한 '민주적 정당성'을 임기 중 다시 박탈하는 효과를 가지며, 직무수행의 단절로 인한 국가적 손실과 국정 공백은 물론이고, 국론의 분열현상 즉, 대통령을 지지하는 국민과 그렇지 않은 국민간의 분열과 반목으로 인한 정치적 혼란을 가져올 수 있다. 따라서 대통령에 대한 파면효과가 이와 같이 중대하다면, 파면결정을 정당화하는 사유도 이에 상응하는 중대성을 가져야 한다. '대통령을 파면할 정도로 중대한 법위반이 어떠한 것인지'에 관하여 일반적으로 규정하는 것은 매우 어려운 일이나, 대통령의 직을 유지하는 것이 더 이상 헌법수호의 관점에서 용납될 수 없거나 대통령이 국민의 신임을 배신하여 국정을 담당할 자격을 상실한 경우에 한하여, 대통령에 대한 파면결정은 정당화되는 것이다.

16. 이 사건에서 인정되는 대통령의 법위반이 헌법질서에 미치는 효과를 종합하여 본다면, 대통령의 구체적인 법위반행위에 있어서 헌법질서에 역행하고자 하는 적극적인 의사를 인정할 수 없으므로, 자유민주적 기본질서에 대한 위협으로 평가될 수 없다. 따라서 파면결정을 통하여 헌법을 수호하고 손상된 헌법질서를 다시 회복하는 것이 요청될 정도로, 대통령의 법위반행위가 헌법수호의 관점에서 중대한 의미를 가진다고 볼 수 없고, 또한 대통령에게 부여한 국민의 신임을 임기 중 다시 박탈해야 할 정도로 국민의 신임을 저버린 경우에 해당한다고도 볼 수 없으므로, 대통령에 대한 파면결정을 정당화하는 사유가 존재하지 않는다.

17. 헌법재판소법 제34조 제1항에 의하면 헌법재판소 평의는 공개하지 아니하도록 되어 있다. 그러므로 개별 재판관의 의견을 결정문에 표시하기 위해서는 이와 같은 평의의 비밀에 대해 예외를 인정하는 특별규정이 있어야만 가능한데, 탄핵심판에 관해서는 평의의 비밀에 대한 예외를 인정하는 법률규정이 없다. 따라서 이 탄핵심판사건에 관해서도 재판관 개개인의 개별적 의견 및 그 의견의 수 등을 결정문에 표시할 수는 없다. 그러나 위의 견해에 대하여, '동법 제36조 제3항은 탄핵심판에 있어 의견을 표시할지 여부를 관여한 재판관의 재량판단에 맡기는 의미로 해석해야 할 것이므로 반대의견도 표시할 수 있다'는 견해가 있었다.

핵심 체크 학습 국 회

1. 국회의 임시회는 대통령 또는 국회재적의원 3분의 1이상의 요구에 의하여 집회된다.
[15 법무사]

해설 국회의 임시회는 대통령 또는 국회재적의원 4분의 1 이상의 요구에 의하여 집회된다(헌법 제47조 제1항).

2. 국회의 정기회의 회기는 120일을, 임시회의 회기는 30일을 초과할 수 없다.
[15 법무사]

해설 정기회의 회기는 100일을, 임시회의 회기는 30일을 초과할 수 없다(헌법 제47조 제2항).

3. 출석의원 과반수의 찬성이 있는 경우에 국회의 회의는 비공개로 진행될 수 있다.
[15 법무사]

해설 국회의 회의는 공개한다. 다만, 출석의원 과반수의 찬성이 있거나 의장이 국가의 안전보장을 위하여 필요하다고 인정할 때에는 공개하지 아니할 수 있다(헌법 제50조 제1항).

4. 국회의결에 있어서 가부동수인 때에는 국회의장이 결정권을 가진다. [15 법무사]

해설 가부동수인 때에는 부결된 것으로 본다(헌법 제49조).

5. 국회의원이 법률안을 발의하기 위해서는 의원 20인 이상의 찬성이 필요하다.
[15 법무사]

해설 의원은 10인 이상의 찬성으로 의안을 발의할 수 있다(국회법 제79조).

정답 1. × 2. × 3. ○ 4. × 5. ×

6. 정부는 회계연도마다 예산안을 편성하여 회계연도 개시 90일 전까지 국회에 제출하고, 국회는 회계연도 개시 30일 전까지 이를 의결하여야 한다. [15 법무사]

해설 헌법 제54조 제2항.

7. 국회가 의결한 예산 또는 국회의 예산안 의결은, 예산이 국가기관뿐만 아니라 일반국민도 구속하고 또한 예산이 정부의 재정행위를 통하여 국민의 기본권에 영향을 미치기 때문에, 헌법소원의 대상이 된다. [15 법무사]

해설 예산은 일종의 법규범이고 법률과 마찬가지로 국회의 의결을 거쳐 제정되지만 법률과 달리 국가기관만을 구속할 뿐 일반국민을 구속하지 않는다. 국회가 의결한 예산 또는 국회의 예산안 의결은 헌법재판소법 제68조 제1항 소정의 '공권력의 행사'에 해당하지 않고 따라서 헌법소원의 대상이 되지 아니한다(헌재 2006. 4. 25. 2006헌마409).

8. 새로운 회계연도가 개시될 때까지 예산안이 의결되지 못한 때에는 정부는 국회에서 예산안이 의결될 때까지 헌법이나 법률에 의하여 설치된 기관 또는 시설의 유지·운영, 법률상 지출의무의 이행, 이미 예산으로 승인된 사업의 계속의 목적을 위한 경비는 전년도 예산에 준하여 집행할 수 있다. [15 법무사]

해설 헌법 제54조 제3항.

9. 예비비는 총액으로 국회의 의결을 얻어야 하며, 예비비의 지출은 차기국회의 승인을 얻어야 한다. [15 법무사]

해설 헌법 제55조 제2항.

10. 국회는 정부의 동의없이 정부가 제출한 지출예산 각항의 금액을 증가하거나 새 비목을 설치할 수 없다. [15 법무사]

해설 헌법 제57조.

11. 국회는 법률의 위임범위 내에서 의사와 내부규율에 관한 규칙을 제정할 수 있다. [16 법행]

해설 국회는 법률에 저촉되지 아니하는 범위 안에서 의사와 내부규율에 관한 규칙을 제정할 수 있다(헌법 제64조 제1항).

정답 6. ○ 7. × 8. ○ 9. ○ 10. ○ 11. ×

12. 국회는 국회재적의원 3분의 2 이상의 찬성으로 의원의 자격 없음을 의결하거나, 의원을 제명할 수 있다. [16 법행]

해설 국회법 제142조 제3항, 헌법 제64조 제3항.

13. 현행 헌법은 국회의 의원자격상실결정이나 의원제명결정에 대해서는 법원에 제소할 수 없다고 규정하고 있다. [16 법행]

해설 헌법 제64조 제4항.

14. 국회는 국회운영에 관하여 폭넓은 자율권을 가지므로 국회의 의사절차나 입법절차에 헌법이나 법률의 규정을 명백히 위반한 흠이 있는 경우가 아닌 한 그 자율권은 권력분립의 원칙이나 국회의 위상과 기능에 비추어 존중되어야 한다. [16 법행]

해설 헌재 2006. 2. 23. 2005헌라6.

15. 국회법은 국회의 질서유지를 위하여 의장의 경호권, 내부경찰권, 회의장 출입의 제한, 방청인에 대한 퇴장명령 등을 규정하고 있다. [16 법행]

해설 국회법 제143조, 제144조, 제145, 제151조, 제154조.

16. 교섭단체에 속하는 의원의 경우와는 달리, 교섭단체에 속하지 아니하는 의원의 발언시간 및 발언자 수는 의장이 각 교섭단체대표의원과의 협의를 거치지 아니하고 직권으로 정할 수 있다. [16 사시]

해설 교섭단체에 속하지 아니하는 의원의 발언시간 및 발언자수는 의장이 각 교섭단체대표의원과 협의하여 정한다(국회법 제104조 제5항).

17. 교섭단체에 한하여 정책연구위원을 배정하는 것이 교섭단체를 구성하지 못한 정당에 대한 불합리한 차별은 아니다. [16 사시]

해설 국회 입법활동의 활성화와 효율화를 이루기 위하여는 우선적으로 교섭단체의 전문성을 제고시켜야 하며, 교섭단체가 필요로 하는 전문인력을 공무원 신분인 정책연구위원으로 임용하여 그 소속의원들의 입법활동을 보좌하도록 할 필요성이 발생하므로 교섭단체에 한하여 정책연구위원을 배정하는 것은 입법재량의 범위 내로서 그 차별에 합리적인 이유가 있다 할 것이다(헌재 2008. 3. 27. 2004헌마654).

정답 12. ○ 13. ○ 14. ○ 15. ○ 16. × 17. ○

18. 당론과 다른 견해를 가진 소속 국회의원을 당해 교섭단체의 필요에 따라 다른 상임위원회로 전임하는 조치는 정당 내부의 사실상 강제로서 특별한 사정이 없는 한 헌법상 용인될 수 있는 범위 내에 해당한다. [16 사시]

해설 당론과 다른 견해를 가진 소속 국회의원을 당해 교섭단체의 필요에 따라 다른 상임위원회로 전임(사·보임)하는 조치는 특별한 사정이 없는 한 헌법상 용인될 수 있는 "정당내부의 사실상 강제"의 범위내에 해당한다고 할 것이다(헌재 2003. 10. 30. 2002헌라1).

19. 무소속 의원은 물론 교섭단체를 구성하지 못한 여러 정당의 소속 의원들이 「국회법」상의 요건을 갖추어 하나의 교섭단체를 구성하는 것도 가능하다. [16 사시]

해설 국회에 20인 이상의 소속의원을 가진 정당은 하나의 교섭단체가 된다. 그러나 다른 교섭단체에 속하지 아니하는 20인 이상의 의원으로 따로 교섭단체를 구성할 수 있다(국회법 제33조 제1항).

20. 정당보조금을 지급함에 있어 정당의 의석수비율과 득표수비율을 함께 고려하는 이상, 교섭단체의 구성 여부를 기준으로 차등지급하는 것은 헌법상 평등원칙에 위반되지 않는다. [16 사시]

해설 이 사건 법률조항이 교섭단체의 구성 여부만을 보조금 배분의 유일한 기준으로 삼은 것이 아니라 정당의 의석수비율과 득표수비율도 함께 고려함으로써 현행의 보조금 배분비율이 정당이 선거에서 얻은 결과를 반영한 득표수비율과 큰 차이를 보이지 않고 있는 점 등을 고려하면, 교섭단체를 구성할 정도의 다수 정당과 그에 미치지 못하는 소수 정당 사이에 나타나는 차등지급의 정도는 정당 간의 경쟁상태를 현저하게 변경시킬 정도로 합리성을 결여한 차별이라고 보기 어렵다(헌재 2006. 7. 27. 2004헌마655).

21. 국가안전보장을 이유로 공개하지 아니한 회의의 내용이라 하더라도, 의장의 결정으로 그 사유가 소멸되었다고 판단되는 경우에는 이를 공표할 수 있다. [16 사시]

해설 공개하지 아니한 회의의 내용은 공표되어서는 아니된다. 다만, 본회의의 의결 또는 의장의 결정으로 제1항 단서의 사유가 소멸되었다고 판단되는 경우에는 이를 공표할 수 있다(국회법 제118조 제3항).

정답 18. ○ 19. ○ 20. ○ 21. ○

22. 국회에 대하여 입법과정의 공개를 요구할 권리는 국민의 알권리에 포함되나, 국회의 의사에 관한 직접적인 이해관계가 없는 경우에는 이에 대한 일반적 정보공개청구권을 가진다고 볼 수 없다. [16 사시]

해설 국민은 헌법상 보장된 알권리의 한 내용으로서 국회에 대하여 입법과정의 공개를 요구할 권리를 가지며, 국회의 의사에 대하여는 직접적인 이해관계 유무와 상관없이 일반적 정보공개청구권을 가진다고 할 수 있다(헌재 2009. 9. 24. 2007헌바17).

23. 국회 상임위원회의 소위원회 회의에는 회의공개의 원칙이 적용되지 아니한다. [16 사시]

해설 오늘날 국회기능의 중점이 본회의에서 위원회로 이동하여 위원회 중심으로 운영되고 있고, 법안 등의 의안에 대한 실질적인 심의가 위원회에서 이루어지고 있는 현실에서, 헌법 제50조 제1항 본문이 천명한 국회 의사공개의 원칙은 위원회의 회의에도 적용되며, 소위원회의 회의에도 당연히 적용되는 것으로 보아야 한다(헌재 2009. 9. 24. 2007헌바17).

24. 국회 상임위원회에서 개최하는 청문회에는 회의공개의 원칙이 적용된다. [16 사시]

해설 청문회는 공개한다. 다만, 위원회의 의결로 청문회의 전부 또는 일부를 공개하지 아니할 수 있다(국회법 제65조 제4항).

25. 의장의 제의 또는 의원 10인 이상의 연서에 의한 동의로 본회의의 의결이 있거나 의장이 각 교섭단체대표의원과 협의하여 국가의 안전보장을 위하여 필요하다고 인정할 때에는 본회의를 공개하지 아니할 수 있다. [16 사시]

해설 본회의는 공개한다. 다만, 의장의 제의 또는 의원 10인 이상의 연서에 의한 동의로 본회의의 의결이 있거나 의장이 각 교섭단체대표의원과 협의하여 국가의 안전보장을 위하여 필요하다고 인정할 때에는 공개하지 아니할 수 있다(국회법 제75조 제1항).

26. 국회의원이 자신의 발언 내용이 허위라는 점을 인식하지 못하였다면 비록 발언 내용에 다소 근거가 부족하거나 진위 여부를 확인하기 위한 조사를 제대로 하지 않았다고 하더라도 그것이 직무수행의 일환으로 이루어진 이상 면책특권의 대상이 된다. [16 사시]

해설 면책특권의 목적 및 취지 등에 비추어 볼 때, 발언 내용 자체에 의하더라도 직무

정답 22. × 23. × 24. ○ 25. ○ 26. ○

와는 아무런 관련이 없음이 분명하거나, 명백히 허위임을 알면서도 허위의 사실을 적시하여 타인의 명예를 훼손하는 경우 등까지 면책특권의 대상이 될 수는 없지만, 발언 내용이 허위라는 점을 인식하지 못하였다면 비록 발언 내용에 다소 근거가 부족하거나 진위 여부를 확인하기 위한 조사를 제대로 하지 않았다고 하더라도, 그것이 직무 수행의 일환으로 이루어진 것인 이상 이는 면책특권의 대상이 된다(대법원 2007.01.12. 선고 2005다57752).

27. 국 · 공립대학 교원과 사립대학 교원은 신분이나 적용 법률에 차이가 있음에도 불구하고 양자 모두에게 국회의원으로 당선된 경우 임기개시일 전까지 그 직을 사직하도록 한 것은 사립대학 교원의 평등권을 침해한다. [16 사시]

해설 국 · 공립대학 교원은 교육공무원법 제2조 제1항 제1호의 교육공무원의 지위를 가지는 사람으로서 사립대학 교원과 신분에 있어 다소간의 차이가 있기는 하나, 양자 모두 고등교육법에 따라 대학 등에서 학생을 교육 · 지도하고 학문을 연구하는 동일한 업무를 수행하고 있으며, 사립학교법 역시 양자 간의 업무의 동일성을 고려하여 사립대학 교원의 자격이나 복무에 관해서는 국 · 공립대학 교원의 자격, 교원의 임용 및 복무에 관한 규정에 의하도록 규정하고 있고 당연퇴직사유 역시 교육공무원법과 동일하게 규정하고 있는바, 교원으로서의 업무나 복무와 관련해서는 양자가 크게 다르지 않다. 따라서 심판대상조항이 사립대학의 교원에게 국 · 공립대학의 교원과 동일하게 국회의원에 당선된 경우 교수의 직에서 사직할 의무를 부과한 것에는 합리적 이유가 있으므로, 심판대상조항은 청구인의 평등권을 침해하지 않는다(헌재 2015. 4. 30. 2014헌마621).

28. 국회의원은 그 직무 외에 영리를 목적으로 하는 업무에 종사할 수 없지만, 본인 소유의 토지 · 건물 등의 재산을 활용한 임대업 등 영리업무를 하는 경우로서 국회의원의 직무수행에 지장이 없는 경우에는 그러하지 아니하다. [16 사시]

해설 의원은 그 직무 외에 영리를 목적으로 하는 업무에 종사할 수 없다. 다만, 의원 본인 소유의 토지 · 건물 등의 재산을 활용한 임대업 등 영리업무를 하는 경우로서 의원의 직무수행에 지장이 없는 경우에는 그러하지 아니하다(국회법 제29조의2 제1항).

29. 국회의원이 지역구에서 선출되더라도 지역구의 이익보다는 국가 전체의 이익을 우선하여야 한다는 원칙은 양원제가 아닌 단원제를 채택하고 있는 현행 헌법 하에서도 동일하게 적용된다. [16 사시]

해설 국회의원은 국가이익을 우선하여 양심에 따라 직무를 행한다(헌법 제46조).

정답 27. × 28. ○ 29. ○

30. 국회의원으로 하여금 3천만 원의 가액을 초과하여 보유한 직무관련성 있는 주식을 매각 또는 백지신탁 하도록 명하고 있는 규정은 국회의원의 국가이익 우선의무와 지위남용 금지의무를 담보하기 위한 것으로 헌법에 위반되지 않는다. [16 사시]

해설 이 사건 법률조항은 국회의원이 보유한 모든 주식에 대해 적용되는 것이 아니라 직무관련성이 인정되는 금 3천만 원 이상의 주식에 대하여 적용되어 그 적용범위를 목적 달성에 필요한 범위 내로 최소화하고 있는 점, 당사자에 대한 사후적 제재수단인 형사처벌이나 부당이득환수, 또는 보다 완화된 사전적 이해충돌회피수단이라 할 수 있는 직무회피나 단순보관신탁만으로는 이 사건 법률조항과 같은 수준의 입법목적 달성효과를 가져올 수 있을지 단정할 수 없다는 점에 비추어 최소침해성원칙에 반한다고 볼 수 없고, 국회의원의 공정한 직무수행에 대한 국민의 신뢰확보는 가히 돈으로 환산할 수 없는 가치를 지니는 점 등을 고려해 볼 때, 이 사건 법률조항으로 인한 사익의 침해가 그로 인해 확보되는 공익보다 반드시 크다고는 볼 수 없으므로 법익균형성원칙 역시 준수하고 있다. 따라서 이 사건 법률조항은 당해사건 원고의 재산권을 침해하지 아니한다(헌재 2012. 8. 23. 2010헌가65).

31. 국회의장 보궐선거에 의하여 당선된 의장이 선출된 날로부터 2년이 되는 날 본회의를 주재하였다. [16 사시]

해설 보궐선거에 의하여 당선된 의장 또는 부의장의 임기는 전임자의 잔임기간으로 한다(국회법 제9조 제2항).

32. 국회의장은 각 교섭단체대표의원과 합의하여 위원회에 회부하는 안건에 대하여 심사기간을 지정하였다. [16 사시]

해설 의장은 다음 각 호의 어느 하나에 해당하는 경우에는 위원회에 회부하는 안건 또는 회부된 안건에 대하여 심사기간을 지정할 수 있다. 이 경우 제1호 또는 제2호에 해당하는 때에는 의장이 각 교섭단체대표의원과 협의하여 해당 호와 관련된 안건에 대하여만 심사기간을 지정할 수 있다. 의장이 각 교섭단체대표의원과 합의하는 경우 (국회법 제85조 제1항 제3조)

33. 국회에서 의결된 법률안이 정부에 이송된 후 15일 이내에 대통령이 공포하지 않자, 정부에 이송된 후 17일째 되는 날 국회의장이 이를 직접 공포하였다. [16 사시]

해설 대통령이 15일 이내에 공포나 재의요구를 하지 않음으로써 법률로 확정되는 경우에는 5일을 기다릴 필요없이 국회의장의 법률공포권이 지체없이 발생한다는 견해와 통일적인 해석상 5일이 경과해야 발생한다는 견해가 있다. 법무부의 정답가안은 후자의 견해

정답 30. ○ 31. × 32. ○ 33. ×

에 따른 것으로 보인다.

34. 국회 임시회가 열리고 있는 동안 국회의장이 교섭단체대표의원의 요청에도 불구하고 부득이한 사유가 인정되지 않아 당해 교섭단체 소속의 상임위원을 개선하지 않았다. [16 사시]

해설 의장 및 교섭단체대표의원은 의원을 상임위원회의 위원으로 선임하는 것이 공정을 기할 수 없는 현저한 사유가 있다고 인정하는 때에는 해당 상임위원회의 위원으로 선임하거나 선임을 요청하여서는 아니 된다(국회법 제48조 제7항).

35. 국회의장은 각 교섭단체대표의원과 합의하여 해당 안건에 대하여 무제한 토론의 실시를 결정하였다. [16 사시]

해설 의원이 본회의에 부의된 안건에 대하여 이 법의 다른 규정에도 불구하고 시간의 제한을 받지 아니하는 토론(이하 이 조에서 "무제한 토론"이라 한다)을 하려는 경우 재적의원 3분의 1 이상이 서명한 요구서를 의장에게 제출하여야 한다. 이 경우 의장은 해당 안건에 대하여 무제한 토론을 실시하여야 한다(국회법 제106조의2 제1항).

36. 조세평등주의의 한 내용인 수직적 조세정의는 상이한 경제적 능력을 가진 사람은 상이한 액수의 조세를 부담하여야 한다는 것으로 최저생계를 위하여 필요한 경비는 과세대상에서 제외할 것을 요구한다. [16 사시]

해설 헌법은 국민 각자가 자신의 생활을 스스로 경제적으로 형성한다는 것을 전제로 하고 있으므로, 국가는 납세자가 자신과 가족의 기본적인 생계유지를 위하여 꼭 필요로 하는 소득을 제외한 잉여소득 부분에 대해서만 납세의무를 부과할 수 있다. 따라서 소득에 대한 과세는 원칙적으로 최저생계비를 초과하는 소득에 대해서만 가능하다(헌재 1999. 11. 25. 98헌마55).

37. 수직적 조세정의에 따라 소득세에는 누진세율이 적용되어야 하므로, 금융소득을 다른 소득과 분리하여 누진세율이 아닌 단일세율로 과세하는 것은 조세평등주의에 위반된다. [16 사시]

해설 담세능력의 원칙은 소득이 많으면 그에 상응하여 많이 과세되어야 한다는 것, 즉 담세능력이 큰 자는 담세능력이 작은 자에 비하여 더 많은 세금을 낼 것과, 최저생계를 위하여 필요한 경비는 과세로부터 제외되어야 한다는 최저생계를 위한 공제를 요청할 뿐 입법자로 하여금 소득세법에 있어서 반드시 누진세율을 도입할 것까지 요구하는 것은 아

정답 34. ○ 35. × 36. ○ 37. ×

니다. 소득에 단순비례하여 과세할 것인지 아니면 누진적으로 과세할 것인지는 입법자의 정책적 결정에 맡겨져 있다. 그러므로 이 사건 법률조항이 소득계층에 관계없이 동일한 세율을 적용한다고 하여 담세능력의 원칙에 어긋나는 것이라 할 수 없다(헌재 1999. 11. 25. 98헌마55).

38. 조세평등주의는 사실적 결과에 있어서도 부담의 평등을 원칙적으로 실현할 수 있는 조세징수절차를 요구한다. [16 사시]

해설 조세법률주의는 이른바 과세요건 법정주의와 과세요건 명확주의를 그 핵심적 내용으로 삼고 있는 바, 먼저 조세는 국민의 재산권 보장을 침해하는 것이 되기 때문에 납세의무를 성립시키는 납세의무자 · 과세물건 · 과세표준 · 과세기간 · 세율 등의 과세요건과 조세의 부과 · 징수절차를 모두 국민의 대표기관인 국회가 제정한 법률로 규정하여야 한다는 것이 과세요건 법정주의이다(헌재 1989. 7. 21. 89헌마38).

39. 양도소득세의 감면요건을 정하면서, 조합설립인가를 받은 조합과 달리 도시환경정비사업을 시행하는 토지소유자에 대해서는 사업시행인가를 받아야만 과세특례규정상의 사업시행자에 해당하도록 규정한 것은 조세평등주의에 위반되지 아니한다. [16 사시]

해설 이 사건 법률조항이 양도소득세의 감면요건을 정하면서 도시환경정비사업을 시행하는 토지등소유자는 조합설립인가를 받은 조합과 달리 사업시행인가를 받아야만 과세특례규정상의 사업시행자에 해당되도록 규정한 것이 입법재량의 한계와 범위를 벗어난 자의적인 입법이라고 할 수는 없으므로, 이 사건 법률조항은 조세평등주의에 위배되지 아니한다(헌재 2012. 7. 26. 2011헌바365 등).

40. 특정한 조세법률조항이 혼인이나 가족생활을 근거로 부부 등 가족이 있는 자를 혼인하지 아니한 자에 비하여 불이익하게 차별취급하는 것이라면 비례의 원칙에 의한 심사에 의하여 정당화되지 않는 한 헌법 제36조 제1항에 위반된다. [16 사시]

해설 특정한 조세 법률조항이 혼인이나 가족생활을 근거로 부부 등 가족이 있는 자를 혼인하지 아니한 자 등에 비하여 차별 취급하는 것이라면 비례의 원칙에 의한 심사에 의하여 정당화되지 않는 한 헌법 제36조 제1항에 위반된다(헌재 2008. 11. 13. 2006헌바112 등).

정답 38. ○ 39. ○ 40. ○

41. 제헌헌법은 국회의 국정감사권을 규정하였으나, 1972년 헌법은 국정감사권을 폐지하였고, 1980년 헌법은 국정조사권을 명문으로 규정하였다. [16 사시]

해설 제헌법원은 제43조에서 국정감사권을 최초로 도입하였고, 8대까지 시행되어오다가 유신헌법에 의해 폐지되었다. 그리고 1980년 제5공화국 헌법은 최초로 국정조사제도를 헌법에서 명시하였다.

42. 국회에서 국정조사와 관련하여 증인으로 출석할 것을 요구받은 때에는, 「국회에서의 증언 · 감정 등에 관한 법률」에 특별한 규정이 있는 경우를 제외하고는 다른 법률의 규정에도 불구하고 누구든지 이에 응하여야 한다. [16 사시]

해설 의회에서 안건심의 또는 국정감사나 국정조사와 관련하여 보고와 서류 및 해당기관이 보유한 사진 · 영상물(이하 "서류등"이라 한다)의 제출 요구를 받거나, 증인 · 참고인으로서의 출석이나 감정의 요구를 받은 때에는 이 법에 특별한 규정이 있는 경우를 제외하고는 다른 법률의 규정에 불구하고 누구든지 이에 응하여야 한다(국회에서의 증언 · 감정 등에 관한 법률 제2조).

43. 국정조사와 관련하여 증인으로 출석할 것을 요구받은 자가 정당한 이유 없이 출석하지 아니하면 형사처벌의 대상이 되나, 자신이 공소제기를 당하거나 유죄판결을 받을 사실이 발로될 염려가 있는 경우에는 증언을 거부할 수 있다. [16 사시]

해설 정당한 이유없이 출석하지 아니한 증인, 보고 또는 서류 제출요구를 거절한 자, 선서 또는 증언이나 감정을 거부한 증인이나 감정인은 3년이하의 징역 또는 1천만원이하의 벌금에 처한다(국회에서의 증언 · 감정 등에 관한 법률 제12조 제1항).

증인은 형사소송법 제148조 또는 제149조의 규정에 해당하는 경우에 선서 · 증언 또는 서류등의 제출을 거부할 수 있다(국회에서의 증언 · 감정 등에 관한 법률 제3조 제1항).

44. 본회의는 의결로써 조사위원회의 활동기간을 연장할 수 있으나 이를 단축할 수 없고, 조사계획서에 조사위원회의 활동기간이 확정되지 아니한 경우 그 활동기간은 조사위원회의 조사결과가 본회의에서 의결될 때까지로 한다. [16 사시]

해설 본회의는 의결로써 조사위원회의 활동기간을 연장할 수 있다. 본회의는 조사위원회의 중간보고를 받고 조사를 장기간 계속할 필요가 없다고 인정되는 경우에는 의결로써 조사위원회의 활동기간을 단축할 수 있다(국정감사 및 조사에 관한 법률 제 9조 제1항, 재2항).

정답 41. ○ 42. ○ 43. ○ 44. ×

45. 국회는 재적의원 4분의 1 이상의 요구가 있는 때에는 특별위원회 또는 상임위원회로 하여금 국정의 특정사안에 관하여 조사를 시행하게 하는바, 이 경우 국정조사를 위한 특별위원회는 교섭단체의원 수의 비율에 따라 구성하여야 하나 조사에 참여하기를 거부하는 교섭단체의 의원은 제외할 수 있다. [16 사시]

해설 국회는 재적의원 4분의 1이상의 요구가 있는 때에는 특별위원회 또는 상임위원회로 하여금 국정의 특정사안에 관하여 조사를 시행하게 한다(국정감사 및 조사에 관한 법률 제3조 제1항).

제3조 제3항의 특별위원회는 교섭단체의원수의 비율에 따라 구성하여야 한다. 다만, 조사에 참여하기를 거부하는 교섭단체의 의원은 제외할 수 있다(국정감사 및 조사에 관한 법률 제4조 제1항).

정답 45. ○

대통령
국민투표부의권

17 대통령의 재신임국민투표 사건

(대통령신임투표를 국민투표에 붙이는 행위 위헌확인)
2003. 11. 27. 2003헌마694·700(병합)·742(병합) **[각하]**

|판시사항|

대통령이 국회 본회의에서 행한 시정연설에서 정책과 결부하지 않고 단순히 대통령의 신임 여부만을 묻는 국민투표를 실시하고자 한다고 밝힌 것이 헌법소원의 대상이 되는 "공권력의 행사" 에 해당하는지 여부(−)

[결정요지]

1. 헌법재판소법 제68조 제1항은 "공권력의 행사 또는 불행사"로 인하여 헌법상 보장된 기본권을 침해받은 자가 헌법소원을 청구할 수 있다고 규정하고 있으므로, 헌법소원의 대상이 되려면 "공권력의 행사 또는 불행사"에 해당하여야 하는바, 피청구인인 대통령의 발언내용 및 이를 전후한 여러 사정들을 종합하여 볼 때, 피청구인의 발언의 본의는 재신임의 방법과 시기에 관한 자신의 구상을 밝힌 것에 불과하며, 정치권에서 어떤 합의된 방법을 제시하여 주면 그에 따라 절차를 밟아 국민투표를 실시하겠다는 것이어서 이는 법적인 절차를 진행시키기 위한 정치적인 사전 준비행위 또는 정치적 계획의 표명일 뿐이다.

2. 국민투표라는 것은 대통령이 그 대상이 되는 사항을 구체적으로 정하여 국민투표안을 공고함으로써 비로소 법적인 절차가 개시되므로, 공고와 같이 국민투표에 관한 절차의 법적 개시로 볼 수 있는 행위가 있을 때에 비로소 법적인 효력을 지닌 공권력의 행사가 있게 되고, 그러한 법적 행위 이전에 국민투표의 실시에 관한 정치적 제안을 하거나 내부적으로 계획을 수립하여 검토하는 등의 조치는 일종의 준비행위에 불과하여 언제든지 변경·폐기될 수 있다. 이 사건 심판의 대상이 된 피청구인의 발언만으로는 국민투표의 실시에 관하여 법적인 구속력 있는 결정이나 조치가 취해진 것이라 할 수 없으며, 그로 인하여 국민들의 법적 지위에 어떠한 영향을 미친다고 볼 수 없다.

3. 그렇다면 비록 피청구인이 대통령으로서 국회 본회의의 시정연설에서 자신에 대한

신임국민투표를 실시하고자 한다고 밝혔다 하더라도, 그것이 공고와 같이 법적인 효력이 있는 행위가 아니라 단순한 정치적 제안의 피력에 불과하다고 인정되는 이상 이를 두고 헌법소원의 대상이 되는 "공권력의 행사"라고 할 수는 없으므로, 이에 대한 취소 또는 위헌 확인을 구하는 청구인들의 심판청구는 모두 부적법하다.

대 통 령
포괄위임금지의 원칙

18 게임 제공업소의 경품취급기준고시 사건

(게임 제공업소의 경품취급기준고시 위헌확인)
(2008. 11. 27. 2005헌마161·189(병합) [기각]

|판시사항|

1. 구 '음반·비디오물및게임물에관한법률' 제32조 제3호(이하 '이 사건 모법조항' 이라 한다)가 권리·의무에 관한 사항을 법규명령이 아닌 문화관광부고시에 위임한 것이 위헌인지 여부(−)
2. 이 사건 모법조항이 포괄위임입법금지원칙 및 명확성의 원칙에 위배되는지 여부(−)
3. 이 사건 심판대상규정이 이 사건 모법조항의 위임범위를 일탈하였는지 여부(−)
4. 이 사건 심판대상규정이 죄형법정주의 원칙에 위배되는지 여부(−)
5. 이 사건 심판대상규정이 청구인들의 직업의 자유를 침해하는지 여부(−)
6. 이 사건 심판대상규정이 청구인들의 재산권을 침해하는지 여부(−)
7. 이 사건 심판대상규정이 청구인들의 평등권을 침해하는지 여부(−)

[결정요지]

1. 이 사건 모법조항은 사행성 조장이나 청소년에게 해로운 영향을 미치는 경품제공행위를 막기 위하여 게임제공업자가 게임이용자에게 제공하는 경품의 종류와 경품제공방식을 규율하려는 것으로, 사행성 조장이나 청소년 유해성의 판단근거가 되는 '경품의 종류 및 경품제공방식'이라는 사항은 어느 정도 전문적·기술적인 것으로 그 규율영역의 특성상 소관부처인 문화관광부의 고시로 위임함이 요구되는 사항이라고 볼 수 있다.

2. 이 사건 모법조항은 법률에서 구체적으로 범위를 정하여 게임제공업소의 경품취급기준의 내용을 문화관광부고시에 위임하고 있는 것이므로 포괄위임입법금지원칙이나 죄형법정주의의 명확성원칙에 위배된다고 볼 수 없으므로, 이 사건 모법조항에 근거한 이 사건 심판대상규정이 헌법에 위반된다고 볼 수 없다.

3. 헌법이 인정하고 있는 위임입법의 형식은 예시적인 것으로 보아야 할 것이고, 그것은 법률이 행정규칙에 위임하더라도 그 행정규칙은 위임된 사항만을 규율할 수 있으므

로, 국회입법의 원칙과 상치되지도 않는다. 다만, 형식의 선택에 있어서 규율의 밀도와 규율영역의 특성이 개별적으로 고찰되어야 할 것이고, 그에 따라 입법자에게 상세한 규율이 불가능한 것으로 보이는 영역이라면 행정부에게 필요한 보충을 할 책임이 인정되고 극히 전문적인 식견에 좌우되는 영역에서는 행정기관에 의한 구체화의 우위가 불가피하게 있을 수 있다. 그러한 영역에서 행정규칙에 대한 위임입법이 제한적으로 인정될 수 있다.

이 사건 모법조항은 게임제공업자에 대하여 문화관광부고시에서 정한 경품의 종류와 경품제공방법을 위반하여 사행성을 조장하거나 청소년에게 해로운 영향을 미칠 수 있는 경품제공행위의 금지를 규정하고 있는데, 이 사건 모법조항의 해석상 문화관광부장관은 개개의 게임물마다 사행성 조장 등을 평가하여 경품제공방식을 정할 수도 있고, 사행성 조장 등에 관한 일정한 기준을 정립하여 그 범주에 드는 게임물에 대하여는 경품의 제공을 금지하고 그렇지 않은 게임물에 대하여는 경품의 제공을 허용하는 경품제공방식을 정할 수도 있다고 할 것인바, 이 사건 심판대상규정은 이 사건 모법조항의 해석상 선택 가능한 위 경품제공방식 중 후자의 방식을 취한 것으로 이 사건 모법조항의 위임범위 내에 속한다.

4. 이 사건 심판대상규정은 이 사건 모법조항의 위임범위를 일탈하지 아니하였으므로 죄형법정주의의 원칙에 위배된다고 할 수 없다.

5. 이 사건 심판대상규정은 시행시기에 대하여 적절한 유예기간을 부여함으로써 청구인들의 신뢰이익을 충분히 고려하고 있으므로, 과잉금지의 원칙에 위반하여 직업의 자유를 침해하는 위헌적인 규정이라 할 수 없다.

6. 청구인들의 영업활동은 국가에 의하여 강제된 것이 아님은 물론이고, 일정한 경제적 목표를 달성하기 위하여 취한 국가의 경제정책적 조치에 의하여 유발된 사경제의 행위가 아니라, 원칙적으로 자신의 자유로운 결정과 계획, 그에 따른 사적 위험부담과 책임하에 행위하면서 법질서가 반사적으로 부여하는 기회를 활용한 것에 지나지 않는다고 할 것이므로, 청구인들이 주장하는 폐업으로 인한 재산적 손실은 헌법 제23조 제1항의 재산권의 범위에 속하지 아니한다.

7. 카지노나 실제 경마가 청구인들이 종사하는 게임제공업보다 약한 규제를 받는다고 단정할 수 없으며, 설사 차별적인 요소가 있다고 하더라도 이는 카지노나 실제 경마와 청구

인들이 제공하는 게임물이 서로 목적이 다르고 사행화로 인한 폐해의 정도 및 사행화의 과정이 다르며 이에 따라 사행성을 규제하는 정도나 형식이 다를 수밖에 없기 때문이므로, 이 사건 심판대상규정이 청구인들의 평등권을 침해한 것으로 볼 수 없다.

대 통 령
포괄위임금지의 원칙

19 금융감독위원회의 부실금융기관 처분 사건

(금융산업의구조개선에관한법률 제2조 제3호 가목 등 위헌소원)
2004. 10. 28. 99헌바91 **[합헌]**

|판시사항|

1. 당해소송이 제1심과 항소심에서 소송요건이 결여되었다는 이유로 각하되었지만 상고심에서 그 각하판결이 유지될지 불분명한 경우에도 헌법재판소법 제68조 제2항의 헌법소원에 있어서 재판의 전제성이 인정될 수 있다고 본 사례
2. 법률이 입법사항을 대통령령이나 부령이 아닌 고시와 같은 행정규칙의 형식으로 위임하는 것이 헌법 제40조, 제75조, 제95조 등과의 관계에서 허용되는지 여부(한정적극)
3. 법률이 국민의 권리의무와 관련된 사항을 고시와 같은 행정규칙에 위임하는 경우 그 위헌성 판단방법
4. 금융산업의구조개선에관한법률 제2조 제3호 가목, 제10조 제1항 제2호, 제2항에서 입법사항을 금융감독위원회의 고시에 위임한 것이 헌법에 위반되는지 여부(−)
5. 부실금융기관에 대한 정부의 출자를 규정하는 구 금융산업의구조개선에관한법률 제12조의 입법목적
6. 금융감독위원회로 하여금 부실금융기관에 대하여 자본금 증가와 감소를 명할 수 있도록 규정한 구 금융산업의구조개선에관한법률 제12조 제2항 내지 제4항의 법적 의미
7. 위 법률조항들에 의한 자본금의 증가와 감소가 헌법 제23조 제3항의 공용침해에 해당하는지의 여부(−)
8. 위 법률조항들이 비례의 원칙에 위반되어 재산권을 침해하는지의 여부(−)
9. 헌법 제119조 제2항의 '경제의 민주화' 의 헌법적 의미

[결정요지]

1. 금융감독위원회가 주식회사인 보험회사에 대하여 부실금융기관으로 결정하고 증자 및 감자를 명한 처분에 대하여 이 사건의 청구인들인 위 회사의 '주주' 또는 '이사' 등이 그 취소를 구하는 당해소송에서 제1심과 항소심 법원은 '주주' 또는 '이사' 등이 가지는 이해관계를 행정소송법 제12조 소정의 '법률상 이익'으로 볼 수 없다고 하면서 소를 각하하는 판결을 선고하였다. 그러나, 당해사건에 직접 원용할 만한 확립된 대법원 판례는 아직까지 존재하지 않아 해석에 따라서는 당해소송에서 청구인들의 원고적격이 인정될 여지도 충분

히 있고, 헌법재판소가 이에 관하여 법원의 최종적인 법률해석에 앞서 불가피하게 판단할 수밖에 없는 경우에는 헌법재판소로서는 일단 청구인들이 당해소송에서 원고적격을 가질 수 있다는 전제하에 재판의 전제성 요건을 갖춘 것으로 보고 본안에 대한 판단을 할 수 있다.

2. 우리 재판소는, 고시는 그 성질이 일률적으로 판단될 것이 아니라 고시에 담겨진 내용에 따라 구체적인 경우마다 달리 결정되는 것으로, 그 내용 속에 일반적·추상적 규율을 갖는 것과 구체적인 규율의 성격을 갖는 것이 있을 수 있다고 판시한 바 있다. 또한, 원칙적으로 행정규칙은 그 성격상 대외적 효력을 갖는 것은 아니나, 특별히 예외적인 경우에 대외적으로 효력을 가질 수 있는데, 그 예외적인 경우는 우리 재판소가 이미 선례에서 밝힌 바와 같이 재량권 행사의 준칙인 규칙이 그 정한 바에 따라 되풀이 시행되어 행정관행이 이룩되게 되면 평등의 원칙이나 신뢰보호의 원칙에 따라 행정기관은 그 상대방에 대한 관계에서 그 규칙에 따라야 할 자기구속을 당하게 되는 경우, 또는 법령의 직접적 위임에 따라 수임행정기관이 그 법령을 시행하는데 필요한 구체적 사항을 정하였을 때, 그 제정형식은 비록 법규명령이 아닌 고시·훈령·예규 등과 같은 행정규칙이더라도 그것이 상위법령의 위임한계를 벗어나지 않는 경우이다. 그러나, 위와 같은 행정규칙, 특히 후자와 같은 이른바 법령보충적 행정규칙이라도 그 자체로서 직접적으로 대외적인 구속력을 갖는 것은 아니다. 즉, 상위법령과 결합하여 일체가 되는 한도 내에서 상위법령의 일부가 됨으로써 대외적 구속력이 발생되는 것일 뿐 그 행정규칙 자체는 대외적 구속력을 갖는 것은 아니라 할 것이다.

오늘날 의회의 입법독점주의에서 입법중심주의로 전환하여 일정한 범위 내에서 행정입법을 허용하게 된 동기가 사회적 변화에 대응한 입법수요의 급증과 종래의 형식적 권력분립주의로는 현대사회에 대응할 수 없다는 기능적 권력분립론에 있다는 점 등을 감안하여 헌법 제40조와 헌법 제75조, 제95조의 의미를 살펴보면, 국회입법에 의한 수권이 입법기관이 아닌 행정기관에게 법률 등으로 구체적인 범위를 정하여 위임한 사항에 관하여는 당해 행정기관에게 법정립의 권한을 갖게 되고, 입법자가 규율의 형식도 선택할 수도 있다 할 것이므로, 헌법이 인정하고 있는 위임입법의 형식은 예시적인 것으로 보아야 할 것이고, 그것은 법률이 행정규칙에 위임하더라도 그 행정규칙은 위임된 사항만을 규율할 수 있으므로, 국회입법의 원칙과 상치되지도 않는다. 다만, 형식의 선택에 있어서 규율의 밀도와 규율영역의 특성이 개별적으로 고찰되어야 할 것이고, 그에 따라 입법자에게 상세한 규율이 불가능한 것으로 보이는 영역이라면 행정부에게 필요한 보충을 할 책임이 인정되고 극히 전문적인 식견에 좌우되는 영역에서는 행정기관에 의한 구체화의 우위가 불가피하게 있을 수 있다. 그러한 영역에서 행정규칙에 대한 위임입법이 제한적으로 인정될 수 있다.

3. 행정규칙은 법규명령과 같은 엄격한 제정 및 개정절차를 요하지 아니하므로, 재산권 등과 같은 기본권을 제한하는 작용을 하는 법률이 입법위임을 할 때에는 "대통령령", "총리령", "부령" 등 법규명령에 위임함이 바람직하고, 금융감독위원회의 고시와 같은 형식으로 입법위임을 할 때에는 적어도 행정규제기본법 제4조 제2항 단서에서 정한 바와 같이 법령이 전문적·기술적 사항이나 경미한 사항으로서 업무의 성질상 위임이 불가피한 사항에 한정된다 할 것이고, 그러한 사항이라 하더라도 포괄위임금지의 원칙상 법률의 위임은 반드시 구체적·개별적으로 한정된 사항에 대하여 행하여져야 한다.

4. 금융산업의구조개선에관한법률 제2조 제3호 가목은 부실금융기관을 결정할 때 '부채와 자산의 평가 및 산정'의 기준에 관하여, 위 법률 제10조 제1항·제2항은 적기시정조치의 기준과 내용에 관하여 금융감독위원회의 고시에 위임하고 있는바, 위와 같이 입법위임된 사항은 전문적·기술적인 것으로 업무의 성질상 금융감독위원회의 고시로 위임함이 불가피한 사항일 뿐만 아니고, 위 각 법률규정 자체에서 금융감독위원회의 고시로 규제될 내용 및 범위의 기본사항이 구체적으로 규정되어 있어 누구라도 위 규정으로부터 금융감독위원회의 고시에 규정될 내용의 대강을 예측할 수 있다 할 것이어서, 포괄위임입법금지를 선언한 헌법 제75조에 위반되지 아니한다.

5. 부실금융기관을 그대로 방치할 경우 당해 금융기관의 주주를 포함하여 채권자인 예금주, 당해 금융기관으로부터 자금을 조달하는 다수의 기업과 개인 및 당해 금융기관과 거래관계에 있는 여타 금융기관 등 다수의 이해관계자들이 상당한 재산적 손실을 입을 것이 예상되고 나아가 국민경제 전체에 미치는 부정적인 효과가 매우 크므로, 금융거래의 안전과 예금자보호 등 국민경제의 안정을 위하여 부실화된 금융기관에 대한 정부 등의 출자를 통하여 이를 회생시키고자 하는 것이 금융산업의구조개선에관한법률 제12조의 입법목적이다.

6. 금융산업의구조개선에관한법률 제12조 제2항 내지 제4항에 의한 자본금증가 및 감소명령은, 금융감독기관이 국민부담인 정부출자를 통해서라도 부실금융기관을 지원하는 것이 바람직하다고 판단하는 경우에 한하여 공적 자금 투입의 전제조건으로서 부실금융기관의 자본금을 실질에 맞추어 조절하는 불가피한 조치이자 동시에 기존의 주주에게 그 손실을 분담시키는 조치이다.

7. 부실금융기관의 주식은 국가의 증자나 감자명령에 의하여 그 가치가 감소한 것이 아니라, 부실경영으로 말미암아 증자나 감자명령의 유무와 관계 없이 그 당시 이미 영(0)에 가까운 상태나 또는 영(0)으로 그 가치가 감소한 것이다. 따라서 자본금증가나 감소의 방법으로서 비록 외형상으로는 국가에 의한 주식가치의 박탈 또는 하락이라는 형태를 띠고 있으나, 그 실질적 내용에 있어서는 주주의 재산권을 박탈하는 조치가 아니라 증자나 감자명령 당시 자유시장에서 형성된 주식의 실질가치를 단지 확인하는 행위에 지나지 않는다. 기존 주주들은 위 법률조항들에 의하여 단지 부실기업을 정리하거나 또는 정상화하는 방법과 절차에 있어서 국가의 간섭을 받음으로써 재산권의 행사를 제한 당할 뿐이므로, 위 법률조항들은 헌법 제23조 제3항의 공용침해에 해당하는 것이 아니라, 헌법 제23조 제1항 및 제2항에 의하여 재산권에 관한 권리와 의무를 장래에 있어서 일반·추상적으로 형성하고 확정함으로써 재산권의 내용과 한계를 정하는 규정이다.

8. 대형금융기관과 같은 대기업의 주식에 대하여는 그의 강한 사회적 연관성 때문에 보다 광범위한 제한이 정당화된다는 점, 국민경제의 관점에서 국가에게 부실금융기관의 경영정상화 방안으로서 자본증가나 감소의 조치를 취할 수 있는 가능성이 부여되어야 한다는 점, 감자명령의 경우 자본감소에 이의가 있는 주주들의 권리를 보호하기 위하여 그 당시 주식의 실질가치에 따라 주식매수청구권이 부여된다는 점 등을 고려하여 볼 때, 위 법률조항들은 국민경제의 안정을 실현하기 위하여 적절하고 필요한 수단이며 달성하고자 하는 공익의 비중과 개인이 입는 기본권제한의 효과를 비교하더라도 양자 사이에 적절한 균형관계가 인정되므로, 위 법률조항들은 주주의 재산권을 비례의 원칙에 부합하게 합헌적으로 제한하는 규정이다.

9. 헌법 제119조 제2항에 규정된 '경제주체 간의 조화를 통한 경제민주화'의 이념은 경제영역에서 정의로운 사회질서를 형성하기 위하여 추구할 수 있는 국가목표로서 개인의 기본권을 제한하는 국가행위를 정당화하는 헌법규범이다.

대 통 령

포괄위임금지의 원칙

20 군사법원법의 구속기간연장 사건

(군사법원법 제242조 제1항 등 위헌확인)
2003. 11. 27. 2002헌마193 **[위헌]**

|판시사항|

1. 군사법경찰관의 구속기간의 연장을 허용하는 군사법원법 제242조 제1항 중 제239조 부분이 과잉금지의 원칙에 위배되는지 여부를 심사함에 있어서의 심사기준
2. 군사법경찰관의 구속기간의 연장을 허용해야 할 사정이 인정되는지 여부(−)
3. 이 사건 법률규정이 과잉금지의 원칙을 위반하여 신체의 자유 및 신속한 재판을 받을 권리를 침해하는지 여부(+)
4. 미결수용자의 접견교통권이 헌법상의 기본권인지 여부(+)
5. 군행형법시행령 제43조 제2항 본문 중 전단 부분(이하 '이 사건 시행령규정' 이라 한다)에 의한 기본권제한이 헌법 제37조 제2항의 법률유보규정에 위반되는지 여부(+)
6. 이 사건 시행령규정이 과잉금지의 원칙을 위반하여 접견교통권을 침해하는지 여부(+)
7. 이 사건 시행령규정이 평등권을 침해하는지 여부(+)

[결정요지]

1. 군사법원법 제239조가 규정하고 있는 군사법경찰관의 10일간의 구속기간은 그 허용 자체가 헌법상 무죄추정의 원칙에서 파생되는 불구속수사원칙에 대한 예외이다. 그런데 이 사건 법률규정은 경찰단계에서는 구속기간의 연장을 허용하지 아니하는 형사소송법의 규정과는 달리 군사법경찰관의 구속기간의 연장을 허용하여 예외에 대하여 다시 특례를 설정함으로써 기본권 중에서도 가장 기본적인 것인 신체의 자유에 대한 제한을 가중하고 있으므로, 이 사건 법률규정이 과잉금지의 원칙에 위배되는지 여부를 심사함에 있어서는 그 제한되는 기본권의 중요성이나 기본권제한 방식의 중첩적·가중적 성격에 비추어 엄격한 기준에 의할 것이 요구된다.

2. 군사법경찰관이 피의자에 대한 구속영장을 신청하는 단계에서는 범죄의 객관적 혐의를 인정할 수 있는 소명자료가 수집되어 있어야 하므로, 피의자를 구속할 즈음에는 이미

범죄의 객관적 혐의에 대한 수사가 대부분 완료된 상태라고 보아야 하고, 군사법경찰관이 구속피의자를 검찰관에게 인치한 후에도 증거수집을 위한 조사를 계속하여 수집된 증거를 추송할 수 있는 점 등은 일반 사법경찰관의 경우와 다를 것이 없으며, 그 밖에도 수사상의 특별한 필요성을 이유로 군사법경찰관의 구속기간을 일반 사건에 비하여 특히 장기간으로 하여야 할 사정은 이를 찾아보기가 쉽지 않은 반면, 군사법경찰관에 의한 수사의 경우에는 군대사회의 특성상 방어권의 행사가 위축되기 쉽고, 군검찰관의 군사법경찰관에 대한 지휘 감독이나 견제가 미흡한 현실에 비추어 장기간의 구속이 허용될 경우의 폐단은 일반 사건에 비하여 오히려 크다고 할 수 있다.

3. 군사법원법의 적용대상 중에 특히 수사를 위하여 구속기간의 연장이 필요한 경우가 있음을 인정한다고 하더라도, 이 사건 법률규정과 같이 군사법원법의 적용대상이 되는 모든 범죄에 대하여 수사기관의 구속기간의 연장을 허용하는 것은 그 과도한 광범성으로 인하여 과잉금지의 원칙에 어긋난다고 할 수 있을 뿐만 아니라, 국가안보와 직결되는 사건과 같이 수사를 위하여 구속기간의 연장이 정당화될 정도의 중요사건이라면 더 높은 법률적 소양이 제도적으로 보장된 군검찰관이 이를 수사하고 필요한 경우 그 구속기간의 연장을 허용하는 것이 더 적절하기 때문에, 군사법경찰관의 구속기간을 연장까지 하면서 이러한 목적을 달성하려는 것은 부적절한 방식에 의한 과도한 기본권의 제한으로서, 과잉금지의 원칙에 위반하여 신체의 자유 및 신속한 재판을 받을 권리를 침해하는 것이다.

4. 미결수용자의 접견교통권은 헌법재판소가 헌법 제10조의 행복추구권에 포함되는 기본권의 하나로 인정하고 있는 일반적 행동자유권으로부터 나온다고 보아야 할 것이고, 무죄추정의 원칙을 규정한 헌법 제27조 제4항도 그 보장의 한 근거가 될 것이다. 한편, 미결수용자의 가족이 미결수용자와 접견하는 것 역시 헌법 제10조가 보장하고 있는 인간으로서의 존엄과 가치 및 행복추구권 가운데 포함되는 헌법상의 기본권이라고 보아야 할 것이다.

구속된 피의자 또는 피고인이 갖는 변호인 아닌 자와의 접견교통권은 가족 등 타인과 교류하는 인간으로서의 기본적인 생활관계가 인신의 구속으로 인하여 완전히 단절되어 파멸에 이르는 것을 방지하고, 또한 피의자 또는 피고인의 방어를 준비하기 위해서도 반드시 보장되지 않으면 안 되는 인간으로서의 기본적인 권리에 해당하므로 이는 성질상 헌법상의 기본권에 속한다고 보아야 할 것이다.

5. 헌법 제37조 제2항은 기본권제한에 관한 일반적 법률유보조항이라고 할 수 있는데 법률유보의 원칙은 '법률에 의한 규율'을 요청하는 것이 아니라 '법률에 근거한 규율'을 요

청하는 것이기 때문에 기본권의 제한에는 법률의 근거가 필요할 뿐이고 기본권 제한의 형식이 반드시 법률의 형식일 필요는 없는 것이다. 그러나 비록 그렇다 하더라도, 헌법 제75조에 따라, 대통령령으로 면회의 횟수를 제한하는 경우에는 반드시 그에 관한 법률의 위임이 있어야 하고 그 위임은 구체적으로 범위를 정하여 위임하는 것이 아니면 안 된다.

헌법 제37조 제2항에 의하면 기본권은 원칙적으로 법률로써만 이를 제한할 수 있다고 할 것이지만, 헌법 제75조에 의하여 법률의 위임이 있고 그 위임이 구체적으로 범위를 정하여 하는 것이라면 대통령령에 의한 기본권의 제한도 가능하다. 그런데 군행형법 제15조는 제2항에서 수용자의 면회는 교화 또는 처우상 특히 부적당하다고 인정되는 사유가 없는 한 이를 허가하여야 한다고 규정하여 면회의 횟수를 제한하지 않는 자유로운 면회를 전제로 하면서, 제6항에서 "면회에의 참여……에 관하여 필요한 사항은 대통령령으로 정한다." 라고 규정함으로써, 면회에의 참여에 관한 사항만을 대통령령으로 정하도록 위임하고 있고 면회의 횟수에 관하여는 전혀 위임한 바가 없다. 따라서 이 사건 시행령규정이 미결수용자의 면회횟수를 매주 2회로 제한하고 있는 것은 법률의 위임 없이 접견교통권을 제한하는 것으로서, 헌법 제37조 제2항 및 제75조에 위반된다.

6. 이 사건 시행령규정은, 행형법시행령이 미결수용자의 접견횟수를 매일 1회로 하고 있는 것과는 달리, 미결수용자의 면회횟수를 매주 2회로 제한하고 있는바, 수용기관은 면회에 교도관을 참여시켜 감시를 철저히 한다거나, 필요한 경우에는 면회를 일시 불허하는 것과 같이 청구인들의 기본권을 보다 적게 침해하면서도 '도주나 증거인멸 우려의 방지 및 수용시설 내의 질서유지'라는 입법목적을 달성할 수 있는 똑같이 효과적인 다른 방법이 존재하므로, 이것은 기본권제한이 헌법상 정당화되기 위하여 필요한 피해의 최소성 요건을 충족시키지 못한다. 따라서 이 사건 시행령규정은 청구인들의 접견교통권을 과도하게 제한하는 위헌적인 규정이다.

7. 이 사건 시행령규정은 위와 같은 입법목적의 관점에서 볼 때 동일한 처지에 있다고 할 수 있는 미결수용자 중 군행형법의 적용을 받는 자의 면회횟수를 행형법의 적용을 받는 자에 비하여 감축하고 있는바, 전자의 경우라고 하여 후자의 경우에 비하여, 특히 도주나 증거인멸을 막아야 할 필요성이 크다거나 그 수용시설 내의 질서유지가 더욱 절실히 요청된다고 보기는 어렵기 때문에 양자를 달리 취급함에 있어서 객관적으로 납득할 만한 합리적 이유를 찾아 볼 수 없다. 따라서 이 사건 시행령규정은 군행형법시행령의 적용을 받는 미결수용자를 행형법시행령의 적용을 받는 미결수용자에 비하여 자의적으로 다르게 취급하는 것으로서 평등권을 침해하는 것이다.

대 통 령
긴급재정 · 경제명령권

21 금융실명제 사건

(긴급재정명령 등 위헌확인)
1996.2.29. 93헌마186 [각하 · 기각]

|판시사항|

1. 통치행위(대통령긴급재정경제명령)의 헌법재판 대상성
2. 국회의 탄핵소추의결 부작위에 대한 위헌확인소원이 적법한 것인지 여부
3. 긴급재정경제명령의 발동요건

[결정요지]

1. 이른바 통치행위를 포함하여 모든 국가작용은 국민의 기본권적 가치를 실현하기 위한 수단이라는 한계를 반드시 지켜야 하는 것이고, 헌법재판소는 헌법의 수호와 국민의 기본권 보장을 사명으로 하는 국가기관이므로 비록 고도의 정치적 결단에 의하여 행해지는 국가작용이라고 할지라도 그것이 국민의 기본권 침해와 직접 관련되는 경우에는 당연히 헌법재판소의 심판대상이 될 수 있는 것일 뿐만 아니라, 긴급재정경제명령은 법률의 효력을 갖는 것이므로 마땅히 헌법에 기속되어야 할 것이다.

대통령의 긴급재정경제명령은 국가긴급권의 일종으로서 고도의 정치적 결단에 의하여 발동되는 행위이고 그 결단을 존중하여야 할 필요성이 있는 행위라는 의미에서 이른바 통치행위에 속한다고 할 수 있으나, 통치행위를 포함하여 모든 국가작용은 국민의 기본권적 가치를 실현하기 위한 수단이라는 한계를 반드시 지켜야 하는 것이고, 헌법재판소는 헌법의 수호와 국민의 기본권 보장을 사명으로 하는 국가기관이므로 비록 고도의 정치적 결단에 의하여 행해지는 국가작용이라고 할지라도 그것이 국민의 기본권 침해와 직접 관련되는 경우에는 당연히 헌법재판소의 심판대상이 된다.

2. 부작위위헌확인소원은 기본권보장을 위하여 헌법상 명문으로 또는 헌법의 해석상 특별히 공권력 주체에게 작위의무가 규정되어 있어 청구인에게 그와 같은 작위를 청구할 헌법상 기본권이 인정되는 경우에 한하여 인정되는 것인바, 헌법 제65조 제1항은 국회의

탄핵소추의결이 국회의 재량행위임을 명문으로 밝히고 있고 헌법해석상으로도 국정통제를 위하여 헌법상 국회에게 인정된 다양한 권한 중 어떠한 것을 행사하는 것이 적절한 것인가에 대한 판단권은 오로지 국회에 있다고 보아야 할 것이며, 나아가 청구인에게 국회의 탄핵소추의결을 청구할 권리에 관하여도 아무런 규정이 없고 헌법해석상으로도 그와 같은 권리를 인정할 수 없으므로, 국회에게 대통령의 헌법 등 위배행위가 있을 경우에 탄핵소추의결을 하여야 할 헌법상 작위의무가 있다 할 수 없어 국회의 탄핵소추의결 부작위에 대한 위헌확인소원은 부적법하다.

3. 긴급재정경제명령은 정상적인 재정운용·경제운용이 불가능한 중대한 재정·경제상의 위기가 현실적으로 발생하여(그러므로 위기가 발생할 우려가 있다는 이유로 사전적·예방적으로 발할 수는 없다) 긴급한 조치가 필요함에도 국회의 폐회 등으로 국회가 현실적으로 집회될 수 없고 국회의 집회를 기다려서는 그 목적을 달할 수 없는 경우에 이를 사후적으로 수습함으로써 기존질서를 유지·회복하기 위하여(그러므로 공공복지의 증진과 같은 적극적 목적을 위하여는 발할 수 없다) 위기의 직접적 원인의 제거에 필수불가결한 최소의 한도내에서 헌법이 정한 절차에 따라 행사되어야 한다.

관련 유사 판례

21-1. 긴급조치 제1호의 위헌여부

(2010.12.16. 선고 2010도5986)

[판결내용]

(1) 입헌적 법치주의국가의 기본원칙은 어떠한 국가행위나 국가작용도 헌법과 법률에 근거하여 그 테두리 안에서 합헌적·합법적으로 행하여질 것을 요구하고, 이러한 합헌성과 합법성의 판단은 본질적으로 사법의 권능에 속한다. 다만 고도의 정치성을 띤 국가행위에 대하여는 이른바 통치행위라 하여 법원 스스로 사법심사권의 행사를 억제하여 그 심사대상에서 제외하는 영역이 있을 수 있으나, 이와 같이 통치행위의 개념을 인정하더라도 과도한 사법심사의 자제가 기본권을 보장하고 법치주의 이념을 구현하여야 할 법원의 책무를 태만히 하거나 포기하는 것이 되지 않도록 그 인정을 지극히 신중하게 하여야 한다.

(2) 헌법 제107조 제1항, 제111조 제1항 제1호의 규정에 의하면, 헌법재판소에 의한 위헌심사의 대상이 되는 '법률'이란 '국회의 의결을 거친 이른바 형식적 의미의 법률'을 의미하고, 위헌심사의 대상이 되는 규범이 형식적 의미의 법률이 아닌 때에는 그와

동일한 효력을 갖는 데에 국회의 승인이나 동의를 요하는 등 국회의 입법권 행사라고 평가할 수 있는 실질을 갖춘 것이어야 한다. 구 대한민국헌법(1980. 10. 27. 헌법 제9호로 전부 개정되기 전의 것, 이하 '유신헌법'이라 한다) 제53조 제3항은 대통령이 긴급조치를 한 때에는 지체 없이 국회에 통고하여야 한다고 규정하고 있을 뿐, 사전적으로는 물론이거니와 사후적으로도 긴급조치가 그 효력을 발생 또는 유지하는 데 국회의 동의 내지 승인 등을 얻도록 하는 규정을 두고 있지 아니하고, 실제로 국회에서 긴급조치를 승인하는 등의 조치가 취하여진 바도 없다. 따라서 유신헌법에 근거한 긴급조치는 국회의 입법권 행사라는 실질을 전혀 가지지 못한 것으로서, 헌법재판소의 위헌심판대상이 되는 '법률'에 해당한다고 할 수 없고, 긴급조치의 위헌 여부에 대한 심사권은 최종적으로 대법원에 속한다.

(3) 구 대한민국헌법(1980. 10. 27. 헌법 제9호로 전부 개정되기 전의 것, 이하 '유신헌법'이라 한다) 제53조에 근거하여 발령된 대통령 긴급조치 제1호는 그 발동 요건을 갖추지 못한 채 목적상 한계를 벗어나 국민의 자유와 권리를 지나치게 제한함으로써 헌법상 보장된 국민의 기본권을 침해한 것이므로, 긴급조치 제1호가 해제 내지 실효되기 이전부터 유신헌법에 위배되어 위헌이고, 나아가 긴급조치 제1호에 의하여 침해된 각 기본권의 보장 규정을 두고 있는 현행 헌법에 비추어 보더라도 위헌이다. 결국 이 사건 재판의 전제가 된 긴급조치 제1호 제1항, 제3항, 제5항을 포함하여 긴급조치 제1호는 헌법에 위배되어 무효이다. 이와 달리 유신헌법 제53조에 근거를 둔 긴급조치 제1호가 합헌이라는 취지로 판시한 대법원 1975. 1. 28. 선고 74도3492 판결, 대법원 1975. 1. 28. 선고 74도3498 판결, 대법원 1975. 4. 8. 선고 74도3323 판결과 그 밖에 이 판결의 견해와 다른 대법원판결들은 모두 폐기한다.

대 통 령
사 면 권

22 사면법 제5조 제1항 제2호 위헌소원 사건

(사면법 제5조 제1항 제2호 위헌소원)
2000. 6. 1. 97헌바74 **[합헌]**

|판시사항|

1. 사면에 관한 사항을 법률에 위임하고 있는 헌법 제79조 제3항의 의미
2. 징역형의 집행유예에 대한 사면이 병과된 벌금형에도 미치는지 여부가 사면내용에 대한 해석문제인지 여부(+)
3. 재산권침해 및 형평의 원칙 위배 여부(−)

[결정요지]

1. 우리 헌법 제79조 제1항은 "대통령은 법률이 정하는 바에 의하여 사면·감형 또는 복권을 명할 수 있다"고 대통령의 사면권을 규정하고 있고, 제3항은 "사면·감형 또는 복권에 관한 사항은 법률로 정한다"고 규정하여 사면의 구체적 내용과 방법 등을 법률에 위임하고 있다. 그러므로 사면의 종류, 대상, 범위, 절차, 효과 등은 범죄의 죄질과 보호법익, 일반국민의 가치관 내지 법감정, 국가이익과 국민화합의 필요성, 권력분립의 원칙과의 관계 등 제반사항을 종합하여 입법자가 결정할 사항으로서 광범위한 입법재량 내지 형성의 자유가 부여되어 있다.

2. 선고된 형의 전부를 사면할 것인지 또는 일부만을 사면할 것인지를 결정하는 것은 사면권자의 전권사항에 속하는 것이고, 징역형의 집행유예에 대한 사면이 병과된 벌금형에도 미치는 것으로 볼 것인지 여부는 사면의 내용에 대한 해석문제에 불과하다 할 것이다. 결론적으로 사면의 은사적 성격 및 특별사면의 입법취지 등을 종합하면 병과된 형의 일부만을 사면하는 것은 헌법에 위반된다고 볼 수 없다.

3. 벌금형은 범죄인에게서 일정한 재산을 박탈하는 것을 내용으로 하는 형벌이다. 따라서 형벌의 목적 자체가 범죄인의 재산권박탈을 예정하고 있으므로 형벌의 효과로서 대상자의 재산권을 박탈하는 것은 죄형법정주의를 규정한 헌법정신에 부합하는 것이며, 재산권

보호를 규정한 헌법 제23조 제1항에 위반되지 아니한다. 특별사면은 위에서 본 바와 같이 국가원수인 대통령이 형의 집행을 면제하거나 선고의 효력을 상실케 하는 시혜적 조치로서, 형의 전부 또는 일부에 대하여 하거나, 중한 형 또는 가벼운 형에 대하여만 할 수도 있는 것이다. 그러므로 **중한 형에 대하여 사면을 하면서 그보다 가벼운 형에 대하여 사면을 하지 않는 것이 형평의 원칙에 반한다고 할 수도 없다**.

대 통 령
불소추특권

23 대통령후보 이명박 특검법 사건

(한나라당 대통령후보 이명박의 주가조작 등 범죄혐의의 진상규명을 위한 특별검사의 임명 등에 관한 법률 위헌확인)
2008. 1. 10. 2007헌마1468 **[위헌 · 기각]**

|판시사항|

1. '한나라당 대통령후보 이명박의 주가조작 등 범죄혐의의 진상규명을 위한 특별검사의 임명 등에 관한 법률' 제2조, 제3조, 제6조 제6항·제7항, 제10조, 제18조 제2항(이하 '이 사건 심판대상조항' 이라 한다)에 대한 헌법소원이 기본권침해의 직접성 요건을 충족하는지 여부(+)
2. 특별검사에 의한 수사대상을 특정인에 대한 특정 사건으로 한정한 이 사건 법률 제2조가 위 사건의 피고발인 또는 참고인이었던 청구인들의 평등권, 신체의 자유(불법적인 심문을 받지 않을 권리), 공정한 재판을 받을 권리를 침해하거나 명확성원칙에 위배되는지 여부(−)
3. 대법원장으로 하여금 특별검사 후보자 2인을 추천하고 대통령은 그 추천후보자 중에서 1인을 특별검사로 임명하도록 한 이 사건 법률 제3조가 적법절차원칙·권력분립원칙에 위배하여 청구인들의 평등권이나 신체의 자유(불법적인 심문을 받지 않을 권리)를 침해하는지 여부(−)
4. 특별검사가 참고인에게 지정된 장소까지 동행할 것을 명령할 수 있게 하고 참고인이 정당한 이유 없이 위 동행명령을 거부한 경우 천만 원 이하의 벌금형에 처하도록 규정한 이 사건 법률 제6조 제6항·제7항, 제18조 제2항(이하 '이 사건 동행명령조항' 이라 한다)이 영장주의 또는 과잉금지원칙에 위배하여 청구인들의 평등권과 신체의 자유를 침해하는지 여부(+)
5. 특별검사가 공소제기한 사건의 재판기간과 상소절차 진행기간을 일반사건보다 단축하고 있는 이 사건 법률 제10조가 재판기간을 지나치게 단기간으로 규정함으로써 재판당사자의 방어권을 부당하게 침해할 염려가 있어 청구인들의 평등권과 공정한 재판을 받을 권리를 침해하고 무죄추정원칙에 위배되는지 여부(−)

[결정요지]

1. 이미 특별검사가 임명되어 수사의 개시가 목전에 있고, 특별검사의 수사가 개시되면 청구인들은 참고인 또는 피의자로서 조사 또는 수사를 받거나 위 특별검사의 출석요구

와 동행명령을 받을 개연성이 크고 또한 재판과정에 관여될 가능성도 있다. 한편 이 사건 법률은 특별검사의 피의자나 참고인 지정행위 및 동행명령 자체에 대한 불복수단을 규정하고 있지 않을 뿐 아니라, 그것들이 항고소송의 대상이 되는 처분인지 여부도 불분명하다. 또한 특별검사의 동행명령의 법적 성격이 이 사건 법률 제6조 제8항에 의하여 특별검사의 수사절차에 준용될 형사소송법 제417조(준항고)에서 규정하는 '검사의 구금에 관한 처분'에 해당한다고 보기도 어렵다. 결국 특별검사의 참고인 또는 피의자 지정과 동행명령에 대하여는 구제절차가 없거나 권리구제의 기대가능성이 없어, 구체적 집행행위의 존재에도 불구하고 예외적으로 당해 법률을 직접 헌법소원의 대상으로 삼을 수 있는 경우에 해당하므로 심판대상조항에 의한 기본권침해의 직접성을 인정할 수 있다.

2. (1) 처분적 법률의 성격을 가지는 이 사건 법률 제2조에 의한 차별적 규율은 위와 같이 정당화되므로 청구인들이 위 조항에 의하여 이 사건 법률에 의한 수사대상이 되어 심문을 받게 되더라도 그러한 심문을 가리켜 적법절차원칙 내지 과잉금지원칙에 위반되는 불법적인 심문, 즉 위헌적인 혹은 위법한 심문이라 할 수 없고, 따라서 이 사건 법률 제2조에 의하여 청구인들의 신체의 자유, 즉 불법적인 심문을 받지 않을 권리가 침해되었다고 볼 수 없다.

(2) 이 사건 법률 제2조는 재판절차에 이르기 전 단계인 수사에 관련하여 특별검사의 수사대상 범위를 규정하고 있는 것이므로 재판절차에 직접 영향을 주는 규정이라고 할 수 없어 위 조항이 청구인들의 공정한 재판을 받을 권리를 침해한다고 볼 수 없고, 이 사건 법률 제2조 각 호는 수범자가 통상의 법감정과 합리적 상식에 기하여 그 구체적 의미를 충분히 예측하고 해석할 수 있는 규정이라 할 것이므로 명확성의 원칙에 반하지 아니한다.

3. (1) 대법원장은 법관의 임명권자이지만(헌법 제104조 제3항) 대법원장이 각급 법원의 직원에 대하여 지휘·감독할 수 있는 사항은 사법행정에 관한 사무에 한정되므로(법원조직법 제13조 제2항) 구체적 사건의 재판에 대하여는 어떠한 영향도 미칠 수 없고, 나아가 이 사건 법률 제3조에 의하면 대법원장은 변호사 중에서 2인의 특별검사후보자를 대통령에게 추천하는 것에 불과하고 특별검사의 임명은 대통령이 하도록 되어 있으므로 소추기관과 심판기관이 분리되지 않았다거나, 자기 자신의 사건을 스스로 심판하는 구조라고 볼 수는 없다. 결국 이 사건 법률 제3조에 의한 특별검사의 임명절차가 소추기관과 심판기관의 분리라는 근대 형사법의 대원칙이나 적법절차원칙 등을 위반하였다고 볼 수 없다.

(2) 본질적으로 권력통제의 기능을 가진 특별검사제도의 취지와 기능에 비추어 볼 때, 특별검사제도의 도입 여부를 입법부가 독자적으로 결정하고 특별검사 임명에 관한 권한을

헌법기관 간에 분산시키는 것이 권력분립원칙에 반한다고 볼 수 없다. 한편 정치적 중립성을 엄격하게 지켜야 할 대법원장의 지위에 비추어 볼 때 정치적 사건을 담당하게 될 특별검사의 임명에 대법원장을 관여시키는 것이 과연 바람직한 것인지에 대하여 논란이 있을 수 있으나, 그렇다고 국회의 이러한 정치적·정책적 판단이 헌법상 권력분립원칙에 어긋난다거나 입법재량의 범위에 속하지 않는다고는 할 수 없다.

(3) 그렇다면 이 사건 법률 제3조는 적법절차원칙에 위반되거나 권력분립원칙에 위반되지 아니하므로 청구인들의 기본권을 침해하지 않는다.

4. 위헌의견

(1) 재판관 이강국, 재판관 김희옥, 재판관 민형기, 재판관 이동흡, 재판관 목영준의 위헌의견

참고인에 대한 동행명령제도는 참고인의 신체의 자유를 사실상 억압하여 일정 장소로 인치하는 것과 실질적으로 같으므로 헌법 제12조 제3항이 정한 영장주의원칙이 적용되어야 한다. 그럼에도 불구하고 법관이 아닌 특별검사가 동행명령장을 발부하도록 하고 정당한 사유 없이 이를 거부한 경우 벌금형에 처하도록 함으로써, 실질적으로는 참고인의 신체의 자유를 침해하여 지정된 장소에 인치하는 것과 마찬가지의 결과가 나타나도록 규정한 이 사건 동행명령조항은 영장주의원칙을 규정한 헌법 제12조 제3항에 위반되거나 적어도 위 헌법상 원칙을 잠탈하는 것이다.

참고인은 수사의 협조자에 불과하므로 원칙적으로 출석의무가 없는 점, 입법론적으로 특별검사가 참고인을 강제로 소환할 절실한 필요가 있는 경우 법관에게 그 소환을 요청하여 법관의 명령으로 참고인을 소환하도록 하더라도 수사의 목적 달성에 큰 지장이 없는 점, 특별검사는 형사소송법상 출석요구에 응하지 않는 참고인에 대하여 증거보전절차(제184조) 또는 제1회 공판기일 전 증인신문의 청구(제221조의2) 절차에 의하여 '진상을 규명하기 위해 필수불가결한 참고인의 진술을 확보'할 수 있는 점 등에 비추어 보면, 이 사건 동행명령조항에 의한 신체의 자유의 제한이 입법목적 달성을 위한 필요한 최소한에 그쳤다고는 볼 수 없다. 또한 참고인 진술의 수사상 효용가치에 한계가 있기 때문에 이 사건 동행명령조항으로 달성하고자 하는 '진상을 규명하기 위해 필수불가결한 참고인의 진술 확보'라는 공익은 그 실현 여부가 분명하지 않은데 반하여, 위 조항으로 인하여 청구인들이 감수해야 할 신체의 자유에 대한 침해는 지나치게 크다. 결국 이 사건 동행명령조항은 과잉금지원칙에 위배하여 청구인들의 신체의 자유와 평등권을 침해한다.

(2) 재판관 이공현, 재판관 김종대의 위헌의견

신체의 자유와 관련한 헌법상 영장주의는 '신체에 대해 직접적이고 현실적인 강제력이 행사되는 경우'에 적용되는 것으로 보아야 하는바, 이 사건 동행명령조항은 동행명령을 거부하는 참고인에 대해 직접적이고 현실적인 강제력을 행사할 수 있음을 규정한 것이 아니라 동행명령을 거부할 정당한 사유가 없는 참고인에 대하여 지정된 장소에 출석할 의무를 부과하고 벌금형이라는 제재를 수단으로 하여 그 출석의무의 이행을 심리적·간접적으로 강제하는 것이어서, 영장주의의 적용대상이 될 수 없다. 따라서 이 사건 동행명령조항은 영장주의에 위반된다고 볼 수 없다. 그러나 이 사건 동행명령조항은 정당한 사유 없이 동행명령을 거부한 자를 형사처벌하도록 규정함으로써 침해의 최소성에 반하여 청구인들의 신체의 자유를 침해하였다.

5. 이 사건 법률 제10조가 재판기간을 단기간으로 규정한 것은 사안의 성격과 특별검사제도의 특수성을 감안하여 위 기간 내에 가능한 신속하게 재판을 종결함으로써 국민적 의혹을 조기에 해소하고 정치적 혼란을 수습하자는 것일 뿐, 피고인의 방어권이나 적정절차를 보장하지 않은 채 재판이 위 기간 내에 종결되어야 한다거나 위 기간이 도과하면 재판의 효력이 상실된다는 취지는 아니다. 이러한 입법취지에 재판부가 집중심리방식으로 사건을 진행하는 경우 위 조항이 정한 기간 내에 재판을 마무리하는 것이 무리한 일로는 보이지 않는 점, 공직선거법에도 선거에 관한 쟁송의 특수성을 고려하여 선거에 관한 소송은 소제기일로부터 180일 이내에 처리하도록 하고(제225조), 선거범과 그 공범에 관한 재판 중 제1심 재판은 공소제기일로부터 6개월 이내에, 제2심과 제3심은 전심 선고일로부터 각 3개월 이내에 반드시 선고하도록 규정하고 있는 점(제270조) 등을 보태어 볼 때, 위 법률조항이 이와 같이 재판기간을 한정한 데에는 이를 정당화할 합리적 이유가 있다. 그렇다면 이 사건 법률 제10조가 공정한 재판을 받을 권리를 침해한다 할 수 없고, 이 사건 법률에 의한 특별검사에 의하여 공소제기된 사람을 일반 형사재판을 받는 사람에 비하여 달리 취급하였다 하여 평등권을 침해한다 할 수 없다(나아가 이 사건 법률 제10조가 재판기간을 단기간으로 규정하였다는 이유만으로 특별검사에 의해 공소제기된 사건에서 무죄추정의 원칙이 깨진다고 볼 수도 없다).

핵심 체크 학습 대 통 령

헌법판례선

1. 대통령은 국가의 원수이며, 외국에 대하여 국가를 대표한다. 대통령은 국가원수로서 조약의 체결·비준에 관한 권한, 외교사절의 신임·접수·파견에 관한 권한, 선전포고와 강화에 관한 권한을 갖는다. [16 법행]

(해설) 헌법 제66조 제1항, 제73조.

2. 대통령은 행정부의 수반이므로 행정업무에 대하여 최종적인 결정권을 가지며, 국무총리는 대통령의 명을 받아 행정각부를 통할할 뿐 행정에 관하여 독자적인 권한을 가지지 못한다. [16 법행]

(해설) 헌법 제66조 제4항, 정부조직법 제18조.

3. 대통령의 기본권보호의무는 헌법 제10조, 대통령의 헌법수호의무를 규정하고 있는 헌법 제66조 제2항, 취임선서를 규정하고 있는 헌법 제69조 등에서 확인할 수 있다. [16 법행]

(해설) 헌재 2009. 2. 26. 2005헌마764 등.

4. 대통령은 소속 정당을 위하여 정당활동을 할 수 있는 사인으로서의 지위와 국민 모두에 대한 봉사자로서 공익실현의 의무가 있는 헌법기관으로서의 지위를 동시에 가지며, 전자의 지위에 관해서는 기본권 주체성을 갖는다. [16 법행]

(해설) 헌재 2008. 1. 17. 2007헌마700.

정답 1. ○ 2. ○ 3. ○ 4. ○

5. **대통령은 내란 또는 외환의 죄를 범한 경우를 제외하고는 재직 중에 법적 책임을 지지 아니하나, 퇴직 후에는 형사소추 등의 책임 추궁이 가능하다.** [16 법행]

해설 대통령은 내란 또는 외환의 죄를 범한 경우를 제외하고는 재직중 형사상의 소추를 받지 아니한다(헌법 제84조). 형사상의 소추를 안 받는 것이지, 다른 법적 책임을 지지 않는 것은 아니다.

6. **긴급명령, 긴급재정경제명령, 계엄은 본질적으로 국가의 중대한 위기상황에서 긴급하게 행해지는 것이므로, 사전에 국회의 승인이나 국무회의의 심의를 거칠 것을 요구할 수 없다.** [16 법행]

해설 국회의 승인이나 국무회의의 심의를 거칠 것이 요구된다(헌법 제76조, 제89조 참조).

7. **국회가 재적의원 과반수의 찬성으로 계엄의 해제를 요구한 때에는 대통령은 반드시 이를 해제하여야 하므로, 국무회의의 심의를 별도로 거칠 필요가 없다.** [16 법행]

해설 국무회의의 심의를 별도로 거칠 필요가 있다(헌법 제89조 제5호).

8. **긴급명령의 경우 국회의 집회가 불가능한 때에 한하여 발할 수 있는 반면, 긴급재정경제명령의 경우 국회의 집회가 불가능하지 않더라도 국회의 집회를 기다릴 여유가 없을 때는 발할 수 있다.** [16 법행]

해설 헌법 제76조.

9. **대통령은 내우 · 외환 · 천재 · 지변 등으로 정상적인 재정운용이 불가능한 중대한 재정 · 경제상의 위기가 발생할 염려가 있는 경우에는 사전예방적으로 긴급재정경제명령을 발할 수 있다.** [16 법행]

해설 성격상 사전예방적으로 긴급재정경제명령을 발할 수는 없다.

10. **국가의 중대한 위기상황에서 긴급권한 행사 여부의 판단은 대통령의 재량사항이므로, 사법심사의 대상이 되지 않는다.** [16 법행]

해설 대통령의 긴급재정경제명령은 그것이 국민의 기본권 침해와 직접 관련되는 경우에는 당연히 헌법재판소의 심판대상이 될 수 있는 것이다(헌재 1996. 2. 29. 93헌마186).

정답 5. × 6. × 7. × 8. ○ 9. × 10. ×

11. 헌법은 군인은 현역을 면한 후가 아니면 국무총리 또는 국무위원으로 임명될 수 없다는 것을 명문으로 규정하고 있다. [15 법무사]

해설 헌법 제86조 제3항, 제87조 제4항.

12. 대통령은 소속 정당을 위하여 정당활동을 할 수 있는 사인으로서의 지위와 국민 모두에 대한 봉사자로서 공익실현의 의무가 있는 헌법기관으로서의 지위를 동시에 갖는다. [15 법무사]

해설 대통령도 국민의 한사람으로서 제한적으로나마 기본권의 주체가 될 수 있는바, 대통령은 소속 정당을 위하여 정당활동을 할 수 있는 사인으로서의 지위와 국민 모두에 대한 봉사자로서 공익실현의 의무가 있는 헌법기관으로서의 지위를 동시에 갖는데 최소한 전자의 지위와 관련하여는 기본권 주체성을 갖는다고 할 수 있다(헌재 2008. 1. 17. 2007헌마700).

13. 대통령이 특별사면을 명하기 위해서는 국무회의의 심의는 거쳐야 하나 국회의 동의는 얻을 필요가 없다. [15 법무사]

해설 헌법 제89조 제9호.

14. 대통령의 임기가 만료되는 때에는 임기만료 70일 내지 40일 전에 후임자를 선거한다. [15 법무사]

해설 헌법 제68조 제1항.

15. 행정각부의 장과는 달리 국무위원으로 임명되기 위해서는 국무총리의 제청이 필수적인 것은 아니다. [15 법무사]

해설 국무위원은 국무총리의 제청으로 대통령이 임명한다(헌법 제87조 제1항).

16. 대의기관의 선출주체가 곧 대의기관의 의사결정에 대한 승인주체가 되는 것은 당연한 논리적 귀결이므로, 국민투표권자의 범위는 대통령선거권자 · 국회의원선거권자와 반드시 일치할 필요는 없다. [15 법무사]

해설 대의기관의 선출주체가 곧 대의기관의 의사결정에 대한 승인주체가 되는 것은 당연한 논리적 귀결이므로, 국민투표권자의 범위는 대통령선거권자 · 국회의원선거권자와 일치되어야 한다(헌재 2014. 7. 24. 2009헌마256).

정답 11. ○ 12. ○ 13. ○ 14. ○ 15. × 16. ×

17. 국민투표는 선거와 달리 국민이 직접 국가의 정치에 참여하는 절차이므로, 국민투표권은 대한민국 국민의 자격이 있는 사람에게 반드시 인정되어야 하는 권리이다. [15 법무사]

해설 헌재 2014. 7. 24. 2009헌마256.

18. 대통령의 긴급재정경제명령은 국가긴급권의 일종으로서 고도의 정치적 결단에 의하여 발동되는 행위이고, 그 결단을 존중하여야 할 필요성이 있는 행위라는 의미에서 이른바 통치행위에 속한다고 할 수 있으나 그것이 국민의 기본권 침해와 직접 관련되는 경우에는 당연히 헌법재판소의 심판대상이 된다. [15 법무사]

해설 헌재 1996. 2. 29. 93헌마186.

19. 대통령의 비상계엄의 선포나 확대행위는 고도의 정치적 · 군사적 성격을 지니고 있는 행위지만, 비상계엄의 선포나 확대가 국헌문란의 목적을 달성하기 위하여 행하여진 경우에는 법원은 그 자체가 범죄행위에 해당하는지의 여부에 관하여 심사할 수 있다. [15 법무사]

해설 대판 1997. 4. 17. 96도3376.

20. 남북정상회담의 개최는 고도의 정치적 성격을 지니고 있는 행위라 할 것이므로 특별한 사정이 없는 한 그 당부를 심판하는 것은 사법권의 내재적 · 본질적 한계를 넘어서는 것이지만, 남북정상회담의 개최과정에서 관할 주무관청에게 신고하지 아니하거나 관할 주무관청의 협력사업 승인을 얻지 아니한 채 북한측에 사업권의 대가 명목으로 송금한 행위 자체는 헌법상 법치국가의 원리와 법 앞에 평등원칙 등에 비추어 볼 때 사법심사의 대상이 된다. [15 법무사]

해설 대판 2004.03.26. 선고 2003도7878.

21. 국가긴급권의 행사는 헌법질서에 대한 중대한 위기상황의 극복을 위한 것이기 때문에, 본질적으로 위기상황의 직접적인 원인을 제거하는데 필수불가결한 최소한도 내에서만 행사되어야 한다는 목적상 한계가 있지만, 그 본질상 일시적·잠정적으로만 행사되어야 한다는 시간적 한계는 인정되지 않는다. [15 법무사]

해설 국가긴급권의 행사는 헌법질서에 대한 중대한 위기상황의 극복을 위한 것이기 때

정답 17. ○ 18. ○ 19. ○ 20. ○ 21. ×

문에, 본질적으로 위기상황의 직접적인 원인을 제거하는데 필수불가결한 최소한도 내에서만 행사되어야 한다는 목적상 한계가 있다. 또한 국가긴급권은 비상적인 위기상황을 극복하고 헌법질서를 수호하기 위해 헌법질서에 대한 예외를 허용하는 것이기 때문에 그 본질상 일시적·잠정적으로만 행사되어야 한다는 시간적 한계가 있다(헌재 2015. 3. 26. 2014헌가5).

22. 국군의 해외파견결정은 그 성격상 국방 및 외교에 관련된 고도의 정치적 결단을 요하는 문제로서, 헌법과 법률이 정한 절차를 지켜 이루어진 것임이 명백하다면 대통령과 국회의 판단은 존중되어야 하고 헌법재판소가 사법적 기준만으로 이를 심판하는 것은 자제되어야 한다. [15 법무사]

해설 헌재 2004. 4. 29. 2003헌마814

23. 우리 헌정사상 대통령직이 폐지된 예는 한번도 없다. [14 법무사]

해설 제헌헌법부터 제2공헌법을 제외하고는 대통령제 정부형태이므로 대통령직이 존재했었고, 내각책임제 정부형태였던 제2공헌법 때도 실권은 없으나 대통령직은 존재하였었다.

24. 대통령후보자가 1인일 때에는 그 득표수가 선거권자 총수의 3분의 1 이상이 아니면 대통령으로 당선될 수 없다. [14 법무사]

해설 헌법 제67조 제3항.

25. 대통령은 국민 모두를 위하여 공익실현의 의무가 있는 헌법기관이지만, 소속 정당을 위하여 정당활동을 할 수 있는 사인으로서의 지위도 가지므로 후자에 관해서는 기본권 주체성을 가진다. [14 법무사]

해설 대통령도 국민의 한사람으로서 제한적으로나마 기본권의 주체가 될 수 있는바, 대통령은 소속 정당을 위하여 정당활동을 할 수 있는 사인으로서의 지위와 국민 모두에 대한 봉사자로서 공익실현의 의무가 있는 헌법기관으로서의 지위를 동시에 갖는데 최소한 전자의 지위와 관련하여는 기본권 주체성을 갖는다고 할 수 있다(헌재 2008. 1. 17. 2007헌마700).

정답 22. ○ 23. ○ 24. ○ 25. ○

26. 특정의 국가정책에 대하여 다수의 국민들이 국민투표를 원하고 있음에도 불구하고 대통령이 이러한 희망과는 달리 국민투표에 회부하지 아니하는 것은, 헌법이 보장하는 국민의 국민투표권을 침해한 것으로 헌법에 위반된다. [14 법무사]

해설 특정의 국가정책에 대하여 다수의 국민들이 국민투표를 원하고 있음에도 불구하고 대통령이 이러한 희망과는 달리 국민투표에 회부하지 아니한다고 하여도 이를 헌법에 위반된다고 할 수 없고, 국민에게 특정의 국가정책에 관하여 국민투표에 회부할 것을 요구할 권리가 인정된다고 할 수도 없다. 결국 헌법 제72조의 국민투표권은 대통령이 어떠한 정책을 국민투표에 부의한 경우에 비로소 행사가 가능한 기본권이라 할 수 있다(헌재 2013. 11. 28. 2012헌마166).

27. 대통령은 국회에서의 의결된 법률안에 대하여 재의를 요구할 수 있으나, 법률안의 일부에 대하여 또는 법률안을 수정하여 재의를 요구할 수는 없다. [14 법무사]

해설 헌법 제53조 제2항, 제3항.

28. 대통령 선거에 있어서 최고득표자가 2인 이상인 때에는 국회의 재적의원 과반수가 출석한 공개회의에서 다수표를 얻은 자를 당선자로 한다. [15 법행]

해설 헌법 제67조 제2항.

29. 대통령은 국가의 안위에 관계되는 중대한 교전상태에 있어서 국가를 보위하기 위하여 긴급한 조치가 필요하고 국회의 집회를 기다릴 여유가 없을 때에 한하여 법률의 효력을 가지는 명령을 발할 수 있다. [15 법행]

해설 국회 집회가 불가능한 경우가 맞다(헌법 제76조 제2항).

30. 대통령은 국회에서 의결한 법률안에 이의가 있을 때에는 15일 내에 이의서를 붙여 국회로 환부하고 재의를 요구할 수 있으나, 국회가 폐회 중인 때에는 먼저 임시국회의 소집을 요구하여야 한다. [15 법행]

해설 국회의 폐회 중에도 또한 같다(헌법 제53조 제2항).

31. 우리 헌법상 대통령은 헌법개정에 대한 발의권이 없다. [15 법행]

해설 대통령도 헌법개정에 대한 발의권이 있다(헌법 제128조 제1항).

정답 26. × 27. ○ 28. ○ 29. × 30. × 31. ×

32. 영전의 수여는 대통령의 권한으로 국무회의의 심의사항이 아니다. [15 법행]

해설 국무회의 심의사항이다(헌법 제89조 제8호).

33. 사면은 형의 선고의 효력 또는 공소권을 상실시키거나, 형의 집행을 면제시키는 국가원수의 고유한 권한을 의미하며, 사법부의 판단을 변경하는 제도로서 권력분립의 원리에 대한 예외가 된다. [16 법행]

해설 헌재 2000. 6. 1. 97헌바74.

34. 사면에는 일반사면과 특별사면이 있으며, 특별사면은 이미 형의 선고를 받은 특정인에 대하여 형의 집행을 면제하거나, 선고의 효력을 상실케 하는 사면이다. 특별사면에서 선고된 형 전부를 사면할 것인지 또는 일부만을 사면할 것인지를 결정하는 것은 사면권자의 전권사항에 속하는 것이고, 징역형의 집행유예에 대한 사면이 병과된 벌금형에도 미치는 것으로 볼 것인지 여부는 사면권자의 의사인 사면의 내용에 대한 해석문제에 불과하다. [16 법행]

해설 헌재 2000. 6. 1. 97헌바74.

35. 사면 권한의 행사는 권력분립 원칙의 중대한 예외이므로, 헌법과 법률은 대통령의 자의적인 사면권한 행사를 방지하기 위하여 일정한 제한을 가하고 있는데, 대표적으로 일반사면에는 사전에 국회의 동의를 얻어야 한다. [16 법행]

해설 헌법 제79조 제2항.

36. 일반사면뿐만 아니라 특별사면을 하려는 경우에도 국무회의의 심의를 거쳐야 한다. [16 법행]

해설 헌법 제89조 제9호.

37. 일반사면뿐만 아니라 특별사면을 하려는 경우에도 법무부 사면심사위원회의 심사를 거쳐 법무부장관이 대통령에게 사면을 상신하여야 한다. [16 법행]

해설 법무부장관은 대통령에게 특별사면, 특정한 자에 대한 감형 및 복권을 상신(上申)한다(사면법 제10조).

정답 32. × 33. ○ 34. ○ 35. ○ 36. ○ 37. ×

행 정 부
행정각부

24 국가안전기획부 사건

(정부조직법 제14조 제1항 등의 위헌 여부에 관한 헌법소원)
1994. 4. 28. 89헌마221 **[각하 · 합헌]**

|판시사항|

1. 청구원인이 기본적으로 동일한 사건들이지만 심판청구요건 및 대상이 달라 중복제소라고 보지 않은 사례
2. 국가안전기획부의 설치근거와 그 직무범위를 규정한 정부조직법 제14조 제1항 및 국가안전기획부법 제4조, 제6조의 위헌 여부

[결정요지]

1. 이 사건 심판대상의 "위헌이라고 해석되는 이유"의 내용과 당재판소에 이미 계속중인 89헌마86 사건의 청구원인이 기본적으로는 동일하더라도, 전자는 법 제68조 제2항에 의한 헌법소원이나 후자는 법 제68조 제1항에 따른 헌법소원으로서 그 제소의 요건이 상이하고, 양자의 청구인도 다를 뿐만 아니라 그 심판대상도 반드시 동일하다고 단정할 수 없으므로, 결국 이 사건 심판청구는 중복제소로서 부적법하다 할 수 없다.

2. 우리 나라의 행정권은 헌법상 대통령에게 귀속되고, 국무총리는 단지 대통령의 첫째 가는 보좌기관으로서 행정에 관하여 독자적인 권한을 가지지 못하고 대통령의 명을 받아 행정각부를 통할하는 기관으로서의 지위만을 가지며, 행정권 행사에 대한 최후의 결정권자는 대통령이라고 해석하는 것이 타당하다고 할 것이다. 이와 같은 헌법상의 대통령과 국무총리의 지위에 비추어 보면 국무총리의 통할을 받는 행정각부에 모든 행정기관이 포함된다고 볼 수 없다 할 것이다.

헌법 제86조 제2항은 그 위치와 내용으로 보아 국무총리의 헌법상 주된 지위가 대통령의 보좌기관이라는 것과 그 보좌기관인 지위에서 행정에 관하여 대통령의 명을 받아 행정각부를 통할할 수 있다는 것을 규정한 것일 뿐, 국가의 공권력을 집행하는 행정부의 조직은 헌법상 예외적으로 열거되어 있거나 그 성질상 대통령의 직속기관으로 설치할 수 있는 것을 제외하고는 모두 국무총리의 통할을 받아야 하며, 그 통할을 받지 않은 행정기관은 법률

에 의하더라도 이를 설치할 수 없음을 의미한다고는 볼 수 없을 뿐만 아니라, 헌법 제94조, 제95조 등의 규정취지에 비추어 정부의 구성단위로서 그 권한에 속하는 사항을 집행하는 모든 중앙정부기관이 곧 헌법 제86조 제2항 소정의 "행정각부"라고 볼 수도 없다. 국가가 정보기관을 대통령직속으로 하느냐 여부는 기본적으로 입법정책의 영역에 속하는 것으로서 당해 국가의 헌법이념에 위배되지 않는 한 위헌이라 할 수 없는 것인데, 국가안전기획부법은 그 목적(目的), 직무범위, 통제방법 등의 관점에서 헌법이 요구하는 최소한의 요건을 갖추고 있다고 보아야 할 것이므로, 국무총리의 관할을 받지 않는 대통령직속기관인 국가안전기획부의 설치근거와 직무범위 등을 정한 행정조직법 제14조와 국가안전기획부법 제4조 및 제6조의 규정(規定)은 헌법(憲法)에 위배된다 할 수 없다.

행 정 부
감 사 원

25 지방자치단체의 자치사무에 대한 감사원의 감사 사건

(강남구청 등과 감사원 간의 권한쟁의)
2008. 5. 29. 2005헌라3 **[각하 · 기각]**

|판시사항|

1. 감사원이 지방자치단체에 대하여 자치사무의 합법성뿐만 아니라 합목적성에 대하여도 감사한 행위가 법률상 권한 없이 이루어진 것인지 여부(－)
2. 지방자치단체의 자치사무에 대한 합목적성 감사의 근거가 되는 감사원법 제24조 제1항 제2호 등 관련규정(이하 '이 사건 관련규정' 이라 한다) 자체가 청구인들의 지방자치권의 본질을 침해하여 위헌인지 여부(－)

[결정요지]

1. 감사원법은 지방자치단체의 위임사무나 자치사무의 구별 없이 합법성 감사뿐만 아니라 합목적성 감사도 허용하고 있는 것으로 보이므로, 감사원의 지방자치단체에 대한 이 사건 감사는 법률상 권한 없이 이루어진 것은 아니다.

2. 헌법이 감사원을 독립된 외부감사기관으로 정하고 있는 취지, 중앙정부와 지방자치단체는 서로 행정기능과 행정책임을 분담하면서 중앙행정의 효율성과 지방행정의 자주성을 조화시켜 국민과 주민의 복리증진이라는 공동목표를 추구하는 협력관계에 있다는 점을 고려하면 지방자치단체의 자치사무에 대한 합목적성 감사의 근거가 되는 이 사건 관련규정은 그 목적의 정당성과 합리성을 인정할 수 있다. 또한 감사원법에서 지방자치단체의 자치권을 존중할 수 있는 장치를 마련해두고 있는 점, 국가재정지원에 상당부분 의존하고 있는 우리 지방재정의 현실, 독립성이나 전문성이 보장되지 않은 지방자치단체 자체감사의 한계 등으로 인한 외부감사의 필요성까지 감안하면, 이 사건 관련규정이 지방자치단체의 고유한 권한을 유명무실하게 할 정도로 지나친 제한을 함으로써 지방자치권의 본질적 내용을 침해하였다고는 볼 수 없다.

핵심 체크 학습 행정부

1. 국무회의는 대통령, 국무총리와 15인 이상 30인 이하의 국무위원으로 구성된다. [16 법무사]

해설 헌법 제88조 제2항.

2. 행정각부의 장과는 달리 국무위원으로 임명되기 위해서는 국무총리의 제청이 필수적인 것은 아니다. [16 법무사]

해설 국무위원은 국무총리의 제청으로 대통령이 임명한다(헌법 제87조).

3. 국무총리는 대통령의 명을 받아 각 중앙행정기관의 장을 지휘·감독한다. [14 법무사]

해설 국무총리는 대통령의 명을 받아 각 중앙행정기관의 장을 지휘·감독한다(정부조직법 제18조 제1항).

4. 국무총리는 중앙행정기관의 장의 명령이나 처분이 위법 또는 부당하다고 인정될 경우에는 대통령의 승인을 받아 이를 중지 또는 취소할 수 있다. [14 법무사]

해설 정부조직법 제18조 제2항.

5. 각 중앙행정기관의 행정의 지휘·감독, 정책 조정 및 사회위험·갈등의 관리, 정부업무평가 및 규제개혁에 관하여 국무총리를 보좌하기 위하여 국무조정실을 둔다. [14 법무사]

해설 정부조직법 제20조 제1항.

정답 1. ○ 2. × 3. ○ 4. ○ 5. ○

6. 총리와 부총리는 모두 국무회의 구성원이기는 하나, 국무위원은 아니다. [14 법무사]

해설 부총리는 국무위원으로 보한다(정부조직법 제19조 제2항).

7. 국무총리가 사고로 직무를 수행할 수 없는 경우에는 부총리가 그 직무를 대행한다. [14 법무사]

해설 국무총리가 사고로 직무를 수행할 수 없는 경우에는 부총리가 그 직무를 대행하고, 국무총리와 부총리가 모두 사고로 직무를 수행할 수 없는 경우에는 대통령의 지명이 있으면 그 지명을 받은 국무위원이, 지명이 없는 경우에는 제26조제1항에 규정된 순서에 따른 국무위원이 그 직무를 대행한다(정부조직법 제22조).

8. 법률이 어떤 사항에 관하여 대통령령에 위임할 경우에는 국민이 장래 대통령령으로 규정될 내용을 일일이 예견할 수는 없다고 할지라도 적어도 그 기본적 윤곽만은 예측할 수 있도록 기본적인 사항들에 관하여 법률에서 구체적으로 규정하여야 한다. [16 법행]

해설 헌재 2007. 4. 26. 2004헌가29 등.

9. 위임의 구체성·명확성의 요구 정도는 그 규율대상의 종류와 성격에 따라 달라질 것이지만, 특히 처벌법규나 조세법규 등 국민의 기본권을 직접적으로 제한하거나 침해할 소지가 있는 법규에서는 구체성·명확성의 요구가 강화되어 그 위임의 요건과 범위가 일반적인 급부행정법규의 경우보다 더 엄격하게 제한적으로 규정되어야 하는 반면에, 규율대상이 지극히 다양하거나 수시로 변화하는 성질의 것일 때에는 위임의 구체성·명확성의 요건이 완화되어야 한다. [16 법행]

해설 헌재 2008. 4. 24. 2005헌마373.

10. 중학교 의무교육의 구체적인 실시 시기와 절차 등을 하위법령에 위임하여 정하도록 함에 있어서는 막대한 재정지출을 수반하는 무상교육의 수익적 성격과 규율대상의 복잡다양성을 고려하여 위임의 명확성의 요구정도를 완화하여 해석할 수 있다. [16 법행]

해설 헌재 1991. 2. 11. 90헌가27.

정답 6. × 7. ○ 8. ○ 9. ○ 10. ○

11. 국민연금보험법은 국민연금보험료를 납부하지 아니하는 경우 국세체납처분의 예에 따라 강제로 징수하도록 규정하고 있으므로, 국민연금보험료 산정기준을 하위법령에 위임함에 있어서는 조세법규와 같은 정도의 위임의 명확성·구체성을 갖추는 것이 필요하다. [16 법행]

해설 건강보험료라는 공과금의 징수절차에 관하여 국세체납처분의 예에 의하도록 한 것은 그 입법목적의 정당성 및 수단의 상당성을 인정할 수 있고, 자의적인 재산권 침해를 방지하고 최소한의 인간다운 생활을 할 권리의 보장을 위한 보완책을 마련하고 있다는 점에서 과잉된 제한이라고 볼 수 없다(헌재 2009. 10. 29. 2008헌바86).

12. 법률에서 위임받은 사항을 전혀 규정하지 않고 재위임하는 것은 복위임금지의 법리에 반할 뿐 아니라 수권법의 내용변경을 초래하는 것이 되고, 부령의 제정·개정절차가 대통령령에 비하여 보다 용이한 점을 고려할 때 재위임에 의한 부령의 경우에도 위임에 의한 대통령령에 가해지는 헌법상의 제한이 당연히 적용되어야 할 것이다. 따라서 법률에서 위임받은 사항을 전혀 규정하지 아니하고 그대로 재위임하는 것은 허용되지 않으며 위임받은 사항에 관하여 대강을 정하고 그 중의 특정사항을 범위를 정하여 하위법령에 다시 위임하는 경우에만 재위임이 허용된다. [16 법행]

해설 헌재 1996. 2. 29. 94헌마213.

13. 지방자치단체의 사무와 그에 소속한 지방공무원의 직무는 감사원의 감찰사항에 포함되며, 감사원의 감찰권에는 공무원의 비위사실을 밝히기 위한 비위감찰권뿐 아니라 공무원의 근무평정 · 행정관리의 적부심사분석과 그 개선 등에 관한 행정감찰권까지 포함된다. [16 사시]

해설 직무감찰의 범위를 정한 감사원법 제24조 제1항 제2호에 의하면, 지방자치단체의 사무와 그에 소속한 지방공무원의 직무는 감사원의 감찰사항에 포함되며, 여기에는 공무원의 비위사실을 밝히기 위한 비위감찰권뿐만 아니라 공무원의 근무평정 · 행정관리의 적부심사분석과 그 개선 등에 관한 행정감찰권까지 포함된다고 해석된다(헌재 2008. 5. 29. 2005헌라3).

정답 11. × 12. ○ 13. ○

14. 「감사원법」을 살펴보면, 감사원의 직무감찰권의 범위에는 인사권자에 대하여 징계를 요구할 권한이 포함되고 지방자치단체의 사무의 성격이나 종류에 따른 감사기준의 구별을 찾아볼 수 없다. [16 사시]

해설 감사원법 규정들의 구체적 내용을 살펴보면 감사원의 직무감찰권의 범위에 인사권자에 대하여 징계 등을 요구할 권한이 포함되고, 위법성뿐 아니라 부당성도 감사의 기준이 되는 것은 명백하며, 지방자치단체의 사무의 성격이 나 종류에 따른 어떠한 제한이나 감사기준의 구별도 찾아볼 수 없다(헌재 2008. 5. 29. 2005헌라3).

15. 중앙정부와 지방자치단체는 서로 행정기능과 행정책임을 분담하면서 중앙행정의 효율성과 지방행정의 자주성을 조화시켜 국민과 주민의 복리증진이라는 공동목표를 추구하는 협력관계에 있으므로, 지방자치단체의 자치사무에 대한 감사원의 감사를 합법성 감사에 한정하지 않으면 그 목적의 정당성과 합리성을 인정할 수 없다. [16 사시]

해설 헌법이 감사원을 독립된 외부감사기관으로 정하고 있는 취지, 중앙정부와 지방자치단체는 서로 행정기능과 행정책임을 분담하면서 중앙행정의 효율성과 지방행정의 자주성을 조화시켜 국민과 주민의 복리증진이라는 공동목표를 추구하는 협력관계에 있다는 점을 고려하면 지방자치단체의 자치사무에 대한 합목적성 감사의 근거가 되는 이 사건 관련규정은 그 목적의 정당성과 합리성을 인정할 수 있다(헌재 2008. 5. 29. 2005헌라3).

16. 감사원의 인사 · 조직 및 예산편성상 독립성의 존중, 감사위원의 임기 및 신분의 보장, 겸직 및 정치운동의 금지는 감사원의 직무상 · 기능상의 독립성과 중립성을 보장하기 위한 제도적 장치이다. [16 사시]

해설 사원법이 '감사원은 대통령에 소속하되 직무에 관하여는 독립의 지위를 가진다.'(제2조 제1항)고 천명하면서 감사원의 인사 · 조직 및 예산편성상의 독립성 존중(제2조 제2항), 감사위원의 임기보장, 신분보장, 겸직 및 정치운동의 금지(제6조, 제8조, 제9조, 제10조) 등을 규정하고 있는 것은 바로 감사원의 직무상, 기능상의 독립성과 중립성을 보장하기 위한 제도적 장치라고 헌법재판소도 판시한 바 있다(헌재 2008. 5. 29. 2005헌라3).

정답 14. ○ 15. × 16. ○

17. 지방자치제도의 실시와 더불어 중앙행정기관과 지방자치단체의 관계가 상호보완적 지도 · 지원의 관계로 변화하였으나 권력분립원리 및 법치행정주의에 근거해 여전히 통제의 필요성이 있다는 점을 인식한다면, 지방자치단체의 자치사무에 대하여 중앙행정기관에게 사전적 · 포괄적인 합목적성 감사권이 인정된다고 해석함이 타당하다. [16 사시]

해설 국가감독권 행사로서 지방자치단체의 자치사무에 대한 감사원의 사전적 · 포괄적 합목적성 감사가 인정되므로 국가의 중복감사의 필요성이 없는 점 등을 종합하여 보면, 중앙행정기관의 지방자치단체의 자치사무에 대한 구 지방자치법 제158조 단서 규정의 감사권은 사전적 · 일반적인 포괄감사권이 아니라 그 대상과 범위가 한정적인 제한된 감사권이라 해석함이 마땅하다 (헌재 2009. 5. 28. 2006헌라6).

정답 17. ×

법 원

26 법관정년의 차등 사건

(법원조직법 제45조 제4항 위헌확인)
2002. 10. 31. 2001헌마557 **[기각]**

|판시사항|

법관의 정년을 규정하고 있는 법원조직법 제45조 제4항(이하, '이 사건 법률조항' 이라 한다) 이 청구인의 평등권, 직업선택의 자유 내지 공무담임권을 침해하거나 헌법 제106조의 법관 신분보장 규정에 위배되는지 여부(−)

[결정요지]

1. 이 사건 법률조항은 법관의 정년을 직위에 따라 대법원장 70세, 대법관 65세, 그 이외의 법관 63세로 하여 법관 사이에 약간의 차이를 두고 있는 것으로, 헌법 제11조 제1항에서 금지하고 있는 차별의 요소인 '성별', '종교' 또는 '사회적 신분' 그 어디에도 해당되지 아니할 뿐만 아니라, 그로 인하여 어떠한 사회적 특수계급제도를 설정하는 것도 아니고, 그와 같이 법관의 정년을 직위에 따라 순차적으로 낮게 차등하게 설정한 것은 법관 업무의 성격과 특수성, 평균수명, 조직체 내의 질서 등을 고려하여 정한 것으로 그 차별에 합리적인 이유가 있다고 할 것이므로, 청구인의 평등권을 침해하였다고 볼 수 없다.

2. 공무담임권의 제한의 경우는 그 직무가 가지는 공익실현이라는 특수성으로 인하여 그 직무의 본질에 반하지 아니하고 결과적으로 다른 기본권의 침해를 야기하지 아니하는 한 상대적으로 강한 합헌성이 추정될 것이므로, 주로 평등의 원칙이나 목적과 수단의 합리적인 연관성여부가 심사대상이 될 것이며, 법익형량에 있어서도 상대적으로 다소 완화된 심사를 하게 될 것이다.

이 사건 법률조항이 규정한 법관의 정년은 60세 내지 65세로 되어 있는 다른 국가공무원의 정년보다 오히려 다소 높고, 정년제를 두고 있는 외국의 법관 정년연령(65세 내지 70세)을 비교하여 보아도 일반법관의 정년이 지나치게 낮다고 볼 수도 없다. 그렇다면, 이 사건 법률조항은 직업선택의 자유 내지 공무담임권을 침해하고 있다고 할 수 없다.

3. 그리고, 헌법규정 사이의 우열관계, 헌법규정에 대한 위헌성판단은 인정되지 아니하므로, 그에 따라 헌법 제106조 법관의 신분보장 규정은 헌법 제105조 제4항 법관정년제 규정과 병렬적 관계에 있는 것으로 보아 조화롭게 해석하여야 할 것이고, 따라서, 정년제를 전제로 그 재직 중인 법관은 탄핵 또는 금고 이상의 형의 선고에 의하지 아니하고는 파면되지 아니하며, 징계처분에 의하지 아니하고는 정직, 감봉 기타 불리한 처분을 받지 아니한다고 해석하여야 하고, 그러한 해석하에서는 헌법 제105조 제4항에 따라 입법자가 법관의 정년을 결정한 이 사건 법률조항은 그것이 입법자의 입법재량을 벗어나지 않고 기본권을 침해하지 않는 한 헌법에 위반된다고 할 수 없고, 위에서 본 바와 같이 그 입법 자체가 평등권, 직업선택의 자유나 공무담임권 등 기본권을 침해하였다고 볼 수 없어, 결국 <u>신분보장 규정에도 위배된다고 할 수 없다.</u>

법 원

27 특가법 제11조 제1항 위헌소원 사건

(특정범죄가중처벌등에관한법률 제11조 제1항 위헌소원)
2003. 11. 27. 2002헌바24 **[위헌]**

|판시사항|

1. 법정형에 대한 입법형성권의 한계
2. 마약의 단순매수를 영리매수와 동일한 법정형으로 처벌하는 규정이 책임과 형벌간의 비례성 원칙 및 실질적 법치국가원리에 위반되는지 여부(+)
3. 마약의 단순판매목적소지를 영리범·상습범과 동일한 법정형으로 처벌하는 규정이 책임과 형벌간의 비례성 원칙 및 실질적 법치국가원리에 위반되는지 여부(+)
4. 단순매수나 단순판매목적소지의 마약사범에 대하여도 사형·무기 또는 10년 이상의 징역에 처하도록 하는 규정이 지나치게 과도한 형벌로서 책임과 형벌간의 비례성 원칙에 어긋나는지 여부(+) 및 법관의 양형선택·판단권을 지나치게 제한하는지 여부(+)
5. 위 규정이 향정신성의약품관리법위반 범죄와의 관계에서 평등의 원칙에 위반되는지 여부(+)

[결정요지]

1. 법정형의 종류와 범위를 정할 때는 헌법 제37조 제2항이 규정하고 있는 과잉입법금지의 정신에 따라 형벌개별화 원칙이 적용될 수 있는 범위의 법정형을 설정하여 실질적 법치국가의 원리를 구현하도록 하여야 하며, 형벌이 죄질과 책임에 상응하도록 적절한 비례성을 지켜야 한다. 그러므로, 그 입법취지에서 보아 중벌(重罰)주의로 대처할 필요성이 인정되는 경우라 하더라도 범죄의 실태와 죄질의 경중, 이에 대한 행위자의 책임, 처벌규정의 보호법익 및 형벌의 범죄예방효과 등에 비추어 전체 형벌체계상 지나치게 가혹한 것이어서, 그러한 유형의 범죄에 대한 형벌 본래의 기능과 목적을 달성함에 있어 필요한 정도를 현저히 일탈함으로써 입법재량권이 헌법규정이나 헌법상의 제원리에 반하여 자의적으로 행사된 것으로 평가되는 경우에는 이와 같은 법정형을 규정한 법률조항은 헌법에 반한다고 보아야 한다.

2. 특가법은 매수한 마약의 양이나 위험성의 정도, 마약사용의 결과로 타인의 신체에 상해나 사망을 일으켰느냐의 여부 등 죄질이나 비난가능성의 정도를 구별하지 않는다. 결국 위 특가법 조항은 그나마 존재하던 마약류관리에관한법률상의 단순범과 영리범의 구별조차 소멸시켜 불법의 정도, 죄질의 차이 및 비난가능성에 있어서의 질적 차이를 무시함으로써 죄질과 책임에 따라 적절하게 형벌을 정하지 못하게 하는바, 책임과 형벌간의 비례성원칙과 실질적 법치국가원리에 위반된다.

3. 마약의 판매목적소지는 마약의 매도행위에 대한 예비죄를 독립된 구성요건으로 한 것인바, 마약의 매도행위는 영리의 추구를 그 핵심적 성질로 하므로 비영리의 단순판매목적소지는 그 행위의 발생 개연성 및 마약확산에 기여하는 정도가 극히 미미하다 할 것인데, 위 특가법 조항은 이러한 행위에 대하여까지 영리범과 동일하게 가중처벌하고 있는데 이는 국가형벌권의 지나친 남용이라 할 것이다.

4. 위 특가법 조항은 단순매수나 단순판매목적소지의 마약사범에 대하여도 사형·무기 또는 10년 이상의 징역에 처하도록 규정하고 있어, 예컨대 단 한 차례 극히 소량의 마약을 매수하거나 소지하고 있었던 경우 실무상 작량감경을 하더라도 별도의 법률상 감경사유가 없는 한 집행유예를 선고할 수 없도록 법관의 양형선택과 판단권을 극도로 제한하고 있고 또한 범죄자의 귀책사유에 알맞은 형벌을 선고할 수 없도록 법관의 양형결정권을 원천적으로 제한하고 있어 매우 부당하다.

5. 마약류 자체가 가지는 위험성의 측면이나 우리 사회에서 차지하고 있는 비중에 있어서도 향정신성의약품관리법위반사범과 달리 마약사범에 대하여만 가중을 하여야 할 정도로 마약이 향정신성의약품에 비해 더욱 위험하다고 볼 수는 없으며, 범죄의 실태와 검찰에서의 기소율이나 형사재판의 결과 등을 감안하고 마약류 규제법규의 연혁을 살펴보면 마약사범만을 가중하여야 할 합리적 근거를 찾아보기 어렵다고 할 것인데, 위 특가법 조항은 아무런 합리적 근거 없이 매수와 판매목적소지의 마약사범만을 가중하고 있으므로 형벌체계상의 균형성을 현저히 상실하여 평등원칙에 위반된다 할 것이다.

법 원

28 군입대 전 범죄에 대한 군사법원의 재판권 사건

(군사법원법 제2조 제2항 위헌소원 등)
2009. 7. 30. 2008헌바162 **[합헌]**

|판시사항|

현역병의 군대 입대 전 범죄에 대한 군사법원의 재판권을 규정하고 있는 군사법원법 제2조 제2항 중 제1항 제1호의 '군형법 제1조 제2항의 현역에 복무하는 병' 부분(이하 '이 사건 법률조항' 이라 한다)이 재판청구권을 침해하여 헌법에 위반되는지 여부(－)

[결정요지]

헌법은 제27조 제1항에서 모든 국민에 대해 원칙적으로 일반법원에서 재판을 받을 권리가 있음을 적극적으로 선언하고 있으므로 설사 동조 제2항에서 군사재판을 받을 경우가 예외적으로 허용되고 있다고 하더라도 헌법 제27조 제2항이 '직접적으로' 군인은 어떤 경우에도 일반법원의 재판을 받는 것을 금지하는 것으로 단정하기는 어렵고 따라서 군인 신분 취득 전에 범한 '일반형사범죄'에 대한 군사법원의 재판권이 헌법상 당연히 용인되어야 한다고 보기는 어렵다.

재판청구권과 같은 절차적 기본권은 원칙적으로 제도적 보장의 성격이 강하기 때문에, 자유권적 기본권 등 다른 기본권의 경우와 비교하여 볼 때 상대적으로 광범위한 입법형성권이 인정되므로, 관련 법률에 대한 위헌심사기준은 합리성원칙 내지 자의금지원칙이 적용된다.

군대는 각종 훈련 및 작전수행 등으로 인해 근무시간이 정해져 있지 않고 집단적 병영(兵營) 생활 및 작전위수(衛戍)구역으로 인한 생활공간적인 제약 등, 군대의 특수성으로 인하여 일단 군인신분을 취득한 군인이 군대 외부의 일반법원에서 재판을 받는 것은 군대조직의 효율적인 운영을 저해하고, 현실적으로도 군인이 수감 중인 상태에서 일반법원의 재판을 받기 위해서는 상당한 비용 · 인력 및 시간이 소요되므로 이러한 군의 특수성 및 전문성을 고려할 때 군인신분 취득 전에 범한 죄에 대하여 군사법원에서 재판을 받도록 하는 것은 합리적인 이유가 있다. 또한, 형사재판에 있어 범죄사실의 확정과 책임은 행위 시를 기준으로 하지만, 재판권 유무는 원칙적으로 재판 시점을 기준으로 해야 하며, 형사재판은 유죄인정과 양형이 복합되어 있는데 양형은 일반적으로 재판받을 당시, 즉 선고시점의 피고인의 군인신분을 주요 고려 요소로 해 군의 특수성을 반영할 수 있어야 하므로, 이러한 양형은 군사법원에서 담당하도록 하는 것이 타당하다. 나아가 군사법원의 상고심은 대법원에서 관할하고 군사법원에 관한 내부규율을 정함에 있어서도 대법원이 종국적인 관여를 하고 있으므로 이 사건 법률조항이 군사법원의 재판권과 군인의 재판청구권을 형성함에 있어 그 재량의 헌법적 한계를 벗어났다고 볼 수 없다.

핵심 체크 학습

법 원

1. 대법관회의는 대법관전원의 과반수의 출석과 출석인원 3분의 2이상의 찬성으로 의결한다. [14 법무사]

해설 대법관회의는 대법관전원의 3분의 2이상의 출석과 출석인원 과반수의 찬성으로 의결한다(법원조직법 제16조 제2항).

2. 상급법원의 재판에 있어서의 판단은 동종사건에 관하여 하급심을 기속한다. [14 법무사]

해설 상급법원의 재판에 있어서의 판단은 당해 사건에 관하여 하급심을 기속한다.

3. 국가의 안전보장 또는 안녕질서를 방해하거나 선량한 풍속을 해할 염려가 있을 때에는 법원은 재판의 심리와 판결을 결정으로 공개하지 아니할 수 있다.

해설 재판의 심리와 판결은 공개한다. 다만, 심리는 국가의 안전보장 또는 안녕질서를 방해하거나 선량한 풍속을 해할 염려가 있을 때에는 법원의 결정으로 공개하지 아니할 수 있다(헌법 제109조).

4. 유신헌법에 근거한 긴급조치는 국회의 입법권 행사라는 실질을 전혀 가지지 못한 것으로서, 헌법재판소의 위헌심판대상이 되는 법률에 해당하지 않기 때문에 긴급조치의 위헌 여부에 대한 심사권은 최종적으로 대법원에 속한다는 것이 대법원 판례의 입장이다. [14 법무사]

해설 유신헌법에 근거한 긴급조치는 국회의 입법권 행사라는 실질을 전혀 가지지 못한 것으로서, 헌법재판소의 위헌심판대상이 되는 '법률'에 해당한다고 할 수 없고, 긴급조치

정답 1. × 2. × 3. × 4. ○

의 위헌 여부에 대한 심사권은 최종적으로 대법원에 속한다(대법원 2010.12.16. 선고 2010도5986 전원합의체 판결).

5. 대법원은 헌법재판소의 한정위헌결정에 대하여 위헌결정으로서의 효력을 인정하고 있다. [14 법무사]

(해설) 헌법재판소가 법률 조항 자체는 그대로 둔 채 그 법률 조항에 관한 특정한 내용의 해석 · 적용만을 위헌으로 선언하는 이른바 한정위헌결정에 관하여는 헌법재판소법 제47조가 규정하는 위헌결정의 효력을 부여할 수 없으며, 그 결과 한정위헌결정은 법원을 기속할 수 없고 재심사유가 될 수 없다(대법원 2013.03.28. 선고 2012재두299 판결).

6. 법관은 헌법과 법률에 의하여 그 양심에 따라 독립하여 심판한다. [16 법행]

(해설) 헌법 제103조.

7. 대법원장과 대법관이 아닌 법관의 임기는 10년으로 하며, 법률이 정하는 바에 따라 연임할 수 있다. [16 법행]

(해설) 헌법 제105조 제3항.

8. 법관은 탄핵 또는 형의 선고에 의하지 아니하고는 파면되지 아니하며, 징계처분에 의하지 아니하고는 해임·정직·감봉 기타 불리한 처분을 받지 아니한다. [16 법행]

(해설) 징계처분에 의하지 아니하고는 정직 · 감봉 기타 불리한 처분을 받지 아니한다(헌법 제106조 제1항). '해임'은 해당하지 않는다.

9. 법관이 중대한 심신상의 장해로 직무를 수행할 수 없을 때에는 법률이 정하는 바에 의하여 퇴직하게 할 수 있다. [16 법행]

(해설) 헌법 제106조 제2항.

(정답) 5. × 6. ○ 7. ○ 8. × 9. ○

10. 헌법은 법관의 정년을 법률로 정하도록 위임하고 있고, 이에 따라 법원조직법은 대법원장과 대법관의 정년을 70세, 그 밖의 법관의 정년을 65세로 규정하고 있는데, 법관의 정년제도는 특별한 사유가 없는 한 법관으로 하여금 정년까지의 재직 여부에 외부의 영향을 미칠 수 없게 하여 법관의 독립을 보장하는 기능도 수행하므로 법관의 신분보장과 배치되지 않는다. [16 법행]

해설 헌재 2002. 10. 31. 2001헌마557.

11. 상급법원 재판에서의 판단은 모든 하급심을 기속한다. [16 사시]

해설 상급법원 재판에서의 판단은 해당 사건에 관하여 하급심을 기속한다(법원조직법 제8조).

12. 법관이 중대한 신체상 또는 정신상의 장해로 직무를 수행할 수 없을 때에는, 대법관인 경우에는 대법원장의 제청으로 대통령이 퇴직을 명할 수 있고, 판사인 경우에는 법관인사위원회의 심의를 거쳐 대법원장이 퇴직을 명할 수 있다. [16 사시]

해설 법관이 중대한 신체상 또는 정신상의 장해로 직무를 수행할 수 없을 때에는, 대법관인 경우에는 대법원장의 제청으로 대통령이 퇴직을 명할 수 있고, 판사인 경우에는 인사위원회의 심의를 거쳐 대법원장이 퇴직을 명할 수 있다(법원조직법 제47조).

13. 대법관회의는 대법관 전원의 과반수 출석과 출석인원 과반수의 찬성으로 의결한다. [16 사시]

해설 대법관회의는 대법관 전원의 3분의 2 이상의 출석과 출석인원 과반수의 찬성으로 의결한다(법원조직법 제16조 제2항).

14. 법관에 대한 징계처분은 정직, 강등, 감봉, 견책의 4종류이다. [16 사시]

해설 법관에 대한 징계처분은 정직 · 감봉 · 견책의 세 종류로 한다 (법관징계법 제3조 제1항).

15. 대법관회의의 의결에서 대법원장은 표결권을 가지며, 가부동수(可否同數)일 때에는 결정권을 가진다. [16 사시]

해설 의장은 의결에서 표결권을 가지며, 가부동수(可否同數)일 때에는 결정권을 가진다(법원조직법 제16조 제3항).

정답 10. ○ 11. × 12. ○ 13. × 14. × 15. ○

16. 대법원은 규칙제정권과 예산안 편성권을 가진다. [16 사시]

해설 대법원은 법률에서 저촉되지 아니하는 범위안에서 소송에 관한 절차, 법원의 내부규율과 사무처리에 관한 규칙을 제정할 수 있다(헌법 제108조).

17. 대법관이 중대한 신체상 또는 정신상의 장해로 직무를 수행할 수 없을 때에는, 인사위원회의 심의를 거쳐 대법원장이 퇴직을 명할 수 있다. [15 법행]

해설 법원조직법 제47조(심신상의 장해로 인한 퇴직) 법관이 중대한 신체상 또는 정신상의 장해로 직무를 수행할 수 없을 때에는, 대법관인 경우에는 대법원장의 제청으로 대통령이 퇴직을 명할 수 있고, 판사인 경우에는 인사위원회의 심의를 거쳐 대법원장이 퇴직을 명할 수 있다

18. 현역병의 군대 입대 전 범죄에 대한 군사법원의 재판권을 규정하고 있는 군사법원법 조항은 재판청구권을 침해한다고 볼 수 없다. [15 법행]

해설 헌재 2009. 7. 30. 2008헌바162

19. 비상계엄하의 군사재판에 있어서, 사형을 선고하는 경우를 제외하면 군인 · 군무원의 범죄 대하여는 죄의 종류를 불문하고 단심재판으로 할 수 있다. [15 법행]

해설 헌법 제110조 제4항.

20. '군사시설' 중 '전투용에 공하는 시설'을 손괴한 일반 국민이 항상 군사법원에서 재판받도록 하는 구 군사법원법 조항은, 비상계엄이 선포된 경우를 제외하고는 '군사시설'에 관한 죄를 범한 군인 또는 군무원이 아닌 일반 국민은 군사법원의 재판을 받지 아니하도록 규정한 헌법 제27조 제2항에 위반되고, 국민이 헌법과 법률이 정한 법관에 의한 재판을 받을 권리를 침해한다. [15 법행]

해설 헌재 2013. 11. 28. 2012헌가10.

21. 관할권의 확인 대상은 무죄, 면소, 공소기각, 형의 면제, 형의 선고유예 또는 형의 집행유예의 판결 이외의 판결이고, 그 확인조치는 판결이 선고된 날부터 10일 이내에 하여야 한다. [15 법행]

해설 군사법원법 제379조.

정답 16. × 17. × 18. ○ 19. ○ 20. ○ 21. ○

헌법재판소
위헌법률심판

29 위헌결정의 소급효 사건

(헌법재판소법 제47조 제2항 위헌제청 등)
1993. 5. 13. 92헌가10, 91헌바7, 92헌바24, 50(병합) [합헌]

|판시사항|

1. 위헌법률심판제청 내지 헌법재판소법 제68조 제2항에 의한 헌법소원심판청구의 적법요건인 재판의 전제성의 의미
2. 재판의 전제성에 관한 일반법원과 헌법재판소의 판단권한관계
3. 헌법재판소법 제47조 제2항의 위헌 여부

[결정요지]

1. 위헌법률심판제청 내지 헌법재판소법 제68조 제2항에 의한 헌법소원심판청구의 적법요건인 재판의 전제성이라 함은 첫째 구체적인 사건이 법원에 계속되어 있었거나 계속중이어야 하고, 둘째 위헌여부가 문제되는 법률이 당해 소송사건의 재판에 적용되는 것이어야 하며, 셋째 그 법률이 헌법에 위반되는지의 여부에 따라 당해 사건을 담당한 법원이 다른 내용의 재판을 하게 되는 경우를 말하는 것으로, 여기에서 법원이 "다른 내용의" 재판을 하게 되는 경우라 함은 원칙적으로 법원이 심리중인 당해 사건의 재판의 결론이나 주문에 어떠한 영향을 주는 것뿐만이 아니라, 문제된 법률의 위헌여부가 비록 재판의 주문 자체에는 아무런 영향을 주지 않는다고 하더라도 재판의 결론을 이끌어 내는 이유를 달리 하는데 관련되어 있거나 또는 재판의 내용과 효력에 관한 법률적 의미가 전혀 달라지는 경우도 포함한다 할 것이다.

2. 위헌법률심판이나 헌법재판소법 제68조 제2항의 규정에 의한 헌법소원심판에 있어서 위헌여부가 문제되는 법률이 재판의 전제성 요건을 갖추고 있는지의 여부는 헌법재판소가 별도로 독자적인 심사를 하기보다는 되도록 법원의 이에 관한 법률적 견해를 존중해야 할 것이며, 다만 그 전제성에 관한 법률적 견해가 명백히 유지될 수 없을 때에만 헌법재판소는 이를 직권으로 조사할 수 있다 할 것이다.

3. (1) 헌법재판소에 의하여 위헌으로 선고된 법률 또는 법률의 조항이 제정 당시로 소급하여 효력을 상실하는가 아니면 장래에 향하여 효력을 상실하는가의 문제는 특단의 사정이 없는 한 헌법적합성의 문제라기보다는 입법자가 법적 안정성과 개인의 권리구제 등 제반이익을 비교형량하여 가면서 결정할 입법정책의 문제인 것으로 보인다. 우리의 입법자는 헌법재판소법 제47조 제2항 본문의 규정을 통하여 형벌법규를 제외하고는 법적 안정성을 더 높이 평가하는 방안을 선택하였는바, 이에 의하여 구체적 타당성이나 평등의 원칙이 완벽하게 실현되지 않는다고 하더라도 헌법상 법치주의의 원칙의 파생인 법적 안정성 내지 신뢰보호의 원칙에 의하여 정당화된다 할 것이고, 특단의 사정이 없는 한 이로써 헌법이 침해되는 것은 아니라 할 것이다.

(2) 그렇지만 효력이 다양할 수밖에 없는 위헌결정의 특수성 때문에 예외적으로 부분적인 소급효의 인정을 부인해서는 안 될 것이다. 첫째, 구체적 규범통제의 실효성의 보장의 견지에서 법원의 제청 · 헌법소원 청구 등을 통하여 헌법재판소에 법률의 위헌결정을 위한 계기를 부여한 당해 사건, 위헌결정이 있기 전에 이와 동종의 위헌여부에 관하여 헌법재판소에 위헌제청을 하였거나 법원에 위헌제청신청을 한 경우의 당해 사건, 그리고 따로 위헌제청신청을 아니하였지만 당해 법률 또는 법률의 조항이 재판의 전제가 되어 법원에 계속 중인 사건에 대하여는 소급효를 인정하여야 할 것이다. 둘째, 당사자의 권리구제를 위한 구체적 타당성의 요청이 현저한 반면에 소급효를 인정하여도 법적 안정성을 침해할 우려가 없고 나아가 구 법에 의하여 형성된 기득권자의 이득이 해쳐질 사안이 아닌 경우로서 소급효의 부인이 오히려 정의와 평등 등 헌법적 이념에 심히 배치되는 때에도 소급효를 인정할 수 있다. 어떤 사안이 후자와 같은 테두리에 들어가는가에 관하여는 본래적으로 규범통제를 담당하는 헌법재판소가 위헌선언을 하면서 직접 그 결정주문에서 밝혀야 할 것이나, 직접 밝힌 바 없으면 그와 같은 경우에 해당하는가의 여부는 일반법원이 구체적 사건에서 해당 법률의 연혁 · 성질 · 보호법익 등을 검토하고 제반이익을 형량해서 합리적 · 합목적적으로 정하여 대처할 수밖에 없을 것으로 본다. 결론적으로 법 제47조 제2항 본문의 규정을 특별한 예외를 허용하는 원칙규정으로 이해 해석하는 한, 헌법에 위반되지 아니하며, 따라서 일률적 소급효를 인정하여야 합헌이 된다는 전제하에 법 제47조 제2항 본문의 규정이 헌법위반이 된다는 주장은 그 이유없다.

헌법재판소
위헌법률심판

30 헌법불합치결정의 소급효 사건

(구 사립학교법 제53조의2 제3항 위헌제청)
2006. 6. 29. 2004헌가3 [각하]

|판시사항|

1. 헌법불합치결정 및 개선입법의 소급효
2. 제청신청인이 구 사립학교법(1997. 1. 13. 법률 제5274호로 개정되고, 1999. 8. 31. 법률 제6004호로 개정되기 전의 것) 제53조의2 제3항 전문(이하 '이 사건 법률조항' 이라 한다)에 대한 헌법불합치결정 전에 이미 위헌법률심판제청신청을 한 당해 사건에서 제청법원이 헌법불합치결정 후에 동일한 법률조항에 대하여 위헌심판제청을 한 경우, 그 심판제청에 재판의 전제성이 인정되는지 여부(－)

[결정요지]

1. 헌법재판소가 어떠한 법률조항에 대하여 헌법불합치결정을 하여 입법자에게 그 법률조항을 합헌적으로 개정 또는 폐지하는 임무를 입법자의 형성 재량에 맡긴 이상, 그 개선입법의 소급적용 여부와 소급적용의 범위는 원칙적으로 입법자의 재량에 달린 것이기는 하지만, 그 헌법불합치결정의 취지나 위헌심판에서의 구체적 규범통제의 실효성 보장이라는 측면을 고려할 때, 적어도 헌법불합치결정을 하게 된 당해 사건 및 그 결정 당시에 법률조항의 위헌 여부가 쟁점이 되어 법원에 계속중인 사건에 대하여는 헌법불합치결정의 소급효가 미친다.

2. 헌법재판소가 2003. 12. 18. 2002헌바14등 사건에서 이 사건 법률조항에 대하여 헌법불합치결정을 선고한 바 있고 그 취지를 반영하여 2005. 1. 27. 개선입법이 이루어진 바 있는데, 제청신청인이 헌법불합치결정 전인 2003. 7. 15. 이미 위헌법률심판제청신청을 한 당해 사건에서 제청법원이 헌법불합치결정 후인 2004. 1. 15. 동일한 법률조항인 이 사건 법률조항에 대하여 위헌제청결정을 한 경우, 위 헌법불합치결정의 소급효는 헌법불합치결정 당시에 이 사건 법률조항의 위헌 여부가 쟁점이 되어 법원에 계속중인 당해 사건에도 미친다고 할 것이므로, 종전의 법률조항인 이 사건 법률조항이 당해사건에 그대로 적용될 수는 없고, 위헌성이 제거된 현행 사립학교법 규정이 적용되어야 한다. 따라서 제청법원의 심판제청은 심판의 대상이 된 법률조항이 재판의 전제성을 잃게 됨으로써 결국 심판제청의 이익이 없게 되어 부적법하다.

헌법재판소
위헌법률심판

31 위헌제청신청 기각 후의 재신청 사건

(민사집행법 제130조 제3항 위헌소원)
2007. 7. 26. 2006헌바40 [각하]

|판시사항|

1. 헌법재판소법 제68조 제2항 후문의 '당해 사건의 소송절차'에 당해 사건의 상소심 소송절차가 포함되는지 여부(+)
2. 항고심 소송절차에서 위헌법률심판제청신청을 하여 그 신청이 기각되었는데도 헌법소원심판을 청구하지 아니하고 있다가 그 재항고심 소송절차에서 같은 이유를 들어 위헌법률심판제청신청을 하여 그 신청이 기각되자 헌법소원심판청구를 한 경우에 헌법재판소법 제68조 제2항 후문에 위배되는지 여부(+)

[결정요지]

1. 헌법재판소법 제68조 제2항은 법률의 위헌여부심판의 제청신청이 기각된 때에는 그 신청을 한 당사자는 헌법재판소에 헌법소원심판을 청구할 수 있으나, 다만 이 경우 그 당사자는 당해 사건의 소송절차에서 동일한 사유를 이유로 다시 위헌여부심판의 제청을 신청할 수 없다고 규정하고 있는바, 이 때 당해 사건의 소송절차란 당해 사건의 상소심 소송절차를 포함한다 할 것이다.

2. 청구인들은 항고심 소송절차에서 위헌법률심판제청신청을 하여 그 신청이 기각되었는데도 이에 대하여 헌법소원심판을 청구하지 아니하고 있다가 다시 그 재항고심 소송절차에서 대법원에 같은 이유를 들어 위 법조항이 위헌이라고 주장하면서 위헌법률심판제청신청을 하였고, 그 신청이 기각되자, 헌법소원심판청구를 한 이 사건은 헌법재판소법 제68조 제2항 후문의 규정에 위배된 것으로서 부적법하다고 할 것이다.

헌법재판소
권한쟁의심판

32 제3자 소송담당 사건

(국회의원과 정부간의 권한쟁의)
2007. 7. 26. 2005헌라8 [각하]

|판시사항|

1. 국회의 구성원인 국회의원이 국회를 위하여 국회의 권한침해를 주장하는 권한쟁의심판을 청구할 수 있는지, 즉 권한쟁의심판에 있어서 이른바 '제3자 소송담당'이 허용되는지 여부(−)
2. 국회의원의 심의·표결 권한이 국회의장이나 다른 국회의원이 아닌 국회 외부의 국가기관에 의하여 침해될 수 있는지 여부(−)

[결정요지]

1. 소위 '제3자 소송담당'이라고 하는 것은 권리주체가 아닌 제3자가 자신의 이름으로 권리주체를 위하여 소송을 수행할 수 있는 권능이다. 권리는 원칙적으로 권리주체가 주장하여 소송수행을 하도록 하는 것이 자기책임의 원칙에 부합하므로, '제3자 소송담당'은 예외적으로 법률의 규정이 있는 경우에만 인정된다.

국회의 의사가 다수결에 의하여 결정되었음에도 다수결의 결과에 반대하는 소수의 국회의원에게 권한쟁의심판을 청구할 수 있게 하는 것은 다수결의 원리와 의회주의의 본질에 어긋날 뿐만 아니라, 국가기관이 기관 내부에서 민주적인 방법으로 토론과 대화에 의하여 기관의 의사를 결정하려는 노력 대신 모든 문제를 사법적 수단에 의해 해결하려는 방향으로 남용될 우려도 있으므로, 국가기관의 부분 기관이 자신의 이름으로 소속기관의 권한을 주장할 수 있는 '제3자 소송담당'을 명시적으로 허용하는 법률의 규정이 없는 현행법 체계 하에서는 국회의 구성원인 국회의원이 국회의 조약에 대한 체결·비준 동의권의 침해를 주장하는 권한쟁의심판을 청구할 수 없다.

2. 국회의 동의권이 침해되었다고 하여 동시에 국회의원의 심의·표결권이 침해된다고 할 수 없고, 또 국회의원의 심의·표결권은 국회의 대내적인 관계에서 행사되고 침해될 수 있을 뿐 다른 국가기관과의 대외적인 관계에서는 침해될 수 없는 것이므로, 국회의원들 상

호간 또는 국회의원과 국회의장 사이와 같이 국회 내부적으로만 직접적인 법적 연관성을 발생시킬 수 있을 뿐이고 대통령 등 국회 이외의 국가기관과 사이에서는 권한침해의 직접적인 법적 효과를 발생시키지 아니한다. 따라서 피청구인 대통령이 국회의 동의 없이 조약을 체결·비준하였다 하더라도 국회의 체결·비준 동의권이 침해될 수는 있어도 국회의원인 청구인들의 심의·표결권이 침해될 가능성은 없다고 할 것이므로, 청구인들의 이 부분 심판청구 역시 부적법하다.

헌법재판소
권한쟁의심판

33 종합부동산세법을 둘러싼 권한쟁의 사건

(강남구 등과 국회간의 권한쟁의)
2006. 5. 25. 2005헌라4 [각하]

|판시사항|

1. 국회의 법률제정행위가 권한쟁의심판의 대상이 될 수 있는 '처분'에 해당하는지 여부(+)
2. 국회의 법률제정행위에 대한 권한쟁의심판의 청구기간 기산점
3. 공포·시행 후 60일이 지나 청구된 구 종합부동산세법 제정행위에 대한 권한쟁의심판의 청구기간 준수 여부(−)

[결정요지]

1. 헌법재판소법 제61조 제2항에 따라 권한쟁의심판을 청구하려면 피청구인의 처분 또는 부작위가 존재하여야 한다. 여기서의 처분은 입법행위와 같은 법률의 제정과 관련된 권한의 존부 및 행사상의 다툼, 행정처분은 물론 행정입법과 같은 모든 행정작용 그리고 법원의 재판 및 사법행정작용 등을 포함하는 넓은 의미의 공권력 처분을 의미하는 것으로 보아야 할 것이므로, 법률에 대한 권한쟁의심판도 허용된다고 봄이 일반적이나 다만, '법률 그 자체'가 아니라 '법률제정행위'를 그 심판대상으로 하여야 할 것이다.

2. 헌법재판소법 제63조 제1항에 따라 권한쟁의심판은 그 사유가 있음을 안 날로부터 60일 이내에, 그 사유가 있은 날로부터 180일 이내에 청구하여야 한다. 법률의 제정에 대한 권한쟁의심판의 경우, 청구기간은 법률이 공포되거나 이와 유사한 방법으로 일반에게 알려진 것으로 간주된 때부터 기산되는 것이 일반적이다. 일정한 법률안이 법률로 성립하기 위해서는 국회의 의결을 거쳐 관보에 게재·공포되어야 하고, 이로써 이해당사자 및 국민에게 널리 알려지는 것이기 때문이다.

3. 이 사건 법률은 2005. 1. 5. 관보에 게재되었으며 부칙 제1조에 따라 같은 날 시행되었다. 그러므로 이 사건의 경우에 2005. 1. 5. 청구인들은 자신들의 권한침해 내지 권한침해의 가능성을 충분히 예상했다고 보아야 할 것이다. 이와 달리 이 사건 법률의 시행

이후 도래하는 최초의 납기가 이 사건 법률에 따라 재산세 내지 종합부동산세의 납세의무를 부담하게 되는 개인의 기본권침해 여부를 인식하는 시점이 될 수 있음은 별론으로 하고, 청구인들의 자치재정권에 대한 권한침해 여부를 인식하는 시점으로 볼 수는 없다. 그러므로 이 사건 법률이 공포·시행되어 청구인들이 자신들의 권한침해 여부를 알았음이 분명한 2005. 1. 5.이 헌법재판소법 제63조 제1항이 정한 '그 사유가 있음을 안 날'에 해당되어, 청구기간은 이 때부터 60일 이내인 2005. 3. 5.까지로 보아야 할 것인데, 그 기간이 경과한 2005. 7. 1. 접수된 이 사건 심판청구는 청구기간을 준수하지 아니한 것이다.

헌법재판소
권한쟁의심판

34 강서구와 진해시 간의 권한쟁의 사건

(강서구와 진해시 간의 권한쟁의)
2006. 8. 31. 2004헌라2 [위법확인 · 취소]

|판시사항|

1. 지방자치단체를 상대로 한 권한쟁의심판절차에서 지방자치단체 사무에 관해 단체장이 행한 처분을 취소할 수 있는지 여부(+)
2. 당정협의내용, 추진지침, 의견서, 지방의회의 의결 등에 드러난 입법경위가 분명하고 명시적인 법률조항의 해석에 영향을 미칠 수 있는지 여부(−)
3. 부산광역시 강서구가 진해시를 상대로, 진해시 용원동 내의 일부인 계쟁 토지가 법률에 의해 그 관할이 자신에게 옮겨졌다고 주장하면서 관할확인을 구하고, 진해시가 계쟁 토지에 대한 사무와 재산을 인계하지 아니하는 부작위가 위법하다는 확인을 구하고, 위 계쟁토지에 대해 진해시장이 한 점용료부과처분의 취소를 구하는 권한쟁의심판사건에서 청구인의 심판청구를 인용한 사례

[결정요지]

1. 지방자치단체 상호 간의 권한쟁의심판에 있어서 청구인적격은 침해당하였다고 주장하는 헌법상 내지 법률상 권한과 적절한 관련성이 있는 자에게 인정된다.

적법요건으로서의 "처분"에는 개별적 행위뿐만 아니라 규범을 제정하는 행위도 포함되며, 입법영역에서는 법률의 제정행위 및 법률 자체를, 행정영역에서는 법규명령 및 모든 개별적인 행정적 행위를 포함한다. 이 사건 점용료부과처분은 행정소송법상의 처분에 해당하므로 처분요건을 충족한다. 적법요건으로서의 "부작위"는 단순한 사실상의 부작위가 아니고 헌법상 또는 법률상의 작위의무가 있는데도 불구하고 이를 이행하지 아니하는 것을 말한다.

지방자치단체의 지방자치사무에 관해 단체장이 행한 처분은 지방자치단체의 대표이자 집행기관인 단체장이 지방자치법 제9조 소정의 지방자치단체의 사무 처리의 일환으로 당해 지방자치단체의 이름과 책임으로 행한 것이므로 지방자치단체를 피청구인으로 한 권한쟁의심판절차에서 단체장의 처분을 취소할 수 있다.

2. 당정협의내용, 추진지침, 의견서, 지방의회의 의결 등 법률조항 입법경위를 살펴 볼 때 중점적으로 거론된 내용이 그대로 입법되지 아니하였다 하더라도 그러한 사정이 취지가 분명하고 명시적인 법률조항의 해석에 영향을 미칠 수 없다. 당시의 제반 사정을 고려하여 어떠한 법률을 제정할 것인가 하는 것은 입법자의 광범위한 형성의 자유에 속하는 것이기 때문이다.

3. 서울특별시광진구등9개자치구설치및특별시·광역시·도간관할구역변경등에관한법률(이하 '이 사건 법률'이라 한다)이 1994. 12. 22. 법률 제4802호로 제정되어 1995. 3. 1.부터 시행되었는데, 이 사건 법률 제8조에 따라 이 사건 계쟁토지가 청구인인 부산광역시 강서구의 관할구역으로 변경되었다. 피청구인은 지방자치법 제5조에 따라 위 토지들에 대한 사무와 재산을 청구인에게 인계할 의무가 있음에도 이를 이행하지 않고 있는 부작위는 위법하다. 청구인의 관할구역으로 변경된 위 토지에 대하여 피청구인이 점용료부과처분을 한 것은 처분권한 없는 자가 한 처분으로서 위법한 것이므로 취소되어야 한다.

헌법재판소
헌법소원

35 사법시험령 제4조 제3항 효력정지 가처분신청 사건

(사법시험령 제4조 제3항 효력정지 가처분신청)
2000. 12. 8. 2000헌사471 [인용]

|판시사항|

1. 헌법재판소법 제68조 제1항 헌법소원심판에서 가처분이 허용되는지 여부(+)
2. 헌법재판소법 제68조 제1항 헌법소원심판의 가처분 요건
3. 헌법재판소법 제68조 제1항 헌법소원심판에서 가처분신청을 인용한 사례

[결정요지]

1. 헌법재판소법은 정당해산심판과 권한쟁의심판에 관해서만 가처분에 관한 규정(같은 법 제57조 및 제65조)을 두고 있을 뿐, 다른 헌법재판절차에 있어서도 가처분이 허용되는가에 관하여는 명문의 규정을 두고 있지 않다. 그러나 위 두 심판절차 이외에 같은 법 제68조 제1항 헌법소원심판절차에 있어서도 가처분의 필요성은 있을 수 있고, 달리 가처분을 허용하지 아니할 상당한 이유를 찾아볼 수 없으므로 위 헌법소원심판청구사건에서도 가처분이 허용된다고 할 것이다.

2. 위 가처분의 요건은 헌법소원심판에서 다투어지는 '공권력 행사 또는 불행사'의 현상을 그대로 유지시킴으로 인하여 생길 회복하기 어려운 손해를 예방할 필요가 있어야 한다는 것과 그 효력을 정지시켜야 할 긴급한 필요가 있어야 한다는 것 등이 된다. 따라서 본안심판이 부적법하거나 이유없음이 명백하지 않는 한, 위와 같은 가처분의 요건을 갖춘 것으로 인정되면, 가처분을 인용한 뒤 종국결정에서 청구가 기각되었을 때 발생하게 될 불이익과 가처분을 기각한 뒤 청구가 인용되었을 때 발생하게 될 불이익을 비교형량하여 후자가 전자보다 큰 경우에, 가처분을 인용할 수 있다.

3. 사법시험령 제4조 제3항이 효력을 유지하면, 신청인들은 곧 실시될 차회 사법시험에 응시할 수 없어 합격기회를 봉쇄당하는 돌이킬 수 없는 손해를 입게 되어 이를 정지시켜야 할 긴급한 필요가 인정되는 반면 효력정지로 인한 불이익은 별다른 것이 없으므로, 이 사건 가처분신청은 허용함이 상당하다.

헌법재판소
헌법소원

36 판단유탈과 재심청구 사건

(불기소처분취소(재심))
2001. 9. 27. 2001헌아3 **[기각]**

|판시사항|

1. 공권력의 작용을 대상으로 하는 권리구제형 헌법소원절차에서 "판단유탈" 을 이유로 한 재심이 허용되는지 여부(+)
2. 판단이 있는 이상, 그 판단에 이르는 이유나 근거 등을 일일이 설시하지 아니해도 "판단유탈"의 재심사유에 해당되지 않는다고 본 사례

[결정요지]

1. 헌법재판소의 심판절차에 대한 재심절차의 허용 여부에 관하여는 별도의 명문규정을 두고 있지 않다. 그러므로 헌법재판소의 결정에 대하여 재심이 허용될 것인지 여부가 문제되는바, 헌법재판은 그 심판의 종류에 따라 그 절차의 내용과 결정의 효과가 한결같지 아니하기 때문에 재심의 허용 여부 내지 허용 정도 등은 심판절차의 종류에 따라서 개별적으로 판단될 수밖에 없다고 할 것이다. 그런데 이 사건의 재심대상사건과 같이 헌법재판소법 제68조 제1항에 의한 헌법소원 중 공권력의 작용을 대상으로 하는 권리구제형 헌법소원절차에 있어서는, 그 결정의 효력이 원칙적으로 당사자에게만 미치기 때문에 법령에 대한 헌법소원과는 달리 일반법원의 재판과 같이 민사소송법의 재심에 관한 규정을 준용하여 재심을 허용함이 상당하다고 할 것이다.

공권력의 작용에 대한 권리구제형 헌법소원심판절차에 있어서 '헌법재판소의 결정에 영향을 미칠 중대한 사항에 관하여 판단을 유탈한 때'를 재심사유로 허용하는 것이 헌법재판의 성질에 반한다고 볼 수는 없으므로, 민사소송법 제422조 제1항 제9호를 준용하여 "판단유탈"도 재심사유로 허용되어야 한다. 따라서 종전에 이와 견해를 달리하여 행정작용에 속하는 공권력 작용을 대상으로 한 권리구제형 헌법소원에 있어서 판단유탈은 재심사유가 되지 아니한다는 취지의 의견(헌재 1995. 1. 20. 93헌아1)은 이를 변경하기로 한다.

2. 청구인의 수사미진 주장에 대한 헌법재판소의 판단이 있는 이상, 그 판단에 이르는 이유나 근거 등을 일일이 또는 개별적으로 설시하지 아니하였다고 하더라도 이를 민사소송법 제422조 제1항 제9호에서 말하는 판단유탈이라고 할 수 없다.

헌법재판소

헌법소원

37 재판소원 취하 사건

(헌법재판소법 제68조 제1항 위헌확인 등)
2003. 4. 24. 2001헌마386 **[종료 · 각하]**

|판시사항|

1. 헌법소원심판절차에 소의 취하에 관한 민사소송법규정이 준용되는지 여부(+)
2. 심판청구의 취하로 인하여 심판절차가 종료되었음을 선언하면서, 동시에 심판청구가 취하될 당시의 헌법재판소의 최종 평결결과와 그 이유를 밝힌 사례

[결정요지]

1. 헌법재판소법(이하 "법"이라 한다) 제40조 제1항은 "헌법재판소의 심판절차에 관하여는 이 법에 특별한 규정이 있는 경우를 제외하고는 민사소송에 관한 법령의 규정을 준용한다. 이 경우 탄핵심판의 경우에는 형사소송에 관한 법령을, 권한쟁의심판 및 헌법소원심판의 경우에는 행정소송법을 함께 준용한다"고 규정하고, 같은 조 제2항은 "제1항 후단의 경우에 형사소송에 관한 법령 또는 행정소송법이 민사소송에 관한 법령과 저촉될 때에는 민사소송에 관한 법령은 준용하지 아니한다"고 규정하고 있다. 그런데 헌법재판소법이나 행정소송법에 헌법소원심판청구의 취하와 이에 대한 피청구인의 동의나 그 효력에 관하여 특별한 규정이 없으므로, 소의 취하에 관한 민사소송법 제266조는 이 사건과 같은 헌법소원절차에 준용된다고 보아야 한다.

2. 헌법재판소법 제68조 제2항의 헌법소원은 재판소원을 배제하는 우리 헌법재판제도에서 법원이 그의 재판에서 위헌적인 법률을 적용하는 경우, 다시 말하자면, 법원의 재판이 위헌적인 법률에 기인하는 경우에도 법률의 위헌성심사를 가능하게 하기 위하여 도입된 것이다.

법률에 대한 단순한 해석과 헌법합치적 법률해석의 결과로서의 한정위헌결정은 구분되어야 한다. 즉, **합헌적 법률해석**은 '헌법의 기본결정을 고려하는 해석' 또는 '헌법을 지침으로 삼는 해석'의 한 유형이면서도, 이와 근본적으로 구분되는 독자적인 것이자 헌법재판소결정의 한 유형에 해당한다. 법률에 대한 해석이 다양한 의미내용을 허용하고 해석방법

에 따라 법률의 위헌성과 합헌성을 결과로 가져온다면 그 법률은 위헌으로 선언되어서는 아니 되고, 모든 가능한 해석방법이 헌법에 위반되는 경우에 비로소 그 법률은 위헌으로 선언되어야 한다는 것이 바로 합헌적 법률해석의 요청이다. 이 경우, 헌법은 법률의 내용을 밝히는 과정에서 해석의 지침일 뿐이 아니라, 나아가 위헌성심사의 기준으로 기능한다. 헌법합치적 법률해석은 단순히 법률을 헌법에 비추어 해석하는 것에 지나지 않는 것이 아니라, 헌법규범을 기준으로 하여 법률의 위헌성여부를 심사하는 작업이며, 그 결과 특정한 해석방법을 위헌적인 것으로 배척함으로써 비록 법문의 변화를 가져오는 것은 아니나 사실상 일부위헌선언의 의미를 지니는 것이다. 즉 합헌적 법률해석은, 헌법을 기준으로 하여 법률의 위헌성을 심사한다는 점에서 규범통제절차에 해당하는 것이며, '위헌결정에 대한 하나의 대안'인 것이다. 대법원의 견해에 의하면, 한정위헌결정에 기속력을 부여한다면 이로써 법원의 구체적인 법률해석·적용권한이 제한된다고 하나, 법원의 법률해석권은 적용하려는 법률의 합헌성을 전제로 하는 것이므로, 결국 '법률에 대한 헌법재판소의 위헌심사'에 의하여 유보된 의미의 해석권한이라 할 것이다. 법원의 법률해석권이 위헌적인 법률을 해석·적용할 권한을 의미하는 것이 아님은 자명하다.

합헌적 법률해석은 법률의 효력에 관한 문제, 즉 헌법적으로 문제가 있는 법률을 합헌적인 것으로 그 효력을 유지시킬 수 있는가, 이로써 법률에 대한 위헌선언이 방지될 수 있는가에 그 핵심이 있다는 점에서, 합헌적 법률해석을 할 권한은 규범통제권한의 부수적 권한이다. 합헌적 법률해석은 법률에 대한 특정한 해석방법을 위헌적인 것으로 배제함으로써 실질적으로 '해석에 의한 법률의 부분적 폐지'를 의미하므로, 법률에 대하여 실질적인 일부위헌선언을 함으로써 법률을 수정하는 권한은 규범통제에 관한 독점적인 권한을 부여받은 헌법재판소에 유보되어야 한다. 물론 사법기능을 담당하는 국가기관은 가능한 한 입법자의 입법권을 존중하여 입법자가 제정한 규범이 계속 존속하고 효력이 유지될 수 있도록 해석해야 한다는 점에서, 합헌적 법률해석은 헌법재판소뿐이 아니라 법원에 부과된 의무이지만, 헌법상의 권력분립원칙에 비추어 볼 때 법률의 구속을 받는 법집행기관인 법원이 스스로 법률을 수정할 권한은 합헌적 법률해석에 관한 헌법재판소의 최종적인 결정권에 의하여 제한되고 통제되어야 함은 당연하다. <u>법원이 헌법재판소와 동등하게 최종적인 합헌적 법률해석권을 가지고 있다는 주장은, 법원도 합헌적 법률해석에 의하여 실질적으로 수반되는 입법작용에 대한 수정권한을 가지고 있다는 것을 의미하는데, 이는 '법원은 법률의 구속을 받는다'는 헌법상의 권력분립질서에 정면으로 위반되는 것이다</u>.

따라서 합헌적 법률해석 및 그의 결과로서 나타나는 결정유형인 한정위헌결정은 헌법상 법률에 대한 위헌심사권을 가진 헌법재판소의 권한에 속한다. 헌법재판소만이 법률이 위헌으로 선언되어야 하는지 아니면 헌법합치적 해석을 통하여 유지될 수 있는지에 관하여 최종적으로 결정할 수 있다. 비록 헌법이나 법이 이에 관한 권한을 명시적으로 부여한 바는 없으나, 헌법재판소의 합헌적 법률해석에 관한 최종적 결정권은 헌법 및 법에 의하여 부여받은 규범통제에 관한 포괄적인 권한(법 제41조의 위헌법률심판, 제68조 제1항의 법률소원, 제75조 제5항의 부수적 규범통제, 제68조 제2항 및 제75조 제7항의 '실질적 재판소원')으로부터 나오는 필연적인 결과이다.

이 사건 헌법소원심판청구가 취하될 당시, 이 사건에 관한 헌법재판소의 최종 평결결과는 재판관 전원의 일치된 의견으로, 법 제75조 제7항에 대한 이 사건 심판청구에 관하여는 '법 제75조 제7항은 법 제68조 제2항의 헌법소원이 인용된 경우에 한정위헌결정이 포함되지 않는다고 해석하는 한도 내에서 헌법에 위반된다'는 한정위헌결정을 선언하고, 헌법재판소의 한정위헌결정의 효력을 부인하여 청구인의 재심청구를 기각한 이 사건 대법원판결을 취소하면서, 법 제68조 제1항 본문에 대한 심판청구는 각하한다는 것이었다.

핵심 체크 학습

헌법재판소

1. 헌법재판소 재판관은 탄핵 또는 금고 이상의 형의 선고에 의하지 아니하고는 파면되지 아니한다. [14 법무사]

해설 헌법 제112조 제3항.

2. 헌법재판소는 법관의 정년을 규정한 법원조직법 제45조 제4항의 규정은 헌법 제106조의 법관 신분 보장규정에 위반되지 아니한다고 결정한 바 있다. [14 법무사]

해설 헌재 2002. 10. 31. 2001헌마557.

3. 현행 헌법에는 헌법재판소장의 임기와 연임가능여부에 대한 명시적 규정이 없다. [14 법무사]

해설 헌법재판소 재판관의 임기는 6년으로 하며, 법률이 정하는 바에 의하여 연임할 수 있다(헌법 제112조 제1항). 그러나 헌법재판소장의 임기와 연임가능여부에 대하여 헌법에 명시적 규정은 없다.

4. 법률조항의 수혜범위에서 제외된 자가 부진정입법부작위를 다투는 경우, 그 조항에 대한 위헌결정만으로는 당해사건의 결과에 영향이 없다고 하더라도, 위헌 또는 헌법불합치 결정의 취지에 따라 그 조항이 개정되는 때에는 당해사건의 결과에 영향을 미칠 가능성이 있으므로 재판의 전제성이 인정된다. [16 사시]

해설 심판대상 법률조항의 적용에서 배제된 자가 부진정입법부작위를 다투는 경우, 심판대상 법률조항에 대한 위헌 결정만으로는 당해 사건 재판의 결과에 영향이 없다고 하더라도, 위헌 또는 헌법불합치 결정의 취지에 따라 당해 법률조항이 개정되는 때에는 당해

정답 1. ○ 2. ○ 3. ○ 4. ○

사건의 결과에 영향을 미칠 가능성이 있으므로 재판의 전제성이 인정될 수 있다(헌재 2012. 12. 27. 2012헌바60).

5. 법률조항의 위헌결정으로 인하여 해당 법률 전부를 시행할 수 없다고 인정될 때에는 그 전부에 대하여 위헌결정을 할 수 있다. [16 사시]

해설 헌법재판소는 헌법소원심판청구의 적법요건이 일부 흠결되었더라도 해당 청구와 관련하여 헌법적 해명이 필요하거나 기본권의 침해가 반복될 위험성이 있는 경우 등에는 심판의 필요성을 예외적으로 인정하여 본안에 관하여 판단하기도 하고, 심판대상도 청구인의 청구취지에 엄격하게 제한되는 것이 아니라 사건에 따라 확대·축소 내지 변경하기도 하며, 본안 판단에서는 청구인의 주장에만 얽매이지 않고 가능한 모든 범위에서 헌법상의 기본권 침해의 유무 등을 직권으로 심사하고, 법률 조항의 위헌결정으로 인하여 해당 법률 전부를 시행할 수 없다고 인정될 때에는 그 전부에 대하여 위헌결정을 하는 등(헌법재판소법 제75조 제5항, 제6항, 제45조 참조) 헌법소원심판절차에서 직권주의를 광범위하게 적용하고 있다(헌재 2015. 5. 28. 2012헌사496).

6. 위헌으로 결정된 형벌에 관한 법률조항은 소급하여 그 효력을 상실하는 것이 원칙이지만, 해당 법률조항에 대하여 종전에 합헌으로 결정한 사건이 있는 경우에는 그 결정이 있는 날의 다음 날로 소급하여 효력을 상실한다. [16 사시]

해설 헌법재판소법은 위헌으로 결정된 법률 또는 법률의 조항은 그 결정이 있는 날부터 효력을 상실하지만(제47조 제2항), 형벌에 관한 법률 또는 법률의 조항은 예외적으로 소급하여 그 효력을 상실하고(제47조 제3항 본문), 다만, 해당 법률 또는 법률의 조항에 대하여 종전에 합헌으로 결정한 사건이 있는 경우에는 그 결정이 있는 날의 다음 날로 소급하여 효력을 상실한다고 규정하고 있다(제47조 제3항 단서; 헌재 2015. 4. 30. 2013헌마873).

7. 당해사건의 제1심 계속 중 「헌법재판소법」 제68조 제2항의 헌법소원을 제기한 청구인이 당해사건의 항소심에서 항소를 취하하여 청구인에 대한 패소의 원심판결이 확정된 경우, 당해사건에 적용되는 법률이 위헌으로 결정되면 확정된 원심판결에 대한 재심절차를 통하여 원심판결의 주문이 달라질 수 있으므로 재판의 전제성이 인정된다. [16 사시]

해설 제1심인 당해사건에서 헌법재판소법 제68조 제2항의 헌법소원을 제기한 청구인들이 당해사건의 항소심에서 항소를 취하하여 원고 패소의 원심판결이 확정된 경우, 당해사건에 적용되는 법률이 위헌으로 결정되면 확정된 원심판결에 대하여 재심청구를 함으

정답 5. ○ 6. ○ 7. ○

로써 원심판결의 주문이 달라질 수 있으므로 재판의 전제성이 인정된다(헌재 2015. 10. 21. 2014헌바170).

8. 양벌규정에 면책조항을 추가하는 형식으로 법률이 개정되었으나 개정법 시행 전의 범죄행위에 대하여는 종전 규정을 따른다는 취지의 경과규정을 두지 아니한 경우, 개정 전 양벌규정에 대한 헌법소원심판청구는 재판의 전제성이 인정된다. [16 사시]

해설 형법 제1조 제2항은 '전체적으로 보아 신법이 구법보다 피고인에게 유리하게 변경된 것이라면 신법을 적용하여야 한다.'는 취지이므로, 이 사건과 같이 양벌규정에 면책조항이 추가되어 무과실책임규정이 과실책임규정으로 피고인에게 유리하게 변경되었다면 당해 사건에는 형법 제1조 제2항에 의하여 신법이 적용된다 할 것이고, 결국 당해 사건에 적용되지 않는 구법인 구 '특정경제범죄 가중처벌 등에 관한 법률'(1983. 12. 31. 법률 제3693호로 제정되고, 2009. 5. 8. 법률 제9646호로 개정되기 전의 것) 제4조 제4항 중 법인에 대한 처벌 부분(이하 '이 사건 구 특경법상 양벌규정' 이라 한다) 및 구 '범죄수익은닉의 규제 및 처벌 등에 관한 법률'(2001. 9. 27. 법률 제6517호로 제정되고, 2010. 3. 31. 법률 제10201호로 개정되기 전의 것) 제7조 중 법인에 대한 처벌 부분(이하 '이 사건 구 범죄수익규제법상 양벌규정' 이라 한다)은 재판의 전제성을 상실하게 되었다(헌재 2011. 12. 29. 2010헌바117).

9. 청구인이 당해사건인 형사재판에서 무죄의 확정판결을 받은 경우 처벌조항에 대한 헌법소원심판청구의 재판의 전제성은 원칙적으로 인정되지 않으나, 객관적인 헌법질서의 수호 · 유지 및 관련 당사자의 권리구제를 위한 심판의 필요성이 인정되는 경우에는 예외적으로 재판의 전제성이 인정될 수 있다. [16 사시]

해설 당해 사건에서 무죄판결이 선고되거나 재심청구가 기각되어 원칙적으로는 재판의 전제성이 인정되지 아니할 것이나, 긴급조치의 위헌 여부를 심사할 권한은 본래 헌법재판소의 전속적 관할 사항인 점, 법률과 같은 효력이 있는 규범인 긴급조치의 위헌 여부에 대한 헌법적 해명의 필요성이 있는 점, 당해 사건의 대법원판결은 대세적 효력이 없는 데 비하여 형벌조항에 대한 헌법재판소의 위헌결정은 대세적 기속력을 가지고 유죄 확정판결에 대한 재심사유가 되는 점, 유신헌법 당시 긴급조치 위반으로 처벌을 받게 된 사람은 재판절차에서 긴급조치의 위헌성을 다툴 수조차 없는 규범적 장애가 있었던 점 등에 비추어 볼 때, 예외적으로 헌법질서의 수호 · 유지 및 관련 당사자의 권리구제를 위하여 재판의 전제성을 인정함이 상당하다(헌재 2013. 3. 21. 2010헌바132 등).

정답 8. × 9. ○

10. 당해사건에서 헌법소원심판의 심판대상조항이 아닌 법률에 규정된 소송요건의 불비를 이유로 소 각하 판결이 선고되고 그 판결이 확정된 경우에는 원칙적으로 재판의 전제성이 인정되지 않는다. [16 사시]

해설 법원에서 당해 소송사건에 적용되는 재판규범 중 위헌제청신청대상이 아닌 관련 법률에서 규정한 소송요건을 구비하지 못하였기 때문에 부적법하다는 이유로 소각하 판결을 선고하고 그 판결이 확정되거나, 소각하판결이 확정되지 않았더라도 당해 소송사건이 부적법하여 각하될 수밖에 없는 경우에는 당해 소송사건에 관한 '재판의 전제성' 요건이 흠결되어 헌법재판소법 제68조 제2항의 헌법소원심판청구가 부적법하다 할 것이나, 이와는 달리 당해 소송사건이 각하될 것이 불분명한 경우에는 '재판의 전제성'이 흠결되었다고 단정할 수 없는 것이다(헌재 2004. 10. 28. 99헌바91).

11. 재판의 전제성에서 말하는 '재판'이란 원칙적으로 본안에 관한 재판인지 소송절차에 관한 재판인지를 불문하며, 종국재판뿐 아니라 중간재판도 이에 포함된다. [16 사시]

해설 "재판"이라 함은 원칙적으로 그 형식 여하와, 본안에 관한 재판이거나 소송절차에 관한 것이거나를 불문하며, 판결과 결정 그리고 명령이 여기에 포함된다. 그러므로 민사소송법 제368조의2에 의하여 제청법원 또는 그 재판장이 하고자 하는 인지첩부를 명하는 보정명령은 당해 소송사건의 본안에 관한 판결주문에 직접 관련된 것이 아니라고 하여도, 헌법 제107조 제1항과 헌법재판소법 제41조 제1항에 규정된 재판에 해당한다고 할 것이다(헌재 1994. 2. 24. 91헌가3).

12. 규범통제는 규범통제의 계기에 따라 추상적 규범통제와 구체적 규범통제로 나뉘고, 그 시기에 따라 사전적 규범통제와 사후적 규범통제로 나뉘는바, 「헌법재판소법」상 우리나라는 구체적 · 사후적 규범통제만을 인정할 뿐 추상적 · 사전적 규범통제는 인정하지 않고 있다. [15 사시]

해설 헌법재판소법 제68조 제2항에 의한 헌법소원심판은 구체적 규범통제의 헌법소원으로서 기본권의 침해가 있을 것을 그 요건으로 하고 있지 않을 뿐만 아니라 행정처분에 대한 소송절차에서는 그 근거법률의 헌법적합성까지도 심판대상으로 되는 것이므로, 행정처분의 주체인 행정청도 헌법의 최고규범력에 따른 구체적 규범통제를 위하여 근거법률의 위헌 여부에 대한 심판의 제청을 신청할 수 있고, 헌법재판소법 제68조 제2항의 헌법소원을 제기할 수 있다(헌재 2008.4.24. 2004헌바44).

정답 10. ○ 11. ○ 12. ○

13. 입법자가 제정한 법률을 위헌 무효로 만드는 위헌법률심판과 의회우위의 사상 또는 의회주권주의는 모순되는 측면이 있으므로, 의회주권이 강한 국가에서는 위헌법률심판의 채택이 어려울 수 있다. [15 사시]

해설 형식적 법치주의는 악법도 법으로 보고 악법에 의한 통치를 방치한다는 점에서 문제가 있다. 실질적 법치주의는 정의롭지 않은 법률의 위험성을 인정하여 위헌법률심판제를 도입하게 된다. 현대적 실질적 법치주의 입장에서 입법에 대한 합법성 심사뿐만이 아니라 정당성에 관한 심사를 하게 됨에 따라 위헌법률심판과 의회우위의 사상 또는 의회주권주의는 모순되는 측면이 발생할 수 있다는 견해는 있다. 따라서 의회주권이 강한 국가에서는 위헌법률심판의 채택이 어려울 수 있다.

14. 위헌법률심판의 대상은 원칙적으로 국회의 의결을 거친 형식적 의미의 법률이므로 개별 헌법규정은 위헌법률심판의 대상이 될 수 없다. [15 사시]

해설 헌법 제111조 제1항 제1호, 제5호 및 헌법재판소법 제41조 제1항, 제68조 제2항은 위헌심사의 대상이 되는 규범을 '법률'로 명시하고 있으며, 여기서 '법률'이라고 함은 국회의 의결을 거쳐 제정된 이른바 형식적 의미의 법률을 의미하므로 헌법의 개별규정 자체는 헌법소원에 의한 위헌심사의 대상이 아니다(헌재 1996. 6. 13. 94헌바20).

15. 위헌법률심판에서의 위헌심사기준과 관련하여, 헌법재판소는 위헌법률심판의 계기를 마련한 제청법원의 견해를 존중한다는 의미에서 원칙적으로 제청법원이 주장하는 법적 관점에서 심사를 하여야 하며, 필요한 경우에 심판대상규범의 법적 효과를 고려하여 다른 헌법적인 관점에서도 심사할 수 있다. [15 사시]

해설 법원으로부터의 위헌심판의 제청을 받은 헌법재판소는 법률이 재판의 전제가 되는 요건을 갖추고 있는지의 여부를 심판함에 있어서는 제청법원의 견해를 존중하는 것이 원칙이다. 그러나 제청법원의 법률적 견해가 유지될 수 없는 것으로 보이면 헌법재판소가 직권으로 조사할 수도 있는 것이다. 조사결과 법원의 전제성에 관한 법률적 견해가 명백히 유지될 수 없을 때에만 헌법재판소가 그 제청을 부적법하다하여 각하할 수 있다(헌재 1999. 9. 16. 98헌가6).

16. 당사자의 위헌제청신청이 기각된 때에 위헌법률심판 대신 헌법소원의 통로를 인정하고 있는 헌법재판소법 제68조 제2항에 따른 헌법소원은 우리나라 특유의 제도로서, 헌법재판소는 그 성질에 관하여 실질상 헌법소원심판이라기보다는 위헌법률심판이라고 본다. [15 사시]

정답 13. ○ 14. ○ 15. × 16. ○

해설 헌법재판소법 제68조 제2항의 헌법소원은 그 본질이 위헌법률심판이므로 법률, 긴급명령, 긴급재정경제명령, 국회의 비준동의를 받은 조약을 대상으로 한다.

17. 헌법재판소가 형벌에 관한 법률조항에 대하여 헌법불합치결정을 하면서 해당 조항을 개정시한까지 잠정 적용하도록 결정한 경우, 개정시한까지 개선입법이 이루어지지 않은 해당 조항은 개정시한 이후부터 그 효력을 상실하게 된다.

해설 헌법재판소가 위 법률조항에 대해 헌법불합치결정을 선고하면서 개정시한을 정하여 입법개선을 촉구하였는데도 위 시한까지 법률 개정이 이루어지지 않은 사안에서, 위 법률조항은 소급하여 효력을 상실하므로 이를 적용하여 공소가 제기된 위 피고사건에 대하여 형사소송법 제325조 전단에 따라 무죄를 선고하여야 한다(대법원 2011.06.23. 선고 2008도7562 전원합의체 판결)

18. 법원의 위헌제청에 의한 위헌법률심판으로 어떠한 사항에 대하여 규율하는 법률이 부존재하는 것을 다툴 수 있음은 물론, 어떠한 사항에 대하여 법률이 존재하기는 하나 불완전 · 불충분하게 규율되고 있음을 이유로 해당 법률조항 자체를 대상으로 하여 심판청구를 할 수 있다. [14 사시]

해설 위헌법률심판은 국회가 제정한 법률 등이 헌법에 위반되는지를 여부를 심사하는 것이므로, 진정입법부작위는 위헌법률심판의 대상이 될 수 없으며, 다만 예외적인 경우 헌법소원심판을 통하여 다툴 수 있을 뿐이다. 부진정입법부작위의 경우에는 재판의 전제성이 인정된다면 위헌법률심판으로, 기본권 침해의 직접성을 충족한다면 헌법소원심판으로 다툴 수 있다.

19. 법원이 법률의 위헌여부심판을 헌법재판소에 제청한 때에는 당해 소송사건의 재판은 헌법재판소의 결정이 있을 때까지 정지되지만 법원이 긴급하다고 인정하는 경우에는 종국재판을 포함한 소송절차를 진행할 수 있다. [14 사시]

해설 법원이 법률의 위헌 여부 심판을 헌법재판소에 제청한 때에는 당해 소송사건의 재판은 헌법재판소의 위헌 여부의 결정이 있을 때까지 정지된다. 다만, 법원이 긴급하다고 인정하는 경우에는 종국재판 외의 소송절차를 진행할 수 있다(헌법재판소법 제42조 제1항).

20. 재판의 전제성 구비 여부에 대하여 재판의 전제와 관련된 법원의 법률적 견해가 유지될 수 없는 것으로 보이면 헌법재판소가 직권으로 조사할 수도 있다. [14 법행]

정답 17. × 18. × 19. × 20. ○

해설 위헌법률심판이나 헌법재판소법 제68조 제2항의 규정에 의한 헌법소원심판에 있어서 위헌여부가 문제되는 법률이 재판의 전제성 요건을 갖추고 있는지의 여부는 헌법재판소가 별도로 독자적인 심사를 하기보다는 되도록 법원의 이에 관한 법률적 견해를 존중해야 할 것이며, 다만 그 전제성에 관한 법률적 견해가 명백히 유지될 수 없을 때에만 헌법재판소는 이를 직권으로 조사할 수 있다 할 것이다[헌재 1993. 5. 13. 92헌가10 등].

21. 제청법원이 주위적 공소사실이 무죄로 선고될 가능성이 높다는 이유로 예비적 공소사실에 적용될 법률조항의 가능성을 인정하여 위헌제청을 한 경우에는 재판의 전제성을 인정할 수 없다. [14 법행]

해설 이 사건 조항에 대한 재판의 전제성이 인정되려면 우선 예비적 공소사실의 적용법조인 이 사건 조항이 당해 사건에 적용되어야 하는바, 이에 대하여 제청법원은 주위적 공소사실이 무죄로 선고될 가능성이 높아 예비적 공소사실이 판단의 대상이 될 수 있기 때문에 이 사건 조항은 재판의 전제성이 있다고 본다.

위헌 여부가 문제되는 법률이 재판의 전제성 요건을 갖추고 있는지 여부에 대하여는 헌법재판소가 별도로 독자적인 심사를 하기보다는 가능한 한 법원의 법률적 견해를 존중해야 할 것이고, 다만 그 전제성에 관한 법률적 견해가 명백히 유지될 수 없을 때에는 헌법재판소가 이를 직권으로 조사할 수 있다. 제청법원은 해당 광고행위가 허위 또는 과장광고가 아닐 수 있다고 보았는데, 법원의 그러한 사실판단 내지 단순한 법률적용상 견해는 존중되어야 할 것이고, 이 사건에서 그것이 명백히 유지될 수 없는 경우라고 보기 어렵다. 그렇다면 이 사건 조항의 위헌 여부에 따라 당해 사건의 결론이 달라질 수 있으므로 재판의 전제성이 인정된다[헌재 2007. 7. 26. 2006헌가4].

22. 헌법재판소가 헌법불합치라는 변형결정주문을 선택하여 위헌적 요소가 있는 조항들을 합헌적으로 개정 혹은 폐지하는 임무를 입법자의 형성재량에 맡긴 경우에는, 헌법불합치 결정의 효력이 소급적으로 미치게 되는 모든 사건이나 앞으로 위 법률조항들을 적용하여 행할 부과처분에 대하여는 법리상 헌법불합치 결정 이후 입법자에 의하여 위헌성이 제거된 새로운 법률조항을 적용하여야 한다. [14 법행]

해설 헌법재판소가 헌법불합치라는 변형결정주문을 선택하여 위헌적 요소가 있는 조항들을 합헌적으로 개정 혹은 폐지하는 임무를 입법자의 형성재량에 맡긴 경우에는, 헌법불합치 결정의 효력이 소급적으로 미치게 되는 모든 사건이나 앞으로 위 법률조항들을 적용하여 행할 부과처분에 대하여는 법리상 헌법불합치 결정 이후 입법자에 의하여 위헌성이 제거된 새로운 법률조항을 적용하여야 한다[헌재 2000. 1. 27. 96헌바95 등].

정답 21. × 22. ○

23. 재심사유가 없음에도 법원의 재심개시결정이 확정되었다면 그 사건에 적용될 법률 조항은 재판의 전제성을 가진다. [14 법행]

해설 재심개시결정이 확정되면 법원으로서는 비록 재심사유가 없었다 하더라도 그 사건에 대해 다시 심판하여야 하며 이후 재심개시결정의 효력은 상소심에서도 이를 다툴 수 없다. 따라서 이 사건 법률조항의 위헌여부가 재판의 전제가 된 이상 법원의 위헌심판제청은 적법하다 할 것이다[헌재 2000. 1. 27. 98헌가9].

24. 헌법재판소법 제68조 제2항의 헌법소원은 법률의 위헌여부심판의 제청신청을 하여 그 신청이 기각된 때에만 청구할 수 있는 것이므로, 청구인이 특정 법률조항에 대한 위헌여부심판의 제청신청을 하지 않았고 따라서 법원의 기각결정도 없었다면 그 부분 심판청구는 심판청구요건을 갖추지 못하여 부적법하다. [14 법행]

해설 헌법재판소법 제68조 제2항의 헌법소원은 법률의 위헌여부심판의 제청신청을 하여 그 신청이 기각된 때에 청구할 수 있는 것인데, 청구인은 위헌제청신청을 함에 있어 민법 제70조 제2항이나 비송사건절차법 제34조의 적용에 관한 위헌 여부를 다툰 바 없고, 대법원 역시 그에 대하여 아무런 판단도 한 바 없으므로, 그 부분 심판청구의 요건을 갖추지 못하여 부적법하다[헌재 2000. 7. 20. 98헌바74].

25. 국민의 개별적 기본권이 아니라 할지라도 기본권보장의 실질화를 위하여서는, 영토조항만을 근거로 하여 독자적으로는 헌법소원을 청구할 수 없다 할지라도, 모든 국가권능의 정당성의 근원인 국민의 기본권 침해에 대한 권리구제를 위하여 그 전제조건으로서 영토에 관한 권리를, 이를테면 영토권이라 구성하여, 이를 헌법소원의 대상인 기본권의 하나로 간주하는 것은 가능하다. [16 법행]

해설 헌재 2001. 3. 21. 99헌마139 등.

26. 선거구획정위원회 위원 선임 및 선거구획정위원회의 선거구획정안 제출행위를 하지 않은 부작위는, 국가기관의 내부적 의사결정행위에 불과하여 그 자체로 국민에 대하여 직접적인 법률효과를 발생시키는 행위가 아니므로 헌법소원의 대상이 되는 공권력의 불행사에 해당되지 아니한다. [16 법행]

해설 헌재 2004. 2. 26. 2003헌마285.

정답 23. ○ 24. ○ 25. ○ 26. ○

27. 법인은 결사의 자유를 바탕으로 하여 법률에 의해 비로소 창설된 법인격의 주체여서 관념상 결사의 자유에 앞서 존재하는 인간으로서의 존엄과 가치를 가진다 할 수 없고, 그 행동영역도 법률에 의해 형성될 뿐이며, 기본권의 성질상 법인에게 적용될 수 있는 경우에 한하여 해당 기본권의 주체가 될 수 있다. 따라서 인간의 존엄과 가치에서 유래하는 인격권은 자연적 생명체로서 개인의 존재를 전제로 하는 기본권으로서 그 성질상 법인에게는 적용될 수 없다. [16 법행]

해설 법인도 법인의 목적과 사회적 기능에 비추어 볼 때 그 성질에 반하지 않는 범위 내에서 인격권의 한 내용인 사회적 신용이나 명예 등의 주체가 될 수 있고 법인이 이러한 사회적 신용이나 명예 유지 내지 법인격의 자유로운 발현을 위하여 의사결정이나 행동을 어떻게 할 것인지를 자율적으로 결정하는 것도 법인의 인격권의 한 내용을 이룬다고 할 것이다(헌재 2012. 8. 23. 2009헌가27).

28. 국가에게 독도에 대피시설 등의 특정 시설을 설치하여야 할 구체적인 작위의무가 있다고 보기 어려워 독도에 대피시설 등을 설치하지 아니한 부작위가 있다 하더라도 이는 헌법소원의 대상이 될 수 없다. [16 법행]

해설 헌재 2016. 5. 26. 2014헌마1002.

29. 헌법재판소법 제68조 제2항의 헌법소원은 법률의 위헌여부심판의 제청신청을 하여 그 신청이 기각된 때에만 청구할 수 있는 것이므로, 청구인이 특정 법률조항에 대한 위헌여부심판의 제청신청을 하지 않았고 따라서 법원의 기각결정도 없었다면 그 부분 심판청구는 심판청구요건을 갖추지 못하여 부적법하다. [16 법행]

해설 헌재 2005. 2. 24. 2004헌바24.

30. 공권력 행사의 직접 상대방이 아닌 자라 하더라도, 자신의 경제적 이해관계가 당해 공권력 행사와 밀접하게 관련되어 있는 경우에는 기본권 침해의 자기관련성이 인정된다. [16 사시]

해설 헌법재판소법 제68조 제1항 본문은 헌법소원심판은 공권력의 행사 또는 불행사로 인하여 헌법상 보장된 기본권을 침해받은 자가 청구하여야 한다고 규정하고 있고 이는 공권력의 행사 또는 불행사로 인하여 헌법상 보장된 자신의 기본권을 현재 직접적으로 침해당한 자만이 헌법소원심판을 청구할 수 있다는 뜻이므로, 공권력의 행사로 인하여 헌법소원을 청구하고자 하는 자가 자신의 법적 지위에 아무런 영향을 받지 않거나 단순히

정답 27. × 28. ○ 29. ○ 30. ×

사실적 또는 경제적인 이해관계로만 관련되어 있는 경우 그 공권력의 행사를 대상으로 헌법소원을 청구하는 것은 허용되지 아니한다(헌재 1999. 6. 24. 97헌마315).

31. 공권력 행사가 헌법전문에 기재된 대한민국임시정부의 법통을 계승하는 부분에 위반된다는 것만으로는 일반 국민의 법적 지위에 현실적이고 구체적인 영향을 미친다고 볼 수 없으므로 기본권 침해가능성이 인정되지 않는다. [16 사시]

해설 헌법전문에 기재된 대한민국임시정부의 법통을 계승하는 부분이 침해되었다는 부분은 청구인들의 법적지위에 현실적이고 구체적인 영향을 미친다고 볼 수 없으므로 기본권침해의 가능성이 인정되지 않는다(헌재 2008. 11. 27. 2008헌마517).

32. 교원의 노동조합은 고용노동부장관의 시정요구에 따라 30일 이내에 스스로 위법사유를 시정하지 않으면 법외노조통보를 받게 되는데, 위 시정요구에 대하여는 별도의 불복절차가 존재하는지가 불분명하므로 위 시정요구에 대하여 곧바로 헌법소원심판을 청구하더라도 보충성 요건은 충족한 것으로 보아야 한다. [16 사시]

해설 고용노동부장관의 청구인 전국교직원노동조합에 대한 2013. 9. 23.자 시정요구(이하 '이 사건 시정요구'라 한다)는 청구인 전국교직원노동조합(이하 '전교조'라 한다)의 권리·의무에 변동을 일으키는 행정행위에 해당하나, 청구인 전교조는 이 사건 시정요구에 대하여 다른 불복절차를 거치지 아니하고 곧바로 헌법소원심판을 청구하였으므로, 이에 대한 헌법소원은 보충성 요건을 결하였다(헌재 2015. 5. 28. 2013헌마671 등).

33. 고소하지 아니한 피해자가 그 피의사건에 대한 수사결과나 검사의 처분을 다투기 위한 별도의 고소와 그 결과에 따른 권리구제절차를 거치지 않았다고 하더라도, 불기소처분의 취소를 구하는 헌법소원심판을 곧바로 청구할 수 있다. [16 사시]

해설 청구인으로서는 이 사건 불기소처분의 취소를 구하는 헌법소원심판을 청구하는 외에 달리 효과적인 구제방법이 있다고 보기 어려우므로, 비록 청구인이 별개의 새로운 고소를 하고 그 결과에 따른 권리구제절차를 거치지 않았다고 하더라도, 이 사건 불기소처분의 취소를 구하는 헌법소원심판을 곧바로 청구할 수 있다고 보아야 한다(헌재 2011. 5. 26. 2010헌마125).

34. 지방자치단체의 장이 필요하다고 인정하는 경우 대규모점포 등에 대하여 영업시간 제한을 명하거나 의무휴업일을 지정하여 의무휴업을 명할 수 있도록 규정한 조항은 법률조항 자체에서 영업시간 제한 및 의무휴업에 관한 사항을 규정하여 사업자의

정답 31. ○ 32. × 33. ○ 34. ×

기본권을 직접 제한하고 있으므로 직접성 요건을 충족한다. [16 사시]

해설 이 사건 법률조항으로 인하여 대형마트 등의 매출이 감소하고 이것이 대형마트 등과 납품업자들 간의 납품계약에도 영향을 미쳐 청구인들의 매출 또한 감소될 수 있다 하더라도, 이와 같은 청구인들에 대한 효과는 그 직접성 등을 고려하면 청구인들을 이 사건 법률조항에 법적으로 의미 있게 관련시킬 정도로 강하다고 보기 어렵고, 단지 간접적, 사실적 또는 경제적 이해관계에 불과하다 할 것이다. 따라서 이 사건 법률조항의 직접적 수규자가 아닌 제3자에 불과한 청구인들로서는 달리 이 사건 법률조항과 직접 관련되었다고 볼 만한 특별한 사정이 있다고 볼 수 없는바, 청구인들의 이 사건 심판청구는 자기관련성이 인정되지 않는다(헌재 2013. 5. 7. 2013헌마262).

35. 「헌법재판소법」 제68조 제1항의 "다른 법률에 구제절차가 있는 경우"란 공권력의 행사 또는 불행사를 직접 대상으로 하여 그 효력을 다툴 수 있는 권리구제절차가 있는 경우를 의미한다. [16 사시]

해설 헌법재판소법 제68조 제1항 단서 소정의 다른 권리구제절차라 함은 공권력의 행사 또는 불행사를 직접대상으로 하여 그 효력을 다툴 수 있는 권리구제절차를 의미하고, 사후적 · 보충적 구제수단을 뜻하는 것은 아니다(헌재 1989. 4. 17. 88헌마3).

36. 먼저 헌법소원심판을 청구하고 나서 종국결정 전에 권리구제절차를 거친 경우에는 사전에 권리구제절차를 거치지 않은 흠결이 치유될 수 있다. [16 사시]

해설 이 사건 헌법소원심판청구를 한 후 이 사건에 대한 헌법재판계속중인 1991.2.18. 위 89형제40313호 사건에 대하여서도 대검찰청에서 재항고기각결정(사건 1990년 재항 제649호)이 내려졌다. 전심절차를 완전히 밟지 아니한 채 이 사건 헌법소원심판청구를 한 것은 제소 당시로 보면 전치요건불비의 위법이 있다고 할 것이지만 이 사건 계속중에 대검찰청에서 재항고기각결정을 받았다면 위와 같은 전치요건흠결의 하자는 치유되었다고 볼 것이며, 따라서 이 사건 소원심판청구는 이 점에 있어서는 적법하다 할 것이다(헌재 1991. 4. 1. 90헌마194).

37. 「국가인권위원회법」은 국가인권위원회의 진정 기각에 대한 불복수단으로 어떠한 구제절차도 마련해 놓고 있지 않고, 법원의 확립된 판례에 의하여 그 행정처분성이 인정된다고 보기도 어려우므로, 국가인권위원회의 진정 기각에 대한 헌법소원심판 청구는 보충성 요건을 충족한다. [16 사시]

해설 국가인권위원회는 법률상의 독립된 국가기관이고, 피해자인 진정인에게는 국가인

정답 35. ○ 36. ○ 37. ×

권위원회법이 정하고 있는 구제조치를 신청할 법률상 신청권이 있는데 국가인권위원회가 진정을 각하 및 기각결정을 할 경우 피해자인 진정인으로서는 자신의 인격권 등을 침해하는 인권침해 또는 차별행위 등이 시정되고 그에 따른 구제조치를 받을 권리를 박탈당하게 되므로, 진정에 대한 국가인권위원회의 각하 및 기각결정은 피해자인 진정인의 권리행사에 중대한 지장을 초래하는 것으로서 항고소송의 대상이 되는 행정처분에 해당하므로, 그에 대한 다툼은 우선 행정심판이나 행정소송에 의하여야 할 것이다. 따라서 이 사건 심판청구는 행정심판이나 행정소송 등의 사전 구제절차를 모두 거친 후 청구된 것이 아니므로 보충성 요건을 충족하지 못하였다(헌재 2015. 3. 26. 2013헌마214 등).

38. 과세처분의 취소를 구하는 행정소송을 제기하였다가 그 소송을 취하하였거나 취하간주된 경우 그 과세처분의 취소를 구하는 헌법소원심판청구는 다른 법률에 의한 적법한 구제절차를 거쳤다고 볼 수 없다. [16 사시]

해설 과세처분의 취소를 구하는 행정소송을 제기하였다가 그 소송을 취하하였거나 취하간주된 경우 그 과세처분의 취소를 구하는 헌법소원심판청구는 다른 법률에 의한 적법한 구제절차를 거쳤다고 볼 수 없어 부적법하다(헌재 1999. 9. 16. 98헌마265).

39. 사법경찰관이 청구인의 범죄전력과 피의사실, 범행방법, 증거의 내용 등이 기재된 보도자료를 기자들에게 배포한 행위가 「형법」 제126조의 피의사실공표죄에 해당하면, 청구인은 이를 수사기관에 고소하고 그 처리결과에 따라 「검찰청법」에 따른 항고를 거쳐 재정신청을 할 수 있으므로, 위와 같은 권리구제절차를 거치지 아니한 채 보도자료 배포행위에 대하여 제기한 헌법소원심판청구는 보충성 요건을 갖추지 못하였다. [16 사시]

해설 보도자료 배포행위는 수사기관이 공소제기 이전에 피의사실을 대외적으로 알리는 것으로서, 이것이 형법 제126조의 피의사실공표죄에 해당하는 범죄행위라면 청구인은 이를 수사기관에 고소하고 그 처리결과에 따라 검찰청법에 따른 항고를 거쳐 재정신청을 할 수 있으므로, 위와 같은 권리구제절차를 거치지 아니한 채 제기한 보도자료 배포행위에 대한 심판청구는 보충성 요건을 갖추지 못하여 부적법하다(헌재 2014. 3. 27. 2012헌마652).

40. 사법시험관리위원회가 정답개수형 문제를 출제하기로 한 심의 · 의결은 공권력의 행사로서 헌법소원의 대상이 된다. [15 법행]

해설 사법시험관리위원회가 정답개수형 문제를 출제하기로 한 심의 · 의결은 장차 시

정답 38. ○ 39. ○ 40. ×

험출제의 권한을 갖고 있는 시험위원들에 대한 권고사항을 채택한 것으로 법적 효력이 없는 사실상의 내부적인 준비행위에 불과하고 설사 그 내용이 공고의 형식으로 게시되었다고 하더라도 이는 법무부장관이 행정정보의 공개차원에서 알려준 것에 불과하거나 앞으로 시험위원들에게 그와 같이 권고될 수도 있으니 그에 대비하라는 일종의 사전안내에 불과하다. 따라서 이 사건 심의 · 의결은 행정심판이나 행정쟁송의 대상이 될 수 있는 행정처분이나 헌법소원심판청구의 대상이 되는 공권력의 행사에 해당한다고 볼 수 없다(헌재 2004. 8. 26. 2002헌마107).

41. 제주4·3위원회의 수형자 및 무장유격대 가담자를 포함한 희생자 결정은 제주4·3사건 당시 치열하게 대립하였던 두 당사자 중 일방을 '희생자'로 인정하는 것이므로, 제주4·3사건의 진압 군경들은 논리필연적으로 제주도 주민들의 희생을 초래한 자가 될 수밖에 없기 때문에 제주4·3사건 관련자들의 명예에 부정적 영향을 주게 된다. 따라서 청구인들 중 제주4·3사건 진압작전에 참가하였던 군인이나 그 유족들의 경우에는, 희생자 결정의 당부를 다툴 자기관련성이 있다. [14 법행]

해설 헌법 제10조가 보호하는 명예는 사람이나 그 인격에 대한 사회적 평가, 즉 객관적 · 외부적 가치평가를 가리키며 단순한 주관적 · 내면적 명예감정은 헌법이 보호하는 명예에 포함되지 않는다. 그런데, 제주4 · 3특별법은 제주4 · 3사건의 진상규명과 희생자 명예회복을 통해 인권신장과 민주발전 및 국민화합에 이바지함을 목적으로 제정되었고, 위령사업의 시행과 의료지원금 및 생활지원금의 지급 등 희생자들에 대한 최소한의 시혜적 조치를 부여하는 내용을 가지고 있는바, 그에 근거하여 수형자 및 무장유격대 가담자를 포함한 제주4 · 3위원회의 희생자 결정이 청구인들의 사회적 평가에 부정적 영향을 미쳐 헌법이 보호하고자 하는 명예가 훼손되는 결과가 발생한다고 할 수는 없다. 따라서 이 사건 심판청구는 명예권 등 기본권침해의 자기관련성 요건을 갖추지 못하였다[헌재 2010. 11. 25. 2009헌마146]. 지문은 동 판례의 소수견해임.

42. 변리사법 제3조 제1항은 신규 변리사의 수요를 충당하는 두 개의 공급원으로 변리사시험에 합격한 자와 변호사의 자격을 가진 자로서 변리사등록을 한 자를 규정하고 있으므로 이 두 개의 공급원은 어떤 형태와 정도에 의해서든 개념상 서로 상관관계를 가질 수밖에 없다. 그러므로 변호사에 의한 신규 변리사의 충원이 중단된다면 제2차시험의 최소합격인원을 늘이는 등의 방법으로 시험합격자에 의한 충원의 기회는 개념상 늘어날 수밖에 없고 변리사시험 제2차시험에 응시한 청구인들의 법적 지위가 상대적으로 향상된다고 볼 여지가 있으므로 변리사법 제3조 제1항 제2

정답 41. × 42. ○

호 대한 심판청구는 자기관련성이 인정된다. [14 법행]

해설 변리사법 제3조 제1항은 신규 변리사의 수요를 충당하는 두 개의 공급원 즉, 하나는 변리사시험에 합격한 자이고 다른 하나는 변호사법에 의하여 변호사의 자격을 가진 자로서 변리사등록을 한 자를 규정하고 있으므로 이 두 개의 공급원은 어떤 형태와 정도에 의해서든 개념상 서로 상관관계를 가질 수밖에 없다. 그러므로 변호사에 의한 신규 변리사의 충원이 중단된다면 제2차시험의 최소합격인원을 늘이는 등의 방법으로 시험합격자에 의한 충원의 기회는 개념상 늘어날 수밖에 없고 따라서 제2차시험에 응시한 청구인들의 법적 지위가 상대적으로 향상된다고 볼 여지가 있는바, 변리사법 제3조 제1항 제2호에 대한 심판청구는 자기관련성이 인정된다[헌재 2010. 2. 25. 2007헌마956].

43. 위탁급식업자인 청구인들은 학교급식법 제15조 제1항, 제2항 및 부칙 제4조에 의하여 위탁급식사업을 행하고 있는 분야 중 특별히 학교급식에 관련되는 부분에 대해서는 원칙적으로 더 이상 영업을 수행할 수 없는 제한을 받게 되며 학교위탁급식사업으로 취득하였던 영업상 이익을 더 이상 올릴 수 없을 것이므로 현실적인 손해발생이 예상되며, 이러한 손해의 발생은 단순한 사실상 또는 경제상 불이익에 해당된다고 볼 수 없고 청구인들의 직업 수행의 자유 내지 법적 이익에 불리한 영향을 준다고 할 것이므로 기본권침해의 자기관련성이 인정된다. [14 법행]

해설 청구인들은 학교급식법 제15조 제1항, 제2항 및 부칙 제4조에 의하여 위탁급식사업을 행하고 있는 분야 중 특별히 학교급식에 관련되는 부분에 대해서는 원칙적으로 더 이상 영업을 수행할 수 없는 제한을 받게 되며 그 결과 학교위탁급식사업을 통하여 취득하였던 영업상 이익을 더 이상 올릴 수 없을 것이므로 현실적인 손해 발생이 예상되며, 이러한 손해의 발생은 단순한 사실상 또는 경제상 불이익에 해당된다고 볼 수 없고 청구인들의 직업을 수행할 수 있는 자유 내지 법적 이익에 불리한 영향을 준다고 할 것이므로 기본권침해의 자기관련성이 인정된다[헌재 2008. 2. 28. 2006헌마1028].

44. 불공정거래행위의 직접 당사자가 아닌 제3자의 신고는 공정거래위원회에 대하여 법에 위반되는 사실에 관한 조사의 직권발동을 촉구하는 단서를 제공하는 것에 불과하므로, 제3자의 신고에 대하여 공정거래위원회가 한 무혐의처분을 대상으로 하여서는 특별한 사정이 없는 한 그 제3자가 자기의 기본권 침해가 있었음을 전제로 한 헌법소원의 심판청구는 허용될 수 없다. [14 법행]

해설 불공정거래행위의 직접 당사자가 아닌 제3자의 신고는 공정거래위원회에 대하여 법에 위반되는 사실에 관한 조사의 직권발동을 촉구하는 단서를 제공하는 것에 불과하므

정답 43. ○ 44. ○

로, 제3자의 신고에 대하여 공정거래위원회가 한 무혐의처분을 대상으로 하여서는 특별한 사정이 없는 한 자기의 기본권 침해가 있었음을 전제로 한 헌법소원의 심판청구는 허용될 수 없다. 따라서 이 사건 무혐의처분 중 부당한 계약조건 변경 부분의 취소를 구하는 청구인의 심판청구는 자기관련성이 없는 자에 의한 심판청구로서 부적법하다[헌재 2012. 2. 23. 2010헌마750].

45. 단체는 원칙적으로 단체자신의 기본권을 직접 침해당한 경우에만 그의 이름으로 헌법소원심판을 청구할 수 있을 뿐이고 그 구성원을 위하여 또는 구성원을 대신하여 헌법소원심판을 청구할 수 없다. [14 법행]

해설 단체는 원칙적으로 단체자신의 기본권을 직접 침해당한 경우에만 그의 이름으로 헌법소원심판을 청구할 수 있을 뿐이고 그 구성원을 위하여 또는 구성원을 대신하여 헌법소원심판을 청구할 수 없다 할 것인데, 청구인 사단법인 한국영화인협회는 그 자신의 기본권이 침해당하고 있음을 이유로 하여 이 사건 헌법소원심판을 청구한 것이 아니고, 그 단체에 소속된 회원들인 영화인들의 헌법상 보장된 예술의 자유와 표현의 자유가 침해당하고 있음을 이유로 하여 이 사건 헌법소원심판을 청구하여 자기관련성의 요건을 갖추지 못하였다[헌재 1991. 6. 3. 90헌마56].

46. 국가기관의 행위라 할지라도 헌법과 법률에 의해 그 국가기관에게 부여된 독자적인 권능을 행사하는 경우가 아닌 때에는 비록 국가기관의 행위가 제한을 받더라도 권한쟁의심판에서 말하는 권한이 침해될 가능성은 없다. [16 사시]

해설 권한쟁의심판에서 다툼의 대상이 되는 권한이란 헌법 또는 법률이 특정한 국가기관에 대하여 부여한 독자적인 권능을 의미하므로, 국가기관의 모든 행위가 권한쟁의심판에서 의미하는 권한의 행사가 될 수는 없으며, 국가기관의 행위라 할지라도 헌법과 법률에 의해 그 국가기관에게 부여된 독자적인 권능을 행사하는 경우가 아닌 때에는 비록 그 행위가 제한을 받더라도 권한쟁의심판에서 말하는 권한이 침해될 가능성은 없다(헌재 2010. 7. 29. 2010헌라1).

47. 피청구인의 장래처분이 확실하게 예정되어 있고 그로 인해 청구인의 권한이 침해될 위험성이 있어 청구인의 권한을 사전에 보호할 필요성이 매우 큰 예외적인 경우에는 장래처분에 대한 권한쟁의심판청구도 허용될 수 있다. [16 사시]

해설 피청구인의 장래처분이 확실하게 예정되어 있고, 피청구인의 장래처분에 의해서 청구인의 권한이 침해될 위험성이 있어서 청구인의 권한을 사전에 보호해 주어야 할 필요성이 매우 큰 예외적인 경우에는 피청구인의 장래처분에 대해서도 헌법재판소법 제61조

정답 45. ○ 46. ○ 47. ○

제2항에 의거하여 권한쟁의심판을 청구할 수 있다(헌재 2004. 9. 23. 2000헌라2).

48. 헌법 제111조 제1항 제4호에서 말하는 국가기관의 의미와 권한쟁의심판의 당사자가 될 수 있는 국가기관의 범위는 헌법해석을 통하여 확정되어야 할 문제이다.

[16 사시]

해설 헌법 제111조 제1항 제4호에서 헌법재판소의 관장사항의 하나로 "국가기관 상호간, 국가기관과 지방자치단체간 및 지방자치단체 상호간의 권한쟁의에 관한 심판"이라고 규정하고 있을 뿐 권한쟁의심판의 당사자가 될 수 있는 국가기관의 종류나 범위에 관하여는 아무런 규정을 두고 있지 않고, 이에 관하여 특별히 법률로 정하도록 위임하고 있지도 않다. 따라서 입법자인 국회는 권한쟁의심판의 종류나 당사자를 제한할 입법형성의 자유가 있다고 할 수 없고, 헌법 제111조 제1항 제4호에서 말하는 국가기관의 의미와 권한쟁의심판의 당사자가 될 수 있는 국가기관의 범위는 결국 헌법해석을 통하여 확정하여야 할 문제이다(헌재 1997. 7. 16. 96헌라2).

49. 「지방자치법」에 규정된 지방자치단체의 구역은 주민, 자치권과 함께 자치단체의 구성요소이고 자치권이 미치는 관할구역의 범위에는 육지는 물론 바다도 포함되므로, 공유수면의 관할에 관하여 지방자치단체 상호간에 분쟁이 있는 경우 권한쟁의심판을 청구할 수 있다. [16 사시]

해설 지방자치법 제4조 제1항에 규정된 지방자치단체의 구역은 주민·자치권과 함께 자치단체의 구성요소이고, 자치권이 미치는 관할구역의 범위에는 육지는 물론 바다도 포함되므로, 공유수면에 대하여도 지방자치단체의 자치권한이 존재한다고 보아야 한다는 것이 우리 재판소의 확립된 입장이다(헌재 2015. 7. 30. 2010헌라2).

50. 지방자치단체인 청구인이 자신의 비용으로 기관위임사무인 안전시설공사를 하였는데 이후 국가가 이에 대한 예산배정요청을 거부한 경우, 공법상의 비용상환청구소송 등과는 별개로 자치재정권 침해를 이유로 한 권한쟁의심판청구가 허용될 수 있다. [16 사시]

해설 이 사건 공공시설의 관리권한이 피청구인에게 있음에도 불구하고 피청구인이 이를 관리하지 않고 있다고 하더라도, 피청구인이 이 사건 공공시설을 관리하지 아니함으로 인하여 발생하는 책임을 부담하는 것은 별론으로 하고 그로 인하여 청구인에게 이 사건 공공시설을 관리할 책임이 발생하거나 그러한 위험이 발생하는 것은 아니다. 즉 관련법규의 해석에 의하여 피청구인이 이 사건 공공시설의 관리권자라고 판단된다면 청구인은 이

정답 48. ○ 49. ○ 50. ×

사건 공공시설을 관리하지 않으면 되는 것이지, 피청구인이 그 권한을 행사하지 아니하고 있다고 하여 청구인이 이 사건 공공시설을 관리하여야 하는 것은 아닌 것이다. 따라서 청구인의 주장에 따른다고 하더라도 피청구인의 부작위로 인하여 청구인의 어떠한 권한도 침해될 우려가 없다고 할 것이다. 결국 이 사건은 이 사건 공공시설의 관리권한이 누구에게 있는가에 관계없이 피청구인의 부작위에 의하여 청구인의 권한이 침해되었거나 침해될 현저한 위험이 있다고 할 수 없는 사건이므로 이 사건 심판청구는 헌법재판소법 제61조 제2항 소정의 요건을 갖추지 못한 것이라고 할 것이다(헌재 1998. 8. 27. 96헌라1).

51. 국회부의장이 국회의장의 직무를 대리하여 법률안 가결선포행위를 한 경우, 국회의원의 법률안 심의 · 표결권의 침해를 이유로 청구하는 권한쟁의심판은 국회의장을 피청구인으로 하여야 한다. [15 사시]

해설 권한쟁의심판에서는 처분 또는 부작위를 야기한 기관으로서 법적 책임을 지는 기관만이 피청구인적격을 가지므로, 이 사건 심판은 의안의 상정·가결선포 등의 권한을 갖는 국회의장을 상대로 제기되어야 한다. 국회부의장은 국회의장의 직무를 대리하여 법률안을 가결선포할 수 있을 뿐(국회법 제12조 제1항), 법률안 가결선포행위에 따른 법적 책임을 지는 주체가 될 수 없으므로, 국회부의장에 대한 이 사건 심판청구는 피청구인 적격이 인정되지 아니한 자를 상대로 제기되어 부적법하다(헌재 2009.10.29. 2009헌라8 등).

52. 국회의 구성원인 국회의원이 국회의 조약에 대한 체결 · 비준 동의권의 침해를 주장하며 청구한 권한쟁의심판은 부적법하다. [15 사시]

해설 국가기관의 부분 기관이 자신의 이름으로 소속기관의 권한을 주장할 수 있는 '제3자 소송담당'을 명시적으로 허용하는 법률의 규정이 없는 현행법 체계하에서는 국회의 구성원인 국회의원이 국회의 조약에 대한 체결·비준 동의권의 침해를 주장하는 권한쟁의 심판을 청구할 수 없다(헌재 22007.7.26. 2005헌라8).

53. 헌법상 국가에게 부여된 임무 또는 의무를 수행하고 그 독립성이 보장된 국가기관이라고 하더라도 오로지 법률에 설치근거를 둔 국가기관이라면 국회의 입법행위에 의하여 존폐 및 권한범위가 결정될 수 있으므로, 이러한 국가기관에게는 권한쟁의심판의 당사자능력이 인정되지 아니한다. [15 사시]

해설 권한쟁의심판은 국회의 입법행위 등을 포함하여 권한쟁의 상대방의 처분 또는 부작위가 헌법 또는 법률에 의하여 부여받은 청구인의 권한을 침해하였거나 침해할 현저한 위험이 있는 때 제기할 수 있는 것인데, 헌법상 국가에게 부여된 임무 또는 의무를 수행

정답 51. ○ 52. ○ 53. ○

하고 그 독립성이 보장된 국가기관이라고 하더라도 오로지 법률에 설치근거를 둔 국가기관이라면 국회의 입법행위에 의하여 존폐 및 권한범위가 결정될 수 있으므로 이러한 국가기관은 '헌법에 의하여 설치되고 헌법과 법률에 의하여 독자적인 권한을 부여받은 국가기관'이라고 할 수 없다. 결국, 권한쟁의심판의 당사자능력은 헌법에 의하여 설치된 국가기관에 한정하여 인정하는 것이 타당하므로, 법률에 의하여 설치된 청구인에게는 권한쟁의심판의 당사자능력이 인정되지 아니한다(헌재 2010. 10. 28. 2009헌라6).

54. 지방자치단체가 자신의 권한 침해를 이유로 권한쟁의심판을 청구하는 경우 당사자는 지방자치단체가 되지만, 「지방교육자치에 관한 법률」에 따른 교육 · 학예에 관한 지방자치단체의 사무에 관하여 권한쟁의심판을 청구하는 경우에는 당해 교육감이 당사자로 된다. [15 사시]

해설 권한쟁의가 「지방교육자치에 관한 법률」 제2조에 따른 교육 · 학예에 관한 지방자치단체의 사무에 관한 것인 경우에는 교육감이 제1항 제2호 및 제3호의 당사자가 된다(헌법재판소법 제62조 제2항).

55. 국회의원의 법률안에 대한 심의 · 표결권의 침해 여부를 다투는 권한쟁의심판은 국회의원의 객관적 권한을 보호함으로써 헌법적 가치질서를 수호 · 유지하기 위한 쟁송으로서 공익적 성격이 강하다고 할 것이므로, 이미 제기한 권한쟁의심판청구를 스스로의 의사에 기하여 자유롭게 철회할 수 있는 심판청구의 취하는 허용되지 않는다. [15 사시]

해설 비록 권한쟁의심판이 개인의 주관적 권리구제를 목적으로 삼는 것이 아니라 헌법적 가치질서를 보호하는 객관적 기능을 수행하는 것이고, 특히 국회의원의 법률안에 대한 심의·표결권의 침해 여부가 다투어진 이 사건 권한쟁의심판의 경우에는 국회의원의 객관적 권한을 보호함으로써 헌법적 가치질서를 수호·유지하기 위한 쟁송으로서 공익적 성격이 강하다고는 할 것이다. 그렇지만 법률안에 대한 심의·표결권 자체의 행사 여부가 국회의원 스스로의 판단에 맡겨져 있는 사항일 뿐만 아니라, 그러한 심의·표결권이 침해당한 경우에 권한쟁의심판을 청구할 것인지 여부 또한 국회의원의 판단에 맡겨져 있어서 심판청구의 자유가 인정되고 있는 만큼, 위에서 본 권한쟁의심판의 공익적 성격만을 이유로 이미 제기한 심판청구를 스스로의 의사에 기하여 자유롭게 철회할 수 있는 심판청구의 취하를 배제하는 것은 타당하지 않다(헌재 2001.6.28. 2000헌라1).

정답 54. ○ 55. ×

공 무 원

38 임용결격공무원의 근무경력 불인정 사건

(임용결격공무원등에대한퇴직보상금지급 등에관한특례법 제7조 제5항 위헌소원)
2004. 4. 29. 2003헌바64 **[합헌]**

|판시사항|

임용결격공무원 또는 당연퇴직공무원을 특별채용할 경우 종전의 사실상 근무기간을 경력으로 인정하지 아니하도록 한 임용결격공무원등에대한퇴직보상금지급등에관한특례법(이하 '특례법' 이라 한다) 제7조 제5항(이하 '이 사건 법률조항' 이라 한다)이 평등권 및 행복추구권을 침해하는지 여부(－)

[결정요지]

1. 평등권 침해 여부

임용결격 혹은 당연퇴직공무원은 결격사유 등의 발생으로 법적으로는 공무원으로서의 신분이 당연히 배제된다. 그러나 그들이 오랜기간 사실상 공무원으로 근무하여 온 사정을 감안하여 법 제7조(특별채용)는 그들의 생계유지나 생활보장을 위하여 특별채용의 기회를 부여하고 있는바 이러한 법률조항은 기본적으로 수익적 규정에 해당한다고 볼 것이다(헌재 2001. 9. 27. 2000헌마342 참조). 청구인은 이 사건 법률조항이 임용결격사유가 해소된 후의 사실상의 근무기간을 경력으로 인정하지 않는 범위 내에서 평등권을 침해하고 있다고 주장하는바 이 사건 법률조항이 수익적 규정에 관련된 사항으로서 청구인이 다투는 것은 위와 같이 사실상 근무기간의 경력을 인정하지 않는 점에 대한 것이므로, 평등권 침해 여부의 심사기준은 합리성 유무로 족하다 할 것이다(헌재 2001. 9. 27. 2000헌마342, 판례집 13-2, 422, 435 참조).

임용결격·당연퇴직공무원의 사실상 근무기간은 법적 효과가 인정되지 않으므로, 비록 법에 의하여 이들을 특별채용한다고 하더라도 그들의 사실상 근무기간은 원칙적으로 유효한 경력으로 인정받을 수 없다(헌재 2001. 9. 27. 2000헌마342, 판례집 13-2, 422, 436). 그리고 임용결격자가 공무원으로 임용되어 임용결격사유가 해소된 후에도 계속 근무하여 왔다 하여 그 때부터 종전 임용행위가 유효로 되어 적법한 공무원의 신분을 회복하는 것은 아니므로, 임용결격사유가 해소된 이후의 사실상 근무경력을 경력과 호봉 산정에서 원칙적으로 배제한 것을 자의적이라거나 비합리적인 것이라고 보기는 어렵다.

임용결격 · 당연퇴직공무원의 사실상 근무기간은 법적 효과가 인정되지 않으므로, 특례법에 의하여 이들을 특별채용한다고 하더라도 그들의 사실상 근무기간은 원칙적으로 유효한 경력으로 인정받을 수 없다. 임용결격자가 임용결격사유가 해소된 후에도 계속 근무하여 왔다 하여 그 때부터 종전 임용행위가 유효로 되어 적법한 공무원의 신분을 회복하는 것은 아니므로, 임용결격사유가 해소된 이후의 사실상 근무경력을 경력과 호봉 산정에서 원칙적으로 배제한 것을 자의적이거나 비합리적이라 보기는 어렵다.

임용결격 · 당연퇴직공무원을 특별채용함에 있어서 사실상 근무기간의 종료 당시 직급으로 특별채용할 수 있다고 규정하고 있는 특례법 제7조 제1항은 특별채용시 과거 동료들과의 관계 내지 공무원사회의 위계질서를 고려한 것이고 교원 등 공무원봉급표상 계급 또는 등급구분이 없는 임용결격 · 당연퇴직공무원의 경우에 형평을 기하기 위하여 특례법과 시행령은 이들의 사실상 근무경력의 일부를 호봉에 반영하고 있으므로, 교원 등 공무원봉급표상 계급 또는 등급구분이 없는 임용결격 · 당연퇴직공무원과 그 밖에 계급 또는 등급구분이 있는 공무원사이에 그러한 계급 또는 등급 유무에 따른 차별이 있더라도 이는 합리적 이유가 있는 차별에 해당한다.

2. 행복추구권의 침해 여부

이 사건 법률조항은 수혜적 성격을 가지므로 특례법에 의한 특별채용시 사실상 근무경력을 불인정한다고 해서 행복추구권이 침해될 수 있다고 보기는 어렵다.

공 무 원

39 지방공무원의 직권면직 사건

(지방공무원법 제62조 제1항 제3호 위헌소원)

2004. 11. 25. 2002헌바8 **[합헌]**

|판시사항|

지방자치단체의 직제가 폐지된 경우에 해당 공무원을 직권면직할 수 있도록 규정하고 있는 지방공무원법 제62조 제1항 제3호가 직업공무원제도를 위반하는 것인지 여부(−)

[결정요지]

직제가 폐지된 경우 임용권자가 직권으로 면직할 수 있도록 하고 있는 이 사건 규정은 공무원의 공직취임문제와는 거의 관련이 없고 이미 공무원으로 임용된 자의 그 신분 상실과 관련된다 할 것이다. 그리고 공무원의 신분상실 문제는 직업공무원제도의 중심을 이루는 공무원 신분보장의 문제로서 공무원의 신분을 박탈함에 있어서는 당해 공무원이 불합리하게 그의 권리나 이익을 침해당하지 않도록 보호해야 한다는 것을 내용으로 한다. 따라서 이 사건 규정의 직권면직에 대해서는 특별한 사정이 없는 한 공무담임권 침해 문제가 아닌 직업공무원제도 위반 문제만을 판단하는 것으로 족하다.

지방공무원법 제62조 제1항 제3호에서 지방자치단체의 직제가 폐지된 경우에 행할 수 있도록 하고 있는 직권면직은 행정조직의 효율성을 높이기 위한 제도로서 행정수요가 소멸하거나 조직의 비대화로 효율성이 저하되는 경우 불가피하게 이루어지게 된다. 한편, 우리 헌법 제7조가 정하고 있는 직업공무원제도는 공무원이 집권세력의 논공행상의 제물이 되는 엽관제도를 지양하며 정권교체에 따른 국가작용의 중단과 혼란을 예방하고 일관성 있는 공무수행의 독자성을 유지하기 위하여 헌법과 법률에 의하여 공무원의 신분이 보장되도록 하는 공직구조에 관한 제도로 공무원의 정치적 중립과 신분보장을 그 중추적 요소로 한다. 이러한 직업공무원제도하에서 입법자는 직제폐지로 생기는 유휴인력을 직권면직하여 행정의 효율성 이념을 달성하고자 할 경우에도 직업공무원제도에 따른 공무원의 권익이 손상되지 않도록 조화로운 입법을 하여야 하는데, 직제가 폐지되면 해당 공무원은 그 신분을 잃게 되므로 직제폐지를 이유로 공무원을 직권면직할 때는 합리적인 근거를 요하며, 직권면직이 시행되는 과정에서 합리성과 공정성이 담보될 수 있는 절차적 장치가 요구된다.

한편, 행정조직의 개폐에 관한 문제에 있어 입법자가 광범위한 입법형성권을 가진다 하더라도 행정조직의 개폐로 인해 행해지는 직권면직은 보다 직접적으로 해당 공무원들의 신분에 중대한 위협을 주게 되므로 직제 폐지 후 실시되는 면직절차에 있어서는 보다 엄격한 요건이 필요한데, 이와 관련하여 지방공무원법 제62조는 직제의 폐지로 인해 직권면직이 이루어지는 경우 임용권자는 인사위원회의 의견을 듣도록 하고 있고, 면직기준으로 임용형태·업무실적·직무수행능력·징계처분사실 등을 고려하도록 하고 있으며, 면직기준을 정하거나 면직대상을 결정함에 있어서 반드시 인사위원회의 의결을 거치도록 하고 있는바, 이는 합리적인 면직기준을 구체적으로 정함과 동시에 그 공정성을 담보할 수 있는 절차를 마련하고 있는 것이라 볼 수 있다. 그렇다면 이 사건 규정이 직제가 폐지된 경우 직권면직을 할 수 있도록 규정하고 있다고 하더라도 이것이 직업공무원제도를 위반하고 있다고는 볼 수 없다.

관련 유사 판례—공무원제도

39-1. 5급 이상 지방공무원의 직권면직

(대법원 2006.10.27. 선고 2004두12261 판결)

[판결내용]

지방공무원 징계 및 소청규정이 시·군·구의 5급 이상의 공무원에 대한 직권면직에 관하여 시·도인사위원회의 의견을 듣도록 함으로써 그 대상자인 공무원에게 유리하게 엄격한 절차를 규정하고 있는 것은 직권면직처분의 객관성과 공정성을 확보함으로써 공무원의 정치적 중립성의 보장과 신분보장이라는 헌법상의 이념을 구현하려는 데 그 입법 취지가 있는 것이며, 시·도인사위원회의 의견이 임용권자인 기초자치단체장에 대하여 기속력이 있는 것이 아니라는 점에서 그 인사권을 침해하지도 않으므로 위 지방공무원 징계 및 소청규정을 무효라고 할 수 없다.

핵심
체크
학습

공 무 원

1. 공무담임권은 각종 선거에 입후보하여 당선될 수 있는 피선거권과 공직에 임명될 수 있는 공직취임권을 포함한다. [16 사시]

해설 헌법 제25조에서 규정하고 있는 공무담임이란 입법부·집행부·사법부는 물론 지방자치단체 등 국가·공공단체의 구성원으로 선임되거나 비선거직공직에 취임하여 공무를 담당하는 것을 가리키는 것으로서 이러한 공무담임권에는 각종 선거에 입후보하여 당선될 수 있는 피선거권과 공직에 임명될 수 있는 공직취임권이 포함된다(헌재 2005. 9. 29. 2004헌바52).

2. 국회의원선거의 기탁금 제도 및 공무원 시험의 응시연령 제한은 모두 공무담임권의 제한 문제와 관련된다. [16 사시]

해설 공무원 시험에서 응시연령의 제한은 국민들의 공무담임권을 제한하는 것이고, 공무담임권의 행사를 연령에 따라 차별하는 것이므로, 헌법적 한계 내에서 이루어져야 한다(헌재 2006. 5. 25. 2005헌마11 등).

3. 지방자치단체의 장이 공소제기된 후 구금상태에 있는 경우 부단체장이 그 권한을 대행하도록 한 규정은 공무원 권한(직무)의 부당한 정지에 해당하여 공무담임권을 침해한다. [16 사시]

해설 권한대행제도에 의하여 자치단체장의 공무담임권이 제한을 받는 것은 사실이나 그 제한은 잠정적이고 그 경우에도 단체장으로서의 신분과 보수도 계속 유지된다는 점에서 공무담임권에 대한 침해가 그렇게 가혹하다고 볼 수 없다. 이 사건 법률규정으로 인하여 침해되는 자치단체장의 공무담임권보다 그로 인하여 얻게 되는 지방행정의 원활한 운영이라는 공익이 훨씬 크다고 할 것이어서 이 사건 법률규정은 헌법 제37조 제2항의 비례

정답 1. ○ 2. ○ 3. ×

원칙에 위배되지 않는다(헌재 2005. 5. 26. 2002헌마699 등).

4. 재판연구원 및 검사의 신규임용에 있어 서류전형 이후 법학전문대학원 졸업예정자에게만 필기전형이나 실무기록평가를 치르게 하는 것은 사법연수원 수료자의 공무담임권을 침해할 가능성이 없다. [16 사시]

해설 이 사건 공고는 위와 같이 사법연수원과 법학전문대학원의 교육 제도 및 평가 과정의 차이를 반영한 것일 뿐이고 법학전문대학원 졸업예정자에게 필기전형이나 실무기록평가를 치르도록 하는 것 외에 양 집단 간 임용 절차상 아무런 차이가 없으므로, 이 사건 공고가 각각의 선발인원을 별도로 내정하기 위하여 임용 절차를 이원화한 것이라고 단정할 수 없다. 따라서 이 사건 공고는 청구인들의 공무담임권이나 평등권을 침해할 가능성이 있다고 할 수 없다(헌재 2015. 4. 30. 2013헌마504).

5. 헌법 제7조에서 보장하는 직업공무원제도의 기본적 요소에 능력주의가 포함되는 점에 비추어 공무담임권은 모든 국민이 누구나 그 능력과 적성에 따라 공직에 취임할 수 있는 균등한 기회의 보장을 그 내용으로 한다. [16 사시]

해설 직업공무원으로의 공직취임권에 관하여 규율함에 있어서는 임용희망자의 능력 · 전문성 · 적성 · 품성을 기준으로 하는 이른바 능력주의 또는 성과주의를 바탕으로 하여야 한다. 그러므로 결국 헌법 제25조의 공무담임권 조항은 '모든 국민이 누구나 그 능력과 적성에 따라 공직에 취임할 수 있는 균등한 기회를 보장함'을 내용으로 한다(헌재 2014. 4. 24. 2010헌마747).

6. 지방공무원법이 근로3권이 보장되는 공무원의 범위를 사실상 노무에 종사하는 공무원에 한정하고 있는 것은 입법자에게 부여하고 있는 형성적 재량권의 범위를 벗어나서 근로3권을 침해한 것으로 위헌이다. [15 법행]

해설 ④ 지방공무원법 제58조 제1항이 근로3권이 보장되는 공무원의 범위를 사실상 노무에 종사하는 공무원에 한정하고 있는 것은 근로3권의 향유주체가 될 수 있는 공무원의 범위를 법률로 정하도록 위임하고 있는 헌법 제33조 제2항에 근거한 것으로 입법자에게 부여하고 있는 형성적 재량권의 범위를 벗어난 것이라고는 볼 수 없으므로, 위 법률조항이 근로3권을 침해한 것으로 위헌이라 할 수 없다(헌재 2005. 10. 27. 2003헌바50).

정답 4. ○ 5. ○ 6. ×

7. **공무원의 신분보장은 법률로 그 내용을 정할 수 있는 것이고, 공무원은 직무의 내용인 공무수행 그 자체가 공공의 이익을 위한 활동이라는 근무관계의 특수성 때문에 국가의 공적사무를 수행할 권리와 이에 따른 신분상·재산상의 부수적 권리를 향유함과 동시에 이에 상응하는 고도의 윤리·도덕적 의무를 부담한다. 따라서 금고 이상의 형의 선고유예를 받은 공무원을 당연퇴직하게 하는 것은 공무담임권을 침해한다고 볼 수 없다.** [14 법행]

해설 공무원이 금고 이상의 형의 선고유예를 받은 경우에는 공무원직에서 당연히 퇴직하는 것으로 규정하고 있는 이 사건 법률조항은 금고 이상의 선고유예의 판결을 받은 모든 범죄를 포괄하여 규정하고 있을 뿐 아니라, 심지어 오늘날 누구에게나 위험이 상존하는 교통사고 관련 범죄 등 과실범의 경우마저 당연퇴직의 사유에서 제외하지 않고 있으므로 최소침해성의 원칙에 반한다. 오늘날 사회구조의 변화로 인하여 '모든 범죄로부터 순결한 공직자 집단'이라는 신뢰를 요구하는 것은 지나치게 공익만을 우선한 것이며, 오늘날 사회국가원리에 입각한 공직제도의 중요성이 강조되면서 개개 공무원의 공무담임권 보장의 중요성이 더욱 큰 의미를 가지고 있다. 일단 공무원으로 채용된 공무원을 퇴직시키는 것은 공무원이 장기간 쌓은 지위를 박탈해 버리는 것이므로 같은 입법목적을 위한 것이라고 하여도 당연퇴직사유를 임용결격사유와 동일하게 취급하는 것은 타당하다고 할 수 없다. 결국, 지방공무원법 제61조 중 제31조 제5호 부분은 헌법 제25조의 공무담임권을 침해하였다고 할 것이다[헌재 2002. 8. 29. 2001헌마788].

8. **임용당시의 공무원법상의 정년까지 근무할 수 있다는 기대와 신뢰는 절대적인 권리로서 보호되어야만 하는 것은 아니고 행정조직, 직제의 변경 또는 예상의 감소 등 강한 공익상의 정당한 근거에 의하여 좌우될 수 있는 상대적이고 가변적인 것이라 할 것이므로 입법자에게는 제반사정을 고려하여 합리적인 범위 내에서 정년을 조정할 입법형성권이 인정된다.** [14 법행]

해설 공무원이 임용 당시의 공무원법상의 정년규정까지 근무할 수 있다는 기대와 신뢰는 행정조직, 직제의 변경 또는 예산의 감소 등 강한 공익상의 정당한 근거에 의하여 좌우될 수 있는 상대적이고 가변적인 것에 지나지 않는다고 할 것이므로 정년규정을 변경하는 입법은 구법질서에 대하여 기대했던 당사자의 신뢰보호 내지 신분관계의 안정이라는 이익을 지나치게 침해하지 않는 한 공익목적 달성을 위하여 필요한 범위 내에서 입법권자의 입법형성의 재량을 인정하여야 할 것이다[헌재 1994. 4. 28. 91헌바15].

정답 7. × 8. ○

9. 선거관리위원회 공무원에 대하여 특정 정당이나 후보자를 지지·반대하는 단체에의 가입·활동 등을 금지하는 것은, 선거관리위원회 공무원이 특정한 정치적 성향을 표방하는 단체에 가입·활동한다는 사실 자체만으로 그 정치적 중립성과 직무의 공정성, 객관성이 의심될 수 있으므로 선거관리위원회 공무원의 정치적 표현의 자유 등을 침해한다고 볼 수 없다. [14 법행]

해설 이 사건 규정들은 선거관리위원회 공무원(이하 '선관위 공무원'이라 한다)에 대하여 특정 정당이나 후보자를 지지 · 반대하는 단체에의 가입 · 활동 등을 금지함으로써 선관위 공무원의 정치적 표현의 자유 등을 제한하고 있으나, 선관위 공무원에게 요청되는 엄격한 정치적 중립성에 비추어 볼 때 선관위 공무원이 특정한 정치적 성향을 표방하는 단체에 가입 · 활동한다는 사실 자체만으로 그 정치적 중립성과 직무의 공정성, 객관성이 의심될 수 있으므로 이 사건 규정들은 선관위 공무원의 정치적 표현의 자유 등을 침해한다고 할 수 없다[헌재 2012. 3. 29. 2010헌마97].

10. 공무원이 선거운동의 기획에 참여하거나 그 기획의 실시에 관여하는 행위를 금지하는 규정을 공무원이 그 지위를 이용하지 아니한 행위에까지 적용하는 것은 공무원 개인의 정치적 표현의 자유를 침해하는 것으로 위헌이다. [14 법행]

해설 이 사건 법률조항은 공무원의 정치적 표현의 자유를 침해하나, 다만 위와 같은 위헌성은 공무원이 '그 지위를 이용하여' 하는 선거운동의 기획행위 외에 사적인 지위에서 하는 선거운동의 기획행위까지 포괄적으로 금지하는 것에서 비롯된 것이므로, 이 사건 법률조항은 공무원의 지위를 이용하지 아니한 행위에까지 적용하는 한 헌법에 위반된다[헌재 2008. 5. 29. 2006헌마1096].

11. 형사사건으로 기소되기만 하면 그가 당연퇴직사유가 되는 형의 선고를 받을 고도의 개연성이 있는가의 여부와 무관하게 당해 공무원에게 일률적으로 직위해제처분을 하지 않을 수 없도록 한 것은, 비례의 원칙에 위반되어 직업의 자유를 과도하게 침해하고 무죄추정의 원칙에도 위반된다. [14 법행]

해설 형사사건으로 기소되기만 하면 그가 국가공무원법 제33조 제1항 제3호 내지 제6호에 해당하는 유죄판결을 받을 고도의 개연성이 있는가의 여부에 무관하게 경우에 따라서는 벌금형이나 무죄가 선고될 가능성이 큰 사건인 경우에 대해서까지도 당해 공무원에게 일률적으로 직위해제처분을 하지 않을 수 없도록 한 이 사건 규정은 헌법 제37조 제2항의 비례의 원칙에 위반되어 직업의 자유를 과도하게 침해하고 헌법 제27조 제4항의 무죄추정의 원칙에도 위반된다[헌재 1998. 5. 28. 96헌가12].

정답 9. ○ 10. ○ 11. ○

지방자치
지방자치단체의 종류

40 경기도가 남양주시에 대하여 실시한 감사가 남양주시의 지방자치권을 침해하였는지 여부에 관한 사건

(남양주시와 경기도 간의 권한쟁의)
2023. 3. 23. 2020헌라5 **[인용(권한침해), 기각]**

|판시사항|

1. 감사가 이미 종료된 경우에도 심판청구의 이익을 인정할 수 있는지 여부(+)
2. 광역지방자치단체가 기초지방자치단체의 자치사무에 대하여 실시하는 감사 중 연간 감사계획에 포함되지 아니하고 사전조사도 수행되지 아니한 감사의 경우 감사대상의 사전 통보가 감사의 개시요건인지 여부(−)
3. 감사 진행 중에 감사대상을 확장 내지 추가하는 것이 허용되는지 여부(적극) 및 그 요건
4. 감사를 개시하기 위하여 요구되는 위법성 확인의 방법과 확인의 정도
5. 피청구인이 2020. 11. 16.부터 2020. 12. 7.까지 청구인에 대하여 실시한 감사가 헌법 및 지방자치법에 의하여 부여된 청구인의 지방자치권을 침해한 것인지 여부(일부+)
6. 감사항목 중 일부에 대한 인용이 가능한지 여부(적극) 및 그 요건

[결정요지]

1. 피청구인이 청구인에 대하여 이 사건 감사의 종료를 통보하면서 ‘이 번에 진행하지 못한 사항에 대하여는 향후 별도계획을 수립하여 추진할 예정’임을 밝히고 있어 앞으로 같은 유형의 침해행위가 반복될 위험이 있다. 또한 이 사건에서 문제가 된 감사대상 통보의무의 유무, 감사대상의 특정과 관련하여 감사 개시 이후 감사대상의 확장이나 추가 가능 여부, 감사 개시 전 위법성의 확인 방법 및 정도 등에 대한 해명이 필요하므로 예외적으로 심판청구의 이익을 인정할 수 있다.

2. 연간 감사계획에 포함되지 아니하고 사전조사가 수행되지 아니한 감사의 경우 지방자치법에 따른 감사의 절차와 방법 등에 관한 사항을 규정하는 ‘지방자치단체에 대한 행정감사규정’ 등 관련 법령에서 감사대상이나 내용을 통보할 것을 요구하는 명시적인 규정이 없다. 광역지방자치단체가 자치사무에 대한 감사에 착수하기 위해서는 감사대상을 특정하여야 하나, 특정된 감사대상을 사전에 통보할 것까지 요구된다고 볼 수는 없다.

3. 지방자치단체의 자치사무에 대한 무분별한 감사권의 행사는 헌법상 보장된 지방자치권을 침해할 가능성이 크므로, 원칙적으로 감사 과정에서 사전에 감사대상으로 특정되지 아니한 사항에 관하여 위법사실이 발견되었다고 하더라도 감사대상을 확장하거나 추가하는 것은 허용되지 않는다. 다만, 자치사무의 합법성 통제라는 감사의 목적이나 감사의 효율성 측면을 고려할 때, 당초 특정된 감사대상과 관련성이 인정되는 것으로서 당해 절차에서 함께 감사를 진행하더라도 감사대상 지방자치단체가 절차적인 불이익을 받을 우려가 없고, 해당 감사대상을 적발하기 위한 목적으로 감사가 진행된 것으로 볼 수 없는 사항에 대하여는 감사대상의 확장 내지 추가가 허용된다.

4. 시·도지사 등이 제보나 언론보도 등을 통해 감사대상 지방자치단체의 자치사무의 위법성에 관한 정보를 수집하고, 객관적인 자료에 근거하여 해당 정보가 믿을 만하다고 판단함으로써 위법행위가 있었으리라는 합리적 의심이 가능한 경우라면, 의혹이 제기된 사실관계가 존재하지 않거나 위법성이 문제되지 않는다는 점이 명백하지 아니한 이상 감사를 개시할 수 있을 정도의 위법성 확인은 있었다고 봄이 타당하다.

5. 이 사건 감사 중 [별지 1] 목록 순번 1 내지 8 기재 각 항목에 대한 감사는 감사착수 시에 감사대상이 특정되고 감사 개시에 필요한 정도의 법령 위반 여부 확인도 있어 감사의 개시요건을 갖추었으나, 같은 목록 순번 9 내지 14 기재 각 항목에 대한 감사는 감사대상이 특정되지 않거나 당초 특정된 감사대상과의 관련성이 인정되지 않아 감사의 개시요건을 갖추지 못하였다.

6. 이 사건 감사 중 [별지 1] 목록 순번 9 내지 14 기재 각 항목에 대해서만 감사의 개시요건을 갖추지 못하였는바, 위 항목들에 대한 감사가 이 사건 감사의 주된 목적이고 같은 목록 순번 1 내지 8 기재 각 항목에 대한 감사는 부수적인 것에 불과하다는 등의 특별한 사정이 없는 이상 같은 목록 순번 9 내지 14 기재 각 항목에 대한 감사에 한정해서 위법한 감사로 봄이 타당하다.

지방자치

지방선거

41 지방선거비용의 지방자치단체 부담 사건

(강남구 등과 국회 등 간의 권한쟁의)
2008. 6. 26. 2005헌라7 [기각 · 각하]

|판시사항|

1. 피청구인 강남구선거관리위원회의 청구인 서울특별시 강남구에 대한 지방자치단체 선거관리경비 산출 통보행위가 권한쟁의심판의 대상이 되는 처분에 해당하는지 여부(－)
2. 피청구인 국회가 2005. 8. 4. 법률 제7681호로 공직선거법 제122조의2를 개정하여 지방선거비용을 해당지방자치단체에게 부담시킨 행위가 지방자치단체인 청구인들의 지방자치권을 침해하는 것인지 여부(－)

[결정요지]

1. 피청구인 강남구선거관리위원회가 2006년 지방선거를 앞두고 강남구의회가 다음해 예산을 편성할 때 지방선거에 소요되는 비용을 산입하도록 예상되는 비용을 미리 통보한 행위는 청구인 서울특별시 강남구의 법적 지위에 어떤 변화도 가져온다고 볼 수 없으므로 권한쟁의심판의 대상이 되는 처분에 해당한다고 볼 수 없다.

2. 헌법재판소는 헌법재판소법 제62조 제1항 제2호의 '정부'를 예시적인 것으로 보고 있으므로 위 규정에서 구체적으로 나열하고 있지 않은 기관이라 하더라도 지방자치단체의 자치권을 침해할 가능성이 있는 국가기관은 권한쟁의심판청구의 피청구인으로서 당사자능력이 인정된다고 할 것이다. 권한쟁의심판에 있어서 당사자가 될 수 있는 국가기관이란 국가의사 형성에 참여하여 국법질서에 대하여 일정한 권한을 누리는 헌법상의 지위와 조직이라고 할 수 있다. 이러한 '국가기관'에 해당하는지 여부를 판별함에 있어서는, 그 국가기관이 헌법에 의하여 설치되고 헌법과 법률에 의하여 독자적인 권한을 부여받고 있는지 여부, 헌법에 의하여 설치된 국가기관 상호간의 권한쟁의를 해결할 수 있는 적당한 기관이나 방법이 있는지 여부 등을 종합적으로 고려하여야 할 것이다(헌재 1997. 7. 16. 96헌라2, 판례집 9-2, 154, 163).

이에 따르면 중앙선거관리위원회 외에 각급 구·시·군 선거관리위원회도 헌법에 의하여 설치된 기관으로서 헌법과 법률에 의하여 독자적인 권한을 부여받은 기관에 해당하고, 따라서 피청구인 강남구선거관리위원회도 당사자 능력이 인정된다.

지방의회의원과 지방자치단체장을 선출하는 지방선거는 지방자치단체의 기관을 구성하고 그 기관의 각종 행위에 정당성을 부여하는 행위라 할 것이므로 지방선거사무는 지방자치단체의 존립을 위한 자치사무에 해당하고, 따라서 법률을 통하여 예외적으로 다른 행정주체에게 위임되지 않는 한, 원칙적으로 지방자치단체가 처리하고 그에 따른 비용도 지방자치단체가 부담하여야 한다. 다만 국가적 통일성을 유지하기 위하여 국가의 관여가 필요하거나 특정 사안이 해당 지방자치단체의 문제에 그치지 않고 국가 전체의 문제와 직결되는 등의 경우에는 지방자치단체의 독자성을 보장하는 범위 내에서 필요에 따라 국가가 관여할 수 있다.

그런데 지방선거사무는 지방자치단체의 자치사무에 해당하지만, 지방선거는 주민의 대의기관을 구성하는 민주적 방법인 동시에 대표기관으로 하여금 민주적 정당성을 확보케 함으로써 대의민주주의를 실현하기 위한 불가결한 수단이라 할 것인바, 선거와 투표에 대한 관리가 공정하게 이루어지도록 하기 위해서는 선거와 투표관리 등의 집행업무 담당기관을 일반행정기관과는 별도의 독립기관으로 구성하여 지방선거를 관리하도록 할 필요가 있고, 이에 이 사건 지방선거사무도 국가기관인 구·시·군 선거관리위원회가 담당하고 있다. 한편, 구 지방자치법이나 지방재정법에 비추어 보면, 지방자치단체의 사무를 다른 기관이 맡아 하고 있는 경우에도 그 비용은 원칙적으로 당해 지방자치단체가 부담하여야 할 것이므로 이 사건의 경우와 같이 지방선거의 선거사무를 구·시·군 선거관리위원회가 담당하는 경우에도 그 비용은 지방자치단체가 부담하여야 하고, 이에 피청구인 대한민국국회가 지방선거의 선거비용을 지방자치단체가 부담하도록 공직선거법을 개정한 것은 지방자치단체의 자치권한을 침해한 것이라고 볼 수 없다.

지방자치
자치행정

42 수도권 공장총량제 사건

(수도권정비계획법 제18조 위헌소원)
2001. 11. 29. 2000헌바78 **[합헌]**

|판시사항|

1. 수도권지역에서 공장 신설 등의 총허용량을 정한 뒤 이를 초과하는 부분의 신설 등을 제한하는 공장총량제가 직업수행의 자유나 재산권을 침해하는지 여부(−)
2. 공장총량제를 규정한 수도권정비계획법 제18조가 지방자치의 본질적 내용을 침해하는지 여부(−)
3. 공장총량제를 규정한 수도권정비계획법 제18조가 포괄위임입법금지에 위반되는지 여부(−)

[결정요지]

1. 수도권정비계획법 제18조는 수도권지역에서 공장 신설 등의 총허용량을 정한 뒤 이를 초과하는 부분의 신설 등을 제한하는 공장총량제를 규정한 것인바, 공장총량제로 인하여 수도권지역에서의 공장 신설 등이 일률적으로 금지되는 것이 아니라 총허용량 범위 내에서는 그 신설 등이 허용되는 것이고, 한편 공장총량제는 헌법 제120조, 제122조, 제123조에 근거를 두고 수도권에 과도하게 집중된 인구 및 산업의 적정배치를 유도하여 질서 있는 수도권정비와 국토의 균형 발전이라는 중대한 공익을 추구하는 것이며, 수도권 지역에서 공장의 신설 등을 하려는 국민도 총허용량의 범위 안에서는 자유롭게 공장의 신설 등을 할 수 있을 뿐 아니라 언제라도 공장총량의 설정량 및 집행량을 확인할 수 있으므로 기업활동의 예측성이나 안정성이 보장되고 있고, 가사 총량이 모두 소진되어 당해 연도에는 공장의 신설 등이 제한된다 하더라도 그 다음 해에 새로이 배정되는 총허용량의 범위 내에서 공장 신설 등을 할 수 있어 그 시기가 일시 연기되는 것일 뿐 궁극적으로는 그 공장의 신설 등을 할 수는 있는 것이므로, 공장총량제가 직업수행의 자유나 재산권을 침해한다고 할 수 없다.

2. 지방자치의 본질상 자치행정에 대한 국가의 관여는 가능한 한 배제하는 것이 바람직하지만, 지방자치도 국가적 법질서의 테두리 안에서만 인정되는 것이고, 지방행정도 중

양행정과 마찬가지로 국가행정의 일부이므로 지방자치단체가 어느 정도 국가적 감독, 통제를 받는 것은 불가피하다. 즉, 지방자치단체의 존재 자체를 부인하거나 각종 권한을 말살하는 것과 같이 그 본질적 내용을 침해하지 않는 한 법률에 의한 통제는 가능하다.

지방자치단체의 존재 자체를 부인하거나 각종 권한을 말살하는 것과 같이 그 본질적 내용을 침해하지 않는 한 법률에 의한 통제는 가능한 것인바, 이 사건 법률조항에 의하여 지방자치단체는 총량을 초과하는 경우의 허가권 행사가 제한될 뿐 그 밖에는 여전히 주민의 복리에 관한 사무를 처리할 수 있는 것이므로, 이 사건 법률조항이 지방자치의 본질적 내용을 침해하여 지방자치에 관한 헌법 제117조 제1항에 위반된다고 할 수 없다.

3. 총량규제의 대상이 되는 공장의 종류, 총량규제의 내용과 방법 등을 사회적·경제적 상황에 따라 탄력적으로 규제할 필요성이 있고, 수도권정비계획법 제18조 제2항의 입법 취지와 제6조 내지 제9조, 제18조 제1항과의 관련성 등 이 사건 법률의 전반적인 체계와 관련 조항에 비추어 수도권에서의 공장의 신설 등에 대하여 매년 시·도 등 지방자치단체별로 그 총량이 정하여지고 그 범위 내에서 공장의 신설 등이 허용될 것이라는 점을 충분히 예측할 수 있으므로, 이 사건 법률조항이 포괄위임입법금지에 관한 헌법 제75조에 위반된다고 볼 수 없다.

관련 유사 판례

42-1. 지방자치단체의 폐지 · 병합

(1995. 3. 23. 94헌마175)

[결정내용]

1. 지방자치단체의 폐치(廢置) · 분합(分合)은 지방자치단체의 자치권(自治權)의 침해문제와 더불어 그 주민의 헌법상 보장된 기본권의 침해문제도 발생시킬 수 있다.

2. 자치제도의 보장은 지방자치단체에 의한 자치행정을 일반적으로 보장한다는 것뿐이고 특정자치단체의 존속을 보장한다는 것은 아니며 지방자치단체의 폐치 · 분합에 있어 지방자치권의 존중은 위에서 본 법정절차의 준수로 족한 것이다. 그러므로 군 및 도의회의 결의에 반하여 법률로 군을 폐지하고 타시에 병합하여 시를 설치한다 하여 주민들의 자치권을 침해하는 결과가 된다거나 헌법 제8장에서 보장하는 지방자치제도의 본질을 침해하는 것이라고 할 수 없다.

42-2. '천안아산역' 의 역명 결정

(2006. 3. 30. 2003헌라2)

[결정내용]

헌법 제117조, 제118조가 제도적으로 보장하고 있는 지방자치의 본질적 내용은 '자치단체의 보장, 자치기능의 보장 및 자치사무의 보장'이라고 할 것이나, 지방자치제도의 보장은 지방자치단체에 의한 자치행정을 일반적으로 보장한다는 것뿐이고 특정자치단체의 존속을 보장한다는 것은 아니므로, 마치 국가가 영토고권을 가지는 것과 마찬가지로, 지방자치단체에게 자신의 관할구역 내에 속하는 영토, 영해, 영공을 자유로이 관리하고 관할구역 내의 사람과 물건을 독점적, 배타적으로 지배할 수 있는 권리가 부여되어 있다고 할 수는 없다.

지방자치
조 례

43 담배자판기 사건

(부천시담배자동판매기설치금지조례 제4조 등 위헌확인)
1995. 4. 20. 92헌마264,279(병합) **[기각]**

|판시사항|

1. 조례가 헌법소원의 대상이 될 수 있는지 여부
2. 주민의 권리 의무에 관한 조례제정권에 대한 법률의 위임 정도
3. 담배자동판매기의 설치제한 및 철거를 규정한 조례가 직업수행의 자유를 침해하는지 여부
4. 기존의 담배자동판매기를 조례 시행일로부터 3개월 이내에 철거하도록 한 조례의 부칙규정이 평등권과 소급입법에 의한 재산권박탈에 해당하는지 여부

[결정요지]

1. 조례는 지방자치단체가 그 자치입법권에 근거하여 자주적으로 지방의회의 의결을 거쳐 제정한 법규이기 때문에 조례 자체로 인하여 직접 그리고 현재 자기의 기본권을 침해받은 자는 그 권리구제의 수단으로서 조례에 대한 헌법소원을 제기할 수 있다.

2. 조례의 제정권자인 지방의회는 선거를 통해서 그 지역적인 민주적 정당성을 지니고 있는 주민의 대표기관이고 헌법이 지방자치단체에 포괄적인 자치권을 보장하고 있는 취지로 볼 때, 조례에 대한 법률의 위임은 법규명령에 대한 법률의 위임과 같이 반드시 구체적으로 범위를 정하여 할 필요가 없으며 포괄적인 것으로 족하다.

3. 직업수행의 자유는 직업결정의 자유에 비하여 상대적으로 그 침해의 정도가 작다고 할 것이므로 이에 대하여는 공공복리 등 공익상의 이유로 비교적 넓은 법률상의 규제가 가능하지만 그 경우에도 헌법 제37조 제2항에서 정한 한계인 과잉금지의 원칙은 지켜져야 할 것이다.

자동판매기를 통한 담배판매는 구입자가 누구인지를 분별하는 것이 곤란하여 청소년의 담배구입을 막기 어렵고, 또 그 특성상 판매자와 대면하지 않는 익명성, 비노출성으로 인하여 청소년으로 하여금 심리적으로 담배구입을 용이하게 하고, 주야를 불문하고 언제라도 담배구입을 가능하게 하며, 청소년이 쉽게 볼 수 있는 장소에 설치됨으로써 청소년에

대한 흡연유발효과도 매우 크다고 아니할 수 없으므로, 청소년의 보호를 위하여 자판기설치의 제한은 반드시 필요하다고 할 것이고, 이로 인하여 담배소매인의 직업수행의 자유가 다소 제한되더라도 법익형량의 원리상 감수되어야 할 것이다.

4. (1) 조례에 의한 규제가 지역의 여건이나 환경 등 그 특성에 따라 다르게 나타나는 것은 헌법이 지방자치단체의 자치입법권을 인정한 이상 당연히 예상되는 불가피한 결과이므로, 이 사건 심판대상규정으로 인하여 청구인들이 다른 지역의 주민들에 비하여 더한 규제를 받게 되었다 하더라도 이를 두고 헌법 제11조 제1항의 평등권이 침해되었다고 볼 수는 없다. 또한 이 사건 심판대상규정이 담배의 특수성과 이에 따른 청소년 보호의 필요성을 특히 고려하여 담배소매인들에게 다른 판매업 종사자들에 비하여 자판기에 관한 특별한 규제를 하고 있다 하여도 이러한 제한은 합리성이 인정되어 자의적인 차별이라고 할 수 없으므로 이러한 측면에서도 청구인들의 평등권이 침해되었다고는 볼 수 없다.

(2) 기존의 담배자동판매기를 조례 시행일로부터 3개월 이내에 철거하도록 한 조례의 부칙 규정은 이 사건 조례들의 시행일 전까지 계속되었던 자판기의 설치 · 사용에 대하여는 규율하는 바가 없고, 장래에 향하여 자판기의 존치 · 사용을 규제할 뿐이므로 그 규정의 법적 효과가 시행일 이전의 시점에까지 미친다고 할 수가 없어 헌법 제13조 제2항에서 금지하고 있는 소급입법이라고 할 수 없다.

관련 유사 판례

43-1. 조례제정사항의 한계

(대법원 1999. 9. 17. 선고 99추30 판결)

[판결내용]

헌법 제117조 제1항과 지방자치법 제15조에 의하면 지방자치단체는 법령의 범위 안에서 그 사무에 관하여 자치조례를 제정할 수 있으나 이 때 사무란 지방자치법 제9조 제1항에서 말하는 지방자치단체의 자치사무와 법령에 의하여 지방자치단체에 속하게 된 단체위임사무를 가리키므로 지방자치단체가 자치조례를 제정할 수 있는 것은 원칙적으로 이러한 자치사무와 단체위임사무에 한하므로, 국가사무가 지방자치단체의 장에게 위임된 기관위임사무와 같이 지방자치단체의 장이 국가기관의 지위에서 수행하는 사무일 뿐 지방자치단체 자체의 사무라고 할 수 없는 것은 원칙적으로 자치조례의 제정범위에 속하지 않는다.

지방자치

1. ① 지방자치제도의 헌법적 보장은 한마디로 국민주권의 기본원리에서 출발하여 주권의 지역적 주체로서의 주민에 의한 자기통치의 실현으로 요약할 수 있고, 이러한 지방자치의 본질적 내용인 핵심영역은 어떠한 경우라도 입법 기타 중앙정부의 침해로부터 보호되어야 한다는 것을 의미한다. [16 법무사]

   해설 헌재 2014. 6. 26. 2013헌바122.

2. 제도적 보장으로서 주민의 자치권은 원칙적으로 개별 주민들에게 인정된 권리라 볼 수 없으며, 청구인들의 주장을 주민들의 지역에 관한 의사결정에 참여 내지 주민투표에 관한 권리침해로 이해하더라도 이러한 권리를 헌법이 보장하는 기본권인 참정권이라고 할 수 없고, 헌법상의 주민자치의 범위는 법률에 의하여 형성되고, 핵심영역이 아닌 한 법률에 의하여 제한될 수 있는 것이다. [16 법무사]

   해설 헌재 2001. 6. 28. 2000헌마735.

3. 지방자치단체가 조례를 제정할 수 있는 사항은 지방자치단체의 고유사무인 자치사무와 개별 법령에 의하여 지방자치단체에 위임된 단체위임사무에 한하고, 국가사무가 지방자치단체의 장에게 위임되거나 상위 지방자치단체의 사무가 하위 지방자치단체의 장에게 위임된 기관위임사무에 관한 사항은 원칙적으로 조례의 제정범위에 속하지 않는다. [16 법무사]

   해설 헌재 2001. 6. 28. 2000헌마735.

정답 1. ○ 2. ○ 3. ○

4. 지방자치단체장이 '궐위된 경우, 공소 제기된 후 구금상태에 있는 경우, 금고 이상의 형을 선고받고 그 형이 확정되지 아니한 경우'에는 부단체장이 그 권한을 대행한다. [16 법무사]

해설 지방자치단체의 장이 금고 이상의 형을 선고받고 그 형이 확정되지 아니한 경우 부단체장이 그 권한을 대행하도록 규정한 지방자치법 제111조 제1항 제3호는 공무담임권 등 기본권을 침해하여 헌법불합치 결정을 받았다(헌재 2010. 9. 2. 2010헌마418 참조). 그래서 2011.5.30. 법률 제10739호에 의하여 2010.9.2. 헌법재판소에서 헌법불합치 결정된 지방자치법 제111조 제1항 제3호를 삭제하였다.

5. 지방자치단체의 세자녀 이상 세대 양육비 등 지원에 관한 조례안은 지방자치단체 고유의 자치사무 중 주민의 복지증진에 관한 사무에 해당되고, 위 조례안에는 주민의 편의 및 복리증진에 관한 내용을 담고 있어 그 제정에 있어서 반드시 법률의 개별적 위임이 따로 필요한 것은 아니다. [16 법무사]

해설 대법원 2006.10.12. 선고 2006추38 판결.

6. 지방자치법 제22조, 제9조에 의하면, 지방자치단체가 조례를 제정할 수 있는 사항은 지방자치단체의 고유사무인 자치사무와 개별 법령에 의하여 지방자치단체에 위임된 단체위임사무에 한하고, 국가사무가 지방자치단체의 장에게 위임되거나 상위 지방자치단체의 사무가 하위 지방자치단체의 장에게 위임된 기관위임사무에 관한 사항은 원칙적으로 조례의 제정범위에 속하지 않는다. [16 법행]

해설 대법원 2014.2.27. 선고 2012추145 판결.

7. 구 지방재정법(2013. 7. 16. 법률 제11900호로 개정되기 전의 것) 제17조 제1항은 일정한 경우를 제외하고는 '지방자치단체는 개인 또는 단체에 대한 기부·보조·출연, 그 밖의 공금 지출을 할 수 없도록' 규정하고 있다. 따라서 지방자치단체가 주민의 복지증진에 관한 사무의 일환으로 '일정한 조건을 충족한 주민 일반'을 대상으로 '전기요금과 수도요금 중 일부를 지원'하는 것은 '개인 또는 단체에 대한 공금 지출'에 해당하여 허용되지 아니한다. [16 법행]

해설 구 지방재정법 제17조 제1항에서 정한 '개인 또는 단체에 대한 공금 지출'에 해당하지 아니한다(대법원 2016.05.12. 선고 2013추531 판결).

정답 4. × 5. ○ 6. ○ 7. ×

8. 지방자치단체의 장은 조례안에 대하여 이의가 있는 경우 지방의회에 재의요구를 할 수 있다. 이 때, 재의요구 사유에 특별한 제한은 없으며, 지방자치단체의 장은 조례안의 일부에 대하여 재의를 요구할 수 있다. [16 법행]

해설 의결의 일부에 대한 재의 요구나 수정재의 요구가 허용되지 않는 점에 비추어 보면, 재의결의 내용 전부가 아니라 그 일부만이 위법한 경우에도 그 재의결 전부의 효력을 부인하여야 한다(대법원 1994.05.10. 선고 93추144 판결).

9. 지방자치법은 지방의회와 지방자치단체의 장에게 독자적 권한을 부여하고 상호 견제와 균형을 이루도록 하고 있으므로, 법률에 특별한 규정이 없는 한 조례로써 견제의 범위를 넘어서 고유권한을 침해하는 규정을 둘 수 없다. 지방자치법에 따르면, 주민투표의 시행 여부는 지방자치단체의 장의 임의적 재량에 맡겨져 있으므로, 지방의회가 조례로 정한 특정한 사항에 관하여는 일정한 기간 내에 반드시 주민투표를 실시하도록 규정한 조례안은 지방자치단체의 장의 고유권한을 침해하는 규정이어서 법령에 위반된다. [16 법행]

해설 대법원 2002. 4. 26. 선고 2002추23 판결.

10. 조례가 규정하고 있는 사항이 그 근거 법령 등에 비추어 볼 때 자치사무나 단체위임사무에 관한 것이라면 이는 자치조례로서 지방자치법 제15조가 규정하고 있는 '법령의 범위 안'이라는 사항적 한계가 적용될 뿐, 위임조례와 같이 국가법에 적용되는 일반적인 위임입법의 한계가 적용될 여지는 없다. 이 때, 지방자치법 제15조에서 말하는 '법령의 범위 안'이라는 의미는 '법령에 위반되지 아니하는 범위 안'이라는 의미로 풀이되는 것으로서, 특정 사항에 관하여 국가 법령이 이미 존재할 경우에도 그 규정의 취지가 반드시 전국에 걸쳐 일률적인 규율을 하려는 것이 아니라 각 지방자치단체가 그 지방의 실정에 맞게 별도로 규율하는 것을 용인하고 있다고 해석될 때에는 조례가 국가 법령에서 정하지 아니하는 사항을 규정하고 있다고 하더라도 이를 들어 법령에 위반되는 것이라고 할 수가 없다. [16 법행]

해설 대법원 2004. 7. 22. 선고 2003추51 판결.

정답 8. × 9. ○ 10. ○

11. 조례가 집행행위의 개입 없이도 그 자체로서 직접 국민의 구체적인 권리의무나 법적 이익에 영향을 미치는 등의 법률상 효과를 발생하는 경우 그 조례는 항고소송의 대상이 되는 행정처분에 해당하고, 이러한 조례에 대한 무효확인소송을 제기함에 있어서 피고적격이 있는 처분 등을 행한 행정청은, 행정주체인 지방자치단체이다. [16 법행]

해설 행정소송법 제38조 제1항, 제13조에 의하여 피고적격이 있는 처분 등을 행한 행정청은 지방자치단체의 집행기관으로서 조례로서의 효력을 발생시키는 공포권이 있는 지방자치단체의 장이다(대법원 1996.09.20. 선고 95누8003 판결).

12. 주민에게 과도한 부담을 주는 지방자치단체의 주요사항에 관한 주민투표권은 헌법이 보장하는 지방자치제도에서 당연히 파생하는 권리로서 그 성질을 헌법상 기본권으로 볼 수 있다. [15 법행]

해설 주민투표권은 헌법상 기본권이 아닌 법률상의 권리에 해당한다(헌재 2007. 6. 28. 2004헌마643).

13. 감사원이 지방자치단체의 자치사무에 대하여 합법성 감사에 그치지 않고 합목적적 감사까지 할 수 있도록 한 것은 위헌이 아니다. [15 법행]

해설 감사원법은 지방자치단체의 위임사무나 자치사무의 구별 없이 합법성 감사뿐만 아니라 합목적성 감사도 허용하고 있는 것으로 보인다(헌재 2008. 5. 29. 2005헌라3).

14. 헌법은 지방자치단체의 종류, 지방의회의원과 지방자치단체의 장의 선거방법에 대해서는 법률로 정하도록 하고 있다. [15 법행]

해설 지방의회의원은 해당되지 않는다(헌법 제117조 제2항, 제118조 제2항).

15. 지방자치단체의 장은 주민들의 기본권을 보호하기 위해 필요한 범위 내에서 그 자신이 기본권의 주체가 될 수 있다. [15 법행]

해설 지방자치단체의 장의 기본권 주체는 부정된다.

정답 11. × 12. × 13. ○ 14. × 15. ×

16. 법률에서 위임받은 사항을 전혀 규정하지 않고 하위법령에 재위임하는 것은 '복위임금지원칙'에 반하는바, 조례는 그 자체가 민주적 정당성이 확보된 규범인 점을 고려하면, 위 '복위임금지원칙'은 조례가 지방자치법 제22조 단서에 따라 주민의 권리제한 또는 의무부과에 관한 사항을 법률로부터 위임받은 후 이를 다시 지방자치단체장이 정하는 '규칙'이나 '고시'에 재위임하는 경우에는 적용되지 않는다는 것이 대법원의 입장이다. [15 법행]

해설 복위임금지원칙은 조례가 지방자치법 제22조 단서에 따라 주민의 권리제한 또는 의무부과에 관한 사항을 법률로부터 위임받은 후, 이를 다시 지방자치단체장이 정하는 '규칙'이나 '고시' 등에 재위임하는 경우에도 적용된다(대법원 2015.01.15. 선고 2013두14238 판결).

17. 지방자치단체의 폐치 · 분합에 관한 것은 지방자치단체의 자치행정권 중 지역고권의 보장문제이기 때문에 국민의 기본권 침해를 요건으로 하는 헌법소원의 대상이 될 수 없다. [15 사시]

해설 지방자치단체의 폐치·분합은 지방자치단체의 자치권의 침해문제와 더불어 그 주민의 헌법상 보장된 기본권의 침해문제도 발생시킬 수 있다(헌재 1995. 3. 23. 94헌마175).

18. 조례의 제정권자인 지방의회는 선거를 통해서 그 지역적인 민주적 정당성을 지니고 있는 주민의 대표기관이며 헌법은 지방자치단체에 포괄적인 자치권을 보장하고 있으므로, 조례에 대한 법률의 위임은 법규명령에 대한 법률의 위임과 같이 반드시 구체적으로 범위를 정하여 할 필요가 없으며 포괄적인 것으로도 족하다. [15 사시]

해설 조례의 제정권자인 지방의회는 선거를 통해서 그 지역적인 민주적 정당성을 지니고 있는 주민의 대표기관이고 헌법이 지방자치단체에 포괄적인 자치권을 보장하고 있는 취지로 볼 때, 조례에 대한 법률의 위임은 법규명령에 대한 법률의 위임과 같이 반드시 구체적으로 범위를 정하여 할 필요가 없으며 포괄적인 것으로 족하다(헌재 1995.4.20. 92헌마264).

정답 16. × 17. × 18. ○

19. 헌법은 선거권과 공무담임권, 국가안위에 관한 중요정책 및 헌법개정에 대한 국민투표권을 헌법상의 참정권으로 보장하고 있는바, 「지방자치법」상의 주민투표권도 그 성질상 선거권 · 공무담임권 · 국민투표권과 마찬가지이므로 헌법이 보장하는 참정권이라고 할 수 있다. [15 사시]

해설 지방자치법 제13조의2와 이에 근거한 주민투표법이 정하는 주민투표권은 그 성질상 선거권, 공무담임권, 국민투표권과는 다른 것이어서 이를 법률이 보장하는 참정권이라고 할 수 있을지언정 헌법이 보장하는 참정권이라고 할 수는 없다(헌재 2001.6.28. 2000헌마735).

20. 감사원이 지방자치단체를 상대로 감사를 하면서 위임사무 뿐만 아니라 자치사무에 대하여도 합법성 감사와 더불어 합목적성 감사까지 하는 것은 그것이 법률에 근거하여 이루어진 감사행위라고 하더라도 헌법상 보장된 지방자치권의 본질적 내용을 침해한다. [15 사시]

해설 감사원법은 지방자치단체의 위임사무나 자치사무의 구별 없이 합법성 감사뿐만 아니라 합목적성 감사도 허용하고 있는 것으로 보이므로, 감사원의 지방자치단체에 대한 이 사건 감사는 법률상 권한 없이 이루어진 것은 아니다. 헌법이 감사원을 독립된 외부감사기관으로 정하고 있는 취지, 중앙정부와 지방자치단체는 서로 행정기능과 행정책임을 분담하면서 중앙행정의 효율성과 지방행정의 자주성을 조화시켜 국민과 주민의 복리증진이라는 공동목표를 추구하는 협력관계에 있다는 점을 고려하면 지방자치단체의 자치사무에 대한 합목적성 감사의 근거가 되는 이 사건 관련규정은 그 목적의 정당성과 합리성을 인정할 수 있다. 또한 감사원법에서 지방자치단체의 자치권을 존중할 수 있는 장치를 마련해두고 있는 점, 국가재정지원에 상당부분 의존하고 있는 우리 지방재정의 현실, 독립성이나 전문성이 보장되지 않은 지방자치단체 자체감사의 한계 등으로 인한 외부감사의 필요성까지 감안하면, 이 사건 관련규정이 지방자치단체의 고유한 권한을 유명무실하게 할 정도로 지나친 제한을 함으로써 지방자치권의 본질적 내용을 침해하였다고는 볼 수 없다(헌재 2008.5.29. 2005헌라3).

21. 지방자치단체의 구역은 주민 · 자치권과 함께 지방자치단체의 구성요소이며, 원칙적으로 자치권이 미치는 관할구역의 범위에는 육지가 포함되지만 국가의 영해라고 파악되는 바다는 포함되지 않기 때문에, 공유수면에 대한 지방자치단체의 자치권한은 존재하지 않는다. [15 사시]

해설 지방자치법 제4조 제1항에 규정된 지방자치단체의 구역에는 육지는 물론 바다도

정답 19. × 20. × 21. ×

포함되므로 공유수면에 대한 지방자치단체의 자치권한이 존재하고, 육지가 바다로, 바다가 육지로 변화된다 하더라도 그 위의 경계는 의연히 유지되므로 종래 특정한 지방자치단체의 관할구역에 속하던 공유수면이 매립되는 경우에도 법령에 의한 경계변경이 없는 한, 그 매립지는 당해 지방자치단체의 관할구역에 편입된다(헌재 2010.6.24. 2005헌라9).

22. 헌법 제117조 제2항은 지방자치단체의 종류를 법률로 정하도록 규정하고 있을 뿐 지방자치단체의 종류 및 구조를 명시하고 있지 않으므로 이에 관한 사항은 기본적으로 입법자에게 위임된 것으로 볼 수 있는바, 일정 구역에 한하여 당해 지역 내의 지방자치단체인 시 · 군을 모두 폐지하는 것 역시 입법자의 선택범위에 들어가는 것이다. [15 사시]

해설 헌법상 지방자치제도보장의 핵심영역 내지 본질적 부분이 지방자치단체에 의한 자치행정을 일반적으로 보장하는 것이라면, 현행법에 따른 지방자치단체의 중층구조 또는 지방자치단체로서 특별시·광역시 및 도와 함께 시·군 및 구를 계속하여 존속하도록 할지 여부는 결국 입법자의 입법형성권의 범위에 들어가는 것으로 보아야 한다. 같은 이유로 일정구역에 한하여 모든 자치단체를 전면적으로 폐지하거나 지방자치단체인 시·군이 수행해온 자치사무를 국가의 사무로 이관하는 것이 아니라 당해 지역 내의 지방자치단체인 시·군을 모두 폐지하여 중층구조를 단층화하는 것 역시 입법자의 선택범위에 들어가는 것이다(헌재 2006.4.27. 2005헌마1190).

정답 22. ○

부록

대한민국헌법

[시행 1988.2.25.] [헌법 제10호, 1987.10.29., 전부개정]

전 문

유구한 역사와 전통에 빛나는 우리 대한국민은 3 · 1운동으로 건립된 대한민국임시정부의 법통과 불의에 항거한 4 · 19민주이념을 계승하고, 조국의 민주개혁과 평화적 통일의 사명에 입각하여 정의 · 인도와 동포애로써 민족의 단결을 공고히 하고, 모든 사회적 폐습과 불의를 타파하며, 자율과 조화를 바탕으로 자유민주적 기본질서를 더욱 확고히 하여 정치 · 경제 · 사회 · 문화의 모든 영역에 있어서 각인의 기회를 균등히 하고, 능력을 최고도로 발휘하게 하며, 자유와 권리에 따르는 책임과 의무를 완수하게 하여, 안으로는 국민생활의 균등한 향상을 기하고 밖으로는 항구적인 세계평화와 인류공영에 이바지함으로써 우리들과 우리들의 자손의 안전과 자유와 행복을 영원히 확보할 것을 다짐하면서 1948년 7월 12일에 제정되고 8차에 걸쳐 개정된 헌법을 이제 국회의 의결을 거쳐 국민투표에 의하여 개정한다.

제1장 총강

제1조 ① 대한민국은 민주공화국이다.

② 대한민국의 주권은 국민에게 있고, 모든 권력은 국민으로부터 나온다.

제2조 ① 대한민국의 국민이 되는 요건은 법률로 정한다.

② 국가는 법률이 정하는 바에 의하여 재외국민을 보호할 의무를 진다.

제3조 대한민국의 영토는 한반도와 그 부속도서로 한다.

제4조 대한민국은 통일을 지향하며, 자유민주적 기본질서에 입각한 평화적 통일 정책을 수립하고 이를 추진한다.

제5조 ① 대한민국은 국제평화의 유지에 노력하고 침략적 전쟁을 부인한다.

② 국군은 국가의 안전보장과 국토방위의 신성한 의무를 수행함을 사명으로 하며, 그 정치적 중립성은 준수된다.

제6조 ① 헌법에 의하여 체결 · 공포된 조약과 일반적으로 승인된 국제법규는 국내법과 같은 효력을 가진다.

② 외국인은 국제법과 조약이 정하는 바에 의하여 그 지위가 보장된다.

제7조 ① 공무원은 국민전체에 대한 봉사자이며, 국민에 대하여 책임을 진다.

② 공무원의 신분과 정치적 중립성은 법률이 정하는 바에 의하여 보장된다.

제8조 ① 정당의 설립은 자유이며, 복수정당제는 보장된다.

② 정당은 그 목적 · 조직과 활동이 민주적이어야 하며, 국민의 정치적 의사형성에 참여하는데 필요한 조직을 가져야 한다.

③ 정당은 법률이 정하는 바에 의하여 국가의 보호를 받으며, 국가는 법률이 정하는 바에 의하여 정당운영에 필요한 자금을 보조할 수 있다.

④ 정당의 목적이나 활동이 민주적 기본질서에 위배될 때에는 정부는 헌법재판소에 그 해산을 제소할 수 있고, 정당은 헌법재판소의 심판에 의하여 해산된다.

제9조 국가는 전통문화의 계승 · 발전과 민족문화의 창달에 노력하여야 한다.

제2장 국민의 권리와 의무

제10조 모든 국민은 인간으로서의 존엄과 가치를 가지며, 행복을 추구할 권리를 가진다. 국가는 개인이 가지는 불가침의 기본적 인권을 확인하고 이를 보장할 의무를 진다.

제11조 ① 모든 국민은 법 앞에 평등하다. 누구든지 성별·종교 또는 사회적 신분에 의하여 정치적·경제적·사회적·문화적 생활의 모든 영역에 있어서 차별을 받지 아니한다.

② 사회적 특수계급의 제도는 인정되지 아니하며, 어떠한 형태로도 이를 창설할 수 없다.

③ 훈장등의 영전은 이를 받은 자에게만 효력이 있고, 어떠한 특권도 이에 따르지 아니한다.

제12조 ① 모든 국민은 신체의 자유를 가진다. 누구든지 법률에 의하지 아니하고는 체포·구속·압수·수색 또는 심문을 받지 아니하며, 법률과 적법한 절차에 의하지 아니하고는 처벌·보안처분 또는 강제노역을 받지 아니한다.

② 모든 국민은 고문을 받지 아니하며, 형사상 자기에게 불리한 진술을 강요당하지 아니한다.

③ 체포·구속·압수 또는 수색을 할 때에는 적법한 절차에 따라 검사의 신청에 의하여 법관이 발부한 영장을 제시하여야 한다. 다만, 현행범인인 경우와 장기 3년 이상의 형에 해당하는 죄를 범하고 도피 또는 증거인멸의 염려가 있을 때에는 사후에 영장을 청구할 수 있다.

④ 누구든지 체포 또는 구속을 당한 때에는 즉시 변호인의 조력을 받을 권리를 가진다. 다만, 형사피고인이 스스로 변호인을 구할 수 없을 때에는 법률이 정하는 바에 의하여 국가가 변호인을 붙인다.

⑤ 누구든지 체포 또는 구속의 이유와 변호인의 조력을 받을 권리가 있음을 고지받지 아니하고는 체포 또는 구속을 당하지 아니한다. 체포 또는 구속을 당한 자의 가족등 법률이 정하는 자에게는 그 이유와 일시·장소가 지체없이 통지되어야 한다.

⑥ 누구든지 체포 또는 구속을 당한 때에는 적부의 심사를 법원에 청구할 권리를 가진다.

⑦ 피고인의 자백이 고문·폭행·협박·구속의 부당한 장기화 또는 기망 기타의 방법에 의하여 자의로 진술된 것이 아니라고 인정될 때 또는 정식재판에 있어서 피고인의 자백이 그에게 불리한 유일한 증거일 때에는 이를 유죄의 증거로 삼거나 이를 이유로 처벌할 수 없다.

제13조 ① 모든 국민은 행위시의 법률에 의하여 범죄를 구성하지 아니하는 행위로 소추되지 아니하며, 동일한 범죄에 대하여 거듭 처벌받지 아니한다.

② 모든 국민은 소급입법에 의하여 참정권의 제한을 받거나 재산권을 박탈당하지 아니한다.

③ 모든 국민은 자기의 행위가 아닌 친족의 행위로 인하여 불이익한 처우를 받지 아니한다.

제14조 모든 국민은 거주·이전의 자유를 가진다.

제15조 모든 국민은 직업선택의 자유를 가진다.

제16조 모든 국민은 주거의 자유를 침해받지 아니한다. 주거에 대한 압수나 수색을 할 때에는 검사의 신청에 의하여 법관이 발부한 영장을 제시하여야 한다.

제17조 모든 국민은 사생활의 비밀과 자유를 침해받지 아니한다.

제18조 모든 국민은 통신의 비밀을 침해받지 아니한다.

제19조 모든 국민은 양심의 자유를 가진다.

제20조 ① 모든 국민은 종교의 자유를 가진다.
② 국교는 인정되지 아니하며, 종교와 정치는 분리된다.

제21조 ① 모든 국민은 언론·출판의 자유와 집회·결사의 자유를 가진다.
② 언론·출판에 대한 허가나 검열과 집회·결사에 대한 허가는 인정되지 아니한다.
③ 통신·방송의 시설기준과 신문의 기능을 보장하기 위하여 필요한 사항은 법률로 정한다.
④ 언론·출판은 타인의 명예나 권리 또는 공중도덕이나 사회윤리를 침해하여서는 아니된다. 언론·출판이 타인의 명예나 권리를 침해한 때에는 피해자는 이에 대한 피해의 배상을 청구할 수 있다.

제22조 ① 모든 국민은 학문과 예술의 자유를 가진다.
② 저작자·발명가·과학기술자와 예술가의 권리는 법률로써 보호한다.

제23조 ① 모든 국민의 재산권은 보장된다. 그 내용과 한계는 법률로 정한다.
② 재산권의 행사는 공공복리에 적합하도록 하여야 한다.
③ 공공필요에 의한 재산권의 수용·사용 또는 제한 및 그에 대한 보상은 법률로써 하되, 정당한 보상을 지급하여야 한다.

제24조 모든 국민은 법률이 정하는 바에 의하여 선거권을 가진다.

제25조 모든 국민은 법률이 정하는 바에 의하여 공무담임권을 가진다.

제26조 ① 모든 국민은 법률이 정하는 바에 의하여 국가기관에 문서로 청원할 권리를 가진다.
② 국가는 청원에 대하여 심사할 의무를 진다.

제27조 ① 모든 국민은 헌법과 법률이 정한 법관에 의하여 법률에 의한 재판을 받을 권리를 가진다.
② 군인 또는 군무원이 아닌 국민은 대한민국의 영역안에서는 중대한 군사상 기밀·초병·초소·유독음식물공급·포로·군용물에 관한 죄중 법률이 정한 경우와 비상계엄이 선포된 경우를 제외하고는 군사법원의 재판을 받지 아니한다.
③ 모든 국민은 신속한 재판을 받을 권리를 가진다. 형사피고인은 상당한 이유가 없는 한 지체없이 공개재판을 받을 권리를 가진다.
④ 형사피고인은 유죄의 판결이 확정될 때까지는 무죄로 추정된다.
⑤ 형사피해자는 법률이 정하는 바에 의하여 당해 사건의 재판절차에서 진술할 수 있다.

제28조 형사피의자 또는 형사피고인으로서 구금되었던 자가 법률이 정하는 불기소처분을 받거나 무죄판결을 받은 때에는 법률이 정하는 바에 의하여 국가에 정당한 보상을 청구할 수 있다.

제29조 ① 공무원의 직무상 불법행위로 손해를 받은 국민은 법률이 정하는 바에 의하여 국가 또는 공공단체에 정당한 배상을 청구할 수 있다. 이 경우 공무원 자신의 책임은 면제되지 아니한다.
② 군인·군무원·경찰공무원 기타 법률이 정하는 자가 전투·훈련등 직무집행과 관련하여 받은 손해에 대하여는 법률이 정하는 보상외에 국가 또는 공공단체에 공무원의 직무상 불법행위로 인한 배상은 청구할 수 없다.

제30조 타인의 범죄행위로 인하여 생명·신체에 대한 피해를 받은 국민은 법률이 정하는 바에 의하여 국가로부터 구조를 받을 수 있다.

제31조 ① 모든 국민은 능력에 따라 균등하게 교육을 받을 권리를 가진다.

② 모든 국민은 그 보호하는 자녀에게 적어도 초등교육과 법률이 정하는 교육을 받게 할 의무를 진다.

③ 의무교육은 무상으로 한다.

④ 교육의 자주성 · 전문성 · 정치적 중립성 및 대학의 자율성은 법률이 정하는 바에 의하여 보장된다.

⑤ 국가는 평생교육을 진흥하여야 한다.

⑥ 학교교육 및 평생교육을 포함한 교육제도와 그 운영, 교육재정 및 교원의 지위에 관한 기본적인 사항은 법률로 정한다.

제32조 ① 모든 국민은 근로의 권리를 가진다. 국가는 사회적 · 경제적 방법으로 근로자의 고용의 증진과 적정임금의 보장에 노력하여야 하며, 법률이 정하는 바에 의하여 최저임금제를 시행하여야 한다.

② 모든 국민은 근로의 의무를 진다. 국가는 근로의 의무의 내용과 조건을 민주주의원칙에 따라 법률로 정한다.

③ 근로조건의 기준은 인간의 존엄성을 보장하도록 법률로 정한다.

④ 여자의 근로는 특별한 보호를 받으며, 고용 · 임금 및 근로조건에 있어서 부당한 차별을 받지 아니한다.

⑤ 연소자의 근로는 특별한 보호를 받는다.

⑥ 국가유공자 · 상이군경 및 전몰군경의 유가족은 법률이 정하는 바에 의하여 우선적으로 근로의 기회를 부여받는다.

제33조 ① 근로자는 근로조건의 향상을 위하여 자주적인 단결권 · 단체교섭권 및 단체행동권을 가진다.

② 공무원인 근로자는 법률이 정하는 자에 한하여 단결권 · 단체교섭권 및 단체행동권을 가진다.

③ 법률이 정하는 주요방위산업체에 종사하는 근로자의 단체행동권은 법률이 정하는 바에 의하여 이를 제한하거나 인정하지 아니할 수 있다.

제34조 ① 모든 국민은 인간다운 생활을 할 권리를 가진다.

② 국가는 사회보장 · 사회복지의 증진에 노력할 의무를 진다.

③ 국가는 여자의 복지와 권익의 향상을 위하여 노력하여야 한다.

④ 국가는 노인과 청소년의 복지향상을 위한 정책을 실시할 의무를 진다.

⑤ 신체장애자 및 질병 · 노령 기타의 사유로 생활능력이 없는 국민은 법률이 정하는 바에 의하여 국가의 보호를 받는다.

⑥ 국가는 재해를 예방하고 그 위험으로부터 국민을 보호하기 위하여 노력하여야 한다.

제35조 ① 모든 국민은 건강하고 쾌적한 환경에서 생활할 권리를 가지며, 국가와 국민은 환경보전을 위하여 노력하여야 한다.

② 환경권의 내용과 행사에 관하여는 법률로 정한다.

③ 국가는 주택개발정책등을 통하여 모든 국민이 쾌적한 주거생활을 할 수 있도록 노력하여야 한다.

제36조 ① 혼인과 가족생활은 개인의 존엄과 양성의 평등을 기초로 성립되고 유지되어야 하며, 국가는 이를 보장한다.

② 국가는 모성의 보호를 위하여 노력하여야 한다.

③ 모든 국민은 보건에 관하여 국가의 보호를 받는다.

제37조 ① 국민의 자유와 권리는 헌법에 열거되지 아니한 이유로 경시되지 아니한다.

② 국민의 모든 자유와 권리는 국가안전보장·질서유지 또는 공공복리를 위하여 필요한 경우에 한하여 법률로써 제한할 수 있으며, 제한하는 경우에도 자유와 권리의 본질적인 내용을 침해할 수 없다.

제38조 모든 국민은 법률이 정하는 바에 의하여 납세의 의무를 진다.

제39조 ① 모든 국민은 법률이 정하는 바에 의하여 국방의 의무를 진다.

② 누구든지 병역의무의 이행으로 인하여 불이익한 처우를 받지 아니한다.

제3장 국회

제40조 입법권은 국회에 속한다.

제41조 ① 국회는 국민의 보통·평등·직접·비밀선거에 의하여 선출된 국회의원으로 구성한다.

② 국회의원의 수는 법률로 정하되, 200인 이상으로 한다.

③ 국회의원의 선거구와 비례대표제 기타 선거에 관한 사항은 법률로 정한다.

제42조 국회의원의 임기는 4년으로 한다.

제43조 국회의원은 법률이 정하는 직을 겸할 수 없다.

제44조 ① 국회의원은 현행범인인 경우를 제외하고는 회기중 국회의 동의없이 체포 또는 구금되지 아니한다.

② 국회의원이 회기전에 체포 또는 구금된 때에는 현행범인이 아닌 한 국회의 요구가 있으면 회기중 석방된다.

제45조 국회의원은 국회에서 직무상 행한 발언과 표결에 관하여 국회외에서 책임을 지지 아니한다.

제46조 ① 국회의원은 청렴의 의무가 있다.

② 국회의원은 국가이익을 우선하여 양심에 따라 직무를 행한다.

③ 국회의원은 그 지위를 남용하여 국가·공공단체 또는 기업체와의 계약이나 그 처분에 의하여 재산상의 권리·이익 또는 직위를 취득하거나 타인을 위하여 그 취득을 알선할 수 없다.

제47조 ① 국회의 정기회는 법률이 정하는 바에 의하여 매년 1회 집회되며, 국회의 임시회는 대통령 또는 국회재적의원 4분의 1 이상의 요구에 의하여 집회된다.

② 정기회의 회기는 100일을, 임시회의 회기는 30일을 초과할 수 없다.

③ 대통령이 임시회의 집회를 요구할 때에는 기간과 집회요구의 이유를 명시하여야 한다.

제48조 국회는 의장 1인과 부의장 2인을 선출한다.

제49조 국회는 헌법 또는 법률에 특별한 규정이 없는 한 재적의원 과반수의 출석과 출석의원 과반수의 찬성으로 의결한다. 가부동수인 때에는 부결된 것으로 본다.

제50조 ① 국회의 회의는 공개한다. 다만, 출석의원 과반수의 찬성이 있거나 의장이 국가의 안전보

장을 위하여 필요하다고 인정할 때에는 공개하지 아니할 수 있다.

② 공개하지 아니한 회의내용의 공표에 관하여는 법률이 정하는 바에 의한다.

제51조 국회에 제출된 법률안 기타의 의안은 회기중에 의결되지 못한 이유로 폐기되지 아니한다. 다만, 국회의원의 임기가 만료된 때에는 그러하지 아니하다.

제52조 국회의원과 정부는 법률안을 제출할 수 있다.

제53조 ① 국회에서 의결된 법률안은 정부에 이송되어 15일 이내에 대통령이 공포한다.

② 법률안에 이의가 있을 때에는 대통령은 제1항의 기간내에 이의서를 붙여 국회로 환부하고, 그 재의를 요구할 수 있다. 국회의 폐회중에도 또한 같다.

③ 대통령은 법률안의 일부에 대하여 또는 법률안을 수정하여 재의를 요구할 수 없다.

④ 재의의 요구가 있을 때에는 국회는 재의에 붙이고, 재적의원과반수의 출석과 출석의원 3분의 2 이상의 찬성으로 전과 같은 의결을 하면 그 법률안은 법률로서 확정된다.

⑤ 대통령이 제1항의 기간내에 공포나 재의의 요구를 하지 아니한 때에도 그 법률안은 법률로서 확정된다.

⑥ 대통령은 제4항과 제5항의 규정에 의하여 확정된 법률을 지체없이 공포하여야 한다. 제5항에 의하여 법률이 확정된 후 또는 제4항에 의한 확정법률이 정부에 이송된 후 5일 이내에 대통령이 공포하지 아니할 때에는 국회의장이 이를 공포한다.

⑦ 법률은 특별한 규정이 없는 한 공포한 날로부터 20일을 경과함으로써 효력을 발생한다.

제54조 ① 국회는 국가의 예산안을 심의 · 확정한다.

② 정부는 회계연도마다 예산안을 편성하여 회계연도 개시 90일전까지 국회에 제출하고, 국회는 회계연도 개시 30일전까지 이를 의결하여야 한다.

③ 새로운 회계연도가 개시될 때까지 예산안이 의결되지 못한 때에는 정부는 국회에서 예산안이 의결될 때까지 다음의 목적을 위한 경비는 전년도 예산에 준하여 집행할 수 있다.

1. 헌법이나 법률에 의하여 설치된 기관 또는 시설의 유지 · 운영
2. 법률상 지출의무의 이행
3. 이미 예산으로 승인된 사업의 계속

제55조 ① 한 회계연도를 넘어 계속하여 지출할 필요가 있을 때에는 정부는 연한을 정하여 계속비로서 국회의 의결을 얻어야 한다.

② 예비비는 총액으로 국회의 의결을 얻어야 한다. 예비비의 지출은 차기국회의 승인을 얻어야 한다.

제56조 정부는 예산에 변경을 가할 필요가 있을 때에는 추가경정예산안을 편성하여 국회에 제출할 수 있다.

제57조 국회는 정부의 동의없이 정부가 제출한 지출예산 각항의 금액을 증가하거나 새 비목을 설치할 수 없다.

제58조 국채를 모집하거나 예산외에 국가의 부담이 될 계약을 체결하려 할 때에는 정부는 미리 국회의 의결을 얻어야 한다.

제59조 조세의 종목과 세율은 법률로 정한다.

제60조 ① 국회는 상호원조 또는 안전보장에 관한 조약, 중요한 국제조직에 관한 조약, 우호통상항해조약, 주권의 제약에 관한 조약, 강화조약, 국가나 국민에게 중대한 재정적 부담을 지우는 조약 또는 입법사항에 관한 조약의 체결·비준에 대한 동의권을 가진다.

② 국회는 선전포고, 국군의 외국에의 파견 또는 외국군대의 대한민국 영역안에서의 주류에 대한 동의권을 가진다.

제61조 ① 국회는 국정을 감사하거나 특정한 국정사안에 대하여 조사할 수 있으며, 이에 필요한 서류의 제출 또는 증인의 출석과 증언이나 의견의 진술을 요구할 수 있다.

② 국정감사 및 조사에 관한 절차 기타 필요한 사항은 법률로 정한다.

제62조 ① 국무총리·국무위원 또는 정부위원은 국회나 그 위원회에 출석하여 국정처리상황을 보고하거나 의견을 진술하고 질문에 응답할 수 있다.

② 국회나 그 위원회의 요구가 있을 때에는 국무총리·국무위원 또는 정부위원은 출석·답변하여야 하며, 국무총리 또는 국무위원이 출석요구를 받은 때에는 국무위원 또는 정부위원으로 하여금 출석·답변하게 할 수 있다.

제63조 ① 국회는 국무총리 또는 국무위원의 해임을 대통령에게 건의할 수 있다.

② 제1항의 해임건의는 국회재적의원 3분의 1 이상의 발의에 의하여 국회재적의원 과반수의 찬성이 있어야 한다.

제64조 ① 국회는 법률에 저촉되지 아니하는 범위안에서 의사와 내부규율에 관한 규칙을 제정할 수 있다.

② 국회는 의원의 자격을 심사하며, 의원을 징계할 수 있다.

③ 의원을 제명하려면 국회재적의원 3분의 2 이상의 찬성이 있어야 한다.

④ 제2항과 제3항의 처분에 대하여는 법원에 제소할 수 없다.

제65조 ① 대통령·국무총리·국무위원·행정각부의 장·헌법재판소 재판관·법관·중앙선거관리위원회 위원·감사원장·감사위원 기타 법률이 정한 공무원이 그 직무집행에 있어서 헌법이나 법률을 위배한 때에는 국회는 탄핵의 소추를 의결할 수 있다.

② 제1항의 탄핵소추는 국회재적의원 3분의 1 이상의 발의가 있어야 하며, 그 의결은 국회재적의원 과반수의 찬성이 있어야 한다. 다만, 대통령에 대한 탄핵소추는 국회재적의원 과반수의 발의와 국회재적의원 3분의 2 이상의 찬성이 있어야 한다.

③ 탄핵소추의 의결을 받은 자는 탄핵심판이 있을 때까지 그 권한행사가 정지된다.

④ 탄핵결정은 공직으로부터 파면함에 그친다. 그러나, 이에 의하여 민사상이나 형사상의 책임이 면제되지는 아니한다.

제4장 정부

제1절 대통령

제66조 ① 대통령은 국가의 원수이며, 외국에 대하여 국가를 대표한다.

② 대통령은 국가의 독립·영토의 보전·국가의 계속성과 헌법을 수호할 책무를 진다.

③ 대통령은 조국의 평화적 통일을 위한 성실한 의무를 진다.

④ 행정권은 대통령을 수반으로 하는 정부에 속한다.

제67조 ① 대통령은 국민의 보통·평등·직접·비밀선거에 의하여 선출한다.

② 제1항의 선거에 있어서 최고득표자가 2인 이상인 때에는 국회의 재적의원 과반수가 출석한 공개회의에서 다수표를 얻은 자를 당선자로 한다.

③ 대통령후보자가 1인일 때에는 그 득표수가 선거권자 총수의 3분의 1 이상이 아니면 대통령으로 당선될 수 없다.

④ 대통령으로 선거될 수 있는 자는 국회의원의 피선거권이 있고 선거일 현재 40세에 달하여야 한다.

⑤ 대통령의 선거에 관한 사항은 법률로 정한다.

제68조 ① 대통령의 임기가 만료되는 때에는 임기만료 70일 내지 40일전에 후임자를 선거한다.

② 대통령이 궐위된 때 또는 대통령 당선자가 사망하거나 판결 기타의 사유로 그 자격을 상실한 때에는 60일 이내에 후임자를 선거한다.

제69조 대통령은 취임에 즈음하여 다음의 선서를 한다.

"나는 헌법을 준수하고 국가를 보위하며 조국의 평화적 통일과 국민의 자유와 복리의 증진 및 민족문화의 창달에 노력하여 대통령으로서의 직책을 성실히 수행할 것을 국민 앞에 엄숙히 선서합니다."

제70조 대통령의 임기는 5년으로 하며, 중임할 수 없다.

제71조 대통령이 궐위되거나 사고로 인하여 직무를 수행할 수 없을 때에는 국무총리, 법률이 정한 국무위원의 순서로 그 권한을 대행한다.

제72조 대통령은 필요하다고 인정할 때에는 외교·국방·통일 기타 국가안위에 관한 중요정책을 국민투표에 붙일 수 있다.

제73조 대통령은 조약을 체결·비준하고, 외교사절을 신임·접수 또는 파견하며, 선전포고와 강화를 한다.

제74조 ① 대통령은 헌법과 법률이 정하는 바에 의하여 국군을 통수한다.

② 국군의 조직과 편성은 법률로 정한다.

제75조 대통령은 법률에서 구체적으로 범위를 정하여 위임받은 사항과 법률을 집행하기 위하여 필요한 사항에 관하여 대통령령을 발할 수 있다.

제76조 ① 대통령은 내우·외환·천재·지변 또는 중대한 재정·경제상의 위기에 있어서 국가의 안전보장 또는 공공의 안녕질서를 유지하기 위하여 긴급한 조치가 필요하고 국회의 집회를 기다릴 여유가 없을 때에 한하여 최소한으로 필요한 재정·경제상의 처분을 하거나 이에 관하여 법률의 효력을 가지는 명령을 발할 수 있다.

② 대통령은 국가의 안위에 관계되는 중대한 교전상태에 있어서 국가를 보위하기 위하여 긴급한 조치가 필요하고 국회의 집회가 불가능한 때에 한하여 법률의 효력을 가지는 명령을 발할 수 있다.

③ 대통령은 제1항과 제2항의 처분 또는 명령을 한 때에는 지체없이 국회에 보고하여 그 승인을

얻어야 한다.

④ 제3항의 승인을 얻지 못한 때에는 그 처분 또는 명령은 그때부터 효력을 상실한다. 이 경우 그 명령에 의하여 개정 또는 폐지되었던 법률은 그 명령이 승인을 얻지 못한 때부터 당연히 효력을 회복한다.

⑤ 대통령은 제3항과 제4항의 사유를 지체없이 공포하여야 한다.

제77조 ① 대통령은 전시·사변 또는 이에 준하는 국가비상사태에 있어서 병력으로써 군사상의 필요에 응하거나 공공의 안녕질서를 유지할 필요가 있을 때에는 법률이 정하는 바에 의하여 계엄을 선포할 수 있다.

② 계엄은 비상계엄과 경비계엄으로 한다.

③ 비상계엄이 선포된 때에는 법률이 정하는 바에 의하여 영장제도, 언론·출판·집회·결사의 자유, 정부나 법원의 권한에 관하여 특별한 조치를 할 수 있다.

④ 계엄을 선포한 때에는 대통령은 지체없이 국회에 통고하여야 한다.

⑤ 국회가 재적의원 과반수의 찬성으로 계엄의 해제를 요구한 때에는 대통령은 이를 해제하여야 한다.

제78조 대통령은 헌법과 법률이 정하는 바에 의하여 공무원을 임면한다.

제79조 ① 대통령은 법률이 정하는 바에 의하여 사면·감형 또는 복권을 명할 수 있다.

② 일반사면을 명하려면 국회의 동의를 얻어야 한다.

③ 사면·감형 및 복권에 관한 사항은 법률로 정한다.

제80조 대통령은 법률이 정하는 바에 의하여 훈장 기타의 영전을 수여한다.

제81조 대통령은 국회에 출석하여 발언하거나 서한으로 의견을 표시할 수 있다.

제82조 대통령의 국법상 행위는 문서로써 하며, 이 문서에는 국무총리와 관계 국무위원이 부서한다. 군사에 관한 것도 또한 같다.

제83조 대통령은 국무총리·국무위원·행정각부의 장 기타 법률이 정하는 공사의 직을 겸할 수 없다.

제84조 대통령은 내란 또는 외환의 죄를 범한 경우를 제외하고는 재직중 형사상의 소추를 받지 아니한다.

제85조 전직대통령의 신분과 예우에 관하여는 법률로 정한다.

제2절 행정부

제1관 국무총리와 국무위원

제86조 ① 국무총리는 국회의 동의를 얻어 대통령이 임명한다.

② 국무총리는 대통령을 보좌하며, 행정에 관하여 대통령의 명을 받아 행정각부를 통할한다.

③ 군인은 현역을 면한 후가 아니면 국무총리로 임명될 수 없다.

제87조 ① 국무위원은 국무총리의 제청으로 대통령이 임명한다.

② 국무위원은 국정에 관하여 대통령을 보좌하며, 국무회의의 구성원으로서 국정을 심의한다.

③ 국무총리는 국무위원의 해임을 대통령에게 건의할 수 있다.

④ 군인은 현역을 면한 후가 아니면 국무위원으로 임명될 수 없다.

제2관 국무회의

제88조 ① 국무회의는 정부의 권한에 속하는 중요한 정책을 심의한다.

② 국무회의는 대통령·국무총리와 15인 이상 30인 이하의 국무위원으로 구성한다.

③ 대통령은 국무회의의 의장이 되고, 국무총리는 부의장이 된다.

제89조 다음 사항은 국무회의의 심의를 거쳐야 한다.

1. 국정의 기본계획과 정부의 일반정책
2. 선전·강화 기타 중요한 대외정책
3. 헌법개정안·국민투표안·조약안·법률안 및 대통령령안
4. 예산안·결산·국유재산처분의 기본계획·국가의 부담이 될 계약 기타 재정에 관한 중요사항
5. 대통령의 긴급명령·긴급재정경제처분 및 명령 또는 계엄과 그 해제
6. 군사에 관한 중요사항
7. 국회의 임시회 집회의 요구
8. 영전수여
9. 사면·감형과 복권
10. 행정각부간의 권한의 획정
11. 정부안의 권한의 위임 또는 배정에 관한 기본계획
12. 국정처리상황의 평가·분석
13. 행정각부의 중요한 정책의 수립과 조정
14. 정당해산의 제소
15. 정부에 제출 또는 회부된 정부의 정책에 관계되는 청원의 심사
16. 검찰총장·합동참모의장·각군참모총장·국립대학교총장·대사 기타 법률이 정한 공무원과 국영기업체관리자의 임명
17. 기타 대통령·국무총리 또는 국무위원이 제출한 사항

제90조 ① 국정의 중요한 사항에 관한 대통령의 자문에 응하기 위하여 국가원로로 구성되는 국가원로자문회의를 둘 수 있다.

② 국가원로자문회의의 의장은 직전대통령이 된다. 다만, 직전대통령이 없을 때에는 대통령이 지명한다.

③ 국가원로자문회의의 조직·직무범위 기타 필요한 사항은 법률로 정한다.

제91조 ① 국가안전보장에 관련되는 대외정책·군사정책과 국내정책의 수립에 관하여 국무회의의 심의에 앞서 대통령의 자문에 응하기 위하여 국가안전보장회의를 둔다.

② 국가안전보장회의는 대통령이 주재한다.

③ 국가안전보장회의의 조직·직무범위 기타 필요한 사항은 법률로 정한다.

제92조 ① 평화통일정책의 수립에 관한 대통령의 자문에 응하기 위하여 민주평화통일자문회의를 둘 수 있다.

② 민주평화통일자문회의의 조직 · 직무범위 기타 필요한 사항은 법률로 정한다.

제93조 ① 국민경제의 발전을 위한 중요정책의 수립에 관하여 대통령의 자문에 응하기 위하여 국민경제자문회의를 둘 수 있다.

② 국민경제자문회의의 조직 · 직무범위 기타 필요한 사항은 법률로 정한다.

제3관 행정각부

제94조 행정각부의 장은 국무위원 중에서 국무총리의 제청으로 대통령이 임명한다.

제95조 국무총리 또는 행정각부의 장은 소관사무에 관하여 법률이나 대통령령의 위임 또는 직권으로 총리령 또는 부령을 발할 수 있다.

제96조 행정각부의 설치 · 조직과 직무범위는 법률로 정한다.

제4관 감사원

제97조 국가의 세입 · 세출의 결산, 국가 및 법률이 정한 단체의 회계검사와 행정기관 및 공무원의 직무에 관한 감찰을 하기 위하여 대통령 소속하에 감사원을 둔다.

제98조 ① 감사원은 원장을 포함한 5인 이상 11인 이하의 감사위원으로 구성한다.

② 원장은 국회의 동의를 얻어 대통령이 임명하고, 그 임기는 4년으로 하며, 1차에 한하여 중임할 수 있다.

③ 감사위원은 원장의 제청으로 대통령이 임명하고, 그 임기는 4년으로 하며, 1차에 한하여 중임할 수 있다.

제99조 감사원은 세입 · 세출의 결산을 매년 검사하여 대통령과 차년도국회에 그 결과를 보고하여야 한다.

제100조 감사원의 조직 · 직무범위 · 감사위원의 자격 · 감사대상공무원의 범위 기타 필요한 사항은 법률로 정한다.

제5장 법원

제101조 ① 사법권은 법관으로 구성된 법원에 속한다.

② 법원은 최고법원인 대법원과 각급법원으로 조직된다.

③ 법관의 자격은 법률로 정한다.

제102조 ① 대법원에 부를 둘 수 있다.

② 대법원에 대법관을 둔다. 다만, 법률이 정하는 바에 의하여 대법관이 아닌 법관을 둘 수 있다.

③ 대법원과 각급법원의 조직은 법률로 정한다.

제103조 법관은 헌법과 법률에 의하여 그 양심에 따라 독립하여 심판한다.

제104조 ① 대법원장은 국회의 동의를 얻어 대통령이 임명한다.

② 대법관은 대법원장의 제청으로 국회의 동의를 얻어 대통령이 임명한다.

③ 대법원장과 대법관이 아닌 법관은 대법관회의의 동의를 얻어 대법원장이 임명한다.

제105조 ① 대법원장의 임기는 6년으로 하며, 중임할 수 없다.

② 대법관의 임기는 6년으로 하며, 법률이 정하는 바에 의하여 연임할 수 있다.

③ 대법원장과 대법관이 아닌 법관의 임기는 10년으로 하며, 법률이 정하는 바에 의하여 연임할 수 있다.

④ 법관의 정년은 법률로 정한다.

제106조 ① 법관은 탄핵 또는 금고 이상의 형의 선고에 의하지 아니하고는 파면되지 아니하며, 징계처분에 의하지 아니하고는 정직·감봉 기타 불리한 처분을 받지 아니한다.

② 법관이 중대한 심신상의 장해로 직무를 수행할 수 없을 때에는 법률이 정하는 바에 의하여 퇴직하게 할 수 있다.

제107조 ① 법률이 헌법에 위반되는 여부가 재판의 전제가 된 경우에는 법원은 헌법재판소에 제청하여 그 심판에 의하여 재판한다.

② 명령·규칙 또는 처분이 헌법이나 법률에 위반되는 여부가 재판의 전제가 된 경우에는 대법원은 이를 최종적으로 심사할 권한을 가진다.

③ 재판의 전심절차로서 행정심판을 할 수 있다. 행정심판의 절차는 법률로 정하되, 사법절차가 준용되어야 한다.

제108조 대법원은 법률에 저촉되지 아니하는 범위안에서 소송에 관한 절차, 법원의 내부규율과 사무처리에 관한 규칙을 제정할 수 있다.

제109조 재판의 심리와 판결은 공개한다. 다만, 심리는 국가의 안전보장 또는 안녕질서를 방해하거나 선량한 풍속을 해할 염려가 있을 때에는 법원의 결정으로 공개하지 아니할 수 있다.

제110조 ① 군사재판을 관할하기 위하여 특별법원으로서 군사법원을 둘 수 있다.

② 군사법원의 상고심은 대법원에서 관할한다.

③ 군사법원의 조직·권한 및 재판관의 자격은 법률로 정한다.

④ 비상계엄하의 군사재판은 군인·군무원의 범죄나 군사에 관한 간첩죄의 경우와 초병·초소·유독음식물공급·포로에 관한 죄중 법률이 정한 경우에 한하여 단심으로 할 수 있다. 다만, 사형을 선고한 경우에는 그러하지 아니하다.

제6장 헌법재판소

제111조 ① 헌법재판소는 다음 사항을 관장한다.

1. 법원의 제청에 의한 법률의 위헌여부 심판
2. 탄핵의 심판
3. 정당의 해산 심판
4. 국가기관 상호간, 국가기관과 지방자치단체간 및 지방자치단체 상호간의 권한쟁의에 관한 심판
5. 법률이 정하는 헌법소원에 관한 심판

② 헌법재판소는 법관의 자격을 가진 9인의 재판관으로 구성하며, 재판관은 대통령이 임명한다.

③ 제2항의 재판관중 3인은 국회에서 선출하는 자를, 3인은 대법원장이 지명하는 자를 임명한다.

④ 헌법재판소의 장은 국회의 동의를 얻어 재판관중에서 대통령이 임명한다.

제112조 ① 헌법재판소 재판관의 임기는 6년으로 하며, 법률이 정하는 바에 의하여 연임할 수 있다.

② 헌법재판소 재판관은 정당에 가입하거나 정치에 관여할 수 없다.

③ 헌법재판소 재판관은 탄핵 또는 금고 이상의 형의 선고에 의하지 아니하고는 파면되지 아니한다.

제113조 ① 헌법재판소에서 법률의 위헌결정, 탄핵의 결정, 정당해산의 결정 또는 헌법소원에 관한 인용결정을 할 때에는 재판관 6인 이상의 찬성이 있어야 한다.

② 헌법재판소는 법률에 저촉되지 아니하는 범위안에서 심판에 관한 절차, 내부규율과 사무처리에 관한 규칙을 제정할 수 있다.

③ 헌법재판소의 조직과 운영 기타 필요한 사항은 법률로 정한다.

제7장 선거관리

제114조 ① 선거와 국민투표의 공정한 관리 및 정당에 관한 사무를 처리하기 위하여 선거관리위원회를 둔다.

② 중앙선거관리위원회는 대통령이 임명하는 3인, 국회에서 선출하는 3인과 대법원장이 지명하는 3인의 위원으로 구성한다. 위원장은 위원중에서 호선한다.

③ 위원의 임기는 6년으로 한다.

④ 위원은 정당에 가입하거나 정치에 관여할 수 없다.

⑤ 위원은 탄핵 또는 금고 이상의 형의 선고에 의하지 아니하고는 파면되지 아니한다.

⑥ 중앙선거관리위원회는 법령의 범위안에서 선거관리·국민투표관리 또는 정당사무에 관한 규칙을 제정할 수 있으며, 법률에 저촉되지 아니하는 범위안에서 내부규율에 관한 규칙을 제정할 수 있다.

⑦ 각급 선거관리위원회의 조직·직무범위 기타 필요한 사항은 법률로 정한다.

제115조 ① 각급 선거관리위원회는 선거인명부의 작성등 선거사무와 국민투표사무에 관하여 관계 행정기관에 필요한 지시를 할 수 있다.

② 제1항의 지시를 받은 당해 행정기관은 이에 응하여야 한다.

제116조 ① 선거운동은 각급 선거관리위원회의 관리하에 법률이 정하는 범위안에서 하되, 균등한 기회가 보장되어야 한다.

② 선거에 관한 경비는 법률이 정하는 경우를 제외하고는 정당 또는 후보자에게 부담시킬 수 없다.

제8장 지방자치

제117조 ① 지방자치단체는 주민의 복리에 관한 사무를 처리하고 재산을 관리하며, 법령의 범위안에서 자치에 관한 규정을 제정할 수 있다.

② 지방자치단체의 종류는 법률로 정한다.

제118조 ① 지방자치단체에 의회를 둔다.

② 지방의회의 조직·권한·의원선거와 지방자치단체의 장의 선임방법 기타 지방자치단체의 조직과 운영에 관한 사항은 법률로 정한다.

제9장 경제

제119조 ① 대한민국의 경제질서는 개인과 기업의 경제상의 자유와 창의를 존중함을 기본으로 한다.

② 국가는 균형있는 국민경제의 성장 및 안정과 적정한 소득의 분배를 유지하고, 시장의 지배와 경제력의 남용을 방지하며, 경제주체간의 조화를 통한 경제의 민주화를 위하여 경제에 관한 규제와 조정을 할 수 있다.

제120조 ① 광물 기타 중요한 지하자원 · 수산자원 · 수력과 경제상 이용할 수 있는 자연력은 법률이 정하는 바에 의하여 일정한 기간 그 채취 · 개발 또는 이용을 특허할 수 있다.

② 국토와 자원은 국가의 보호를 받으며, 국가는 그 균형있는 개발과 이용을 위하여 필요한 계획을 수립한다.

제121조 ① 국가는 농지에 관하여 경자유전의 원칙이 달성될 수 있도록 노력하여야 하며, 농지의 소작제도는 금지된다.

② 농업생산성의 제고와 농지의 합리적인 이용을 위하거나 불가피한 사정으로 발생하는 농지의 임대차와 위탁경영은 법률이 정하는 바에 의하여 인정된다.

제122조 국가는 국민 모두의 생산 및 생활의 기반이 되는 국토의 효율적이고 균형있는 이용 · 개발과 보전을 위하여 법률이 정하는 바에 의하여 그에 관한 필요한 제한과 의무를 과할 수 있다.

제123조 ① 국가는 농업 및 어업을 보호 · 육성하기 위하여 농 · 어촌종합개발과 그 지원등 필요한 계획을 수립 · 시행하여야 한다.

② 국가는 지역간의 균형있는 발전을 위하여 지역경제를 육성할 의무를 진다.

③ 국가는 중소기업을 보호 · 육성하여야 한다.

④ 국가는 농수산물의 수급균형과 유통구조의 개선에 노력하여 가격안정을 도모함으로써 농 · 어민의 이익을 보호한다.

⑤ 국가는 농 · 어민과 중소기업의 자조조직을 육성하여야 하며, 그 자율적 활동과 발전을 보장한다.

제124조 국가는 건전한 소비행위를 계도하고 생산품의 품질향상을 촉구하기 위한 소비자보호운동을 법률이 정하는 바에 의하여 보장한다.

제125조 국가는 대외무역을 육성하며, 이를 규제 · 조정할 수 있다.

제126조 국방상 또는 국민경제상 긴절한 필요로 인하여 법률이 정하는 경우를 제외하고는, 사영기업을 국유 또는 공유로 이전하거나 그 경영을 통제 또는 관리할 수 없다.

제127조 ① 국가는 과학기술의 혁신과 정보 및 인력의 개발을 통하여 국민경제의 발전에 노력하여야 한다.

② 국가는 국가표준제도를 확립한다.

③ 대통령은 제1항의 목적을 달성하기 위하여 필요한 자문기구를 둘 수 있다.

제10장 헌법개정

제128조 ① 헌법개정은 국회재적의원 과반수 또는 대통령의 발의로 제안된다.

② 대통령의 임기연장 또는 중임변경을 위한 헌법개정은 그 헌법개정 제안 당시의 대통령에 대하여는 효력이 없다.

제129조 제안된 헌법개정안은 대통령이 20일 이상의 기간 이를 공고하여야 한다.

제130조 ① 국회는 헌법개정안이 공고된 날로부터 60일 이내에 의결하여야 하며, 국회의 의결은 재적의원 3분의 2 이상의 찬성을 얻어야 한다.

② 헌법개정안은 국회가 의결한 후 30일 이내에 국민투표에 붙여 국회의원선거권자 과반수의 투표와 투표자 과반수의 찬성을 얻어야 한다.

③ 헌법개정안이 제2항의 찬성을 얻은 때에는 헌법개정은 확정되며, 대통령은 즉시 이를 공포하여야 한다.

부칙 〈제10호, 1987.10.29.〉

제1조 이 헌법은 1988년 2월 25일부터 시행한다. 다만, 이 헌법을 시행하기 위하여 필요한 법률의 제정·개정과 이 헌법에 의한 대통령 및 국회의원의 선거 기타 이 헌법시행에 관한 준비는 이 헌법시행 전에 할 수 있다.

제2조 ① 이 헌법에 의한 최초의 대통령선거는 이 헌법시행일 40일 전까지 실시한다.

② 이 헌법에 의한 최초의 대통령의 임기는 이 헌법시행일로부터 개시한다.

제3조 ① 이 헌법에 의한 최초의 국회의원선거는 이 헌법공포일로부터 6월 이내에 실시하며, 이 헌법에 의하여 선출된 최초의 국회의원의 임기는 국회의원선거후 이 헌법에 의한 국회의 최초의 집회일로부터 개시한다.

② 이 헌법공포 당시의 국회의원의 임기는 제1항에 의한 국회의 최초의 집회일 전일까지로 한다.

제4조 ① 이 헌법시행 당시의 공무원과 정부가 임명한 기업체의 임원은 이 헌법에 의하여 임명된 것으로 본다. 다만, 이 헌법에 의하여 선임방법이나 임명권자가 변경된 공무원과 대법원장 및 감사원장은 이 헌법에 의하여 후임자가 선임될 때까지 그 직무를 행하며, 이 경우 전임자인 공무원의 임기는 후임자가 선임되는 전일까지로 한다.

② 이 헌법시행 당시의 대법원장과 대법원판사가 아닌 법관은 제1항 단서의 규정에 불구하고 이 헌법에 의하여 임명된 것으로 본다.

③ 이 헌법중 공무원의 임기 또는 중임제한에 관한 규정은 이 헌법에 의하여 그 공무원이 최초로 선출 또는 임명된 때로부터 적용한다.

제5조 이 헌법시행 당시의 법령과 조약은 이 헌법에 위배되지 아니하는 한 그 효력을 지속한다.

제6조 이 헌법시행 당시에 이 헌법에 의하여 새로 설치될 기관의 권한에 속하는 직무를 행하고 있는 기관은 이 헌법에 의하여 새로운 기관이 설치될 때까지 존속하며 그 직무를 행한다.

編著者略歷

권순현

고려대학교 법학사
고려대학교 법학석사
건국대학교 법학박사
(현) 신라대학교 경찰행정학과 교수

저 서

헌법강의(삼조사)
객관식헌법(삼조사)
조문·판례 헌법(삼조사)
공무원행정법(동방문화사)
경찰헌법(박영사)
법학개론(피앤씨미디어, 공저)

논 문

헌법재판의 정당성 문제(유럽헌법연구 제11호, 2012)
특별부담금의 헌법적 정당화요건에 대한 소고 (홍익법학 제13권 제4호, 2012)

김주환

고려대학교 법학사
고려대학교 법학석사
독일 뮌헨대학교 법학박사
(현) 홍익대학교 법과대학 교수

논 문

헌법불합치결정의 적용영역과 그 효과(헌법학연구 11-2, 2005)
영토변증설 (세계헌법연구 17-2, 2011)
언론사 압수·수색의 헌법적 한계(한양대 법학논총 30-2, 2013)
입법절차상 하자에 대한 헌법재판소의 통제 (강원대 강원법학 39, 2013)
일반적 평등원칙의 심사 모형(세계헌법연구 19-2, 2013)

헌법판례선

초판 발행	2015년 03월 02일
개정1판 발행	2017년 01월 01일
개정4판 발행	2020년 02월 26일
개정5판 발행	2021년 06월 28일
개정6판 발행	2022년 08월 02일
개정7판 발행	2024년 02월 26일
편저자	권순현·김주환
발행인	하인웅
발행처	삼조사
등록일자	1994년 12월 13일
등록번호	제11-410호(倫)
주 소	서울특별시 종로구 교남동 47-2
전 화	733-4388(代)
팩 스	733-4389
이메일	samjosa@hanmail.net
정 가	48,000원
ISBN	979-11-5595-151-4 93360